KB071407

破字辭典 部字使用

손주에게
사줘야 할 책

저자 신백훈
추천 고세진 · 김성진 · 양메리

신백훈식
부자사용
파자사전

부(부수) 자(자획) 사(사유) 용(용례) 를 이용한 한자학습법

도서
출판 행복에너지

고세진 박사

현) 서울유니온교회 담임목사,
이스라엘 예루살렘 대학 총장 역임,
아세아연합신학대학교 총장 역임,
KBS 교향악단 사장 역임

　신백훈 선생이 다음 세대를 짊어질 사람들을 위하여 저술한 이 책은 동양삼국 (한-중-일)의 한자문화권에 있는 한국인들이 한자를 터득하는데 대단히 유용한 내용을 담고 있다.

　한자 하나 하나를 분해하여 그 구성원리를 알게 해 줌으로써 독자가 무릎을 치며 각 한자를 기억하게 한다.

　세대 간에 대화가 없는 요즈음, 부모와 자녀, 할아버지와 손자가 한자를 하나씩 놓고 토론하며 터득하며 유대를 돈독하게 하는 좋은 도구가 될 것이다.

　한국어는 최고의 소리글자 한글과 뜻글자 한자로 되어있다. 한국어의 대부분이 한자어이다. 한자를 배우지 않고서는 글을 읽을 줄은 알지만 글을 이해하는 문해력(文解力)은 없이 눈치로 독서를 하게 되는 것이다. 그러니 재미없는 독서가 되는 것이다.

　사랑하는 자녀와 손주들에게 이 책을 읽게 만드는 것이 사랑을 실천하는 것이라고 간곡히 권하는 바이다.

김성진 교수

현) 한문학 박사
전) 부산대학교 한문학 교수
현 부산대학교 명예교수

　신백훈 박사는 올곧은 선비이다. 구한말 신돌석과도 같은 이 시대의 의병장이다.

　잘못된 이념에 찌들어 지식을 창검 삼아 조국의 심장의 폐부를 찌르는 얼치기 지식인들이 차고 넘치는 패역의 시대에 참으로 귀한 분이다.

　나는 애국활동 현장에서 신 박사를 많이 만났고, 신종코로나로 인해 옥외집회가 금지된 상황에서는 온라인 국민대회를 통해 함께 의분을 토하곤 했었다. 그때마다 열혈 애국심만큼이나 아이디어가 많다는 것을 느꼈다.

　신백훈 박사가 부자사용(部字思用) 파자법(破字法)으로 만든『부자사용 파자사전』(部字使用破字辭典)을 펴내고 나에게 추천사를 부탁했다. 나 또한 종종 파자(破字)로 세상 돌아가는 판세를 풀어보기도

하고, 늘 파자가 한자를 익히는 유용한 방법이라고 생각하고 있던 터라 초고를 접하면서 적지 않게 반갑고 고마운 마음이 들었다.

한자에 도통 흥미를 느끼지 않는 사람에게는 새로운 한자학습 방법일 수도 있을 듯하다. 또한 부수(部首)라는 것이 고대 동양인들의 사유방식이 구조화된 것이니만큼 현대인에게도 우주만물과 세상을 이해하는 데 큰 보탬이 될 것이다.

글자마다 파자(破字)를 한 사유(思惟)와 그 한자를 이용한 한자어의 용례(用例)로 들어 설명하는 방식을 취하고 있는데, 그야말로 문일지십(聞一知十: 한 가지를 들어서 열 가지를 알게 된다)의 학습방식이다.

책의 표지에 '손주바보 필독서'라고 붙인 것을 통해서도 알 수 있듯, 페이지마다 후학들에게 알려주고 싶은 심정이 오롯이 배어있다.

이 책의 원고를 작성하는 데 8년여의 세월을 보냈다는데,
새삼 신백훈 박사의 끈기와 열정에 놀라지 않을 수 없다.
독자들이 책을 읽으면서 가랑비에 옷 젖듯 신백훈 박사의 애국심과 열정을 체득할 수 있기를 기대한다.

양메리 간사

서울외국인학교 Seoul Foreign School
미국 Emory University (심리학 전공, 중국어 부전공)
Phi Beta Kappa Honor Society 정회원
Psi Chi, The International Honor Society in Psychology 정회원
열방제자교회, 사역간사
사랑제일교회, 통역간사
유튜브 채널 〈안녕메리야〉 운영

   저의 아버지 양준원 목사님의 지인이신 저자 신백훈 박사님을 알게 되었다. 8년전에 농협대학교 겸임교수로 인문학 교양필수 강좌인 〈명심보감〉을 강의하면서 대학생들에게 한자의 재미를 알게 만들고자 창안하셨다고 하신다. 아울러 사단법인 한국강사협회 제주지회장으로 활동하시면서 2014년도 명강사로 선정되셨다. 저자 신백훈 박사님께서는 저의 시아버지이신 전광훈 목사님의 애국설교에 깊이 공감하시면서 좌파 편향의 대한민국 교육을 걱정하였다고 한다. 신백훈 박사님께서 저술하신 자녀들의 교육에 필요한 〈부자사용파자사전〉의 추천사를 요청하셨을 때, 2가지 이유로 추천하게 되었다.

   첫째로, 이해력을 주기 때문이다.

   어떤 과목을 공부하더라도 학습에 가장 필요한 것은 이해력이라고 생각한다, 어떤 과목을 공부하더라도 이해력이 있어야 학업에 흥미를 느낄 수 있다. 신백훈 박사님께서 저술하신 〈부자사용파자사전〉을 살펴 보았다. 어렵게만 생각되고, 재미없다고 생각하던 한자를 배우는데 재미와 흥미를 느낄 수가 있게 만든 책이었다. 우리 대한민국은 한자를 5천 년간 사용하여 왔다. 그리고 우리가 사용하는 대부분의 일상의 단어들은 한자로 된 단어들이다. 한자를 어려서부터 알게 되면 다른 모든 과목들을 습득하는데 이해력이 빨라질 것이다.

저는 미국에서 심리학과 중국어를 복수 전공하였다. 어려운 과목들이었지만, 쉽게 모든 과목들을 공부할 수 있었던 이유는 아버지와 어머니께서 초등학교 때부터 한자를 전문적으로 습득할 수 있도록 한자공부를 추천해 주셨기 때문이다. 또한 방학때마다 중국 현지에서 선교사님께서 운영하시는 작은 중국학교에서 한 달씩 매년마다 집중하여 한자 공부할 수 있도록 이끌어 주셨다. 이 책을 통하여 한자교육을 전혀 받지 못한 자녀들도, 한자에 흥미를 못 느끼는 자녀들도 한자를 쉽게 습득하므로 어떤 과목을 공부하더라도 이해력을 증진시킬 수 있다고 확신하기 때문에 강력히 추천한다.

둘째로, 애국심을 주기 때문이다.

비록 종교는 다르지만, 신백훈 박사님은 저의 시아버지 전광훈 목사님과 친정 아버지 양준원 목사님과 같은 존경받는 진정한 애국자이시다. 코로나 시기에도 신백훈 박사님께서는 기울어지고 있는 위기의 자유대한민국을 살리고자 동분서주 하시는 모습을 친정 아버지 양준 원목사님을 통하여 많이 듣게 되었다. 신백훈 박사님께서 저술하신 〈부자사용파자사전〉은 선전 선동에 능한

좌파편향의 교육과는 달리, 애국심을 길러주는 책이다.

우리가 살고 있는 시대는 대화가 없는 대화 부재의 시대를 살아가고 있다. 대화 부재로 인하여 많은 역기능 가정들이 우후죽순처럼 사회적 갈등을 일으키고 있다. 이 책은 세대 간에 대화가 없는 요즘 세대에 자연스럽게 대화를 가능하게 하는 책이다. 언어는 대화의 도구일 뿐만 아니라, 창조의 도구이다. 서로 진솔한 대화를 통하여 의사소통만이 아니라, 하나님께서 인간에게 주신 창의력을 밖으로 표출하게 하는 것이 바로 대화이다. 이 책은 혼자 공부하는 책이 아니라, 어른들과 함께 공부하는 책이므로 이 책을 통하여 부모님과 할아버지 할머니께서 가지고 있는 하나님 나라의 비전과 애국심을 심어줄 수 있는 귀한 책이 될 수 있기에 기쁨으로 추천한다.

끝으로, 사회에서 성실하게 일하셨고, 은퇴 이후에도 열정적으로 살아가시는 존경하는 신백훈 박사님을 알게 되어 하나님께 감사를 드린다. 세상은 지금 무한 경쟁 사회로 달려간다, 오늘도 사람들은 "인생이 어디서 와서, 무엇을 하다가, 어디로 가는가?"라는 인문학적인 질문에 대한 대답을 찾고 있다. 특별히 광야같은 세상에서 기쁨과 열정이 넘치는 삶을 살기 위해서는 이해력과 애국심은 필수적이다. 소중한 자녀들에게 그리고 손자손녀들에게 한자를 함께 공부하면서 인생에 대한 깊은 이해력과 애국심을 전수해 줄 수 있다고 확신하기에 신백훈 박사님께서 저술하신 〈부자사용파자사전〉에 대한 추천서를 기쁨으로 올려 드린다.

신백훈 서(序) 저자

정익(晶翊 밝은도움)학당 대표 유교철학박사
농협중앙회 근무(농협교육원 교수, 제주본부장)
성균관대 석사논문(호연지기 연구)
성균관대 박사논문(공자의 대동사상 연구)
명강사 (한국강사협회 선정)

 손주자랑 하지 말라고 합니다. 주위에 미혼 자녀를 둔 할배와 할매들이 너무 많은지라 눈치 없이 손주 이야기하지 말라는 것입니다.

 인생의 최고 행복은 65세부터라고 하는데 전적으로 동감입니다. 손주를 보고 있노라면 귀여움에 행복하지만 아울러 걱정이 커집니다.

 아이들의 미래를 책임져야 할 공교육이 망가졌기 때문입니다. 손주에게만은 진실한 지적재산(知的財産)을 물려줘야 하는 것이 하르방의 의무라고 생각합니다.

 손주들에게는 필수적으로 영중일(英中日) 3개 외국어를 배우게 해주는 것이 사랑의 실천입니다. 그게 최고의 지적재산(知的財産)을 만드는 능력을 키워주는 것이기 때문입니다.

 중국어와 일본어를 익히려면 한자(漢字)를 배워야만 합니다.

 한자는 왜 배워야 하는 것일까요? 한국어는 한자(漢字)와 한글 두 가지로 구성되어 있기 때문입니다. 인간 세상에서 최고 편리하고 쉬운 소리글자인 한글과 최고의 뜻글자인 한자를 모두 사용하고 있는 대한민국입니다.

소리글자, 뜻글자 모두를 사용하고 있으면서 "한자는 중국글이다."라는 입장과 "아니다, 동이족이라는 우리 고조선의 선조들이 만든 글자이다." 라는 입장 간에 벌어지고 있는 학술적인 논쟁이 한자병행도 못 하게 하고 있습니다.

우리 민족이 5천 년간 사용해온 글자가 한자이고, 현재 우리말의 대부분의 어휘(語彙)가 한자어(漢字語)이기 때문에 한국어(韓國語)에 한자가 속한 현실을 외면하는 것은 참으로 어리석은 것입니다.

우리 한국어는 최고의 소리글자 한글과 최고의 뜻글자 한자를 같이 쓰기 때문에 더욱 문명이 발전할 수 있습니다.

한자를 배우면 문해력(文解力)이 강해지고, 사고력(思考力)이 증강되어서 풍요로운 문화와 교양을 누릴 수 있습니다. 그리고 독서와 학교 공부가 재미있어지고 쉬워집니다.

한자가 품고 있는 뜻을 모르는 채로 한글로 적혀있는 글자의 '소리'만 읽는다면 독서나 공부도 지겹고 재미없어지고, 공부가 고통이 되지만 한자를 알게 되면 독서도 즐겁게 할 수 있습니다.

그러니 손주를 사랑하시는 이 시대의 하르방과 할망 동지들에게 이 책을 감히 권합니다.

그리고 이 파자 사전을 만들 동기(動機)를 만들어 준 사랑하는 손주인 우리, 우주, 이나가 호학(好學) 정신으로 행복한 인생을 누리기를 할아버지는 간절히 기도하고 있습니다.

(할배, 할매, 하르방, 할망은 할아버지와 할머니의 방언(方言=사투리)

부자사용(部字思用) 파자법(破字法)이란?

   대학생들에게 명심보감을 강의를 한 적이 있습니다. 구구절절이 공감이 가는 교훈이 모아진 명심보감(明心寶鑑)이지만 한자로 되어 있는 책이기에, 읽기 어렵다는 것이 안타까웠습니다. 한자에 흥미가 없는 학생들에게 어떻게 관심을 불러일으킬까 고심한 끝에, 파자(破字)로 관심을 갖게 한 것이 부자사용(部字思用) 파자법이 탄생하게 된 계기입니다.

   파자로 한자의 의미를 가르쳐 주니, 학생들도 흥미를 가지게 된 것입니다. 그 것을 모아서 아예 파자사전을 만들어 보겠다는 생각을 한 지가 8년이 흘러, 비로소 이 이 파자사전이 나오게 되었습니다.

   부자사용(部字思用)이란 용어는 부수(部首), 자획(字劃), 사유(思惟), 용례(用例) 4가지 용어를 합쳐서 만든 것입니다. 감히 신조어를 만든 것에 대해서, 한자도 배우기 즐겁다는 것을 알려주기 위한 노력이구나, 라고 부디 이해해주시기를 바랍니다.

  1. 부수(部首)- 한자(漢字)는 그 부수에 따라 한자를 만듭니다. 부수는 글자에 따라 의미부호, 발음부호로 사용되고 있습니다. 각 글자마다 왜 그 부수가 쓰였는지 생각해보면, 글자 탄생의 비밀도 같이 깨닫게 될 것입니다.

  2. 자획(字劃)- 한자(漢字)를 필순(筆順)에 따라서 파자(破字)를 하

고, 파자별로 음훈(音訓)을 명기하여 만든 3~5행시를 통해 쉽게 설명하였습니다.

3. 사유(思惟)- 인간이 짐승과 차별화 되는 것은 사유(思惟)능력, 생각하는 힘입니다. 파자된 자획에 의거 한자의 음훈에 어울리게 쓰여진 설명을 읽다 보면, 저절로 연상이 되는 생각의 흐름을 인성(人性) 철학(哲學)과 연결시키코자 하였습니다.

4. 용례(用例)- 한자어로 단어나 성어로 쓰이는 것을 예로 들었습니다. 문일지십(聞一知十), 한 글자를 들으면 10가지 이상의 글자를 알게 됩니다.

부자사용(部字思用)은 음으로 보면 부자가 사용한다 즉, 정신적 지적 재산이 불어난다는 의미와도 연결되는 중의적 의미를 담아 만들었습니다. 지적재산(知的財産)의 큰 부자가 되는 기초 재산을 쌓아나간다는 생각으로, 한자를 재미있어하기 위한 신법(新法) 부자사용(部字思用) 파자법(破字法)을 잘 활용해주시길 바랍니다.

목차

부자사용 파자사전

신백훈식

부자사용
파자사전

가. 가 부

신백훈 정익학당 추천 국민필독서

[메리의 결혼이야기] 양메리 저

價 价 値 가; 人 - [jià,jiè,jie]값, 수(數), 값있다. 명성, 평판.
부(部)-사람 인(人): 가격은 사람이 매긴다.
자(字)-亻(사람인변 인) 覀(덮을 아) 貝(조개 패)=가(價).
사(思)-사람이 소중히 덮은 보석(조개)으로 가격을 매기니 값 가.
용(用)-價値가치 評價평가 價格가격

街 거리 가; 行- [jiē]거리, 시가, 한길, 대로, 네거리, 십자로
부(部)-다닐 행(行) : 다니는 길, 거리라는 의미.
자(字)-行(다닐 행) 圭(서옥 규)=가(街).
사(思)-다녀야만 서옥(瑞玉)을 찾으니 거리가 생겨 거리 가,
용(用)-街談가담 出世街道출세가도 街談巷議가담항의

假 거짓 가; 人- [jiǎ,jià]거짓, 임시적, 빌다. 가짜. 빌리다
부(部)-사람 인(亻) : 거짓은 사람이 하는 것.
자(字)-亻(사람인변 인) 叚(빌릴 가)=가(假). ※빌 가(叚)
사(思)-사람이 빌어 온 것을 자기 것이라면 거짓 가.
용(用)-假借가차 假說가설 假定가정 假飾가식

暇 겨를 가; 日- [xiá]겨를, 틈, 느긋이 지내다, 여유 있게 지내다
부(部)-날 일(日) : 틈과 겨를은 날의 시간과 관련 의미
자(字)-日(날 일) 叚(빌릴 가)=가(暇). 빌릴 가(叚)
사(思)-날에는 겨를 있고 없음에 따라 사람을 빌려야 하니 겨를 가
용(用)-休暇휴가 閑暇(閒暇)한가 餘暇여가 賜暇讀書사가독서 乞暇걸가

歌 노래 가; 欠- [gē]노래, 노래하다, 소리를 억양을 붙여 읊다
부(部)-하품 흠(欠) : 소리를 내려면 하품 하듯이 입을 벌려야
자(字)-哥(노래 가) 欠(하품 흠)=가(歌) ※ 노래 가(哥)
사(思)-노래를 할 때는 하품 하듯이 입을 크게 벌려 노래할 가
용(用)-歌手가수 歌謠가요 歌詞가사 歌曲가곡 唱歌창가 丹心歌단심가

加 더할 가; 力 [jiā] 더하다, 있다, 처하다, 입다, 몸에 붙이다.
부(部)-힘 력(力): 더하는 게 힘이라는 의미.
자(字)-力(힘 력(역)) 口(입 구)=가(加).
사(思)-힘내라(역(力) 입으로(구(口) 응원을 더하니 더할 가.
용(用)-增加증가 追加추가 參加참가 加入가입 加工가공 添加첨가 加熱가열

架 시렁 가; 木-[jià]시렁, 횃대, 물건을 걸어 두는 기구.
부(部)-나무 목(木): 시렁을 만드는 재료가 목재라는 의미
자(字)-木(나무 목) +加(더할 가)=가(架).
사(思)-나무(목(木) 목재를 더하고(가(加) 만든게 시렁이니 시렁 가.
용(用)-十字架십자가 架橋가교 高架고가 架設가설 書架서가

可 옳을 가; 口 [kě,kè] 옳다, 가히, 쯤, 정도.
부(部)-입 구(口): 옳은 말을 해야 하는 의미.
자(字)-一(한 일) 口(입 구) 亅(갈고리 궐)=가(可).
사(思)-한마디(一) 말(口)이라도 이치 꿰는(亅갈고리 궐)것 옳을 가.
용(用)-可能性가능성. 許可허가. 可動가동. 可當가당. 可望가망.

家 집 가 ,전문가 가; 宀 [jiā,gū,jià,jiè] 집, 건물, 집 안, 지아비.
부(部)-집 면(宀): 집을 뜻하는 글자, 집의 지붕 의미.
자(字)-宀(집 면) 豕(돼지 시)=가(家).
사(思)-집(宀)에 돼지(豕)도 같이 전문적으로 생활하는 집 가(家).
용(用)-國家국가 家族가족 專門家전문가 家口가구 作家작가 家計가계

各 각각 각; 口 [gè,gě] 각각, 각기, 여러, 서로, 마찬가지로.
부(部)-입 구(口): 말이 각각 다르다는 의미.
자(字)-夊(뒤쳐져 올 치) 口(입 구) =각(各).
사(思)-뒤에 오는(夊뒤쳐올 치)사람과 말이(口) 서로 다 달라 각각 각.
용(用)-各人각인. 各人各色각인각색.

覺 覚 깨달을 각; 見 [jué,jiào] 깨닫다, 터득하다, 깨달음.
부(部)-볼 견(見): 깨달음은 보는 것이 선행이라는 의미.
자(字)-學(배울 학) 見(볼 견) =각(覺).
사(思)-배워서(學배울 학) 보아서(見볼 견) 깨달을 각.
용(用)-覺悟각오. 錯覺착각. 覺醒각성. 視覺시각. 感覺감각.

刻 새길 각; 刀- [kè,kē]새기다, 새김, 벗기다
부(部)-칼 도(刂) : 칼을 사용하여, 각을 뜨거나 새긴다는 의미
자(字)-亥(돼지 해) 刂(선칼도방 도) =각(刻) ※ (죽은)돼지 해(亥).
사(思)-돼지를 잡아 뼈를 바르거나 가죽에 칼 자국 새겨지니 새길 각
용(用)-刻舟求劍각주구검 時時刻刻시시각각 刻骨銘心각골명심

諫 諫 간할 간; 言 [jiàn] 간하다(건의), 간하는 말,
부(部)-말씀 언(言): 바른말을 말로 간한다는 의미.
자(字)-言(말씀 언) 柬(가릴 간)=간(諫). ※ 柬: 가릴 간(모양자 참조).
사(思)-바른말(言-部)은 잘 가려서(柬) 간할 간.
용(用)-箴諫잠간. 諫言간언. 諫官간관, 司諫院사간원.

簡 簡 대쪽 간; 竹-[jiǎn]대쪽, 종이 없던 옛날 글을 씀, 책, 편지
부(部)-대나무 죽(竹) 대나무를 가공 종이 대신 글을 씀
자(字)-⺮(대죽 죽) 間(사이 간)=간(簡) 사이 간(間)
사(思)-대나무 쪽에 죽(竹)간에 글를 쓰고 모아 책이 되니 대쪽 간
용(用)-簡單간단 簡潔간결 簡略간략 簡易간이 簡擇간택

看 看볼 간; 目-[kàn,kān] 보다, 손을 이마에 얹고 바라보다.
부(部)-눈 목(目): 보는 것이 눈에 관련된다는 의미.
자(字)-手(손 수) 目(눈 목)=간(看).
사(思)-눈(目 눈 목)위에 손(수(手)을 이마에 얹고 바라보니 볼 간.
용(用)-看做간주 看板간판. 看過간과.看護師간호사. 看病간병.

間 间 틈 간,사이 간; 門 [jiān,xián] 틈, 사이 간, 閒의 俗字.
부(部)-문 문(門): 틈새는 문과 문 사이에 있다는 의미.
자(字)- 門(문 문) 日(날 일)=간(間).
사(思)-문(門)사이로 해(일(日)가 보이는 틈이 있어 틈 간, 사이 간.
용(用)-時間시간. 瞬間순간. 期間기간. 間諜간첩. 空間공간. 間隔간격.

竭 다할 갈; 立-[jié] 다하다, 물이 마르다, 등에 지다.
부(部)-설 립(立); 자립위해 힘을 다한다는 의미.
자(字)-立(설 립(입)) 曷(어찌 갈)=갈(竭). ※ 曷: 어찌 갈(모양자 참조).
사(思)-자립(立-部) 하고자 어찌(曷) 힘을 다하니 다할 갈.
용(用)-困竭곤갈. 蕩竭탕갈. 竭力갈력(있는 힘을 다함)

渴 목마를 갈; 水 [kě] 목이 마르다, 갈증, 서두르다
부(部)-물 수(水)=삼수 변(氵) 목마른 것은 물과 관련된 의미.
자(字)-氵(삼수변 수) 曷(어찌 갈)=갈(渴) ※曷-어찌 갈
사(思)-물(氵=水, 氺)이 어찌(曷) 안 보이니 목마를 갈.
용(用)-枯渴고갈. 渴求갈구. 渴望갈망. 渴症갈증. 見善如渴견선여갈=착한 일
을 보기를 마치 목마른 것같이 하라 臨渴掘井임갈굴정=「목마른 자(者)가
우물 판다.」 는 뜻

曷 어찌 갈; 曰 [hé] 어찌, 어찌하여, 언제, 어느 때에, 누가.

부(部)-가로 왈(曰): 말하다와 관련된 글자라는 의미.

자(字)-曰(가로 왈) 匃(빌 개)=갈(曷).

사(思)-말(曰)로 빌고 구걸하는데 어찌 해야 어찌 갈

용(用)-爲人子者曷不爲孝위인자자갈불위효 :

　　　　사람의 자식 된 자로써 어찌 효도를 하지 않으리오.

葛 칡 갈; 艸 [gé,gě]칡, 덩굴, 갈포(葛布), 거친 베.

부(部)-풀 초(艸):칡도 풀의 종류라는 의미.

자(字)-艹(초두머리 초) 曷(어찌 갈)=갈(葛).

사(思)-칡덩쿨(艹)이 어찌나(曷) 질긴지 칡 갈.

용(用)-葛根갈근 藤葛등갈 葛布갈포 葛筆갈필 葛衣갈의 葛皮갈피.

敢 감히 감; 攴-[gǎn] 감히, 감행하다, 굳세다, 용맹스럽다.

부(部)-칠 복(攴)=등글월문(攵): 회초리 치며 감행하다는 의미.

자(字)-工(장인 공) 耳(귀 이) 攵(칠 복)=감(敢).

사(思)-프로(工)의 귀(耳)를 치다니(攵) 감히 감.

용(用)-果敢과감 敢行감행 勇敢용감 敢鬪감투 豈敢기감 焉敢언감.

鑑 鉴 거울 감; 金 [jiàn] 거울, 보다, 살피다, 성찰하다,

부(部)-쇠 금(金): 거울은 금속이 재료였다는 의미.

자(字)-金(쇠 금) 監(볼 감)=감(鑑). ※監 볼 감, 살필 감.

사(思)-철판((金)을 문질러 물체를 비추고 살피니(監살필 감) 거울 감.

용(用)-鑑賞감상. 鑑定감정. 明心寶鑑명심보감. 鑑識감식.

坎 구덩이 감; 土-[kǎn]구덩이, 험하다, '감괘(坎卦)'의 준말.

부(部)-土 (흙 토)) 구덩이는 흙에서 파게되는 의미.

자(字)-土(흙 토) + 欠(하품 흠) =감(坎)

사(思)-흙을 하품하는 것 찰이 구덩을 파니 구덩이 감

용(用)-坎中之蛙감중지와 乾坤坎離건곤감리 坎坷(轗軻, 坎軻)감가

感 느낄 감; 心 [gǎn] 느끼다, 마음을 움직이다, 고맙게 여기다.

부(部)-마음 심(心): 마음이 느끼는 상태라는 의미.

자(字)-咸(다 함) 心(마음 심) =감(感). 咸 다 함. 　함성.

사(思)-온(咸) 마음(心)으로 느끼고 감동하니 느낄 감. 감동할 감.

용(用)-敏感민감. 感情감정. 感謝감사. 感氣감기. 感動감동. 共感공감.

減 덜 감; 水- [jiǎn]덜다, 가볍게 하다, 줄다, 상하다, 죽이다
　　부(部)-삼수변(수(氵) 물의 양이 줄어 들다는 의미
자(字)-氵(삼수변 수) 咸(다 함)=감(減) ※ 다 함(咸)
사(思)-강물(氵) 전체(함(咸)를 댐으로 관리해야 홍수가 줄어드니 덜 감
용(用)-減少감소 加減가감 減縮감축 削減삭감 加減乘除가감승제

監 監볼 감; 皿 [jiān,jiàn] 보다, 살피다, 겸하다.
　　부(部)-그릇 명(皿): 그릇에 담긴 물건을 본다는 의미.
자(字)-臣(신하 신) 人(사람 인) 一(한 일) 皿(그릇 명) =감(監).
사(思)-신하(臣)와 임금(人) 한 사람(一) 쟁반(皿)에 상소를 살피어 볼 감.
용(用)-監督감독 監視감시 監査감사 監獄감옥 縣監현감 監禁감금
　　　　監事감사 大監대감 都監도감 監理감리 監司감사 令監영감
　　　　監修감수 收監수감 校監교감 監査院감사원 監考감고

憾 한할 감; 心 [hàn] 한하다, 서운해 하다, 한, 서운함.
　　부(部)-마음 심(心): 서운한 마음의 상태를 의미.
자(字)-忄(심방변 심) 感(느낄 감)=감(憾).
사(思)-마음(忄)이 느낌(感)이 서운하니 한할 감.
용(用)-遺憾유감. 憾情감정. 遺憾千萬유감천만. 宿憾숙감. 憾怨감원.

甲 첫째 천간 갑; 田-[jiǎ]첫째 천간, 십간(十干)의 첫째,
　　부(部)-밭 전(田) : 밭이 최고, 첫째이다
자(字)-田밭 전) ㅣ(뚫을 곤)=갑(甲)
사(思)-밭이 먹거리 생산문제를 뚫어주는 제일 중요 첫째 갑.
용(用)-回甲회갑 進甲진갑 還甲환갑 三水甲山삼수갑산

江 강 강; 水 [jiāng] 강, 큰 내, 양자강(陽子江), 별 이름.
　　부(部)-물 수(水): 강은 물로 이뤄진 의미.
자(字)-氵(삼수변 수) 工(장인 공)=강(江).
사(思)-물(수(水)이 만들어낸(공(工) 것이니 강 강.
용(用)-江南강남. 漢江한강. 江山강산. 蟾津江섬진강. 江村강촌.

剛 剛 굳셀 강; 刀 [gāng] 굳세다, 굳다, 강철.
　　부(部)-칼 도(刀)=도(刂)칼도방: 칼과 같이 강하다는 의미.
자(字)-岡(산등성이 강) 刂(선칼도방 도) =강(剛). ※산등성이 강(岡)
사(思)-산등성이(岡)같이 칼(刂=刀-部)은 잘 관리해야 굳셀 강.
용(用)-金剛山금강산. 剛勁강경. 健剛건강. 剛健강건. 剛耿강경.

強 강할 강; 弓 [qiáng,jiàng,qiǎng]굳세다. 강하다, 단단하다
　부(部)-활 궁(弓) : 활은 힘이 강해야 당겨 쏠 수 있다
자(字)-弓(활 궁) 厶(사사 사, 나 사) 虫(벌레 충, 뱀 충) =강(強)
사(思)-활을 내가 뱀 같은 몸통을 잡아 당겨야 하니 강할 강
용(用)-強打강타 強調강조 強勢강세 強行강행 強要강요

降 내릴 강{항복할 항}; 阜[jiàng,xiáng]내리다, 항복, 굴복하다,
　부(部)-언덕 부(阜)=(阝) 언덕에서는 내려와야 하는 의미
자(字)-阝(좌부변 부) 夅(내릴 강)=강(降) ※내릴 강(夅)=降의 고자(古字).
사(思)-언덕에서는 내려오게 되었으니 내릴 강
용(用)-降神강신 誕降탄강 降伏(降服)항복 下降하강 降臨강림 降等강등
　　若時雨降약시우강=때 맞춰 내리는 비에 백성(百姓)이 크게 기뻐한다

夅 내릴 강 모양자 夂(뒤쳐져 올 치) + 夅(걸을 과)
　부(部)-뒤져올 치(夂): 뒤져오니 내려간다 의미
자(字)-夂(뒤쳐져 올 치) 夅(걸을 과)=강(夅) ※ 夅(걸을 과)
사(思)-뒤쳐져 걸어 내려올 강
용(用)-降(강)의 고자(古字).

綱 纲 벼리 강; 糸 [gāng] 벼리, 그물 버티는 줄, 사물의 주.
　부(部)-실 사(糸): 그물은 실로 만들었다는 의미.
자(字)-糹(가는 실 멱) 岡(산등성이 강)=강(綱).
사(思)-그물 줄(糸-部)이 산등성이(岡)처럼 강해 버티니 벼리 강.
용(用)-紀綱기강. 大綱대강. 綱領강령. 政綱정강. 三綱삼강.

岡 冈 산등성이 강; 山 [gāng] 산등성이, 언덕.
　부(部)-뫼 산(山): 산등성이 관련 글자 의미.
자(字)-冂(멀 경) 丷(초두머리 초) 山(메 산) =강(岡).
사(思)-저 멀리 산야(山野) 이어지는 산(山-部)이니 산등성이 강.
용(用)-丘岡구강. 岡阜강부. 岡巒강만. 岡陵강릉.

講 讲 외울 강; 言 [jiǎng]익히다, 읽다, 풀이하다, 해석하다
　부(部)-말씀 언(言): 강의는 말로 한다는 의미
자(字)-言(말씀 언) 冓(짤 구)=강(講). ※짤 구(冓)=정(井)재(再)
사(思)-말하는 것을 잘 짜서 말해야 강의할 강 (우물 두레박 짜다)
용(用)-講究강구 講義강의 講堂강당 講師강사 講壇강단 講演강연
　　講論강론 講習강습 開講개강 直講직강

康 편안할 강; 广[kāng]편안하다, 온화해지다, 즐거워하다
부(部)-집 엄(广): 집에서는 편안하다는 의미
자(字)- 广(집 엄) 隶(미칠 이)=강(康) ※ 隶(미칠 이)
사(思)-집에서는 가구가 손이 미치는 곳에 있으니 편안 강
용(用)-健康건강 康寧강녕 小康소강 平康평강 康健(強健)강건
　　　 萬康만강 安康안강 康旺강왕 康福강복 康寧殿강녕전

改 고칠 개; 攴 [gǎi] 고치다, 따로, 다시, 고쳐지다, 바뀌다.
부(部)-칠 복(攴)=등글월문(복(攵): 고치라고 회초리 친다 의미.
자(字)-己(몸 기) 攵(칠 복) =개(改).
사(思)-자기(己)를 회초리(攴=攵-部)로 쳐야 고치니 고칠 개.
용(用)-改革개혁. 改善개선. 改編개편. 改閣개각. 改悛개전. 改憲개헌.
　　　 甲午改革갑오개혁 改修개수 改嫁개가 改選개선

個 个 낱 개; 人 [gè,gě] 낱, 개, 물건의 수효를 세는 단위.
부(部)-사람 인(人): 사람이 숫자를 파악한다는 의미.
자(字)- 亻(사람인변 인) 固(굳을 고)=개(個)
사(思)-사람(인 亻)마다 굳어진(고(固) 개개의 개성 낱 개.
용(用)-個人개인. 個月개월. 個別개별. 個性개성. 個國개국 別個별개.

皆 다 개; 白 [jiē]다, 모두, 두루 미치다, 함께.
부(部)-흰 백(白): 모든 색이 흰색에서 시작하니 모두의 의미.
자(字)-比(견줄 비) 白(흰 백) =개(皆)
사(思)-비교(比)에 흰(白-部)색은 모두 바탕이니 다 개.
용(用)-皆勤개근. 皆旣日蝕개기일식. 皆伐개벌.

介 끼일 개; 人-[jiè,gà]끼이다, 딱지, 단단한 껍질, 갑옷
부(部)-사람 인 人 [亻] : 사람이 끼여 일을 한다 의미
자(字)-人(사람 인) + 八(여덟 팔)=개(介)
사(思)-사람이 나누려면(八나눌 팔) 끼여서 일을 하니 끼일 개
용(用)-紹介소개 媒介매개 介入개입 介在개재 仲介중개 介然개연 介意개의

漑 물 댈 개; 水 [gài] 물 대다, 씻다, 헹구다, 강 이름.
부(部)-물 수(水): 물과 관련된 의미.
자(字)-氵(삼수변 수) 旣(이미 기)=개(漑). ※ 이미 기(旣)
사(思)-물(氵=水=氺-部)은 이미(旣) 흘러가버려 물을 대야하니 물댈 개.
용(用)-灌漑관개. 撒布灌漑살포관개.

開 开 열 개; 門 [kāi] 열다, 열리다, 끓다, 비등(沸騰)하다.

부(部)-문 문(門): 열리는 대상이 문이라는 의미.

자(字)-門(문 문) 开(열 개)=개(開). ※ 열 개(开)

사(思)-문(門)은 열어야 되는 것이니(개(开) 열 개.

용(用)-開發개발 公開공개 開放개방 開幕개막 展開전개 開催개최 開拓개척

客 손 객; 宀 [kè] 손님, 붙이다, 의탁하다, 상객(上客).

부(部)-집 면(宀): 손님은 집에 모신다는 의미.

자(字)-宀(집 면) 各(각각 각)=객(客).

사(思)-집(宀-部)에 각(各)처에서 오시는 손님 손 객.

용(用)-顧客고객. 乘客승객. 觀客관객. 客地객지. 客居객거. 客觀객관.

坑 구덩이 갱; 土 [kēng] 구덩이, 구덩이에 묻다.

부(部)-흙 토(土): 땅에서 구덩이를 판다는 의미.

자(字)-土(흙 토) 亢(높을 항, 목 항) =갱(坑).

사(思)-땅(土)에 목(亢)높이 이상 판 구덩이 갱.

용(用)-坑木갱목. 坑儒갱유. 坑道갱도. 坑口갱구. 沙坑사갱.

　　焚書坑儒분서갱유=「책을 불태우고 선비를 생매장(生埋葬)하여 죽인다.」
는 뜻, 진(秦)나라의 시황제(始皇帝)가 행한 나쁜 짓

羹 국 갱; 羊 [gēng] 국, 땅 이름.

부(部)-양 양(羊): 양고기로 국을 끓인다는 의미.

자(字)-羔(새끼 양 고) 美(아름다울 미)=갱(羹).

사(思)-양고기(羊)를 불에(灬)끓여서 맛있는(美) 것을 만드니 국 갱.

용(用)-羹湯갱탕. 羹汁갱즙. 羹獻갱헌. 羹器갱기. 大羹대갱. 豆羹두갱.

更 다시 갱. 고칠 경 曰 [gēng,gèng]다시, 재차, 고치다, 개선,

부(部)-가로 왈(曰): 고치라는 말을 주고 받다

자(字)--(한 일) 曰(가로 왈) 乂(벨 예)=경(更) ※벨 예(乂). 예초(刈草)

사(思)-한 마디 말을 베일 듯이 받아서 고쳐야 고칠 경

용(用)-變更변경 更迭(更佚)경질 更生갱생 更新갱신.

去 갈 거; 厶 [qù] 가다, 떠나다, 잃다, 잃어버리다, 배반하다.

부(部)-사사 사(厶) : 사적인 곳 내가 살 곳으로 간다는 의미.

자(字)-土(흙 토) 厶(사사 사) =거(去).

사(思)-땅(토(土)을 사사로이(사(厶) 가니 갈 거.

용(用)-過去과거 去來거래 撤去철거 收去수거 逝去서거(죽음의 높임말)

擧 들 거; 手 [jǔ]들다, 오르다, 움직이다
부(部)-손 수(手): 손으로 들고 오른다는 의미
자(字)-與(더불 여) 手(손 수) =거(擧)　※ 줄 여(與)
사(思)-줄려면 손으로 들어야 하니 들 거
용(用)-選擧선거 薦擧천거 科擧과거 快擧쾌거 擧論거론 檢擧검거

拒 막을 거; 手 [jù]막다, 거부하다, 방어하다, 겨루다, 적대하다
부(部)-손 수(手)=수(扌) 방어하려면 손을 써야한다는 의미
자(字)-扌(재방변 수) 巨(클 거)=거(拒)　※ 클 거(巨)
사(思)-손으로 큰 힘을 막아야 하니 막을 거
용(用)-拒否거부 拒絶拒絕거절 拒逆거역 抗拒항거 拒食症거식증

車 車 수레 거. 수레 차 車 [chē,jū]수레, 수레의 바퀴, 도르래
부(部)-수레 차(車)　: 제부수 한자
자(字)-申(거듭 신) 二(두 이) =차(車)　자기부수 글자
사(思)-마차의 형태를 그린 상형문자
용(用)-自動車자동차 自轉車자전거 車輛차량 駐車주차 車馬 거마
讀五車書독오거서=다섯 대의 수레에 가득히 실을 만큼 많은 책을 읽음.

裾 옷자락 거; 衣 [jū,jù] 옷자락, 옷깃, 옷에 붙은 주머니.
부(部)-옷 의(衣): 옷자락은 옷에 관련된 의미.
자(字)-衤(옷의변 의) 居(살 거) =거(裾).
사(思)-옷(衤=衣) 속에 사람의 몸이 거하니(居) 넓은 옷자락 거.
용(用)-馬牛襟裾마우금거(마소에 옷입히다. 무식(無識)을 조롱하는 말).

據 의거할 거; 手 [jù,jū] 의거하다, 증거로 삼다, 의지하다.
부(部)-손 수(手)=재방변(수(扌): 손으로 의지하다 의미.
자(字)-扌(재방변 수) 豦(큰 돼지 거)=거(據).
사(思)-손으로(扌) 돼지우리(豦) 만들어서 의거할 거
용(用)-根據근거. 證據증거. 占據점거. 據點거점. 論據논거. 依據의거.

居 있을 거; 尸 [jū] 있다, 살다, 거주하다, 앉다, 차지하다.
부(部)-주검 시(尸): 몸에 관련된 글자로 거주하는 의미.
자(字)- 尸(주검 시, 몸 시) 古(옛 고)=거(居).
사(思)-몸(尸)이 오래(古오랠 고) 거주하니 있을 거.
용(用)-居住거주 住居주거 居住地거주지 居處거처 居家거가 隱居은거.

巨 클 거; 工 [jù] 크다, 많다, 거칠다.

부(部)-장인 공(工): 물건을 크게 만드는 장인에 관련 의미.

자(字)-工(장인 공) 口(입 구)=거(巨). 큰 자의 모양 상형문자.

사(思)-장인(공(工)은 큰소리(구(口)치며 만드니 클 거.

용(用)-巨大거대 巨額거액 巨木거목 巨物거물 巨富거부 巨星거성

件 물건 건; 人 [jiàn]사건, 건(사물의 수효), 나누다, 구별하다

부(部)-사람 인(亻): 물건은 사람이 만든다 의미

자(字)-亻(사람인변 인) 牛(소 우) =건(件)   ※ 소 우(牛)

사(思)-사람이 소를 이용하여 물건(일)을 만드니 사건 건

용(用)-件件건건 條件조건 物件물건 事件사건

建 세울 건; 廴[jiàn]세우다, 월건(月建), 북두성 쪽에 여섯 별

부(部)-길게 걸을 인(廴)=민책받침. 걸어다녀야 세운다 의미

자(字)-聿(붓 율)廴(길게 걸을 인) =건(建)   ※ 붓 율(聿)

사(思)-걸어 다니면서 붓으로 그린 대로 세우니 세울 건

용(用)-建築건축 建設건설 建物건물 建國건국 封建봉건 建議건의

義以建利의이건리=의(義)로써 이(利)의 근본(根本)을 삼음.

健 튼튼할 건; 人[jiàn]튼튼하다, 교만하다, 탐하다

부(部)-사람 인(亻):사람이 튼튼해야 한다는 의미

자(字)-亻(사람인변 인) + 建(세울 건)=건(健).   ※ 세울 건(建)

사(思)-사람이 세울려면 건강해야 하니 튼튼할 건

용(用)-健康건강 剛健강건 保健보건 穩健온건 健脚건각 健全건전

愆 허물 건; 心 [qiān] 허물, 죄, 과실, 잘못하다, 러지다, 어기다.

부(部)-마음 심(心): 허물을 판단하는 마음상태를 의미.

자(字)-衍(넓을 연) 心(마음 심) =건(愆).

사(思)-넘치는(衍) 마음(心-部)이 허물이 되니 허물 건.

용(用)-愆過건과(허물). 愆期건기(定정한 기한(期限)을 어김).

愆納건납 愆期건기 愆戾건려 愆義건의 愆候건후

傑 뛰어날 걸; 人 [jié]뛰어나다, 뛰어난 사람, 빼어나게 패다,

부(部)-사람 인(亻): 사람 중에 뛰어난 사람이라는 의미

자(字)-亻(사람인변 인) 桀(홰 걸)=걸(傑)   ※ 홰 걸(桀) 빼어날 걸(桀)

사(思)-사람 중에서 빼어난 사람이 호걸(豪傑), 뛰어날 걸

용(用)-豪傑호걸 傑作걸작 俊傑준걸 人傑인걸 英傑영걸 魁傑괴걸 傑物걸물

儉 검소할 검; 人 [jiǎn] 검소하다, 적다, 흉작.俭(검)의 본자(本字).
부(部)-사람 인(人); 검소함은 사랑의 행동의 의미.
자(字)-인(亻)첨(僉)=검(儉).   ※ 다 첨(僉)
사(思)-사람이(인(亻) 다(첨(僉) 함께 살려니 검소할 검.
용(用)-儉約검약. 儉素검소. 勤儉貯蓄근검저축.

檢 검 검사할 검; 木 [jiǎn]봉함, 봉인하다, 검사하다. 단속하다
부(部)-나무 목(木) 검사자료를 봉함 나무 상자 관련 의미
자(字)-木(나무 목) 僉(다 첨)=검(儉).   ※ 다 첨(僉)
사(思)-나무상자에 검사한 것을 봉인하니 검사할 검
용(用)-檢查검사 檢事검사 檢察검찰 檢討검토 檢閱검열
    檢索검색 點檢 점검

怯 겁낼 겁; 心 [qiè] 겁내다, 무서워하다, 약하다, 비겁하다.
부(部)-마음 심(心)=심방변(심(忄): 겁내는 마음과 관련의미.
자(字)-忄(심방변 심) 去(갈 거)=겁(怯).
사(思)-가깝던 마음(忄=小−部)이 떠나버리(去)니 겁낼 겁.
용(用)-卑怯비겁 食怯식겁 喫怯끽겁 脆怯취겁 怯夫겁부(겁 많은 사내).

劫 위협할 겁: 力 (jié) 위협, 겁탈, 긴 시간, 개벽과 개벽까지
부(部)-힘 력(力) : 힘으로 겁준다는 의미.
자(字)-去(갈 거) 力(힘 력(역)) =겁(劫),
사(思)-가버린다고(거(去) 힘(력(力)으로 겁 주니 위협 겁.
용(用)-永劫영겁. 劫掠겁략. 億劫억겁. 劫迫겁박. 劫奪겁탈

揭 들 게; 手 [jiē] 들다, 높이 들다, 걸다, 추어올리다, 현명(縣名).
부(部)-손 수(手): 손으로 들다라는 의미.
자(字)-扌(재방변 수) 曷(어찌 갈)=게(揭). 曷 어찌 갈.
사(思)-손(扌)으로 어찌(曷) 들어 올리니 들 게.
용(用)-揭載게재 揭揚게양 揭板게판 揭帖게첩 奉揭봉게
    別揭별게 揭記게기

憩 쉴 게; 心 [qì] 쉬다, 숨을 돌리다, 휴식하다.
부(部)-마음 심(心): 휴식을 하면 심장도 마음도 쉰다는 의미.
자(字)-舌(혀 설) 自(스스로 자) 心(마음 심) =게(憩).
사(思)-혀(舌)도 코(自)도 마음도(心) 숨을 돌리는 쉴 게.
용(用)-憩泊게박. 休憩휴게. 憩息게식. 憩休게휴. 憩室게실.

激 격할 격; 水 [jī]물결 부딪쳐 흐르다, 보(洑), 흘러들다
부(部)-삼수변 수(氵) : 물결이 격하게 흐르는 모습
자(字)-氵(삼수변 수) 敫(노래할 교) =격(激)
사(思)-물이 백방(사방)에서 몰아치는 노래소리 폭포 같이 격할 격
용(用)-激勵격려 感激감격 激烈격렬 急激급격 激昻격앙 激動격동
激情격정

格 격식 격; 木[gé,gē]바로잡다, 겨루다, 대적하다, 치다, 때리다
부(部)-나무 목(木): 나무 가지를 다듬어 격식을 만든다 의미
자(字)-木(나무 목) 各(각각 각) =격(格)   ※ 각각 각(各)
사(思)-나무 가지를 각각 잘 다듬어 격을 높이니 격식 격
용(用)-性格성격 資格자격 合格합격 價格가격 人格인격 嚴格엄격

擊 击 부딪칠 격; 手 [jī]부딪치다, 거리끼다, 방해가 되다
부(部)-손 수(手): 손으로 치다는 의미
자(字)-軎(굴대 끝 예) 殳(몽둥이 수) 手(손 수) =격(擊)
사(思)-수레를 끌려면 몽둥이와 손으로 두들고 쳐야 하니 칠 격
용(用)-攻擊공격 衝擊충격 打擊타격 自擊漏자격루 擊蒙要訣격몽요결

犬 개 견; 犬 [quǎn]개, 하찮은 것의 비유, 서융(西戎)의 이름
부(部)-개 견(犬) 제부수 한자
자(字)- 大(클 대) 丶(점 주) =견(犬)
사(思)-큰(대(大) 소리 내는 점(주(丶)을 보니 개가 있네 개 견
용(用)-豚犬돈견 犬馬견마 養犬양견 軍犬군견 犬豚견돈

堅 堅 굳을 견; 土[jiān] 굳다, 굳게, 튼튼하게, 굳게 하다.
부-흙 토(土): 땅은 굳어진다는 의미.
자(字)-臤(어질 현) 土(흙 토) =견(堅). ※ 臤: 어질 현, 굳을 간
사(思)-신하(臣)가 또(우(又) 땅(토(土) 짚고 충성 맹세하니 굳을 견.
용(用)-堅持견지. 堅固견고. 中堅중견. 堅實견실.

牽 끌 견; 牛 [qiān] 끌다, 거리끼다, 구애되다, 매이다.
부(部)-소 우(牛): 소가 마차나 쟁기를 끈다는 의미.
자(字)-玄(검을 현) 冖(덮을 멱) 牛(소 우) =견(牽).
사(思)-검은(玄)멍에를 덮어(冖) 소(牛-部)가 끄니 끌 견. 당길 견.
용(用)-牽制견제 牽引車견인차 牽制球견제구 牽引견인 牽牛星견우성.

見 见 볼 견; 見 [jiàn,xiàn]보다, 생각해 보다, 보다, 변별하다,
부(部)-볼 견(見) 제부수 한자
자(字)-目(눈 목) 儿(어진 사람 인)=견(見)
사(思)-눈으로 어질게 제대로 보는 사람이어야 하니 볼 견
용(用)-偏見편견 見解견해 發見발견 見聞견문 相見禮상견례

潔 洁 깨끗할 결; 水 [jié] 깨끗하다, 깨끗이 하다, 몸을 닦다.
부(部)-물 수(水): 물 청소 해야 깨끗해짐과 관련 의미.
자(字)-氵(삼수변 수) 絜(헤아릴 혈)=결(潔).
사(思)-물(氵=水-部) 깊이를 헤아릴(絜) 수 있을 정도니 깨끗할 결.
용(用)-簡潔간결. 潔白결백. 淸潔청결. 不潔불결. 純潔순결. 淨潔정결.
　淸廉潔白청렴결백=마음이 맑고 깨끗하며 재물(財物) 욕심(慾心)이 없음.

結 结 맺을 결; 糸 [jié,jiē] 맺다, 열매를 맺다, 완성하다, 다지다.
부(部)-실 사(糸): 실로 맺게 연결한다는 의미.
자(字)-糹(가는 실 멱) 吉(길할 길)=결(結).
사(思)-실(糸-部)로 이어서 서로 길하게(吉) 맺게 해 주니 맺을 결.
용(用)-결혼(結婚). 結果결과. 結局결국. 締結체결. 妥結타결.
　　　　結者解之결자해지=「일을 맺은 사람이 풀어야 한다.」는 뜻

缺 이지러질 결; 缶 [quē] 이지러지다, 모자라다, 틈, 흠, 결점.
부(部)-장군 부(缶): 장군,질그릇(부(缶)과 관련 글자 의미.
자(字)-缶(장군 부) 夬(터놓을 쾌)=결(缺). ※ 夬: 터질 쾌
사(思)-질그릇(缶)이 터지게(夬)되어 이지러질 결.
용(用)-缺伍결오(인원미달). 缺典결전. 缺乏결핍(모자람).

決 决 결단 결; 水 [jué]터지다, 붕괴되다, 결단하다. 끝내다
부(部)-물 수(氵): 물 터지게 흐르게 결단한다 의미
자(字)-氵(삼수변 수) 夬(터놓을 쾌)=결(決)
사(思)-물이 터지게 하려면 결단, 결정해야 하니 결단 결
용(用)-解決해결 決定결정 決濟결제 決裁결재 判決판결 決裂결렬

謙 谦 겸손할 겸; 言 [qiān] 겸손하다, 공손하다, 덜다, 감하다.
부(部)-겸손은 말씨에서 나온다는 의미.
자(字)-言(말씀 언) 兼(겸할 겸)=겸(謙).
사(思)-말은(言-部) 행동을 겸해야(兼)하니 겸손할 겸.
용(用)-謙遜겸손. 謙虛겸허. 謙讓겸양. 謙受益겸수익. 謙稱겸칭.

兼 겸할 겸; 八 [jiān] 겸하다, 아울러, 쌓다.
부(部)-여덟 팔(八): 나누다의 의미도 있음.
자(字)-팔(八)일(一)계(크)곤곤(ㅣㅣ)팔(八)=겸(兼). 벼(禾)두개를 잡다.
사(思)-나눌(八) 한 개(一) 돼지머리(크)를 두개(ㅣㅣ) 나누니(八) 겸할 겸.
용(用)-兼備겸비. 兼任겸임. 兼營겸영. 兼職겸직. 兼愛思想겸애사상.

輕 轻 가벼울 경; 車 [qīng] 가볍다, 모자라다, 경솔하다,
부(部)-수레 차(車)거: 수레가 경중에 따라 움직인다는 의미.
자(字)- 車(수레 차) 巠(물줄기 경)=경(輕).
사(思)-수레가(車-部) 물줄기(巠)처럼 가볍게 가니, 가벼울 경.
용(用)-輕視경시. 輕薄경박. 輕重경중. 輕率경솔. 輕減경감.
　　　　一寸光陰不可輕일촌광음불가경.

鏡 镜 거울 경; 金 [jing] 거울삼다, 경계삼다, 비추다, 밝히다.
부(部)-쇠 금(金): 거울의 재료가 금속이라는 의미.
자(字)-金(쇠 금) 竟(마침내 경)=경(鏡).
사(思)-금속판(金)을 끝까지(竟) 문지르면 반질거리는 거울 경.
용(用)-顯微鏡현미경. 望遠鏡망원경. 眼鏡안경. 掛鏡괘경(벽거울).

競 竞 다툴 경; 立 [jing]겨루다, 나아가다, 향하여 가다
부(部)-설 립(立): 경쟁은 서서 뛰어야 하는 의미
자(字)-설 립(立) 兄(형 형) 설 립(立) 兄(형 형)=경(競)
사(思)-서서 누가 형이나 다투니 다툴 경
용(用)-競技경기 競賣경매 競走경주 競合경합 競馬경마 競選경선 競演경연

警 경계할 경; 言[jǐng]경계하다, 조심하다, 방비하다, 깨우치다.
부(部)-말씀 언(言): 말로서 경계하고 깨우치니 깨우칠 경
자(字)-敬(공경 경) 言(말씀 언) =경(警)
사(思)-공경하는 말로 잘해야 경계도 잘하니 경계 경
용(用)-警戒경계 警告경고 警察署경찰서 警備경비 巡警순경 警笛경적

慶 庆 경사 경; 心 [qìng]경사, 기쁜 일, 경사스럽다, 축하하다,
부(部)-마음 심(心): 축하는 마음으로 한다는 의미
자(字)-사슴 록(鹿) 한 일(一) 마음 심(心) 뒤져올 치(夊) =경(慶)
사(思)-사슴은 경사를 상징 한 마음으로 축하 가니 경사 경
용(用)-慶祝경축 慶事경사 慶弔경조 慶賀경하

更 다시 갱. 고칠 경 曰 [gēng,gèng]다시, 재차, 고치다, 개선,
부(部)-가로 왈(曰): 고치라는 말을 주고 받다
자(字)-一(한 일) 曰(가로 왈) 乂(벨 예)=경(更) ※벨 예(乂). 예초(刈草)
사(思)-한 마디 말을 베일 듯이 받아서 고쳐야 고칠 경
용(用)-變更변경 更迭(更佚)경질 更生갱생 更新갱신.

敬 공경할 경;攵 [jìng] 공경하다, 훈계하다, 정중하다, 예의바르다.
부(部)-칠 복(攵)=등글월문:복(攵): 회초리로 가르치는 의미.
자(字)-苟(진실로 구) 攵(칠 복) =경(敬). ※ 苟: 진실로 구.
사(思)-진실로(苟)와 회초리(攵=攴-部)로 훈계하여 공경할 경.
용(用)-尊敬존경. 恭敬공경. 敬老경로. 敬意경의. 敬聽경청. 敬禮경례.

傾 傾 기울 경; 人 [qīng] 기울다, 뒤집히다, 눕다.
부(部)-사람 인(人)=(亻):사람의 인식은 기울다 의미.
자(字)-亻(사람인변 인) 頃(이랑 경)=경(傾).
사(思)-사람(人-部)이 비수(匕)에 의해 머리(頁)를 기울이니 기울 경.
용(用)-傾向경향 傾斜경사 傾聽경청 傾注 傾倒경도. 傾國之色경국지색 한번
　　　 보기만 하면 정신(精神)을 빼앗는 뛰어난 미인(美人).

經 经 날 경; 糸 [jīng,jìng] 날, 날실, 세로, 길, 도로(道路).
부(部)-실 사(糸): 천을 짜는 실과 관련된 세로줄을 의미.
자(字)- 糸(가는 실 멱) 巠(물줄기 경)=경(經).
사(思)-실(糸-部)은 짜이게 줄기(巠)역할이 중요한 세로줄, 날 경.
용(用)-經濟경제(經世濟民). 經驗경험. 經營경영. 經費경비. 經歷경력.

驚 惊 놀랄 경; 馬 [jīng]놀라다, 겁내다, 두려워하다, 동요하다,
부(部)-말 마(馬): 말이 잘 놀라는 짐승
자(字)-敬(공경 경) 馬(말 마) =경(驚) ※ 공경 경(敬)
사(思)-공경심으로 말을 타지 않으면 놀라게 되니 놀랄 경
용(用)-驚愕경악 驚異경이 驚起경기 驚歎(驚嘆)경탄 驚氣경기 驚惶경황

耕 밭갈 경; 耒 [gēng] 밭 갈다, 논밭을 갈다, 고르다,
부(部)-쟁기 뢰(耒):밭가는 쟁기를 의미.
자(字)-耒(가래 뢰(뇌)) 井(우물 정)=경(耕).
사(思)-쟁기(耒-部)로 정(井)자(字) 형태로 밭갈 경.
용(用)-農耕농경. 耕作경작. 耕業경업. 農耕地농경지. 耕稼경가

景 볕 경; 日 [jǐng] 볕, 빛, 햇살, 햇볕, 태양, 밝다, 환히 밝다.

부(部)-날 일(日): 태양의 햇 빛과 같은 밝은 의미.

자(字)-日(날 일) 京(서울 경)=경(景).

사(思)-태양(일(日)이 서울(경(京)을 비추니 볕 경. 경치 경. 클 경.

용(用)-景氣경기. 背景배경. 景致경치. 風景풍경. 景觀경관. 光景광경.
景福宮경복궁.

京 서울 경; 亠一 [jīng]서울, 크다, 높다

부(部)-돼미머리 두(亠): 머리 제일이라는 의미

자(字)-亠(돼지해머리 두) 口(입 구) 小(작을 소)=경(京)

사(思)-머리격으로 발언하는 입이 작지만 많이 모여사는 서울 경

용(用)-京鄕)경향 上京상경 北京북경 京城경성 燕京연경 歸京귀경
京鄕出入경향출입=서울과 시골을 다니면서 널리 교제(交際)함.

頃 이랑 경, 잠깐 경; 頁 [qǐng] 밭 넓이의 단위, 근래, 기울다,

부(部)-머리 혈(頁); 밭 머리에 앉아 머리를 기울이는 의미.

자(字)-匕(비수 비) 頁(머리 혈) =경(頃). ※ 비수 비(匕)

사(思)-비수(匕) 때문에 머리(頁-部)가 기우는 시간은 잠깐 경.

용(用)-頃刻경각. 食頃식경(한 끼의 먹을 시간). 頃刻間경각간(눈 깜박할 동안).

境 지경 경; 土 [jìng]지경, 곳, 장소

부(部)-흙 토(土): 토지의 경계에 관한 글자 의미

자(字)-土(흙 토) 竟(마침내 경) =경(境) ※마침내 경(竟)

사(思)-토지의 끝 경계를 말하는 지경 경

용(用)-境遇경우 境界경계 困境곤경 地境지경 逆境역경

係 맬 계; 人 [xi]걸리다, 잇다, 계, 사무나 작업 분담 작은 갈래

부(部)-사람 인(亻): 사람의 업무 분야라는 의미

자(字)-亻(사람인변 인) 系(맬 계)=계(係) ※ 이을 계(系)

사(思)-사람이 모인 업무 조직 최소로 매어주니 맬 계

용(用)-관계(關係) 계장(係長) 관계자(關係者) 계원(係員) 서무계(庶務係)

戒 경계할 계; 戈 [jiè] 경계하다, 삼가다, 타이르다, 알리다.

부(部)-창 과(戈): 경계에는 창을 휴대한다는 의미.

자(字)-戈(창 과) 廾(받들 공)=계(戒). ※ 廾: 두손 받들 공

사(思)-창(戈-部)을 잘 받들어(廾받들 공) 잡고 경계할 계.

용(用)-警戒경계. 懲戒징계. 訓戒훈계. 戒嚴令계엄령.

計 計 꾀 계; 言 [jì] 꾀, 계략, 계획, 경영, 꾀하다, 헤아리다.
부(部)－말씀 언(言): 꾀 계획을 말로 한다는 의미.
자(字)－言(말씀 언) 十(열 십)＝계(計).
사(思)－말(言)을 충분히 많이(十)하여 계획을 세우고 헤아릴 계. 꾀 계.
용(用)－計劃계획. 計算계산. 統計통계.

季 계절 계; 子 [jì]끝, 막내, 말년, 마지막,
부(部)－아들 자(子): 아들 교육 시키는 게 마지막 과제
자(字)－禾(벼 화) 子(아들 자) ＝계(季)
사(思)－벼와 아들을 키우는 게 계절을 지나면서 하니 계절 계
용(用)－季節계절 四季사계 夏季하계 季刊계간 冬季동계 四季節사계절

鷄 닭 계; 鳥 [jī]닭, 가금(家禽)
부(部)－새 조(鳥): 닭은 날개 짐승이라는 의미
자(字)－奚(어찌 해) 鳥(새 조) ＝계(鷄)   ※ 어찌 해(奚)
사(思)－어찌 새 같이 날개있는 가축이니 닭 계
용(用)－牛刀割鷄우도할계 木鷄養到목계양도 鷄口계구 群鷄군계
        群鷄一鶴군계일학＝「무리 지어 있는 닭 가운데 있는 한 마리의 학」
이라는 뜻으로, 여러 평범(平凡)한 사람들 가운데 있는 뛰어난 한 사람.

契 맺을 계,부족 이름 글,애쓸 결,사람 이름 설; 大－ [xiè]부족
부(部)－큰 대(大): 맺는 약속이나 언약은 큰 것이다 의미
자(字)－㓞(교묘히 새길 갈) 大(클 대) ＝계(契)   ※丰 예쁠 봉
사(思)－예쁘게(丰) 칼로(刀) 새긴 약속은 크니(대(大)) 맺을 계
용(用)－契계 金蘭之契금란지계 斷金之契단금지계 金石之契금석지계

階 阶 섬돌 계; 阜 [jiē] 섬돌, 층계, 사닥다리, 사닥다리를 놓다.
부(部)－언덕 부(阜): 언덕과 같은 계단이라는 의미.
자(字)－阝(좌부변 부) 皆(다 개)＝계(階).
사(思)－언덕(阜＝阝)에 오르려면 모두(皆) 섬돌(계단)을 놓으니 섬돌 계.
용(用)－段階단계. 階層계층. 階級계급. 階段계단.

繼 继 이을 계; 糸 [jì] 잇다, 짙다, 뒤이음, 후사(後嗣), 이어.
부(部)－실 사(糸): 실같이 이어가다는 의미.
자(字)－糸(가는 실 멱) 䜌(이을 계)＝계(繼).
사(思)－실(糸－部)을 이어야(䜌) 천이되니 이을 계.
용(用)－繼續계속 繼承계승 中繼중계 承繼승계 後繼후계, 繼母계모,

系 이을 계; 糸 [xì]잇다, 걸리다, 이어지다, 실마리
　　부(部)-실 사(糸): 실로서 이은다는 의미
자(字)-丿(삐침 별) 糸(가는 실 멱) =계(系)
사(思)-한 개의 실로 이어서 천은 만드니 이을 계
용(用)-體系체계 系統계통 太陽系태양계 直系직계 系列계열

界 지경 계; 田 [jiè]지경, 경계, 이웃하다, 사이하다, 이간하다
　　부(部)-밭 전(田): 밭에는 경계가 있다는 의미
자(字)-田(밭 전) 介(낄 개)=계(界)
사(思)-밭 사이에는 끼여 있는 게 경계이니 지경 계
용(用)-世界세계 境界경계 限界한계 視界시계 臨界임계

庫 곳집 고; 广 [kù]곳집, 문의 이름, 성(姓)
　　부(部)-집 엄(广): 차고는 집에 있다는 의미
자(字)-广(집 엄) 車(수레 차)=고(庫)
사(思)-집에 차고 또는 창고가 있으니 곳집 고
용(用)-倉庫창고 冷藏庫냉장고 寶庫보고 在庫재고 金庫금고 庫間곳간
　　　　入庫입고 車庫차고 封庫罷職봉고파직=부정(不正)을 저지른 관리(官
吏)를 파면(罷免)시키고 관고(官庫)를 봉하여 잠그는 일.

固 굳을 고; 囗 [gù]굳다, 단단하다, 방비, 수비, 한결같이.
　　부(部)-에워쌀 위(囗)=큰입구몸: 울타리 쳐서 고정 하는 의미.
자(字)-囗(나라 국) 古(옛 고)=고(固).
사(思)-울타리(위(囗)안에서 오래되면(고(古) 굳어지니 굳을 고.
용(用)-固執고집. 確固확고. 堅固견고. 固定고정. 固辭고사. 固守고수.

膏 기름 고, 살찔 고; 肉 [gāo,gào] 살찌다, 살진 살, 기름진 땅.
　　부(部)-고기 육(肉)=육달월(月): 고기 기름, 살찌다의 의미.
자(字)-高(높을 고) 月(달 월) =고(膏).
사(思)-고(高)열량 음식은 살(肉)찌고 기름지게 되니 기름 고, 살찔 고.
용(用)-脂膏지고☞ 지방(脂肪). 軟膏연고. 膏肓고황. 蘭膏난고.

股 넓적다리 고; 肉 [gǔ] 넓적다리, 정강이, 끝.
　　부(部)-고기 육(肉); 살과 관련 있는 글자 의미.
자(字)-月(육달월 월) 殳(몽둥이 수)=고(股).
사(思)-살(육(肉)이 많고 굵은 몽둥이(수(殳) 같으니 넓적다리 고.
용(用)-股關節고관절. 句股구고. 句股田구고전. 股本票고본표. 股戰고전.

高 높을 고; 高- [gāo]높다, 높아지다, 뽐내다

부(部)-높을 고(高) 높다는 의미

자(字)-亠(돼지해머리 두) 口(입 구) 冋(들 경) =고(高)

사(思)-머리가 말하면 들판에서라도 말해야 하니 높을 구

용(用)-최고(最高) 제고(提高) 고저(高低) 고원(高原) 고산(高山)

餻 떡 고; 食 [gāo] 떡, 경단.

부(部)-먹을 식(食): 떡은 먹는 것이라은 의미.

자(字)-𩙿(밥식 식) 羔(새끼 양 고)=고(餻).

사(思)-떡(食-部)이 새끼양(羔)처럼 부드러운 떡, 떡 고.

용(用)-雪餻설고. 橘餠餻귤병고. 搢餻차고(차좁쌀, 찹쌀 찐 떡).

考 상고할 고; 老[kǎo] 밝히다, 살펴보다, 치다, 두드리다, 이루다.

부(部)-늙을 로(耂): 노인들은 살피고 생각에 밝다는 의미.

자(字)-노(耂)교(丂)=고(考). 丂 공교할 교, 巧의 古字.

사(思)-어르신(耂)이 되면 슬기로움(丂)으로 생각을 이루니 생각할 고,

용(用)-考慮고려. 參考참고. 再考재고. 考查고사. 考位고위. 考案고안.

　　　　考終命고종명. 詳考상고=꼼꼼하게 따져서 참고하거나 검토함.

苦 쓸 고; 艸 [kǔ] 쓰다, 쓴맛, 씀바귀, 쓴 나물, 괴로워하다.

부(部)-풀 초(艸=++)초두머리: 풀에는 쓴맛을 알게 되는 의미.

자(字)-++(초두머리 초) 古(옛 고)=고(苦).

사(思)-풀(++=艸-部) 오래(古)자라면 씀바귀로 쓰다.(괴롭다) 쓸 고.

용(用)-苦悶고민. 苦痛고통. 苦衷고충. 苦惱고뇌. 苦杯고배. 苦樂고락.

告 알릴 고, 뵙고청할 곡; 口 [gào] 알리다, 깨우쳐 주다.

부(部)-입 구(口): 입으로 알린다는 의미.

자(字)-牛(소 우) 口(입 구) =고(告).

사(思)-소(牛)를 바치고 소원을 말(口-部) 하니 뵙고청할 곡, 알릴 고.

용(用)-警告경고. 廣告광고. 申告신고. 報告보고. 豫告예고. 宣告선고.

　　　　勸告권고. 告白고백. 告發고발. 被告피고. 原告원고. 忠告충고.

故 연고 고; 攴 [gù] 예, 옛, 예전의, 옛날의, 원래, 본래.

부(部)-칠 복(攴)등글월문(복(攵): 회초리 등으로 친다는 의미.

자(字)-古(옛 고) 攵(칠 복) =고(故).

사(思)-오래된(古)일을 때려가며(攵복) 따지니 연고 고.

용(用)-事故사고. 故鄕고향. 故人고인. 故障고장. 故意고의. 緣故연고.

古 옛 고; 口 [gǔ] 옛, 예, 오래다, 예스럽다.

부(部)-입 구(口): 옛일을 입(구(口)으로 말한다는 의미.

자(字)-十(열 십) 口(입 구) =고(古).

사(思)-많은 사람(십(什)의 입(구(口)에 말하게 되는 옛 고.

용(用)-古代고대 古蹟고적 古字고자 蒙古몽고 古典고전 古迹고적.
　　　古物고물 古墳고분.

孤 외로울 고; 子 [gū] 외롭다, 홀로, 외따로, 고아.

부(部)-아들 자(子): 외롭게 된 자식을 의미.

자(字)-子(아들 자) 瓜(오이 과)=고(孤).

사(思)-아들(子)이 오이(瓜과)와 같이 홀로 외로울 고. (부모가 없어).

용(用)-孤立고립. 孤兒고아. 孤寂고적. 孤獨고독. 獨孤독고.

雇 품살 고{새 이름 호}; 隹 [gù] 품을 사다, 고용하다, 값 치르다.

부(部)-새 추(隹): 새같이 가두어 품살이 한다는 의미.

자(字)-戶(집 호) 隹(새 추) =고(雇).

사(思)-새장문(호(戶)으로 새(추(隹)처럼 가두어 머슴같이 품팔 고.

용(用)-雇用고용 雇傭고용 解雇해고 雇工고공 月雇월고 雇人고인 雇農고농

穀 谷 곡식 곡; 禾 [gǔ]곡식, 양식, 착하다, 기르다, 살다

부(部)-벼 화(禾): 벼의 껍질을 도정해야 하는 곡식 의미

자(字)-榖(곡식 곡) 殳(몽둥이 수)=곡(穀)　※ 껍질 각(殼)

사(思)-벼는 껍질을 도정해야 먹을 수 있는 곡식 곡

용(用)-穀雨곡우 穀食곡식 還穀환곡 雜穀잡곡 五穀오곡 糧穀양곡

曲 굽을 곡; 曰 [qū,qǔ]굽다, 휘다, 굽히다, 사악하다

부(部)-가로 왈(曰):말하는 것을 왜곡 한다는 의미

자(字)-曰 (가로 왈) ㅣ(뚫을 곤) ㅣ(뚫을 곤)=곡(曲)

사(思)-말을 뚫어지게 뚫어지게 거짓하면 왜곡되니 굽을 곡

용(用)-歪曲왜곡 婉曲완곡 懇曲간곡 歌曲가곡 思美人曲사미인곡

哭 울 곡; 口 [kū] 울다, 노래하다.

부(部)-입 구(口): 곡소리는 입에서 나온다는 의미.

자(字)-吅(부르짖을 훤) 犬(개 견) =곡(哭).

사(思)-입과 입(口口)에서 개(犬 견)같이 슬피 우니 울 곡.

용(用)-痛哭통곡. 哭婢곡비. 鬼哭귀곡. 慟哭통곡. 哭聲곡성.
　　　哭才人곡재인(남의 초상집(初喪)에 가서 곡을 해주던 천민(賤民).

困 괴로울 곤; 口 [kùn]괴롭다, 부족하다, 통하지 아니하다
부(部)-큰 입구몸 구(口) 둘레를 친다는 의미
자(字)-口(나라 국) 木(나무 목)=곤(困)
사(思)-큰 에운 담안에 있는 나무로 괴로울 곤
용(用)-困難곤란 疲困피곤 困境곤경 困辱 곤욕 困窮곤궁 貧困빈곤
　　　困惑곤혹 困乏곤핍 困苦곤고 春困症춘곤증

滑 미끄러울 활(어지러울 골}; 水 [huá] 미끄럽다, 교활하다.
부(部)-물 수(水): 물이 있어 미끄러워지다는 의미.
자(字)-氵(삼수변 수) 骨(뼈 골)=활(滑).
사(思)-물이(氵) 묻혀진 뼈(骨)는 미끄러우니 미끄러울 활.
용(用)-圓滑원활. 潤滑油윤활유. 滑走臺활주대. 滑走路활주로. 滑車활차.

功 공 공; 力-[gōng]공, 공로, 공을 자랑하다, 일, 직무
부(部)-힘 력(力): 공을 세움에는 힘이 든다는 의미
자(字)-工(장인 공) 力(힘 력(역)) =공(功)　※ 장인 공(工)
사(思)-장인, 즉 전문가는 힘을 써야 하니 공 공
용(用)-成功성공 功勞공로 功績공적 功過공과 功臣 공신
　　　積功之塔不墜적공지탑불휴(공든탑이 무너지랴)

公 공평할 공; 八 [gōng] 공변되다, 공적, 공적(公的)인 것.
부(部)-여덟 팔(八): 나눈다는 의미.
자(字)-八(여덟 팔) 厶(사사 사)=공(公).
사(思)-나누어(팔(八) 사적(사(厶)으로 줌에 공정하니 공평할 공.
용(用)-公開공개 公共공공 公式공식 公薦공천 公約공약 公布공포 公園공원.

孔 구멍 공; 子 [kǒng]구멍, 매우, 심히, 크다
부(部)-아들 자(子): 성씨의 하나로 아들에 물려준다 의미
자(字)-子(아들 자) 乚(숨을 은)=공(孔)　※ 숨을 은(乚)
사(思)-구멍이라는 글자이나 공자(孔子)를 대표하는 글자
용(用)-孔子공자 孔明공명 氣孔기공 瞳孔동공 骨多孔症골다공증

恐 두려울 공; 心 [kǒng] 두려워하다, 두려움, 으르대다, 아마.
부(部)-마음 심(心): 두려운 마음의 상태를 의미.
자(字)-巩(굳을 공, 알 공) + 心(마음 심)=공(恐).
사(思)-프로(工)앞에서는 무릇(凡) 마음(心-部)이 두려울 공.
용(用)-恐慌공황. 恐怖공포. 恐喝공갈.

空 빌 공; 穴 [kōng,kòng] 비다, 다하다, 없다, 쓸쓸하다,
　　부(部)-구멍 혈(穴): 구멍은 비어 있다는 의미.
자(字)-穴(구멍 혈) 工(장인 공)=공(空).
사(思)-구멍(穴구멍 혈)을 장인(工 공)이 뚫었으니 속은 빌 공.
용(用)-空間공간 空氣공기 空港공항 航空항공 空中공중

供 이바지할 공; 人 [gōng,gòng] 이바지하다, 말하다, 공손하다.
　　부(部)-사람 인(人): 사람사이에 관한 글자 의미.
자(字)-亻(사람인변 인) 共(한가지 공)=공(供).
사(思)-사람은(人=亻-部) 더불어 함께(共) 공동체에 이바지할 공.
용(用)-提供제공. 供給공급. 供述공술. 供養공양. 供用林공용림.

攻 칠 공; 攴 [gōng]치다, 공격하다, 거세(去勢)하다, 다스리다
　　부(部)-칠 복(攵=攴): 공격을 치다는 의미
자(字)-工(장인 공) 攵(칠 복) =공(攻)
사(思)-전문가(工)가 공격(攵)하니 칠 공
용(用)-攻擊공격 專攻전공 挾攻협공 攻勢공세 攻守공수 攻駁공박
　　　　 攻掠공략 難攻不落난공불락

共 함께 공; 八 [gòng]함께, 함께하다, 같게 하다
　　부(部)-여덟 팔(八): 함께 나누다(八) 의미
자(字)-卄(스물 입) 一(한 일) 八(여덟 팔) =공(共) ※스물 입(卄)
사(思)-스무(卄)명이 함께 모여 한 사람(一)처럼 나누(팔(八)니 함께 공
용(用)-共有공유 公共공공 共感공감 共同공동 共鳴공명

菓 과일 과; 艸 [guǒ] 과일, 과자(菓子).
　　부(部)-풀 초(艸): 풀같은 잎의 힘으로 과일이 달린다는 의미.
자(字)-++(초두머리 초) 果(실과 과)=과(菓).
사(思)-풀(++)과 같은 잎의 힘으로 실과(果)가 생기니 과일 과.
용(用)-茶菓다과. 製菓제과. 菓子과자. 漢菓한과. 造菓조과 乾菓子건과자.

科 과정 과; 禾 [kē]과정, 조목, 품등, 그루
　　부(部)-벼 화(禾): 곡식을 기르려면 과정이 있다 의미
자(字)-禾(벼 화) 斗(말 두)=과(科) ※ 말 두(斗)
사(思)-곡식(화(禾) 수량을 재려면 말(두(斗)로 재는 과정 과
용(用)-科學과학 科目과목 科擧과거 文科문과 學科학과 眼科안과

課 课 매길 과; 言 [kè] 매기다, 부과하다, 과목,
부(部)-말씀 언(言): 말로 세금 부과한다는 의미.
자(字)-言(말씀 언) 果(실과 과)=과(課).
사(思)-말(言)의 결과(果)로 세금 매기니 매길 과, 과목 과.
용(用)-課題과제. 賦課부과. 課程과정. 課稅과세. 課外과외. 課長과장.

果 실과 과; 木 [guǒ] 나무의 열매, 해내다, 굳세다, 용감하다,
부(部)-나무 목(木): 나무에 과일이 열린다는 의미.
자(字)-田(밭 전) 木(나무 목) =과(果).
사(思)-과수원 밭(田)에 나무(木)에서 열리는 실과 과. 결과 과.
용(用)-結果결과. 果敢과감. 成果성과. 果然과연. 果實과실. 因果인과.

寡 적을 과; 宀 [guǎ] 적다, 나, 임금이 자기 자신을 일컫는 겸칭.
부(部)-집 면(宀): 집 안에서의 일과 관련 의미.
자(字)-宀(집 면) 頁(머리 혈) 刀)(칼 도)=과(寡).
사(思)-집(宀-部)에 우두머리(頁)가 칼(刀)을 가지니 말이 적을 과.
용(用)-寡婦과부. 寡慾과욕. 多寡다과. 寡默과묵　衆寡중과. 寡人과인
　　　衆寡不敵중과부적. 鰥寡孤獨환과고독

過 过 지날 과; 辵 [guò,guō,guó] 지나다, 실수하다, 틀리다.
부(部)-쉬엄걸을 착(辵)=착(辶): 지나감은 걷는다는　의미.
자(字)-咼(입 비뚤어질 괘) 辶(쉬엄쉬엄 갈 착) =과(過).
사(思)-비뚤어져(咼) 걸어가면(辶=辵책받침) 지나칠 과 허물 과.
용(用)-過去과거 過剩과잉 謝過사과 通過통과 不過불과 超過초과 功過공과

郭 성곽 곽; 邑- [guō]성곽, 둘레, 돈(錢) 따위의 가장자리
부(部)-고을 읍(阝)우부방: 고을의 성곽 의미
자(字)-享(누릴 향) 阝(우부방 읍)=곽(郭)
사(思)-삶을 누리기(享(享) 위해 성곽을 감싸니 둘레 곽
용(用)-外郭외곽 郭內곽내 郭外곽외 山郭산곽 匡郭광곽

冠 갓 관; 冖 [guān,guàn]갓, 관, 볏, 성(姓)
부(部)-덮을 멱(冖민갓머리): 머리를 덮는다는 의미
자(字)- 冖(덮을 멱) 冠(둥글게 깎을 완)=관(冠)
사(思)-머리를 덮어(멱(冖) 둥근머리위에 쓴 갓 관
용(用)-弱冠약관 冠詞관사 王冠왕관 衣冠의관 月桂冠월계관
　　　李下不整冠이하부정관「오얏나무 밑에서 갓을 고쳐 쓰지 마라

館 馆 집 관; 食 [guǎn]객사(客舍), 관청·학교 등

부(部)- 밥 식(食): 바도 먹고 하는 집이라는 의미

자(字)-飠(밥식 식) 官(벼슬 관)=관(館)

사(思)-식사(식(食) 포함하여 벼슬아치(관(官)가 묵는 집 관

용(用)-成均館성균관 旅館여관 白堊館백악관 史館사관 會館회관

貫 贯 꿸 관;貝[guàn]꿰다, 꿰뚫다, 착용하다, 통과하다, 적중하다,

부(部)-조개 패(貝): 꿰어야 보배다 하는 의미

자(字)-毌(꿰뚫을 관) 貝(조개 패)=관(貫)　　※

사(思)-잘 꿰매어야(관(毌) 보배(패(貝)이니 꿸 관

용(用)-豁然貫通활연관통 貫徹관철 貫通관통 貫祿관록 本貫본관

寬 宽 너그러울 관; 宀 [kuān] 너그럽다, 넓다, 집이 넓다.

부(部)-집 면(宀); 집에서는 너그러워지는 의미.

자(字)-宀(집 면) 莧(뿔이 가는 산양 환) =관(寬).

사(思)-집(宀)에서 산양을 키우는 마음은 너그러울 관.

용(用)-寬大관대 寬容관용 寬弘관홍 寬厚관후 寬刑관형 寬貸관대
　　　　寬免관면 寬闊관활 寬恕관서 寬忍관인

鑵 두레박 관; 金 [guàn] 두레박.

부(部)-쇠 금(金): 두레박을 금속으로 만든다는 의미.

자(字)-金(쇠 금) 雚(황새 관)=관(鑵). ※ 황새 관(雚).

사(思)-쇠로(金-部) 황새(雚)주둥이 모양 길게 만들어 두레박 관.

용(用)-圓塙鑵원도관. 乳鑵유관 水鑵수관(물병)

灌 물 댈 관; 水 [guàn] 물 대다, 따르다, 붓다, 흘러들어가다.

부(部)-물 수(水): 물과 관련된 글자 의미.

자(字)-氵(삼수변 수) 雚(황새 관)=관(灌).

사(思)-물(氵=水, 氺-部)을 황새(雚) 주둥이처럼 길다란 관으로 물댈 관.

용(用)-灌漑관개. 灌木관목. 灌漑用水관개용수. 灌水관수.

慣 惯 버릇 관; 心 [guàn]버릇, 버릇이 되다, 익숙하여지다

부(部)-심방변 심(心=忄): 버릇이 되는 마음관련 의미

자(字)-忄(심방변 심) 貫(꿸 관)=관(慣)　※ 貫 꿸 관

사(思)-마음(심(忄)이 꿰매어져 버릇이 되니 버릇 관

용(用)-習慣습관 慣性관성 慣行관행 慣例관례 慣習관습 慣用관용

官 벼슬 관; 宀 [guān,guǎn] 벼슬, 벼슬아치, 관청,
　　부(部)-집 면(宀): 관청이 집이란 의미.
자(字)- 宀(집 면) 㠯(거늘릴 이)=관(官). .
사(思)-집, 관청(宀-部)에서 거느리는(㠯) 사람 벼슬아치다.
용(用)-長官장관. 官吏관리. 官僚관료. 官廳관청. 祕書官비서관.

觀 观 볼 관; 見 [guān,guàn] 보다, 자세히 보다, 명시하다.
　　부(部)-볼 견(見): 본다는 것에 관한 글자 의미.
자(字)-雚(황새 관) 見(볼 견) =관(觀).
사(思)-황새(雚)처럼 높은데서 보니(見-部) 자세히 볼 관.
용(用)-觀測관측 觀察관찰 觀點관점 主觀주관 觀光관광 觀察관찰 價値觀가치관

關 关 관계 관; 門[guān]빗장, 기관(機關), 자동장치, 닫다, 잠그다
　　부(部)-문 문(門): 문이 관계를 맺는 관건이다 의미
자(字)-門(문 문) 絲(실 꿸 관) =관(關)
사(思)-문(門)을 통해 실 꿰듯(관(絲) 관계를 맺으니 관계 관
용(用)-關係관계 關聯(關連)관련 機關기관 關鍵관건 關心관심 玄關현관
　　　　通關통관 聯關연관 關門관문
　　　　八字所關팔자소관=팔자(八字) 운명적(運命的)으로 겪는 바.

管 피리 관; 竹 [guǎn] 피리, 대나무로 만든 악기의 총칭, 대롱.
　　부(部)-대나무 죽(竹): 피리의 재료가 대나무라는 의미.
자(字)-竹(대죽 죽) 官(벼슬 관)=관(管)
사(思)-대나무(竹)에 만든 구멍을 관리(官관) 소리 내는 게 피리 관(管).
용(用)-管理관리. 保管보관. 管轄관할. 主管주관. 移管이관. 雷管뇌관.

款 항목 관, 정성 관 欠 [kuǎn] 정성, 항목, 돈, 경비.
　　부(部)-하품 흠(欠): 잠이 부족 하품 나오게 정성을 보이는 의미
자(字)-士(선비 사) 示(보일 시) 欠(하품 흠) =관(款).
사(思)-선비(士)가 보이는(示)것은 부족함(欠)을 채우는 정성 관, 돈 관.
용(用)-借款차관. 交款교관. 約款약관. 衷款충관. 定款정관. 附款부관.

廣 广 넓을 광; 广 [guǎng]넓다, 넓히다, 넓어지다
　　부(部)-엄호 집 엄(广): 집이 크고 넓다는 의미
자(字)-广(집 엄) 黃(누를 황)=광(廣)
사(思)-집(엄(广)이 황금색 넓은 집이니 넓을 광
용(用)-廣告광고 廣大광대 廣場광장 廣野광야 廣魚광어 廣域광역

狂 미칠 광; 犬 [kuáng] 미치다, 미친 병, 거만하다.
부(部)-개 견(犬): 미친 개와 유사 의미.
자(字)-犭(개사슴록변 견) 王(임금 왕)=광(狂).
사(思)-개(犭=犬-部)가 왕(王)노릇하니 미친 거로다.
용(用)-狂牛病광우병. 熱狂열광. 狂風광풍. 狂氣광기. 狂奔광분.

光 빛 광; 儿 [guāng] 빛, 빛나다, 광택.
부(部)-사람인발(儿): 빛을 들고 걸어가는 사람 모양.
자(字)-丨(막대기 곤) 丷(풀 초) 儿(사람 인)=광(光).
사(思)-막대기(곤(丨)에 풀(초(丷)로 횃불 든 사람(인(儿) 가니 빛 광.
용(用)-觀光관광 榮光영광 月光월광 光復광복 光景광경 光彩광채 脚光각광.

鑛 쇳돌 광; 金 [kuàng]쇳돌
부(部)-쇠 금(金): 쇳돌 철광석 의미
자(字)-金(쇠 금) 廣(넓을 광)=광(鑛)
사(思)-쇠, 철(금(金)은 넓은(광(廣)범위에 사용되니 철광석 광
용(用)-鑛石광석 鑛山광산 炭鑛탄광 開鑛개광 鑛業所광업소
　　　廢鑛폐광 鑛夫광부 鑛脈(鑛脉)광맥 炭鑛탄광 鎔鑛爐(熔鑛爐)용광로

掛 걸 괘; 手 [guà] 걸다, 걸어 놓다, 마음에 걸리다.
부(部)-손 수(手): 손작업으로 걸게 된다는 의미.
자(字)-扌(재방변 수) 卦(점괘 괘, 걸 괘)=괘(掛).
사(思)-손으로(手-部) 점괘(卦)를 걸어놓고 보니 걸 괘.
용(用)-掛金괘금(노름,보험 돈을 걺). 掛鏡괘경기. 掛竿괘간. 掛念괘념

怪 기이할 괴; 心 [guài]기이하다, 의심하다, 의심스럽다, 도깨비,
부(部)-심방변 심(忄): 느끼는 마음 상태를 의미
자(字)-忄(심방변 심) 圣(힘쓸 골)=괴(怪)
사(思)-마음(심(忄)에 힘써(골(圣)생각해도 기이할 괴
용(用)-駭怪해괴 怪物괴물 妖怪요괴 怪疾괴질 怪傑괴걸 怪異괴이

壞 坏 무너질 괴; 土 [huài]무너지다, 무너뜨리다, 땅 이름
부(部)-흙 토(土): 흙더미가 무너진다는 의미
자(字)-土(흙 토) 褱(품을 회)=괴(壞) ※褱 품을 회=懷의 古字
사(思)-흙(토(土))이 물을 품으면(회(褱) 무너질 괴
용(用)-崩壞붕괴 破壞파괴 損壞손괴 壞死괴사 壞滅괴멸 倒壞도괴 自壞자괴

愧 부끄러워 할 괴; 心 [kuì]부끄러워하다, 부끄러움, 창피를 주다,
부(部)-심방변 심(忄=心): 부끄러움 느끼는 마음 의미

자(字)-忄(심방변 심) 鬼(귀신 귀)=괴(愧)

사(思)-마음(심忄)이 귀신(귀鬼)같이 못되면 부끄러 할 괴

용(用)-慙愧참괴 自愧자괴 仰不愧於天앙불괴어천 愧死괴사 愧恥괴치
愧歎괴탄 愧服괴복 無愧무괴

傀 허수아비 괴; 人 [kuǐ,guǐ] 크다, 성(盛)하다, 괴이하다.
부(部)-사람 인(人): 사람모양으로 만든다는 의미.

자(字)-亻(사람인변 인) 鬼(귀신 귀)=괴(傀).

사(思)-사람(亻)모양이나 귀신(鬼)같으니 허수아비 괴.

용(用)-傀儡괴뢰. 傀懼괴구. 傀奇괴기. 傀儡軍괴뢰군. 傀儡劇괴뢰극
傀儡師괴뢰사 鬼傀귀괴(광대놀음) 面傀면괴(꼭두각시).

塊 흙덩이 괴; 土 [kuài]흙덩이, 흙, 덩어리
부(部)-흙 토(土): 흙덩어리 관련 의미

자(字)-土(흙 토) 鬼(귀신 귀)=괴(塊)

사(思)-흙(토土)이 귀신(귀鬼)모양 덩어리 되니 흙덩이 괴

용(用)-金塊금괴 痰塊담괴 肉塊육괴 造塊조괴 地塊지괴 小塊소괴

轟 轰 울릴 굉; 車 [hōng] 소리, 천둥소리, 폭발 소리, 폭포 소리.
부(部)-수레 거(차)(車): 수레가 소리 나니 부수로 사용.

자(字)-車(수레 차) 轉(수레 인) =굉(轟).

사(思)- 수레(車-部) 세 대가 굉음(轟音) 울림소리가 나니 울릴 굉.

용(用)-轟烈굉렬. 轟發굉발. 轟然굉연. 轟沈굉침.

敎 가르침 교; 攴 [jiào,jiāo] 가르침, 교령, 가르치다, 하여금.
부(部)-칠 복(攴)=등글월문(복(攵): 사랑의 매로 가르침 의미.

자(字)-爻(이치 효) 子(아들 자) 攵(칠 복)=교(敎). ※ 爻: 본받을 효

사(思)-이치(爻)를 아이(子)에는 사랑의 회초리(攴=攵-部)로 가르치다.

용(用)-敎授교수 敎育교육 敎師교사(사랑의 매가 없으니 어찌하랴??)

轎 轿 가마 교; 車 [jiào] 가마, 작은 가마, 작은 수레.
부(部)-수레 거(車): 사람을 태운다는 의미.

자(字)-車(수레 차) 喬(높을 교) =교(轎).

사(思)-수레(車)같은 높은(喬)사람을 태우는 가마 교.

용(用)-駕轎가교. 轎軍교군. 玉轎옥교. 凉轎양교. 轎丁교정.

較 较 견줄 교; 車 [jiào] 견주다, 비교하다, 나타내다, 드러내다.
부(部)-수레 거(車): 수레를 비교하다는 의미.
자(字)-車(수레 차) 交(사귈 교)=교(較).
사(思)-수레(車)를 사귀어(交) 타보고 비교하니 비교할 교.
용(用)-比較비교. 年較差연교차. 較差교차. 較略교략.

巧 공교할 교; 工 [qiǎo] 공교하다, 예쁘다, 아름답다, 기교.
부(部)-장인 공(工): 프로 즉 장인의 기교에 관한 의미.
자(字)-工(장인 공) 丂(공교할 교)=교(巧). ※丂 공교할 교=巧의 古字
사(思)-프로(工)의 솜씨가 공교하니(丂) 재주 있으니 공교할 교.
용(用)-巧妙교묘 精巧정교. 技巧기교. 工巧공교. 巧辯교변巧拙 교졸
　　　奸巧간교 機巧기교 巧知교지

驕 骄 교만할 교; 馬 [jiāo] 교만하다, 무례하다, 교만, 속이다.
부(部)-말 마(馬): 말을 타면 교만해지기 쉬운 의미.
자(字)-馬(말 마) 喬(높을 교)=교(驕).
사(思)-말(馬)타고 높은(喬)데 있으면 교만할 교.
용(用)-驕慢교만 驕佚교일 驕奢교사 驕人교인 驕倨교거 驕侈교치 驕氣교기

狡 교활할 교; 犬 [jiǎo]교활하다, 간교하다, 빠르다, 미치다.
부(部)-개 견(犬): 교활함은 개같은 행동과 비슷하다는 의미.
자(字)-犭(개사슴록변 견) 交(사귈 교)=교(狡).
사(思)-개(犭)같이 빠르게 교(交)차하며 간교하니 교활할 교.
용(用)-狡猾교활. 狡獪교쾌. 狡智교지. 鉅狡거교. 狡童교동. 狡惡교악.
　　　狡吏교리. 狂狡광교. 狡譎교휼.

喬 높을 교; 口 [qiáo] 높다, 높이 솟다, 끝에 갈고리를 덧붙인 창.
부(部)-입 구(口): 높은 말이나 먹거리를 의미.
자(字)-吞(삼킬 탄) 冋(들 경) =교(喬).
사(思)-풀을 삼키며(吞) 들판(冋)으로 달려 높은 곳으로 가니 높을 교.
용(用)-喬木교목. 喬嶽교악. 喬答彌교답미.

橋 桥 다리 교; 木 [qiáo] 다리, 교량, 시렁,
부(部)-나무 목(木): 나무로 만든 다리라는 의미.
자(字)-木(나무 목) 喬(높을 교)=교(橋).
사(思)-나무(木)로 높게(喬) 만든 다리 교.
용(用)-橋梁교량 板橋판교 連陸橋연륙교 架橋가교 橋架교가 橋頭堡교두보

皎 달빛 교; 白 [jiǎo] 달빛, 햇빛, 희다, 밝다.
부(部)-흰 백(白); 달빛이 희다는 느낌의 의미.
자(字)-白(흰 백) 交(사귈 교)=교(皎).
사(思)-달빛이 밝아 흰(白) 빛이 교(交)차되는 느낌이니 달 빛 교.
용(用)-皎潔교결 皎朗교랑 皎月교월 皎皎교교.

僑 僑 더불살이 교; 人[qiáo]높다, 타관살이하다.
부(部)-사람 인(人): 사람의 거처에 관한 글자라는 의미.
자(字)-亻(사람인변 인) 喬(높을 교)=교(僑).
사(思)-사람(亻)이 높은(喬)곳에서 타관살이 하니 더불살이 교.
용(用)-僑民교민 僑胞교포 僑體교체 僑人교인 華僑화교.

絞 絞 목맬 교; 糸 [jiǎo] 목매다, 꼬다, 새끼를 꼬다, 묶다.
부(部)-실 사(糸): 줄로 목을 맨다는 의미.
자(字)-糸(가는 실 멱) 交(사귈 교)=교(絞).
사(思)-로프(사(糸)로 교차(交叉)하여 목맬 교.
용(用)-絞殺교살. 絞首刑교수형. 絞首교수. 絞帶교대. 處絞처교.
　　　 絞死교사 絞戮교륙 絞臺교대 絞首臺교수대

矯 矯 바로잡을 교; 矢 [jiǎo,jiáo] 바로잡다, 곧추다, 바루다,
부(部)-화살 시(矢): 화살을 바로 쏘려면 교정한다는 의미.
자(字)-矢(화살 시) 喬(높을 교)=교(矯).
사(思)-화살(矢)을 높은(喬) 적중률을 갖자면 바로잡을 교.
용(用)-矯導所교도소. 矯正교정. 矯導교도. 矯監교감. 矯捄교구.

交 사귈 교; 亠 [jiāo] 사귀다, 주고받고 하다, 서로.
부(部)-돼지해머리 두(亠): 머리의 중요한 의미.
자(字)-亠(돼지해머리 두) 父(아버지 부)=교(交)
머리(두(亠)의 감정으로 아버지(부(父) 관계로 사귀니 사귈 교.
용(用)-交替교체 交涉교섭 交通교통 外交외교 交流교류 交換교환

咬 새소리 교; 口 [yǎo] 새소리, 음란하다, 물다, 깨물다, 씹다.
부(部)-입 구(口): 새소리는 입에서 난다는 의미.
자(字)-口(입 구) 交(사귈 교)=교(咬).
사(思)-새 주둥이로(口) 교(交)차되며 소리나니 새소리 교. 깨물 교.
용(用)-咬齒교치. 咬涇교경. 咬咬교교. 咬傷교상. 咬裂교열. 咬創교창.

郊 성 밖 교; 邑 [jiāo] 성 밖, 서울의 교외(郊外), 국경(國境), 끝.
부(部)-고을 읍(邑)=우부방(阝): 고을의 경계 관한 글자 의미.
자(字)-交(사귈 교) (우부방 읍)=교(郊).
사(思)-이성을 사귐(交)에는 읍(阝) 외(外)로 데이트 하니 성 밖 교
용(用)-郊外교외 東郊동교 近郊근교 西郊서교 平郊평교 郊草교초
　　　郊外線교외선 郊祀祭교사제

膠 胶 아교 교; 肉 [jiāo] 아교, 아교로 붙이다, 끈끈하다.
부(部)-고기 육(肉)=육달월(月): 살과 뼈의 접착에 관련 의미.
자(字)-月(육달월 월) 翏(높이 날 료(요))=교(膠).
사(思)-몸체(月)가 높이 날려면(翏) 날개가 잘 부착 되야 아교 교.
용(用)-膠着교착. 阿膠아교. 膠質學교질학. 膠化교화. 膠漆교칠.

嬌 娇 아리따울 교; 女 [jiāo] 아리땁다, 미녀, 사랑하다.
부(部)-계집 녀(女): 여자의 아름다움 관련글자 의미.
자(字)-女(여자 녀(여)) 喬(높을 교)=교(嬌).
사(思)-여자(女)의 높은(喬) 수준의 아리따울 교.
용(用)-嬌言교언 嬌童교동 家嬌가교 嬌聲교성 嬌姿교자 嬌態교태 嬌歌교가

校 학교 교; 木 [xiào,jiào] 학교, 본받다, 가르치다.
부(部)-나무 목(木): 나무를 바로 키운다는 의미.
자(字)-木(나무 목) 交(사귈 교)=교(校).　※交 사귈 교
사(思)-동량지재(棟梁之材)(木)을 사귀(交)게 하며 바로 키우는 학교 교,
용(用)-學校학교. 高校고교. 將校장교. 校歌교가. 校長교장. 母校모교.

鷗 鸥 갈매기 구; 鳥 [ōu] 갈매기.
부(部)-새 조(鳥): 갈매기는 새의 종류라는 의미.
자(字)-區(구분할 구) 鳥(새 조) =구(鷗).
사(思)-구역(區)에 서식하는 새(鳥)는 갈매기 구.
용(用)-白鷗백구. 鷗鷺구로. 海鷗해구.

具 갖출 구; 八 [jù] 갖추다, 온전하다, 설비 .
부(部)-여덟 팔(八): 잘 나누어야 갖출 수 있다는 의미.
자(字)-目(눈 목) 一(한 일) 八(여덟 팔, 나눌 팔) =구(具).
사(思)-보고(目) 일정(一)하게 나눔(八-部)에는 공평이 갖출 구
용(用)-具體의구체적. 道具도구. 具備구비. 具現구현. 具體化구체화.
　　　器具기구. 不具불구. 家具가구.

狗 개 구; 犬 [gǒu]개, 강아지, 역(易)에서 간(艮)에 해당한다
부(部)-개사슴록 변 견(犬=犭): 개와 관련된 글자 의미
자(字)-犭(개사슴록변 견) 句(글귀 구) =구(狗) ※句 글귀 구{귀};
사(思)-개(견 犭)중에서 강아지란 글자(구(句))로 강아지 구
용(用)-兎死狗烹토사구팽 泥田鬪狗이전투구 羊頭狗肉양두구육

救 건질 구; 攴 [jiù] 건지다, 돕다, 구원하다, 금지하다.
부(部)-칠 복(攴)=등글월문(攵): 치든지 던지든지 하는 의미.
자(字)-求(구할 구) 攵(칠 복) + 구(求)복(攵)=구(救).
사(思)-구하려고(求) 막대기를 치면서(攵=攴복) 건질 구.
용(用)-救濟구제. 救出구출. 救助구조. 救恤구휼. 救護구호. 救命구명.
　　　救急구급. 救援구원. 救國구국. 自救策자구책

球 공 구; 玉 [qiú]공(毬), 아름다운 옥, 경(磬), 옥으로 만든 경
부(部)-구슬옥 변 옥(玉): 옥은 둥글다 의미
자(字)-王(구슬 옥) 求(구할 구)= 구(球)
사(思)-옥(玉)을 구하려고(구(求) 공처럼 굴러다녀 공 구
용(用)-地球지구 蹴球축구 野球야구 籠球농구 撞球당구 全力投球전력투구

歐 歐 노래 구 칠 구; 欠 [ōu] 유럽, 구라파(歐羅巴), 노래하다.
부(部)-하품 흠(欠): 노래하고자 하품처럼 입을 벌린다는 의미.
자(字)-區(구분할 구) 欠(하품 흠) =구(歐).
사(思)-구라파(歐羅巴)는 땅이 부족하여(欠) 전쟁 많아 칠 구.
용(用)-西歐서구. 歐羅巴구라파. 北歐북구. 歐美구미.

求 구할 구; 水 [qiú] 구하다, 필요한 것을 찾다, 청하다, 묻다,
부(部)-물 수(水): 물에서 구해낸다는 의미.
자(字)--(한 일) 氺(물 수) 丶(점 주) =구(求).
사(思)-일자(一)막대기로 물(氵=水,氺)에 점(丶주)을 찍어 구할 구.
용(用)-要求요구 促求촉구 請求청구 追求추구 求職者구직자 渴求갈구

究 궁구할 구; 穴-총7획; [jiū]궁구하다, 끝, 극(極), 다하다
부(部)-구멍 혈(穴): 구멍 파듯이 연구한다는 의미
자(字)-穴(구멍 혈) 九(아홉 구)=구(究)
사(思)-구멍(혈(穴)을 9번(구(九) 파듯이 연구하니 궁구할 구
용(用)-研究연구 講究강구 探究탐구 究竟구경 研究員연구원 究明구명
　　　窮究궁구 研究所연구소

句 글귀 구; 口 [jù,gōu] 글귀, 문장이 끊어지는 곳, 구부러지다.
　　부(部)-입 구(口): 입에서 나온 말이 글이 된다는 의미 겸 발음.
자(字)-勹(쌀 포) 口(입 구) =구(句).
사(思)-단어를 싸서(勹) 말(口)이 되니 글귀 구.
용(用)-高句麗고구려. 佳句가구. 句節구절. 句讀구두. 詩句시구.
　　　　文句문구. 語句어구. 字句자구.

龜 龜 나라 이름 구{거북 귀}; 龜[guī,jūn,qiū]나라 이름, 거북, 틀,
　　부(部)-거북 귀(龜) 제부수 한자(漢字)
자(字)-[龟,亀,龜] 상형문자로 거북이 모양을 본 뜬 글자
사(思)-거북의 모양 글자
용(用)-龜鑑귀감 龜甲귀갑 龜頭귀두 龜鏡귀경 龜船귀선 龜尾市구미시

衢 네거리 구; 行 [qú] 네거리, 길, 도로, 갈림길.
　　부(部)-갈 행(行): 사거리는 차도 사람도 간다는 의미.
자(字)-行(다닐 행) 瞿(놀랄 구)=구(衢).
사(思)-길을 다니면서(行-部) 놀라서 보는(瞿) 곳이 네거리 구.
용(用)-康衢강구. 街衢가구. 衢街구가. 通衢통구.

懼 惧 두려워할 구; 心 [jù] 두려워하다, 두려움, 근심.
　　부(部)-마음 심(心): 두려워 하는 마음의 의미.
자(字)-忄(심방변 심) 瞿(놀랄 구)=구(懼). ※ 瞿: 두리번걸릴 구
사(思)-마음(心)이 놀라는 새(推)같이 두려워할 구.
용(用)-疑懼心의구심. 悚懼송구. 懼憂구우. 疑懼의구. 敬懼경구.

垢 때 구; 土 [gòu] 때, 티끌, 때 묻다, 더럽혀지다, 수치.
　　부(部)-흙 토(土): 흙에서 놀면 때가 관련되는 의미.
자(字)-土(흙 토) 后(뒤 후)토(土)후(后)=구(垢).
사(思)-흙(土-部)에서 일한 후(后)에는 때로 더럽혀지니 때 구.
용(用)-三垢삼구 無垢衣무구의 僂垢누후 齒垢치구 垢面구면 垢衣구의.

驅 驱 몰 구; 馬 [qū] 몰다, 달리다, 핍박하다.
　　부(部)-말 마(馬): 말을 몰다는 의미.
자(字)-馬(말 마) 區(구분할 구)=구(驅).
사(思)-말(馬)을 일정 구(區)역으로 몰아가니 몰 구.
용(用)-驅使구사. 驅迫구박. 驅逐艦구축함. 驅蟲구충. 先驅者선구자.
　　　　驅逐구축. 驅步구보.

軀 躯 몸 구; 身 [qū] 몸, 신체.
부(部)-몸 신(身): 신체와 관련된 의미.
자(字)-身(몸 신) 區(구분할 구)=구(軀).
사(思)-몸(身-部)은 일정한 구역(區)있게 조물주가 잘 만든 몸 구,
용(用)-屍軀시구. 體軀체구. 老軀노구. 巨軀거구. 短軀단구.

購 购 살 구; 貝 [gòu] 사다, 물쑥, 쑥의 한 가지, 화해하다.
부(部)-조개 패(貝): 물건 사는데 돈이 사용된다는 의미.
자(字)-貝(조개 패) 冓(짤 구)=구(購).
사(思)-돈(貝)으로 짜여진(冓) 물건을 사니 살 구.
용(用)-購入구입. 購買구매. 購買力구매력. 購讀구독. 購買者구매자.
購買處구매처 購讀者구독자 購販場 판장

劬 수고로울 구; 力 [qú] 수고롭다, 바쁘게 일하다.
부(部)-힘 력(力): 수고함은 힘을 사용한다는 의미.
자(字)-句(글귀 구) 力(힘 력(역)) =구(劬).
사(思)-안고(勹) 달래고(口) 하며 힘(力-部)든 부모님의 수고로울 구.
용(用)-劬勞日구로일(생일). 劬勤구근. 劬勞之感구로지감.
劬勞之恩구로지은=자기(自己)를 낳아 기른 어버이의 은혜(恩惠).

九 아홉 구; 乙 [jiǔ]아홉, 아홉 번, 수효의 끝
부(部)-새 을(乙=乛 乙,ㄱ,ㄴ): 새의 숫자 세는 의미
자(字)-丿(삐침 별) 乙(새 을)=구(九)
사(思)-삐침(별丿)모양 날고 있는 새를 세다보니 아홉 구
용(用)-十中八九십중팔구 九死一生구사일생 九牛一毛구우일모

丘 언덕 구; 一 [qiū]언덕, 무덤, 모으다
부(部)-한 일(一): 일자(일(一)) 같은 평지위에 언덕 있다 의미
자(字)-斤(근 근) 一(한 일) =구(丘) ※상형문자(象形文字)로 언덕 모양
사(思)-도끼 들고 평지(일자(一字)모양)로부터 올라가는 언덕 구
용(用)-首丘初心수구초심 積如丘山 여구산 丘首구수

構 构 얽을 구; 木 [gòu] 얽다, 집을 짓다, 만들어 내다.
부(部)-나무 목(木): 나무로 얽어낸다는 의미.
자(字)-木(나무 목) 冓(짤 구)=구(構).
사(思)-나무로(木) 얽어서(冓) 집 등을 만드니 얽을 구.
용(用)-構造구조. 構成구성. 構築구축. 機構기구. 構想구상. 構圖구도.

舊 旧 예 구; 臼-[jiù]예, 오래다(久), 오래
부(部)-절구 구(臼): 절구는 옛날 만든 의미
자(字)-萑(풀 많을 추) 臼(절구 구) =구(舊)
사(思)-풀을 많이(추(萑) 모아서 절구(구(臼))에서 작업한 옛날 구
용(用)-親舊친구 舊殼구각 復舊복구 舊態구태 勳舊派훈구파 舊正구정

久 오랠 구; 丿[jiǔ] 오래다, 오래 기다리다. 夂(구)의 본자(本字).
부(部)-삐침 별(丿): 삐침은 오래감을 의미.
자(字)-丿(삐침 별) 人(사람 인)=구(久). 삐치다 의미로 인용
사(思)-삐침(丿)은 사람(人)에게 오래가니 삐치지 않게 조심 오랠 구.
용(用)-永久영구 持久力지구력 久安구안 悠久유구 永久的영구적
耐久性내구성.

拘 잡을 구; 手 [jū]잡다, 잡히다, 체포하다, 체포되다, 거리끼다,
부(部)-손 수(手=扌재방변):손으로 잡는다는 의미
자(字)-扌(재방변 수) 句(글귀 구)=구(句)
사(思)-손(수(扌)으로 글귀(구(句) 구속영장 써 잡으니 잡을 구
용(用)-拘束구속 拘禁구금 不拘불구 拘礙구애 拘留구류 拘置所구치소

區 区 지경 구; 匚 [qū,ōu] 지경, 일정한 지역, 나누다, 거처.
부(部)-감출 혜(匚): 일정 구역에 감추다는 의미.
자(字)-匚(상자 방) 品(물건 품)=구(區). ※匚 감출 혜
사(思)-상자(匚)에 물건(品)은 일정구역으로 감추니 구역 구, 나눌 구.
용(用)-區域구역. 區分구분. 區別구별. 區間구간. 區劃구획. 區廳구청.

苟 진실로 구; 艹 [gǒu] 진실로, 한때, 임시, 적어도, 구차히도.
부(部)-풀 초(艹)=초(++): 풀이 자람은 진실이라는 의미.
자(字)-++(초두머리 초) 句(글귀 구)=구(苟).
사(思)-풀(++-部)밭에서 글(句)을 읽는 호학인(好學人) 마음 진실로 구,
용(用)-苟且구차. 苟安구안. 苟生구생. 苟合구합. 艱苟간구. 苟充구충.

俱 함께 구; 人- [jù,jū]함께, 함께하다, 갖추다
부(部)-사람 인(人=亻): 함께하는 사람의 행위 의미
자(字)-亻(사람인변 인) 具(갖출 구)=구(俱)
사(思)-사람(인(亻)이 갖춰야(구(具) 정신은 함께 구
용(用)-不俱戴天불구대천 俱現구현 俱備구비 俱樂部구락부
將校俱樂部장교구락부 貞洞俱樂部정동구락부

鞠 공 국, 기를 국; 革 [jū] 공, 궁(窮)하다, 국문(鞠問)하다.
　부(部)－가죽 혁(革): 공은 가죽으로 만든다 의미
자(字)－革(가죽 혁) 匊(움켜 뜰 국)=국(鞠).
사(思)－가죽(革) 속에 공기를 움켜주어(匊)공을 만들다 공 국.
용(用)－鞠養국양. 鞠育국육. 鞠劾국핵. 鞠問국문. 鞠罪국죄.

菊 국화 국; 艸 [jú]국화, 대국(大菊)
　부(部)－풀 초(艸=++): 국화는 풀의 일종 의미
자(字)－++(초두머리 초) 匊(움킬 국)=국(菊)　※匊 움켜 뜰 국
사(思)－꽃(초(++)잎이 움켜진 것(국(匊) 같은 국화 국
용(用)－菊花국화 水菊수국 金鷄菊금계국 菊花煎국화전 菊花橦국화동

國 国 나라 국; 囗 [guó] 나라, 서울, 나라를 세우다.
　부(部)－에워쌀 위(囗)=큰입구몸(나라 국): 나라의 사방을 의미.
자(字)－囗(나라 국) 或(혹 혹)=국(國).
사(思)－국경(囗)을 혹시(或是)나 해서 늘 안보를 지키는 게 나라 국.
용(用)－國民국민 韓國한국 美國미국 國家국가 國士遇之國士報之국사우지국
사보지＝「국사(國士)로 대우(待遇)하면 국사(國士)로 갚는다.」는 뜻, .

局 판 국; 尸－ [jú]판, 판국, 장면, 국, 어떤 부서, 재능, 도량
　부(部)－주검 시(尸): 몸의 현상과 장면은 어떤지 의미
자(字)－尸(주검 시, 몸 시) 可(옳은 가)=국(局)　※可 옳을 가 차용
사(思)－몸(시(尸) 옳은지(가(可) 상태를 보자 판 국, 부서 국
용(用)－郵遞局우체국 藥局약국 結局결국 當局당국 形局형국 局面국면

郡 고을 군; 邑－ [jùn]고을, 군, 관청(官廳), 쌓다
　부(部)－고을 읍(邑=우부방 阝): 고을에 관련된 의미
자(字)－君(임금 군) (우부방 읍)=군(郡)
사(思)－임금(군(君)은 여러 고을(읍(阝)을 다스리니 고을 군
용(用)－郡廳군청 郡守군수 郡縣군현 燕岐郡연기군 襄陽郡양양군

軍 军 군사 군; 車 [jūn] 군사(軍士), 군사(軍事), 진을 치다.
　부(部)－수레 거(車): 군사들이 쓰는 마차를 의미.
자(字)－冖(덮을 멱) 車(수레 차) =군(軍).
사(思)－잘 덮어둔(멱(冖) 정비고 자동차(車)를 이용하는 군사 군.
용(用)－國軍국군. 軍隊군대. 美軍미군. 軍事군사. 軍人군인. 將軍장군.
　　海軍해군. 軍士군사. 空軍공군.

羣 무리 군; 羊 [quán] 무리, 떼, 동아리, 동료(同僚).
부(部)-양 양(羊): 양은 무리지어 다니는 특성이 있는 의미.
자(字)-君(임금 군) 羊(양 양) =군(群)(羣). ※군(群)=羣의 俗字
사(思)-좋은 임금(君)을 중심으로 착한(羊-) 백성이 모이니 무리 군.
용(用)-拔羣발군☞ 발군(拔群)

群 무리 군; 羊 [quán] 무리, 떼, 동아리, 동료(同僚).
부(部)-양 양(羊): 양은 무리지어 다니는 특성이 있는 의미.
자(字)-君(임금 군) 羊(양 양) =군(群)(羣). ※군(群)=羣의 俗字
사(思)-좋은 임금(君)을 중심으로 착한(羊-) 백성이 모이니 무리 군.
용(用)-拔羣발군☞ 발군(拔群)

君 임금 군; 口 [jūn] 임금, 주권자, 세자.
부(部)-입 구(口): 말로 다스리는 의미.
자(字)-尹(성씨 윤, 다스릴 윤) 口(입 구) =군(君).
사(思)-다스리는(尹) 것을 말(口-部)로 하는 사람은 임금 군.
용(用)-君子군자. 君德군덕. 君公군공(임금). 君臣군신. 君主군주.
　　　君臣有義군신유의=임금과 신하(臣下) 사이에 의리(義理)가 있어야.

窟 굴 굴; 穴 [kū] 굴, 움, 사람이 모이는 곳.
부(部)-구멍 혈(穴): 굴은 땅에 구멍을 낸다는 의미.
자(字)-穴(구멍 혈) 屈(굽힐 굴)=굴(窟).
사(思)-구멍(穴)에 굽어서(屈) 들어가니 굴 굴.
용(用)-洞窟동굴. 石窟庵석굴암. 下窟鳥하굴조. 巢窟소굴. 石窟석굴.

屈 굽을 굴; 尸 [qū] 굽다, 굽히다, 물러나다, 베다, 자르다.
부(部)-주검 시(尸): 주검을 두는 동굴을 판다는 의미.
자(字)-尸(주검 시) 出(날 출)=굴(屈).
사(思)-주검(尸-部)을 동굴에 두고 나갈려면(出) 굽어야 굽을 굴.
용(用)-屈伏굴복. 屈服굴복. 屈辱굴욕. 屈折굴절. 屈强굴강.

掘 팔 굴; 手- [jué]파다, 파내다, 움푹 패다, 우뚝 솟은 모양
부(部)-손 수(手=扌재방변): 손으로 굴파는 작업 의미
자(字)-扌(재방변 수) 屈(굽힐 굴)=굴(掘)
사(思)-손(수扌)으로 굽어야만(굴(屈) 굴을 파니 팔 굴
용(用)-發掘발굴 掘鑿굴착 掘鑿機굴착기 盜掘도굴 採掘채굴 掘檢굴검
　　　掘移굴이 私掘사굴

窮　穷 다할 궁; 穴 [qióng] 다하다, 끝나다, 가난하다, 궁구하다,
부(部)-구멍 혈(穴): 구멍속이 끝까지 갈 데까지 간 의미.
자(字)-穴(구멍 혈) 躬(몸 궁)=궁(窮). 몸 궁(躬).
사(思)-구멍(穴-部)속에 자기 몸(躬)이 있어 탈출에 끝까지 다할 궁.
용(用)-窮極的궁극적 無窮花무궁화 窮理궁리 追窮추궁 困窮곤궁 窮地궁지.

躬　몸 궁; 身 [gōng] 몸, 자신, 몸소, 몸소 행하다.
부(部)-몸 신(身): 몸과 관련 된 글자 의미.
자(字)-身(몸 신) 弓(활 궁)=궁(躬).
사(思)-몸(身)을 활(弓-部)로 보호하는 자신의 몸 궁.
용(用)-躬稼 궁가. 躬耕궁경. 躬犯궁범.
　　　躬化궁화(임금이 몸소 본을 보여 백성을 교화함).

宮　집 궁; 宀- [gōng] 집, 담, 장원(墻垣), 두르다, 위요(圍繞)하다
부(部)-집 면(宀갓머리): 지붕을 의미
자(字)-宀(집 면) 呂(성씨 려(여))=궁(宮) ※呂 음률 려{여},
사(思)-집(면(宀)은 법칙 같은 음률(여(呂)로 건축되니 집 궁
용(用)-子宮자궁 宮闕궁궐 宮殿궁전 尚宮상궁 宮合궁합 德壽宮덕수궁

弓　활 궁; 弓 [gōng] 활, 궁술, 활을 쏘는 기술, 길이의 단위
부(部)-활 궁(弓):활의 모습 의미
자(字)-궁(弓)　제부수 한자
사(思)-상형문자(象形文字)로 활의 모습 글자
용(用)-角弓각궁 弓裔궁예 洋弓양궁 弓手궁수 弓矢궁시 弓道궁도

勸　劝 권할 권; 力 [quàn] 권하다, 즐기다, 좋아하다.
부(部)-힘 력(力): 힘이 센 사람이 권한다는 의미.
자(字)-蒦(황새 관) 力(힘 력(역)) =권(勸). 勧(권)과 동자(同字).
사(思)-황새(蒦 황새 관)는 힘(力 힘 력)을 가지고 있어 권유할 권,
용(用)-勸力권력=권면(勸勉). 勸勉권면. 勸分권분. 勸上搖木권상요목.
　　　勸善懲惡 권선징악.

眷　돌아볼 권; 目 [juàn] 돌아보다, 돌보다, 그리워하다, 은혜.
부(部)-눈 목(目): 눈으로 살펴 돌본다는 의미.
자(字)-여덟 팔(八) 사내 부(夫) 目(눈 목) =권(眷).
사(思)-팔(八)명의 사내(夫)가 서로 살펴(목(目) 돌보니 돌볼 권,
용(用)-眷黨권당 眷佑권우. 家眷가권. 眷口권구. 眷率권솔. 眷顧권고.

券 문서 권; 刀 [quàn,xuàn] 문서, 어음 쪽, 분명하다, 확실하다.
부(部)-칼 도(刀): 칼로 죽권에 글을 새긴다는 의미.
자(字)-여덟 팔(八) 사내 부(夫) 刀(칼 도)=권(券).
사(思)-팔(八)명의 사내(夫)가 칼(刀)로 죽간(竹簡)에 새긴 문서 권.
용(用)-債券채권. 福券복권. 證券증권. 商品券상품권. 旅券여권 株券주권.

圈 우리 권; 口 [quān,juān] 우리, 감방,
부(部)-口 (큰입구몸) 에워쌀 위, 우리 또는 둘레를 의미.
자(字)-口(나라 국) 卷(책 권) =권(圈). 卷 책 권. 말 권.
사(思)-열람실 울타리(口)에서만 책(卷)읽는 도서관 우리 권.
용(用)-首都圈수도권. 與圈여권. 圈域권역. 上位圈상위권. 大氣圈대기권.
　　　野圈야권. 氣圈기권.

權 权 저울추 권, 권세 권; 木-[quán]저울추, 저울, 경중, 분별
부(部)-목(木): 저울대가 나무 의미
자(字)-木(나무 목) 雚(황새 관)=권(權)
사(思)-저울대(木)가 형평이 맞는지 황새 관(雚)가 잘 보니 저울추 권.
용(用)-權威권위 權力권력 權限권한 權勢권세 債權채권 政權정권
　　　※시중지도(時中之道) 상도(常道) 권도(權道) 인의(仁義)

拳 주먹 권; 手 [quán] 주먹, 주먹을 쥐다, 힘.
부(部)-손 수(手): 주먹은 손을 쥔다는 의미.
자(字)-여덟 팔(八) 사내 부(夫) 手(손 수)=권(拳).
사(思)-팔(八)명의 사내(夫)가 손(手)주먹으로 싸우니 주먹 권.
용(用)-跆拳道태권도. 拳銃권총. 拳鬪권투. 跆拳태권. 鐵拳철권.

卷 책 권; 卩 [juǎn,juàn] 책을 세는 단위. [죽간(竹簡) 말기?]
부(部)-병부 절(卩)=절(卩): 꿇어 앉은 모습 의미.
자(字)-여덟 팔(八) 사내 부(夫) 卩(병부 절)=권(卷).
사(思)-8명(八) 사내(夫)가 엎드려(卩) 열심히 읽는 책 권.
용(用)-席卷석권. 開卷개권. 卷頭言권두언 經卷경권 卷數권수 권설(卷舌)

厥 그 궐; 厂 [jué] 그, 그것, 파다, 다하다, 다되다.
부(部)-집 엄(厂): 언덕 그것을 집으로 한다는 의미.
자(字)- 厂(기슭 엄) 欮(상기 궐)=궐(厥). 상기(上氣 피가 머리로 몰림)
사(思)-언덕(엄(厂)은 상기((欮)가 파다하는 그곳이니 그 궐.
용(用)-厥角궐각 厥公궐공 突厥돌궐 厥女궐녀 厥者궐자 厥尾궐미.

闕 闕 대궐 궐; 門 [quē,què] 대궐, 두 개의 대(臺).
부(部)-문 문(門): 대궐은 출입문이 필수라는 의미.
자(字)-門(문 문) 欮(상기 궐)=궐(闕). ※上氣: 피가 머리로 몰리는 병
사(思)-문(門)안에서 상기(欮 상기할 궐)가 생기는 게 대궐 궐.
용(用)-宮闕궁궐. 補闕보궐☞ 보결(補缺). 闕內궐내. 九重宮闕구중궁궐.

軌 軌 자국 궤; 車-[guǐ]길, 도로, 궤도, 법칙, 굴대, 차축(車軸)
부(部)-수레 거(車):수레 바퀴 자국 관련 의미
자(字)-車(수레 차) 九(아홉 구)=궤(軌)
사(思)-수레(거(車)바퀴가 9번(구(九)) 다닌 자국 다 남기니 자국 궤
용(用)-儀軌의궤 軌跡(軌迹)궤적 樂學軌範악학궤범

龜 거북 귀; 龜-[guī,jūn,qiū]거북, 거북 등껍데기, 거북점,
거북 구(龜)자 참조

句 구절 귀{원음(原音);구}; 口 [jù,gōu]글귀, 문장이 끊어지는 곳,
굽다, 맡다, 세다, 당기다, 구부러지다, 나라 이름, 귀신
※ 글귀 구(句)자 동일 참조

貴 貴 귀할 귀; 貝 [guì,guǐ] 신분이 높다, 비싸다, 소중하다,
부(部)-조개 패(貝): 귀한 것의 대명사는 돈과 재물이라는 의미.
자(字)-中(가운데 중) 一(한 일) 貝(조개 패)=귀(貴).
사(思)-만물 가운데(中) 1순위(一)인 재물(貝-部)은 귀하니 귀할 귀
용(用)-貴族귀족. 稀貴희귀. 高貴고귀. 富貴부귀. 貴賤귀천.

歸 归 돌아갈 귀; 止- [guī]돌아가다, 반환하다, 시집가다,
부(部)-그칠 지(止):돌아가 결국은 그치다 의미
자(字)-止(그칠지) 𠂤(언덕 부) 帚(비 추)=귀(歸)
사(思)-언덕(부(𠂤)처럼 쌓이기 그친 후(지(止) 비(추(帚) 쓸고 돌아갈 귀
용(用)-歸泉귀천 萬法歸一만법귀일 大歸대귀 歸土귀토 歸元귀원
不歸불귀 一念歸命일념귀명 異路同歸이로동귀 一心歸命일심귀명

糾 纠 얽힐 규; 糸- [jiū]꼬다, 드리다, 꼬이다, 거두다, 합치다
부(部)-실 사(糸): 실이 꼬이다 의미
자(字)-糸(가는 실 멱) 丩(얽힐 구)=규(糾) ※丩 얽힐 구, 얽힐 교
사(思)-실이(사(糸) 얽히니(丩얽힐 구) 꼬일 규, 얽힐 규
용(用)-糾明규명 糾彈규탄 紛糾분규 糾正규정

蹞 반걸음 규; 足 [kuǐ] 반걸음.
　부(部)-발 족(足):걸음관련 의미
자(字)-足 (발족 족) 頃(이랑 경)=규(蹞). 頃 기울 경.
사(思)-발(足-部)이 기울어진 이랑(頃)에서 반걸음이 되니 반걸음 규.
용(用)-규보(蹞步)

規 規 법 규; 見- [guī]규정, 규칙, 모범, 원을 그리는 제구
　부(部)-볼 견(見): 법을 지키려 제대로 보다 의미
자(字)-見(볼 견) + 夫(지아비 부)=규(規)
사(思)-지아비(부(夫))의 언행을 보고(견(見) 모범으로 하니 법 규
용(用)-規範규범 規模(規摹)규모 規定규정 規制규제 規律규율 新規신규
　　　規例규례 規格규격 規程규정 規矩규구

叫 부르짖을 규; 口- [jiào]부르짖다, 부르다, 울다, 짐승이 울다
　부(部)-입 구(口): 입으로 부르짓다 의미
자(字)-口(입 구) 丩(얽힐 구)=규(叫)　※丩 얽힐 구, 얽힐 교
사(思)-입(구(口)으로 얽힌 것(구丩)을 풀라고 부르짖을 규
용(用)-阿鼻叫喚아비규환 絶叫(絶叫)절규 叫喚규환 叫彈규탄 叫喚地獄규환지옥

閨 闺 안방 규; 門 [guī] 규방(閨房), 부녀자 거실, 궁중의 작은 문.
　부(部)-문 문(門): 안방과의 경계는 문이 있다는 의미.
자(字)-門(문 문) 圭(서옥 규)=규(閨).
사(思)-문(門-部)안에 서옥(瑞玉)으로 된 홀(圭)이 보이니 안방규.
용(用)-閨閣규각. 閨愛규애. 閨房규방(안방). 閨秀규수..

均 고를 균; 土 [jūn,jùn,yùn]고르다, 평평하게 하다, 조화 이루다,
　부(部)-흙 토(土): 흙을 고르다 의미
자(字)-土(흙 토) 匀(고를 균)=균(均)
사(思)-흙(토(土)을 고르게 하니 고를 균
용(用)-均衡균형 成均館성균관 均等균등 平均평균 均霑균점 均一균일
　　　均分균분 均平균평 均割균할 均質균질

菌 버섯 균; 艸- [jùn,jūn]버섯, 무궁화나무, 하루살이
　부(部)- ++ (艸,++,艹) (초두머리): 풀같이 자라는 버섯 의미
자(字)-++(초두머리 초) 囷(곳집 균)=균(菌)　※囷 곳집 균
사(思)-풀(초++ [艸,++,艹]자라듯이 곳집(균(囷)서 버섯 자라니 버섯 균
용(用)-細菌세균 殺菌살균 乳酸菌유산균 滅菌멸균 病菌병균 抗菌항균

龜 틀 균; 龜- [guī,jūn,qiū]트다. 터질 균/ 거북 귀/ 거북 구
부(部)-거북 귀(龜) 제부수 한자
용(用)-龜裂 균열

棘 가시 극, 멧대추나무 극; 木 [jí] 대추나무 일종. 가시나무, 가시
부(部)-나무 목(木): 가시나무도 나무라는 의미.
자(字)- 朿(가시 자) 朿(가시 자)=극(棘). 朿 가시 자.
사(思)-가시(朿)둘이 겹쳐 가시 많은 대추나무(木-部)니 가시 극.
용(用)-荊棘형극. 加棘가극. 棘人극인☞ 상제(喪制).
　　　栫棘천극(가난한 사람이 옷이 없어서 밖에 나가지 못함)

極 极 다할 극; 木 [jí] 끝나다, 그만두다, 극, 한계, 전극(電極),
부(部)-나무 목(木): 나무는 뿌리와 가지 극과 극이 있는 의미.
자(字)-木(나무 목) 亟(빠를 극)=극(極). ※ 亟= 빠를 극(모양자).
사(思)-나무(木-部)에는 뿌리에서 가지로 빠르게(亟) 통하니 다할 극. 용
(用)-積極적극. 極甚극심. 極致극치. 太極旗태극기 至極지극
　　　極惡無道극악무도 極樂淨土극락정토 昊天罔極호천망극

亟 빠를 극; 二 [jí,qì] 빠르다, 삼가다, 사랑하다.
부(部)-두 이(二): 두 지점 사이를 빠르게 연결하다는 의미.
자(字)-二 (두 이) 句(글 구) 又(또 우, 손 우)=극(亟).
사(思)-두지점(二)을 말(句)처럼 손(又) 빠르게 연결 빠를 극.
용(用)-모양자: 極극진할 극,다할 극

劇 剧 심할 극; 刀-[jù]심하다, 번거롭다, 힘들다, 연극
부(部)-칼 도(刀=刂) 선칼도방):칼처럼 심하게 연기 의미
자(字)-豦(큰 돼지 거) 刂(선칼도방 도) =극(劇)
사(思)-큰 돼지(豦) 칼로(도(刂) 도축하니 느낌이 심할 극
용(用)-演劇연극 悲劇비극 劇場극장 喜劇희극 寸劇촌극 慘劇참극
　　　劇甚(極甚)극심 劇團극단 史劇사극 劇的극적 諷刺劇풍자극

克 이길 극; 儿-총7획; [kè]이기다, 능하다, 능히
부(部)-어진사람인 발 인(儿): 어진 사람은 이긴다 의미
자(字)-古(옛 고) 儿(어진 사람 인) =극(克)
사(思)-옛날부터(고(古) 어진사람(인(儿)이 이기니 이길 극
용(用)-克己復禮극기복례 克己극기 克復극복 克世拓道극세척도
　　　克己奉公극기봉공 克服극복 克明극명 克讓극양

近 가까울 근; 辵 [jìn] 가깝다, 알기 쉽다, 요사이, 가까이.
부(部)-쉬엄걸을 착(辶): 가까운데 도끼질 하러 가는 의미.
자(字)-斤(근 근) 辶(쉬엄쉬엄 갈 착) =근(近).
사(思)-도끼(斤)로 나무 베기를 걸어가면서(辶) 가까운데부터 가까울 근.
용(用)-最近최근. 隣近인근. 接近접근. 側近측근. 附近부근.

僅 仅 겨우 근; 人- [jǐn,jìn]겨우, 조금, 거의
부(部)-사람인亻[=人] (사람인변): 사람의 능력 관한 의미
자(字)-亻(사람인변 인) 堇(진흙 근)=근(僅)
사(思)-사람(인亻)이 진흙(근堇)집에서 겨우 살아가니 겨우 근
용(用)-僅僅圖生근근도생 僅僅扶持근근부지 僅僅근근 僅少근소

勤 부지런할 근; 力 [qín] 부지런하다, 일, 근심하다.
부(部)-힘 력(力):부지런함에 힘이 들어가는 의미.
자(字)-堇(진흙 근,제비꽃 근) 力(힘 력(역)) =근(勤).
사(思)-노란 진흙 제비꽃(堇)을 만들려면 힘(力)으로 부지런할 근.
용(用)-勤勞者근로자. 勤務근무. 勤勞근로. 勤勉근면. 出勤출근.
　　　　退勤퇴근. 勤儉貯蓄근검저축. 缺勤결근. 皆勤개근.

根 뿌리 근; 木 [gēn] 뿌리, 뿌리박다, 뿌리째 뽑아 없애다.
부(部)-나무 목(木): 뿌리는 나무의 근본 의미.
자(字)-木(나무 목) 艮(괘 이름 간)=근(根). 艮 괘 간, 그칠 간, 멈출 간.
사(思)-나무(木)의 뿌리가 끝나는 곳이 그치게 멈추게((艮)하니 뿌리 근.
용(用)-根據근거. 根本근본. 根幹근간. 根源근원. 葛根갈근.

謹 謹 삼갈 근; 言 [jǐn]삼가다, 경계하다, 금지하다, 엄하게 하다,
부(部)-말씀 언(言): 말과 행동을 삼간다는 의미
자(字)-言(말씀 언) 堇(진흙 근)=근(謹)
사(思)-말(언言)을 진흙(근堇)같이 진득하게 삼갈 근
용(用)-謹賀新年근하신년 謹封근봉 謹審근심 謹啓근계(삼가 아룁니다)
　　　　謹拜근배 謹言근언 小心謹愼소심근신

筋 힘줄 근; 竹 [jīn] 힘줄, 힘, 체력.
부(部)-대나무 죽(竹): 힘줄은 대나무 같은 탄성이 있다는 의미.
자(字)-竹(대죽 죽) 肋(갈빗대 륵(늑))=근(筋).
사(思)-대나무(죽竹) 같이 근육(月)과 힘(력力) 있는 갈빗대 힘줄 근.
용(用)-筋肉근육. 鐵筋철근. 骨骼筋골격근☞ 골격근(骨格筋). 筋骨근골.

括約筋괄약근. 筋縮근축. 擧筋거근. 筋力근력.

契 부족 이름 글 {맺을 계, 끊을 결, 사람 이름 설}; 大-[xiè]부
족 이름, 맺다, 끊다,   맺을 계(契) 내용 참조

琴 거문고 금; 玉-총12획; [qín]거문고
부(部)-구슬 옥(玉): 구슬 같은 소리 관련 의미
자(字)-珏(쌍옥 각) 今(이제 금)=금(琴)   ※珏 쌍옥 각
사(思)-구슬이 쌍(珏)으로 지금(今) 소리 내는 거문고 금
용(用)-琴瑟금슬 琴瑟之樂금슬지락 伯牙破琴백아파금 琴心금심

禁 금할 금; 示-총13획; [jìn,jīn]금하다, 기(忌)하다, 꺼리다, 규칙
부(部)-보일 시(示): 금지한 것을 보여 줘야 하는 의미
자(字)-林(수풀 림(임) 示(보일 시) =금(禁)   ※林 수풀 림{임}
사(思)-수풀(임)(林)에서는 산불조심 보이게(시)(示) 하여 금할 금
용(用)-禁止금지 禁煙금연 禁忌금기 禁酒금주 禁錮금고 拘禁구금 監禁감금
        義禁府의금부 令行禁止영행금지=명령(命令)하면 행(行) 하고, 금(禁)
하면 그침. 곧 사람들이 법령(法令)을 잘 지킴.

禽 새 금; 內 [qín] 날짐승, 짐승, 날짐승과 짐승, 조수(鳥獸).
부(部)-발자국 유(內): 날짐승도 발자국이 있다는 의미.
자(字)-亼(사람 인) 离(떠날 리(이))=금(禽). 离산짐승 리{이}. 떠날 리
사(思)-인(人) 자(字) 모양의 날개 있는 짐승(离)이니 날짐승 금.
용(用)-禽獲금획. 仙禽선금. 胎禽태금. 家禽가금. 露禽노금. 寒禽한금.

錦 錦 비단 금; 金- [jǐn]비단, 아름다운 것의 비유
부(部)-쇠 금(金):쇠로 된 바늘로 비단 옷 만든다 의미
자(字)-金(쇠 금) 帛(비단 백)=금(錦) ※帛 비단 백
사(思)-쇠바늘(金)로 하얀(백)(白)) 수건(건)(巾) 만드니 비단 금
용(用)-錦衣夜行금의야행 錦衣還鄉금의환향 錦上添花금상첨화
        錦衣晝行금의주행 錦衣玉食금의옥식 錦繡江山금수강산

擒 사로잡을 금; 手 [qín] 사로잡다, 생포하다.
부(部)-손 수(水): 손으로 사로 잡다라는 의미.
자(字)-扌(재방변 수) 禽(새 금)=금(擒). 禽 날짐승 금.
사(思)-손(扌=手-部)으로 새(禽)를 사로잡을 금.
용(用)-生擒생금 擒生금생 擒獲금획☞금획(禽獲) 囚擒수금☞ 포로(捕虜).

襟 옷깃 금; 衣 [jīn] 옷깃, 가슴, 마음, 생각, 재빠르다, 민첩하다.
부(部)-옷 의(衣): 옷깃이 옷에 관련된다는 의미.
자(字)-衤(옷의변 의) 禁(금할 금)=금(襟).
사(思)-옷(衤)으로 가슴을 보이기를 금(禁)하게 한 것아 옷깃 금.
용(用)-襟度금도. 胸襟흉금. 宸襟신금. 開襟개금. 襟章금장. 襟帶금대.

今 이제 금; 人 [jīn] 이제, 이, 이에(가리키는 말), 수(금)의 본자(本字).
부(部)-사람 인(人): 사람이 시간을 판단하는 의미.
자(字)-사람 인(人) 한 일(一) 어조사 야 (ㄱ)=금(今). ※ㄱ어조사 야
사(思)-사람(人)이 한결((一)같이 도우며(ㄱ) 지금(只今) 살아야 이제 금.
용(用)-今般금반. 昨今작금. 古今고금. 今方금방. 今番금번. .今次금차.
東西古今동서고금=동양(東洋)과 서양(西洋), 옛날과 오늘.

急 급할 급; 心 [jí] 급하다, 갑자기(亟), 빠르다.
부(部)-마음 심(心): 급함을 느끼는 마음의 상태를 의미.
자(字)-刍(꼴 추) 心(마음 심) =급(急).
사(思)-꼴(刍)을 가축에게 먹이려는 마음(心-部)은 급하니 급할 급.
용(用)-緊急긴급. 急騰급등. 急激급격. 急增급증. 時急시급. 至急지급.

給 給 줄 급; 糸- [gěi,jǐ] 더하다, 보태다, 대다, 공급하다
부(部)-실 사(糸):실로 천을 만들려면 실을 줘야 하는 의미
자(字)-糸(가는 실 멱) 合(합할 합)=급(給)
사(思)-실(사(糸)을 이어 합해(합(合) 옷 만들어 주니 줄 급
용(用)-供給공급 都給도급 給食급식 給與급여 支給지급

級 級 등급 급; 糸-[jí]등급, 순서, 실 갈피, 실의 차례, 층계, 계단
부(部)-실사변 사(糸):실에도 질에 따라 계급있다 의미
자(字)-糸(가는 실 멱) 及(미칠 급)=급(級) ※ 及 미칠 급
사(思)-수예(手藝) 실(사(糸)로 어깨에 이르는(及) 계급장 뜨니 등급 급
용(用)-幾何級數기하급수 等級등급 階級계급 級數급수 高級고급
進級진급 特級특급 昇級(陞級)승급 留級유급 學級학급

及 미칠 급; 又 [jí] 미치다, 이르다, 미치게 하다, 끼치다.
부(部)-또 우(又): 미치고 이르려면 또 또 해야하는 의미.
자(字)-이에 내(乃) 또 우(又)=급(及).
사(思)-이에 곧(乃) 또 다시(又)따라오니 이르러 미치다 급.
용(用)-言及언급 遡及소급 普及보급 及其也급기야 可及的가급적 及第급제.

肯 즐길 긍; 肉-[kěn]옳이 여기다, 뼈 사이 살, 살이 붙지 않은 뼈
부(部)-육달월 육(肉＝月): 고기를 즐기다 의미

자(字)-止(그칠지) 月(육달월 월) ＝긍(肯)

사(思)-비만을 그치(止)려면 고기(肉) 줄이는 것 즐겨야 즐길 긍

용(用)-肯定긍정 首肯수긍 肯定的긍정적 肯首긍수 肯志＝긍지(찬성의 뜻)

畿 경기 기; 田 [jī] 경기, 기내(畿內), 서울 500리 이내의 땅.
부(部)-밭 전(田): 경기 평야에 밭이 많음 의미.

자(字)-얼마 기(幾) 밭 전(田))＝기(畿).

사(思)-서울에서 얼마(기(幾) 덜어지지 않은 밭((田)이니 경기 기.

용(用)-京畿경기. 畿湖學派기호학파. 京畿道경기도.

其 그 기; 八 [qí,jī] 그(지시 대명사), 그(감탄, 강세 조사).
부(部)-나눌 팔(八): 나누는 대상의 그것을 의미.

자(字)-달 감(甘) 한 일(一) 나눌 팔(八)＝기(其).

사(思)-맛있는((甘) 것 고르는데 하나(一)키로 나누니(八)그 기.

용(用)-其亦기역. 其中기중. 其次기차. 其處기처. 其他기타.

器 그릇 기; 口 [qì] 그릇, 그릇으로 쓰다, 그릇으로 여기다.
부(部)-입 구(口): 그릇은 입으로 먹기 위한 것 의미.

자(字)-品(여러입 즙) 犬(개 견) ＝기(器).

사(思)-특식을 여러사람 입(品)으로 개고기(犬)를 먹는 그릇 기.

용(用)-武器무기. 呼吸器호흡기. 器官기관. 凶器흉기. 器具기구.

旗 기 기; 方- [qí]기, 곰과 범을 그린 붉은 기, 표, 표, 덮다
부(部)-모 방(方): 여러 방향에 깃발이 보인다 의미

자(字)-方(모 방) 人(사람 인) 其(그 기) ＝기(旗)

사(思)-사방(方)에 사람(人))이 그(其) 깃발을 드니 깃 기

용(用)-太極旗태극기 旗幟기치 白旗백기 弔旗조기 旗手기수 國旗국기
　　　星條旗성조기 手旗수기

記 記 기록할 기; 言- [jì] 적다, 외다, 기억하다, 문서, 교서,
부(部)-말씀 언(言): 말하는 것을 적는다 의미

자(字)-言(말씀 언) 己(몸 기)＝기(記)

사(思)-말(言)을 나 자신(己)이 기록하니 기억 기, 기록 기

용(用)-記憶기억 記錄기록 日記일기 書記서기 史記사기 記者기자
　　　記述기술 暗記(諳記)암기 傳記전기

幾 几 기미 기; 幺- [jī,jǐ] 낌새, 조짐, 거의, 위태하다, 위태롭다
부(部)-작을 요(幺): 작은 것이 몇 개인가 하는 의미
자(字)-絲(작을 유) 戍(수자리 수)=기(幾)　　※戍지킬 수
사(思)-작은 것을 지키려면(戍) 보조가 몇 명이나? 몇 기
용(用)-庶幾서기 幾回기회 幾次기차 幾許기허 幾多기다 幾歲기세
　　幾百기백 幾死기사 幾十기십 幾百기백 幾死기사 幾十기십

期 기약할 기; 月 [qī,jī] 만나다, 정하다, 기약하다.
부(部)-달 월(月): 기약(期約)을 보통 달로 한다는 의미.
자(字)-月(달 월) 其(그 기)=기(期).
사(思)-그(其) 달(月)로 기약하니 기약할 기.
용(用)-期待기대 期間기간 早期조기 時期시기 延期연기. 初期초기.

氣 气 기운 기; 气 [qì] 기운, 공기, 대기, 숨, 숨 쉴 때 기운.
부(部)-기운 기(气): 구름모양의 기운을 형상화한 의미.
자(字)-气(기운 기) 米(쌀 미)=기(氣).
사(思)-기운(气)은 쌀밥(米)을 먹으면 기운이 펄펄난다.(쌀밥을 먹자!).
용(用)-人氣인기. 勇氣용기. 熱氣열기. 氣運기운.

奇 기특할 기; 大- [qí,jī]기이하다, 뛰어나다, 갑자기
부(部)-큰 대(大): 기이한 것은 큰 것과 같은 의미
자(字)-大(클 대) 可(옳을 가)=기(奇)
사(思)-크고(대(大) 옳은 것은(가(可)) 기특하니 기특 기
용(用)-奇奇기기 奇跡(奇迹)기적 獵奇엽기 奇拔기발 奇妙기묘 神奇신기

汽 물끓는 기; 水-총7획; [qì]김, 증기, 汔의 本字, 땅 이름
부(部)-삼수변 수(氵=水,氺): 물 끓임과 관련 의미
자(字)-氵(삼수변 수) 气(기운 기)=기(汽)
사(思)-물(수(水)을 끓이면 그 기운으로 나는 수증기 기
용(用)-汽車기차 汽笛기적 汽水기수 汽室기실 汽船기선 汽罐기관

忌 꺼릴 기; 心 [jì] 꺼리다, 싫어하다, 미워하다, 질투하다.
부(部)-마음 심(心): 꺼린다는 것은 마음의 상태라는 의미.
자(字)-己(몸 기) 心(마음 심) =기(忌).
사(思)-자기(己) 마음(심(心)과 같지 않아 꺼릴 기. 미워할 기.
용(用)-忌中기중. 忌避기피. 禁忌금기. 猜忌시기. 妬忌투기. 忌諱기휘.
　　忌憚기탄. 忌妬기투. 忌祭祀기제사.

企 꾀할 기; 人- [qǐ]꾀하다, 발돋움하다, 바라다
　부(部): 사람 인(人): 사람의 행위라는 의미
자(字)-人(사람 인) 止(그칠 지)=기(企)
사(思)-사람(인(人))은 그침(지(止)) 없이 무엇인가 꾀할 기
용(用)-企業기업 企劃(企畫)기획 企圖기도 企仰기앙 企劃局기획국

騎 騎 말 탈 기; 馬- [qí]말을 타다, 걸터앉다, 기병(騎兵),
　부(部)-말 마(馬): 말과 관련된 글자라는 의미
자(字)-馬(말 마) 奇(기특할 기)=기(騎)
사(思)-말(馬)이 기특하게(奇) 사람을 태우니 말탈 기
용(用)-騎士기사 騎兵기병 騎馬기마 騎槍기창 騎撥기발

棋 바둑 기; 木 [qí]바둑, 바둑돌, 장기, 장기짝,
　부(部)-나무 목(木): 나무로 바둑판을 만들었다는 의미.
자(字)-木(나무 목) 其(그 기)=기(棋).
사(思)-나무판(木)으로 그(其) 바둑판을 만드니 바둑 기.
용(用)-將棋장기. 奕棋혁기. 棋石기석. 棋博기박. 棋枰기평. 棋局기국.

棄 弃 버릴 기; 木- [qì]버리다, 내버리다, 그만두다, 폐하다,
　부(部)-나무 목(木): 나무를 가지치기 안하면 버린다 의미
자(字)-亠(돼지머리 두) 厶(사사 사) 世(세상 세) 木(목)=기(棄)
사(思)-머리속(亠) 이기적(厶) 세상(世) 사는 나무(木)는 버릴 기
용(用)-自暴自棄자포자기 暴棄포기 自棄자기 拋棄포기

紀 紀 벼리 기; 糸 [jì,jǐ] 벼리, 작은 벼릿줄, 실마리.
　부(部)-실 사(糸): 벼리는 그물의 중심 그물은 실을 재료 의미.
자(字)-糸(가는 실 멱) 己(몸 기)=기(紀).
사(思)-실(사(糸)그물을 자기(己)것으로 실마리를 잡게 해주는 벼리 기.
용(用)-紀綱기강. 世紀세기. 紀念기념. 半世紀반세기. 紀元기원.
　　西紀서기☞ 기원후(紀元後)

寄 부칠 기; 宀- [jì]부치다, 주다, 보내다, 맡기다, 위탁하다, 붙이다
　부(部)-갓머리 집면(宀):우체국(집)에서 부치고 맡기다 의미
자(字)-宀(집 면) 奇(기특할 기)=기(寄)
사(思)-우체국(면(宀)에서 기특하게(기(奇) 우편 부치니 부칠 기
용(用)-寄附기부 寄與기여 寄贈기증 寄生蟲기생충 寄生기생 寄稿기고
　　寄宿舍기숙사 寄託기탁

祈 빌 기, 산제사 궤 – [qí]빌다, 신에게 빌다, 구(求)하다, 고하다,
부(部)-보일시변 시(示=礻): 보이게 기도하다 의미
자(字)-示(보일 시) 斤(근 근)=기(祈)　※斤 도끼 근
사(思)-보이는데(示) 도끼(斤)와 제물로 빌 기
용(用)-祈禱기도 祈願기원 祈快癒기쾌유 祈雨祭기우제 祈福기복 望祈망기

欺 속일 기; 欠 [qī] 속여 넘기다, 거짓, 허위, 업신여기다.
부(部)-하품 흠(欠): 속임수 쓰는 모습으로 하품도 있다는 의미.
자(字)-其(그 기) 欠(하품 흠) =기(欺).
사(思)-그것(其), 그런 마음(其心)을 하품(欠)으로 속이다.
용(用)-詐欺사기. 欺瞞기만. 欺罔기망. 欺心기심. 自欺자기.

豈 벌 어찌 기; 豆 [qǐ,kǎi] 어찌, 반어(反語), 발어(發語)의 조사.
부(部)-콩 두(豆): 콩밭을 어찌하느냐?
자(字)-山(메 산) 豆(콩 두) =기(豈).
사(思)-산(山)에 콩밭(豆-部)을 어찌 하느냐에서 어찌 기.
용(用)-豈敢기감(어찌 감(敢)히). 豈不기불(어찌 ~않으랴).
　　　　積功之塔豈毁乎적공지탑기훼호「공(功)을 들인 탑이 어찌 무너지랴」

既 이미 기=既; 旡 [jì] 벌써, 원래, 처음부터, 그러는 동안에.
부(部)-없을 무(旡)=이미기방: 상태가 이미 결정 되었다는 의미.
자(字)-皀(고소할 급) 旡(목멜 기) =기(既) ※ 旡 : 이미 기방, 없을 무.
사(思)-고소하여서 목이 메게 먹어 이미 다 없어지니 이미 기
용(用)-既往之事기왕지사. 既存기존. 既得權기득권.

起 일어날 기; 走-[qǐ] 내닫다, 가다, 출세하다, 일으키다,
부(部)-달릴 주(走):걷거나 달리는 뜻을 가진 글자라는 의미.
자(字)-走(달릴 주) 己(몸 기)=기(起).
사(思)-달리기(走-部)는 자기(己)를 위함이니 일어날 기, 달릴 기.
용(用)-提起제기. 惹起야기. 起訴기소. 隆起융기. 起立기립.

技 재주 기; 手 [jì] 재주, 방술(方術), 의술, 공인(工人), 장인(匠人).
부(部)-손 수(手): 손은 재주와 관련 의미.
자(字)-扌(재방변 수) 支(지탱할 지)=기(技).
사(思)-손(扌-部)으로 하는 여러 가지(支) 재주 기.
용(用)-技術기술. 競技경기. 技能기능. 特技특기. 技巧기교. 技師기사.

饑 饑 주릴 기; 食 [jī] 주리다, 굶주리다, 흉년, 기근.
부(部)-밥 식(食): 밥과 관련되 글자 의미.
자(字)-飠(밥식 식) 幾(몇 기)=기(饑).
사(思)-밥(식(食) 먹어 본지가 얼마인지(幾) 모르게 굶주릴 기.
용(用)-饑饉기근☞ 기근(飢饉). 饑餓기아☞ 기아(飢餓).
　　　　饑死기사☞ 기사(飢死). 饑荒기황☞ 기근(饑饉).

基 터 기; 土 [jī] 터, 기초, 업, 사업, 꾀, 꾀하다.
부(部)-흙 토(土): 토지위에 터를 다진다는 의미.
자(字)-其(그 기) 土(흙 토) =기(基).
사(思)-그(其) 흙(土)을 다져서 터전, 기초를 만드니 터 기.
용(用)-基準기준. 基礎기초. 基盤기반. 基本기본. 基調기조. 基地기지.

機 机 틀 기; 木 [jī] 틀, 기계, 베틀, 용수철.
부(部)-나무 목(木): 틀을 목재로 만들었다는 의미.
자(字)-木(나무 목) 幾(몇 기)=기(機). 幾 몇 기. 기미 기.
사(思)- 나무(목(木) 몇 개(기(幾)를 연결하여 만드니 틀 기.
용(用)-契機계기 機關기관 危機위기 機會기회 機能기능 機構기구 投機투기.

緊 緊 굳게 얽을 긴; 糸- [jǐn]굳게 얽다, 감다, 감기다, 오그라지다
부(部)-실 사(糸): 실이 팽팽한 긴장 상태 의미
자(字)-糸(가는 실 멱) 臤(어질 현)=긴(緊)
사(思)-어진(臤)게 잘 감긴 실타래(糸)는 팽팽 감기니 굳을 긴
용(用)-緊張긴장 緊急긴급 緊密긴밀 緊縮긴축 緊迫긴박 要緊요긴
　　　　緊要긴요 緊關긴관 緊束긴속 緊歇긴헐

吉 길할 길; 口- [jí]길하다, 좋다, 아름답거나 착하거나 훌륭하다,
부(部)-입 구(口): 입이 먹을 것이 있어 길할 의미
자(字)-士(선비 사) 口(입 구) =길(吉)
사(思)-선비(사(士)가 입으로(구(口) 책 읽으니 길할 길
용(用)-吉凶길흉 吉祥길상 吉兆길조 吉士(吉師)길사 吉夢길몽 吉禮길례

喫 吃 마실 끽; 口 [chī] 마시다, 먹다, 피우다.
부(部)-입 구(口): 마심은 입으로 한다는 의미.
자(字)-口(입 구) 契(맺을 계)=끽(喫).
사(思)-입(口)과 맺어진(契) 역할은 마시는 것 마실 끽.
용(用)-滿喫만끽. 喫怯끽겁. 喫飯끽반. 喫酒끽주. 喫煙끽연.

나. 나 부

신백훈 정익학당 추천 국민필독서
[이승만의 분노] 전광훈 지음

건국 대통령 이승만의
본질을 꿰뚫는
통합력

신백훈 지음

이승만의
분노

國父 이승만 발언, 왜 논란인가?
새로운 도약, 대한민국의 미래를 발견하다.

PURITAN

裸 벌거숭이 나{라}; 衣 [luǒ] 벌거숭이, 발가벗다.
　부(部)-옷의변 의(衣=衤): 옷을 입었느냐에 대한 글자 의미.
자(字)-衤(옷의변 의) 果(실과 과)=나(裸).
사(思)-걸친 옷(衤)이 없는 과(果)일처럼 벌거숭이 나(라).
용(用)-裸體像나체상 裸體나체 裸麥나맥 裸線나선 裸身나신 裸婦나부.

羅 罗 벌일 나{라}; 网- [luó,luō]그물, 그물질, 비단, 벌여 놓다,
　부(部)-그물망머리 망(罒=网,罘,冈): 그물은 벌리다 의미
자(字)-罒(그물망 망) 維(벼리 유, 밧줄 유)=나(羅)
사(思)-그물을(罒) 밧줄(維)에 의해 펼치니 벌일 나
용(用)-新羅신라 網羅망라 羅列나열 阿修羅아수라 綺羅星기라성
　　　歐羅巴구라파 耽羅탐라 徐羅伐서라벌 全羅道전라도

那 어찌 나; 邑- [nà,nā,nǎ,nǎi]어찌, 어떻게, 어찌하랴, 어느, 저
　부(部)-우부방 읍(邑= 阝): 고을 내에서는 많은 일 어떻게 의미
자(字)-刀(칼 도) 二(두 이) + 阝(우부방 읍)=나(那)
사(思)-칼(刀)잡이 두 사람(二)가 고을에서 싸우니 어찌 나
용(用)-刹那찰나 那落(奈落)나락(지옥) 任那임나 維那유나

娜 아리따울 나; 女-[nuó,nà]아리땁다, 천천히 흔들리는 모양
　부(部)-女 (여자 녀,) : 여자는 아리따움 상징이다 의미
자(字)-女(여자 녀(여)) + 那(어찌 나)=나(娜)
사(思)-여자는 교육을 어찌나 받으냐에 따라 아름다울 나
용(用)-婀娜아나 :아름답고 요염(妖艶)함. 愼怡娜신이나(신백훈 손녀)

奈 어찌 나{내}; 大- [nài]어찌, 나락(奈落)
　부(部)-큰 대(大): 어찌나는 큰일 났다 의미
자(字)-大(클 대) 示(보일 시)=나(奈)
사(思)-큰일(大)이 생긴 것을 보이니(示) 어찌할꼬 나(내)
용(用)-莫無可奈막무가내 莫可奈何막가내하 無可奈何무가내하
　　　奈落(那落)나락(→那落(나락)) 奈何내하 奈率내솔 奈末내말

洛 강 이름 낙{락}; 水 [luò] 강 이름(황하), 땅 이름, 잇닿다.
　부(部)-물 수(水): 강물과 관련된 글자 의미.
자(字)-氵(삼수변 수) 各(각각 각)=낙(洛).
사(思)-강물(氵)에도 각각(各) 이름 있으니 황하 낙.
용(用)-洛東江낙동강 洛陽낙양 洛邑낙읍 洛書낙서 洛水낙수

諾 諾 대답할 낙; 言 [nuò] 머리를 끄덕임, 승낙하는 말, 승낙.
　부(部)-말씀 언(言): 대답은 말로 한다는 의미.
자(字)-言(말씀 언) 若(같을 약)=낙(諾).
사(思)-말(言-部)로 같습니다(같을 약-若)라고 대답하다. 승낙할 낙.
용(用)-許諾허락. 受諾수락. 承諾승낙. 快諾쾌락. 受諾수낙.

落 떨어질 낙{락}; 艸- [luò,là,luō]떨어지다, 빠지다, 몰락, 죽다,
　부(部)-초두머리 풀 초(++=艸):풀 잎이 물에 떨어지다 의미
자(字)-++(초두머리 초) 洛(물 이름 락(낙))=낙(落)
사(思)-풀이(++) 강물(낙(洛)에 떨어지니 떨어질 낙
용(用)-落落長松낙락장송 落花流水낙화유수 落落之譽낙락지예
　　　水落石出수락석출 「물이 빠져 밑바닥의 돌이 드러난다.」
　　　秋風落葉추풍낙엽 難攻不落난공불락

樂 乐 즐길 낙{락},{ 노래 악, 좋아할 요}; 木- [lè,yào,yuè]즐기다,
　부(部)-나무 목(木):악기는 주로 나무통으로 만든 의미
자(字)-絲(작을 유) 白(흰 백) 목(木)=락(樂)
사(思)-가늘고 작은 하얀 줄이 나무((木)에서 튕겨 즐길 락. 노래 악
용(用)-生死苦樂생사고락 君子三樂군자삼락 淸貧樂道청빈낙도
　　　極樂淨土극락정토 與民同樂여민동락

欄 난간 난{란}; 木- [lán]난간, 우리, 울, 칸막이, 경계
　부(部)-나무 목(木): 난간은 나무로 만들었다 의미
자(字)-木(나무 목) 闌(가로막을 란(난))=난(欄)
사(思)-나무(목(木)을 가로막게(난(闌) 만든 것 난간 란
용(用)-欄干(欄杆)난간 空欄공란(빈칸) 軒欄헌란 欄外난외 欄內난내 本欄본란

蘭 난초 난{란}; 艸- [lán]난초, 등골나물, 난과에 딸린 향초 이름,
　부(部)-초두머리 풀 초(++): 난초도 풀의 종류 의미
자(字)-++(초두머리 초) 闌(가로막을 란(난))=난(蘭)
사(思)-난초(초(++)화분이 베란다에 가로막은(란(闌) 난초 난(蘭)
용(用)-蘭草난초 佛蘭西불란서 木蘭목란 金蘭금란 金蘭之契금란지계
　　　芝蘭之交지란지교「지초(芝草)와 난초(蘭草) 같은 향기로운 사귐」
　　　梅蘭菊竹매란국죽 春蘭秋菊춘란추국 金蘭契금란계 蘭交난교
　　　同心之言其臭如蘭 동심지언기취여란
　　　(마음을 함께 하는 말은 그 냄새가 난초(蘭草)와 같음.

暖 따뜻할 난; 日- [nuǎn]따뜻하다, 따뜻하게 하다, 따뜻해지다
부(部)-날 일(日): 태양(일(日)리 비추니 따뜻하다 의미
자(字)-日(날 일) 爰(이에 원)=난(暖) ※爰 이에 원, 발어사, 여기에서
사(思)-태양(일(日)이 여기에(원(爰) 비추니 따뜻할 난
용(用)-暖衣飽食난의포식 暖飽난포 暖春난춘 暖房(煖房)난방 暖爐난로

煖 따뜻할 난; 火 [nuǎn,xuān] 따뜻하다, 따뜻하게 하다,
부(部)-불 화(火): 불이 있으면 따뜻하다는 의미.
자(字)-火(불 화) 爰(이에 원)=난(煖). ※爰 이에 원, 발어사, 여기에서
사(思)-불이(火-部) 있으니 이에(爰) 곧 따뜻할 난.
용(用)-煖房난방☞ 난방(暖房). 壁煖爐벽난로. 冷煖房냉난방.
　　　煖氣난기☞ 난기(暖氣).

爛 빛날 난(란)/문드러질 난(란); 火 [làn] 불에 데다, 너무 익다,
부(部)-불 화(火): 불에 관련한 글자 의미.
자(字)-火(불 화) 闌(가로막을 란(난))=란(爛).
사(思)-불을(火) 막으니(闌) 빛날 란.
용(用)-燦爛찬란. 絢爛현란. 爓爛찬란. 爛漫난만. 能爛능란.

卵 알 난{란}; 卩-총7획; [luǎn]알, 기르다, 크다, 굵다
부(部)-병부 절(卩): 알은 번식에 얽혀있는 것 병부모양(사진)
자(字)-병부(절(卩) 점(주(丶) 병부(절(卩) 점(주(丶)=난(卵)
사(思)-병부에 맞추어 소통이 되듯이 신비한 알 난
용(用)-累卵之危누란지위 鷄卵有骨계란유골 累卵之勢누란지세
　　　以卵投石이란투석 以卵擊石이란격석

※ 卩자는 '병부'나 '신표'라는 뜻을 가진 글자이다. 병부(兵符)는 군사를
일으키는 반란을 막기 위해 왕과 지방관리 사이에 미리 나눠 갖고 있던
신표(信標)를 이르는 말이다

難 难어려울 난; 隹 [nán,nàn,nuó] 어렵다, 재앙, 근심,
　　부(部)-새 추(隹): 새가 어려운 처지를 표현하는 의미(?)
자(字)-廿(스물 입) 口(입 구) 夫(지아비 부) 隹(새 추) =난(難).
사(思)-스무명 입가진 장정들이 포위하니 새(隹)가 어려울 난.
용(用)-論難논란 非難비난 困難곤란 難題난제 詰難힐난 難兄難弟난형난제
　　　衆口難防중구난방

亂 乱 어지러울 난{란}; 乙- [luàn]어지럽다, 다스리다, 난리, 반역
　　부(部)-새 을(乙=乚 ,乛,乁): 새가 어지럽게 날아다닌다 의미
자(字)-𤔔(어지러울 란(난)) 乚(숨을 은) =난(亂)
사(思)-어지럽게(𤔔) 숨어버리니 어지러울 난
용(用)-快刀亂麻쾌도난마 一絲不亂일사불란 亂臣賊子난신적자
　　　自中之亂자중지란 斯文亂賊사문난적 亂麻난마

南 남녘 남; 十 [nán] 남쪽으로 가다, 풍류 이름, 시의 한 체제
　　부(部)-열 십(十):십(十)자(字) 모양 사방(四方)에 관련 의미
자(字)-十(열 십) 冂(멀 경) 𢆉(찌를 임)=남(南)
사(思)-사방(十) 먼데(경(冂)서 차지하려고 싸우고 찌르는(임(𢆉) 곳 남녘 남.
용(用)-南男北女남남북녀 南面남면 圖南도남 圖南意在北도남의재북
　　　「남쪽을 도모(圖謀)하는데 뜻은 북쪽에 있다.」 는 뜻

男 사내 남; 田- [nán]사내, 장부, 아들, 사내자식, 젊은이, 장정
　　부(部)-밭 전(田): 밭에서 힘으로 일하는 남자란 의미
자(字)-田(밭 전) 力(힘 력(역))=남(男)
사(思)-밭에서(전(田) 일을 힘으로(력(力) 해야 하는 것은 사내 남
용(用)-男兒一言重千金남아일언중천금 「남자(男子)는 약속(約束)한 한 마디
의 말을 중(重)히 여겨야 한다.」 는 뜻 善男善女선남선녀 童男童女동남동녀
　　　南男北女남남북녀 男左女右남좌여우 男女老少남녀노소

濫 濫 넘칠 남{람}; 水- [làn]퍼지다, 넘치다, 함부로 하다
　　부(部)-삼수변,물 수(水-수氵): 넘치는 것은 주로 물 관련 의미
자(字)-氵(삼수변 수) 監(볼 감)=남(濫)　※ 監 볼 감
사(思)-댐에 물(氵) 넘치는지 잘 감시(監)해야 넘칠 남
용(用)-汎濫(泛濫)범람 濫用남용 氾濫(汎濫)범람 僭濫참람 猥濫외람
　　　濫發남발 濫獲남획 濫賞남상 饍傳愈減言傳愈濫선전유감언전유람=음
식은 갈수록 줄고 말은 갈수록 는다.

拉 끌 납{랍}; 手 [lā,lá,lǎ,là] 꺾다, 데려가다, 끌어가다.
부(部)-재방변,손 수(手=扌): 손으로 팔 꺾어 납치한다는 의미.
자(字)-扌(재방변 수) 立(설 립(입))=납(拉).
사(思)-손(扌)으로 가만히 서있는(立) 상대를 끌어 납치하니 끌 납.
용(用)-拉致납치 被拉피랍 拉北납북 拉致犯납치범.
　　　拉朽납후=「썩은 것을 부순다.」는 뜻, 쉬움을 이르는 말.

納 納 바칠 납, 들일 납; 糸- [nà] 헌납하다, 가지다, 거두다
부(部)-실사변,사(糸): 실로 천을 짜 바치다 관련 의미
자(字)- 糸(가는 실 멱) 內(안 내)=납(納)
사(思)-실(사(糸)가지고 공장 내(內)에서 천을 짜 바치니 바칠 납
용(用)-歸納귀납 納得납득 容納용납 納付(納附)납부 獻納헌납 貢納공납
　　　採納채납 返納반납 受納수납 納入납입 納幣납폐 滯納체납 納品납품

浪 물결 낭{랑}; 水- [làng]물결, 파도, 물결이 일다, 파도 일다.
부(部)-삼수변 수(氵):물에서 물결이 관련 의미
자(字)-氵(삼수변 수) 良(어질 량(양))=낭(浪)
사(思)-물(氵)이 보기 좋은 것(良)은 물결이니 물결 낭
용(用)-浪費낭비 浪漫낭만 波浪파랑 滄浪창랑 風浪풍랑 孟浪맹랑
　　　流浪유랑 浪說낭설 浪人낭인 激浪격랑 放浪방랑

朗 밝을 낭{랑}; 月- [lǎng]밝다, 활달하다, 또랑또랑하게.
부(部)-달 월(月): 달 빛은 밝다 의미
자(字)-良(어질 량(양)) 月(달 월) =낭(朗)　　※良 좋을 량{양}
사(思)-좋게 어질게(良) 비추는 달(월(月)빛이니 밝을 랑
용(用)-明朗명랑 朗讀낭독 朗誦낭송 朗報낭보 曠朗광랑 融朗융랑
　　　開朗개랑 朗月낭월 朗悟낭오 朗色낭색(명랑한 얼굴색)

廊 복도 낭{랑}, 행랑 낭(랑); 广 [láng]복도, 행랑
부(部)-엄호, 집 엄(广): 집에 관련되 글자 의미
자(字)-广(집 엄) 郎(사내 랑(낭))=낭(廊)
사(思)-집(엄(广)에서 사나이(낭(郎)이 걸어가는 곳 복도 낭
용(用)-舍廊사랑 回廊회랑 月廊월랑 行廊행랑 畵廊화랑

娘 娘 아가씨 낭{랑}; 女- [niáng]아가씨, 어머니
부(部)-여자녀(女): 아가씨와 관련되 의미
자(字)-女(여자 녀(여)) 良(어질 량(양))=낭(娘)
사(思)-여자(女)는 마음씨가 좋아야(良) 하니 아가씨 양
용(用)-娘子낭자 令娘영랑(→令愛(영애)) 姑娘고낭=고모(姑母) 小娘소랑

耐 견딜 내; 而- [nài]견디다, 참다, 수염 깎는 벌, 임무 감당.
부(部)-말이을 이(而): 말을 이어내는 것은 참는 것과 의미
자(字)-而(말 이을 이) 寸(마디 촌)=내(耐)
사(思)-말을 이어가는(이(而) 순간(촌(寸)을 견디어 내는 견딜 내
용(用)-忍耐인내 堪耐감내 耐震내진 耐性내성 耐久내구 耐乏내핍
　　　耐久性내구성

內 안 내; 入 [nèi] 안, 들다, 들이다, 어머니.
부(部)-들 입(入): 안으로 들어간다는 의미.
자(字)-冂(멀 경) 入(들 입) =내(內). ※冂 먼데 경, 성 경.
사(思)-성(冂)안으로 들어가니((入) 안 내.
용(用)-內容내용 國內국내 內部내부 內譯내역 內人나인 內閣내각 內子내자

奈 어찌 내, 어찌 나; 大- [nài]어찌, 어찌할꼬
※ 어찌 나 내용 참조바람

來 올 내{래}; 人- [lái,lài]오다, 장래, 부르다
부(部)-사람 인(人): 오고 가고 하는 사람 관련 의미
자(字)-人(사람 인) 人(사람 인) 木(나무 목) =래(來)
사(思)-사람(人)과 사람(人)이 나무(木)그늘에 오니 올 내
용(用)-去來거래 未來미래 有朋自遠方來不亦樂乎유붕자원방래불역락호
　　　벗이 멀리서 찾아주니 또한 즐겁지 아니한가?.

乃 이에 내; 丿- [nǎi]이에, 너, 접때
부(部)-삐침 별(丿) : 삐치면 즉이 해결 해야? 의미
자(字)-丿 (삐침별) 乃(이에 내)=내(乃)
사(思)-삐쳐도 이에(내(乃) 회복 되야 이에 내
용(用)-乃至내지-수량(數量)을 나타내는 말들 사이에 「얼마에서 얼마까지」
　　　의 뜻. 人乃天인내천 「사람이 곧 하늘」 이라는 말. 終乃종내

冷 찰 냉(랭), 물소리 영(령)}; 冫 – [lěng]차다, 식히다, 맑다
부(部)–이수변, 얼음 빙(冫): 얼음은 차가웁다 의미
자(字)–冫(얼음 빙) 令(하여금 령(영))=냉(冷)
사(思)–얼음(冫) 차갑게 명령(令)하니 찰 냉
용(用)–冷藏庫냉장고 冷却냉각 冷淡냉담 寒冷한랭 冷酷냉혹 冷房냉방
　　冷笑냉소 冷戰냉전 冷情냉정 冷靜냉정 冷藏냉장 冷水냉수

年 해 년; 干 [nián] 해, 365일, 나이, 연령, 새해, 신년.
부(部)–방패 간(干): 가는 해를 방패로 막으려?? 의미.
자(字)–사람 인(人) 방패 간(干)=년(年).
사(思)–사람(人)이 방패(干)로 막지못하는 해 년.
용(用)–昨年작년 每年매년 年齡연령 年金연금 年間연간 年末연말.
　　千年萬年천년만년 生年月日생년월일 百年河淸백년하청

念 생각할 념{염}; 心–[niàn]생각하다, 생각, 외다, 읊다
부(部)–마음 심(心): 생각과 마음은 연관되는 글자 의미
자(字)–今(이제 금) 心(마음 심) =념(念)(염).
사(思)–지금(今)의 마음(心)에 있는 것을 생각하니 생각 염.
용(用)–槪念개념. 念慮염려. 念頭염두. 留念유념. 紀念기념.

佞 아첨할 녕; 人 [ning] 아첨하다, 佞의 俗字.
부(部)–亻(사람인변 인) : 사람에 관한 글자 의미.
자(字)–亻(사람인변 인) 妄(망령될 망)=녕(佞).
사(思)–사람(人=亻) 망령되게 하는 아첨할 녕.
용(用)–奸佞輩간녕배. 奸佞간녕☞ 간녕(奸佞). 佞邪영사.

佞 아첨할 녕{영}; 人 [ning] 아첨하다, 재능, 바르지 못함 =佞.
부(部)–사람 인(人): 사람의 아첨에 관한 글자 의미.
자(字)–亻(사람인변 인) 二(두 이) 女(여자 녀(여)) =녕(佞).
사(思)–사람(人=亻)에게 두(二) 여자(女) 있으면 아첨 경쟁 아첨할 영.
용(用)–佞人영인 佞辯영변 不佞불녕(문장(文章)에서)자기(自己)를 겸손(謙遜).

濘 泞 진창 녕{영}; 水 [ning] 진창, 물이 끓는 모양.
부(部)–삼수변 물 수(水=氵): 진창은 물이 많다는 의미.
자(字)–氵(삼수변 수) 寧(편안할 녕(영))=녕(濘).
사(思)–가뭄에 비(氵) 와서 마음은 평안한데(寧), 땅은 진창 녕(영).
용(用)–洿濘오녕. 水濘수녕(수렁). 泥濘이녕(진창).

寧 宁 편안할 녕{영}; 宀 - [níng,nìng]편안하다, 거상(居喪),

부(部)-갓머리, 집 면(宀): 집에서는 편안하다 의미

자(字)-宀(집 면) 心(마음 심) 皿(그릇 명) 丁(고무래 정)=녕(寧)

사(思)-집(宀)에서 마음(心)이 그릇(皿)과 고무래(丁) 보니 편안할 녕

용(用)-多士寔寧다사식녕 安寧안녕 康寧강녕 晏寧안녕 宜寧郡의령군

路 길 노{로}; 足 - [lù]길, 거쳐 가는 길, 겪는 일, 크다

부(部)-발족변 발 족(足):발로 걸어가는 길 의미

자(字)- 足(발족 족) 各(각각 각)=노(路)

사(思)-발(足)로서 각각(各) 방향으로 걸어서 가는 길 길 노

용(用)-道路도로 隘路애로 進路진로 岐路기로 經路경로 行路행로
迷路미로 街路樹가로수 路線노선 線路선로 路程노정 回路회로
航路항로 高速道路고속도로 街路가로 通路통로 歸路귀로
滑走路활주로 街路燈가로등

老 늙은이 노{로}; 老 - [lǎo]늙은이, 쇠하다, 치사(致仕)하다,

부(部)-늙을 노(老): 제부수 한자, 다른 글자 부수로는 노(耂)

자(字)-耂(늙을로엄 로(노)) 匕(비수 비)=노(老)

사(思)-늙음(노(耂)은 비수(匕)로도 못 막아 늙을 노

용(用)-老益壯노익장 一怒一老일로일로 百年偕老백년해로 老鍊노련
敬老경로 老人노인 老婆心노파심 元老원로

怒 성낼 노; 心 [nù] 성내다, 화내다, 성, 힘쓰다, 떨쳐 일어나다.

부(部)-마음 심(心): 성냄은 마음의 상태를 의미.

자(字)-奴(종 노) 心(마음 심) =노(怒).

사(思)-노예(奴)의 마음(心)은 성내고 화내는 바 성낼 노.

용(用)-憤怒분노 大怒대노 怒氣노기 怒號노호 激怒격노

露 이슬 노{로}; 雨 - [lù,lòu]이슬, 적시다, 젖다, 드러나다.

부(部)-비 우(雨): 비 온 것 같은 이슬 의미

자(字)-雨(비 우) 路(길 로(노))=노(露)

사(思)-비(雨) 온 것 같이 길(路)이 젖어 이슬 로, 드러날 노

용(用)-暴露폭로 白露백로 寒露한로 披露宴피로연 綻露탄로 露出노출
吐露토로 甘露감로 露天노천 披露피로-일반(一般)에게 널리 알림.

勞 劳 일할 노{로}; 力- [láo]일하다, 노력하다, 힘쓰다, 근심하다
부(部)-힘 력(力):일은 힘이 드는 것 의미
자(字)-炏(불꽃 개) 冖(덮을 멱) 力(힘 력(역)) =노(勞)
사(思)-불꽃 덮을 정도로 힘들여(力) 일할 노
용(用)-勞賃勞動노임노동 慰勞위로 疲勞피로 勞動노동 勞力노력
　　　劬勞之恩구로지은-자기(自己)를 낳아 기른 어버이의 은혜(恩惠).

奴 종 노; 女 [nú] 종, 남자노예, 포로, 자기의 낮춤말.
부(部)-계집 여(女): 여자의 명령에도 따른다는 의미.
자(字)-女(여자 녀(여)) + 又(또 우)=노(奴).
사(思)-여자(女) 명령에 또(又) 일하는 남자 종 노예이니 종 노.
용(用)-奴隷노예 奴婢노비(사내종과 계집종) 賣國奴매국노 奴僕노복(사내종).

爐 炉 화로 노{로}; 火- [lú]화로, 향로(香爐), 바닥을 파내어 취사용·
부(部)-불 화(火): 불화로와 관련 의미
자(字)-火(불 화) 盧(성씨 로(노))=노(爐)　　※盧 밥그릇 로{노}
사(思)-불(화(火)이 있는 그릇(노(盧)이니 화로 노(로)(爐)
용(用)-香爐향로 火爐화로 暖爐(煖爐)난로 風爐풍로

努 힘쓸 노; 力- [nǔ]힘쓰다
부(部)-힘 력(力):노예들은 힘을 써야 한다는 의미
자(字)-奴(종 노) 力(힘 력(역)) =노(努)
사(思)-노예(奴)는 힘(力)을 써야하니 힘쓸 노
용(用)-努力노력 努目노목 努肉노육 努力家노력가 努力型노력형

錄 录 기록할 녹{록}; 金- [lù]기록하다, 베끼다, 기록문서
부(部)-쇠 금(金):금속판에 새겼다는 의미
자(字)-金(쇠 금) 彔(새길 록(녹), 깎을 록{녹})=녹(錄)
사(思)-쇠(금(金)판에 글을 새기니(녹(彔) 기록할 녹
용(用)-記錄기록 懲毖錄징비록 登錄등록 抄錄초록 備忘錄비망록 實錄실록
　　　鄭鑑錄정감록 磻溪隨錄반계수록 懺悔錄참회록 會錄회록 附錄부록

彔 새길 록{녹}; 彐- [lù]나무를 깎다, 근본
부(部)-튼가로왈=돼지머리 계(彐):비석에 글 새기고 돼지머리 올리다(?)
자(字)-彑(돼지 머리 계) 氺(물 수)=녹(彔)
사(思)-비석을 세우며 돼지머리(彑)와 술(수(氺)을 올려 새길 녹
용(用)-曲彔곡록 吐彔토록 三彔삼록

祿 祿 복 녹{록}; 示 [lù] 복, 행복, 녹, 녹봉, 녹을 주다.
부(部)-보일 시(示): 천명이 녹을 준다는 의미.
자(字)-示(보일 시) 彔(새길 록(녹))=녹(祿).
사(思)-근태(勤怠)가 보여야(示) 출근부에 새겨(彔) 녹봉 주니 복 녹.
용(用)-國祿국록 俸祿봉록☞녹봉(綠峰 越祿월록☞월봉(越俸) 祿俸녹봉

論 论 말할 논{론}; 言 [lùn,lún] 말하다, 토론하다, 헤아리다.
부(部)-말씀 언(言): 토론은 말로 한다는 의미.
자(字)-言(말씀 언) 侖(생각할 륜(윤))=논(論).
사(思)-말(言-部)로 생각한(侖)것을 논리로 말할 론.
용(用)-論難논란 輿論여론 勿論물론:말할 것도 없음 論議논의 言論언론.

農 农 농사 농; 辰 [nóng] 농사, 농업, 농부, 백성, 전답(田畓).
부(部)-별 진(辰): 농사는 별보며 일어나 일하는 의미.
자(字)-曲(굽을 곡) 辰(별 진) =농(農).
사(思)-새벽별(신(辰)보며 농요(農謠)(곡(曲) 부르며 일하니 농사 농.
용(用)-農民농민. 農村농촌. 農事농사. 農業농업. 農家농가.
　　　農夫餓死枕厥種子 농부아사침궐종자 - 「농부(農夫)는 굶어 죽더라도
종자(種子)를 베고 죽는다.」 는 뜻-희망을 버리지 않고 앞날 생각함.

籠 笼 대그릇 농{롱}; 竹 [lóng,lǒng] 대그릇, 삼태기, 수레 굴대.
부(部)-대나무 죽(竹): 대나무로 만든 그릇 의미.
자(字)-竹(대죽 죽) 龍(용 룡(용))=농(籠).
사(思)-대나무(竹)로 엮으니 용(龍)비늘 같이 된 대그릇 농.
용(用)-籠城농성. 籠絡농락. 籠球농구. 牢籠뇌롱. 檻籠장롱.

濃 浓 짙을 농; 水 [nóng] 짙다, 우거지다, 무성하다.
부(部)-물 수(水): 물의 농도에 관련 글자 의미.
자(字)- 氵(삼수변 수) 農(농사 농)=농(濃).
사(思)-물이(氵) 많아 농(農)수확이 무성하니 짙을 농.
용(用)-濃度농도 濃淡농담 濃縮농축 濃霧농무 濃紅농홍

弄 희롱할 농{롱}; 廾 - [nòng,lòng]희롱하다, 가지고 놀다,
부(部)-스물입발. 입(廾): 스무 번이나 희롱하다 의미
자(字)-王(임금 왕) 廾(받들 공) =농(弄)　※廾 스물 입
사(思)-왕(王)을 간신들이 받들면서 스무 번(입(廾)이나 희롱할 농
용(用)-嘲弄조롱 愚弄우롱 弄談농담 譏弄기롱 弄奸농간 才弄재롱

惱 惱 괴로워할 뇌; 心 [nǎo] 괴로워하다, 괴롭히다, 괴로움.
부(部)-심방변 심(心=忄): 괴로워하는 마음 상태를 의미.
자(字)-심(忄)천(巛)신(囟)=뇌(惱). ※巛개미허리 천/ 囟 정수리 신.
사(思)-마음(忄)이 개미허리(巛)같아 유약하면 정수리(囟)가 괴로워할 뇌.
용(用)-苦惱고뇌 煩惱번뇌 惱殺뇌쇄 懊惱오뇌 困惱곤뇌.

腦 腦 골 뇌; 肉 - [nǎo]뇌, 머리, 머리통, 마음, 정신
부(部)-육달월 육(肉=月): 육체(肉體)와 관련 의미
자(字)- 忄(심방변 심) 甾(골 뇌))=뇌(腦)
사(思)-육체(肉體)에서 중요한게 뇌(甾)이니 골 뇌, 머리 뇌.
용(用)-頭腦두뇌 腦裡뇌리 洗腦세뇌 腦卒中뇌졸중 首腦部수뇌부
　　　腦裏뇌리 腦震蕩뇌진탕 腦梗塞뇌경색

雷 우레 뇌{뢰}; 雨 - [léi]우레, 천둥, 큰 소리, 사나운 모양 비유
부(部)-비 우(雨): 비올 때 천둥 관련 의미
자(字)-雨(비 우) 田(밭 전)=뇌(雷)
사(思)-비가 올 때(우(雨) 밭에서(전(田) 들은 천둥소리 뇌
용(用)-落雷낙뢰 地雷지뢰 雷雨뇌우 雷聲뇌성 雷管뇌관 避雷針피뢰침
　　　附和雷同부화뇌동 「우레 소리에 맞춰 함께한다.」는 뜻으로, 자신(自
身)의 뚜렷한 소신(所信) 없이 남이 하는 대로 따라가는 것을 의미

尿 오줌 뇨; 尸 [niào,suī] 오줌, 소변.
부(部)-주검시엄 시(尸): 인체에 관련된 글자라는 의미.
자(字)-尸(주검 시, 몸 시) 水(물 수)=뇨(尿).
사(思)-몸(尸-部)에서 나오는 물(水)이니 오줌 뇨.
용(用)-糖尿당뇨. 糞尿분뇨. 糖尿病당뇨병. 泌尿器科비뇨기과.

淚 泪 눈물 누{루}; 水 - [lèi]눈물, 눈물 흘리다, 촛농 떨어지다
부(部)-삼수변 수(氵):눈물도 물이라는 의미
자(字)-氵(삼수변 수) 戾(어그러질 려(여))=누(淚)
사(思)-눈물(氵)이 어그러지게(戾) 흐르는 눈물 누
용(用)-催淚彈최루탄 涕淚체루 垂淚수루 玉淚옥루 淚眼누안 淚管누관
　　　花笑聲未聽, 鳥啼淚難看 화소성미청, 조제루난간 -꽃은 웃으나 소리
는 들리지 않고, 새는 우나 눈물은 보기가 어려움.

樓 楼 다락 누{루}; 木- [lóu]다락, 다락집, 망루, 포개다
부(部)-나무 목(木): 다락은 나무로 만든다 의미
자(字)-木(나무 목) 婁(끌 루(누))=누(樓) ※婁거둘 누/끌 누
사(思)-나무(木)를 끌어(婁) 망루를 만드니 다락 누
용(用)-樓閣누각 廣寒樓광한루 慶會樓경회루 望樓망루 戍樓수루

累 여러 누(루)/묶을 누{루}; 糸- [lèi,léi,lěi] 포개다, 층,
부(部)-가는실사멱(糸):실타래를 여러 개 포갠다 의미
자(字)-田(밭 전) 糸(가는 실 멱) =누(累)
사(思)-밭(田)은 목화 생산으로 실(糸)을 여러가지 만드니 여러 누
용(用)-累積누적 連累연루 累次누차 累計누계 累進稅누진세 累德누덕

漏 샐 누{루}; 水- [lòu]새다, 스며들다, 비밀이 드러나다,
부(部)-삼수변 수(氵):물이 새다 의미
자(字)- 氵(삼수변 수) 屚(샐 루(누))=누(漏)
사(思)-땀(氵)이 몸(尸)에 비(雨)오듯이 샐 누
용(用)-漏泄(漏洩)누설 自擊漏자격루 漏落누락 早漏조루 漏電누전

屢 屡 여러 누{루}; 尸- [lǚ] 창(窓), 번거롭다, 여러, 자주, 언제나
부(部)-주검시엄 시(尸): 몸에는 여러 기능이 있다는 의미
자(字)-尸(주검 시) 婁(끌 루(누), 거둘 누)=누(屢)
사(思)-몸(尸)은 잘 끌고 거두어야(屢婁)할 게 여러 누
용(用)-屢屢(累累)누누 -누누이(屢屢-). 말 따위를 여러 번 반복(反復)함.
　　屢次누차 屢回누회 屢年(累年)누년

能 능할 능; 肉 [néng] 능하다, 잘하다, 미치다.
부(部)-고기 육(肉): 사냥과 손질이 능하다는 의미.
자(字)-厶(사유 사) 月(육달 월) 匕(비수 비) 匕(비수 비)=능(能).
사(思)-사유 고기를 칼질을 잘하니 능할 능.
용(用)-能力능력. 可能가능. 機能기능. 修能수능. 技能기능.

陵 큰 언덕 능{릉}; 阜- [líng]큰 언덕, 언덕, 무덤, 임금의 무덤
부(部)-좌부변=언덕 부(阝=阜): 언덕 표현 글자 의미
자(字)- 阝(좌부변 부) 夌(언덕 릉(능))=능(陵)
사(思)-언덕(부 阝)에 언덕((夌) 있으니 큰 언덕 능
용(用)-陵능 鬱陵島울릉도 江陵강릉 丘陵구릉 王陵왕릉 恭陵공릉

尼 중 니{이}; 尸 [ni] 중, 여승, 비구니, 산 이름, 성(姓).
부(部)-주검 시(尸): 여승은 육체보다 정신적 수양 의미.
자(字)- 尸(주검 시) 匕(비수 비)=니(尼).
사(思)-속세의 정(情)을 죽이려고(尸) 인연을 칼(匕)로 끊어 버린 여승 니.
용(用)-印尼인니. 釋迦牟尼석가모니. 比丘尼비구니(여승)

泥 진흙 니{이}; 水 [ní,ni] 진흙, 진창, 흐리다, 더럽혀지고 썩다.
부(部)-물 수(水)=삼수변(수(氵): 진흙은 물이 많이 포함된 의미.
자(字)-氵(삼수변 수) 尼(여승 니(이))=이(泥).
사(思)-물(氵)많은 진창길을 여승(尼) 걸어가기 어려운 진흙탕 니.
용(用)-泥犁이리 泥鰌이추 泥鰍이추 沙泥사니

다. 다 부

신백훈 정익학당 추천 애국민 필독서
[새마을운동 왜 노벨상 감인가] 좌승희 저

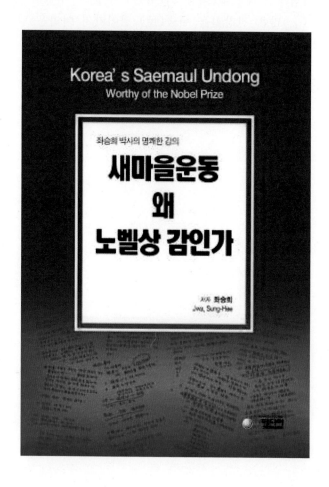

多 많을 다; 夕 [duō] 많다, 넓다, 도량이 넓다, 겹치다, 포개지다.
부(部)-저녁 석(夕): 저녁이 지나면 세월이 지남이 많아지는 의미.
자(字)- 夕(저녁 석) 夕(저녁 석)=다(多).
사(思)-저녁(석(夕)과 저녁(석(夕)이 겹쳐 세월이 흘러감이 많을 다.
용(用)-多樣다양 多幸다행 多數다수 大多數대다수 多少다소 過多과다 多急다급.

茶 차 다; 艹- [chá]차, 소녀에 대한 미칭. 다갈색. 차나무
부(部)-초두머리 초(++=艹):차나무도 풀의 종류라는 의미
자(字)=++(초두머리 초) 人(사람 인) 木(나무 목)=다(茶)
사(思)-차잎(초(++)을 사람들(인(人) 차나무(목(木)에서 따니 차 다
용(用)-茶菓다과 茶禮차례 綠茶녹차 茶房다방 茶盞찻잔 紅茶홍차 茶道다도

段 층계 단; 殳 [duàn] 구분, 부분, 문장의 단위, 조각, 단편.
부(部)-몽둥이 수(殳): 몽둥이로 쳐서 구분한다는 의미.
자(字)-厂(기슭 엄) 三(석 삼) 殳(몽둥이 수) =단(段).
사(思)-기슭(厂)을 세 번(三)이상 쳐내어서(殳) 계단으로 구분 단, 층계 단.
용(用)-段階단계 手段수단 段階的단계적 階段계단 一段落일단락.
　　　特段특단. 多段階다단계.

斷 끊을 단; 斤 [duàn] 절단하다, 쪼개다, 가르다, 근절시키다.
부(部)-도끼 근(斤): 절단하다의 뜻을 가진 글자라는 의미.
자(字)-㡭(이을 계) 斤(근 근) =단(斷).
사(思)-계속(㡭) 도끼(斤-部)질을 하여 절단하니 끊을 단.
용(用)-判斷판단 遮斷차단 斷乎단호 診斷진단 中斷중단 裁斷재단 斷末魔단말마.

但 다만 단; 人 [dàn] 다만, 부질없이. 佃(단)의 본자(本字).
부(部)-사람 인(人): 다만 하고 따지는 건 사람 의미.
자(字)-亻(사람인변 인) 旦(아침 단)=단(但).
사(思)-사람(亻=人)이 아침(단(旦)의 결심이 지속 안 되니 다만 단.
용(用)-但只단지 非但비단 但書단서

團 团 둥글 단; 囗- [tuán]둥글다, 모이다, 덩어리
부(部)-큰입구몸 구(囗): 큰 둘레로 덩어리 만든다 의미
자(字)-囗(나라 국) 專(오로지 전)=단(團)
사(思)-국가(국(囗)는 오로지(전(專) 둥글게 조화를 해야 하니 둥글 단
용(用)-團束단속 集團집단 團體단체 團欒단란 師團사단 團結단결 財團재단

端 끝 단,바를 단; 立- [duān]바르다, 실마리, 옳다, 진실
부(部)-설 립(立):바르게 서 있다 의미
자(字)-立(설 립(입)) 耑(끝 단)=단(端) ※耑 시초 단. 실마리 단
사(思)-서있으려면(입(立) 시초(단(耑)가 바르게 되야 하니 바를 단
용(用)-尖端첨단 異端이단 弊端폐단 端緖단서 端午단오 惹端야단 極端극단

耑 시초 단; 而- [duān,zhuān]시초, 실마리, 꼭대기, 구멍을 뚫다
부(部)-말이을 이(而): 처음 말에 이어 간다 의미
자(字)-山(메 산) 而(말 이을 이) =단(耑)
사(思)-산(山)도 이어가(이(而) 산맥(山脈)이 되니 시초 단, 실마리 단
용(用)-耑告전고 耑教전교 耑系단계

檀 박달나무 단; 木- [tán]박달나무, 단향목, 대나무의 형용
부(部)-나무 목(木): 박달나무도 나무라는 의미
자(字)-木(나무 목) 亶(믿음 단)=단(檀)
사(思)-박달나무(목(木) 단단하여 믿음직(단(亶)하니 박달나무 단
용(用)-檀君단군 檀紀단기 檀園단원 檀君王儉단군왕검 檀施단시

亶 믿음 단; 亠- [dǎn,dàn]믿음, 진실로, 도탑다
부(部)-돼지해머리 두(亠): 돼지머리 제물이 믿음직
자(字)-靣(곳집 름(늠)) 旦(아침 단)=단(亶) ※回 돌 회/旦 아침 단
사(思)-머리(亠)속에 돌아온(回) 아침(旦)마다 생각은 믿음 단
용(用)-杏亶행단: 공자(孔子)가 은행나무(銀杏--) 단 위에서 강학(講學)하였
다는 옛일에서 나온 말로, 학문(學問)을 닦는 곳을 이름.

丹 붉을 단(란); 丶 [dān] 붉다, 붉게 칠하다, 단사(丹砂).
부(部)-점 주(丶): 붉은 점을 의미.
자(字)-冂(멀 경) 丶(점 주, 불똥 주) 一(한 일)=단(丹).
사(思)-성문(冂)에 불똥(주(丶) 하나((一) 떨어져 붉게 태우니 붉을 단.
용(用)-牡丹모란 丹粧단장 丹楓단풍 契丹글단 丹鳳단봉 丹靑단청 牧丹목단.

鍛 鍛 쇠 불릴 단; 金 [duàn] 쇠를 불리다, 숫돌.
부(部)-쇠 금(金): 쇠를 불린다는 의미.
자(字)-金(쇠 금) 段(층계 단, 구분 단)=단(鍛).
사(思)-쇠(金)를 녹여 구분(段)별로 제련하니 쇠불릴 단.
용(用)-鍛鍊단련 可鍛鐵가단철 可鍛性가단성 鍊鍛연단.
　　　鍛冶研磨단야연마:단련(鍛鍊)하고 또 단련(鍛鍊)하여 갈고 닦음.

旦 아침 단; 日- [gàn]아침, 해 돋을 무렵, 밤을 새우다,
부(部)-날 일(日): 날마다 아침에 해가 돋는다 의미
자(字)-日(날 일) 一(한 일)=단(旦)
사(思)-해가(일日) 한 번(일一) 떠오르면 아침 단
용(用)--旦일단 元旦원단 旦暮단모 黎旦여단 旦那(檀那)단나
　　　　旦望단망 旦夕단석 朔旦삭단 平旦평단(새벽)

短 짧을 단; 矢 [duǎn] 짧다, 부족하다, 가깝다, 모자라다.
부(部)-화살 시(矢): 화살의 길이는 짧다 관련 의미.
자(字)-矢(화살 시) 豆(콩 두)=단(短).
사(思)-화살(矢-部)이 콩(豆)알만 하니 짧을 단. 부족할 단.
용(用)-短縮단축 長短장단 短期단기 短期的단기적 短期間단기간
　　　　短點단점 短篇단편 短折단절 短劍단검
　　　　一長一短일장일단 用長用短용장용단 不言長短불언장단 :
　　　　남의 장점(長點)과 단점(短點)을 말하지 않는다는 뜻.

單 单 홑 단; 口- [dān,chán]홑, 하나, 오직, 다만, 혼자, 외롭다
부(部)-입 구(口): 입은 하나이다 의미
자(字)- 吅(부르짖을 훤) 甲(첫째 갑,갑옷 갑) =단(單)
사(思)-부르짖음을 첫째(甲)로 혼자 하니 홑 단
용(用)-簡單간단 單語단어 單純단순 單位단위 單子단자 簡單明瞭간단명료
　　　　傳單전단 單元단원 單行단행 單價단가 食單식단 單數단수 單機단기

達 达 통달할 달; 辵- [dá,tà]다다르다, 미치다, 나오다, 꿰뚫다,
부(部)-책받침. 쉬엄갈 착(辶): 다다르다 하려면 가야한다 의미
자(字)-土(흙 토) 羊(양 양) 辶(쉬엄쉬엄 갈 착) =달(達)
사(思)-목장토지(土)에서 양(羊)을 몰아가서(辶) 도달하니 도달할 달
용(用)-傳達전달 到達도달 配達배달 調達조달 倍達배달 通達통달
　　　　達人달인 顯達현달 達觀달관 欲速不達욕속부달:빨리 하고자 하면 도
달(到達)하지 못함.　下學上達하학상달:「아래를 배워서 위에 이른다.」

潭 깊을 담; 水- [tán] 깊다, 소, 못, 물가.
부(部)-물 수(水): 깊은 연못에는 물이 있다는 의미.
자(字)-氵(삼수변 수) 覃(깊을 담, 미칠 담)=담(潭). 覃 미칠 담.
사(思)-물(氵)이 깊게 미치는(覃) 깊은 바닥이니 깊을 담.
용(用)-白鹿潭백록담 清潭청담 百潭寺백담사 潭水담수 潭陽담양 石潭석담

覃 깊을 담; 両 [tán,qín] 미치다, 이르다, 벋다, 퍼지다.
　부(部)-덮을 아(両)=아(覀): 덮는 게 널리 미치다는 의미.
자(字)-覀(덮을 아) 早(이를 조)=담(覃).
사(思)-덮는(覀)것은 일찍(早)해야 널리 미치니 미칠 담.
용(用)-覃恩담은. 寶覃보담.

談 談 말씀 담; 言 [tán] 말씀, 언론, 말하다, 농담하다, 희롱하다.
　부(部)-말씀 언(言): 대화는 말로 한다는 의미.
자(字)-言(말씀 언) 炎(불꽃 염)=담(談).
사(思)-말(言-部)은 불꽃(炎)을 다루듯이 담담히 말씀할 담.
용(用)-會談회담 懇談會간담회 俗談속담 壯談장담 德談덕담
　　　　街談巷說가담항설 豪言壯談호언장담

啖 먹을 담; 口 [dàn] 먹다, 탐하다, 성(姓).
　부(部)-입 구(口): 먹는 것에 관한 글자 의미.
자(字)-口(입 구) 炎(불꽃 염)=담(啖). 炎 불탈 염.
사(思)-입(口-部)으로 열나게(炎) 먹으니 먹을 담. 탐할 탐.
용(用)-健啖건담 健啖家건담가=대식가(大食家) 茶啖다담(다과(茶菓)

擔 担 멜 담; 手 [dān,dǎn,dàn] 메다, 짊어지다, 맡다, 떠맡다,
　부(部)-손 수(手): 손으로 들어올려 메다는 의미.
자(字)-扌(재방변 수) 詹(이를 첨, 볼 첨)=담(擔).
사(思)-손으로(扌) 살펴보며(詹) 들러메니 멜 담.
용(用)-負擔부담 擔當담당 擔保담보 分擔분담 加擔가담 專擔전담.

淡 묽을 담; 水 [dàn] 묽다, 싱겁다, 담박하다.
　부(部)-물 수(水): 묽은 물에 대한 글자 의미.
자(字)-氵(삼수변 수) 炎(불꽃 염)=담(淡). 炎 불탈 염.
사(思)-물(氵=水-部)은 불꽃으로(炎) 증류하여 식히면 묽을 담.
용(用)-冷淡냉담 濃淡농담 淡水담수 淡白담백 雅淡아담 淡淡담담.君子之交淡
若水군자지교약수:군자(君子)의 사귐은 담백(淡白)하기가 물과 같다 뜻

膽 胆 쓸개 담; 肉 [dǎn] 쓸개, 담력, 마음, 충심(衷心).
　부(部)-고기 육(肉): 몸의 장기에 관련된 글자 의미.
자(字)-月(육달 월) 詹(이를 첨)=담(膽). 詹 이를 첨, 넉넉할 담.
사(思)-몸(月)에는 넉넉하게(詹) 있어야 하는 쓸개 담.
용(用)-肝膽간담 落膽낙담 大膽대담 膽智담지 膽力담력 膽氣담기.

畓 논 답; 田-총9획; [dá]논, 수전(水田)
부(部)-밭 전(田): 논도 밭 종류 의미
자(字)-田(밭 전) 水(물 수) =답(畓)
사(思)-물(수水)이 들어 있는 밭(전田)이 논 답
용(用)-田畓전답 反畓번답 水畓수답 上畓상답 僧畓 屯畓둔답 寺畓사답

答 대답할 답; 竹- [dá,dā]대답하다, 맞다, 맞추다
부(部)-대 죽(竹): 죽간(竹簡)으로 답을 하던 의미
자(字)-竹(대죽 죽) 合(합할 합)=답(答)
사(思)-죽간(竹簡)으로 합당(合當)한 답을 보내니 대답 답
용(用)-對答대답 應答응답 問答문답 報答보답 答辯답변 答辭답사
　　　答案답안 解答해답 答狀답장 答禮답례 正答정답 和答화답

踏 밟을 답; 足- [tà,tā]밟다, 디디다, 발판, 신
부(部)-발족변 족(⻊): 발로 밟다는 의미
자(字)-⻊(발족 족) 沓(겹칠 답) =답(踏)
사(思)-발로(足) 논밭이 겹치는(沓) 데서 보리 밟기 하니 밟을 답
용(用)-踏襲답습 踏査답사 踏步답보 洗踏세답 踏驗답험 遍踏편답 洗踏房세답방

唐 당나라 당. 허풍 당; 口- [táng]당나라, 허풍, 위반되다
부(部)-입 구(口): 당나라 허풍 떠는 입 의미
자(字)-广(집 엄) 肀(붓 사) 口(입 구) =당(唐)
사(思)-집(广)에서 붓(肀)만 놀리며 먹으려고(口) 허풍치는 당나라 당
용(用)-荒唐황당 唐慌(唐惶)당황 唐突당돌 唐麵당면 盆唐區분당구

當 当 당할 당; 田 [dāng,dàng] 대하다, 균형, 대적, 마땅히
부(部)-밭 전(田): 밭에는 당연히 농작업 마땅함의 의미.
자(字)-尙(숭상할 상) 田(밭 전)=당(當). ※
사(思)-숭상(尙)하는 밭(田-部)은 노력만큼 마땅하게 얻으니 당할 당. 용
(用)-該當해당 堪當감당 當局당국 當時당시 當然당연.

塘 못 당; 土 [táng] 못, 둑, 제방, 저수지.
부(部)-흙 토(土): 흙으로 둑을 쌓아 저수지를 만든다는 의미.
자(字)-土(흙 토) 唐(당나라 당, 둑 당)=당(塘)
사(思)-흙으로(土-部) 제방(唐)을 쌓아 물을 가둬 저수지가 되니 못 당.
용(用)-堤塘제당☞ 제방(堤防). 水塘수당☞ 저수지(貯水池)
　　　池塘지당 塘馬당마 堤塘제당 水塘수당

黨 党 무리 당; 黑 [dǎng] 무리, 한 동아리, 마을, 일가, 친척.
부(部)-검을 흑(黑): 당파 싸움은 검은 무리가 잘못하는 의미.
자(字)-尙(숭상할 상) 黑(검을 흑) =당(黨).
사(思)-말로만 높은(尙) 뜻을 기린다고 검은(黑)무리가 모인 패거리 당.
용(用)-政黨정당. 脫黨탈당. 黨政당정. 黨派당파.

糖 사탕 당. 엿 당; 米- [táng]사탕, 엿
부(部)-쌀 미(米): 쌀에는 당분이 있다는 의미
자(字)-米(쌀 미) 唐(당나라 당)=당(糖)
사(思)-쌀(미(米))로 당나라(당(唐)에서 엿 만들어(?) 사탕 당
용(用)-葡萄糖포도당 糖尿당뇨 雪糖(屑糖)설탕 糖水肉탕수육 糖分당분

堂 집 당; 土 [táng] 집, 향(鄕)의 학교, 평평하다.
부(部)-집 토(土): 집은 땅위에 짓는다는 의미.
자(字)-尙(숭상할 상) 土(흙 토) =당(堂).
사(思)-숭상할(尙) 흙(土-部)위에 지은 집을 집 당.
용(用)-祠堂사당 講堂강당 食堂식당 廟堂묘당 佛堂불당 書堂서당 天堂천당

待 기다릴 대; 彳 [dài,dāi] 기다리다, 갖추다, 막다, 방비하다.
부(部)-두인변. 조금걸을 척(彳): 기다리며 조금씩 걸음 의미
자(字)-彳(조금 걸을 척) 寺(절 사)=대(待).
사(思)-조금 걸으면서(彳) 절에(寺)서는 예불, 공양을 기다릴 대.
용(用)-期待기대. 虐待학대. 待遇대우. 待接대접. 忽待홀대. 優待우대.

隊 队 무리 대; 阜- [duì]대(隊), 동아리, 무리, 줄, 늘어선 줄, 떼
부(部)-좌부변, 언덕 부(阝=阜): 언덕이 한 무리 모인 모습의미
자(字)-阝(좌부변 부) 㒸(드디어 수) =대(隊)
사(思)-언덕(부(阝)에 드디어(㒸) 군대가 무리 지어 오니 무리 대
용(用)-軍隊군대 部隊부대 除隊제대 中隊중대 隊長대장 補充隊보충대
　　　隊員대원 隊伍대오 隊列대열 隊商대상 艦隊함대

對 对 대답할 대; 寸- [duì]대답하다, 대하다, 대(對), 짝, 상대
부(部)-마디 촌(寸): 즉시, 촌각(寸刻)에 답을 해야 의미
자(字)-业(업 업) 羊(양 양) 寸(마디 촌) =대(對)
사(思)-사업은(업(业) 양(羊)같이 착하게 촌각(寸刻)으로 대답 대
용(用)-對話대화 對應대응 反對반대 對策대책 絶對절대 對象대상
　　　對比대비 相對상대 對抗대항 對照대조 對答대답 對備대비

代 대신할 대; 人 [dài] 대신하다, 번갈아, 시대.
부(部)-사람 인(人): 사람의 행동에 관한 글자 의미.
자(字)-亻(사람인변 인) 弋(주살 익)=대(代).
사(思)-사람이 사냥을 주살(익(弋)이 대신하니 대신할 대.
용(用)-代表대표. 代替대체. 時代시대. 代身대신. 代案대안.

臺 台 돈대 대; 至- [tái,tāi]돈대, 대, 얹는 대, 높고 평평한 곳,
부(部)-이를 지(至): 이르러서 일보는 곳 의미
자(字)-吉(길할 길) 冖(덮을 멱) 至(이를 지) =대(臺)
사(思)-좋은(吉) 이벤트로 덮이는(冖)장소로 이르는(至) 곳을 대 대
용(用)-舞臺무대 寢臺침대 臺灣대만 靑瓦臺청와대 海雲臺해운대 土臺토대

帶 帶 띠 대; 巾 [dài] 띠, 띠다, 띠를 두르다, 차다, 허리에 차다.
부(部)-수건 건(巾):수건을 머리거나 허리에 두른다는 의미.
자(字)-一(일) 丿(별) 凵(입 벌릴 감) 乚(은) 冖(멱) 巾(수건 건)=대(帶).
사(思)-일(一)자형에 삐침(丿) 벌림(凵) 숨김(乚) 덮은(冖) 수건(巾) 띠 대.
용(用)-携帶휴대 一帶일대 連帶연대 紐帶유대 地帶지대 死角地帶사각지대.

貸 貸 빌릴 대; 貝- [dài]빌리다, 베풀다, 금품을 대여하다,
부(部)-조개 패(貝): 재화(패(貝)를 빌리게 되는 의미
자(字)-代(대신할 대) 貝(조개 패) =대(貸)
사(思)-주인을 대신(代)하여 재화(貝)를 쓰고자 빌릴 대
용(用)-賃貸임대 貸出대출 貸借대차 貸與대여 賃貸借임대차 貸付대부
　　　　貸損대손 貸切대절 貸邊대변 賃貸人임대인

戴 戴 일 대; 戈 [dài] 이다, 머리 위에 올려놓다, 느끼다.
부(部)-창 과(戈): 창은 머리 위에 위치하는 의미.
자(字)-十(열 십) 異(다를 이(리)) 과(戈)=대(戴).
사(思)-십(十)자로 묶은 다른(異)짐을 창(戈)대 꽂고 머리에 이니 일 대.
용(用)-推戴추대. 大戴禮대대례. 戴聖대성. 翊戴익대. 戴冠式대관식.

大 큰 대; 大- [dà,dài]크다, 넓다, 두루
부(部)-큰 대(大) 제부수 한자
자(字)-일(一)인(人)=대(大)
사(思)-세상에서 제일(一) 크게 중요하게 사람(인(人)이니 큰 대
용(用)-廣大광대 擴大확대 偉大위대 大韓대한 大人대인 大雄殿대웅전
　　　　大天大地대천대지=넓고 넓은 천지(天地).

垈 터 대; 土 [dài] 터, 집터.
부(部)-흙 토(土): 집터는 토지라는 의미.
자(字)-代(대신할 대) 土(흙 토) =대(垈).
사(思)-집과 정원의 바닥을 대신(代)하는 토(土)지니 터 대.
용(用)-垈地대지. 落星垈낙성대. 家垈가대.

宅 댁 댁{집 택}; 宀- [zhái,zhè]댁, 집, 대지, 정하다, 살다, 무덤
부(部)-갓머리, 집 면(宀):집과 관련된 글자 의미
자(字)-宀(집 면) 乇(부탁할 탁)=댁(宅)
사(思)-집(면(宀))에 가족간 부탁(탁(乇))이 편하니 집 택, 집 댁
용(用)-住宅주택 媤宅시댁 宅配택배 邸宅저택 財宅재택 宅地택지 家宅가택

德 클 덕, 덕 덕; 彳- [dé] 덕, 행위, 어진 이.
부(部)-조금걸을 척(彳)두인변: 조금씩 걷거나 행동한다는 의미.
자(字)-彳(걸을 척) 십목(十目) 일심(一心)=덕(德). ※悳(클 덕)
사(思)-실천(彳)으로 열개눈(十目)이 보아도 일심(一心)으로 베푸니 덕 덕.
용(用)-道德도덕. 德談덕담. 德分덕분.

渡 건널 도; 水- [dù] 물을 건너다, 지나가다, 널리 미치다, 나루
부(部)-삼수변, 수(水=氵): 물을 건너다 의미
자(字)-氵(삼수변 수) 度(법도 도)=도(渡) ※度 법도 도{헤아릴 탁}
사(思)-바다(수(氵))에는 항해 법도(法度)가 있어 건널 도
용(用)-讓渡양도 賣渡매도 引渡인도 不渡부도 過渡期과도기 渡河도하

圖 그림 도; 囗- [tú]그림, 꾀하다, 그리다, 베끼다
부(部)-큰입구몸 국(囗): 그림 액자는 둘레가 있는 의미
자(字)-囗(나라 국) 㐭(인색할 비)=도(圖) ※㐭 인색할 비
사(思)-국가(囗)는 인색(㐭)하게 혈세 절약해야 좋은 그림 도
용(用)-圖謀도모 圖書館도서관 圖式도식 試圖시도 浮圖(浮屠)부도
企圖기도 意圖의도 圖形도형 圖章도장 地圖지도 鳥瞰圖조감도

道 길 도; 辵 [dào] 길, 이치, 근원, 기능, 방법, 인의(仁義), 德行.
부(部)-쉬엄갈 착(辵=辶): 길은 걸어가게 만들어야 된다는 의미.
자(字)-首(머리 수) 辶(쉬엄쉬엄 갈 착) =도(道).
사(思)-머리(首) 생각 최고인 仁義(인의)로 걸어가는(辶=辵) 길 도.
용(用)-報道보도. 道路도로. 軌道궤도. 道理도리. 道德도덕.
人不學不知道인불학부지도 배우지 않으면, 도리(道理)를 알지 못함.

途 길 도; 辵- [tú]길, 도로
부(部)-책받침, 쉬엄갈 착(辶): 길은 걷기도 쉬기도 하는 의미
자(字)-余(나 여) 辶(쉬엄쉬엄 갈 착) =도(途)
사(思)-내(여(余)가 쉬엄 가는(착(辶) 인생길 길 도
용(用)-別途별도 用途용도 途中도중 中途중도 壯途장도 開發途上國개발도상국

倒 넘어질 도; 人- [dǎo,dào]넘어지다, 죽다, 거꾸로
부(部)-사람인변 인(亻): 사람이 넘어진다는 의미
자(字)-인(亻)지(至)도(刂)=도(倒)   ※至 이를지 /刂 칼 도
사(思)-사람(인(人)이 이르자(지(至) 칼(도(刂)로 위협 넘어질 도
용(用)-顚倒전도 罵倒매도 倒産도산 倒置도치 傾倒경도 打倒타도

逃 달아날 도; 辵- [táo]달아나다, 도망치다, 숨다, 숨기다
부(部)-책받침, 쉬엄갈 착(辶): 도망은 걸음 관련 의미
자(字)-兆(조짐 조) 辶(쉬엄쉬엄 갈 착) =도(逃)   ※兆 조짐 조
사(思)-조짐(兆)을 보면 도둑은 도망가니(辶) 도망 도
용(用)-逃亡도망 逃避도피 逃走도주 逃躱도타 逃去도거 逃避性도피성

堵 담 도; 土 [dǔ] 담, 담장, 거처, 주거, 이것, 저것.
부(部)-흙 토(土): 담장을 흙으로 쌓음의 의미.
자(字)-土(흙 토) 者(놈 자)=도(堵).
사(思)-흙(土)으로 사람(者)들이 쌓은 것이 담장이니 담 도.
용(用)-安堵안도(마음을 놓음). 堵墻도장☞ 도장(堵墻). 堵牆도장.
    堵列도열(많은 사람들이)죽 늘어섬.

都 도읍 도; 邑- [dū,dōu]도읍, 서울, 제후(諸侯)의 하읍(下邑)
부(部)-우부방, 고을 읍(邑= 阝): 고을이나 도시 관련 의미
자(字)-者(놈 자) 阝(우부방 읍)=도(都)   ※者 놈 자
사(思)-이런 저런 자(者)들이 고을(읍(阝)을 만들어 도읍 도
용(用)-都市도시 遷都천도 首都수도 都給도급 都邑도읍 都大體도대체
    首都圈수도권 都是도시 都合도합

跳 뛸 도; 足 [tiào] 뛰다, 도약하다, 빨리 가다, 달아나다,
부(部)-발 족(足): 빨로 뛰어간다는 의미.
자(字)-𧾷(발족 족) 兆(조 조)=도(跳). 兆 조짐 조.
사(思)-발(足-部)로 조짐(兆朕)을 느끼며 뛰어가니 뛸 도.
용(用)-跳躍도약. 跳梁도량. 高跳고도(높이뛰기).

徒 무리 도; 彳- [tú]무리, 동아리, 걷다, 보병(步兵)
부(部)-두인변, 조금걸을 척(彳): 무리는 걷는다 의미
자(字)-彳(조금 걸을 척) 走(달릴 주)=도(徒)
사(思)-조금씩 걸음(彳)으로 달릴(走) 수 밖에 없는 무리 도
용(用)-司徒사도 徒步도보 徒手도수 使徒사도 花郞徒화랑도 徒黨도당
　　　信徒신도 暴徒폭도

度 법도 도, 헤아릴 탁, 살 택; 广- [dù,duó]법도, 제도, 기량,
부(部)- 广 (엄호) : 집안에는 법도가 있다 의미
자(字)-广(집 엄) 廿(스물 입) 又(또 우)=도(度)
사(思)-집(广)에서 스무번(廿) 또(又) 가정교육으로 가르치는 법도 도
용(用)-制度제도 態度태도 程度정도 速度속도 緯度위도 忖度촌탁
　　　溫度온도 角度각도 度量도량 密度밀도 濃度농도 度數도수

稻 벼 도; 禾- [dào]벼, 쌀을 일다
부(部)-벼 화(禾): 벼와 관련된 글자 의미
자(字)-禾(벼 화) 舀(퍼낼 요) =도(稻)　　※爪 손톱 조 / 臼 절구 구
사(思)-벼(禾)를 손으로 절구에서 도정하여 퍼내는 벼 도
용(用)-稻作도작 山稻산도 稻田도전 種稻종도 陸稻육도 水稻수도

桃 복숭아나무 도; 木- [táo]복숭아나무, 복숭아,
부(部)-나무 목(木): 나무의 종류 글자 의미
자(字)-木(나무 목) 兆(조 조)=도(桃)　　※兆 조짐 조
사(思)-나무(木)의 열매 달린 조짐(兆)을 보니 복숭아나무 도
용(用)-胡桃호도 桃花도화 扁桃腺편도선 桃園도원 桃李도리 仙桃선도

覩 볼 도; 見 [dǔ] 보다.
부(部)-볼 견(見): 본다는 글자라는 의미.
자(字)-者(놈 자) 見(볼 견) =도(覩).
사(思)-사람(者)이면 보는(見-部)눈이 있어야 되는 법이니 볼 도.
용(用)-目覩목도☞ 목격(目擊), 覩聞도문(보고 들음).

禱 빌 도; 示 [dǎo] 빌다, 신명에 고하고 성취되기 기원하다.
부(部)-보일 시(示): 보일 시(示)는 신(神)의 의미도 있음.
자(字)-示(보일 시) 壽(목숨 수)=도(禱).
사(思)-신(示-)에게 목숨(壽)과 행복(幸福) 장수 빌 도
용(用)-祈禱기도 默禱묵도 三鍾祈禱삼종기도.

- 88 -

島
島 섬 도; 山- [dǎo]섬
부(部)-뫼 산(山): 바다에 높은 산이 섬으로 보인다 의미
자(字)-鳥(새 조) 山(메 산)=도(島) ※鳥 새 조
사(思)-새(鳥)가 바다에 솟은 산(山)위에 앉으니 섬 도
용(用)-鬱陵島울릉도 獨島독도 汝矣島여의도 半島반도 島嶼도서 諸島제도

悼
슬퍼할 도; 心 [dào] 슬퍼하다, 떨다, 두려워서 떨다.
부(部)-마음 심(心): 슬픔은 마음의 상태를 의미.
자(字)-忄(심방변 심) 卓(높을 탁)=도(悼).
사(思)-슬픈 마음(忄)이 높으니(卓) 슬퍼할 도.
용(用)-哀悼애도. 追悼추도. 謹悼근도. 追悼會추도회. 悼詞도사.

導
导 이끌 도; 寸- [dǎo]이끌다, 인도하다, 충고하다,
부(部)-마디 촌(寸): 순간마다 이끌어 주다 의미
자(字)-道(길 도) 寸(마디 촌, 법도 촌) =도(導)
사(思)-길(道)을 모르면 법도(寸)에 맞게 이끌어 줘야 이끌 도
용(用)-引導인도 誘導유도 指導지도 啓導계도 導入도입 主導주도
　　　傳導전도 半導體반도체 矯導所교도소

到
이를 도; 刀- [dào]이르다, 닿다, 미치다
부(部)-선칼도방 도(刂=刀): 이르고자 칼같이 한다 의미
자(字)-至(이를지) 刂(선칼도방 도) =도(到)
사(思)-이르고자(至) 하면 칼(刂)같이 해야 이를 도
용(用)-到着도착 殺到쇄도 到達도달 到來도래 到處도처 到底도저
　　　到彼岸도피안 殺到살도 (→殺到(쇄도)) 當到당도 給到급도

塗
涂 칠할 도/길 도/진흙 도; 土- [tú]진흙, 칠하다, 길
부(部)-흙 토(土): 진흙으로 칠하다 의미
자(字)-涂(길 도) 土(흙 토) =도(塗) ※余 나 여,남을 여
사(思)-길에 진흙(土)으로 칠할 도
용(用)-塗褙도배 塗裝도장 三塗삼도 塗抹도말 塗飾도식 塗料도료

陶
질그릇 도; 阜- [táo,yáo]질그릇, 질그릇을 만들다, 옹기장이
부(部)-좌부변 언덕 부(阝=阜): 도자기 가마가 언덕 모양 의미
자(字)-阝(좌부변 부) 匋(질그릇 도)=도(陶)
사(思)-언덕(阝)같은 도자기 가마에서 질그릇(匋) 나오니 질그릇 도
용(用)-陶冶도야 陶醉도취 薰陶훈도 陶器도기 陶窯도요 陶藝도예 陶爐도로

盜 훔칠 도. 도둑 도 [dào] 훔치다, 밀통하다, 도둑질.
부(部)-그릇 명(皿): 그릇과 그릇의 것을 훔친다는 관련 의미.
자(字)-次(침 연) 皿(그릇 명) =도(盜).
사(思)-침흘릴 좋은 그릇을 욕심내어 훔칠 도.
용(用)-盜聽도청 强盜강도. 盜用도용 盜賊도적

挑 돋을 도, 휠 도. 手- [tiāo,tiǎo]휘다, 굽다, 돋우다, 심지,
부(部)-재방변 손 수(扌=手): 손으로 돋아나게 하다 의미
자(字)-扌(재방변 수) 兆(조짐 조)=도(挑)
사(思)-손(扌)에 봉고도(棒高跳) 잡은 조짐(兆)보니 돋을 도
용(用)-挑戰도전 挑發도발 挑鈴도령 挑出도출 挑戰的도전적 挑發者도발자

篤 笃 도타울 독; 竹 [dǔ] 도탑다, 신실하다, 도타이 하다,
부(部)-대나무 죽(竹): 말 안장을 대나무로 하던 글자 의미.
자(字)- ⺮(대죽 죽) 馬(말 마)=독(篤).
사(思)-대나무(竹-部)로 말(馬)의 안장을 만들어 도타울 독.
용(用)-敦篤돈독 篤實독실 篤志家독지가 篤友독우 危篤위독 篤行독행.

毒 독 독; 毋- [dú]독, 해악, 작은 분량으로 병 고치다, 죽이다
부(部)-말 무(毋): 독(毒)은 금지(무(毋)한다는 의미
자(字)-丰(예쁠 봉) 毋(말 무)=독(毒) ※ 毋 말 무
사(思)-예쁜(丰) 이브가 먹지 말라는(毋) 선악과 먹으니 독 독
용(用)-毒感독감 中毒중독 酷毒혹독 毒蛇독사 消毒소독 毒素독소 慓毒표독
     解毒해독 至毒지독 三毒삼독 梅毒매독 毒藥독약 毒舌독설

督 살펴볼 독; 目- [dū]살펴보다, 바로잡다, 단속하다, 경계하다,
부(部)-눈 목(目): 눈으로 살피다 의미
자(字)-叔(아저씨 숙) 目(눈 목) =독(督)
사(思)-아저씨(叔)의 눈(目)으로 살펴볼 독
용(用)-監督감독 基督敎기독교 督勵독려 總督총독 基督기독 提督제독

讀 读 읽을 독. 구절 두; 言 [dú,dòu] 글을 읽다, 풀다, 설명 읽기,
부(部)-말씀 언(言): 소리 내어 낭독을 원칙으로 한다는 의미.
자(字)-言(말씀 언) 賣(팔 매)=독(讀).
사(思)-말(言)을 글로 만들어 파는 것이 책이니 읽을 독.
용(用)-讀書독서 讀者독자 句讀구두 精讀정독 朗讀낭독 讀者독자 購讀구독
     讀書三到독서삼도 구도(口到)・안도(眼到)・심도(心到)에 있다

獨 独 홀로 독; 犬 [dú] 홀로, 홀몸, 홀어미, 자손이 없는 사람.
부(部)-개 견(犬): 개는 일반적으로 한 마리 키운다는 의미.
자(字)- 犭(개사슴록변 견) 蜀(애벌레 촉)=독(獨).
사(思)-개(犭)와 애벌레(蜀)는 별도 따로 독립 홀로 독.
용(用)-獨島독도 獨立독립 獨裁독재 獨特독특 獨白독백 唯獨유독 獨占독점.

敦 도타울 돈; 攴- [dūn,duì] 도탑게 하다, 힘쓰다, 노력하다
부(部)-둥글월문, 칠 복(攵=攴):회초리 치며 힘쓰게 하는 의미
자(字)- 享(누릴 향)攵(칠 복) + =돈(敦)   ※享 누릴 향
사(思)-인생 누리려면(享) 회초리(攵) 견디어서 인성 수양 도탑게 할 돈
용(用)-敦篤돈독 敦義門돈의문 敦厚돈후 敦定돈정 敦親돈친 敦宗돈종

豚 돼지 돈; 豕- [tún]돼지, 새끼 돼지, 흙 부대, 복, 복어
부(部)-돼지 시(豕): 돼지 관련 글자 의미
자(字)-月(육달월) 豕(돼지 시) =돈(豚)
사(思)-사람이 많이 먹는 육식(月)은 돼지(豕)고기로 돼지 돈
용(用)-豚肉돈육 養豚양돈 家豚가돈(자기 아들을 낮추는 말) 豚犬돈견
犬豚견돈 鷄豚계돈 豚魚돈어 豚舍돈사 豚脂돈지 成豚성돈

頓 조아릴 돈; 頁- [dùn,dú]조아리다, 넘어지다, 깨지다, 부서지다
부(部)- 머리 혈頁 [页] : 조아리는 게 머리하는 의미
자(字)-頁(머리 혈) + 屯(진 칠 둔) =돈(頓)
사(思)-머리를頁(머리 혈) 땅에 진 치듯屯(진 칠 둔) 조아릴 돈
용(用)-頓悟漸修돈오점수 査頓사돈 頓悟돈오 整頓정돈 斗頓두둔

突 갑자기 돌; 穴- [tū]갑자기, 부딪다, 불룩하게 나오다
부(部)-구멍 혈(穴): 구멍에 갑자기 빠지게 되는 의미
자(字)-穴(구멍 혈) 犬(개 견)=돌(突)
사(思)-구멍(穴)에서 개가(犬) 갑자기 나오니 갑자기 돌
용(用)-衝突충돌 突然돌연 突破돌파 唐突당돌 追突추돌 突出돌출 突風돌풍
突擊돌격 突破口돌파구 突變돌변 突進돌진 突入돌입 激突격돌

冬 겨울 동; 冫- [dōng]겨울, 동면하다
부(部)-이수변 빙(冫): 겨울에는 얼음 관련 의미
자(字)-夂(뒤쳐져 올 치) 冫(얼음 빙)=동(冬)
사(思)-뒤져오(夂)게 얼음(冫)생기는 계절이라 겨울 동
용(用)-冬至동지 春夏秋冬춘하추동 冬眠동면 立冬입동 冬季동계

洞 골 동, 밝을 통; 水- [dòng] 골, 골짜기, 굴, 동굴, 비다.
부(部)-물 수(水): 마을에는 물이 있다는 의미.
자(字)-氵(삼수변 수) 同(한가지 동)=동(洞).
사(思)-물(氵)을 같이(同) 먹고 사니 골짜기 동. 마을 동
용(用)-空洞化공동화 洞察통찰 洞察力통찰력 洞里동리 洞窟동굴 洞口동구 洞長동장.

銅 구리 동; 金 [tóng] 구리, 도장, 돈.
부(部)-쇠 금(金): 구리도 금속의 종류라는 의미.
자(字)- 金(쇠 금) 同(한가지 동)=동(銅).
사(思)-황금(金)과 같은(同) 가치로 돈을 만드니 구리 동.
용(用)-銅錢동전 銅像동상 銅貨幣동화폐 銅貨동화 赤銅貨적동화 靑銅청동.

東 东 동녘 동; 木-[dōng] 동쪽, 오행 목(木), 봄, 주인(主人)
부(部)-나무 목(木): 나무 동쪽에 해 떠오르다 의미
자(字)-木(나무 목) 日(날 일)=동(東)
사(思)-나무(木)에서 아침 해(일(日) 방향이 동녘 동
용(用)-東海동해 東西南北동서남북 東京동경 東方동방 東軒동헌

童 아이 동; 立- [tóng]아이, 어리석다, 뿔 나지 아니한 양이나 소
부(部)-설 립(立): 아이가 서기만 해도 좋으니 아이 동
자(字)-立(설 립(입)) 里(마을 리(이))=동(童)
사(思)-태어나 서(立) 있어 주면 마을(리(里)에 자랑 아이 동
용(用)-兒童아동 童謠동요 童話동화 薯童謠서동요 童蒙先習동몽선습
　　　童心동심 童顔동안 童貞동정 牧童목동 神童 동

凍 冻 얼 동; 冫- [dòng]얼다, 춥다, 얼음
부(部)-이수변 얼음 빙(冫): 얼음 관련 글자 의미
자(字)-冫(얼음 빙) 東(동녘 동)=동(凍)
사(思)-얼음(빙(冫)이 아침에 보이는 곳 해뜨는 동쪽(동(東)이라 얼 동
용(用)-凍傷동상 凍結동결 解凍해동 冷凍냉동 凍秀魚동수어 凍害동해
　　　凍結作用동결작용 資金凍結자금동결

桐 오동나무 동; 木 [tóng] 오동나무, 거문고.
부(部)-나무 목(木): 오동나무도 나무 종류라는 의미.
자(字)-木(나무 목) 同(한가지 동)=동(桐).
사(思)-오동나무(木)는 구리와 같이(同) 단단하니 오동나무 동.
용(用)-梧桐오동 絲桐사동 桐油동유 碧梧桐벽오동.

棟 栋 마룻대 동; 木 [dòng] 용마루, 마룻대, 주석(柱石),
부(部)-나무 목(木): 나무 기둥과 관련된 의미.
자(字)-木(나무 목) 東(동녘 동)=동(棟).
사(思)-목재(木-)중 제일 중요한 재목의 뜻인 동(東)인. 마룻대 동.
용(用)-法棟법동 病棟병동 別棟별동 동3~ 102호. 宰棟재동 法棟법동
　　棟高동고 分棟분동 本棟본동 管理棟관리동

動 动 움직일 동; 力 [dòng] 움직이다, 나다, 살다, 변하다.
부(部)-힘 력(力): 움직이는데는 힘이 필수 라는 의미.
자(字)-重(무거울 중) 力(힘 력(역)) =동(動).
사(思)-무거운(重) 것을 힘(力)이 있어야 움직이니 움직일 동.
용(用)-活動활동. 運動운동. 不動産부동산. 行動행동. 稼動가동.
　　煽動선동. 自動車자동차. 動員동원.

同 한가지 동; 口 [tóng,tòng] 한가지, 같게, 함께, 다같이.
부(部)-입 구(口): 한 공동체에서 같이 먹고 산다는 의미.
자(字)- 冂(멀 경) 일(一) 구(口)=동(同).
사(思)-성(冂)안에서 하나같이(一) 먹고(口)사니 한가지 동.
용(用)-共同공동 同盟동맹 同時동시 同僚동료 同胞동포 同字동자 同參동참 同生동생.

讀 读 구절 두, 읽을 독; 言- [dú,dòu]구절, 토, 읽다, 문장 구절
　　의 뜻을 해독하다, 풀다, 설명하다, 읽기, 읽는 법
※ 읽을 독 설명 참조

頭 头 머리 두; 頁 [tóu,] 머리, 머리털, 꼭대기, 우두머리, 첫째,
부(部)-머리 혈(頁): 머리에 관한 글자 의미.
자(字)-頁(머리 혈) 豆(콩 두)=두(頭).
사(思)-제기(豆)에 제물을 머리(頁)높이 올려 제사 하니 머리 두.
용(用)-口頭禪구두선. 沒頭몰두. 饅頭만두. 念頭염두. 話頭화두.
　　劈頭벽두. 年頭연두. 冒頭모두. 頭腦두뇌. 白頭山백두산.

鈍 钝 무딜 둔; 金- [dùn]무디다, 둔하다, 어리석다, 완고하다
부(部)-쇠 금(金):쇠같이 둔하다 의미
자(字)-金(쇠 금) 屯(진 칠 둔)=둔(鈍)
사(思)-쇠로(金)된 군화 신고 진을 치니(屯) 움직이기 둔할 둔
용(用)-愚鈍우둔 鈍濁둔탁 鈍感둔감 鈍角둔각 鈍化둔화 鈍重둔중
　　鈍筆둔필 鈍器둔기 鈍夫둔부

屯 진 칠 둔; 屮- [tún,zhūn]진 치다, 수비하다, 진,
부(部)-왼손 좌(屮): 왼손으로는 둔하다 의미
자(字)-丿(삐침 별) 屮(왼손 좌) =둔(屯)
사(思)-삐쳐도(丿) 왼손잡이(屮)도 모두 진을 치니 진칠 둔
용(用)-駐屯주둔 屯田둔전 雲屯운둔 屯畓둔답 屯營둔영 屯兵둔병

得 얻을 득; 彳 [dé,dè,děi] 얻다, 이익, 이득, 덕(德).
부(部)-두인변 걸을 척(彳): 걸어야 얻는다 의미
자(字)-彳(조금 걸을 척) 아침 단(旦) 법도 촌(寸)=득(得).
사(思)-조금씩 걸어도(彳) 아침(旦)부터 법도(寸)로 노력 얻을 득.
용(用)-所得소득 納得납득 獲得획득 取得취득 不得已부득이 得失득실.

等 무리 등; 竹- [děng]가지런하다, 등급, 구분하다, 차별, 계급,
부(部)-대 죽(竹): 대나무에도 등급 있다 의미
자(字)-竹(대죽 죽) 寺(절 사)=등(等)
사(思)-죽비(竹篦)는 절(寺)에서 수행자들 교육 등급 등
용(用)-等等등등 等級등급 平等평등 初等學校초등학교 均等균등 一等일등
        降等강등 越等월등 同等동등 何等하등

藤 등나무 등; 艸 [téng] 등나무, 등(藤), 등나무, 참깨.
부(部)-초두머리 초(艹): 등나무 잎이 풀과 같다는 의미.
자(字)- 艹(초두머리 초) 滕(물 솟을 등)=등(藤).
사(思)-넝쿨(艹)이 물 솟는(滕)것처럼 올라가니 등나무 등.
용(用)-藤葛등갈. 石南藤석남등. 常春藤상춘등. 長春藤장춘등.

滕 물 솟을 등; 水 [téng] 물이 끓어오르다, 나라 이름,
부(部)-물 수(水)=아래물수(氺): 솟아오르는 게 물이라는 의미.
자(字)-月(달 월) 㳠(클 태)=등(滕).
사(思)-달(月)빛에 큰 폭포가 솟아오르게 보여 솟아오를 등.
용(用)-등왕각(滕王閣).

燈 灯 등잔 등; 火- [dēng]등잔, 등, 등불, (佛)부처의 가르침
부(部)-불 화(火): 불을 사용한다는 의미
자(字)-火(불 화) 登(오를 등)=등(燈)
사(思)-불꽃(火) 심지가 올라(登) 밝히는 등잔 등
용(用)-走馬燈주마등 螢光燈형광등 燈盞등잔 燈臺등대 燈油등유 電燈전등
        點燈점등 消燈소등 燃燈佛연등불 街路燈가로등 信號燈신호등

謄 詧 베낄 등; 言- [téng]베끼다, 등사하다.
부(部)-말씀 언(言): 말을 베껴쓰다는 의미.
자(字)-月(달 월) 詧(베낄 등)=등(謄).
사(思)-달빛에서도 문서나 책을 옮겨쓰니 베낄 등.
용(用)-謄本등본 謄寫등사 戶籍謄本호적등본. 謄抄등초. 謄草등초.
　　　謄錄등록 謄記등기 謄寫機등사기

登 오를 등; 癶 [dēng] 오르다, 지위에 오르다, 더하다, 보태다.
부(部)-필발머리 등질 발(癶): 등에 배낭 지고 오른다는 의미.
자(字)-癶(등질 발) 豆(콩 두)=등(登).
사(思)-등에 진(발(癶) 제기(豆)와 제사 지내려 산에 오를 등.
용(用)-登場등장, 登錄등록, 登校등교, 登載등재, 登山등산.

騰 騰 오를 등; 馬-[téng]높은 곳으로 가다, 값이 비싸지다,
부(部)-말 마(馬): 말은 높은 곳도 오른다 의미
자(字)-月(달 월) 䲰(오를 등)=등(騰)　※䲰 오를 등, 騰의 俗字
사(思)-달밤(月)에 말에 올라(䲰) 산 오르니 오를 등
용(用)-沸騰비등 急騰급등 暴騰폭등 騰貴등귀 昂騰앙등 反騰반등 騰落등락
　　　沸騰點비등점　氣勢騰騰기세등등 怒氣騰騰노기등등
　　　殺氣騰騰살기등등 : 살기가 얼굴에 잔뜩 올라 있음.

라. 라 부

신백훈 정익학당 추천 애국민 필독서
[제주 4.3 반란 사건] 지만원 저

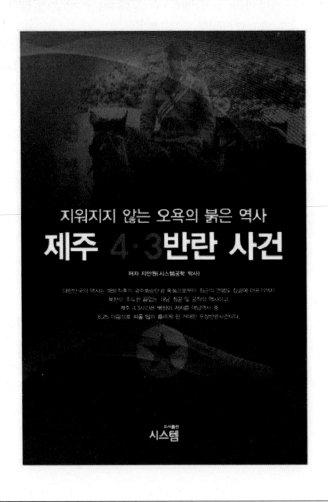

羅 罗 그물 라{나}; 网- [luó,luō,luò]그물, 그물질, 벌여 놓다,
부(部)-그물망머리 망(罒=网,罓,冈): 그물은 벌리다 의미
자(字)-망(罒)유(維)=라(羅)　　維 밧줄 유, 벼리 유
사(思)-그물을(망(罒) 밧줄(유(維)에 의해 벌리니 벌일 나. 그물 라
용(用)-新羅신라 網羅망라 阿修羅아수라 綺羅星기라성 歐羅巴구라파
　　耽羅탐라 徐羅伐서라벌 全羅道전라도

諾 诺 대답할 락{낙}; 言- [nuò] 머리를 끄덕임, 승낙하는 말, 승낙.
부(部)-말씀 언(言): 대답은 말로 한다는 의미.
자(字)-언(言)약(若)=낙(諾).
사(思)-말(言-部)로 같습니다(같을 약-若)라고 대답하다. 승낙하다.
용(用)-許諾허락. 受諾수락. 快諾쾌락.

落 떨어질 락(낙); 艹- [luò,là,luō]떨어지다, 빠지다, 몰락, 죽다,
부(部)-초두머리 풀 초(++=艹):풀 잎이 물에 떨어지다 의미
자(字)-초(++)낙(洛)=낙(落)　※洛 강 이름 락{낙}
사(思)-풀이(초(++) 강물(낙(洛)에 떨어지니 떨어질 낙
용(用)-落落長松낙락장송 水落石出수락석출 「물이 빠져 밑바닥의 돌이 드
러난다.」　難攻不落난공불락

樂 乐 즐길 락(낙),{ 노래 악, 좋아할 요}; 木- [lè,yào,yuè]
부(部)-나무 목(木):악기는 주로 나무통으로 만든 의미
자(字)-백(白)요(幺)요(幺)목(木)=락(樂)　※幺 작을 요
사(思)-하얗고(백(白) 작디(요(幺) 작은(幺) 줄이 나무(木)에서 튕겨 즐길 락
용(用)-生死苦樂생사고락 君子三樂군자삼락 極樂淨土극락정토 與民同樂여민동락

絡 络 이을 락(낙)/얽을 락(낙) 糸- [luò,lào]헌 솜, 잇다, 얽다
부(部)-실사변 사(멱)(糸): 실로 이어진다는 의미
자(字)-사(糸)각(各)=락(絡)
사(思)-실(사(糸)끼리 각 각(各) 연결되어 이을 락
용(用)-連絡(聯絡)연락 脈絡맥락 籠絡농락 經絡경락 短絡단락

闌 가로막을 란{난}; 門- [lán,làn] 가로막다, 문 출입 차단 나무.
부(部)-문 문(門): 가로막는 대상이 문이라는 의미.
자(字)-문(門)간(柬)=란(闌). ※ 柬: 가릴 간(모양자 참조).
사(思)-문(門-部)을 가려서(柬) 막으니 막을 간.
용(用)-闌入난입: 통제(統制)구역(區域)에 함부로 마구 뛰어듦

欄 난간 란{난}; 木- [lán]난간, 우리, 울, 칸막이, 경계
부(部)-나무 목(木): 난간은 나무로 만들었다 의미

자(字)-목(木)란(闌)=난(欄)   ※闌 가로막을 란{난}

사(思)-나무(목(木)을 가로막게(난(闌) 만든 것을 난간 란

용(用)-空欄공란(빈칸) 軒欄헌란 本欄본란

蘭 난초 란{난}; 艸- [lán]난초, 등골나물, 난과에 딸린 향초 이름,
부(部)-초두머리 풀 초(艹): 난초도 풀의 종류 의미

자(字)-초(艹)난(闌)=난(蘭)   ※闌 가로막을 란{난}

사(思)-난초(초(艹)화분이 베란다에 가로막은(란(闌) 난초 난(蘭)

용(用)-波蘭파란:폴란드 佛蘭西불란서 木蘭목란 金蘭금란 芝蘭之交지란지교
「지초(芝草)와 난초(蘭草) 같은 향기로운 사귐」 梅蘭菊竹매란국죽

丹 붉을 란(난), 붉을 단; 丶 [dān] 붉다, 붉게 칠하다, 단사(丹砂).
부(部)-점 주(丶): 붉은 점을 의미.

자(字)-경(冂)주(丶)일(一)=단(丹).

사(思)-성문(경(冂)에 불똥(주(丶) 하나(일(一)로 붉게 태우니 붉을 단.

용(用)-牡丹모란 丹粧단장 丹楓단풍 契丹글단 丹鳳단봉 丹靑단청 牧丹목단.

爛 빛날 란; 火 [làn] 문드러지다, 불에 데다, 너무 익다,
부(部)-불 화(火): 불에 관련한 글자 의미.

자(字)-화(火)란(闌)=란(爛). 闌 가로막을 란{난}.

사(思)-불을(火) 막으니(闌) 빛날 란.

용(用)-燦爛찬란. 絢爛현란. 燦爛찬란. 爛漫난만. 能爛능란.

卵 알 란{난}; 卩-총7획; [luǎn]알, 기르다, 크다, 굵다
부(部)-병부 절(卩): 알은 번식에 얽혀있는 것 병부모양(사진)

자(字)-절(卩)주(丶)절(卩)주(丶)=난(卵)

사(思)-병부(절(卩) 점(주(丶) 병부(절(卩) 점(주(丶) 신비한 알 난

용(用)-累卵之危누란지위 鷄卵有骨계란유골 累卵之勢누란지세
以卵投石이란투석 以卵擊石이란격석

亂 乱 어지러울 란{난}; 乙 [luàn] 어지럽다, 다스리다, 반역(反逆).
부(部)-새 을(乙=乚):새가 떼지어 이리저리 날아 어지러운 의미.

자(字)-란(𤔔)을(乙=乚)=난(亂)   ※𤔔 란,난어지러울 란(난)

사(思)-어지럽게(난𤔔) 날아다니는 새(을(乙)니 어지러울 난

용(用)--絲不亂일사불란 混亂혼란 搖亂요란 攪亂교란 淫亂음란 騷亂소란

覽 览 볼 람{남}; 見- [lǎn] 살펴보다, 바라보다, 전망하다, 경관,
부(部)-볼 견(見): 보다는 글자 의미

자(字)-신(臣)인(人)일(一)망(罒)견(見)=람(覽) ※臣 신하 신 /罒 그물 망
사(思)-신하(臣)된 사람(人) 1인(일(一)이 그물(망(罒)처럼 잘 볼 람
용(用)-閱覽열람 觀覽관람 遊覽유람 要覽요람 博覽박람 展覽전람 供覽공람

藍 蓝 쪽 람{남}; 艸 [lán] 쪽, 풀, 남색, 누더기.
부(部)-풀 초(艸): 쪽이라는 풀을 의미.

자(字)-초(++)감(監)=람(藍). 監 볼 감, 살필 감.
사(思)-쪽풀(++)을 살피니(監) 남색이라 쪽 람.
용(用)-靑出於藍청출어람. 出藍之譽출람지예.

濫 滥 퍼질 람{남}.넘칠 람; 水- [làn]퍼지다, 넘치다, 함부로 하다
부(部)-삼수변,물 수(水-水氵): 넘치는 것은 주로 물 관련 의미

자(字)-수(氵)감(監)=남(濫) ※監 볼 감
사(思)-댐에 물(수(氵) 넘치는지 잘 봐야(감(監)하니 넘칠 남
용(用)-汎濫(氾濫)범람 氾濫(汎濫)범람 僭濫참람 猥濫외람

浪 물결 랑{낭}; 水- [làng]물결, 파도, 물결이 일다, 파도가 일다,
부(部)-삼수변 수(氵):물에서 물결이 관련 의미

자(字)-수(氵)양(良)=낭(浪) ※良 좋을 량{양}
사(思)-물(수(氵)이 보기 좋은 것(양(良)은 물결이니 물결 낭
용(用)-波浪파랑 滄浪창랑 風浪풍랑 孟浪맹랑 流浪유랑 激浪격랑 放浪방랑

朗 밝을 랑{낭}; 月- [lǎng]밝다, 활달하다, 소리 높이, 또랑또랑하게
부(部)-달 월(月): 달 빛은 밝다 의미

자(字)-월(月)양(良)=낭(朗) ※良 좋을 량{양}
사(思)-좋게 어질게(량(良) 비추는 달(월(月)빛이니 밝을 랑
용(用)-明朗명랑 開朗개랑

廊 복도 랑{낭}; 사랑채 낭(랑)/행랑 낭(랑); 广 [láng]복도, 행랑
부(部)-엄호, 집 엄(广): 집에 관련되 글자 의미

자(字)-엄(广)랑(郎)=낭(廊) ※郞 사나이 랑{낭}
사(思)-집(엄(广)에서 사나이(낭(郎)이 걸어가는 곳 복도 낭
용(用)-斜廊(舍廊)사랑 行廊행랑 畫廊화랑 舍廊房사랑방 公廊공랑
　　　長廊장랑 巖廊암랑 月廊월랑 翼廊익랑 小舍廊소사랑
　　　長行廊장행랑 回廊회랑

郎 사나이 랑{낭}; 邑- [láng,làng]젊은이, 남의 아들 부르는 말
부(部)-우부방 고을 읍(邑= 阝):고을에 사는 사나이 의미
자(字)-량(良)읍(阝)=랑(郎) ※良 좋을 량{양}
사(思)-좋은(량(良) 고을(읍(阝)을 만드는 사나이 랑
용(用)-花郎화랑 新郎신랑 壻郎서랑 花郎徒화랑도 侍郎시랑 令郎영랑

來 올 래{내}; 人- [lái,lái]오다, 장래, 부르다
부(部)-사람 인(人): 오고 가고 하는 사람 관련 의미
자(字)-인(人)인(人)목(木)=래(來)
사(思)-사람(인(人)과 사람(인(人)이 나무(목(木)그늘에 오니 올 내
용(用)-去來거래 未來미래 將來장래 以來이래 由來유래 本來본래 原來원래.

冷 찰 랭(냉), 물소리 영(령)}; 冫- [lěng]차다, 식히다, 맑다
부(部)-이수변, 얼음 빙(冫): 얼음은 차가웁다 의미
자(字)-빙(冫)령(令)=냉(冷)   ※令 하여금 령(영)
사(思)-얼음(빙(冫) 차갑게 명령(令)하니 찰 냉
용(用)-寒冷한랭 急冷급랭 淸冷청랭 嚴冷엄랭

掠 노략질할 략{약}; 手- [lüè,lüě]노략질하다, 스쳐 지나가다,
부(部)-재방변 수(扌): 손으로 노략질 한다는 의미
자(字)-수(扌)경(京)=략(掠) ※京 서울 경, 클 경
사(思)-손(수(扌) 큰(경(京) 나쁜짓이니 노략질 략
용(用)-擄掠(鹵掠)노략 侵掠침략 劫掠 겁략 攻掠공략 盜掠도략

略 간략 략(약)/다스릴 략(약)田- [lüè]다스리다, 경륜하다, 빼앗다
부(部)-밭 전(田): 밭은 다스리고 빼앗는 대상 되는 의미
자(字)-전(田)각(各)=략(略)
사(思)-밭(전(田)은 각자(각(各)가 소유하여 다스릴 략
용(用)-省略생략 戰略전략 侵略침략 謀略모략 大略대략 略字약자
　　　中傷謀略중상모략 : 남을 해(害)치려고 속임수를 써서 일을 꾸밈.

兩 두 량{양}; 入- [liǎng] 두, 둘, 짝, 짝을 하다, 아울러.
부(部)-들 입(入): 입구가 둘이라는 의미.
자(字)-잡(帀)량(从)=량(兩). ※从(나란히 들어갈 량(양)) /帀두를 잡
사(思)-수건을 둘러쓰고(잡(帀) 나란히 들어가니(량(从) 두 량(兩).
용(用)-兩極化양극화. 兩國양국. 兩側양측. 兩班양반. 兩棲類양서류.
　　　兩者양자. 兩面양면.

樑 들보 량{양}; 木 [liáng] 들보, 대들보.
　부(部)-나무 목(木): 나무로 된 건축 관련 재목 의미.
자(字)-목(木)량(梁)=량(樑) ※梁 들보 량{양}:들보, 징검다리,
사(思)-나무(木-部)로 된 들보(梁)로 대들보를 들보 량.
용(用)-續樑속량. 上樑文상량문. 退樑퇴량. 樑奉양봉. 上樑상량.

梁 들보 량{양}; 木 [liáng] 들보, 징검다리, 다리, 교량.
　부(部)-나무 목(木): 나무 들보와 관련 의미.
자(字)-수(氵)창(刅)목(木)=량(梁) ※ 刅: 만들 창(모양자 참조).
사(思)-물(氵)위에 양쪽에 걸치게 만든(刅) 나무(木)다리 들보 량.
용(用)-橋梁교량. 脊梁山脈척량산맥. 脊梁척량(등골뼈). 명량[鳴梁]

諒 살펴 알 량(양)/믿을 량(양); 言-[liàng,liáng]믿다, 참, 진실,
　부(部)-말씀 언(言): 말하는 것을 잘 살핀다 의미
자(字)-언(言)경(京)=량(諒) ※京 서울 경, 클 경
사(思)-말(언(言)이 큰(경(京) 서울사람(경(京)을 잘 살펴야 믿을 량
용(用)-惠諒혜량 海諒해량 原諒원량 諒解양해 諒知양지 諒承양승 下諒하량

涼 서늘할 량{양}; 水- [liáng,liàng]서늘하다, 엷다, 맑다
　부(部)-삼수변 수(氵) : 서울 한강물이 맑다는 의미
자(字)-수(氵)경(京)=량(涼)　※京 서울 경, 클 경
사(思)-한강물(수(氵)이 서울에서 크고(경(京) 맑고 서늘할 량
용(用)-炎涼염량 生涼생량 涼燠양욱 凄涼처량 涼薄양박 涼秋양추
　　　恕涼서량 溫涼온량 陰涼음량

輛 수레 량{양}; 車 [liàng] 수레, 필적하다, 수레의 수 단위.
　부(部)-수레 거(車): 수레에 관련된 글자 의미.
자(字)-거(車)량(兩)=량(輛).
사(思)-수레(車)가 둘(兩)이상 되니 수레 량.
용(用)-車輛차량. 車輛稅차량세.

糧 양식 량{양}; 米- [liáng]양식, 식량의 총칭, 구실, 급여(給與),
　부(部)-쌀 미(米): 쌀은 양식의 대명사 의미
자(字)-미(米)량(量)=량(糧) ※ 量 헤아릴 량{양}
사(思)-쌀(미(米)을 헤아려서(량(量) 양식(糧食)을 저장 양식 량
용(用)-糧食양식 食糧식량 給糧급량 糧穀양곡 行糧행량 貢糧공량
　　　回糧회량 公糧공량 錢糧전량 農糧농량 繼糧계량

良 좋을 량{양}; 艮 [liáng] 좋다, 어질다, 뛰어나다, 순진하다, 잘,
부(部)-그칠 간(艮): 그치면 좋은 것을 의미.

자(字)-주(丶)간(艮)=량(良).

사(思)-점(주(丶)같은 잘못도 그치면(간(艮) 좋으니 좋을 량.

용(用)-良識양식. 良心양심. 不良불량. 良書양서. 良好양호. 閑良한량.
優良우량. 良質양질. 善良선량.

量 헤아릴 량{양}; 里- [liáng,liàng]헤아리다, 길이, 좋다
부(部)-마을 리(里): 마을에는 헤아릴게 많다

자(字)-단(旦)리(里)=량(量)   ※旦 아침 단

사(思)-아침부터(단(旦) 마을에는(리(里) 헤아려야 헤아릴 양

용(用)-度量도량 測量측량 質量질량 數量수량 雅量아량 裁量재량 力量역량

麗 丽 고울 려{여}; 鹿 [lì,lí] 곱다, 우아하다, 짝짓다, 지나다,
부(部)-사슴 녹(鹿): 사슴 모양이 고웁다는 의미.

자(字)-여(丽)녹(鹿)=려(麗). ※ 丽: 고울 여(모양자 참조).

사(思)-고운((丽) 사슴(鹿-部)이 나란히 있으니 고울 려.

용(用)-高句麗고구려. 華麗화려. 高麗고려. 高麗葬고려장. 麗水여수

旅 나그네 려(여)}; 方- [lǚ]군사, 나그네, 무리, 500명을 1대(隊)
부(部)-모 방(方): 사방(四方)을 다닌다 의미

자(字)-방(方)인(人)씨(氏)=려(旅)   ※氏 성(姓), 씨(氏)

사(思)-사방(四方)에 사람들이(인(人) 성씨(姓氏)로 모여 여행 여

용(用)-旅行여행 旅館여관 旅程여정 旅券여권 旅團여단 旅客여객

慮 慮 생각할 려{여}; 心 [lǜ] 생각하다, 꾀하다, 근심하다,
부(部)-마음 심(心): 생각하는 마음의 상태 의미.

자(字)-호(虍)사(思)=려(慮).

사(思)-호랑이를(虍)를 만나면 마음(心)이 오만가지 생각(思)하다.

용(用)-憂慮우려. 考慮고려. 配慮배려. 念慮염려.思慮사려. 熟慮숙려.

勵 励 힘쓸 려{여}; 力 [lì] 힘쓰다, 권장하다.
부(部)-집 엄(厂): 집안에서 힘쓰다는 의미.

자(字)-엄(厂)만(萬)력(力)=려(勵).

사(思)-엄마는 집(厂)에서 만(萬)사에 힘(力-部)써 고생하니 힘쓸 려.

용(用)-激勵격려. 督勵독려. 獎勵장려. 勸勵권려.

歷 历 지낼 력{역}; 止 - [lì]지내다, 지나가다, 뛰어넘다, 겪은 일
　　부(部)-그칠 지(止): 일이 그치 시점 까지 지낸 내력 의미
자(字)-력(厤)지(止)=력(歷)　　※厤 다스릴 력{역}
사(思)-다스린(역(厤)일이 그친(지(止)일까지 일을 지낼 력
용(用)-歷歷역력 歷史역사 履歷이력 遍歷편력 經歷경력 履歷書이력서

曆 历 책력 력{역}; 日 - [lì]책력, 역법(曆法), 수(數), 수효
　　부(部)-날 일(日):날자(일(日)의 지남과 관련 의미
자(字)-력(厤)일(日)=력(曆)　　※厤 다스릴 력{역}
사(思)-다스려진(력(厤) 일자(일(日)별로 정리하여 책력 력
용(用)-陽曆양력 陰曆음력 曆法역법 冊曆책력 太陰曆태음력
　　　太陽曆태양력 日曆일력 司曆사력

力 힘 력{역}; 力 - [lì]힘, 힘쓰다, 일하다, 있는 힘을 다하여
　　부(部)-힘 력(力): 제부수 한자
자(字)-력(力)=력(力)
사(思)-가래, 쟁기의 모습으로 만든 상형문자(象形文字)
용(用)-努力노력 能力능력 勢力세력 魅力매력 壓力압력 權力권력
　　　暴力폭력 重力중력 人力인력 浮力부력 協力협력 力量역량

煉 炼 달굴 련{연}; 火 [liàn] 불리다, 굽다, 鍊(련)과 동자(同字).
　　부(部)-불 화(火):불과 관련된 글자 의미.
자(字)-화(火)간(柬)=련(煉).　　※柬 가릴 간
사(思)-불(火)의 온도를 가리어(柬) 쇠가 정련되니 달굴 련.
용(用)-煉炭연탄. 有煉炭유연탄. 煉乳연유.

鍊 불릴 련{연}; 金 - [liàn]불리다, 정련하다, 단련하다, 불린 쇠,
　　부(部)-쇠 금(金): 쇠를 불린다는 의미
자(字)-금(金)간(柬)=련(鍊)　　※柬 가릴 간
사(思)-금광석(金鑛石)에서 쇠(금(金)와 돌을 가려(간(柬) 불릴 련
용(用)-鍛鍊단련 訓鍊(訓練)훈련 試鍊(試練)시련 老鍊노련 修鍊(修練)수련

憐 怜 불쌍히 여길 련{연}; 心 - [lián]불쌍히 여기다, 가엾게 생각하다,
　　부(部)-심방변 심(忄): 마음에서 생각하는 글자 의미
자(字)-심(忄)미(米)천(舛)=련(憐)　　※ 舛 어그러질 천
사(思)-생각했던(심(忄) 쌀(미(米) 재고가 어그러져(천(舛) 불쌍할 연
용(用)-可憐가련 憐愍(憐憫)연민 哀憐애련 同病相憐동병상련

戀 恋 사모할 련{연}; 心- [liàn,lián] 그리움, 사랑하는 이
부(部)-마음 심(心): 그리움은 마음과 관련 의미
자(字)-련(䜌)심(心)=련(戀) ※䜌 어지러울 련
사(思)-어지럽게(련(䜌) 마음(심(心)에 드는 생각은 그리울 련
용(用)-戀愛연애 戀慕연모 戀人연인 戀歌연가 悲戀비련 初戀초련 戀情연정

䜌 어지러울 련; 言- [*]어지럽다, 다스리다, 이치
부(部)-말씀 언(言): 말을 어지럽게 하다 의미
자(字)-언(言)사(絲)=련(䜌) ※ 絲 실 사, 실을 잣다
사(思)-말이(언(言) 실타래(사(絲) 얽히듯이 어지러울 련
용(用)-모양자로 활용

蓮 莲 연꽃 련(연): 艹- [lián]연밥, 연실(蓮實), 연, 연꽃,
부(部)-초두머리 초(艹):연꽃도 풀의 종류 의미
자(字)-초(艹)련(連)=련(蓮) ※連 잇닿을 련{연}
사(思)-연잎(초(艹) 호수에 이어져(연(連) 있고 꽃피니 연꽃 연
용(用)-木蓮목련 蓮花연화 紅蓮홍련 蓮根연근 睡蓮수련 蓮荷연하 白蓮백련

練 练 익힐 련{연}; 糸- [liàn]익히다, 단련하다, 익숙하다,
부(部)-실 사(糸): 실로 비단을 짜는 것은 숙련 의미
자(字)-사(糸)간(柬)=련(練) ※柬 가릴 간
사(思)-비단은 실을(사(糸) 잘 가려(간(柬) 익숙하게 익힐 련
용(用)-練習(鍊習)연습 未練미련: 딱 잘라 단념하지 못하는 마음.
　　　訓練(訓鍊)훈련 調練(調鍊)조련 熟練(熟鍊)숙련

聯 联 잇달 련{연}; 耳- [lián]잇달다, 잇다, 연결하다, 연계, 혼인
부(部)-귀 이(耳): 귀로 들은 것을 연결하다 의미
자(字)-이(耳)관(䜌)=련(聯) ※䜌실 꿸 관
사(思)-귀(이(耳)로 들은 것을 실꿰듯이(관(䜌) 연결하니 이을 련
용(用)-關聯(關連)관련 聯合연합 聯關연관 聯盟연맹 聯想연상 蘇聯소련
　　　聯邦연방 柱聯주련 聯繫연계 聯立연립

連 连 잇닿을 련{연}; 辶- [lián]잇닿다, 계속되다, 맺다, 연결하다,
부(部)-책받침 갈 착(辶): 이어서 계속 걸어가다 의미
자(字)-거(車)착(辶)=련(連)
사(思)-수레(거(車)를 타고 걸어가고(착(辶) 이어가니 이을 련
용(用)-連繫연계 連續연속 連結연결 連鎖연쇄 連帶연대 連累연루 連發연발

劣 못할 렬{열}; 力- [liè]못하다, 적다, 많지 아니하다, 낮다
부(部)-힘 력(力): 힘이 모자라다는 의미
자(字)-소(少)력(力)=렬(劣)　　※少 적을 소
사(思)-작은(소(少) 힘(력(力))뿐이 없으니 열등할 렬
용(用)-拙劣졸렬 優劣우열 卑劣(鄙劣)비열 庸劣용렬 劣惡열악 劣等열등

列 줄 렬{열}, 벌릴 열. ; 刀 [liè] 주다, 벌이다, 반열, 항렬, 펴다.
부(部)-갈 도(刀)=선칼도방(도(刂): 칼 같이 줄서기 하다는 의미.
자(字)-알(歹)도(刂)=열(列).
사(思)-가축을 죽여(알(歹) 칼로(도(刂) 벌려 놓으니 벌릴 열. 줄 렬.
용(用)-列車열차. 陳列진열. 隊列대열. 行列행렬. 齒列치열. 系列계열.
　　分列분열. 序列서열.

烈 세찰 렬{열}; 火-; [liè]세차다, 위엄, 맵다, 강하고 곧다
부(部)-불화발 화(灬): 불길이 세차다는 의미
자(字)-렬(列)화(灬)=렬(烈)　　※列 줄 렬{열,벌일 열{렬}}
사(思)-줄을(렬(列) 이어 불길(화(灬))이 강해 세찰 렬
용(用)-熾烈치열 激烈격렬 猛烈맹렬 烈士열사 壯烈장렬 先烈선렬
　　痛烈통렬 烈女열녀

裂 찢을 렬{열}; 衣- [liè,liě]찢다, 찢어지다, 해지다, 차열(車裂),
부(部)-옷 의(衣) : 찢어지는 게 옷이다 의미
자(字)-열(列)의(衣)=렬(裂) ※列 줄 렬{열,벌일 열{렬}}
사(思)-널려(렬(列) 있는 옷(의(衣)을 보니 찢을 렬
용(用)-炸裂작렬 決裂결렬 分裂분열 破裂파열 破裂音파열음 凍裂동렬

廉 청렴할 렴{염}; 广 [lián] 청렴하다, 검소하다, 곧다.
부(部)-집 엄(广): 관청 등에서 청렴하고 검소해야 하는 의미.
자(字)-엄(广)겸(兼)=렴(廉).
사(思)-집(广-部)을 겸하면(兼) 절약되니 청렴할 염.
용(用)-低廉저렴 廉恥염치 淸廉청렴 廉價염가 沒廉恥몰염치 廉探염탐

獵 猎 사냥 렵{엽}; 犬 [liè] 사냥, 사냥하다, 잡다, 사로잡다.
부(部)-개 견(犬): 사냥개를 의미.
자(字)-견(犭)렵(巤)=렵(獵). ※ 巤: 털 짐승 협(모양자 참조).
사(思)-사냥개(犭=犬-部)로 털짐승(巤)을 사냥할 렵.
용(用)-涉獵섭렵. 密獵밀렵. 獵酒엽주. 獵奇엽기. 獵銃엽총.

零 떨어질 령,{영}; 雨 [líng,lián] 조용히 오는 비, 떨어지다, 남은 수.
부(部)- 비 우(雨): 떨어지는 비와 관련된 글자 의미.
자(字)-우(雨)령(令)=령(零).
사(思)-비(雨)로 명령(令)은 물 떨어지니 떨어질 령. 없게 되니 영 영.
용(用)-零細영세. 零下영하. 零上영상. 零點영점. 零落영락. 零時영시.

靈 靈 신령 령{영}; 雨- [líng]신령, 신, 신령하다, 영혼,
부(部)-비 우(雨): 비 내림 등 신령하다는 의미
자(字)-령(霝)무(巫)=령(靈) ※霝 비올 령{영} /巫 무당 무
사(思)-비가 오게(령(霝) 무당(무(巫)이 기우제를 신령 령
용(用)-靈魂영혼 幽靈유령 神靈신령 靈感영감 聖靈성령 妄靈망령 精靈정령

霝 비올 령{영}; 雨- [líng]비오다, 떨어지다, 착하다
부(部)-비 우(雨): 비와 관련된 글자 의미
자(字)-우(雨)구구구(口口口)=령(霝)
사(思)-비(우(雨)오는 소리가 입이 셋모여 나는 소리 비올 령
용(用)-모양자로 활용

領 领 옷깃 령{영}, 거느릴 령; 頁- [lǐng]옷깃, 목, 가장 요긴한 곳
부(部)-머리혈(頁): 목덜미 혈자도 되니 목근처 관련 의미
자(字)-령(令)혈(頁)=령(領) ※令 하여금 령{영}
사(思)-명령(命令)을 내리는 목 근처(혈(頁) 계급장은 옷깃 령
용(用)-大統領대통령 領域영역 橫領횡령 要領요령 領袖영수 占領점령
　　　 綱領강령 領土영토 受領수령 首領수령

嶺 岭 고개 령{영}; 山- [lǐng]재, 산봉우리, 연산(連山), 잇달아 산줄기
부(部)-뫼 산(山): 산과 관련 글자 의미
자(字)-산(山)령(領)=령(嶺) ※ 領 옷깃 령{영}, 거느릴 령
사(思)-산(山)이 연달아 거느리는(령(領) 산맥에 달린 고개 령
용(用)-嶺南영남 嶺背영배 泰山峻嶺태산준령 高峯峻嶺고봉준령
　　　 分水嶺분수령 大關嶺대관령 유래 峻嶺준령

寧 宁 편안할 령{녕,영}; 宀-[níng,nìng]편안하다, 문안(問安)하다,
부(部)-갓머리, 집 면(宀): 집에서는 편안하다 의미
자(字)-면(宀)심(心)명(皿)정(丁)=령(寧) ※皿 그릇 명/丁 고무래 정
사(思)-집(면(宀)에서 마음(심(心)이 그릇(皿)과 고무래(정(丁) 보니 편안 녕
용(用)-多士寔寧다사식녕 安寧안녕 康寧강녕 晏寧안녕 宜寧郡의령군

令 하여금 령, 영 령{영}; 人 [lìng,lǐng] 영, 우두머리, 좋다.
부(部)-사람 인(人): 명령은 사람이 하는 의미.
자(字)-집(亼)절(卩)=령(令). ※亼 삼합 집. 모일 집
사(思)-사람(인(人)이 모인데(집(亼)서 병부(절卩)로 내리는 명령 령.
용(用)-命令명령 令愛영애 令狀영장 司令官사령관 設令설령(그렇다 치고, 가령).

例 법식 례{예}; 人- [lì]법식, 보기, 다, 대부분
부(部)-사람인변 인(亻): 법식은 사람과 관련 의미
자(字)-인(亻)렬(列)=례(例) ※列 줄 렬{열,벌일 열{렬}}
사(思)-사람(인(亻) 줄세우기(렬(列)에는 법식이 있어 법식 례
용(用)-次例차례 條例조례 慣例관례 比例비례 事例사례 例示예시
　　　類例유례 規例규례 前例전례 例年예년

隷 종 례{예}; 隶- [lì]붙다, 닿다, 좇다, 따르다, 부리다,
부(部)-미칠 이(隶): 주인이 종(노예)에 영향 미치자 의미
자(字)-목(木)시(示)이(隶)=례(隷)
사(思)-방망이(목(木) 보이며(시(示) 명령 미치는(이(隶) 노예 예
용(用)-官隷관례 賤隷천례 僕隷복례 衙隷아례 下隷하례 陪隷배례

禮 礼 예도 례{예}; 示 [lǐ] 예도, 예절, 경의를 표하다, 폐백.
부(部)-보일 시(示): 예절을 보여준다는 의미.
자(字)-시(示)풍(豊)=예(禮). 豊풍성할 풍.
사(思)-신에게(示) 풍성한(豊풍)제물로 예를 올리니 예도 예.
용(用)-禮供예공 禮佛 예불 禮儀예의 禮俗相交예속상교 禮儀凡節예의범절.

路 길 로{노}; 足 [lù] 길, 거쳐 가는 길, 겪는 일, 크다.
부(部)-발 족(足); 길은 발로 걷는다는 의미.
자(字)-족(足)각(各)=로(路).
사(思)-발(족(足)로 저마다(각(各) 가는 길이니 (각자(各自) 인생) 길 로. 용
(用)-道路도로. 隘路애로. 路線노선..
　　　經路경로①지나가는 길 ②밟아 온 순서(順序).

老 늙은이 로{노}; 老- [lǎo]늙은이, 늙다, 쇠하다, 치사(致仕)하다,
부(部)-늙을 노(老): 제부수 한자, 다른 글자 부수로는 노(耂)
자(字)-노(耂)비(匕)=노(老)
사(思)-늙음(노(耂)은 비수(비(匕)로도 못 막아 늙을 노
용(用)--怒一老일로일로 百年偕老백년해로 敬老경로 元老원로

怒 성낼 로{노}; 心 [nù] 성내다, 화내다, 힘쓰다, 떨쳐 일어나다.
부(部)-마음 심(心): 성냄은 마음의 상태를 의미.
자(字)-노(奴)심(心)=노(怒). ※奴 종 노
사(思)-노예(奴)의 마음(心-部)상태는 성내고 화내는 바 성낼 노.
용(用)-憤怒분노 大怒대노 怒氣노기 怒號노호 激怒격노

露 이슬 로{노}, 드러날 로; 雨- [lù,lòu]이슬, 적시다, 드러나다.
부(部)-비 우(雨): 비 온 것 같은 이슬 의미
자(字)-우(雨)로(路)=노(露)
사(思)-비(우(雨) 온 것 같이 길(노(路)이 젖어 이슬 로, 드러날 노
용(用)-暴露폭로 白露백로 寒露한로 披露宴피로연 綻露탄로 吐露토로
　　　甘露감로 披露피로-일반(一般)에게 널리 알림.

勞 勞 일할 로{노}; 力- [láo]일하다, 노력하다, 힘쓰다, 근심하다
부(部)-힘 력(力):일은 힘이 드는 것 의미
자(字)-화(火)화(火)멱(冖)력(力)=노(勞) ※冖 덮을 멱
사(思)-불길(화(火)화(火) 덮을(멱(冖) 정도로 힘들여(력(力) 일할 노
용(用)-慰勞위로 疲勞피로 劬勞之恩구로지은-낳아 기른 어버이의 은혜(恩惠)

虜 虜 포로 로{노}; 虍 [lǔ] 포로, 사로잡다, 종, 하인, 오랑캐.
부(部)-범호엄(호(虍): 포로를 호랑이 잡은 것처럼 의미.
자(字)-호(虍)관(毌)력(力)=로(虜).
사(思)-호랑이를(虍) 꿰어(毌)내는 힘(力)으로 사로잡으니 포로 로(노).
용(用)-捕虜포로. 被虜人피로인. 虜獲노획. 捕虜兵포로병.

爐 炉 화로 로{노}; 火- [lú]화로, 향로(香爐), 바닥을 파내어 취사용·
부(部)-불 화(火): 불화로와 관련 의미
자(字)-화(火)노(盧)=노(爐) ※盧 밥그릇 로{노}
사(思)-불(화(火)이 있는 그릇(노(盧)이니 화로 노(로)(爐)
용(用)-香爐향로 火爐화로 暖爐(煖爐)난로 風爐풍로

錄 彔 기록할 록{녹}; 金- [lù]기록하다, 베끼다, 기록문서
부(部)-쇠 금(金):금속판에 새겼다는 의미
자(字)-금(金)녹(彔)=녹(錄) ※彔 새길록{녹}, 깎을 록{녹}
사(思)-쇠(금(金)판에 글을 새기니(녹(彔) 기록할 녹
용(用)-記錄기록 懲毖錄징비록 登錄등록 抄錄초록 備忘錄비망록 實錄실록
　　　鄭鑑錄정감록 磻溪隨錄반계수록 懺悔錄참회록 會錄회록 附錄부록

祿 禄 복 록{녹}; 示 [lù] 복, 행복, 녹, 녹봉, 녹을 주다.
　　부(部)−보일 시(示): 천명이 녹을 준다는 의미.
자(字)−시(示)녹(彔)=녹(祿).
사(思)−근태(勤怠)가 보여야(示) 출근부에 새겨(彔) 녹봉 주니 복 녹.
용(用)−國祿국록 俸祿봉록☞녹봉(綠峰 越祿월록☞월봉(越俸) 祿俸녹봉

鹿 사슴 록{녹}; 鹿−총11획; [lù]사슴, 권좌(權座), 곳집,
　　부(部)−사슴 록(鹿): 제부수 한자
자(字)−엄(广)상상(上上)야(ㄱ)비(比)=록(鹿)　※ㄱ 어조사 야
사(思)−사슴우리(广)에서 높은(上上) 뿔 도와(야(ㄱ) 비교(比)하는 사슴 록
용(用)−鹿茸녹용 白鹿潭백록담 馴鹿순록 白鹿백록 指鹿爲馬지록위마

綠 綠 푸를 록{녹}; 糸− [lǜ,lù]초록빛
　　부(部)−실사변 멱(糸):초록빛 비단 관련 의미
자(字)−사(糸)록(彔)=록(綠)　※ 彔 나무 깎을 록{녹}
사(思)−뜨개질 실(사(糸)로 새긴(록(彔)게 초록색 비단이라 푸를 록
용(用)−草綠초록 綠茶녹차 綠陰녹음 綠色녹색 鴨綠江압록강 新綠신록
　　　綠末녹말 綠豆녹두 綠內障녹내장 常綠樹상록수

論 論 말할 론(논)}; 言 [lùn,lún] 말하다, 토론하다, 헤아리다.
　　부(部)−말씀 언(言): 토론은 말로 한다는 의미.
자(字)−언(言) 륜(侖)=논(論). ※ 侖: 생각할 륜(모양자 참조).
사(思)−말(言−部)로 생각한(侖)것을 논리로 말할 론.
용(用)−論難논란 輿論여론 勿論물론:말할 것도 없음 論議논의 言論언론.
　　　論功行賞논공행상 : 공(功)을 따져 거기에 알맞은 상(賞)을 줌.

聾 聾 귀머거리 롱{농}; 耳 [lóng]귀머거리, 어리석다, 어둡다
　　부(部)−귀 이(耳): 귀의 장애에 관한 글자여서 부수로 쓰임.
자(字)−용(龍)이(耳)=롱(聾).
사(思)−용(龍)이 귀(耳−部)에 들어가니 귀머거리 농.
용(用)−聾啞농아. 治聾酒치롱주(귀밝이술).

弄 희롱할 롱{농}; 廾− [nòng,lòng]희롱하다, 가지고 놀다,
　　부(部)−스물입발. 입(廾): 스무 번이나 희롱하다 의미
자(字)−왕(王)입(廾)=농(弄)　※廾 스물 입
사(思)−왕(王)을 간신들이 스무 번(입(廾)이나 희롱할 농
용(用)−嘲弄조롱 愚弄우롱 弄談농담 譏弄기롱 弄奸농간 才弄재롱

雷 우레 뢰{뇌}; 雨- [léi]우레, 천둥, 큰 소리, 사나운 모양의 비유
부(部)-비 우(雨): 비올 때 천둥 관련 의미

자(字)-우(雨)전(田)=뇌(雷)

사(思)-비가 올 때(우(雨) 밭에서(전(田) 들은 천둥소리 뇌

용(用)-落雷낙뢰 地雷지뢰 雷雨뇌우 雷聲뇌성 雷管뇌관 避雷針피뢰침

牢 우리 뢰{뇌}; 牛 [láo] 가축을 기르는 곳, 둘러싸다, 감옥.
부(部)-소 우(牛): 소 우리를 의미.

자(字)-면(宀)우(牛)=뢰(牢).

사(思)-건물(宀)에서 소(牛) 소등 가축과 죄인을 가두는 곳 우리 뢰.

용(用)-牢獄뇌옥. 周牢주뢰. 堅牢견뢰. 牢籠뇌롱. 牢牲뇌생☞ 희생(犧牲).

賴 賴 힘입을 뢰{뇌}; 貝- [lài]힘입다, 의뢰하다, 의지, 의뢰, 이익
부(部)-조개 패(貝): 돈(패(貝) 있으면 힘입다 의미

자(字)-속(束)도(刀)패(貝)=뢰(賴)   ※束 묶을 속

사(思)-묶어있는(속(束) 칼(도(刀)이 돈(패(貝)을 버니 힘입을 뢰

용(用)-信賴신뢰 依賴의뢰 無賴輩무뢰배 無賴漢무뢰한 恃賴시뢰

僚 동료 료{요}; 人 [liáo] 동료, 벼슬아치, 예쁘다.
부(部)-사람 인(人): 동료라 함은 사람이라는 의미.

자(字)-인(亻)료(尞)=료(僚). ※ 尞: 밝을 료, 횃불 묘(모양자 참조).

사(思)-사람들(亻-部)간에 밝은(尞) 미소를 나누는 사이가 동료 료.

용(用)-同僚동료. 官僚관료. 閣僚각료. 黨僚당료.

料 헤아릴 료{요}; 斗-총10획; [liào]되질하다, 세다, 생각하다
부(部)-말 두(斗): 한 말 두 말 헤아린다는 의미

자(字)-미(米)두(斗)=료(料)

사(思)-쌀을(미(米) 한 말(두(斗)씩 헤아릴 료

용(用)-料理요리 材料재료 資料자료 手數料수수료 給料급료 史料사료
料金요금 燃料연료 飮料음료 飼料사료 無料무료

了 마칠 료{요}; 亅- [liǎo,le,liào]마치다, 깨닫다, 밝다
부(部)-갈고리 궐(亅): 갈고리로 건져내 끝내다 의미

자(字)-야(乛)궐(亅)=료(了)   ※乛 어조사 야, 구결자 야

사(思)-도움(야乛)이 갈고리(궐(亅)로 끝내니 마칠 료

용(用)-完了완료 終了종료 魅了매료 了解요해 修了수료
滿了만료

療 疗 병 고칠 료{요}; 疒 [liáo] 병을 고치다, 앓다.
부(部)-병질 녁(疒): 병에 관련된 글자 의미.
자(字)-역(疒)료(尞)=료(療). 尞 횃불 료, 밝을 료.
사(思)-병(疒)자를 밝게(尞) 함은 병고칠 료.
용(用)-治療치료. 醫療의료. 療養요양. 診療진료. 療法요법.

龍 龙 용 룡{용}; 龍- [lóng]용, 임금, 제왕의 비유,
부(部)-용 용(龍): 임금의 상징 의미
자(字)-입(立)월(月)상(上)이(已)삼(三)=용(龍)
사(思)-서서(입(立) 달(월(月)위에(상(上)이미(이(已)삼(三) 용(龍)
용(用)-恐龍공룡 靑龍청룡 登龍門등룡문 龍鬚鐵용수철 龍門용문 飛龍비룡

淚 泪 눈물 루{누}; 水- [lèi]눈물, 눈물 흘리다, 촛농이 떨어지다
부(部)-삼수변 수(氵):눈물도 물이라는 의미
자(字)-수(氵)여(戾)=누(淚)   ※戾 어그러질 려{여}
사(思)-눈물(수(氵)이 어그러지게(여(戾) 흐르는 눈물 누
용(用)-催淚彈최루탄 涕淚체루 垂淚수루 玉淚옥루

樓 楼 다락 루{누)}; 木- [lóu]다락, 다락집, 망루, 겹치다, 포개다
부(部)-나무 목(木): 다락은 나무로 만든다 의미
자(字)-목(木)누(婁)=누(樓)   ※婁 별 이름 루{누}/ 거둘 누/끌 누
사(思)-나무(목(木)를 끌어(누(婁) 망루를 만드니 다락 누
용(用)-樓閣누각 廣寒樓광한루 慶會樓경회루 望樓망루 戍樓수루

累 묶을 루{누}; 糸-; [lèi,léi,lěi]묶다, 동여매다, 새끼 찾는 어미 소,
부(部)-실 사(糸): 실로 묶는다 의미
자(字)-전(田)사(糸)=루(累)
사(思)-밭에서(전(田) 수확물을 새끼줄(사(糸) 묶을 루
용(用)-累積누적 連累연루 瑕累하루 累次누차 累計누계 累進稅누진세
  繫累(係累)계루 累回누회 累退누퇴 僕累복루 累德누덕 累卵之危누란지위
: 「알을 쌓아 놓은 듯한 위태(危殆)로움」 이라는 뜻

漏 샐 루{누}; 水- [lòu]새다, 스며들다, 비밀이 드러나다,
부(部)-삼수변 수(氵):물이 새다 의미
자(字)-수(氵)시(尸)우(雨)=누(漏)   ※屚 샐 루(누)
사(思)-땀(수(氵)이 몸(시(尸)에 비(우(雨)오듯이 샐 누
용(用)-漏泄(漏洩)누설 自擊漏자격루 漏落누락 早漏조루 漏電누전

屢 屢 찰 루(누)}; 尸- [lǚ] 창(窓), 번거롭다, 여러, 자주, 언제나
부(部)-주검시엄 시(尸): 몸에는 여러 기능이 있다는 의미
자(字)-시(尸)누(婁)=누(屢)   ※婁 별 이름 루{누}/ 거둘 누/끌 누
사(思)-몸(시(尸)은 잘 거두어야(누婁)할 게 여러 누
용(用)-屢屢(累累)누누 -누누이(屢屢-). 屢次누차 屢回누회 屢年(累年)누년

謬 그릇될 류{유}; 言 [miù] 그릇되다, 속이다, 기만하다.
부(部)-말씀 언(言): 말로 속이고 그릇된 의미.
자(字)-언(言)료(翏)=류(謬). 翏 높이 날 료{요}.
사(思)-말(言)로만 높이난다(翏) 속이니 그릇될 유.
용(用)-誤謬오류 過謬과류 僞謬와류 錯謬착류 魯魚之謬노어지류.

留 머무를 류{유}; 田- [liú]머무르다, 기다리다, 지체하다,
부(部)-밭 전(田): 밭에는 농작물 머무르다 의미
자(字)-비(匕)도(刀)전(田)=류(留)
사(思)-비수(비(匕)와 칼(도(刀)을 가지고 밭에서(전(田) 작업 머무를 류
용(用)-繫留계류 押留압류 留保유보 滯留체류 留學유학 留意유의 挽留만류
　　　保留보류 稽留계류 留念유념 抑留억류 拘留구류 留置유치

類 类 무리 류{유}; 頁- [lèi]무리, 일족(一族), 동류, 떼,
부(部)-머리 혈(頁): 모이면 머릿 수를 센다 의미
자(字)-미(米)견(犬)혈(頁)=류(類)
사(思)-쌀(미(米)을 먹는 개(견(犬)는 머리(혈(頁)속이 개 같은 무리 류
용(用)-類推유추 種類종류 類似유사 分類분류 爬蟲類파충류 書類서류
　　　人類인류 類類相從유유상종 : 같은 사람은 서로 찾아 모인다는 뜻

柳 버들 류{유}; 木- [liǔ]버들, 버드나무의 총칭, 모이다
부(部)-나무 목(木): 나무에 관한 글자 의미
자(字)-목(木)묘(卯)=류(柳)   ※卯 토끼 묘, 넷째 지지 묘
사(思)-버드나무(목(木)잎을 따 먹으려는 토끼(묘(卯) 버들 류
용(用)-花柳화류 美柳미류 柳花유화 楊柳양류 章柳장류

硫 유황 류{유}; 石 [liú] 유황.
부(部)-돌 석(石): 유황석에 관련된 글자 의미.
자(字)-석(石)류(㐬)=유(硫). 㐬 깃발 류.
사(思)-유황석(石)에 깃발(㐬)모양으로 성분이 있으니 유황 류.
용(用)-硫黃유황. 脫硫탈류.

流 흐를 류{유}; 水 [liú] 흐르다, 떠내려가다, 흘러가는 물,
부(部)-물 수(水): 흐르는 물과 관련 의미.
자(字)-수(氵)류(㐬)=유(流)류.
사(思)-물(氵=水, 氺)이 깃발(㐬(류) 나부끼는 모양으로 흐를 유(류).
용(用)-流通유통. 交流교류. 漂流표류. 流出유출. 流行유행. 流入유입.

陸 陆 뭍 륙{육}; 阜- [lù,liù]뭍, 육지, 언덕, 산의 꼭대기
부(部)-좌부변 부(阝): 언덕, 산 꼭대기 관련 의미
자(字)-부(阝)륙(坴)=륙(陸)   ※坴 언덕 륙{육}
사(思)-언덕(부(阝=阜)에 언덕(륙(坴)이 있는 육지 륙
용(用)-着陸착륙 陸地육지 陸橋육교 上陸상륙 大陸대륙 陸上육상 離陸이륙

六 여섯 륙{육}; 八 [liù,lù] 여섯, 여섯 번,
부(部)-여덟 팔(八):나누기(팔(八)가 된다는 의미.
자(字)-두(亠)팔(八)=육(六).
사(思)-머리(두(亠)중심에 양쪽 팔(八) 3개씩 드니 여섯 륙
용(用)-五臟六腑오장육부. 六何原則육하원칙. 六界육계. 六書육서.
　　六十甲子육십갑자.

輪 轮 바퀴 륜{윤}; 車- [lún]바퀴, 수레, 수레를 세는 단위
부(部)-수레 거(車): 수레 바퀴레 관련 글자 의미
자(字)-거(車)륜(侖) =륜(輪)   ※侖 둥글 륜{윤}. 생각 륜
사(思)-수레(거(車)에는 둥근(륜(侖) 바퀴가 있어야 바퀴 륜
용(用)-輪廻윤회 輪廓윤곽 年輪연륜 輪姦윤간 輪彩윤채 三輪삼륜 日輪일륜

倫 伦 인륜 륜{윤}; 人- [lún]인륜, 무리, 순서
부(部)-사람인변 인(亻): 사람에 관련된 윤리 의미
자(字)-인(亻)륜(侖)=륜(倫) ※侖 둥글 륜{윤}. 생각 륜
사(思)-사람(인(亻)에게 둥글게 생각(륜(侖)하는 인륜 륜
용(用)-倫理윤리 悖倫패륜 五倫오륜 人倫인륜 不倫불륜 天倫천륜 彛倫이륜

栗 밤나무 률{율}; 木- [lì]밤나무, 밤, 여물다, 잘 익다
부(部)-나무 목(木): 밤나무에 관련 글자 의미
자(資)-아(西)목(木)=률(栗)   ※西 덮을 아
사(思)-밤꽃이 덮은(아(西) 나무 밤나무 률
용(用)-栗谷율곡 棗栗조율 生栗생률 黃栗황률 甘栗감률 咸從栗함종률
　　柏栗寺백률사 栗鼠율서 棗栗조률

- 113 -

律 법 률{율}; 彳 - [lǜ]법, 법령, 정도, 비율, 자리, 지위, 가락
부(部)-두인변 걸을 척(彳): 사람 걸음 규칙에 관한 의미
자(字)-척(彳)율(聿)=률(律) ※聿 붓 율
사(思)-두 사람 이상 걸음(척(彳) 규칙을 붓(율(聿)으로 쓴 법 률
용(用)-法律법률 調律조율 自律자율 規律규율 韻律운율 旋律선율 律動율동
音律음률 戒律계율 律令율령 律法율법 二律背反이율배반

率 헤아릴 률{율,거느릴 솔,장수 수}; 玄 - [shuài,lǜ] 거느리다, 장수,
부(部)-검을 현(玄): 검정 속에서도 헤아린다 의미
자(字)-현(玄)빙(冫)빙(冫)십(十)=률(率) ※玄 검을 현 / 冫 얼음 빙
사(思)-검은(현(玄) 밤에 얼음(빙(冫) 얼음(빙(冫) 10번(십(十) 헤아릴 률
용(用)-比率비율 確率확률 換率환율 效率효율 統率통솔 輕率경솔 率直솔직
率先垂範솔선수범 :앞장서서 하여 모범(模範)을 보이는 것.

隆 클 륭{융}; 阜 - [lóng,lōng]크다, 두텁다, 극진하다, 높다,
부(部)-좌부변 부(阝): 언덕은 높다, 크다 의미
자(字)-부(阝)치(夂)일(一)생(生)=륭(隆) ※夂 뒤져서 올 치
사(思)-언덕(부(阝) 뒤져오는(치(夂) 한(일(一)사람도 태어남(生)이 클 륭(隆)
용(用)-隆盛융성 隆起융기 隆崇융숭 隆興융흥 隆替융체 隆化융화 隆昌융창

廩 곳집 름{늠}; 广 [lǐn] 곳집, 쌀광, 저장하다, 쌓다, 모으다.
부(部)-집 엄(广): 집안의 창고라는 의미.
자(字)-엄(广)품(稟)=름(廩). ※ 稟: 줄 품(모양자 참조).
사(思)-저장고(广-部)에 주는(稟)것을 모으니 곳집 름.
용(用)-倉廩창름☞곳간(庫間) 廩困늠균 廩生늠생 薄廩박름☞박봉(薄俸).

陵 큰 언덕 릉{능}; 阜 - [líng]큰 언덕, 언덕, 무덤, 임금의 무덤
부(部)-좌부변=언덕 부(阝=阜): 언덕표현 글자 의미
자(字)-부(阝)능(夌)=능(陵) ※夌 언덕 릉{능}
사(思)-언덕(부(阝)에 언덕(능(夌)이니 큰 언덕 능
용(用)-陵능 鬱陵島울릉도 江陵강릉 丘陵구릉 王陵왕릉 恭陵공릉

詈 꾸짖을 리{이}; 言 [lì] 꾸짖다, 매도하다, 빗대어 욕하다.
부(部)-말씀 언(言): 말로 꾸짖는 다는 의미.
자(字)-망(罒)언(言)=리(詈).
사(思)-그물(罒) 씌우듯이 꾸짖는 건 말로(言-部)하니 꾸짖을 리.
용(用)-罵詈매리(욕하고 꾸짖음). 罵詈雜言매리잡언.

利 날카로울 리{이}; 刀 [lì] 날카롭다, 화(和)하다, 통하다.
부(部)－칼 도(刀)＝선칼도방(刂): 칼날이 날카로움 상징하는 의미.
자(字)－화(禾)도(刂)＝이(利).
사(思)－벼(화(禾)수확에 칼날(도(刂)이 좋아야 하니 날카로울 이.
용(用)－利用이용. 利益이익. 權利권리. 勝利승리. 有利유리. 利害이해.
便利편리. 金利금리. 銳利예리.

異 류 다를 리{이}; 田－ [yì]다르다, 딴 것, 달리하다, 의심, 이상
부(部)－밭 전(田): 밭에 다른 작물이 나온 것은 이상 의미
자(字)－전(田)공(共)＝리(異)   ※共 함께 공
사(思)－같은 밭(전(田)에서 함께(공(共) 자라지 못하니 다를 리
용(用)－差異차이 異端이단 異常이상 驚異경이 異性이성 異議이의 變異변이

理 다스릴 리; 玉－ [lǐ]다스리다, 통하다, 재판하다, 처리하다, 길
부(部)－구슬옥 변 왕(王): 다스리고 재판하는 이치 의미
자(字)－왕(王)리(里)＝리(理)   ※里 마을 리{이}, 속 리
사(思)－왕(王)은 많은 마을(리(里)을 다스리는 이치를 알아야 이치 리
용(用)－管理관리 料理요리 理由이유 整理정리 理解이해 攝理섭리
條理조리 理性이성 原理원리 理想이상

離 离 떼놓을 리{이}; 隹 [lí] 떼놓다, 가르다, 끊다, 나누다,
부(部)－새 추(隹): 새가 떠나가니 이별에 관한 의미.
자(字)－이(离)추(隹)＝이(離)리. 离 산신 리{이}; 内.
사(思)－새가(추(隹)가 산신(리(离)을 보면 날아가니 떠날 리.
용(用)－距離거리 乖離괴리 分離분리 離脫이탈 離婚이혼 隔離격리 離別이별.

里 마을 리(이)/속 리(이); 里－ [lǐ]마을, 거리, 주거(住居)
부(部)－마을 리(里): 제부수 한자
자(字)－날일(日)토(土)＝리(里)
사(思)－태양(일(日)이 비추는 땅(토(土)에 사람이 모여사는 마을 리
용(用)－洞里동리 千里천리 萬里만리 鄕里향리 里長이장 里程標이정표

梨 배나무 리{이}; 木－ [lí]배나무, 배, 늙은이, 노인 피부색
부(部)－나무 목(木): 나무에 관한 글자 의미
자(字)－리(利)목(木)＝리(梨)   ※利 이로울 리{이}
사(思)－피로 회복에 이로운(리(利) 나무(목(木)이니 배나무 리
용(用)－梨花이화 阿闍梨아사리 生梨생리 梨園이원 山梨산리 梨木이목

吏 벼슬아치 리{이}; 口 [lì] 벼슬아치, 다스리다, 아전,
부(部)-입 구(口): 입으로 지시하는 벼슬아치 의미.
자(字)-일(一)사(史)=리(吏).
사(思)-말한 것(구口)이 일차로(一) 역사(史)로 기록되는 벼슬아치 리.
용(用)-官吏관리 吏讀이두 胥吏서리 小吏소리☞ 아전(衙前) 吏道이도

裏 里 속 리{이}; 衣 [lǐ] 속, 내부, 가운데, 속마음, 안,
부(部)-옷 의(衣): 옷의 안쪽을 의미.
자(字)-의(衣)리(里)=리(裏). 里 마을 리, 속 리.
사(思)-옷의(衣) 내부(里)라는 의미로 속 리.
용(用)-裏面이면. 禁裏금리. 內裏내리. 心裏심리. 懷裏회리. 表裏표리.
　　　宮裏궁리. 腦裏뇌리. 裏門이문. 暗暗裏암암리.

履 신 리{이}; 尸 [lǚ] 신, 신다, 밟다.
부(部)-주검 시(尸): 몸의 구조인 발에 신는 의미.
자(字)-시(尸)복(復)=리(履).
사(思)-몸(尸)이 돌아오게(복復) 발에 신을 신으니 신 리, 밟을 리.
용(用)-履行이행. 履歷이력. 履長이장. 履修이수. 履歷書이력서.

理 이치 리,다스릴 리; 玉 [lǐ] 다스리다, 옥을 갈다,
부(部)-구슬 옥(玉): 옥(玉)=왕(王)이 다스리는 이치가 있다는 의미.
자(字)-옥(玉)리(里)=리(理).
사(思)-왕(王)이 마을(里)을 이치에 맞게 다스릴 리.
용(用)-理由이유 管理관리 處理처리 總理총리 整理정리 非理비리 倫理윤리.

鯉 鯉 잉어 리{이}; 魚 [lǐ] 잉어, 편지, 서찰.
부(部)-고기 어(魚): 고기의 종류에 관한 글자라는 의미.
자(字)-어(魚)리(里)=리(鯉).
사(思)-고기(魚)중에서 연못 속(里)에서 키우는 잉어 리.
용(用)-赤鯉적리 黃鯉황리 鯉魚燈이어등 白鯉백리 鯉幟이치.

李 오얏(자두나무) 리{이}; 木- [lǐ]자두나무, 도리, 심부름꾼, 성
부(部)-나무 목(木):나무에 관한 글자 의미
자(字)-목(木)자(子)=리(李)
사(思)-구연산 열매 자두 나무(목木) 는 아들(자子)에 도움 오얏 리
용(用)-李白이백 李花이화 李穡이색 李滉이황 李下不整冠이하부정관
　　　「오얏(자두)나무 밑에서 갓 고쳐 쓰지 말라=도둑으로 오해(誤解)

隣 이웃 린; 阜 [lín] 이웃, 돕다, 이웃하다, 鄰의 俗字.
부(部)-언덕 부(阜)=부(阝): 언덕을 같이하니 이웃이란 의미.
자(字)-부(阝)인(粦)=린(隣) ※ 隣: 반딧불 린(모양자 참조).
사(思)-언덕(阝=阜)앞에 반딧불이(粦) 오고 가는 나란히 있는 집 이웃 린.
용(用)-隣近인근. 隣接인접. 善隣선린. 隔隣격린. 交隣교린.

林 수풀 림{임}; 木- [lín]수풀, 숲, 같은 동아리
부(部)-나무 목(木): 숲은 나무와 관련 의미
자(字)-목(木)목(木)=림(林)
사(思)-나무(목(木) 나무(목(木)들이 모이면 숲이 된다. 수풀 림
용(用)-山林산림 森林삼림 翰林한림 鷄林계림 山林局산림국 林野임야
　　　士林사림 密林밀림 儒林유림

臨 임할 림{임}; 臣- [lín]임하다, 보다, 군림, 괘 이름,
부(部)-신하 신(臣): 신하들은 업무에 임하게 되다 의미
자(字)-신(臣)인(人)품(品)=림(臨) ※品 물건 품;
사(思)-신하(신(臣) 된 사람(인(人) 물품(품(品) 소중할 업무에 임할 림
용(用)-臨床임상 臨時임시 臨終임종 君臨군림 降臨강림 臨迫임박
　　　臨時變通임시변통 臨時方便임시방편 臨界임계 再臨재림

立 설 립{입}; 立- [lì]서다, 정해지다, 존재하다, 세우다, 곧
부(部)-설 립(立): 제부수 한자
자(字)-두(亠)초(艸)=립(立) ※ 亠 돼지해 두; 丷/ 艹 초두머리 초
사(思)-머리(두(亠)가 풀밭(초(艸)처럼 모여 세우고 정하니 설 립
용(用)-獨立독립 立春입춘 孤立고립 立場입장 設立설립 樹立수립
　　　立夏입하 立秋입추 立冬입동 對立대립 定立정립 立錐입추
　　　立地입지

마. 마 부

신백훈 정익학당 추천 애국민 필독서

[박정희 살아있는 경제학] 좌승희 저

摩 갈 마. 문지를 마 ; 手 [mó,mā] 갈다, 문지르다, 쓰다듬다.
부(部)-손 수(手): 손으로 문지른다는 의미.

자(字)-마(麻)수(手)=마(摩).

사(思)-마(麻)포를 손(手)으로 문지르니 갈 마.

용(用)-摩擦마찰. 按摩안마. 摩尼山마니산. 撫摩무마.

磨 갈 마; 石 [mó,mò] 갈다, 숫돌에 갈다, 문지르다.
부(部)-돌 석(石):돌 갈아 매끈한 대리석도 돌이 재료라는 의미.

자(字)-마(麻)석(石)=마(磨)

사(思)-삼베(麻-部)로 돌(石)을 미끈해지라고 갈 마.

용(用)-研磨연마. 磨耗마모. 磨滅마멸. 절차탁마切磋琢磨.

魔 마귀 마; 鬼 [mó] 마귀, 악귀, 마술, 요술.
부(部)-귀신 귀(鬼): 귀신처럼 마술하는 의미.

자(字)-마(麻)귀(鬼)=마(魔).　　※麻 삼 마

사(思)-삼베(麻)수건으로 귀신(鬼)같은 요술 하는 마귀 마.

용(用)-惡魔악마. 魔鬼마귀. 魔女마녀. 魔神마신. 好事多魔호사다마.
伏魔殿복마전. 斷末魔단말마.

麻 삼 마; 麻- [má,mā]삼, 삼실·삼베·베옷을 두루 일컫는 말,
부(部)-삼 마(麻): 제부수 한자

자(字)-엄(广)림(林)=마(麻)　　※广 집 엄

사(思)-베틀 집(엄广)에 숲(림林) 생산 대마로 베를 짜니 삼 마

용(用)-麻雀마작 麻浦마포 亞麻아마 麻浦區마포구 菜麻채마 大麻대마

痲 저릴 마; 疒 [má] 저리다, 마비, 홍역, 얼굴이 얽다.
부(部)-병질 녁(疒): 병의 증세 관련된 글자 의미.

자(字)-역(疒)마(麻)=마(痲).

사(思)-병증(疒)이 삼베(麻)같이 얼굴 얽으니 저릴 마.

용(用)-痲木마목. 痲痺 마비. 痲痺藥 마비약. 痲疹 마진☞ 홍역(紅疫).

幕 장막 막; 巾 [mù] 막, 진(陣), 장군의 군막, 또는 군사.
부(部)-수건 건(巾): 막이 보자기 같다는 의미.

자(字)-막(莫)건(巾)=막(幕).

사(思)-없게(莫) 보이게 보자기(巾)를 두른 막 막.

용(用)-開幕개막. 閉幕폐막. 懸垂幕현수막. 映寫幕영사막.
幕後交涉막후교섭. 幕天席地막천석지

膜 막 막; 肉 [mó] 막, 얇은 꺼풀, 어루만지다.
부(部)-고기 육(肉): 몸에 관련된 글자 의미.
자(字)-육(月)막(莫)=막(膜).
사(思)-몸(月)의 내부가 보이지 않게(莫) 막을 씌우니 막 막.
용(用)-細胞膜세포막 角膜각막 橫膈膜횡격막 鼓膜고막 子膜執中자막집중.

漠 사막 막. 넓을 막 ; 水 [mò] 사막, 조용하다, .
부(部)-물 수(水): 사막은 물이 없음을 의미하는 글자.
자(字)-수(氵)막(莫)=막(漠).
사(思)-물(氵)이 없는(莫)지역이니 사막 막.
용(用)-漠然막연. 沙漠사막. 砂漠사막. 廣漠광막. 漠然不知막연부지.

莫 없을 막{저물 모,고요할 맥}; 艸 [mò] 없다, 저물다, 저녁,
부(部)-풀 초(艸)=초(++): 초원에서 일몰을 보게 되는 의미.
자(字)-초(++)일(日)대(大)=막(莫).
사(思)-초원(++)에서 해(日)가 질 때 크게(大) 보이다 없어지니 없을 막.
용(用)-莫强막강. 莫及막급. 莫大막대. 莫無可奈막무가내.

慢 게으를 만; 心- [màn]게으르다, 거만하다, 오만하다,
부(部)-심방변 심(忄): 게으름은 마음관련 의미
자(字)-심(忄)만(曼)=만(慢)   ※ 曼 끌·만
사(思)-마음(심(忄)자세가 길게 끌려는(만(曼) 것은 게으를 만
용(用)-傲慢오만 驕慢교만 緩慢완만 倨慢거만 怠慢태만 慢性만성
    自慢자만 傲慢放恣오만방자 :오만(傲慢)함과 방자(放恣)함.

彎 弯 굽을 만; 弓 [wān] 굽다, 당기다, 화살을 활시위에 메다.
부(部)-활 궁(弓): 활 같이 굽었다는 의미.
자(字)-련(䜌)궁(弓)=만(彎).   䜌 어지러울 련.
사(思)-어지럽게(䜌) 활(弓)모양으로 굽을 만.
용(用)-彎曲만곡. 彎入만입.

灣 湾 물굽이 만; 水 [wān] 물굽이, 육지로 쑥 들어온 바다의 부분.
부(部)-물 수(水): 바다와 관련된 글자 의미.
자(字)-수(氵)만(彎)=만(灣).   彎 굽을 만.
사(思)-바다물(水)이 굽이쳐(彎) 오니 물굽이 만.
용(用)-臺灣대만. 港灣항만. 淺水灣천수만. 渤海灣발해만.
    迎日灣영일만

蠻 蛮 오랑캐 만; 虫 [mán]오랑캐, 남방의 미개족, 미개 민족의 총칭.
　　부(部)-벌레 충(虫): 오랑캐를 벌레 같이 대한 의미.

자(字)-련(䜌)충(虫)=만(蠻).

사(思)-어지럽게(䜌)하는 벌레(虫)같은 오랑캐 만.

용(用)-蠻行만행 野蠻야만 野蠻的야만적 南蠻남만 南蠻北狄남만북적.

萬 万 일만 만; 艸 [wàn,mò] 일만, 수의 많음, 다수, 크다.
　　부(部)-풀 초(艸)=초(++): 풀밭에 풀이 많다는 의미.

자(字)-초(++)우(禺)=만(萬).

사(思)-풀밭(++-部)에 풀이 원숭이꼬리(禺)처럼 만리(萬里)에서 일만 만.

용(用)-萬若만약. 萬物만물. 萬象만상. 萬事만사. 萬金만금.

晚 저물 만; 日- [wǎn]저물다, 해 질 무렵, 늦다, 때가 늦다,
　　부(部)-날 일(日):하루가 저문다는 의미

자(字)-일(日)면(免)=만(晚)　※ 免 면할 면

사(思)-날(일(日)에 작업이 면(免)하게 되는 저물고, 해 질 때 저물 만(自慢)
토끼(토(免)가 늦을 만

용(用)-晚餐만찬 早晚間조만간 晚秋만추 晚年만년 晚學만학 早晚조만
　　　李承晚이승만 遲晚지만

漫 질펀할 만; 水 [màn] 넘쳐흐르다, 흩어지다, 어지럽다.
　　부(部)-물 수(水)=수(氵): 물과 관련된 글자 의미.

자(字)-수(氵)만(曼)=만(漫). ※ 曼: 길게 끌 만(모양자 참조).

사(思)-물(水)이 길게(曼) 널어진 게 질펀할 만.

용(用)-放漫방만. 漫然만연. 漫畫만화. 漫談家만담가. 散漫산만.

滿 滿 찰 만; 水 [mǎn] 가득하다, 넉넉하다, 교만하다, 속이다.
　　부(部)-물 수(水)=삼수변(수(氵): 가득찬 물을 의미.

자(字)-수(氵)만(㒼)=만(滿). ※ 㒼: 평평할 만(모양자 참조).

사(思)-물(氵=水=氺-部)이 평평하게(㒼)가득차니 찰 만.

용(用)-不滿불만. 滿足만족. 肥滿비만. 圓滿원만. 滿喫만끽.

娩 해산할 만; 女 [miǎn,wǎn] 해산하다, 아양 떨다, 교태 부리다.
　　부(部)-계집 녀(女): 여자에 관한 글자 의미.

자(字)-여(女) 면할 면(免)=만(娩).

사(思)-여자(女)가 면(免)하게 되는 고통을 해소하니 해산할 만,

용(用)-分娩분만. 解娩해만. 無痛分娩무통분만. 擬娩의만.

末 끝 말; 木 [mò,mé] 끝, 나무 끝, 꼭대기, 지엽(枝葉).
부(部)-나무 목(木): 나무 가지를 가지고 형상화 글자 의미.
자(字)-일(一)목(木)=말(末). (未 아닐 미)와 대비.
사(思)-윗가지 하나(一)가 나무(목 木)에서 자람이 끝나니 끝 말.
용(用)-週末주말. 年末연말. 顚末전말. 終末종말. 結末결말.
　　　　端末機단말기. 本末본말.

網 网 그물 망; 糸 [wǎng] 그물, 규칙, 법.
부(部)-실 사(糸): 그물은 실로 만든다는 의미.
자(字)-사(糸)망(罔)=망(網). ※罔 그물 망
사(思)-실로(糸) 잘 만든그물(罔)이니 그물 망.
용(用)-網羅망라 通信網통신망 鐵條網철조망 網巾망건 一網打盡일망타진.

罔 그물 망; 网 [wǎng] 그물, 죄인을 잡는 그물.
부(部)-그물 망(网)=망(罓): 그물을 뜻하므로 그물 관련 의미.
자(字)-망(网)망(亡)=망(罔).
사(思)-그물망(罒=网, 罒, 罓-部)이 비면 망(亡)하는 게 그물 망.
용(用)-欺罔기망. 罔夜망야. 罔測망측. 罔民망민. 罔象망상.

亡 망할 망, 없을 무; 亠 [wáng,wú] 망하다, 달아나다, 죽다
부(部)-돼지해머리 두(亠): 돼지의 유무가 흥망을 기준 하는 의미.
자(字)-두(亠)은(乚)=망(亡) ※ 숨을 은(乚).
사(思)-돼지머리(亠-部)가 숨어버리니(乚) 없다, 망할 망.
용(用)-死亡사망. 逃亡도망. 滅亡멸망. 亡兒망아. 亡身망신.

望 바랄 망; 月 [wàng] 바라다, 기대하다, 원하다, 멀리 내다보다.
부(部)-달 월(月): 달 보듯이 바라는 의미.
자(字)-망(亡)월(月)임(壬)=망(望).
사(思)-없는(망 亡) 달이(월 月) 임(壬)하기를 바랄 망.
용(用)-展望전망. 希望희망. 失望실망. 絶望절망. 所望소망. 眺望조망.
　　　　羨望선망. 慾望욕망. 渴望갈망.

忙 바쁠 망; 心- [máng]바쁘다, 겨를이 없다, 조급하다,
부(部)-심방변 심(忄): 바쁘다고 생각하는 마음에 관련 의미
자(字)-심(忄)망(亡)=망(忙) ※ 亡 망할 망
사(思)-마음(심 忄) 조급하면 망(亡)하니 바쁠 망(忙)
용(用)-奔忙분망 百忙中백망중 多忙다망 忙殺망살 忙中閑망중한

茫 아득할 망; 艸- [máng]아득하다, 물이 아득히 이어진 모양,
부(部)-초두머리 초(艹): 잔디밭이 아득한 것 등의 의미
자(字)-초(艹)망(汒)=망(茫) ※汒 황급할 망
사(思)-초원(초(艹)에서 잊은 물건 황급히(망(汒) 찾으니 아득할 망
용(用)-茫茫大海망망대해 茫然自失망연자실 茫茫망망 茫漠망막 茫然망연

忘 잊을 망; 心 [wàng,wáng] 잊다, 건망증, 다하다, 끝나다.
부(部)-마음 심(心): 잊어 버리는 마음을 의미.
자(字)-망(亡)심(心)=망(忘).
사(思)-없어지니(亡) 마음(心-部)에서 잊을 망.
용(用)-忘却망각 忘德망덕 勿忘草물망초 備忘錄비망록 健忘건망.

妄 망녕될 망; 女- [wàng]허망하다, 거짓, 무릇, 망령되다
부(部)-여자 녀(女): 여자가 망녕되면 허망하다 의미
자(字)-망(亡)녀(女)=망(妄) ※亡 망할 망
사(思)-망(亡)하는 게 여자(女子) 핑계 망녕될 망
용(用)-虛妄허망 妄靈망령 妄想망상 妄發망발 妖妄요망 妄覺망각
　　　老妄노망 妄言망언 被害妄想피해망상

妹 누이 매; 女- [mèi]누이, 소녀
부(部)-여자 녀(女): 누이는 여자라는 의미
자(字)-여(女)미(未)=매(妹) ※未 아닐 미
사(思)-여자(女子) 형제 중 아직(미(未) 어린 누이 매
용(用)-姊妹자매 男妹남매 妹弟매제 妹夫매부 妹兄매형 男妹間남매간

魅 도깨비 매, 매혹 매; 鬼 [mèi] 도깨비, 홀리다, 미혹하다.
부(部)-귀신 귀(鬼): 도깨비와 귀신 관련 글자 의미.
자(字)-귀(鬼)미(未)=매(魅).
사(思)-귀(鬼)신은 아닌(未) 수준이니 도깨비 매.
용(用)-魅力매력. 魅惑的매혹적. 魅力的매력적. 魅惑매혹.

每 매양 매; 毋- [měi]매양, 늘, 언제나, 마다, 자주, 빈번히
부(部)-말 무(毋): 매번 제한이나 제약의 의미
자(字)-인(人)모(母)=매(每)
사(思)-사람(인(人)의 엄마(모(母)는 늘 조심하라 하지말라 매양 매
용(用)-每日매일 每事매사 每年매년 每月매월 每週매주 每番매번 每樣매양
　　　每事盡善매사진선 : 든 일에 최선(最善)을 다함.

梅 매화나무 매; 木- [méi]매화나무, 매우(梅雨), 장마,
부(部)-나무 목(木): 나무에 관한 글자 의미
자(字)-목(木)매(每)=매(梅)　　※ 每 매양 매
사(思)-매실나무(목(木) 열매는 매양(매(每) 시큼한 맛 매화나무 매
용(用)-梅花매화 雪中梅설중매 梅毒매독 梅實매실 梅花打令매화타령
蘭菊竹매란국죽:매화(梅花)·난초(蘭草)·국화(菊花)·대나무,사군자(四君子)

埋 묻을 매; 土- [mái,mán]묻다, 메우다, 시체를 묻다
부(部)-흙 토(土): 흙속에 묻다는 의미
자(字)-토(土)리(里)=매(埋)　※里 마을 리{이}, 속 리
사(思)-흙(토(土) 속에(리(里) 묻게 되니 묻을 매
용(用)-埋葬매장 埋沒매몰 埋藏매장 埋設매설 埋伏매복 埋立매립

買 买 살 매; 貝 [mǎi] 사다, 성(姓).
부(部)-조개 패(貝): 돈(패(貝)으로 물건을 산다는 의미.
자(字)-망(罒)패(貝)=매(買).
사(思)-그물망(망(罒)속의 재물(패(貝)을 사니 살 매.
용(用)-購買구매. 買收매수. 買價매가. 買票매표. 買上매상. 買食매식.

罵 욕할 매; 网 [mà] 욕하다, 꾸짖다.
부(部)-그물 망(网=罒):욕은 그물로 씌우는 것과 같은 의미.
자(字)-망(罒)마(馬)=매(罵).
사(思)-그물(罒=网, 罓, 罓-部)로 말(馬)을 씌우니 주인이 욕할 매.
용(用)-罵倒매도. 侮罵모매. 詬罵후매. 怒罵노매. 大罵대매.

枚 줄기 매, 낱 매; 木 [méi] 줄기, 나무줄기, 서까래, 말채찍.
부(部)-나무 목(木): 나무와 관련된 글자 의미.
자(字)-목(木)복(攵)=매(枚).　※攵 칠 복, 攴와 同字
사(思)-나무(木)에서 회초리 치는(攵)것은 줄기 매.
용(用)-枚數매수. 千枚巖천매암. 二枚貝이매패. 枚擧매거.

媒 중매 매; 女- [méi]중매, 중매하다, 매개, 술밑, 누룩
부(部)-여자 녀(女): 중매는 여자들이 했다는 의미
자(字)-여(女)모(某)=매(媒) ※某 아무 모
사(思)-주로 여(女)들이 아무(모(某)개 끼리 중매 매
용(用)-媒體매체 媒介매개 仲媒중매 觸媒촉매 溶媒용매 冷媒냉매
　　　觸媒劑촉매제 媒介體매개체 大衆媒體대중매체

賣 卖 팔 매; 貝 [mài] 팔다, 속이다, 배신하다, 내통하다, 넓히다.
부(部)-조개 패(貝)-재물을 팔아 대신 돈을 번다는 의미.
자(字)-사(士)망(罒)패(貝)=매(賣).
사(思)-선비(士)정신으로 그물(罒)속에 재물(貝-部)을 팔 매.
용(用)-販賣판매. 賣買매매. 競賣경매. 賣渡매도.

脈 맥 맥; 肉- [mài,mò]맥, 혈맥, 수로(水路), 줄기, 연닮, 잇달음
부(部)-육달월 육(月=肉): 육체(肉體) 혈맥이 있다는 의미
자(字)-육(月)파(辰)=맥(脈)   ※ 辰 갈래 파(모양자)
사(思)-육체(肉體)에는 갈라진(파(辰) 혈맥(血脈) 있으니 맥 맥
용(用)-脈絡맥락 脈搏맥박 靜脈정맥 動脈동맥 動脈硬化동맥경화
    文脈문맥 山脈산맥 人脈인맥 不整脈부정맥

麥 麦 보리 맥; 麥- [mài]보리, 작은 매미, 묻다, 매장하다
부(部)-보리 맥(麥): 제부수 한자
자(字)-내(來)치(夂)=맥(麥)   ※來 올 래{내} / 夂 뒤져서 올 치
사(思)-올려는데(내(來) 뒤져서 오는(치(夂) 것은 맥주(麥酒)먹어서 보리 맥
용(用)-麥酒맥주 麥芽맥아 小麥소맥 宿麥숙맥 割麥할맥 秋麥추맥

孟 맏 맹; 子 [mèng] 맏, 맏이, 첫, 처음, 힘쓰다.
부(部)-아들 자(子): 자녀의 순서에 관한 의미.
자(字)-자(子)명(皿)=맹(孟).
사(思)-아들(子)중에 그릇(皿)에 올리듯이 하는 첫째니 맏 맹.
용(用)-孟子맹자. 孟秋맹추. 孔孟學공맹학. 孟浪맹랑. 孟春맹춘.

盟 맹세할 맹; 皿- [méng,míng]맹세하다, 약속,
부(部)-그릇 명(皿): 정한수 그릇앞에서 맹세하는 의미
자(字)-명(明)명(皿)=맹(盟) ※ 明 밝을 명 /皿 그릇 명
사(思)-밝아오는(명(明) 아침에 정한수 그릇(명(皿)에 맹세 맹
용(用)-盟誓맹세 同盟동맹 聯盟연맹 會盟회맹 盟誓맹세 盟休맹휴

猛 사나울 맹; 犬- [měng]사납다, 날래다, 엄하다, 잔혹하다,
부(部)-개사슴록변 견(犭=犬): 사나운 개와 관련 글자 의미
자(字)-견(犭)맹(孟)=맹(猛)   ※孟 맏 맹. 첫째 맹
사(思)-개(견(犭) 중에서 첫째로(맹(孟) 짖어대는 사나울 맹
용(用)-猛烈맹렬 猛獸맹수 勇猛용맹 猛禽맹금 猛虎맹호 猛毅맹의 苛
政猛於虎가정맹어호:「가혹(苛酷)한 정치(政治)는 호랑이 보다 더 사

盲 납다.」는 뜻).소경 맹; 目- [máng]소경, 눈이 멀다, 청맹과니, 색맹(色盲),
부(部)-눈 목(目): 눈에 관련된 글자 의미

자(字)-망(亡)목(目)=맹(盲) ※亡 망할 망
사(思)-안보이게 망(亡)해 버린 눈(목(目)이니 소경 맹
용(用)-文盲문맹 盲點맹점 盲人맹인 盲信맹신 盲腸맹장 盲目的맹목적

面 낯 면; 面- [miàn]낯, 얼굴, 앞, 겉, 표면
부(部)-낯 면(面): 제부수 한자

사(思)-상형문자(象形文字)로 사람의 얼굴을 표현한 글자
용(用)-面接면접 側面측면 裏面(裡面)이면 顔面안면 假面가면 方面방면
　　　對面대면 反面반면 面目면목 外面외면 兩面양면 額面액면

免 면할 면; 儿 [miǎn] 면하다, 벗다, 모자 벗다, 해직하다.
부(部)-어진사람인발(사람 인(儿): 사람을 대상으로 하는 의미.

자(字)-도(刀)일(日)인(儿)=면(免).
사(思)-칼(刀)이 위협하는 날(日)을 어진사람(儿-部)이 되면 면할 면.
용(用)-赦免사면. 謀免모면. 罷免파면. 免除면제. 免疫면역. 減免감면.

綿 綿 솜 면. 이어질 면; 糸 [mián] 이어지다, 잇다, 연속하다,
부(部)-실 사(糸): 실로 면을 짠다는 의미.

자(字)-사(糸)백(帛)=면(綿). ※ 帛 비단 백
사(思)-실이(糸) 흰(白) 천(巾)을 짜니 솜이고 면이 되다. 이어질 면.
용(用)-綿密면밀. 綿棒면봉. 綿代면대. 綿綿면면(끊임 없음)

眠 잠잘 면; 目-[mián]잠자다, 조, 시들다, 지각이 없다, 모르다,
부(部)-눈 목(目):잠은 눈 감는 것과 관련 의미

자(字)-목(目)민(民)=면(眠)
사(思)-눈(목(目)을 감고 있는 국민(國民)은 잠사는 것 잠잘 면
용(用)-睡眠수면 冬眠동면 永眠영면 熟眠숙면 催眠최면 不眠불면
　　　睡眠劑수면제 不眠症불면증

勉 힘쓸 면; 力 [miǎn] 힘쓰다, 권하다, 억지로 하게, 강요하다.
부(部)-힘 력(力): 힘에 관련된 글자 의미.

자(字)-면(免)력(力)=면(勉).
사(思)-강제가 면제(免)되어도 자강(自強) 힘(力-部)을 쓰니 힘쓸 면.
용(用)-勤勉근면. 勉學면학. 勸勉권면. 勉勵면려.
　　　刻苦勉勵각고면려 : 심신(心身)을 괴롭히고 노력(努力)함.

滅 灭 멸망할 멸; 水 [miè] 멸망하다, 멸하다, 끄다, 불이 꺼지다.
부(部)-물 수(水)=삼수변(수(氵): 불을 멸망하게 하는 물을 의미.
자(字)-수(氵)멸(威)=멸(滅).
사(思)-물(氵=水, 氷)을 뿌려 불이 없어지게(威(멸))되니 멸할 멸.
용(用)-消滅소멸 滅亡멸망 湮滅인멸 撲滅박멸 潰滅궤멸 不滅불멸.

蔑 업신여길 멸; 艸 [miè] 업신여기다, 버리다, 없다.
부(部)-풀 초(艸)=초(++):잡초는 업신여김을 당하는 의미.
자(字)-초(++)망(罒)수(戍)=멸(蔑). ※ 戍:수자리 수(守). 戌:개술.
사(思)-풀밭(++=艸)에 물고기 그물(罒)을 지키니(戍) 업신여길 멸
용(用)-凌蔑능멸 侮蔑모멸 輕蔑경멸 蔑視멸시.

命 목숨 명; 口 [mìng] 목숨, 운수, 운, 명하다, 명령을 내리다.
부(部)-입 구(口): 명령은 입으로 말한다는 의미.
자(字)-령(令)구(口)=명(命).
사(思)-우두머리(令)가 입(口-部)으로 명령하고 부리니 목숨 명.
용(用)-運命운명 生命생명 命令명령 任命임명 革命혁명 天命천명 使命사명

明 밝을 명; 日 [míng] 밝다, 밝히다, 밝게, 환하게.
부(部)-해 일(日): 밝은 해와 관련된 의미.
자(字)-일(日)월(月)=명(明).
사(思)-해(일(日)와 달(월(月)이 있으니 밝을 명.
용(用)-說明설명 糾明규명 透明투명 淸明청명 分明분명 賢明현명 辨明변명.

銘 铭 새길 명; 金- [míng]새기다, 조각, 명심, 금석(金石)에 새긴 글자,
부(部)-쇠 금(金): 금석(金石)에 이름(명(名)을 새긴다는 의미
자(字)-금(金)명(名)=명(銘)
사(思)-금석(금(金)에다 이름(명(名)을 새길 명
용(用)-銘心명심 感銘감명 銘旌(明旌)명정 碑銘비명 湯之盤銘탕지반명 刻銘
각명 鼎銘정명 勒銘늑명 銘旗명기 銘酒명주 旌銘정명 銘記명기 題銘제명

冥 어두울 명; 冖 [míng] 어둡다, 어둠, 아득하다, 그윽하다.
부(部)-덮을 멱(冖): 덮으니 어둡게 된다는 의미.
자(字)-멱(冖)일(日)륙(六)=명(冥).
사(思)-덮어져(冖)버리는 태양(日)은 보통 여섯시(六)후 어두울 명.
용(用)-冥福명복. 冥想명상. 冥府명부.冥冥之志명명지지 :마음속에 깊이 간직하여 외부(外部)에 드러내지 않고 힘쓰는 뜻.

鳴 鳴 울 명; 鳥- [míng]울다, 울리다, 음향이 나다,
부(部)-새 조(鳥): 새가 운다, 새소리 관련 의미
자(字)-구(口)조(鳥)=명(鳴)   ※鳥 새 조
사(思)-입(구(口) 벌려 새가(조(鳥) 우니 울 명
용(用)-共鳴공명 悲鳴비명 鳴鏑명적 鳴梁명량 鳴梁大捷명량대첩 鷄鳴계명

名 이름 명; 口 [míng] 이름, 인륜상, 존비, 귀천 등의 명칭.
부(部)-저녁 석(夕): 저녁이면 찾으러 부른다는 의미.
자(字)-석(夕)구(口)=명(名).
사(思)-저녁(석(夕) 이면 입(구(口)에서 "삼식아~밥먹어~" 부르니 이름 명.
용(用)-名分명분 名節명절 名稱명칭 有名유명 地名지명 署名서명.
　　　姓名성명 名聲명성.

慕 그리워할 모; 心- [mù] 뒤를 따르다, 바라다, 원하다
부(部)-마음심발 심(小): 그리워하는 마음 관련 의미
자(字)-막(莫)심(小)=모(慕)   ※莫 없을 막{저물 모,고요할 맥}
사(思)-감정이 없는(막(莫) 마음(심(小)도 그리움은 있어 그리울 모
용(用)-追慕추모 思慕사모 戀慕연모 欽慕흠모 哀慕애모 敬慕경모 慕情모정

謀 謀 꾀할 모; 言 [móu] 꾀, 의논하다, 술책, 계략, 권모술수.
부(部)-말씀 언(言): 꾀는 말로 의사 표시한다는 의미.
자(字)-언(言)모(某)=모(謀).
사(思): 말을(言) 아무도(某) 모르게 하는 것은 꾀, 술책 모
용(用)-謀免모면. 圖謀도모. 陰謀음모. 參謀참모. 無謀무모.

募 모을 모; 力- [mù]모으다, 부름, 뽑음
부(部)-힘 력(力): 모으려면 힘을 써야 한다는 의미
자(字)-막(莫)력(力)=모(募)   ※莫 없을 막{저물 모,고요할 맥}
사(思)-인재가 없다면(막(莫) 힘(력(力)내어 모아야 모을 모
용(用)-募集모집 應募응모 募兵모병 公募공모 募金모금 私募사모 急募급모

帽 모자 모; 巾 [mào] 모자.
부(部)-수건 건(巾): 수건이나 모자나 같은 의미.
자(字)-건(巾)모(冒)=모(帽). ※冒 무릅쓸 모.※무릅쓰다: 견디다, 머리에 쓰다)
사(思)-수건(巾)을 무릅쓰니(冒) 모자 모.
용(用)-帽子모자. 冠帽관모. 紗帽사모. 着帽착모. 脫帽露頂탈모노정: 「모자를
벗어서 정수리를 드러낸다.」 예의(禮儀)에 구애(拘礙)되지 않음

冒 무릅쓸 모; 冂 [mào,mò] 무릅쓰다, 덮다, 수의(壽衣).
부(部)－멀 경(冂): 먼데 성문까지 무릅 쓰고 간다는 의미.
자(字)－경(冂)이(二)목(目)＝모(冒). ※무릅쓰다: 견디다, 머리에 쓰다
사(思)－멀지만(冂) 두(二) 눈(目)을 뜨고 견디며 가니 무릅쓸 모.
용(用)－冒瀆모독 冒險모험 冒頭모두 感冒감모. 冒沒廉恥모몰염치.

冃 쓰개 모; 冂 [mào] 쓰개, 복건
부(部)－멀 경(冂): 먼데 가려면 머리에 쓰고 간다 의미
자(字)－경(冂)이(二)＝모(冃)
사(思)－먼데(경冂) 가는 데 2자(이二)형 모자 쓰고 가니 쓰개 모
용(用)－모양자 로 사용

模 본뜰 모, 법 모; 木－ [mó,mú]법, 법식, 본, 본보기, 무늬, 문채
부(部)－나무 목(木): 목재(木材)로 거푸집을 만든다 의미
자(字)－목(木)막(莫)＝모(模)
사(思)－거푸집재료는 목재(목木) 만한 것이 없으니(막莫) 본뜰 모
용(用)－模範모범 模糊모호 規模(規摹)규모 模寫모사 模擬考査모의고사

某 아무 모; 木－ [mǒu]아무, 아무개, 어느 것, 어느 곳,
부(部)－나무 목(木): 나무는 어느 곳에나 아무 개가 있다 의미
자(字)－감(甘)목(木)＝모(某) ※甘 달 감
사(思)－단맛(감甘) 열매는 아무 과수 나무(목木)에도 달리니 아무 모
용(用)－某某모모 某種모종 某國모국(아무나라) 某日모일(아무 날) 某人모인

母 어미 모; 母 [mǔ] 어미, 할미, 암컷.
부(部)－말 무(毋): 여자에게 함부로 하지 말라는 의미.
자(字)－무(毋)주주(ヽヽ)＝모(母).
사(思)－아이에게 젖 먹이는 모양의 글자.
용(用)－父母부모 祖母조모 王母왕모 茶母다모 母校모교 家母가모 母國모국.

貌 얼굴 모; 豸－ [mào]얼굴, 다스리다, 행동에 공경하는 뜻
부(部)－벌레치변＝갖은돼지시변 치(豸): 해태의 얼굴 모양
자(字)－치(豸)모(皃)＝모(貌) ※皃 얼굴 모. 貌와 同字
사(思)－벌레(치豸)도 얼굴(모皃)이 있으니 얼굴 모
용(用)－容貌용모 貌樣(模樣)모양 外貌외모 面貌면모 美貌미모 全貌전모
   變貌변모 玉貌花容옥모화용 : 옥 같이 아름답고 꽃다운 용모(容貌).

侮 업신여길 모; 人- [wǔ]업신여기다, 깔보다, 얕보다, 앓다
부(部)-사람인변 인(亻): 업신여김은 사람에 관한 의미
자(字)-인(亻)매(每)=모(侮)
사(思)-사람(인(亻)은 매번(매(每) 남을 업신여기니 깔볼 모
용(用)-侮辱모욕 侮蔑모멸 受侮수모 侮蔑感모멸감 侮弄모롱 侮言무언
　　　　업신여기는 말.

暮 저물 모; 日- [mù]저물다, 해 질 무렵, 저물 무렵, 밤
부(部)-날 일(日); 날이 저무는 것과 관련 의미
자(字)-막(莫)일(日)=모(暮)　　※莫 없을 막{저물 모,고요할 맥}
사(思)-하루가 없어지는(막(莫) 일자(일(日)가 저물어 간다는 저물 모'
용(用)-歲暮세모 旦暮단모 暮春모춘 晚暮만모 昏暮혼모 日暮일모

沐 머리 감을 목; 水 [mù] 머리를 감다, 다스리다.
부(部)-물 수(水): 머리 감는 것은 물이 필수 의미.
자(字)-수(氵)목(木)=목(沐).
사(思)-물(水=氵-部)을 나무(木)통에 담아 머리를 감으니 머리감을 목.
용(用)-沐浴桶목욕통. 沐浴목욕. 沐浴湯목욕탕. 沐間목간.

牧 칠 목; 牛- [mù]치다, 마소를 기르다, 마소를 치는 사람, 목장
부(部)-소 우(牛): 마소(馬牛), 양 등을 기르는 의미
자(字)-우(牛)복(攵)=목(牧)
사(思)-소(우(牛) 양(羊)들을 목장(牧場)에서 치며(복(攵) 기르다 칠 목
용(用)-牧師목사 牧民心書목민심서 牧丹목단 牧使목사 牧者목자 司牧사목
　　　　牧童목동 牧畜목축 遊牧유목 放牧방목 牧場목장

睦 화목할 목; 目- [mù]화목하다, 눈길이 온순하다, 공손하다
부(部)-눈 목(目): 화목한 사이는 눈길이 따스하다 의미
자(字)-목(目)육(坴)=목(睦)　　※坴 언덕 륙{육}
사(思)-바다에서 눈으로(목(目) 육지(육(坴)가 보이니 화목(和睦)할 목
용(用)-和睦화목 親睦친목 不睦불목 敦睦돈목 親睦會친목회

沒 沒 가라앉을 몰; 水 [méi,mò] 가라앉다, 없어지다, 다 없애다.
부(部)-물 수(水): 물에 가라앉으니 물에 관한 글자 의미.
자(字)-수(氵)수(殳)=몰(沒).
사(思)-물(氵=水=氺)에서 몽둥이(殳)로 치니 물에 가라 앉을 몰.
용(用)-汨沒골몰. 埋沒매몰. 沒落몰락. 日沒일몰. 沈沒침몰. 陷沒함몰.

夢 梦 꿈 몽; 夕 [mèng] 꿈, 꿈꾸다, 공상, 환상.
부(部)-저녁 석(夕): 저녁에 잠들어 꿈 꾼다는 의미.
자(字)-초(艹)망(罒)멱(冖)석(夕)=몽(夢).
사(思)-풀(艹)그물(罒) 덮은 것(冖) 같은 어두운 저녁(夕) 잠자며 꿈 몽.
용(用)-惡夢악몽 夢寐몽매 夢遊病몽유병 九雲夢구운몽 吉夢길몽

蒙 어두울 몽; 艹 [méng,mēng] (사리에)어둡다. 어리석다.
부(部)-풀 초(艹): 풀이 덮어져 안보여 어둡다는 의미.
자(字)-초(艹)멱(冖)일(一)시(豕)=몽(蒙).
사(思)-풀(초(艹)이 덮여진(멱(冖) 한(일(一) 돼지(豕)우리 같이 어두울 몽.
용(用)-啓蒙계몽. 蒙古몽고. 朱蒙주몽. 童蒙동몽. 擊蒙要訣격몽요결.
　　　訓蒙字會훈몽자회. 蒙昧몽매. 蒙利몽리.

卯 토끼 묘/넷째 지지 묘; 卩 [mǎo] 무성, 왕성, 장부 구멍.
부(部)-병부 절(卩): 토끼 모양의 병부를 만들었다(억지?) 의미
자(字)-비(匕)별(丿)절(卩)=묘(卯)
사(思)-비수(匕首)를 별(丿)나게 병부(兵符)(절(卩)로 보여 주다 토끼 묘
용(用)-卯時묘시 卯金刀묘금도 : 성으로 쓰이는 유(劉)자의 파자(破字).
　　　己卯士禍기묘사화

苗 모 묘; 艹- [miáo]모, 옮겨심기 위하여 가꾼 어린 벼, 곡식, 싹
부(部)-초두머리 초(艹): 모도 풀과 같은 식물이라는 의미
자(字)-초(艹)전(田)=묘(苗)
사(思)-풀(초(艹)같은 싹이 밭에서(전(田) 자라게 하는 묘종(苗種) 묘
용(用)-禾苗화묘(벼의 모). 苗木묘목 種苗종묘 苗種묘종 苗板묘판

妙 묘할 묘; 女- [miào]묘하다, 젊다, 나이가 20살 안팎이다
부(部)-여자 녀(女): 여자는 묘하다 생각하는 게 묘한 의미
자(字)-여(女)소(少)=묘(妙)
사(思)-여자(여(女)가 소녀(少女)는 이쁘고 묘하여 묘할 묘
용(用)-巧妙교묘 微妙미묘 奧妙오묘 妙齡묘령 奇妙기묘 絶妙(絕妙)절묘

墓 무덤 묘; 土- [mù]무덤, 묘지
부(部)-흙 토(土): 무덤은 토지에 만든다 의미
자(字)-막(莫)토(土)=묘(墓)
사(思)-생명(生命)이 없어지게(막(莫) 되면 흙(토(土)에 만드는 무덤 묘
용(用)-省墓성묘 墳墓분묘 墓域묘역 墓祀묘사 墓地묘지 墓碑묘비

廟 庙 사당 묘; 广 - [miào]사당, 신주를 모신 곳, 제사 지내는 곳,
부(部) - 집 엄(广): 사당(祠堂)은 집이라는 의미

자(字) - 엄(广)조(朝) = 묘(廟)　※朝 아침 조. 시작, 알현하다

사(思) - 신주(神主) 모신 집(엄(广)에 아침마다(조(朝) 문안 사당 묘

용(用) - 宗廟종묘 廟堂묘당 廟號묘호 廟薦묘천 廟謁묘알

　　　文廟문묘=공자(孔子)를 비롯하여 사성과 중국(中國) 역대(歷代)의 대
유와 신라(新羅) 이후(以後)의 조선(朝鮮)의 큰 선비들을 함께 모신 집.

武 굳셀 무; 止 [wǔ] 굳세다, 용맹하다, 군인, 병법, 무기, 무인 무: (武).
부(部) - 그칠 지(止): 전쟁은 그쳐야 된다는 의미.

자(字) - 일(一)지(止)과(戈) = 무(武).

사(思) - 일 순위(一)는 전쟁(과(戈) 그치게(止) 하는 굳셀 무.(국방).

용(用) - 武器무기. 武裝무장. 武力무력.

戊 다섯째 천간 무; 戈 - [wù]다섯째 천간, 무성하다, 우거지다, 창
부(部) - 창 과(戈): 창은 힘이 무성해야 조작 의미

자(字) - 별(丿)과(戈) = 무(戊)

사(思) - 삐친(별(丿) 사람간에 창(과(戈) 싸움히 무성하니 무성할 무

용(用) - 戊戌무술 戊辰무진 戊午士禍(戊午史禍)무오사화

貿 貿 바꿀 무; 貝 - [mào]바꾸다, 무역하다, 사다, 바뀌다,
부(部) - 조개 패(貝): 돈(패(貝)으로 바꾸는 무역하다 의미

자(字) - 묘(卯)도(刀)패(貝) = 무(貿)　※卯 토끼 묘에서 인용

사(思) - 토끼(묘(卯)를 칼로(도(刀) 요리하여 돈(패(貝)으로 바꾸니 무역 무

용(用) - 貿易무역 貿穀무곡 世界貿易機構세계무역기구 貿米무미

霧 霧 안개 무; 雨 [wù] 안개, 어둡다, 가볍고 짧의 비유.
부(部) - 비 우(雨): 안개나 비나 수증기가 기본이 된다는 의미.

자(字) - 우(雨)무(務) = 무(霧).

사(思) - 비(雨-部)가 되려고 힘쓰는(務)게 안개 무.

용(用) - 霧散무산 霧集무집 噴霧器분무기 氷霧빙무 濃霧농무 雲霧운무.

無 无 없을 무; 火 [wú,mó] 없다, 말라, 금지하는 말.
부(部) - 불 화(火) = 불화발(화(灬): 불태우면 없어진다는 의미.

자(字) - 인(人)십(卅)일(一)화(灬) = 무(無)　※ 卅 마흔 십

사(思) - 사람(인(人)이 40(십(卅)개를 한번(일(一)에 태우니(화(灬) 없을 무,

용(用) - 無視무시. 無責任무책임. 無條件무조건. 無關무관. 無慮무려.

茂 우거질 무; 艸 [mào] 무성하다, 가멸다, 풍족하다, 왕성하다.
부(部)-풀 초(艸)=초(++): 무성하게 우거진 것은 풀이라는 의미.
자(字)-초(++)무(戊)=무(茂). 戊 무성할 무.
사(思)-풀(++=艸-部)이 무성(戊)하다(茂盛--)니 우거질 무.
용(用)-茂盛무성. 茂林무림. 繁茂번무.

務 힘쓸 무; 力 [wù] 힘쓰다, 힘써 하다, 권장하다. 敄.
부(部)-힘 력(力): 일에는 힘을 쓴다는 의미.
자(字)-모(矛)복(攴)력(力)=무(務).
사(思)-창(矛)으로 치는(攴=攵) 것처럼 힘(力-部)을 내서 일하니 일 무.
용(用)-務望무망. 務實무실. 君子務本군자무본.

舞 춤출 무; 舛- [wǔ]춤추다, 춤, 춤추게 하다
부(部)-어그러질 천(舛): 발을 어그러지게 잘해야 춤되는 의미
자(字)-무(無)천(舛)=무(舞)
사(思)-뼈 없는(무(無) 사람처럼 발을 어그러지게(천(舛) 하니 춤출 무
용(用)-鼓舞고무 舞臺무대 鼓舞的고무적 舞踊무용 僧舞승무 舞蹈무도
歌舞가무 亂舞난무 群舞군무

墨 먹 묵; 土- [mò]먹, 형벌 이름, 오형(五刑)의 하나 형벌, 검다
부(部)-흙 토(土): 먹은 흙과 같은 색깔 의미
자(字)-흑(黑)토(土)=묵(墨)
사(思)-검은(흑(黑) 색깔 흙(토(土)과 같은 먹, 먹 묵
용(用)-墨水묵수 墨香묵향 楮墨저묵 墨子묵자 墨尺묵척 墨光묵광

默 잠잠할 묵; 黑- [mò]조용하다, 잠잠하다, 말이 없다
부(部)-검을 흑(黑): 검은 밤이 되니 조용하다 의미
자(字)-흑(黑)견(犬)=묵(默)
사(思)-검은(흑(黑) 큰 개(견(犬)가 다가오니 잠잠할 묵
용(用)-沈默침묵 默想묵상 寡默(寡黙)과묵 默契묵계 默念묵념 默言묵언

文 글월 문; 文- [wén] 글월, 문장, 문서 서적 무의 법도
부(部)-文 (글월문,) : 제부수 한자, 글과 문장에 관련 의미
자(字)-亠(돼지해머리 두) + 乂(벨 예, 다스릴 예) = 문(文)
사(思)-머리를 베어내듯, 다스리는 것이 글이니 글월 문
용(用)-文房四友문방사우 漢文한문 文化문화 文章문장 文學문학
文明문명 文字문자 注文주문 千字文천자문 文獻문헌

聞 闻 들을 문; 耳 [wén] 가르침을 받다, 알다, 냄새 맡다,
부(部)-귀 이(耳): 듣는 것은 귀로 듣는다는 의미로 부수가 됨.
자(字)-문(門)이(耳)=문(聞)
사(思)-문(門)에다 귀(耳-部)를 갖다 대어 들으니 들을 문.
용(用)-聞得문득 新聞신문 申聞鼓신문고 所聞소문 見聞견문 聽聞청문
　　　醜聞 추문 前代未聞전대미문. 聞一知十문일지십.
　　　博學多聞 박학다문 : 학식(學識)과 견문(見聞)이 대단히 넓음.

紋 紋 무늬 문; 糸- [wén,wèn]무늬, 직물의 문채, 주름, 주름살
부(部)-실 사(糸): 실로 수예로 무늬를 새긴다 의미
자(字)-사(糸)문(文)=문(紋)
사(思)-뜨개질 실(사(糸)로 글(문(文)을 새겨 무늬 문
용(用)-指紋지문 紋章문장 紋片문편 紋繡문수 紋織문직

問 问 물을 문; 口 [wèn] 묻다, 물음, 질문, 알리다, 고하다.
부(部)-입 구(口): 묻기를 입으로 한다는 의미.
자(字)-문(門)구(口)=문(問).
사(思)-문(門)에다 소리내어(구(口) 묻기하니 물을 문.
용(用)-問題문제 疑問의문 訪問방문 諮問자문 質問질문 拷問고문 顧問고문.

紊 어지러울 문; 糸 [wěn] 어지럽다, 어지럽히다.
부(部)-실 사(糸): 실을 잘못하면 어지럽다는 의미.
자(字)-문(文)사(糸)=문(紊).
사(思)-글(文)을 실(糸) 엉키듯이 잘못 관리하면 어지러울 문.
용(用)-紊亂문란 .風紀紊亂풍기문란.

物 牛 만물 물; 牛 [wù] 만물, 일, 무리, 종류.
부(部)-소 우(牛): 만물 생산에 관련된 게 소의 의미.
자(字)-우(牛)물(勿)=물(物).
사(思)-소(牛=牜) 이용하지 말라면(勿) 만물(萬物) 생산이 어려워 만물 물.
용(用)-物件물건. 物質물질. 事物사물. 建物건물. 植物식물.

勿 말 물; 勹- [wù]말다, 말라, 말아라, 아니다, 없다, 깃발
부(部)-쌀 포(勹): 포장해버려서 안보이게 없게 하는 의미.
자(字)-포(勹)별별(ノノ)=물(勿) ※삐침 별(ノ)을 토라지다 의미로 차용.
사(思)-보쌈(勹-部)은 삐치고 또 삐쳐(ノノ) 하지 말아야 하니 말 물.
용(用)-勿入물입 勿失好機물실호기 勿論물론 勿驚물경 勿施물시 勿念물념,

尾 꼬리 미; 尸- [wěi,yǐ]꼬리, 등, 등 뒤, 흘레하다

부(部)-尸(주검시엄, 몸 시): 동물의 몸에 달린 꼬리 의미

자(字)-시(尸)모(毛)=미(尾)

사(思)-동물의 몸(시尸)에 달린 털(모毛)달린 꼬리 미

용(用)-九尾狐구미호 末尾말미 語尾어미 尾行미행 龜尾구미 交尾교미

眉 눈썹 미; 目 [méi] 눈썹, 노인, 눈썹이 긴 사람, 가, 가장자리.

부(部)-눈 목(目):눈 부위에 관련 글자 의미.

자(字)-시(尸)곤(丨)목(目)=미(眉). ※丨 뚫을 곤.세울 곤

사(思)-상형문자(象形文字)로 눈위에 있는 눈썹을 표현

용(用)-眉宇미우(눈썹 근처). 眉叢미총(눈썹).

味 맛 미; 口-총8획; [wèi]맛, 맛보다, 뜻, 의의

부(部)-입 구(口): 입맛에 관련된다는 의미

자(字)-구(口)미(未)=미(味) ※未 아닐 미

사(思)-입(구口)에서 아직(미未) 삼키지 않을 때 맛 미

용(用)-趣味취미 意味의미 興味흥미 吟味음미 美味미미 味覺미각
　　　　口味구미 五味오미 別味별미 風味풍미 滋味자미 妙味묘미

迷 미혹할 미; 辵 [mí] 미혹하다, 전념하다, 남을 미혹하게 하다.

부(部)-쉬엄갈 착(辶): 미혹되어 찾아 간다는 의미.

자(字)-미(米)착(辶)=미(迷).

사(思)-쌀(米)에 집중 걸어가다(辶-部) 헤매게 되니 미혹할 미.

용(用)-迷惑미혹. 迷兒미아. 昏迷혼미. 迷信미신. 迷路미로.

未 아닐 미; 木 [wèi] 아니다, 아직 -하지 못하다, 미래, 장래,

부(部)-나무 목(木): 아직 자라지 않은 가지에 대한 의미.

자(字)-일(一)목(木)=미(未).

사(思)-하나(일一) 가지가 나무(木-)에서 아직 자라지 아닐 미.

용(用)-未洽미흡. 未來미래. 未滿미만. 未熟미숙. 未盡미진. 未決미결.

美 아름다울 미; 羊 [měi] 아름답다, 맛이 좋다, 좋다.

부(部)-양 양(羊): 양(羊)은 착라고 아름다움을 상징하는 의미.

자(字)-양(羊)대(大)=미(美).

사(思)-양고기(양羊)가 크니(대大) 맛있고 아름다울 미.

용(用)-美術미술. 美人미인. 甘美감미. 韓美한미. 美德미덕. 美貌미모.

微 작을 미; 彳 [wēi] 자질구레하다, 적다, 숨다, 숨기다.
부(部)-조금걸을 척(彳): 조금 걸어 찾으니 작은 것 뿐 작을 미
자(字)-척(彳) 산(山)궤(几)복(攵)=미(微).　※几 안석 궤
사(思)-자축이며(彳) 산(山)에서 안석(궤(几))에서 회초리만(복(攵) 하니 작을 미.
용(用)-微妙미묘. 幾微기미. 微細미세. 微笑미소. 微微미미.

微服潛行미복잠행 :남이 알아보지 못하게 미복으로 넌지시 다님.

憫 憫 근심할 민; 心- [mǐn]근심하다, 불쌍히 여기다.
부(部)-심방변 심(忄): 근심은 마음의 상태 의미
자(字)-심(忄)민(閔)=민(憫)　※閔 위문할 민. 걱정할 민
사(思)-마음(심(忄)이 걱정 근심(민(閔)하니 근심할 민
용(用)-憐憫연민 憫憫민망 憫悼민도 憫情민정 憫憐민련 憫酒민주 憫恤민휼

閔 閔 위문할 민; 門- [mǐn] 마음아파하다, 가엽게 여기다, 걱정, 근심
부(部)-문 문(門): 위문하려고 문열고 들어가다 의미
자(字)-문(門)문(文)=민(閔)
사(思)-문(문(門)열고 위문(문(文)편지로 위문할 문
용(用)-閔泳煥민영환 惜閔석민 閔然민연 閔妃민비

民 백성 민; 氏 [mín] 백성, 역(易)에서의 곤(坤).
부(部)-각시 씨(氏): 백성들의 성씨를 의미.
자(字)-구(口)씨(氏)=민(民).
사(思)-먹고(구(口)사는 민생은 모든 성씨(씨(氏)를 대상이니 백성 민.
용(用)-國民국민, 庶民서민, 住民주민, 大韓民國대한민국,ROK

悶 悶 번민할 민; 心 [mēn,mèn] 번민, 어둡다, 깨닫지 못하다.
부(部)-마음 심(心): 번민이란 마음의 상태라는 의미.
자(字)-문(門)심(心)=민(悶).
사(思)-문(門)안에만 있는 마음(心-部)이라 밖의 세상 고민 번민할 민.
용(用)-苦悶고민. 煩悶번민. 矜悶긍민. 悶鬱민울. 遣悶견민.

敏 재빠를 민; 攴- [mǐn]재빠르다, 민첩하다, 영리하다, 힘쓰다,
부(部)-등글월문 칠복(攴=攵): 회초리(복(攵) 피하려 재빠르다
자(字)-매(每)복(攵)=민(敏) ※每 매양 매
사(思)-매번(매(每) 회초리(복(攵)로 훈련하니 민첩할 문
용(用)-銳敏예민 敏捷민첩 敏感민감 英敏영민 叡敏예민 過敏과민 機敏기민

蜜 꿀 밀; 虫- [mi]꿀, 벌꿀, 명충(螟蟲)의 알
　　부(部)-벌레 충(虫): 꿀벌도 벌레라는 의미
자(字)-면(宀)필(必)충(虫)=밀(蜜)　※宀 집 면 必 반드시 필
사(思)-벌 집(면(宀)이 반드시(필(必) 꿀벌 벌레(충(虫)가 있어야 꿀 밀
용(用)-蜜蠟밀랍 蜜月밀월 蜜柑밀감 蜂蜜봉밀 蜜蜂밀봉 蜜語밀어
　　　　口蜜腹劍구밀복검 :「입으로는 달콤함을 말하나 뱃속에는 칼을 감추
고 있다.」는 뜻으로, 겉으로는 친절(親切)하나 마음속은 음흉(陰凶)한 것.

密 빽빽할 밀, 비밀 밀; 宀 [mi] 조용하다, 고요하다.
　　부(部)-집 면(宀): 빽빽한 집안 구조의 의미.
자(字)-면(宀)필(必)산(山)=밀(密).
사(思)-집(宀-部)에는 반드시(必) 산(山)처럼 빽빽할 밀. 비밀 밀.
용(用)-綿密면밀. 祕密비밀. 精密정밀. 機密기밀. 緊密긴밀. 密接밀접.

바. 바부

신백훈 정익학당 추천 애국민 필독서
[전두환 리더십] 지만원 저

博 넓을 박; 十 [bó] 넓다, 넓히다, 평평함, 평탄함.
　　부(部): 열 십(十): 동서남북 팔방을 의미.
자(字)-십(十)부(尃)=박(博).　※尃 펼 부
사(思)-널리 동서남북(十) 지식을 배우고 펼치게(尃)(부) 하니 넓을 박.
용(用)-博士박사 賭博도박 博物館박물관 博愛박애 該博해박 博覽會박람회.

迫 닥칠 박; 辶 [pò,pǎi] 닥치다, 다그치다, 좁혀지다,
　　부(部)-쉬엄 갈 착(辶): 걸어가면 목표와 좁혀지다는 의미.
자(字)-백(白)착(辶)=박(迫).
사(思)-하얗게(白) 질리게 걸어가(辶)니 닥칠 박.
용(用)-壓迫압박. 脅迫협박. 切迫절박. 驅迫구박. 窮寇勿迫궁구물박.

泊 배 댈 박; 水 [bó] 배 대다, 배를 물가에 대다, 정지하다.
　　부(部)-물 수(水): 바닷물에 관련된 글자 의미.
자(字)-수(水)백(白)=박(泊).
사(思)-바닷물(수(水)에서 하얗게(백(白) 배들을 대니 배댈 박.
용(用)-宿泊숙박. 漂泊표박. 憩泊게박 . 碇泊정박. 流離漂泊유리표박.
　　　　轉轉漂泊전전표박.

薄 엷을 박; 艹 [báo,bó,bò] 엷다, 적다, 가볍다, 천하다,
　　부(部)-풀 초(艹)=초두머리(++): 풀이 엷게 퍼진 의미.
자(字)-초(++)부(溥)=박(薄).　※溥 넓을 부
사(思)-잡풀(++=艹)은 널리(부(溥)퍼져 있고 천하니 엷을 박.
용(用)-薄謝박사. 淺薄천박. 肉薄육박. 輕薄경박. 稀薄희박. 浮薄부박.
　　　　薄俸박봉. 刻薄각박. 薄弱박약. 薄氷박빙. 薄土박토. 野薄야박.

拍 칠 박; 手 [pāi,pò] 치다, 손으로 두드리다, 박자, 음악의 리듬.
　　부(部)-재방변 손 수(手): 손으로 친다는 의미.
자(字)-수(扌)백(白)=박(拍).
사(思)-손으로(手) 백색짝짝이 쳐서 말(백(白)하니 칠 박.
용(用)-拍手박수. 拍車박차. 拍子박자. 間拍간박. 拍掌大笑박장대소.

舶 큰 배 박; 舟 [bó] 큰 배, 당도리, 장삿배, 상선
　　부(部)-배 주(舟): 배와 관련된 글자 의미.
자(字)-주(舟)백(白)=박(舶).
사(思)-배(舟)가 바다 가운데 하얗게(白) 보이니 큰 배 박.
용(用)-船舶선박. 大舶대박. 市舶시박.

朴 성씨 박/순박할 박; 木- [pō,piáo,pǔ] 순박하다, 꾸밈이 없다

부(部)-나무 목(木): 나무는 꾸밈 없이 순박하다 의미

자(字)-목(木)복(卜)=박(朴) ※卜 점 복

사(思)-나무(木) 조림 성공 박정희 영웅 부국강병 점(복(卜) 가능 성씨 박

용(用)-素朴소박 淳朴(醇朴)순박 純朴순박 質朴질박 朴正熙박정희

班 나눌 반; 玉- [bān]나누다, 반포(頒布), 석차(席次)를 정하다,

부(部)-구슬옥변 옥(玉): 구슬등 재물은 나누어야 가치 의미

자(字)-옥(玉)도(刂)옥(玉)=반(班)

사(思)-구슬(옥(玉)과 옥(玉) 사이에 칼(도(刂)처럼 구분 나눌 반

용(用)-兩班양반 班長반장 首班수반 虎班호반 班常반상 班次반차 班列반열

般 돌 반, 일반 반; 舟 [bān,bō,pán] 옮다, 옮기다, 나르다, 오래다.

부(部)-배 주(舟): 물위에는 배가 일반적 의미.

자(字)-주(舟)수(殳)=반(般). 殳 창 수, 몽둥이 수.

사(思)-배(舟-部)는 창(殳)모양 노를 저어 일반적으로 옮길 반. 일반 반.

용(用)--般일반. 全般전반. 今般금반. 諸般제반.

返 돌아올 반; 辵-[fǎn]되돌아오다, 돌려주다, 바꾸다, 새롭게 하다

부(部)-책받침 갈 착(辶): 걸어가면 돌아오고 하는 의미

자(字)-반(反)착(辶)=반(返) ※反 되돌릴 반

사(思)-되돌아올(반(反) 길을 가니(착(辶) 돌아올 반

용(用)-返戾반려 返還반환 返納반납 返送반송 返濟반제 返品반품

反 되돌릴 반; 又 [fǎn] 되돌리다, 뒤집다, 뒤엎다, 튀기다.

부(部)-또 우(又): 다시, 오른쪽, 오른손은 자주 써 '또'란 뜻.

자(字)-엄(厂)우(又)=반(反).

사(思)-망가진 굴바위 집(엄(厂)을 또 다시(又) 복구하니 되돌릴 반.

용(用)-反撥반발. 反對반대. 反駁반박. 反映반영. 反省반성. 違反위반.
反面반면. 贊反찬반. 反目반목. 反擊반격. 反影반영. 反論반론.

半 반 반; 十- [bàn]반, 한창, 절정, 조각, 떨어진 한 부분

부(部)-열 십(十): 반반(半半) 나누려면 열 개는 있어야

자(字)-팔(八)일(一)십(十)=반(半)

사(思)-나누기(팔(八) 한(일(一) 개를 열(십(十)개로 해야 반 반

용(用)-半半반반 半之半반지반 半羽半界반우반계 半農半牧반농반목
半官半民반관반민 半農半工반농반공

飯 饭 밥 반; 食 [fàn] 밥, 밥을 먹다, 먹이다, 기르다.
부(部)-밥 식(食): 밥은 먹는다는 의미.
자(字)-식(食)반(反)=반(飯) ※ 反: 되돌릴 반, 뒤집을 반.
사(思)-식사(食-部)할 때 뒤집으며(反) 먹는 것이 밥이다.
용(用)-茶飯事다반사. 飯饌반찬. 飯酒반주. 朝飯조반. 白飯백반.

叛 배반할 반; 又- [pàn] 배반하다, 배반
부(部)-또 우(又): 배반한 자는 또 배반한다 의미
자(字)-반(半)반(反)=반(叛)
사(思)-반반(半半)의 사람은 반대(反對)의 길 배반할 반
용(用)-叛逆(反逆)반역 謀叛모반 叛奴반노 叛狀반상 叛起반기

盤 盘 소반 반; 皿 [pán] 소반, 대야, 대(臺), 밑받침.
부(部)-그릇 명(皿): 세숫대야 같은 것을 의미.
자(字)-반(般)명(皿)=반(盤). ※般 돌 반, 옮길 반
사(思)-일반 옮기는(般) 그릇(皿)이니 소반 반,
용(用)-基盤기반. 初盤초반. 地盤지반. 音盤음반. 盤根錯節반근착절.

搬 옮길 반; 手 [bān] 옮기다, 이사를 가다, 나르다, 운반하다.
부(部)-손 수(手): 이사는 손이 많이 간다는 의미.
자(字)-수(扌)반(般)=반(搬). ※般 돌 반, 옮길 반
사(思)-손(扌)으로 옮기는(般) 것이니 옮길 반.
용(用)-運搬운반. 搬入반입. 搬出반출. 搬送반송.

伴 짝 반; 人-총7획; [bàn]짝, 따르다, 한가한 모양
부(部)-사람인변 인(亻): 사람의 짝에 관련 글자 의미
자(字)-인(亻)반(半)=반(伴)
사(思)-부부는 일심동체(一心同體)라 하니 반반(半半)의 짝 반
용(用)-伴侶반려 同伴동반 伴奏반주 伴侶者반려자 同伴者동반자
　　　伴人반인(→隨行員(수행원)) 接伴使접반사 作伴작반

拔 뺄 발; 手-[bá]빼다, 쳐서 빼앗다, 공략하다, 특출하다
부(部)-재방변 수(扌): 손으로 뽑아낸다 의미
자(字)-수(扌)발(友)=발(拔) ※友 달릴 발. 뽑을 발
사(思)-손(수(扌)으로 개(견(犬) 줄을 뽑아 달리게(발(友) 뽑을 발
용(用)-拔萃발췌 選拔선발 拔羣(拔群)발군 奇拔기발 拔擢발탁 海拔해발
　　　拔齒발치 拔萃抄錄발췌초록 拔劍발검 拔本塞源발본색원

犮 달릴 발; 犬- [bá]달리다, 개가 달리는 모양, 뽑다, 빼 버리다
　부(部)-개 견(犬): 개가 달리게 줄을 뽑다 의미

자(字)-견(犬)별(丿)=발(犮)　또는 우(友)주(丶)=발(犮)

사(思)-개(犬)를 삐치게(별(丿)하여 달리게, 하거니 또는
　　　친구(우(友) 중 점(주(丶)) 찍어 뽑을 발

용(用)-모양자로서 활용

髮 发 터럭 발; 髟 [fà,fā] 터럭, 머리털.
　부(部)-머리털 표(髟): 머리털 등 털과 관련 된 글자라는 의미.

자(字)-표(髟)발(犮)=발(髮).　犮 달릴 발.

사(思)-머리털(표(髟)이 휘날리게 달리는(발(犮) 것을 보이니 터럭 발. 용
(用)-白髮백발. 假髮가발. 理髮이발. 頭髮두발. 毛髮모발. 間髮간발.
　　　削髮삭발. 短髮단발. 長髮장발. 毫髮호발.

發 发 필 발; 癶 [fā] 쏘다, 가다, 떠나다, 보내다, 파견하다.
　부(部)-등질 발(癶)=필발머리: 피어날 발(發)의 머리글자 의미.

자(字)-발(癶)궁(弓)수(殳)=발(發).

사(思)-등에진(癶) 활(弓)을 쏘고, 창(殳)을 쓰니 힘이 피어날 발, 쏠 발.

용(用)-發表발표 發展발전 開發개발 發生발생 摘發적발 發言발언 發揮발휘.

撥 撥 다스릴 발; 手- [bō]다스리다, 덜다, 없애다, 튀기다, 휘다
　부(部)-손 수扌 [手] (재방변) 손으로 다스리다 의미

자(字)-扌(재방변 수) + 發(필 발)=발(撥)

사(思)-손으로 피게 쏘게 휘젓게 다스리니 다스릴 발

용(用)-擺撥파발 反撥반발 擺撥馬파발마 騎撥기발 撥軍발군 步撥보발

傍 곁 방; 人- [bàng,bāng]곁, 방(傍), 성(姓)
　사람인변 인(亻): 사람 곁에 관련 의미

자(字)-인(亻)방(旁)=방(傍)　※旁 두루 방. 옆 방. 곁 방

사(思)-사람(인(亻) 곁(방(旁)에 있으니 곁 방

용(用)-傍觀방관 傍點방점 傍證방증 傍聽방청 傍助방조 傍系방계
　　　才傍邊재방변=才의 이름. 左阜傍좌부방=부(阝)의 이름.
　　　右阜傍우부방

旁 곁 방, 옆 방. 두루 방; 方- [páng] 널리, 곁, 옆, 가깝다,
부(部)-모 방(方): 사방(四方)에서 곁에 있다는 의미
자(字)-두(亠)팔(八)멱(冖)방(方)=방(旁)
사(思)-돼지머리(두(亠) 나누고(팔(八) 덮으니(멱(冖) 사방(方)서 모여 곁 방
용(用)-旁題방제 旁支방지 旁午방오 旁系방계 旁國방국 旁觀방관
　　　上雨旁風 (上雨傍風) 상우방풍

紡 길쌈 방. 자을 방; 糸- [fǎng] 잣다, 실을 뽑다, 실, 걸다.
부(部): 실 사(糸): 실을 내어 옷감 짜는 일이 길쌈이라는 의미.
자(字)-사(糸)방(方)=방(紡).
사(思)-실(糸-部)을 뽑아 사방(方)으로 엮여 지어가는 것이 길쌈 방.
용(用)-紡績방적. 紡織방직. 可紡性가방성. 綿紡織면방직. 毛紡績모방적.

芳 꽃다울 방; 艸-[fāng]꽃답다, 향기풀, 향기, 좋은 냄새, 명성
부(部)-초두머리 풀 초(++): 꽃은 풀의 종류 의미
자(字)-초(++)방(方)=방(芳)
사(思)-풀(초(++) 중에서 꽃은 사방(四方) 좋은 냄새 꽃다울 방
용(用)-芬芳분방 佳芳가방 芳香방향 芳薰방훈 芳香劑방향제 芳名錄방명록

邦 나라 방; 邑- [bāng] 서울, 수도(首都), 제후(諸侯)의 봉토(封土)
부(部)-우부방 읍(阝): 나라는 고을이 모인 거라는 의미
자(字)-봉(丰)읍(阝)=방(邦)　　　※ 丰 예쁠 봉. 무성 봉
사(思)-무성하게(봉(丰) 모인 고을(읍(阝)로 나라를 만들어 나라 방
용(用)-劉邦유방 聯邦연방 異邦人이방인 東邦동방 友邦우방 小邦소방

放 놓을 방; 攴- [fàng]내치다, 좇아내다, 추방, 놓이다, 석방,
부(部)-둥글월문 칠 복(攵): 쳐서 추방하다 의미
자(字)-방(方)복(攵)=방(放)
사(思)-사방(四方)으로 쳐서(복(攵) 추방할 방
용(用)-放送방송 放學방학 開放개방 追放추방 放蕩방탕 釋放석방
　　　放心방심 放火방화 放漫방만 放恣방자

防 둑 방; 阜 [fáng] 둑, 막다, 말리다, 대비하다, 방호하다, 덮다.
부(部)-언덕 부(阜)우부방(阝): 둑은 언덕형상의 의미.
자(字)-부(阝)방(方)=방(防).
사(思)-언덕(阝=阜좌부변) 사방(方)에 흙을 쌓아 둑을 막고 대비하다.
용(用)-防禦방어. 豫防예방. 攻防공방. 防牌방패. 防疫방역.

方 모 방; 方- [fāng]모, 각(角), 사방(四方), 방위, 방향
부(部)- 모 방(方): 제부수 한자
자(字)-주(丶)만(万)=방(方)
사(思)-점(주丶) 찍은 곳이 수 만(万) 가지 방향 모 방
용(用)-方法방법 方向방향 方程式방정식 方針방침 地方지방 方面방면
　　方案방안 方式방식 邊方변방
　　有朋自遠方來不亦樂乎유붕자원방래불역락호 :벗이 멀리서 찾아주니
또한 즐겁지 아니한가?.

房 방 방; 戶- [fáng]방, 방성(房星), 이십팔수의 하나, 집
부(部)-지게 호(戶): 지게문이 달린 방 의미
자(字)-호(戶)방(方)=방(房)
사(思)-지게문(호戶) 열고 들어가는 방향(方向)에 있는 방 방
용(用)-廚房주방 工房공방 暖房난방 茶房다방 書房서방 塵房전방
　　冊房책방 冷房냉방 藥房약방

妨 방해할 방; 女- [fáng,fāng]방해하다, 거리끼다
부(部)-여자 녀(女): 여자를 너무 좋아하면 방해 의미
자(字)-여(女)방(方)=방(妨)
사(思)-여자(女子)가 사방(四方)에 있으면 집중력 방해할 방
용(用)-妨害방해 無妨무방 妨碍방애 妨害罪방해죄

倣 仿 본뜰 방; 人- [fǎng]본뜨다, 준거하다, 의지하다
부(部)-사람인변 인(亻): 사람을 본받다 의미
자(字)-인(亻)방(放)=방(倣) ※放 놓을 방
사(思)-사람(인亻)들이 행동사례를 놓게되면(방放) 본받게 방
용(用)-模倣모방 摸倣모방 倣似방사 倣刻방각 倣木釉방목유 倣效방효
　　比倣비방

訪 访 찾을 방; 言- [fǎng] 구하다, 방문하다, 꾀하다, 묻다, 문의
부(部)-말씀 언(言): 찾으려면 말을 해야 한다 의미
자(字)-언(言)방(方)=방(訪)
사(思)-말(언言)을 하면서 사방(四方) 다니며 찾을 방
용(用)-訪問방문 尋訪심방 探訪탐방 巡訪순방 禮訪예방 訪日방일
　　來訪내방 訪獨방독 答訪답방

倍 곱 배; 人 [bèi] 곱, 갑절, 등지다, 배반하다, 더하다.
부(部)-사람 인(人): 사람의 숫자에 관한 글자 의미.
자(字)-인(亻)부(音)=배(倍). 音 침 부.
사(思)-사람(亻)이 침뱉으니(音) 갑절로 미워 곱 배.
용(用)-倍加배가 倍前배전 加倍가배 倍率배율 倍達民族배달민족.

俳 배우 배. 광대 배; 人 [pái] 광대, 장난, 스러지다, 쇠퇴하다.
부(部)-사람 인(人): 사람의 직업에 관한 글자 의미.
자(字)-인(亻)비(非)=배(俳).
사(思)-사람(亻)이 실제가 아닌(非) 극중 인물로 연기 하니 광대 배.
용(用)-俳優배우. 嘉俳가배. 女俳優여배우.

北 달아날 배{북녘 북}; 匕 - [běi,bèi] 북녘, 배반하다,
부(部)-비수 비(匕): 비수(匕首) 같은 북한, 달아날 탈북자
자(字)-장(爿)비(匕)=배(北)=북(北) ※爿 널조각 장,널조각, 장수장변
사(思)-널조각(장(爿)에 의존 비수(匕首)같은 북한(北韓)서 달아날 배
용(用)-敗北패배 東西南北동서남북 北韓북한 北緯북위 脫北탈북

背 등 배; 肉 [bèi,bēi] 등, 뒤, 등 쪽, 양(陽).
부(部)-고기 육(肉): 몸의 등이니 육체의 일부라는 의미.
자(字)-배(北)육(月)=배(背). 北 달아날 배{북녘 북}, 배반할 배.
사(思)-반대로(北) 몸(月-部) 뒤에 있는 게 등 배.
용(用)-背景배경. 背馳배치. 違背위배. 背反배반. 背恩배은.

陪 모실 배; 阜 [péi] 쌓아올리다, 수행하다, 더하다, 보태다.
부(部)-언덕 부(阜)=좌부변(阝): 쌓여져 언덕이 되었다는 의미.
자(字)-부(阝)부(音)=배(陪). 音 침 부.
사(思)-언덕(阝)으로 침뱉어(音) 방향 잡아 모시니 모실 배.
용(用)-陪席배석. 陪星배성. 陪從배종. 陪僚배료. 高冠陪輦고관배련.

輩 輩 무리 배; 車 [bèi] 무리, 동류, 동아리, 수레 그 한 줄.
부(部)-수레 거(車): 수레의 행렬을 형상하는 의미.
자(字)-비(非)거(車)=배(背).
사(思)-비(非)자(字)형태로 수레(車-部)가 모이니 무리 배, 동아리 배.
용(用)-先輩선배. 輩出배출. 後輩후배. 暴力輩폭력배. 余輩여배.

賠 賠 물어줄 배; 貝 [péi] 물어주다, 배상하다.
부(部)-조개 패(貝): 돈으로 배상한다는 의미.
자(字)-패(貝)부(音)=배(賠). 音 침 부.
사(思)-돈(貝)에 침뱉으며(音) 억지로 물어줄 배.
용(用)-賠償배상. 損害賠償손해배상. 賠償金배상금.

排 밀칠 배; 手- [pái,pǎi]밀치다, 물리치다, 배척하다, 없애다
부(部)-재방변 수(扌) 손으로 밀치다는 의미
자(字)-수(扌)비(非)=배(排)
사(思)-손(수(扌)으로 아니다(비(非)라며 밀칠 배
용(用)-排斥배척 排除배제 排泄배설 排出배출 排球배구 排水배수
　　排氣배기
　　排佛崇儒배불숭유=불교(佛敎)를 배척(排斥)하고 유교(儒敎)를 숭상(崇
尙)하는 일.

培 북돋울 배; 土 [péi] 북돋우다, 불리다, 다스리다.
부(部)-흙 토(土): 흙으로 북돋워준다는 의미.
자(字)-토(土)부(音). 音 침 부.
사(思)-흙(土)에 침(音)같이 물 줘가며 북돋울 배.
용(用)-栽培재배. 培養배양.

配 아내 배; 酉- [pèi]아내, 술(酒)의 빛깔, 짝지어 주다
부(部)-닭 유(酉): 닭이 물 먹고 사람 술 마시고 의미
자(字)-유(酉)기(己)=배(配)　※酉 닭 유. 술 유 己 자기 기
사(思)-술(유(酉)마실 때 자기(기(己) 몸 걱정하는 아내 배
용(用)-配慮배려 支配지배 配達배달 配偶者배우자 分配분배
　　配列(排列)배열 配置배치 流配유배 配布배포 配匹배필

杯 잔 배; 木- [bēi]잔, 그릇, 수효를 나타내는 말
부(部)-나무 목(木):술잔을 나무로 만들었다 의미
자(字)-목(木)불(不)=배(杯)
사(思)-나무(목(木)로 가구(家具) 아닌(불(不) 술잔도 만들어 잔 배
용(用)-乾杯건배 苦杯고배 祝杯축배 戒盈杯계영배 大統領杯대통령배
　　角杯각배 執杯집배 行杯행배 賞杯상배 金杯금배 賜杯사배 聖杯성배

拜 절 배; 手- [bài]절, 감사하다, 사의를 표하다, 내리다,
부(部)-손 수(手): 손으로 절하는 모양을 드러내다
자(字)-수(手)일(一)봉(丰) ※丰 예쁠 봉
사(思)-양 손(수(手)을 일(一)자형으로 예쁘게(봉(丰) 절할 배
용(用)-歲拜세배 禮拜예배 拜謁배알 崇拜숭배 參拜참배 敬拜경배

伯 맏 백; 人- [bó,bǎi]맏, 우두머리, 일가(一家)를 이룬 사람
부(部)-사람인변 인(亻): 사람에 관련된 글자 의미
자(字)-인(亻)백(白)=백(伯) ※白 흰 백/ 말할 백
사(思)-사람(인(人) 말할(백(白) 순서기 첫째이니 맏 백
용(用)-伯父백부 宗伯종백 畫伯화백 方伯방백 伯母백모 伯爵백작 道伯도백

白 흰 백. 아뢸 백,진술 백; 白- [bái]흰 빛, 희다, 날이 새다
부(部)-흰 백(白): 제부수 한자
자(字)-주(丶)일(日)=백(白)
사(思)-점(주(丶)은게 태양(일(日) 하얗게 흰 백,
용(用)-黑白흑백 白露백로 蛋白質단백질 白雪백설 白虎백호 潔白결백
獨白독백 告白고백

帛 비단 백; 巾 [bó] 비단, 풀이름.
부(部)-수건 건(巾): 비단은 보자기에 싼다는 의미.
자(字)-백(白)건(巾)=백(帛).
사(思)- 하얀(白) 천(巾-部)이 비단 백.
용(用)-雁帛안백☞ 안신(雁信) 幣帛폐백. 金帛금백. 帛絲백사.

百 일백 백; 白- [bǎi,bó] 일백, 모든, 백 번 하다.
부(部)-흰 백(白); 하얀 백지에서 시작하는 의미
자(字)-일(一)백(白)=백(百).
사(思)-하나(일(一)부터 시작하여 마지막 소리(백(白)가 일백 백.
용(用)-百姓백성 百貨店백화점 百中백중 百萬백만 百穀백곡 百藥백약.

柏 잣나무 백; 木 [bǎi,bó,bò] 측백나무, 잣나무.
부(部)-나무 목(木): 잣나무도 나무 종류라는 의미.
자(字)-목(木)백(白)=백(柏).
사(思)-나무(木)잎에 하얀(白)선이 있는 잣나무 백.
용(用)-松柏송백 冬柏동백 柏木백목 歲寒松柏세한송백 松茂柏悅송무백열.

番 갈마들 번; 田- [fān,pān]갈마들다, 번갈아 차례로 개(箇),
부(部)-밭 전(田): 밭에서는 차례로 농사지어야 의미

자(字)-변(釆)전(田)=번(番) ※釆 분별할 변- 辨의 本字

사(思)-농사(農事)순서 분별(釆)하여 밭(전(田)에서 갈마들 번

용(用)-番號번호 番地번지 當番당번 學番학번 順番순번 番外번외

　　今番금번 每番매번

煩 煩 괴로워할 번; 火 [fán] 답답하다, 번거롭다, 괴롭히다.
부(部)-불 화(火): 열이 나며 괴로우니 불과 같은 의미.

자(字)-화(火)혈(頁)=번(煩).

사(思)-불(火-部)이 머리(頁)에 대듯이 머리에 열이 있어 괴로워할 번.

용(用)-煩惱번뇌.煩悶번민. 煩雜번잡. 煩忙번망. 頻煩빈번☞ 빈번(頻繁).

飜 번역할 번; 飛 [fān] 뒤치다, 엎어지다, 날다, 물이 넘쳐.
부(部)-날 비(飛): 날아다니듯이 번갈아 통역하고 뒤집고하는 의미.

자(字)-번(番)비(飛)=번(飜)

사(思)-차례로(番) 양쪽을 날아서(飛-部) 뒤집고 번역하니 뒤집을 번.

용(用)-飜譯번역. 飜覆번복. 飜案번안. 飜文번문.

繁 많을 번; 糸- [fán,pó] 성하다, 뒤섞이다, 자주, 무
부(部)-실 사(糸): 실이 많아지면 뒤섞이다 의미

자(字)-민(敏)사(糸)=번(繁) ※敏 재빠를 민

사(思)-재빠르게(민(敏) 하면 실(사(糸) 섞이는게 많을 번

용(用)-繁昌번창 頻繁빈번 繁殖번식 繁榮번영 繁華번화 祝繁榮축번영

閥 阀 문벌 벌; 門 [fá] 공훈(功勳), 또 공을 쌓다, 문벌(門閥).
부(部)-문 문(門): 문을 통해 문벌의 출입 의미.

자(字)-문(門)벌(伐)=벌(閥).

사(思)-문(門)안에 공격한(伐) 공적을 쌓은 집안이니 문벌 벌.

용(用)-財閥재벌. 門閥문벌. 派閥파벌. 學閥학벌. 黨閥당벌.

罰 罚 죄 벌; 网- [fá]죄, 가벼운 죄, 벌, 형벌, 죄를 속(贖)하다
부(部)-그물망머리 망(罒): 그물로 벌을 준다 의미

자(字)-망(罒)언(言)도(刂)=벌(罰)

사(思)-그물(망(罒) 속 죄인에 말(언(言)로 칼(도(刂)같이 벌주니 벌할 벌

용(用)-處罰처벌 刑罰형벌 懲罰징벌 賞罰상벌 罰金벌금 罰則벌칙

伐 칠 벌; 人 [fá,fā] 치다, 베다, 공적, 공훈.
　　부(部)-사람 인(人): 사람간의 일을 의미.
자(字)-인(亻)과(戈)=벌(伐).
사(思)-사람(亻)이 창(戈)으로 공격하니 칠 벌.
용(用)-討伐토벌. 矜伐긍벌. 自伐자벌. 征伐정벌. 十伐之木십벌지목.
　　　黨同伐異당동벌이. 克伐怨慾극벌원욕.

汎 넓을 범, 뜰 범; 水 [fàn] 넓다, 물 위에 뜨다, 떠돌다.
　　부(部)-물 수(水); 물에 뜬다는 의미.
자(字)-수(氵)범(凡)=범(汎).
사(思)-물(氵)에는 무릇(凡) 가벼운 풀은 넓게 뜨니 넓을 범.
용(用)-汎濫범람. 汎愛범애. 汎太平洋범태평양.
　　　汎國民的범국민적 汎太平洋범태평양 汎世界的범세계적

凡 무릇 범; 几 [fán] 무릇, 모두, 다, 합계.
　　부(部)-안석 궤(几): 안석은 모두에 해당 일반적이다라는 의미.
자(字)-궤(几{)주(丶)=범(凡).
사(思)-안석(几{-部)은 모든 집에서 한 점(丶)이상은 무릇 사용한다.
용(用)-平凡평범. 非凡비범. 凡人범인. 出凡출범. 凡例범례. 凡常범상.
　　　禮儀凡節예의범절

犯 범할 범; 犬- [fàn,fán] 어긋나다, 여자를 욕보이다,
　　부(部)-개사슴록변 견(犭): 개 같이 함부로 범하다 의미
자(字)-견(犭)절(㔾)=범(犯)　　※ 㔾 병부 절;
사(思)-개(견 犭)처럼 병부(兵符) 절(㔾) 무관 함부로 범할 범
용(用)-犯罪범죄 侵犯침범 犯人범인 防犯방범 共犯공범 虞犯우범

範 范 법 범; 竹- [fàn]법, 조신(祖神)에게 지내는 제사, 본, 틀.
　　부(部)-대 죽(竹): 대나무 마디가 있듯이 틀이 있다는 의미
자(字)-죽(竹)거(車)절(㔾)=범(範)　　※ 㔾 병부 절;
사(思)-대나무(죽 竹)처럼 수레(거 車)에 병부(절㔾)같이 틀을, 법 범
용(用)-模範모범 範圍범위 規範규범 範疇범주 典範전범 師範사범 洪範홍범
　　　示範시범 垂範수범 率先垂範솔선수범: 앞장서서 하여 모범(模範)

法 법 법; 水 [fǎ,fá,fà] 예의, 도리, 모범, 본받다, 법을 지키다.

부(部)-물 수(水): 자연의 도리로 흘러가는 물의 의미.

자(字)-수(氵)거(去)=법(法).

사(思)-물(水)처럼 흘러가는(去) 규칙으로 법 법.

용(用)-憲法헌법. 法律법률. 方法방법. 法院법원. 不法불법. 法案법안.
司法사법. 解法해법. ※春秋筆法춘추필법:대의명분(大義名分)논법(論法).

壁 벽 벽; 土- [bì]벽, 울타리, 벼랑

부(部)-흙 토(土): 흙을 재료로 벽을 만들다 의미

자(字)-벽(辟)토(土)벽(壁) ※辟 임금 벽. 허물. 피할 피

사(思)-임금(벽(辟)이 민정 시찰로 흙(토(土)벽 집에 가니 벽 벽

용(用)-障壁장벽 岸壁안벽 壁畫벽화 赤壁적벽 巖壁암벽 城壁성벽
赤壁大戰적벽대전 (→赤壁戰(적벽전))

辟 임금 벽; 辛- [bì,bó,mǐ,pi]임금, 법, 허물

부(部)-매울 신(辛): 임금은 매섭게 한다는 의미

자(字)-시(尸)구(口)신(辛)=벽(辟) ※尸 주검 시. 몸 시

사(思)-곤룡포(袞龍袍) 입은 몸(시(尸)이 말(구(口)은 매우니(신(辛) 임금 벽

용(用)-辟邪벽사 便辟편벽 自辟자벽 辟除벽제: 임금 지날 때 통제

碧 푸를 벽; 石- [bì]푸르다, 푸른 옥돌

부(部)-돌 석(石): 푸른 빛나는 돌에 관한 글자 의미

자(字)-박(珀)석(石)=벽(碧) ※珀 호박(琥珀) 박.호박: 나무진이 굳어진 광물

사(思)-호박(박(珀)이 돌(석(石)처럼 푸른색으로 굳어져 푸를 벽

용(用)-碧溪벽계 碧眼벽안 碧溪水벽계수 碧梧桐벽오동

僻 궁벽할 벽, 피할 피; 人 [pi] 후미지다, 치우치다, 피하다.

부(部)-사람 인(人):사람의 행동에 관한 글자 의미.

자(字)-인(亻)벽(辟)=벽(僻).

사(思)-사람(亻)이 임금(辟)앞에서는 치우쳐 있으니 치우칠 벽.

용(用)-僻地벽지 偏僻편벽 窮僻궁벽 乖僻괴벽 破僻파벽 山間僻地산간벽지.

邊 가 변; 辵- [biān]가, 가장자리, 근처, 부근, 일대, 끝, 한계

부(部)-책받침 쉬엄갈 착(辶):가다보면, 가장자리 까지 가는 의미

자(字)- 辶(쉬엄쉬엄 갈 착) + 臱(보이지 않을 면)=변(邊)

사(思)-보이지 않아도 가다보면(착(辶) 가장자리 변 자(自)혈(穴)방(方)

용(用)-周邊주변 邊方변방 江邊강변 底邊저변 左邊좌변 邊境변경 海邊해변

辯 辯 말 잘할 변; 辛 [biàn] 말 잘하다, 다스리다, 바루다.
부(部)-매울 신(辛): 말을 잘해 매웁게 따진다는 의미.
자(字)-신(辛)언(言)신(辛)=변(辯). ※ 辡 따질 변 (모양자 참조).
사(思)-맵게(辛-部) 따질려면(辡) 말(言)을 잘하는 것, 말잘할 변.
용(用)-辯護士변호사. 雄辯웅변. 答辯답변. 强辯강변. 代辯人대변인.

便 똥오줌 변, 편할 편; 人- [biàn,pián]편하다, 소식, 오줌, 똥,
부(部)-사람인변 인(亻): 사람이 배설하면 편하다 의미
자(字)-亻(사람인변 인) 更(고칠 경, 다시 갱)=편(便)=변(便)
사(思)-사람(亻)이 빵빵한 배를 홀쭉하게 고치려면(경更) 똥오줌 싸야 변
용(用)-男便남편 便宜편의 郵便우편 便安편안 便利편리 便祕변비 便所변소

變 变 변할 변; 言- [biàn] 달라지다, 변경, 움직이다,
부(部)-말씀 언(言): 말로서 사람을 변하게 하다 의미
자(字)-련(絲)복(攵)=변(變) ※ 絲 어지러울 련(絲)
사(思)-어지럽게(련絲) 회초리(복攵)하니 변할 변
용(用)-變化변화 變更변경 變遷변천 變身변신 事變사변 變異변이 變數변수

辨 분별할 변; 辛 [biàn] 분별하다, 분명히 하다, 나누다.
부(部)-매울 신(辛): 분별함은 맵게 확실히 한다는 의미.
자(字)-신(辛)도(刂)신(辛)=변(辨).
사(思)-어려운일(辛) 사이에서 (辛辛) 칼(도刂)같이 확실히 분변할 변
용(用)-辨明변명. 辨別力변별력. 辨償변상. 分辨분변. 辨濟변제.
　　　　菽麥不辨숙맥불변 : 「콩인지 보리인지 분별(分別)하지 못한다.」

別 나눌 별; 刀 [bié] 나누다, 헤어지다, 갈라짐.
부(部)-칼 도(刀)=선칼도방(도刂): 칼로 나눈다는 의미.
자(字)-령(另)도(刂)=별(別). ※ 另 헤어질 령{영} . 따로 령
사(思)-따로(另따로 령,헤어질 령) 칼(刂칼도방)로 베어내니 나눌 별.
용(用)-特別특별. 別途별도. 差別차별. 個別개별. 區別구별. 各別각별.

兵 군사 병; 八- [bīng]군사 병, 싸움, 전쟁, 무기, 병기
부(部)-여덟 팔(八): 군사를 잘 나누어 편대하다 의미
자(字)-구(丘)팔(八)=병(兵)　※丘 언덕 구
사(思)-언덕(구丘) 편대를 잘 나눈(팔八) 군사들 군사 병
용(用)-兵站병참 憲兵헌병 騎兵기병 兵丁병정 士兵사병 工兵공병 步兵보병
　　　　義兵의병 兵長병장 伏兵복병 募兵모병 兵士병사 砲兵포병 海兵해병

丙 남녘 병; ─ ─ [bǐng]남녘, 십간(十干)의 셋째, 밝음, 굳세다
부(部)─한 일(─): 한 가지 밝은 쪽은 남녘 의미
자(字)─일(─)내(內)=병(丙)
사(思)─일순위(일(─) 안(내(內)이 밝으려면 남녘 병
용(用)─丙寅洋擾병인양요 丙子胡亂병자호란 丙寅병인 丙科병과

餠 떡 병; 食 [bǐng] 떡, 먹다, 떡처럼 엷고 편편한 것.
부(部)─먹을 식(食): 떡은 먹는 음식의 의미.
자(字)─식(食)병(幷)=병(餠). 幷 어우를 병.
사(思)─밥(食─部)처럼 어울려(幷) 먹는 것이니 떡 병.
용(用)─煎餠전병. 月餠월병. 餠湯병탕(떡국). 橘餠귤병. 餠散炙병산적.
粘餠점병(찰떡).

病 병 병; 疒 [bìng] 질병, 흠, 하자, 근심, 좋지 않은 버릇,
부(部)─병들 역(疒): 병에 관한 글자 의미.
자(字)─역(疒)병(丙)=병(病) ※丙 남녘 병, 밝을 병.
사(思)─병(병질엄(疒)에 걸려도 밝게(丙(병☞밝을 병) 치료 해야 병 병.
용(用)─痼疾病고질병 病院병원 疾病질병 病弊병폐 傳染病전염병 病菌병균.

屛 병풍 병. 가릴 병: 尸─ [píng,bǐng]병풍, 울, 담, 가리다,
부(部)─주검시 시(尸): 몸에 관련 의미.
자(字)─시(尸)병(幷)=병(屛) ※幷 어우를 병
사(思)─ 몸(시(尸) 가릴려고 어울릴(병(幷) 칸막이가 병풍 병
용(用)─屛風병풍 契屛계병 祭屛제병 障屛장병 門屛문병 屛人병인

倂 아우를 병; 人 [bìng] 아우르다, 나란하다, 다투다.
부(部)─사람의 행위에 관한 글자 의미.
자(字)─인(亻)병(幷)=병(倂).
사(思)─사람이(亻) 어울리어(幷) 한판이 되니 아우를 병.
용(用)─合倂합병 倂記병기 倂合병합 合倂症합병증 倂呑병탄☞병탄(竝吞).

竝 並 나란히 병; 立─ [bìng] 나란히 하다, 견주다, 함께 하다
부(部)─설 립(立): 나란히 서다 의미
자(字)─립(立)립(立)=병(竝)
사(思)─서고(립(立) 서고(립(立)하는데 나란히 병
용(用)─竝列병렬 竝行병행 竝書병서 竝設(倂設)병설 竝作(幷作)병작
竝存병존 竝有병유

幷 아우를 병; 干 [bìng,bīng] 함께. 幷(병)의 본자(本字).
부(部)-방패 간(干): 방패는 어울려 사용한다는 의미.
자(字)-주주(丶丶)간간(干干)=병(幷).
사(思)-점점(丶丶) 방패(干干)들이 모이니 어우를 병.
용(用)-幷作 병작☞ 병작(竝作)

報 报 갚을 보, 알릴 보; 土 [bào]
부(部)-흙 토(土); 흙은 심고 가꾼 대로 갚아주고 알려준다 의미.
자(字)-행(幸)절(卩)우(又)=보(報)
사(思)-땅(土)은 다행히(幸행) 증거(卩병부절)로 또(又) 뿌린 만큼 갚을 보.
용(用)-報告보고. 報國보국. 報勞金보로금.

步 걸음 보; 止 [bù] 걸음, 걷다, 걸리다, 보병, 처하다, 행위.
부(部)-머무를 지(止): 걸으면 머무를 곳이 있다는 의미.
자(字)-지(止)소(小)=보(步).
사(思)-그치는(止-部)데 까지 조금씩(小) 걸어가는 걸음이니 걸음 보.
용(用)-讓步양보 進步진보 初步초보 踏步답보 闊步활보 退步퇴보 步道보도.

譜 족보 보: 言- [pǔ]계보, 족보, 계통 열기(列記)하다, 악보(樂譜)
부(部)-말씀 언(言): 말한대로 음(音)대로 적는다 의미
자(字)-언(言)보(普)=보(譜)   ※ 普 널리 보
사(思)-말(언(言)이 널리(보(普) 알려지면 족보가 족보 보
용(用)-樂譜악보 族譜족보 系譜계보 肉譜육보 博譜박보 魚譜어보

普 널리 보; 日- [pǔ]널리, 두루, 널리 미치다, 보통, 중간,
부(部)-날 일(日): 날짜의 흐름에 따른 사실 족보 의미
자(字)-병(並)일(日)=보(普)   ※並 아우를 병, 竝과 同字
사(思)-나란히(병(並) 일자별(일(日) 사례를 알리는데 널리 보
용(用)-普遍보편 普通보통 普及보급 普施보시 普通學校보통학교
　　一門普門일문보문=하나의 교리(敎理)에 통달(通達)하면 모두 통달(通達)

補 补 기울 보. 도울 보 ; 衣- [bǔ]깁다, 보수하다, 더하다, 돕다,
부(部)-옷의변 의(衤): 옷을 수선하다 의미
자(字)-의(衤)보(甫)=보(補)   ※甫 클 보
사(思)-옷(의(衤) 크게(보(甫) 찢어져 기울 보
용(用)-補償보상 候補후보 補塡보전 補充보충 補闕보궐 補助보조 補修보수
　　補完보완 捐補연보 補給보급

輔 輔 도울 보,덧방나무 보; 車; [fǔ] 수레 덧방나무, 돕다, 도움, 보좌.

부(部)-수레 거(車): 수레 바퀴살의 힘을 돕는 나무를 의미.

자(字)-거(車)보(甫)=보(輔). 甫 클 보.

사(思)-수레(車-部)가 굴러가는 것은 큰(甫) 바퀴살의 도울 보.

용(用)-輔弼보필. 輔佐보좌☞ 보좌(補佐). 輔佐官보좌관.

寶 宝 보배 보; 宀 [bǎo] 보배, 보물, 보배롭게 여기다.

부(部)-집 면(宀)=갓머리: 보물은 집안에 잘 보관 의미.

자(字)-면(宀)옥(玉)부(缶)패(貝)=보(寶).

사(思)-집(宀)에 구슬(玉←王)과 도자기(缶), 재물(貝-部)을 간직 보배 보.

용(用)-國寶국보. 寶物보물. 明心寶鑑명심보감. 寶庫보고. 寶貨보화.

保 지킬 보; 人 [bǎo] 지키다, 편안하게 하다, 돕다.

부(部)-사람 인(人)=사람인변(亻); 지킴은 사람의 역할이란 의미.

자(字)-인(亻)구(口)목(木)=보(保)/ 인(亻)태(呆)=보(保). ※呆:어리석을 태

사(思)-사람(人-部)은 어리석고(呆) 약한 이를 지키고 보살필 보.

용(用)-保護보호. 保障보장. 確保확보. 安保안보. 擔保담보. 保險보험.

複 겹옷 복; 衤- [fù]겹옷, 솜옷, 겹치다

부(部)-옷 의(衤): 옷에 관한 의미

자(字)-의(衤)복(复)=복(複) ※复 갈 복, 돌아갈 복

사(思)-옷(의(衤) 돌아갈 때(복(复) 추우니 겹치게 옷 복

용(用)-複雜복잡 重複중복 複寫복사 複數복수 複式복식 複合복합 複婚복혼

復 复 돌아올 복, 다시 부; 彳 [fù] 돌아오다, 뒤집다.

부(部)-조금걸을 척(彳): 걸어가는 것과 관련된 의미.

자(字)-척(彳)복(复)=복(復). ※ 复: 돌아갈 복(모양자 참조).

사(思)-조금씩 걸어가는(彳-部) 사람은 돌아가라(复)하니 돌아올 복.

용(用)-回復회복. 復歸복귀. 反復반복. 復活부활. 復元복원. 光復광복.

覆 뒤집힐 복. 다시 부; 襾- [fù] 반전하다, 전도되다, 무너지다,

부(部)-덮을 아(襾): 덮어진 것을 뒤집히다 의미

자(字)-아(襾)복(復)=복(覆) ※復 돌아올 복{다시 부}

사(思)-덮여두었는데(襾) 돌아와보니(復) 뒤집혀있을 복

용(用)-覆蓋복개 顚覆전복 覆盆子복분자 天覆천부 反覆 반복 覆面복면

腹 배 복; 肉- [fù] 창자, 마음, 아이 배다, 가운데, 두텁다, 안다
부(部)-육달월 육(月): 육체(肉體)에 관련된 의미
자(字)-육(月)복(复)=복(腹)   ※复 갈 복. 돌아가다
사(思)-복부(腹部) 배(육(月)는 채웠다 비웠다 돌아가니(복(复)) 배 복
용(用)-心腹심복 腹痛복통 腹部복부 腹案복안 割腹할복 腹腔복강
　　　遺腹子유복자 腹話術복화술 腹帶복대

福 복 복; 示 [fú] 복, 제사 제물 복, 음복(飮福)할 복.
부(部)-보일 시(示) : 제사 음식 정성이 가득하게 보이는 의미.
자(字)-시(示)복(畐)=복(福) ※畐:가득할 복(모양자 참조).
사(思)-정성을 보이면(示-部) 가득하게(畐) 福(복)을 내리니 복 복.
용(用)-福祉복지. 幸福행복. 冥福명복. 福券복권. 祝福축복.

伏 엎드릴 복, 안을 부; 人- [fú]엎드리다, 숨다, 굴복하다
부(部)-사람인변 인(亻): 사람의 행동에 관련 의미
자(字)-인(亻)견(犬)=복(伏)
사(思)-사람(인(亻)이 개(견(犬)같이 엎드리니 엎드릴 복
용(用)-降伏항복 三伏삼복 潛伏잠복 屈伏굴복 初伏초복 伏龍복룡 中伏중복

服 옷 복, 약먹을 복; 月 [fú] 옷, 의복, 입다, 일용품(日用品).
부(部)-달 월(月): 매월 초하루 보름날 복(服)을 입는다는 의미.
자(字)-월(月)절(卩)우(又)=복(服).
사(思)-달(月)바뀌며 신표(卩)로 또(又) 제복 입고 복무(服務)하니 옷 복.
용(用)-克服극복. 衣服의복. 屈服굴복. 服從복종. 着服착복. 征服정복.
　　　上命下服상명하복 : 윗사람의 명령(命令)에 아랫사람이 따름.

卜 점 복; 卜- [bǔ,bó]점, 점치다, 길흉을 알아내다, 주다
부(部)-점 복(卜): 제부수 한자
자(字)-복(卜)   ※ 蔔(복)의 간체자(簡體字).
사(思)-상형문자(象形文字)로 거북등에 금이 간 것을 모방 사용
용(用)-卜債복채 占卜점복 卜納복납 卜重복중 船卜선복 卜馬복마

僕 仆 종 복; 人 [pú,pū] 종, 마부, 저, 자신의 겸칭.
부(部)-사람 인(人): 종이든 마부이든 사람이라는 의미.
자(字)-인(亻)복(菐)=복(僕). ※ 菐: 번거로울 복(모양자 참조).
사(思)-사람이(亻-部) 시키는 번거로운(菐)일을 하니 종 복.
용(用)-奴僕노복(사내종). 從僕종복. 家僕가복. 隷僕예복.

本 밑 본; 木 [běn] 밑, 뿌리, 기초, 근본, 기원, 바탕, 소지(素地).
부(部)-나무 목(木): 나무의 뿌리같이 근본을 의미

자(字)-목(木)일(一)=본(本).

사(思)-나무(목(木))의 뿌리가(一)자 같이 밑바탕이니 밑 본, 근본 본.

용(用)-根本근본 資本자본 基本기본 本人본인 本部본부 本字본자 本報본보.

縫 縫 꿰맬 봉; 糸 [féng,fèng] 꿰매다, 붙이다, 솔기, 꿰맨 줄.
부(部)-실 사(糸): 실로 꿰맨다는 의미.

자(字)-사(糸)봉(逢)=봉(縫). ※ 逢 만날 봉.

사(思)-실(糸)끼리 만나게(逢) 하니 꿰맬 봉.

용(用)-彌縫미봉. 裁縫재봉. 縫合봉합. 彌縫策미봉책.

俸 녹 봉; 人 [fèng] 녹, 봉급, 급료.
부(部)-사람 인(人): 사람이 받는 연봉을 의미.

자(字)-인(亻)봉(奉)=봉(俸). ※奉 받들 봉

사(思)-직업인(人)이 일을 받들어(奉) 봉직(奉職)하니 급료가 나오니 녹 봉.

용(用)-俸給봉급. 年俸연봉. 薄俸박봉. 減俸감봉. 加俸가봉.

逢 만날 봉; 辵 [féng] 만나다, 맞다, 영합하다, 점치다.
부(部)-쉬엄걸을 착(辶): 만남도 걸어가서 만나는 의미.

자(字)-봉(夆)착(辶)=봉(逢). ※ 夆: 이끌 봉.

사(思)-끌리는(夆)사람을 걸어서(辶-部) 만날 봉.

용(用)-相逢상봉. 逢着봉착. 逢變봉변. 遭逢조봉. 逢辱봉욕.

欲哭逢打욕곡봉타 : 「울려는 아이 뺨치기라는 속담(俗談)」의 한역(漢譯), 불평(不平)을 품고 있는 사람을 선동(煽動)함을 비유(比喻·譬喻)한 말.

棒 몽둥이 봉; 木 [bàng] 몽둥이, 막대기, 치다, 몽둥이로 때리다.
부(部)-나무 목(木): 몽둥이 재료가 나무라는 의미.

자(字)-목(木)봉(奉)=봉(棒).

사(思)-긴 나무(木-部)로 만든 받들어(奉)사용하는 몽둥이 봉.

용(用)-木棒목봉. 綿棒면봉. 平行棒평행봉. 杆棒간봉. 鐵棒철봉.

奉 받들 봉; 大 [fèng] 받들다, 기르다, 돕다.
부(部)-큰 대(大): 큰 것은 잘 받들게 된다는 의미.

자(字)-일(一)대(大)수(手)=봉(奉)

사(思)-일등(일(一) 큰 것(대(大))을 손(수(手))으로 받드니 받들 봉.

용(用)-奉仕봉사. 奉事봉사. 奉仕者봉사자. 奉足봉족. 奉畓봉답. 信奉신봉.

蜂 벌 봉; 虫− [fēng] 창날, 창의 날카로운 끝, 붐비다, 잡담하다
부(部)−벌레 충(虫): 꿀벌도 벌레의 일종 의미
자(字)−충(虫)봉(夆)=봉(蜂) ※夆 이끌 봉
사(思)−꿀벌(충(虫)이 꽃에 이끌리어(봉(夆) 꿀 만듬, 벌 봉
용(用)−蜂起봉기 蜂蜜봉밀 養蜂양봉 蜜蜂밀봉 蜂腰봉요 蜂蝶봉접 王蜂왕봉

鳳 凤 봉새 봉; 鳥− [fèng]봉새, 봉황새
부(部)−새 조(鳥): 봉황새에 관한 의미
자(字)−궤(几)일(一)조(鳥)=봉(鳳)
사(思)−안석(案席)(궤(几)에 한 마리(일(一) 새겨진 새(조(鳥), 봉황새 봉
용(用)−鳳凰봉황 鳳仙花봉선화 鳳雛봉추 鳳扇봉선 鳳尾봉미 鳳枕봉침

峯 봉우리 봉; 山− [fēng]봉우리, 뫼, 산, 봉우리 모양을 한 것
부(部)−뫼 산(山):산(山)에 관련된 글자 의미
자(字)−산(山)봉(夆)=봉(峯) ※夆: 이끌 봉
사(思)−산(山)을 높게 이끄는(봉(夆) 것은 봉우리 봉
용(用)−毘盧峯비로봉 甑峯증봉 雙峯쌍봉 中峯중봉 主峯주봉

封 봉할 봉; 寸− [fēng]봉하다, 봉지(封地), 북돋우다, 배양하다
부(部)−마디 촌(寸): 마디마다 매듭으로 봉하다 의미
자(字)−규(圭)촌(寸)=봉(封) ※圭 홀 규;. 서옥 규/서옥(瑞玉):구슬
사(思)−홀(笏)에 적은(규(圭) 내용을 마디(촌(寸)별로 봉인 봉할 봉
용(用)−謹封근봉 封鎖봉쇄 封墳봉분 封印봉인 封建봉건 開封개봉 封書봉서
　　　　封套봉투(套 덮개 투) 封庫罷職봉고파직 :부정(不正)을 저지른 관리
(官吏)를 파면(罷免)시키고 관고(官庫)를 봉하여 잠그는 일.

富 가멸 부. 부자 부; 宀 [fù] 가멸다, 재물이 많고 넉넉하다, 풍성
부(部)−집 면(宀) : 부자표시는 집에 있다는 의미.
자(字)−면(宀)복(畐)=부(富) ※ 畐= 가득할 복(모양자 참조).
사(思)−집(宀)에 재물이 가득하니(畐) 부유하다. 가멸다(재산이 넉넉).
용(用)−豊富풍부. 貧富빈부. 富者부자. 富裕부유. 富貴부귀.

部 거느릴 부; 邑 [bù] 거느리다, 떼, 무리, 분류(分類).
부(部)−고을 읍(邑)=우부방(阝):고을에서 지도자가 거느린다 의미.
자(字)−부(咅)읍(阝)=부(部). 咅 침 부.
사(思)−침(부(咅)흘릴 음식 같이 먹고 사는 고을(阝)에 사니 거느릴 부.
용(用)−部首부수 部分부분 部類부류 本部본부 腹部복부 部處부처 細部세부

府 곳집 부; 广 [fǔ] 곳집, 마을, 관청.
부(部)-집 엄(广): 집과 관련된 글자라는 의미.
자(字)-엄(广)부(付)=부(府).
사(思)-관청(广)에는 부탁하는(付) 민원이 많으니 관청 부.
용(用)-政府정부 司法府사법부 行政府행정부 議政府의정부 春府丈춘부장.

賦 賦 부세 부; 貝- [fù] 구실, 조세, 부역, 공사(貢士),
부(部)-조개 패(貝): 세금나부는 돈으로 한다 의미
자(字)-패(貝)무(武)=부(賦)
사(思)-세금 돈(패(貝)으로 내라고 무력(武力)으로 부과(賦課)하니 부세 부
용(用)-賦課부과 割賦할부 賦與부여 賦役부역 賦題부제 割賦金할부금

赴 다다를 부; 走- [fù]나아가다, 알리다, 가서 알리다, 부고(訃告)
부(部)-달릴 주(走): 달리면 다다르다 의미
자(字)-주(走)복(卜)=부(赴)
사(思)-달리면(주(走) 나아갈 수 있다고 점(복(卜)하니 다다를 부
용(用)-赴任부임 赴告부고 赴古부고 赴役부역 赴防부방

赴湯蹈火부탕도화=끓는 물이나 뜨거운 불도 헤아리지 않고 뛰어든다 함이니, 목숨을 걸고 하는 아주 어렵고 힘든 고욕이나 수난(受難)을 이르는 말.

溥 펼 부, 넓을 부; 水 [pǔ] 넓다, 광대하다, 물가, 포구.
부(部)-물 수(水): 강과 바다는 넓다는 의미.
자(字)-수(氵)부(專)=부(溥). 專 펼 부.
사(思)-물이(氵) 펼쳐지니(專) 넓을 부.
용(用)-溥布부포(널리 퍼짐)

復 다시 부{돌아올 복} 부; 彳 [fù] 돌아오다, 돌려보내다, 뒤집다.
부(部)-조금걸을 척(彳): 걸어가는 것과 관련된 의미.
자(字)-척(彳)복(复)=복(復). ※ 复: 돌아갈 복(모양자 참조).
사(思)-조금씩 걸어가는(彳-部) 사람은 돌아가라(复)하니 돌아올 복.
용(用)-復興부흥 復活부활. 復活節부활절. 復生부생 光復광복

斧 도끼 부; 斤 [fǔ] 도끼, 베다, 도끼의 무늬, 도끼그림 병풍.
부(部)-도끼 근(斤): 도끼에 관한 글자 의미.
자(字)-부(父)근(斤)=부(斧).
사(思)-아버지(父)가 가진 도끼(斤-部)를 발음 따서 도끼 부.
용(用)-斧柯부가 斧木부목 斧斤부근 斧鉞부월(작은 도끼와 큰 도끼).

扶 도울 부; 手 [fú] 돕다, 떠받치다, 붙들다, 곁, 옆
부(部)-재방변 수(扌): 손으로 부축하다 의미
자(字)-수(扌)부(夫)=부(扶)
사(思)-손으로(수(扌) 지아비(부(夫)가 도울 부
용(用)-扶助부조 扶養부양 扶持(扶支)부지 扶助金부조금 相扶상부

浮 뜰 부; 水 [fú] 뜨다, 둥실둥실 떠 움직이다, 떠오르다
부(部)-삼수변 수(氵): 물위에 뜨다 의미
자(字)-수(氵)부(孚)=부(浮) ※孚 미쁠 부/ 미쁘다(미쁠)믿음성이 있다.
사(思)-예수가 물(수(氵)위를 걸은 것은 미쁜(부(孚) 마음으로 뜰 부
용(用)-浮沈부침 浮刻부각 浮遊(浮游)부유 浮上부상 浮圖(浮屠)부도
　　　浮力부력 浮揚부양 浮標부표 浮石부석 浮彫부조

孚 미쁠 부; 子 [fú] 미쁘다, 참되고 믿음성이 있다, 붙이다(附).
부(部)-아들 자(子): 미쁜 자식 의미.
자(字)-조(爫)자(子)=부(孚).
사(思)-손(爫)으로 만지는 자식(子)은 미쁘다. (믿음성 있다) 미쁠 부.
용(用)-孚佑부우(믿고 도와 줌). 見孚견부: 신용(信用)을 받음

婦 妇 며느리 부; 女 [fù]며느리, 아내, 여자
부(部)-여자 녀(女): 며느리도 여자다 의미
자(字)-여(女)추(帚)=부(婦)　　※帚 비 추
사(思)-며느리(여(女)가 비자루(추(帚)로 일 잘하니 며느리 부
용(用)-夫婦부부 寡婦과부 姑婦고부 新婦신부 主婦주부 婦人부인
　　　慰安婦위안부 妖婦요부 子婦자부 情婦정부 娼婦창부 妊産婦임산부
　　　夫婦有別부부유별: 남편(男便)과 아내는 분별(分別)이 있어야 한다.

副 버금 부. 쪼갤 복; 刀- [fù]버금, 다음, 도움, 보좌하다, 시중들다
부(部)-선칼도방 도(刂): 쪼개는데 칼이 필요하다 의미
자(字)-복(畐)도(刂)=부(副) ※畐 가득할 복=폭(모양자)
사(思)-가득하게(복畐) 살찐 전복 따는 것 칼(도刂)로 쪼개고 도울 부
용(用)-副詞부사 副作用부작용 副應부응 副社長부사장 副業부업
　　　副使부사 副題부제 副賞부상 副士官부사관

賻 부의 부; 貝- [fù]부의, 부의를 보내다
부(部)- 부의금으로 돈(패貝)을 보낸다 의미
자(字)-貝(조개 패) + 尃(펼 부) =부(賻)
사(思)-부의금(패貝)은 펼치는 마음(부尃)으로 주니 부의금 부
용(用)-賻儀부의 賻儀金부의금 賜賻사부 致賻치부 別致賻별치부

富 부자 부; 宀 [fù] 가멸다, 재물이 많고 넉넉하다, 풍성
부(部)-집 면(宀):부자표시는 집에 있다는 의미.
자(字)-면(宀)복(畐)=부(富) ※ 畐= 가득할 복(모양자 참조).
사(思)-집(宀)에 재물이 가득하니(畐) 부유하다. 가멸다(재산이 넉넉).
용(用)-豊富풍부. 貧富빈부. 富者부자. 富裕부유. 富貴부귀.

符 부호 부; 竹 [fú] 부신(符信), 수결(手決), 상서(祥瑞), 길조
부(部)-대나무 죽(竹): 부신을 대나무로 만들었다는 의미.
자(字)-죽(竹)부(付)=부(符).
사(思)-대나무(竹-部)에 암호를 써 주어(付)부호를 맞추니 부신 부.
용(用)-符合부합. 符號부호. 符籍부적. 兵符병부. 命召符명소부.

附 붙을 부; 阜 [fù] 붙다, 기대다, 의지하다, 접착시키다, 부치다.
부(部)-언덕 부(阜)=부(阝): 언덕에 기대고 의지한다는 의미.
자(字)-부(阝)부(付)=부(附). ※付 줄 부
사(思)-언덕(阝=阜)쪽에 물건 줘서(付) 기대거나 붙이게 하니 붙을 부.
용(用)-附與부여. 附近부근. 寄附기부. 回附회부. 添附첨부. 阿附아부.

膚 肤 살갗 부; 肉 [fū] 살갗, 피부, 겉껍질, 표피.
부(部)-고기 육(肉): 몸에 관련된 글자 의미.
자(字)-호(虍)전(田)육(月)=부(膚).
사(思)-호랑이(虍)를 밭에서(田) 작업 고기(肉)는 따로 가죽 부. 피부 부.
용(用)-皮膚피부 皮膚科피부과 皮膚病피부병 面膚면부 皮膚色피부색.

腐 썩을 부; 肉 [fǔ] 썩다, 썩히다, 나쁜 냄새가 나다.
　　부(部)-고기 육(肉): 고기와 관련된 글자라는 의미.
자(字)-부(府)육(肉)=부(腐).　※府 곳집 부
사(思)-곳집(府)에서 고기(肉)가 썩으니 썩을 부.
용(用)-腐敗부패. 陳腐진부. 豆腐두부. 腐蝕부식. 不正腐敗부정부패.
　　　切齒腐心절치부심.:「이를 갈고 마음을 썩이다.」는 뜻으로, 대단히
분(憤)하게 여기고 마음을 썩임.

婦 妇 아녀자 부; 女 [fù] 며느리, 아내, 여자.
　　부(部)-계집 여(女): 아내와 며느리는 여자 의미.
자(字)-여(女)추(帚)=부(婦). 帚 비 추.
사(思)-여자(女-部)가 빗자루(帚)로 청소하니 아내, 며느리 부.
용(用)-夫婦부부. 慰安婦위안부. 婦人부인. 主婦주부. 奸婦간부.
　　　家政婦가정부.

否 아닐 부; 口-총7획; [fǒu,pǐ]아니다, 부정하다, 하지 않았는가
　　부(部)-입 구(口): 말로 부정하다 의미
자(字)-불(不)구(口)=부(否)
사(思)-아니다(불(不) 말(구(口)을 하니 아닐 부
용(用)-與否여부 否定부정 拒否거부 否認부인 安否안부 可否가부 否運비운
　　　否決부결 否塞비색

不 아닐 불,; 一 [bù] 아닌가, 아니다, 크다, 말라(금지의 뜻).
　　부(部)-한 일(一): 막대기 한 개 모양을 본뜸, 동일여부를 의미.
자(字)-일(一)소(小)=불(不).
사(思)-하나(一)라도 작은 게(小작을 소)아니니 아니 불.
용(用)-불안(不安). 불편(不便). 불만(不滿). 불행(不幸).

父 아비 부; 父 [fù,fǔ] 아비, 아버지, 만물을 나게 기르는 것.
　　부(部)-아비 부(父): 제부수한자.
자(字)-攵(칠 복)의 변형, 又(우☞손)와 .(곤☞회초리)의 합자(合字).
사(思)-아버지는 회초리로 자녀를 훈계하여 아비 부.
용(用)-父子부자. 先父君선부군. 繼父계부. 父兄부형. 父子間부자간.
　　　家父長가부장. 季父계부.

簿 장부 부; 竹 [bù] 장부, 회계부, 홀(笏) .
부(部)-대나무 죽(竹): 죽간에 기록했던 장부 의미.

자(字)-죽(竹)부(溥)=부(簿). 溥 넓을 부.

사(思)-대나무(竹)를 넓게 펴서(溥) 기록하니 장부 부,

용(用)-置簿치부. 帳簿장부. 家計簿가계부. 名簿명부. 點鬼簿점귀부.

付 줄 부; 人 [fù] 주다, 청하다, 붙이다.
부(部)-사람 인(人): 사람의 행동에 관한글자 의미.

자(字)-인(亻)촌(寸)=부(付).

사(思)-사람(人)이 촌수(寸) 가까우면 주기도 하니 줄 부, 부탁할 부.

용(用)-當付당부. 納付납부. 付託부탁. 發付발부. 貼付첩부. 付着부착

夫 지아비 부; 大 [fū] 사나이, 장정, 시중하는 사람.
부(部)-큰 대(大): 지아비는 크다는 의미.

자(字)-일(一)대(大)=부(夫).

사(思)-어른의 한 분(一)은 큰(대(大) 지아비요 장정이니 지아비 부.

용(用)-夫婦부부 工夫공부 夫人부인 閤夫人합부인 農夫농부 漁夫어부.

負 負 질 부; 貝- [fù]지다, 책임을 지다, 빚을 지다, 씌우다,
부(部)-조개 패(貝): 짐을 지어야 돈이 생기다 의미

자(字)-도(刀)패(貝)=부(負)

사(思)-칼(도(刀)로 돈(패(貝)에 책임 지우니 질 부, 책임 부

용(用)-負擔부담 抱負포부 勝負승부 負債부채 負傷부상 負荷부하
自負心자부심 褓負商보부상 請負청부

剖 쪼갤 부; 刀 [pōu] 쪼개다, 가르다, 다스리다.
부(部)-칼 도(刀)=선칼도방(刂): 쪼개는데 칼이 사용된다는 의미.

자(字)-부(咅)도(刂)=부(剖). 咅 침 부.

사(思)-침 뱉어가며(咅) 칼로(刂) 내려쳐 쪼갤 부.

용(用)-剖檢부검. 解剖해부. 解剖學해부학. 剖棺斬屍부관참시.

敷 펼 부; 攴 [fū] 펴다, 공포하다, 진술하다, 나누다.
부(部)-칠 복(攴)=복(攵): 두들겨서 펴다는 의미.

자(字)-보(甫)방(方)복(攵)=부(敷).

사(思)-널리(甫) 사방(方)으로 두들기니(攵) 펴질 부.

용(用)-敷地부지. 敷衍부연. 敷設부설.

北 북녘 북. 달아날 배; 匕- [běi,bèi] 북녘, 배반하다,
　　부(部)-비수 비(匕): 비수(匕首) 같은 북한, 달아날 탈북자
자(字)-장(爿)비(匕)=배(北)=북(北) ※爿 널조각 장,널조각, 장수장변
사(思)-널조각(장(爿)에 의존 비수(匕首)같은 북한(北韓)서 달아날 배
용(用)-敗北패배 東西南北동서남북 北韓북한 北緯북위 脫北탈북

粉 가루 분; 米- [fěn]가루, 쌀가루, 분, 단장하다, 분을 바르다
　　부(部)-쌀 미(米): 가루는 쌀로 만든다 의미
자(字)-미(米)분(分)=분(粉)
사(思)-쌀(미(米) 빻아서 나누면(분(分) 가루가 되니 가루 분
용(用)-粉碎(分碎)분쇄 粉紅분홍 粉塵분진 粉飾會計분식회계
　　　　粉末분말 粉筆분필 花粉화분 澱粉전분

憤 憤 결낼 분; 心- [fèn]결내다, 성을 내다, 번민, 흥분,
　　부(部)-심방변 심(忄): 마음의 상태 표현하는 글자 의미
자(字)-심(忄)분(賁)=분(憤)　　※賁 클 분
사(思)-마음(심(忄)이 흥분 커져(분(賁) 결낼 분
용(用)-憤怒(忿怒)분노 憤慨(憤愾)분개 憤氣撑天분기탱천 激憤격분 鬱憤울분
　　　　發憤忘食발분망식 : 일을 이루려고 끼니조차 잊고 분발(奮發) 노력
(努力)함

分 나눌 분; 刀 [fēn,fèn] 나누다, 구별하다, 나누어 주다.
　　부(部)-칼 도(刀): 칼을 이용해 나누는 의미.
자(字)-팔(八)도(刀)=분(分).
사(思)-나누기(八나눌 팔)를 칼(刀(도)로　나눌 분.
용(用)-分析분석 充分충분 部分부분 分野분야 分明분명 春分춘분
　　　　分讓분양 分離분리 分配분배 處分처분 區分구분 身分신분.

奔 달릴 분; 大- [bēn,bén,bèn]달리다, 달아나다, 패주하다,
　　부(部)-큰 대(大): 큰 일로 달아나다 의미
자(字)-대(大)훼(卉)=분(奔)　　※卉 풀 훼. 초목
사(思)-큰(대(大) 풀밭(훼(卉)에서 도망가니 달릴 분
용(用)-奔走분주 狂奔광분 奔忙분망 淫奔음분 雷奔뇌분 奔馳분치 競奔경분

奮 奮 떨칠 분; 大- [fèn]떨치다, 흔들리다, 분격하다, 성내다
부(部)-큰 대(大): 큰 일로 떨쳐 일어나다 의미
자(字)-대(大)추(隹)전(田)=분(奮)
사(思)-큰(대(大) 새(추(隹)가 밭(전(田)에 덮치듯이 떨칠 분
용(用)-興奮흥분 奮鬪분투 奮發분발 奮怒분노 奮然분연 奮力분력

糞 糞 똥 분; 米 [fèn] 똥, 더러운 것을 제거하다, 떨다, 소제하다.
부(部)-쌀 미(米): 먹고 싸는 일에 관련된 의미.
자(字)-미(米)이(異)=분(糞).
사(思)-쌀(米-部)을 먹고 밑으로 다른(異)게 나오니 똥 분.
용(用)-人糞인분. 嘗糞之徒상분지도= 똥도 핥을 놈. 糞土之墻 분토지장.

墳 坟 무덤 분; 土- [fén]무덤, 언덕, 둑, 제방
부(部)-흙 토(土): 흙으로 무덤 만들다 의미
자(字)-토(土)분(賁)=분(墳)   ※賁 클 분
사(思)-흙(토(土)으로 크게 봉우리 만들면 무덤 분
용(用)-封墳봉분 墳墓분묘 古墳고분 墳土분토 雙墳쌍분 掃墳소분
　　　封墳祭봉분제 連墳연분 方墳방분

忿 성낼 분; 心 [fèn] 성내다, 분한 마음, 원망하다.
부(部)-마음 심(心): 성냄은 마음상태란 의미.
자(字)-분(分)심(心)=분(忿).
사(思)-분열(分)이 된 마음(心=忄,⺗)이 되어 분한 마음으로 성낼 분.
용(用)-忿怒분노=분노(憤怒). 忿心분심=(憤心). 激忿격분.

紛 紛 어지러워질 분; 糸- [fēn] 어지러워진 모양, 섞이다
부(部)-실 사(糸): 실이 어지럽게 섞이다 의미
자(字)-사(糸)분(分)=분(紛)
사(思)-실(사(糸)이 나누어(분(分)져 있어 어지러울 분
용(用)-紛紛분분 紛紛雪분분설 紛糾분규 紛爭분쟁 紛亂분란 紛失분실

拂 떨칠 불; 手- [fú]떨다, 먼지 떨다, 추어올리다,
부(部)-재방변 수(扌): 손으로 행동하다 의미
자(字)-수(扌)불(弗)=불(拂)   ※弗 아닐 불, 떨 불,
사(思)-손(수(扌)으로 아닌 것(불(弗)은 떨어내니 떨칠 불
용(用)-拂拭불식 支拂지불 假拂가불 拂入불입 先拂선불 換拂환불 還拂환불

佛 부처 불; 人 [fó,fú] 부처, 어렴풋하다, 어기다.
　부(部)－사람 인(人): 부처도 사람 성불 가능하니 의미.
자(字)－인(亻)불(弗)＝불(佛).
사(思)－부처는 사람(인(人))의 경지가 아닌(불(弗) 부처 불.
용(用)－佛教불교. 彌勒佛미륵불. 佛家불가. 未來佛미래불. 彷佛방불 .
　　抑佛억불. 佛堂불당. 佛道불도. 佛寺불사.

弗 아닐 불; 弓 [fú] 아니다(不), 떨다. '달러(dollar)'의 한자(漢字)이름.
　부(部)－활 궁(弓): 활은 시위쪽이 아닌 방향으로 가는 의미.
자(字)－궁(弓)곤곤(l l)＝불(弗).
사(思)－활(궁(弓))에 화살 두 개(곤곤(l l)를 쏠 수 없으니 아닐 불.
용(用)－弗素불소. 弗化酸素불화산소. 貿易弗무역불. 政府弗정부불.

崩 무너질 붕; 山－ [bēng]무너지다, 흩어지다, 앓다
　부(部)－뫼 산(山): 산사태로 무너지다 의미
자(字)－산(山)붕(朋)＝붕(崩)　　※朋 벗 붕
사(思)－산(山)같은 믿는 친구(붕(朋)가 배신하니 무너질 붕
용(用)－崩壞붕괴 崩御붕어 崩潰붕궤 崩解붕해 雪崩설붕 分崩분붕 土崩토붕
　　崩天之痛붕천지통 : 「하늘이 무너지는 슬픔」이라는 뜻.

朋 벗 붕; 月 [péng]벗, 친구, 무리, 떼, 무리를 이루다.
　부(部)－달 월(月): 매월 시간의 단위와 관련 의미.
자(字)－월(月)월(月)＝붕(朋).
사(思)－달(월(月))과 달(월(月))을 한 스승에게 공부하니 벗 붕.
용(用)－朋友붕우 朋執붕집 同朋동붕＝친구(親舊)　佳朋가붕 朋黨붕당.

備 갖출 비; 人 [bèi] 갖추다, 갖추어지다, 준비.
　부(部)－사람 인(亻): 준비는 사람이 한다는 의미.
자(字)－인(亻)초(艹)엄(厂)용(用)＝비(備).
사(思)－사람은(人) 풀을(艹) 집(厂)서 말려 쓰이게(用) 준비하니 갖출 비.
용(用)－準備준비. 對備대비. 設備설비. 整備정비.

祕 숨길 비; 示－ [bì,pì]귀신, 비밀하다, 숨기다, 신비하다
　부(部)－보일시변 시(示): 보이냐 안보이냐 관련 의미
자(字)－시(礻)필(必)＝비(祕)
사(思)－보이는 것(시(礻))을 반드시(필(必) 숨기는 비밀 비
용(用)－祕密비밀 祕訣비결 祕書비서 便祕변비 祕苑비원 祕境비경 祕法비법

沸 끓을 비; 水 [fèi] 끓다, 끓이다, 끓는 물.
부(部)-물 수(水)=삼수변(氵): 끓이는 게 물이 대상이라는 의미.
자(字)-수(氵)불(弗)=비(沸).
사(思)-물(氵=水, 氺)이 물이 아니게(弗아닐 불) 끓이다.기화(氣化)되다.
용(用)-沸騰비등. 沸波불파. 沸騰點비등점. 沸點비점.

飛 飞 날 비; 飛- [fēi]날다, 오르다, 빨리 가다, 튀다, 넘다,
부(部)-날 비(飛): 제부수 한자
자(字)-비(飛)
사(思)-상형문자(象形文字)로 새의 날개와 몸통을 그린 것
용(用)-飛沫비말 飛行機비행기 飛躍비약 飛行비행 飛上비상 飛龍비룡

卑 낮을 비; 十 [bēi] 낮다, 낮은 사람, 천하다, 저속하다.
부(部)-열 십(十): 낮은 사람들이 많다(십(十)는 의미.
자(字)-별(丿)갑(甲)십(十)=비(卑)
사(思)-삐딱하게(丿) 갑옷(甲)을 입은 많은(十)사람은 천하고 낮을 비.
용(用)-卑怯비겁. 卑劣비열. 卑俗비속. 卑屈비굴.
　　　　登高自卑등고자비=「높은 곳에 올라가려면 낮은 곳에서부터 오른다.」
는 말, 일은 반드시 차례(次例)를 밟아야. 천리(千里) 길도 한 걸음부터.

碑 돌기둥 비; 石 [bēi] 네모가 간 돌기둥, 비석.
부(部)-돌 석(石):비석은 재료가 대개 돌이라는 의미.
자(字)-석(石)비(卑)=비(碑). 卑 낮을 비.
사(思)-돌(石)에 공적을 낮게(卑)새겨 넣은 비석(碑石)이 의미가 있으니 돌기둥 비.
용(用)-記念碑기념비. 墓碑묘비. 碑石비석. 碑文비문. 碑誌비지.

譬 비유할 비; 言 [pì] 비유하다, 깨우치다, 깨닫다, 알아차리다.
부(部)-말씀 언(言): 비유는 말씀으로 하게 되는 의미.
자(字)-피(辟)언(言)=비(譬). ※辟 피할 피, 임금 벽
사(思)-피할 것(辟)은 피하면서 말(言-部)은 잘하는 비유할 비.
용(用)-譬喩비유☞ 비유(比喩). 譬喩法비유법☞ 비유법(比喩法)

匪 비적 비; 匚 [fěi] 대나무 상자, 아니다, 도둑.
부(部)-상자 방(匚)=튼입구몸: 상자 모양을 의미.
자(字)-방(匚)비(非)=비(匪).
사(思)-상자(匚)가 자기 것이 아닌(非)데도 가져가니 비적 비.
용(用)-匪徒비도. 剿匪초비. 共匪공비. 匪夷所思비이소사.

肥 살찔 비; 肉 [féi] 살찌다, 걸우다, 땅을 걸게 하다, 거름.
부(部)-고기 육(肉)=육달월(月): 살과 관련 글자 의미.
자(字)-육(月)파(巴)=비(肥). 巴 꼬리 파.
사(思)-살(肉-部)이 꼬리(巴)처럼 늘어지게 살찌다니 살찔 비.
용(用)-肥滿비만. 肥料비료. 肥大비대. 肥沃비옥. 施肥시비.

悲 슬플 비; 心-총12획; [bēi]슬프다, 슬픔, 비애, 슬퍼하다
부(部)-마음 심(心): 마음이 슬픈 상태 의미
자(字)-비(非)심(心)=비(悲)
사(思)-기쁘지 아니한(비(非) 마음(심(心)이 슬플 비
용(用)-慈悲자비 悲劇비극 喜悲희비 悲慘비참 悲鳴비명 悲哀비애 悲觀비관

費 費 쓸 비; 貝 [fèi,bì] 쓰다, 닳다, 소모되다, 비용, 용도, 재화.
부(部)-조개 패(貝): 재물은 쓰여야 가치 있다.
자(字)-불(弗)패(貝)=비(費).
사(思)-소유가 아니고 (弗아닐 불) 금품(貝,재물)의 가치는 쓰일 빌.
용(用)-消費소비. 費用비용. 消費者소비자. 浪費낭비. 經費경비.
　　　　研究費연구비. 惠而不費혜이불비 :위정자(爲政者)는 백성(百姓)에게
은혜(恩惠)를 베풀되 낭비(浪費)는 하지 말아야 함.

非 아닐 비; 非- [fēi]아니다, 부정(否定)사, 등지다, 배반하다, 거짓
부(部)-아닐 비(非): 제부수 한자(漢字)
자(字)-비(非)
사(思)-상형문자(象形文字)로 새의 날개가 엇갈려 있는 모양
용(用)-非常비상 是非시비 非難비난 非凡비범 非理비리 非行비행 非違비위

婢 여자 종 비; 女- [bì]여자 종, 소첩, 첩(妾)
부(部)-여자 녀(女): 여자에 관한 글자 의미
자(字)-여(女)비(卑)=비(婢)
사(思)-여자(女子)인제 낮은(비(卑) 종을 여자종 비
용(用)-奴婢노비 侍婢시비 驛婢역비 婢夫비부 飯婢반비 哭婢곡비 館婢관비

妃 왕비 비; 女- [fēi]왕비, 여신(女神)의 높임말, 짝을 맞추다
부(部)-여자 녀(女): 왕비는 여자이다 의미
자(字)-여(女)기(己)=비(妃)
사(思)-여자(女子)라면 자기(自己)가 되기 바라는 왕비 비
용(用)-繼妃계비 王妃왕비 楊貴妃양귀비 妃嬪비빈 大妃대비 賢妃현비

- 167 -

批 비평할 비; 手- [pī]치다, 손으로 때리다, 밀다, 밀치다
부(部)-재방변 수(扌): 손으로 치며 비평하다 의미
자(字)-수(扌)비(比)=비(批)   ※比 견줄 비
사(思)-손(수扌)으로 비교(비比)하면서 비평하고 치고 하니 비평 비
용(用)-批判비판 批評비평 批准비준 批難비난 御批어비 下批하비 兵批병비

貧 가난할 빈; 貝 [pín] 가난하다, 가난, 곤궁, 가난한 사람.
부(部)-조개 패(貝): 빈부는 재물과 관련된 의미.
자(字)-분(分)패(貝)=빈(貧).
사(思)-나누어(分)주는 재물(貝-部)을 받기만 하면 가난할 빈.(자립해야).
용(用)-貧困빈곤. 貧富빈부. 貧賤빈천. 貧弱빈약. 淸貧청빈.
　　　安貧樂道안빈낙도=구차(苟且)하고 궁색(窮塞)하면서도 그것에 구속
(拘束)되지 않고 평안(平安)하게 즐기는 마음으로 살아감.

賓 손님 빈; 貝 [bīn] 손, 손님, 손으로서 묵다, 손으로 대우하다.
부(部)-조개 패(貝): 손님 모시기에는 재물이 든다는 의미.
자(字)-면(宀)일(一)소(小)패(貝)=빈(賓).
사(思)-집(宀)에 오면 하나(一)의 조그만(小) 예물(貝)을 주는 손님을 빈(賓).
용(用)-賓客빈객. 國賓국빈. 佳賓가빈. 賓辭빈사. 賓主之禮빈주지례
　　　=손님과 주인(主人) 사이에 지켜야 할 예의(禮儀).

頻 자주 빈; 頁 [pín] 자주, 빈번히, 급박하다, 절박하다.
부(部)-머리 혈(頁): 자주함은 머리에서 생각한다는 의미.
자(字)-보(步)혈(頁)=빈(頻).
사(思)-걷겠다(步)고 머리(頁)가 생각해야 산책을 자주 빈번히 하여 자주 빈.
용(用)-頻發빈발. 頻度빈도. 頻繁빈번. 頻數빈삭.

冰 얼음 빙; 冫 [bīng] 얼음, 얼다, 기름, 氷의 本字.
부(部)-얼음 빙(冫)=이수변: 얼음과 관련된 글자라는 의미.
자(字)-빙(冫)수(水)=빙(冰).
사(思)-얼음(冫)은 물(水)로 되었으니 얼음 빙.
용(用)-부빙(浮氷)

氷　얼음 빙; 水 [bīng] 얼음, 얼다, 기름, 굳기름.
　　부(部)-물 수(水): 얼음은 물이 언것이라는 의미.
자(字)-주(丶)수(水)=빙(氷).
사(思)-한 점(丶 주)의 덩어리로 물(水)이 얼어 얼음 빙.
용(用)-氷河빙하 氷晶빙정 解氷해빙 流氷유빙 間氷期간빙기 結氷결빙.
　　薄氷박빙.

聘　부를 빙; 耳- [pìn]찾아가다, 방문하여 안부를 묻다, 부르다,
　　부(部)-귀 이(耳):귀로 찾는 소리를 듣다 의미
자(字)-이(耳)유(由)교(巧)=빙(聘)　※由 말미암을 유 .巧 공교할 교
사(思)-귀(이(耳)로 부르는 이유(理由)가 교묘(巧妙)하여 찾을 빙
용(用)-聘母빙모 招聘초빙 聘丈빙장 聘父빙부 聘物빙물 交聘교빙
　　報聘大使보빙대사 禮聘예빙 聘禮빙례

사. 사 부

신백훈 정익학당 추천 애국민 필독서
[국민헌법] 김학성 지음

肆 가게 사, 방자할 사; 聿 [sì] 방자, 마음대로 말하다.

부(部)-붓 율(聿): 붓으로 어떤 글자도 쓸 수 있다는 의미.

자(字)-장(镸)율(聿)=사(肆). ※镸: 길 장(모양자 참조).

사(思)-길게(镸) 붓(聿)포함 진열하니 방자하게도 보이고 가게 사.

용(用)-恣肆자사. 店肆점사☞ 점포(店鋪). 矜肆긍사. 書肆서사 茶肆다사

些 적을 사; 二 [xiē,suò] 적다, 조금, 어조사.

부(部)-두 이(二): 둘이라는 적은 수.

자(字)-차(此)이(二)=사(些)   ※此 이 차, 이것 차

사(思)-이것(차(此) 두 개(이(二) 뿐이니 적을 사

용(用)-些少사소 些事사사 些末사말 些技사기

　　　些少之事사소지사: 사소(些少)한 일. 자질구레한 일.

邪 간사할 사; 邑- [xié,yé]간사하다, 어긋나다, 기울다, 치우치다

부(部)-우부방 읍(阝): 고을에는 간사한자도 있다 의미

자(字)-아(牙)읍(阝)=사(邪)   ※牙 어금니 아

사(思)-어금니(아(牙)로 깨물어 줄 사람이 고을(읍(阝)에 사니 간사할 사

용(用)-邪惡사악 奸邪간사 斥邪척사 酒邪주사 邪道사도 衛正斥邪위정척사

似 닮을 사; 人-총7획; [sì]같다, 닮다, 잇다

부(部)-사람인변 인(亻):사람에 관련 글자 의미

자(字)-인(亻)이(以)=사(似) ※以 써 이

사(思)-사람(인(亻)으로써(이(以) 비슷하니 닮을 사

용(用)-恰似흡사 類似유사 近似근사 似而非사이비 春來不似春춘래불사춘

射 쏠 사; 寸-[shè]궁술, 사궁(射宮)의 약칭, 산 이름

부(部)-마디 촌(寸): 순간에 쏘다는 의미

자(字)-신(身)촌(寸)=사(射)   ※身 몸 신

사(思)-몸(신(身)을 이용하여 순간적(촌(寸)으로 화살을 쏠 사

용(用)-反射반사 射擊사격 注射주사 投射투사 射手사수 放射방사 輻射熱복사열

四 넉 사; 口 [sì] 넉, 넷, 네, 네 번, 사방(四方).

부(部)-에워쌀 위(口)=큰입구몸: 시방을 두러쌓았다는 의미.

자(字)-위(口)팔(八)=사(四).

사(思)-나라(국(口)을 사방으로 나누어(팔(八) 넉 사.

용(用)-四方사방 四書사서. 四德사덕=원(元) 형(亨) 이(利) 정(貞) ②군자

(君子)=인(仁) 의(義) 예(禮) 지(智) 四海사해 四聲사성 四君子사군자.

- 171 -

辭 辞 말 사; 辛 [cí] 말, 논술, 하소연하다, 말하다.
부(部)-매울 신(辛): 말은 하기에 따라 맵게 된다는 의미.
사(字)-난(𤔔)신(辛)=사(辭) ※𤔔(어지러울 란(난)모양자)
　　　조(爫)모(矛)경(冂)사(厶)우(又)=𤔔(어지러울 란(난))
사(思)-어지럽게(난(𤔔)도 매섭게(辛)도 말씀할 사.
용(用)-讚辭찬사. 固辭고사. 辭意사의. 辭任사임.美辭麗句미사여구

詞 词 말씀 사; 言 [cí] 말씀, 알리다, 고하다, 청하다, 원하다.
부(部)-말씀 언(言): 말씀 관련글자 의미.
자(字)-언(言)사(司)=사(詞).
사(思)-말(言-部)하기로 발언권 맡은(司)사람이 말씀하니 말씀 사.
용(用)-動詞동사 歌詞가사 名詞명사 名詞形명사형 冠詞관사 副詞부사

司 맡을 사; 口 [sī] 맡다, 벼슬, 관리, 관아.
부(部)-입 구(口): 말을 하는 것과 관련된 글자 의미.
자(字)-일(一)궐(丨)일(一)구(口)=사(司).
사(思)-한(一)개 갈고리(丨)로 꿰어 한(一) 마디(口)에 맡을 사. 벼슬 사. 용
(用)-司法사법 司法府사법부 司令官사령관 百官有司백관유사.

飼 饲 기를사, 먹일 사; 食 [sì] 먹이다, 사료, 기르다.
부(部)-밥 식(食): 먹는 것과 관련되는 글자 의미.
자(字)-식(食)사(司)=사(飼).
사(思)-먹이를(食) 맡은(司) 사람이니 먹일 사, 기를 사.
용(用)-飼育사육. 飼料사료. 飼育場사육장. 粗飼料조사료.

沙 모래 사; 水- [shā,shà]모래, 사막, 모래벌판, 모래가 날다
부(部)-삼수변 수(氵): 바닷가에 모래가 있다는 의미
자(字)-수(氵)소(少)=사(沙)
사(思)-바다, 강(수(氵)변에 작은(소(少) 모래알이 모래 사
용(用)-沙漠사막 沙汰(砂汰)사태 沙工(砂工)사공 黃沙황사 粥沙鉢죽사발

蛇 뱀 사; 虫- [shé,yí]뱀, 자벌레, 별 이름
부(部)-벌레 충(虫): 벌레, 뱀에 관한 글자 읩미
자(字)-충(虫)타(它)　※它 다를 타{뱀 사}
사(思)-벌레들(충(虫) 중에서 징그럽게 다른(타(它) 뱀 사
용(用)-毒蛇독사 委蛇위타 殺母蛇살모사 蛇行사행 龍頭蛇尾용두사미 : 「머리
는 용(龍)이고 꼬리는 뱀」 이라는 뜻으로,시작(始作)은 좋았다가 갈수록 나빠짐의 비유

捨 舍 버릴 사; 手-[shě,shè]버리다, (佛)집착(執着)이 없는 상태
부(部)-재방변 수(扌): 손에서 버리다 의미
자(字)-수(扌)사(舍)=사(捨)　　※舍 집 사
사(思)-손(수(扌))으로 집(사(舍))정리하여 버릴 것, 버릴 사
용(用)-喜捨희사 取捨취사 姑捨고사 四捨五入사사오입 喜捨函희사함
　　捨石사석 捨施사시

寫 写 베낄 사; 宀- [xiě]베끼다, 옮겨 놓다, 없애다
부(部)-갓머리=집 면(宀): 집안에서 하는 작업 의미
자(字)-면(宀)석(舃)=사(寫)　　※舃 신 석{까치 작}
사(思)-집(면(宀))에서 신(석(舃))을 본떠 만들어 베낄 사
용(用)-寫眞사진 描寫묘사 模寫모사 複寫복사 筆寫필사 謄寫등사 寫本사본
　　靑寫眞청사진 寫生사생 寫實사실

仕 벼슬할 사; 人 [shi] 벼슬하다, 일로 삼다, 섬기다.
부(部)-사람 인(人): 벼슬은 사람이 한다는 의미.
자(字)-인(亻)사(士)=사(仕).
사(思)-사람(亻)중 선비(士)를 시험으로 뽑아 벼슬 사. 백성을 섬길 사.
용(用)-奉仕봉사 仕退사퇴. 蔭仕음사. 出仕출사. 仕加사가. 求仕구사.

唆 부추길 사; 口 [suǒ] 부추기다, 꼬드기다.
부(部)-입 구(口): 말로 꼬드기다는 의미.
자(字)-구(口)준(夋)=사(唆). 夋 천천히 준.
사(思)-말(口)로 천천히(夋) 꼬드기며 부추길 사.
용(用)-示唆시사. 敎唆교사. 唆囑사촉. 敎唆者교사자.

斜 비낄 사; 斗- [xié]비끼다, 비스듬하다, 기울다, 꾸불꾸불하다,
부(部)-말 두(斗):곡식 말(두(斗))로 비스듬히 한다는 의미
자(字)-여(余)두(斗)=사(斜)　※余 나 여, 나머지(餘의 俗字
사(思)-나머지(여(余)) 없이 말(두(斗)) 기울여 재니 비낄 사
용(用)-傾斜경사 斜陽사양 斜線사선 斜出사출 斜視사시 斜面사면

謝 謝 사례할 사; 言- [xiè]사례하다, 용서를 빌다, 사퇴하다
부(部)-말씀 언(言): 사례나 용서는 말로 한다는 의미
자(字)-언(言)사(射)=사(謝)　　※射 궁술사. 쏠 사
사(思)-말(언(言))을 쏘듯이(사(射)) 감사나 용서를 빌어 사례 사
용(用)-感謝감사 謝過사과 代謝대사 謝罪사죄 謝辭사사 物質代謝물질대사

私 사사 사; 禾 [sī] 사사, 자기, 개인, 홀로, 厶(사)의 본자(本字).
　　부(部)-벼 화(禾): 벼를 사유로 한다는 의미.

자(字)-화(禾)사(厶)=사(私).

사(思)-벼(禾)를 수확하면 자기(厶)몫으로 챙기니 사사 사.

용(用)-私學사학 私人사인 私生活사생활 私的사적 私敎育사교육.

査 사실할 사. 뗏목 사; 木- [chá,zhā]사실, 조사, 떼, 뗏목(楂),
　　부(部)-나무 목(木): 나무 등에 대해 조사하다 의미

자(字)-목(木)차(且)=사(査)　　※且 또 차

사(思)-나무(목(木)에 또(차(且) 나무 묶여 뗏목 차, 조사 차

용(用)-調査조사 査頓사돈 搜査수사 檢査검사 踏査답사 審査심사 監査감사
　　　考査고사 模擬考査모의고사 査定사정 査察사찰

思 생각할 사; 心 [sī,sāi] 생각하다, 어조사, 생각, 뜻, 마음.
　　부(部)-마음 심(心): 사람의 심장 모양, 생각하는 마음의 의미.

자(字)-전(田)심(心)=사(思)

사(思)-밭(전(田)에 마음(心)이 있으면 농사 생각을 하니 생각 사.

용(用)-意思의사. 思考사고. 思想사상. 思慕사모. 思惟사유. 思慮사려.
　　　子思자사. 思想家사상가. 所思소사. 默思묵사. 思潮사조.

詐 詐 속일 사; 言- [zhà]속이다, 거짓말, 기롱하다, 말을 꾸미다
　　부(部)-말씀 언(言): 속이는 것을 말로 하다 의미

자(字)-언(言)사(乍)=사(詐)　　※乍 잠깐 사

사(思)-말(언(言)을 잠깐(사(乍)하는 사이 속이니 속일 사

용(用)-詐欺사기 詐稱사칭 詐欺罪사기죄 詐言사언 詐術사술 詐欺橫領사기횡령

師 师 스승 사; 巾 [shī] 스승, 전문적 기예사람, 스승으로 삼다.
　　부(部)-수건 건(巾): 스승이 모자를 쓴 모습 의미.

자(字)-부(阜)일(一)건(巾)=사(師). ※잡(帀)巾: 두릴 잡(모양자). 부(阜)활용.

사(思)-언덕처럼(阜) 쌓인 지식인 하나(一) 수건(巾) 두른 스승 사.

용(用)-敎師교사. 醫師의사.

絲 丝 실 사; 糸-총12획; [sī]실(糸), 명주실, 실을 잣다
　　부(部)-실사변 사(糸) : 실에 관련된 글자 의미

자(字)-사(糸)사(糸)=사(絲)

사(思)-실과 실이 모여야 지을 실 실사

용(用)-絹絲견사 螺絲나사 合絲합사 鐵絲철사 眞絲진사

巳　뱀 사. 여섯째 지지 사; 己- [sì]여섯째 지지, 삼짇날,
　　부(部)-몸 기(己) : 글자가 뱀 모양 비슷
자(字)-巳(여섯째 사, 뱀 사)
사(思)-상형문자(象形文字) 뱀머리와 꼬리 모양
용(用)-巳時사시 乙巳을사 癸巳계사 巳初사초 巳正사정 乙巳士禍을사사화

史　역사 사; 口- [shǐ]역사, 기록된 문서, 사관(史官),
　　부(部)-입 구(口):역사는 입으로 전달 의미
자(字)-중(中)주(丶)=사(史)　※中 가운데 중/ 丶 점 주
사(思)-적중(的中)한 사실을 점(주(丶)찍어 바른 역사 사
용(用)-歷史역사 史記사기 史料사료 史官사관 秋史추사 靑史청사 史上사상

赦　용서할 사; 赤 [shè] 용서하다, 사면(赦免).
　　부(部)-붉을 적(赤): 붉은선 그어진 전과를 용서한다는 의미.
자(字)-적(赤)복(攵)=사(赦).
사(思)-붉은(赤)선 친 죄인을 곤장(攵)쳐서 용서할 사.
용(用)-赦免사면 赦罪사죄 特赦특사 赦罪之恩사죄지은 罔赦之罪망사지죄.

斯　이 사; 斤- [sī]이, 사물을 가리키는 대명사, 어조사,
　　부(部)-도끼 근(斤): 도끼로 쪼개어진 바로 이것을 의미
자(字)-기(其)근(斤)=사(斯)　※ 其 그 기 / 斤 도끼 근
사(思)-그(기(其) 도끼(근(斤)로 쪼갠 바로 이것 이 사
용(用)-斯文사문 斯界사계 斯道사도 斯羅사라 斯學사학 斯文亂賊사문난적

嗣　이을 사; 口 [sì] 잇다, 상속자, 후임자.
　　부(部)-입 구(口): 상속 유언을 입으로 말하다는 의미.
자(字)-구(口)책(冊)사(司)=사(嗣).
사(思)-유언(口-部)을 쓴 책(冊)에 맡는(司) 사람으로 지정되니 이을 사.
용(用)-世嗣세사☞후손(後孫) 承嗣승사 絶嗣절사☞ 무후(無後) 後嗣후사.

事　일 사; 亅 [shì] 일, 일삼다, 전념하다, 정치.
　　부(部)-갈고리 궐(亅): 일하는 빗자루대를 의미.
자(字)-일(一)구(口)건(巾)궐(亅)=사(事).
사(思)-한(一) 식구(口) 수건(巾)을 두르고 갈고리(亅)로 일하니 일 사.
용(用)-事件사건. 事事사사. 事人如天사인여천. 事實사실. 事件사건.
　　　事態사태. 事例사례. 事業사업. 事項사항. 事故사고. 事物사물.
　　　事必歸正사필귀정

寺 절 사{관청 시}; 寸- [sì]절, 부처 모시는 곳, 내시, 환관, 관청,
부(部)-마디 촌(寸): 촌각(寸刻)을 헤이라고 수련하다 의미
자(字)-토(土)촌(寸)=사(寺)
사(思)-산속에 땅(토(土) 마디(촌(寸)같이 다듬어 절을 지으니 절 사
용(用)-寺刹사찰 梵魚寺범어사 佛國寺불국사 寺院사원 普門寺보문사

祀 제사 사; 示 [sì] 제사, 제사 지내다, 해(年).
부(部)-보일 시(示): 제사와 관련된 글자라는 의미.
자(字)-시(示)사(巳)=사(祀).
사(思)-신(示)에게 올리고자 사시(巳時오전10시)부터 준비하는 제사 사.
용(用)-祭祀제사. 茶祀차사. 合祀합사. 告祀고사. 享祀향사.

死 죽을 사; 歹 [sǐ] 죽다, 죽음, 죽은 이.
부(部)-부서진뼈 알(歹)=(歺): 죽음과 관련된 의미.
자(字)-알(歹)비(匕)=사(死).
사(思)-죽음(歹=歺-部)이란 비수(匕)에 의하기도 하니 죽을 사.
용(用)-死亡사망. 死藏사장. 生死생사. 飢死기사. 慘死참사. 斃死폐사.

賜 賜 줄 사; 貝 [cì] 주다, 하사하다, 은덕, 다하다.
부(部)-조개 패(貝): 재물을 준다는 의미.
자(字)-패(貝)이(易)=사(賜).
사(思)-재물을(貝-部) 쉽게(易) 능력있어 주는 것이니 하사할 사.
용(用)-下賜金하사금. 膳賜선사. 賜藥사약. 下賜하사.

舍 집 사; 舌- [shè,shě]집, 머무는 곳, 관청
부(部)-혀 설(舌): 혀가 편안하게 하듯 집도 편안 의미
자(字)-인(人)설(舌)=사(舍)
사(思)-사람(인(人) 혀(설(舌)가 있는 입속처럼 집 사
용(用)-廳舍청사 寄宿舍기숙사 精舍정사 官舍관사 校舍교사 畜舍축사 舍屋사옥

社 모일 사, 토지의 신 사; 示- [shè]토지의 신, 제사 이름, 단체
부(部)-보일시변 시(礻): 신에 관련 의미
자(字)-시(示)토(土)=사(社)
사(思)-신(시(示) 중 토지(土地)신에 제사 지내려 모일 사
용(用)-社會사회 會社회사 社長사장 入社입사 社員사원 社稷壇사직단
社會思想사회사상 宗社종사. 社稷사직:임금이 백성(百姓)을 위(爲)하
여 토신(土神)과 곡신(穀神)을 제사(祭祀)하던 제단(祭壇).

使 하여금 사; 人 [shǐ,shì] 하여금, 시키다, 좇다.
부(部)-사람 인(人): 사람을 부린다는 의미.

자(字)-인(亻)리(吏)=사(使).

사(思)-사람(亻-部)에게 벼슬아치(吏)에 시키는 건 공무(公務), 하여금 사.

용(用)-使用사용. 大使대사. 行使행사. 咸興差使함흥차사.

削 깎을 삭; 刀 [xiāo,xuē]깎다, 범하다, 해치다
부(部)-선칼도방 도(刂): 칼이 깎는 것과 같은 의미

자(字)-초(肖)도(刂)=삭(削)   ※肖 닮을 초

사(思)-나무를 같은 모양으로 닮게(초(肖) 칼(도(刂)로 깎을 삭

용(用)-削除삭제 添削첨삭 削減삭감 削髮삭발 削官삭관 削刀삭도

索 동아줄 삭; 糸 [suǒ]동아줄, 새끼 꼬다, 가리다, 선택하다
부(部)-실 사(糸): 실로 동아줄 꼬다 의미

자(字)-십(十)멱(冖)사(糸)=삭(索)   //찾을 색// 채소 소

사(思)-열가닥(십(十)을 덮여(멱(冖) 실(사(糸))을 꼬여 동아줄 삭

용(用)-搜索수색 摸索모색 索引색인 探索탐색 檢索검색 索道삭도 索出색출

數 數 자주 삭{셀 수,}; 攴 [shù,shǔ,shuò]자주, 세다, 촘촘하다,
부(部)-등글월문 칠 복(攴): 막대기로 치면서 센다는 의미

자(字)-루(婁)복(攴)=수(數)   ※婁 끌 누, 거둘 누. 별 이름 루{누}

사(思)-거두어(루(婁) 온 가축을 막대기 치면서(복(攴) 셀 수

용(用)-數學수학 分數분수 數字숫자 函數함수 倍數배수 度數도수 頻數빈삭
算數산수 指數지수 複數복수 手數料수수료 數量수량 口舌數구설수

朔 초하루 삭; 月 [shuò]초하루, 음력의 매월 1일,
부(部)-달 월(月): 달력에 관한 의미

자(字)-역(屰)월(月)=삭(朔)   ※屰 거스를 역, 逆(역)과 동자(同字).

사(思)-거슬러(역(屰) 거슬러 매달(월(月) 시작은 초하루 삭

용(用)-朔望삭망 滿朔만삭 八朔童팔삭동 孟朔맹삭 朔朝삭조

産 产 낳을 산; 生 [chǎn]낳다, 태어나다, 만들어 내다
부(部)-날 생(生): 만들어내는 의미

자(字)-산(产)생(生)=산(産)   ※产 낳을 산 /生 날 생

사(思)-낳고(산(产) 낳으니(생(生) 낳을 산

용(用)-産業산업 財産재산 不動産부동산 倒産도산 資産자산 生産생산
遺産유산 産室산실 産物산물 破産파산 出産출산

山 뫼 산; 山- [shān]뫼, 산, 산신(山神), 무덤
부(部)-뫼 산(山):산에 관련 글자 의미

자(字)-산(山) 제부수 한자

사(思)-상형문자(象形文字)로 산을 표현

용(用)-山峯山산봉산 山城山산성산 山房山산방산 山火山산화산

算 셀 산; 竹- [suàn]세다, 수, 수효, 바구니, 대그릇
부(部)-대 죽(竹):산가지(算수효를 셈하는 데 쓰던 대막대기) 의미

자(字)-죽(竹)목(目)입(卄)=산(算)

사(思)-산가지(죽(竹)를 눈(목(目)으로 스무번(입(卄) 보면서 셀 산

용(用)-計算계산 淸算청산 豫算예산 算數산수 決算결산 換算환산 精算정산

傘 傘 우산 산; 人 [sǎn] 우산.
부(部)-사람 인(人): 사람이 사용하는 의미.

자(字)-인(人)인인(人人)인인(人人)십(十)=산(傘).

사(思)-우산 모양을 형상화 한 우산 산. 쌍쌍이 우산을 쓴 모양

용(用)-傘下산하. 雨傘우산. 核雨傘핵우산. 傘壽산수.

酸 초 산; 酉 [suān] 초, 식초, 시다, 오미(五味)의 하나.
부(部)-술 유(酉): 술같이 발효되는 초산이라는 의미.

자(字)-유(酉)준(夋)=산(酸). 夋 천천히 준.

사(思)-술(酉)이 천천히(夋) 발효되는 식초 산.

용(用)-酸素산소 鹽酸염산 狗猛酒酸구맹주산 酸辛산신

散 흩을 산; 攴- [sǎn,sàn]흩다, 흩어지다, 헤어지다,
부(部)-둥글월문 칠 복(攵): 치니가 흩어지다 의미

자(字)-입(卄)일(一)월(月)복(攵)=산(散)

사(思)-20명(입(卄)을 한(일(一) 사람이 달밤(월(月)에 치니(복(攵) 흩을 산

용(用)-散策산책 擴散확산 解散해산 霧散무산 散步산보 散漫산만
分散분산 散花산화 散亂산란 發散발산 離散이산 散文산문 散在산재

殺 죽일 살; 殳- [shā,shài]죽이다, 죽다, 베다
부(部)-몽둥이 수(殳): 몽둥이로 죽인다 의미

자(字)-살(杀)수(殳)=살(殺) ※杀 죽일 살. 殺의 간체자

사(思)-살인(살(杀) 몽둥이(수(殳)로 죽일 살

용(用)-殺到쇄도 相殺상쇄 抹殺말살 被殺피살 殺人살인 撲殺박살
自殺자살 惱殺뇌쇄 刺殺척살 虐殺학살 殺菌살균

森 수풀 삼; 木- [sēn]나무가 빽빽하다, 나무가 많이 서 있는

부(部)-나무 목(木): 나무와 관련 글자 의미

자(字)-목(木)림(林)=삼(森)

사(思)-나무(목(木)들이 수풀(임(林)에 빽빽하니 빽빽할 삼

용(用)-森林삼림 森嚴삼엄 陰森음삼 森林法삼림법

　森羅萬象삼라만상 : 우주(宇宙) 안에 있는 온갖 사물(事物)과 현상(現象).

三 석 삼; 一 [sān] 석, 셋, 세 번, 거듭, 자주.

부(部)-한 일(一):삼은 하나의 거듭이다 의미.

자(字)-일(一)이(二)=삼(三).

사(思)-하나의 삼배수

용(用)-三國志삼국지 三伏삼복 三秋삼추 三極삼극. 三昧삼매.

參 參 석 삼{간여할 참}; 厶- [cān,cēn,shēn]셋(三), 간여, 참여,

부(部)-사사 사(厶): 헤아리는 숫자 관련

자(字)-누(厽)삼(彡)=삼(參)　　※厽여러 루(누) / 彡 터럭 삼

사(思)-여러개(누(厽) 털(삼(彡)이 모인 것은 세 개 이상 석 삼

용(用)-參與참여 參酌참작 參加참가 參考참고 參席참석 參禪참선 參照참조

　　參謀참모 參觀참관 同參동참 參見참견 參謀部참모부

蔘 인삼 삼; 艸 [sān,shēn] 인삼(人蔘).

부(部)-풀 초(艸): 인삼도 잎의 영향으로 자란다는 의미.

자(字)-초(++)참(參)=삼(蔘)　　※參 간여할 참{석 삼}

사(思)-풀(++)이 첨여해서(參) 자라니 인삼 삼.

용(用)-人蔘인삼. 乾蔘건삼. 紅蔘홍삼. 白蔘백삼.

臿 가래 삽; 臼 [chā] 가래, 찧다, 보리를 엽치다, 가래의 날.

부(部)-절구 구(臼): 절구를 화분 삼아 꽂는다는 의미.

자(字)-천(千)구(臼)=삽(臿).

사(思)-천(千)번이상 절구(臼)로 두들겨 만드니 가래 삽.

용(用)-飯臿반삽: 밥주걱. 밥을 푸는 도구

插 꽂을 삽; 手 [chā] 꽂다, 박아 넣다, 끼워 넣다, 가래.

부(部)-손 수(手): 손으로 삽을 이용 꽂는다는 의미.

자(字)-수(扌)삽(臿)=삽(插). 臿 가래 삽.

사(思)-손(扌)에 삽(臿)으로 식물을 꽂으니 꽂을 삽.

용(用)-插畵삽화. 插面삽면. 插架삽가. 插入삽입.

償 償 갚을 상; 人- [cháng]갚다, 보상
부(部)-사람인변 인(亻): 사람에 상을 주는 것 관련 의미
자(字)-인(亻)상(賞)=상(償)　　※賞 상줄 상
사(思)-공 세운 사람(인(亻))에게 상주어(상(賞)) 보상하니 갚을 상
용(用)-補償보상 償還상환 賠償배상 求償權구상권 報償보상 辨償변상
減價償却감가상각 償却상각 無償무상 有償유상 損害賠償손해배상

賞 賞 상줄 상; 貝-[shǎng]상을 주다, 기리다, 찬양하다, 상(賞)
부(部)-조개 패(貝):상은 부상으로 재물도 준다 의미
자(字)-상(尙)패(貝)=상(賞)　　※尙 오히려 상. 높일 상
사(思)-공 세운 사람을 높이고자(상(尙)) 상금(패(貝)으로 상줄 상
용(用)-賞狀상장 受賞수상 褒賞포상 懸賞현상 賞罰상벌 大賞대상 賞典상전
副賞부상 施賞시상

嘗 嘗 맛볼 상; 口- [cháng]맛보다, 시험 삼아, 시험하다, 일찍이
부(部)-입 구(口): 맛은 입으로 본다는 의미
자(字)-상(尙)지(旨)=상(嘗)　　※旨 맛있을지. 뜻 지.
사(思)-높일(상(尙)) 뜻(지(旨))을 맛을 보고 싶으니 맛볼 상
용(用)-未嘗不미상불 嘗試상시 品嘗품상 嘗藥상약 嘗新상신 嘗味상미

桑 뽕나무 상; 木- [sāng]뽕나무, 뽕 따다, 뽕잎을 따다,
부(部)-나무 목(木): 뽕나무도 나무라는 의미
자(字)-우(又)우(又)우(又)목(木)=상(桑)
사(思)-누에가 또 또 또 먹으니 뽕잎을 생산나무(목(木) 뽕나무 상
용(用)-摘桑적상 桑蠶상잠 蠶桑잠상 農桑농상

床 상 상; 广- [chuáng]牀의 俗字, 상, 밥상·책상·평상 등의 통칭,
부(部)-엄호 집 엄(广): 상은 보통 집안에 있다는 의미
자(字)-엄(广)목(木)=상(床)
사(思)-집(엄(广)안에 주로 나무(목(木)로 만든 상 상
용(用)-冊床책상 起床기상 兼床겸상 飯床반상 溫床온상 臥床와상 床巾상건

祥 상서로울 상; 示 [xiáng] 상서롭다, 복, 좋다, 재앙.
부(部)-보일 시(示): 신과 관련성 있다는 의미.
자(字)-시(示)양(羊)=상(祥).
사(思)-신(示-部)이 좋은 일(羊)을 내려주니 상서(祥瑞)로울 상.
용(用)-發祥발상 妖祥요상 祥瑞상서 祥兆상조 大祥대상 吉祥善事길상선사

箱
상자 상; 竹 [xiāng] 상자, 곳집, 곁채.

부(部)-대나무 죽(竹): 대나무로 상자를 만들었다는 의미.

자(字)-죽(竹)상(相)=상(箱).

사(思)-대나무(竹)로 서로(相) 교차 짜서 만든 상자 상.

용(用)-箱子상자. 書箱서상. 魂箱혼상. 寓目囊箱우목낭상.

傷
伤 상처 상; 人 [shāng] 상처, 닿다, 이지러지다.

부(部)-사람 인(人): 사람이 상처를 입은 것을 의미.

자(字)-인(亻)인(人)양(昜)=상(傷).

사(思)-사람(亻-部)과 사람(人)들은 햇볕(昜)에 화상으로 상처 상.

용(用)-損傷손상. 傷處상처. 殺傷살상. 負傷부상. 凍傷동상. 傷害상해.

想
생각할 상; 心- [xiǎng]생각하다, 생각, 모양, 형상

부(部)-마음 심(心): 마음에 관련 글자 의미

자(字)-상(相)심(心)=상(想)

사(思)-상대와 서로(상(相) 마음(심(心)으로 생각하니 생각할 상

용(用)-想像상상 思想사상 理想이상 感想감상 幻想환상 豫想예상 構想구상
　　　奇想天外기상천외 :보통(普通) 사람으로는 짐작(斟酌)도 할 수 없을
만큼 생각이 기발(奇拔)하고 엉뚱함.

相
서로 상; 目 [xiāng,xiàng] 서로, 보다, 자세히 보다, 바탕.

부(部)-눈 목(目): 서로 본다는 의미.

자(字)-목(木)목(目)=상(相).

사(思)-좋은 나무인지(목(木) 눈으로(目) 보니 서로 상.

용(用)-樣相양상. 相對상대. 相當상당. 相互상호. 眞相진상.

霜
서리 상; 雨 [shuāng] 서리, 해, 세월, 머리털이 하얀 것 비유.

부(部)-비 우(雨): 공기중 물방울 관련 의미.

자(字)-우(雨)상(相)=상(霜).

사(思)-빗(雨-部)방울이 서로(相) 붙어 하얀 서리되니 서리 상. 용
(用)-風霜풍상. 降霜강상. 霜露상로. 霜下傑상하걸(菊花국화).

尙
尚 오히려 상. 높일 상; 小- [shàng]오히려, 높이다, 숭상하다

부(部)-작을 소(小): 작은 게 오히려 높임 의미

자(字)-소(小)경(冂)구(口)=상(尙)　※冂 먼데 경

사(思)-작게(소(小) 먼데(경(冂) 보이면 오히려 큰 것 말(구(口)해 높일 상

용(用)-尙書상서 高尙고상 崇尙숭상 尙宮상궁 嘉尙가상 尙武상무 慶尙경상

上 위 상; 一 [shàng,shǎng,sháng] 위, 하늘, 임금.
부(部)-한 일(一) 최고, 첫째, 시작의 의미.
자(字)-곤(丨)일일(一一)=상(上).
사(思)-일(一)정 기준이상 위에 있으니 위 상.
용(用)-以上이상. 上昇상승 . 世上세상. 引上인상. 祖上조상. 頂上정상.

詳 詳 자세할 상; 言 [xiáng] 자세하다, 자세히 밝히다, 자세함.
부(部)-말씀 언(言): 자세히 말을 해주다의 의미.
자(字)-언(言)양(羊)=상(詳).
사(思)-말(言-部)을 잘한다(羊)는 것은 자세히 밝히는 것, 자세할 상.
용(用)-詳細상세. 昭詳소상. 未詳미상. 詳述상술. 詳考상고.

喪 丧 죽을 상; 口 [sāng,sàng] 죽다, 복(服), 상제 노릇을 하다.
부(部)-입 구(口): 상(喪) 당한 슬픈 곡을 입으로 한다는 의미.
자(字)-토(土) 구구(口口)의(衣)=상(喪). ※ 衣(옷의) 변형.
사(思)-흙에(土) 묻히게 곡소리(口-部)로 수의(衣)를 입히는 죽을 상.
용(用)-喪失상실. 喪家상가. 弔喪조상. 內艱喪내간상. 喪亡상망.

裳 치마 상; 衣- [cháng,shàng]치마, 낮에 입는 옷, 화려한 모양
부(部)-옷 의(衣): 옷에 관련된 글자 의미
자(字)-상(尙)의(衣)=상(裳)   ※尙 오히려 상. 높일 상
사(思)-높임(상(尙)을 받는 옷(의(衣)으로 치마 상
용(用)-衣裳의상 赤裳적상 靑裳청상 紅裳홍상 玄裳현상
同價紅裳동가홍상 :「같은 값이면 다홍치마(-紅--)」라는 뜻.

象 코끼리 상; 豕- [xiàng]코끼리, 상아(象牙), 모양, 그림
부(部)-돼지 시(豕) : 네발 동물에 관한 글자 의미
자(字)-도(刀)건(巾)시(豕)=상(象)
사(思)-칼(도(刀)가지고 수건(건(巾)쓰고 돼지(시(豕)같은 동물 코끼리 상
용(用)-現象현상 印象인상 對象대상 象形상형 象徵상징 氣象기상 表象표상

常 항상 상. 떳떳 상; 巾 [cháng] 법, 불변의 도, 행해야 할 도.
부(部)-모자 건(巾): 모자 수건은 항상 착용하는 의미.
자(字)-상(尙)건(巾)=상(常).
사(思)-숭상(尙)하는 모습은 모자(巾수건 건)부터 늘 단정하니 항상 상.
용(用)-尋常심상. 恒常항상. 常識상식. 正常化정상화. 日常일상.
非常비상. 異常이상. 常務상무. 日常的일상적. 通常통상.

廂 廂 행랑 상; 广 [xiāng] 행랑, 결간, 몸체의 동서의 벽.
　　부(部)-집 엄(广): 집의 구조와 관련된 글자 의미.
자(字)-엄(广)상(相)=상(廂).
사(思)-집(广-部)을 서로(相) 이어주는 행랑채니 행랑 상.
용(用)-東廂동상☞ 동상(東床). 廂軍상군. 西廂서상.

商 헤아릴 상; 口- [shāng]헤아리다, 장사, 물건을 팔고 사는 행위
　　부(部)-입 구(口): 장사는 주로 입(구(口)으로 한다는 의미
자(字)-두(亠)팔(八)경(冏)=상(商)　※冏 빛날 경
사(思)-아이디어(두(亠) 나누어(팔(八) 빛나는(경(冏) 활동이 상업 상
용(用)-協商협상 商品상품 商店상점 商業상업 商街상가 商人상인 商標상표

像 모양 상; 人- [xiàng]형상, 본뜬 형상, 닮다
　　부(部)-사람인변 인(亻): 사람의 모양과 관련 의미
자(字)-인(亻)상(象)=상(像)　　※象 코끼리 상. 모양 상, 그림 상
사(思)-사람(인(亻)이 코끼리(상(象)모양 그리니 모양 상
용(用)-想像상상 偶像우상 畫像화상 映像영상 氣像기상 肖像초상
　　　動映像동영상 群像군상 影像영상 現像현상 實像실상 假像가상

狀 狀 형상 상. 문서 장; 犬- [zhuàng]형상, 모양, 형용하다, 문서
　　부(部)-개 견(犬): 개는 모양 형상만 보고도 짖는다??
자(字)-장(爿)견(犬)=상(狀)　※爿 나뭇조각 장
사(思)-나무조각(장(爿)에 개(견(犬)모양을 그리니 형상 상
용(用)-狀態상태 賞狀상장 症狀증상 令狀영장 現狀현상 形狀형상
　　　昏睡狀態혼수상태 異狀이상 慘狀참상 情狀정상 送狀송장

塞 막힐 색{변방 새}; 土- [sāi,sài,sè]막히다, 변방, 요새, 굿
　　부(部)-흙 토(土): 흙으로 요새를 쌓는다 의미
자(字)-면(宀)정(井)일(一)팔(八)토(土)=색(塞)
사(思)-집(宀)과 우물(井) 한 개(一)를 나누어(팔(八) 흙(土) 요새로 막힐 색
용(用)-要塞요새 閉塞폐색 壅塞옹색 語塞어색 窮塞궁색 窒塞질색

索 찾을 색, 동아줄 삭; 糸- [suǒ]동아줄, 새끼 꼬다, 가리다, 선택
　　부(部)-실 사(糸): 실로 동아줄 꼬다 의미
자(字)-십(十)멱(冖)사(糸)=삭(索)=색
사(思)-열가닥(십(十)을 덮여(멱(冖) 실(사(糸)이 꼬인 것을 찾을 색
용(用)-搜索수색 摸索모색 索引색인 探索탐색 檢索검색 索道삭도 索出색출

省 덜 생{살필 성}; 目-[shěng,xǐng]덜다, 살피다, 허물다, 깨닫다
부(部)-눈 목(目): 눈으로 살피다는 의미
자(字)-소(少)목(目)=성(省)=생(省)
사(思)-작은 것(소(少))도 눈(목(目))으로 살필 성, 작은 눈에 안 보여 덜 생
용(用)-省察성찰 反省반성 省略생략 省墓성묘 歸省귀성 自省자성 內省내성

逝 갈 서; 辶 [shì] 가다, 뜨다, 떠나다, 죽다.
부(部)-쉬엄걸을 착(辶): 가다와 관련된 글자 의미.
자(字)-절(折)착(辶)=서(逝).
사(思)-꺾어져(折) 가니(辶-部) 저승으로 서거(逝去)할 서, 갈 서.
용(用)-逝去서거. 早逝조서☞ 요절(夭折). 夭逝요서☞ 요절(夭折).

署 관청 서; 网- [shǔ]관청, 부(部)·국(局) 등. 베풀다, 두다
부(部)-그물망머리 망(罒): 관청은 그물처럼 조직망 의미
자(字)-망(罒)자(者)=서(署)
사(思)-그물(망(罒)) 조직 근무자(자(者))들이 일하는 관청 서
용(用)-署名서명 警察署경찰서 部署부서 署理서리 官公署관공서
       署名捺印서명날인

暑 더울 서; 日- [shǔ]덥다, 무덥다, 더위, 더운 계절, 여름
부(部)-날 일(日): 날마다의 더위 등 관련 의미
자(字)-일(日)자(者)=서(暑)
사(思)-여름 날(일(日))에 모든 놈(자(者))이 더우니 더울 서
용(用)-處暑처서 大暑대서 小暑소서 避暑피서 酷暑혹서 暴暑폭서

誓 맹세할 서; 言- [shì]맹세하다, 임명하다, 경계하다, 훈계하다
부(部)-말씀 언(言): 맹세는 말로 한다 의미
자(字)-절(折)언(言)=서(誓)   ※折 꺾을 절
사(思)-꺾이지(절(折)) 않겠다고 말하여(언(言)) 맹세하니 맹세할 서
용(用)-盟誓맹세 誓願서원 誓約서약 宣誓선서 誓文서문

瑞 상서 서; 玉 [ruì] 상서, 길조, 경사스럽다, 홀(笏).
부(部)-구슬 옥(玉): 구슬이 상서로운 길조라는 의미.
자(字)-옥(玉)단(耑)=서(瑞). 耑 시초 단. 끝 단
사(思)-옥(玉)을 처음(耑)이나 끝이나 가지면 길조니 상서 서.
용(用)-祥瑞상서. 瑞山서산. 瑞草區서초구. 瑞花서화. 烏魚之瑞오어지서.
       吉瑞길서 瑞雪서설 瑞玉서옥

- 184 -

西 서녘 서; 襾- [xī]서녘, 서쪽, 깃들이다,
　　부(部)-서녘 서(西): 제부수 한자
자(字)-일(一)인(儿)구(口)=서(西)
사(思)-한(일一) 어진사람(인儿)이 먹으려고(구口) 가는 곳이 서녘 서
용(用)-東問西答동문서답 東西古今동서고금 東家食西家宿동가식서가숙
　　東奔西走 동분서주

絮 솜 서; 糸 [xù] 솜, 헌 풀솜, 거친 풀솜, 솜옷, 핫옷, 막히다.
　　부(部)-실 사(糸): 목화실(사糸)이 솜을 만들다 의미.
자(字)-여(如)사(糸)=서(絮).
사(思)-오리털 같이(如) 실타래(糸-部)를 잘 풀어내면 솜(絮)이니 솜 서.
용(用)-絮雪서설. 開絮期개서기. 輕絮경서. 敗絮패서. 絮說서설.

緖 실마리 서; 糸- [xù]실마리, 비롯함, 시초, 계통
　　부(部)-실사변 사(糸): 실마리(헝클어진 실의 첫머리) 실 관련 의미
자(字)-사(糸)자(者)=서(緖)
사(思)-실(사糸)을 헝클어지게 한 놈(자者)을 찾는 실마리 서
용(用)-情緖정서 端緖단서 緖業서업 緖戰서전 緖言서언

書 书 쓸 서; 曰 [shū] 쓰다, 글씨를 쓰다, 기록하다, 서법.
　　부(部)-가로 왈(曰): 말을 기록한다는 의미.
자(字)-율(聿)왈(曰)=서(書).
사(思)-성인의 말씀(曰)을 붓(聿)으로 기록한 것이 글, 책이니 쓸 서.
용(用)-敎科書교과서 報告書보고서 書翰서한 讀書독서 書類서류 文書문서.
　　비슷한 한자- 晝 낮 주. 畵 그림 화, 그을 획 盡 다할 진

庶 여러 서; 广- [shù]여러, 많다, 살찌다
　　부(部)-집 엄(广): 집에는 여러 식구가 있다 의미
자(字)-엄(广)입(廿)화(灬)=서(庶)　　※ 廿 스물 입 / 灬 불 화
사(思)-집(엄广) 스무명(입廿) 취사(炊事)로 불(화灬)때야하니 여러 서
용(用)-庶民서민 庶子서자 庶孼서얼 庶務서무 庶人서인 庶母서모

恕 용서할 서; 心 [shù] 용서하다, 깨닫다, 밝게 알다.
　　부(部)-마음 심(心): 용서는 마음관련 의미.
자(字)-여(如)심(心)=서(恕).
사(思)-남과 같게(如)하는 마음(心-部)이면 용서하게 된다.
용(用)-容恕용서. 忠恕충서. 以恕己之心恕人이서기지심서인.

序 차례 서, 담 서; 广 [xù] 차례, 차례를 매기다, 담.
　　부(部)-집 엄(广): 집에서 차례, 담이 있다는 의미.
자(字)-엄(广)여(予)=서(序).
사(思)-집(广)에서 주는(予)순서에 차례 차례 서, 순서에는 담이 담 서.
용(用)-秩序질서 順序순서 序列서열 次序차서 無秩序무질서 序文서문.

敍 차례 서; 攵- [xù]차례, 순서를 정하다, 차례대로 행하다,
　　부(部)-칠 복(攵):차례 지키라고 회초리 하다 의미
자(字)-여(余)복(攵)=서(敍)　　※ 余 나 여 /攵 칠 복
사(思)-나(여(余)의　회초리(복(攵)로 차례를 정하니 차례서
용(用)-敍述서술 敍事詩서사시 自敍傳자서전 敍勳서훈 蔭敍음서 敍述語서술어

徐 천천할 서; 彳- [xú]천천하다, 평온하다, 다, 모두
　　부(部)-두인변=조금걸을 척(彳): 천천히 한다는 의미
자(字)-척(彳)여(余)=서(徐)　※余 나 여
사(思)-조금씩 걸어가는(척(彳) 나(여(余)와 같이 천천히 갈 서
용(用)-徐行서행 安徐안서 徐事서사 徐緩서완 徐來서래

析 쪼갤 석; 木- [xī]가르다, 쪼개다, 해부하다, 나누어 밝히다,
　　부(部)-나무 목(木): 나무를 쪼개는 것과 관련 의미
자(字)-목(木)근(斤)=석(析)
사(思)-나무(목(木)를 도끼(근(斤)로 쪼개니 쪼갤 석
용(用)-分析분석 透析투석 解析해석 析出석출 解析學해석학 晶析정석

石 돌 석; 石- [shí,dàn]돌, 돌로 만든 악기, 비석
　　부(部)-돌 석(石): 돌에 관련 글자 의미
자(字)-석(石) 제부수 한자
사(思)-상형문자(象形文字)로 벼랑아래 떨어지는 돌덩이 표현
용(用)-寶石보석 磁石자석 巖石암석 石榴석류 碑石비석 化石화석
　　　　他山之石타산지석: 「다른 산(山)의 돌」 이라는 뜻으로, . 다른 사람의 하
찮은 언행(言行)이라도 자기(自己)의 지덕(智德)을 닦는 데 도움이 됨을 비유.

惜 아낄 석; 心 [xī] 아끼다, 아까워하다, 아깝다, 가엾다.
　　부(部)-마음 심(心): 아끼는 마음의 상태를 의미.
자(字)-심(忄)석(昔)=석(惜).　　※ 옛(옛날) 석,
사(思)-마음이(忄) 옛날을(昔) 후회하며 대개 아까워할 석.
용(用)-惜別석별 哀惜애석 惜敗석패 悼惜도석. 憐惜연석. 嘆惜탄석. 可惜가석.

昔 예 석; 日 [xī] 예, 옛, 옛날, 오래다, 오래 되다.
부(部)-날 일(日): 날짜가 지나면 옛날이란 의미.
자(字)-입(卄)일(一)일(日)=석(昔). 卄 스물 입.
사(思)-이십(卄) 일(一)이 날자(日)가 지나니 옛날 석.
용(用)-昔年석년 昔歲석세 昔人석인 遙昔요석 今昔금석(지금과 옛적).

席 자리 석; 巾- [xí]자리, 깔다, 앉음새
부(部)-수건 건(巾): 자리에 수건 같은 방석 깔다(?) 의미?
자(字)-엄(广)입(卄)건(巾)=석(席) ※卄 스물 입
사(思)-집(엄(广)에 스무개(입(卄) 수건(건(巾) 방석을 깐 자리 석
용(用)-首席수석 座席좌석 缺席결석 參席참석 出席출석 主席주석 方席방석

夕 저녁 석; 夕- [xī]저녁, 밤, 쏠리다
부(部)-저녁 석(夕): 제부수 한자
자(字)-석(夕)
사(思)-상형문자(象形文字)로 저녁에 뜨는 초승달 모양 표현 글자
용(用)-秋夕추석 夕陽석양 朝夕조석 七夕칠석 夕講석강 夕哭석곡

碩 碩 클 석; 石 [shuò] 크다, 머리가 크다, 가득 차다.
부(部)-돌 석(石): 큰 바위라는 의미.
자(字)-석(石)혈(頁)=석(碩). ※頁 머리 혈
사(思)-돌(石)이 머리통(頁)만큼이니 클 석.
용(用)-碩士석사. 碩座教授석좌교수. 碩學석학. 博碩肥腯박석비돌.
　　　碩果不食석과불식.

釋 釋 풀 석; 釆- [shì]풀다, 풀리다, 내버리다
부(部)-분별할 변(釆):풀어 내려면 분별해야 한다 의미
자(字)-변(釆)역(睪)=석(釋) ※睪 엿볼 역/釆 분별할 변
사(思)-죄수(罪囚)를 분별(변(釆)하고 엿보아(역(睪) 모범수 풀어줄 석
용(用)-解釋해석 釋迦석가 釋放석방 稀釋희석 釋然석연 釋奠석전 保釋보석

選 选 가릴 선; 辶- [xuǎn]가리다, 가려 뽑다, 열거하다, 좋다(善)
부(部)-책받침, 쉬엄갈 착(辶): 걸어다니면 가려 뽑다 의미
자(字)-손(巽)착(辶)=선(選) ※※巽 손괘 손. 부드러운 손
사(思)-부드럽게(손(巽) 걸어가(착(辶) 선거하니 가릴 선
용(用)-選擇선택 選擧선거 當選당선 選定선정 大選대선 選民선민
　　　運動選手운동선수 改選개선

鮮 鮮 고울 선, 드물 선; 魚 [xiān,xiǎn] 곱다, 뚜렷하다, 깨끗하다.
부(部)-고기 어(魚): 고기가 좋은 것은 드물다 의미 냉장고 없던 시절.
자(字)-어(魚)양(羊)=선(鮮).
사(思)-물고기(魚-部)가 양고기(羊)처럼 고운 것은 드물선. 고울 선.
용(用)-朝鮮조선. 新鮮신선. 鮮明선명. 古朝鮮고조선. 生鮮생선.

繕 繕 기울 선; 糸 [shàn] 깁다, 손보아 고치다, 다스리다, 잘하다.
부(部)-실 사(糸): 실로 깁다는 의미.
자(字)-사(糸)선(善)=선(繕).
사(思)-실(糸)로 잘(善) 고치니 기울 선.
용(用)-修繕수선. 繕工監선공감. 修繕充當金수선충당금.

旋 돌 선; 方- [xuán,xuàn]돌다, 회전하다, 돌리다, 돌아오다
부(部)-모 방(方): 사방(四方) 방향으로 돌다 의미
자(字)-방(方)인(人)필(疋)=선(旋)　　※疋 필 필{발 소}. 작 필
사(思)-사방(四方)에서 사람(인(人)이 짝(필(疋)지어 돌리는 선
용(用)-斡旋알선 周旋주선 凱旋개선 旋回선회 旋律선율 旋盤선반

先 먼저 선; 儿 [xiān] 먼저, 나아가다, 옛날.
부(部)-어진사람 인(儿): 먼저 어진 사람이 되라는 의미.
자(字)-우(牛)인(儿)=선(先).
사(思)-소(우(牛)처럼 어진사람(인(儿)이 되어 먼저 일하니 먼저 선.
용(用)-于先우선. 先生선생. 優先우선. 先輩선배. 先導선도. 先手선수.
　　先父君선부군. 先例선례. 先烈선열. 先頭선두.

船 배 선; 舟- [chuán]배, 옷깃
부(部)-배 주(舟): 배와 관련된 의미
자(字)-주(舟)궤(几)구(口)=선(船)　　※几 안석 궤;
사(思)-배(주(舟)안에 안석(궤(几)과 식당(구(口)이 있는 배 선
용(用)-船舶선박 造船조선 風船풍선 曳船예선 船隻선척 漁船어선 帆船범선

宣 베풀 선; 宀- [xuān]베풀다, 펴다, 생각을 말하다, 공포하다,
부(部)-갓머리 집 면(宀): 집에서 베풀고 말하다 의미
자(字)-면(宀)궁(亘)=선(宣)　　※亘 걸칠 긍. 말할 긍
사(思)-집에서(면(宀) 임금이 말하며(긍(亘) 선포(宣布)하니 베풀 선
용(用)-宣傳선전 宣言선언 宣告선고 宣揚선양 宣布선포 宣誓선서 宣敎선교
　　宣告猶豫선고유예 宣戰布告선전포고 國威宣揚국위선양

禪 禅 봉선(封禪) 선; 示- [chán,shàn]봉선(封禪), 하늘에 제사. 사양하다,

부(部)-보일시변 시(礻): 제사에 관련된 글자 의미

자(字)-시(礻)단(單)=선(禪) ※單 홑 단

사(思)-제사(시(礻)에서 혼자(단(單)만 제관(祭官)은 사양할 선

용(用)-參禪참선 禪讓선양 禪師선사 禪宗선종 禪定선정 坐禪좌선 口頭禪구두선

仙 신선 선; 人 [xiān] 신선, 고상한 사람, 도교(道敎)의 딴 이름.

부(部)-사람 인(人): 사람에 관한 글자 의미.

자(字)-인(亻)산(山)=선(仙).

사(思)-사람이(亻=人-部) 산에(山)살아 신선되니 신선 선.

용(用)-神仙신선. 詩仙시선. 仙鶴선학. 女仙여선. 仙女선녀.

線 線 줄 선; 糸- [xiàn]줄, 실

부(部)-실 사(糸): 실로 줄을 만든다 의미

자(字)-사(糸)천(泉)=선(線) ※泉 샘 천

사(思)-실(사(糸)이 샘(천(泉)처럼 나와야 줄을 만드니 줄 선

용(用)-視線시선 直線직선 脫線탈선 幹線간선 紫外線자외선 戰線전선
　　　　路線노선 混線혼선 線路선로 支線지선 光線광선

善 착할 선; 口; [shàn] 잘할 선, 정당할 선, 높을 선. 많을 선.

부(部)-입 구(口) : 먹는 것(口)이 착함에 영향을 준다는 의미.

자(字)-양(羊)초(丷)구(口)=선(善)

사(思)-양(羊)이 초식(丷)을 먹이(口-部)로 해서 착하여 착할 선.

용(用)-改善개선. 最善최선. 善惡선악. 善意선의. 善戰선전. 獨善독선.

雪 눈 설; 雨 [xuě,xuè] 눈, 눈이 오다, 누명이나 치욕을 벗다, 희다.

부(部)-비 우(雨): 비같이 하늘에서 내리는 것을 의미.

자(字)-우(雨)추(彗)=설(雪).

사(思)-비(우(雨)같이 내리는 데 비(추(彗))로 쓸어내는 하얀 눈 눈 설.

용(用)-小雪소설. 大雪대설. 暴雪폭설. 壯雪장설. 雪糖설탕. 雪辱설욕.

說 说 말씀 설, 달랠 세, 기뻐할 열; 言 [shuō,shuì,yuè] 말씀,

부(部)- 말씀 언(言): 연설 등 말함과 관련된 글자 의미.

자(字)-언(言)태(兌)=설(說).

사(思)-말(言)은 남을 빛나게(兌) 해야 하니 말씀 설. 달랠 세, 기쁠 열.

용(用)-說明설명. 演說연설. 說得설득. 辱說욕설. 遊說유세.

　　　　街談巷說가담항설 :길거리 사람들 사이에 떠도는 이야기

設 设 베풀 설; 言-[shè]베풀다, 진열하다, 설립, 설비, 주연,
부(部)-말씀 언(言):진열, 세우는데 말로 지시 한다는 의미

자(字)-언(言)수(殳)=설(設)　※殳 몽둥이 수. 지팡이 수,

사(思)-공사 감독이 말(언(言)과 몽둥이(수(殳)로 지시 베풀 설

용(用)-施設시설 設置설치 建設건설 設定설정 設備설비 設計설계
　　　 設立설립 架設가설 假設가설 陳設진설 開設개설 附設부설

舌 혀 설; 舌- [shé]혀, 목관 악기에 끼워 소리를 내는 물건,
부(部)-혀 설(舌): 제부수 한자

자(字)-천(千)구(口)=설(舌)

사(思)-천명(천(千) 입(구(口) 모두에 있는 혀 설

용(用)-口舌數구설수 饒舌요설 長廣舌장광설 毒舌독설 舌戰설전 舌禍설화

纖 纤 가늘 섬; 糸 [xiān,qiàn] 가늘다, 고운 비단, 엷은 비단, 작다.
부(部)-실 사(糸): 실은 가늘수록 고운 비단 의미.

자(字)-사(糸)섬(韱)=섬(纖). ※ 韱 부추 섬, 가늘 섬.

사(思)-실은(糸) 가늘게(韱)하니 고운 비단 섬.

용(用)-纖維섬유. 纖細섬세. 化纖絲화섬사. 纖纖玉手섬섬옥수. 纖眉섬미.

涉 건널 섭; 水- [shè]건너다, 거닐다, 미치다, 이르다
부(部)-삼수변 수(氵): 강이나 바다 물을 건너다 의미

자(字)-수(氵)보(步)=섭(涉)　※ 步 걸음 보

사(思)-강이나, 냇물(수(氵)을 걸어서(보(步) 건널 섭

용(用)-涉獵섭렵 交涉교섭 通涉통섭 涉外섭외 交涉局교섭국 干涉간섭

攝 摄 당길 섭; 手- [shè]당기다, 끌어당기다, 잡다, 쥐다,
부(部)-재방변 수(扌): 손으로 끌어 당기다 의미

자(字)-수(扌)섭(聶)=섭(攝)　※ 聶 소곤거릴 섭

사(思)-손으로(수(氵) 소곤거리며(섭(聶) 당기는 당길 섭

용(用)-攝理섭리 攝取섭취 攝生섭생 包攝포섭 攝政섭정 攝氏섭씨 統攝통섭

葉 마 성 섭{잎 엽}; 艸- [yè,xié]성, 잎, 초목의 잎, 갈래, 가지,
부(部)-초두머리 초(艹): 나뭇잎도 풀과 비슷하다 의미

자(字)-초(艹)세(世)목(木)=엽(葉)

사(思)-풀(초(艹)이 세상(세(世)에 나오게 나무(목(木)의 잎 엽. 땅이름 섭

용(用)-落葉낙엽 枝葉지엽 針葉樹침엽수 枯葉고엽 胎葉태엽 葉書엽서
　　　 枯葉劑고엽제 闊葉樹활엽수 葉綠素엽록소 葉公好龍섭공호룡

醒 깰 성; 酉 [xīng] 술이 깨다, 잠이 깨다, 깨닫다, 별 이름.
부(部)-술 유(酉): 술과 관련 글자 의미.

자(字)-유(酉)성(星)=성(醒).

사(思)-닭이((酉☞술, 닭) 우는 새벽의 별(성(星)을 보니 깨달을 성.

용(用)-覺醒각성 醒酒湯성주탕 醒覺성각☞각성(覺醒) 半醒반성 覺醒劑각성제.
　　　　長醉不醒장취불성 : 술을 너무 오래 마셔서 깨지 않음.

盛 담을 성; 皿 [shèng,chéng] 담다, 채우다, 바리, 주발.
부(部)-그릇 명(皿): 그릇에 담는다는 의미.

자(字)-성(成)명(皿)=성(盛).

사(思)-요리가 이루어져(成) 그릇(罒-部)위에 담고, 채우니 담을 성.

용(用)-茂盛무성. 旺盛왕성. 盛典성전. 豊盛풍성. 盛行성행.

星 별 성; 日 [xīng]별, 오성(五星), 성수(星宿), 이십팔수의 범칭
부(部)-날 일(日): 태양계(일(日)에 관련 의미

자(字)-일(日)생(生)=성(星)

사(思)-태양(일(日) 중심 등에 우주에 있는(생(生) 별 성

용(用)-衛星위성 流星유성 瞻星臺첨성대 曉星효성 恒星항성 綺羅星기라성

省 살필 성{덜 생}; 目-[shěng,xǐng]덜다, 살피다, 허물다, 깨닫다
부(部)-눈 목(目): 눈으로 살피다는 의미

자(字)-소(少)목(目)=성(省)=생(省)

사(思)-작은 것(소(少)도 눈(목(目)으로 살필 성, 작은 눈에 안 보여 덜 생

용(用)-省察성찰 反省반성 省略생략 省墓성묘 歸省귀성 自省자성 內省내성

城 성 성; 土- [chéng]성, 나라, 도읍, 구축하다, 성을 쌓다
부(部)-흙 토(土): 성을 돌과 흙으로 쌓는다 의미

자(字)-토(土)성(成)=성(城)

사(思)-돌과 흙(토(土)으로 만들어진(성(成) 재 성, 성 성

용(用)-籠城농성 漢城한성 開城工團개성공단 守城수성 京城경성
　　　　不夜城불야성 開城개성 城壁성벽

姓 성 성; 女 [xìng] 성, 겨레, 아들.
부(部)-계집 여(女): 여자가 가정을 이뤄야 성(姓)을 잇는다 의미.

자(字)-여(女)생(生)=성(姓).

사(思)-여자((女)가 자식을 낳아야(생(生) 인류가 지속 되니 성 성(姓).

용(用)-百姓백성 姓名성명 姓氏성씨 姓孫성손 異姓이성 同姓동성.

聖 조 성스러울 성; 耳 [shèng] 성인, 뛰어난 사람.
부(部) - 귀 이(耳): 성인은 경청을 잘 한다는 의미.
자(字) - 이(耳)구(口)임(壬) =성(聖).
사(思) - 귀로는(이(耳)잘 듣고, 입(구(口)은 잘 말함을 책임(壬)해야 성인 성.
용(用) - 聖域성역 聖誕節성탄절 聖人성인 聖賢성현:성인(聖人)과 현인(賢人)

性 성품 성; 心 [xing] 성품, 성질, 생명, 목숨.
부(部) - 마음 심(心): 성품이 타고난 거라 마음과 밀접한 의미.
자(字) - 심(忄)생(生) =성(性).
사(思) - 마음(심방변(忄(=心, 小-部)은 타고난(생(生)것이니 성품(性品)성.
용(用) - 可能性가능성. 柔軟性유연성. 性格성격. 蓋然性개연성. 女性여성.
　　　透明性투명성. 性質성질. 特性특성.

聲 声 소리 성; 耳 [shēng] 소리, 음향, 음성, 소리를 내다, 음악.
부(部) - 귀 이(耳): 소리는 귀로 듣는다는 의미.
자(字) - 성(殸)이(耳) =성(聲). ※ 殸: 소리 성(모양자 참조).
사(思) - 악기 소리(殸)를 귀(耳)로 들을 수 있으니 소리 성.
용(用) - 聲明성명. 喊聲함성. 名聲명성. 聲援성원. 發聲발성.

成 이룰 성; 戈 [chéng] 이루다, 이루어지다, 정하여지다.
부(部) - 창 과(戈): 창을 이용 이루다는 의미.
자(字) - 엄(厂)정(丁)과(戈) =성(成).※成:수자리 수(守). 戌:개술. 戎:병장기 융.
사(思) - 집(엄(厂)에서 고무래(정(丁)와 창(과(戈)으로 이용하니 이룰 성.
용(用) - 構成구성. 成績성적. 成熟성숙. 成功성공. 成長성장. 成果성과 .
　　　造成조성. 編成편성. 成就성취.

誠 诚 정성 성; 言 [chéng] 정성, 순수한 마음, 삼가다, 공경하다.
부(部) - 말씀 언(言): 정성을 말로 표현한다는 의미.
자(字) - 언(言)성(成) =성(誠).
사(思) - 말(言)한대로 이루(成)려면 정성으로 해야 하니 정성 성.
용(用) - 誠實성실. 精誠정성. 忠誠충성. 誠意성의. 孝誠효성. 衷誠충성.

細 가늘 세; 糸 [xi] 가늘다, 미미하다, 작다.
부(部) - 실 사(糸): 실처럼 가는 표현의 글자 의미.
자(字) - 사(糸)전(田) =세(細).
사(思) - 실(糸-部)처럼 가느다란 밭(田)이랑 비유 가늘 세.
용(用) - 細胞세포 零細영세 詳細상세 纖細섬세 細菌세균 微細미세 細心세심.

稅 稅 세금 세; 禾- [shui]구실, 징수하다, 두다, 방치하다
부(部)-벼 화(禾): 벼를 수확 세금 내다 의미
자(字)-화(禾)태(兌)=세(稅) ※兌 빛날 태. 바꿀 태
사(思)-벼(화(禾)를 돈의로 바꿔(태(兌) 세금 내니 세금 세
용(用)-稅金세금 租稅조세 課稅과세 有名稅유명세 稅關세관 脫稅탈세
　　　稅制세제 免稅면세 關稅관세 稅務세무 納稅납세 附加稅부가세

勢 勢 기세 세; 力- [shi]기세, 무리, 인중(人衆), 불알
부(部)-힘 력(力): 기세는 힘에 관련된 의미
자(字)-예(埶)력(力)=세(勢) ※埶 심을 예. 藝와 同字, 勢와 同字
사(思)-심어진(예(埶) 힘(력(力)을 기세이니 기세 세
용(用)-姿勢자세 勢力세력 趨勢추세 權勢권세 勢道세도 威勢위세 形勢형세
　　　氣勢기세 大勢대세 去勢거세 時勢시세 攻勢공세 虛勢허세

說 说 달랠 세. 말씀 설, 기뻐할 열; 言 [shuō,shuì,yuè] 말씀,
부(部)- 말씀 언(言): 연설 등 말함과 관련된 글자 의미.
자(字)-언(言)태(兌)=설(說).
사(思)-말(言)은 남을 빛나게(兌) 해야 하니 말씀 설. 달랠 세, 기쁠 열.
용(用)-說明설명. 演說연설. 說得설득. 辱說욕설. 遊說유세.

世 一 대 세; 一 [shi] 대(代), 세상, 때 .
부(部)-한 일(一)일 세대를 의미.
자(字)-일(一)삽(卅)=세(世). ※ 卅 서른 삽; 十 [sà].
사(思)-한(일(一)세대를 삼십년(삽(卅)으로 대 세.
용(用)-世界세계 世上세상 世襲세습 世代세대 世紀세기 出世출세 世系세계.

貰 貰 세낼 세; 貝- [shi] 세내다, 놓아 주다, 용서하다.
부(部)-조개 패(貝): 돈으로 세를 낸다는 의미.
자(字)-세(世)패(貝)=세(貰).
사(思)-세상(世)에서는 돈(貝)으로 세내니 세낼 세.
용(用)-傳貰전세. 月貰월세. 傳貰權전세권.

洗 씻을 세{깨끗할 선}; 水 [xǐ,xiǎn] 씻다, 깨끗하다, 결백하다.
부(部)-물 수(水): 씻을 때는 물이 있어야 한다는 의미.
자(字)-수(氵)선(先)=세(洗).
사(思)-물로(氵=水-部) 먼저(先) 씻어야 깨끗하다.
용(用)-洗濯세탁. 洗練세련. 洗鍊세련☞ 세련(洗練). 洗手세수. 洗面세면.

歲 岁 해 세; 止 [suì] 해, 새해, 신년, 시일, 세월, 광음.
부(部)-머무를 지(止): 인간의 세월은 머무르게 되었다는 의미.
자(字)-지(止)술(戌)소(小)=세(歲).
사(思)-머무를(止-部)곳으로 개(戌)같이 빠르니 짧은(小) 세월로 해 세.
용(用)-歲月세월 歲拜세배 歲饌세찬 歲首세수 歲時風俗세시풍속.

騷 骚 떠들 소; 馬- [sāo]떠들다, 긁다, 근심하다.
부(部)-말 마(馬): 말달리는 소리 소란하다 의미
자(字)-마(馬)조(蚤)=소(騷)   ※蚤 벼룩 조
사(思)-말(마(馬)이 벼룩(조(蚤)에 물려 소리내니 떠들 소
용(用)-騷亂소란 騷音소음 騷擾소요 騷動소동 騷客소객 旱騷한소
騷人墨客소인묵객 「시문(詩文)・서화(書畫)를 일삼는 사람」

所 바 소; 戶 [suǒ] 바, 일정한 곳이나 지역, 지위, 자리, 위치,
부(部)-지게문 호(戶): 일정 장소에 지게문이 있다는 의미.
자(字)-호(戶)근(斤)=소(所).
사(思)-지게문(호(戶)을 세우려고 도끼(斤)로 찍은 그 곳이니 바 소.
용(用)-所得소득. 所屬소속. 場所장소. 所聞소문. 所有소유.

昭 밝을 소{조}; 日 [zhāo] 밝다, 빛나다, 밝게, 환히, 밝히다.
부(部)-날 일(日): 태양의 밝음과 관련 글자 의미.
자(字)-일(日)소(召)=소(昭).
사(思)-태양(日)이 부른(召) 밝을 소.
용(用)-昭詳소상. 昭陽江소양강. 昭明소명. 勿祕昭示물비소시.

召 부를 소; 口 [zhào,shào] 부르다, 어떤 결과를 가져오다, 부름.
부(部)-입 구(口): 부르는 소리 입에서 나온다는 의미.
자(字)-도(刀)구(口)=소(召).
사(思)-칼을(刀)보이면서 오라고 말을(口(구-부(部) 하니 부를 소.
용(用)-召喚소환 召集소집 召募소모 聘召빙소 敎育召集교육소집.
召還소환:일을 마치기 전(前)에 불러 돌아오게 함.

消 사라질 소; 水- [xiāo] 빠지다, 모자라다, 쇠하다, 약해지다
부(部)-삼수변 수(氵): 물이 빠져 사라지다 의미
자(字)-수(氵)초(肖)=소(消)   ※肖 닮을 초
사(思)-물(수(氵)이 빠진 것 닮으니(초(肖) 사라질 소
용(用)-消息소식 消滅소멸 消費소비 取消취소 消化소화 消費者소비자

解消해소 消耗소모 消防소방 消盡소진 消毒소독 消火栓소화전

燒
燒 사를 소; 火 [shāo] 불태우다, 타다, 익히다, 불에 익히다.

부(部)-불 화(火): 불태우는 것은 불과 관련된 의미.

자(字)-화(火)요(堯)=소(燒). ※堯: 높을 요(모양자 참조).

사(思)-불(火-部)은 태우면 높게(堯)올라가니 사를 소.

용(用)-燒酒소주. 燒却소각. 燃燒연소. 燒酎소주.

掃
掃 쓸 소; 手- [sǎo,sào] 쓸다, 비로 쓸다, 버리다, 제거하다.

부(部)-손 수(手): 손으로 쓸어낸다는 의미.

자(字)-수(扌)추(帚)=소(掃). 帚 비 추.

사(思)-손으로(扌) 빗자루(帚) 들고 쓸어내니 쓸 소.

용(用)-淸掃청소 一掃일소 掃蕩소탕 掃除소제 掃拭소식 灑掃쇄소 刷掃쇄소.

笑
笑 웃을 소; 竹- [xiào]웃다, 꽃이 피다, 반겨 내는 소리

부(部)-대 죽(竹): 대나무로 만든 요람(搖籃)에서 웃는 아이 의미

자(字)-죽(竹)요(夭)=소(笑)　※夭 어릴 요

사(思)-대나무(竹) 요람(搖籃)의 어린애(요(夭) 가 웃으니 웃음 소

용(用)-微笑미소 談笑담소 嘲笑조소 可笑가소 失笑실소 冷笑냉소 爆笑폭소

紹
紹 이을 소; 糸 [shào] 잇다, 받다, 소개하다.

부(部)-실 사(糸): 잇는 것은 실로 한다는 의미.

자(字)-사(糸)소(김)=소(紹).

사(思)-실로(糸) 연결하려고 부르니(김) 이을 소.

용(用)-紹介소개. 自己紹介자기소개. 紹介業소개업.

小
小 작을 소; 小-총3획; [xiǎo]작다, 적다, 짧다, 시간상으로 짧다

부(部)-작을 소(小): 제부수 한자

자(字)-궐(亅)팔(八)=소(小)

사(思)-갈고리(궐(亅)로 나누다(팔(八)보니 작을 소

용(用)-小說소설 縮小축소 小康소강 小人소인 小雪소설 小寒소한 小學소학

少
少 적을 소; 小 [shǎo,shào] 적다, 약간, 조금, 적다고 여기다.

부(部)-작을 소(小): 작은 것을 표현하는 글자 의미.

자(字)-소(小)별(ノ)=소(少).

사(思)-대소(大小)와 다소(多少)와 비교 삐치게(별(ノ)하니 적을 소(少).

용(用)-減少감소. 些少사소. 多少다소. 少數소수. 靑少年청소년.

少年소년. 少額소액. 略少약소. 少女소녀.

蘇 苏 소생 소; 艹－ [sū]차조기, 소생하다, 쉬다
부(部)－초두머리 초(艹): 풀이 살아나는 의미
자(字)－초(艹)어(魚)화(禾)＝소(蘇)　※穌 깨어날 소
사(思)－풀(초(艹) 속에 미꾸라지(어(魚) 벼(화(禾) 논에 물로 소생 소
용(用)－蘇聯소련 耶蘇야소 蘇塗소도 蘇東波소동파 淵蓋蘇文연개소문

疎 트일 소, 성길 소; 疋 [shū] 트다, 통하다, 친하지 않다, 疏와 同字.
부(部)－짝 필(疋): 짝끼리의 소통에 관한 글자 의미.
자(字)－필(疋)속(束)＝소(疎).
사(思)－짝(疋)을 잘 묶어(束) 일정간격 트이게 하니 트일 소, 성길 소.
용(用)－疎忽소홀. 生疎생소＝생소(生疏). 疎外感소외감. 親疎친소.

疏 트일 소; 疋 [shū] 트다, 통하다, 트이다, 疎(소)와 동자(同字).
부(部)－짝 필(疋): 짝끼리의 소통에 관한 글자 의미.
자(字)－필(疋)류(㐬)＝소(疏).
사(思)－짝필(疋)은 물의 흐름(㐬)과 같이 해야 소통(疏通)이 되니 트일 소.
용(用)－疏忽소홀. 疏通소통. 疏外소외. 疏遠소원. 生疏생소. 疏明소명.

蔬 나물 소; 艹－ [shū]푸성귀, 채소, 남새, 풀의 열매, 풀씨, 벼
부(部)－초두머리 초(艹):채소류는 풀과 같은 종류 의미
자(字)－초(艹)소(疏)＝소(蔬)　※ 疏 트일 소
사(思)－식물(초(艹)로 몸속 영향소 소통(소(疏)이 잘되는 나물 소
용(用)－菜蔬채소 采蔬채소 蔬菜소채 香蔬향소 魚蔬어소 蔬飯소반

訴 诉 하소연할 소; 言－ [sù] 알리다, 고하다, 헐뜯다, 변명하다,
부(部)－말씀 언(言): 호소(呼訴)를 말로 한다 의미
자(字)－언(言)척(斥)＝소(訴)　　※斥 물리칠 척
사(思)－억울함을 말하는데(언(言) 상대를 물리치고자(척(斥) 호소할 소
용(用)－訴訟소송 呼訴호소 起訴기소 告訴고소 訴追소추 抗訴 항소 上訴상소

素 흴 소; 糸－ [sù]희다, 흰빛, 생명주, 무늬가 없는 피륙,
부(部)－실 사(糸): 무늬 없는 하얀 천을 실로 짜는 의미
자(字)－봉(丰)사(糸)＝소(素)　※ 丰 예쁠 봉
사(思)－예쁜(봉(丰) 하얀 실(사(糸)로 천을 짜니 흴 소, 본바탕 소
용(用)－儉素검소 要素요소 元素원소 素朴소박 酸素산소 平素평소 素材소재
　　　　酵素효소 素地소지 炭素탄소 素數소수 水素수소 素質소질

塑 흙 빚을 소]; 土-[sù] 토우(土偶), 흙으로 물건의 형체를 만들다
부(部)-土 (흙 토: 흙을 이겨서 조각품 만들다
자(字)-朔(초하루 삭) + 土(흙 토)=소(塑)
사(思)-새롭게(초하루) 시작 빚어 내는 게 흙이겨서 하니 흙빚을 소
용(用)-塑性소성 彫塑조소 可塑性가소성 塑造소조 彫塑科조소과
　　　　可塑物가소물 可塑劑가소제

束 묶을 속; 木-[shù]묶다, 동여매다, 결박하다, 합치다, 매다,
부(部)-나무 목(木): 나무에 묶다는 의미
자(字)-목(木)구(口)=속(束)
사(思)-나무(목(木)에 묶어라 말(구(口)하여 묶으니 묶을 속
용(用)-約束약속 拘束구속 團束단속 束縛속박 結束결속 羈束力기속력

速 빠를 속; 辵- [sù]빠르다, 빨리 하다, 빨리
부(部)-책받침 쉬엄갈 착(辶): 걷는 것 관련 의미
자(字)-속(束)착(辶)=속(速)　　※束 묶을 속
사(思)-묶이지(속(束) 않으려고 걸으니(착(辶) 빠를 속
용(用)-速度속도 迅速신속 加速度가속도 高速道路고속도로 速力속력
　　　　早速조속 遲速지속 急速급속 高速고속 加速가속 速讀속독 快速쾌속

屬 엮을 속{이을 촉}; 尸- [shǔ,zhǔ]엮다, 잇다, 맡기다,
부(部)-주검시엄 시(尸): 무리를 이루는 몸뚱아리 의미
자(字)-시(尸)수(氺)촉(蜀)=속(屬)　※ 蜀 촉나라 촉
사(思)-몸(시(尸) 들이 물(수(氺)처럼 모여 촉나라(촉(蜀) 만들어 엮을 속
용(用)-所屬소속 隷屬예속 屬性속성 金屬금속 歸屬귀속 從屬종속 附屬부속
　　　　卑屬비속 尊屬존속 /耳屬于垣이속우원 : 「담에도 귀가 달렸다.」

續 이을 속; 糸 [xù] 잇다, 이어지다, 뒤를 잇다.
부(部)-실 사(糸): 실은 이어가는 의미.
자(字)-사(糸)매(賣)=속(續).　賣 팔 매.
사(思)-실(糸-部)을 팔려면(賣) 이어야 하니 이을 속.
용(用)-繼續계속. 持續지속. 連續연속. 接續접속. 續續속속.

粟 조 속; 米- [sù]조, 오곡의 총칭, 벼, 찧지 아니한 곡식

부(部)-쌀 미(米): 좁쌀도 쌀의 종류라는 의미

자(字)-아(襾)미(米)=속(粟)　※襾덮을 아

사(思)-껍질이 덮어 있는(아⻃) 쌀(미(米) 조 속

용(用)-黍粟서속 罌粟앵속 粟奴속노 粟田속전 粟餠속병 粟米속미 粟飯속반

俗 풍속 속; 人 [sú] 풍속, 바라다, 잇다.

부(部)-사람인변(亻): 사람들이 풍속을 만든다는 의미.

자(字)-인(亻)곡(谷)=속(俗).

사(思)-사람(人)이 모여 사는 골짜기(谷)에는 만들어지는 풍속(風俗) 속.

용(用)-俗事속사. 俗世속세. 民俗민속. 俗談속담. 俗字속자. 低俗저속.

損 損 덜 손; 手 [sǔn] 줄이다, 감소하다, 잃다, 손해를 보다.

부(部)-재방변(수(扌): 손으로 덜어내는 손작업이란 의미.

자(字)-수(扌)원(員)=손(損). ※ 員: 수효 원(모양자 참조).

사(思)-손으로(扌) 일하는 사람 수효(員)가 줄어드니 덜 손.(말로만 일하니 손해).

용(用)-損害손해. 損傷손상. 損失손실. 破損파손.

孫 孙 손자 손; 子 [sūn] 손자, 자손, 후손, 움, 새싹.

부(部)-아들 자(子): 손자는 아들의 아들이다라는 의미.

자(字)-자(子)계(系)=손(孫).

사(思)-아들(子-部)이 이어짐(系)이니 손자 손.

용(用)-孫子손자. 後孫후손 孫兒손아. 世孫세손.

率 거느릴 솔. 헤아릴 율,장수 수}; 玄- [shuài,lǜ] 거느리다, 장수,

부(部)-검을 현(玄): 검정 속에서도 헤아린다 의미

자(字)-현(玄)빙(冫)빙(冫)십(十)=률(律)　※玄 검을 현 / 冫 얼음 빙

사(思)-검은(현(玄) 밤에 얼음(빙(冫) 얼음(빙(冫) 10번(십(十) 헤아릴 률

용(用)-比率비율 確率확률 換率환율 效率효율 統率통솔 輕率경솔 率直솔직

　　　率先垂範솔선수범 :앞장서서 하여 모범(模範)을 보이는 것.

頌 頌 기릴 송; 頁- [sòng]기리다, 칭송하다, 성덕을 칭송하는 글

부(部)-머리 혈(頁) : 머리 속에서 칭송 글을 표현하다 의미

자(字)-공(公)혈(頁)=송(頌)

사(思)-공덕(公德)의 내용을 머리(혈(頁)에서 잘 정리하여 기릴 송.

용(用)-稱頌칭송 偈頌게송 讚頌찬송 頌祝송축 追頌추송 頌禱송도 頌歌송가

送 보낼 송; 辵 [sòng] 사람 보내다, 물품 보내다, 전송, 선물.
　　부(部)-쉬엄갈 착(辵)=(辶) : 보내는 거 걷는 것 관련된 의미.
자(字)-소(关)착(辶)=송(送). ※ 웃을 笑(소)의 고자(古字).
사(思)-웃으며(关)마음 편히 쉬며 가라고(辶-部) 전송하니 보낼 송.
용(用)-放送방송. 送還송환. 運送운송. 輸送수송. 發送발송.

松 소나무 송; 木 - [sōng]소나무
　　부(部)-나무 목(木): 소나무는 나무의 종류 의미
자(字)-목(木)공(公)=송(松)
사(思)-소나무(목(木)는 공직자(공(公) 청렴 표시 소나무 송
용(用)-靑松청송. 松津송진 松柏송백 松亭송정 松嶽송악

訟 訟 송사할 송; 言- [sòng]송사하다, 재물을 다투다,
　　부(部)-말씀 언(言): 송사(訟事)는 말로 하다 의미
자(字)-언(言)공(公)=송(訟)
사(思)-말(언(言))싸움을 공공(公共)적으로 하는 송사 송
용(用)-訴訟소송 訟事송사 停訟정송 詞訟사송 起訟기송 決訟결송
　　　　退訟퇴송 山訟산송 訟理송리 訟官송관

誦 誦 외울 송; 言- [sòng]외다, 암송하다, 말하다, 여쭈다,
　　부(部)-말씀 언(言): 말할 것을 외우다 의미
자(字)-언(言)용(甬)=송(誦)　　※ 甬 길 용
사(思)-말할 것(언(言)을 길(용(甬)에서도 외우니 외울 송
용(用)-朗誦낭송 暗誦암송 沒誦몰송 背誦배송 復誦복송 誦讀송독 稱誦칭송

殺 杀 빠를 쇄. 죽일 살; 殳- [shā,shài]죽이다, 죽다, 베다
　　부(部)-몽둥이 수(殳): 몽둥이로 죽인다 의미
자(字)-살(杀)수(殳)=살(殺)　　※杀 죽일 살. 殺의 간체자
사(思)-살인(살(杀) 몽둥이(수(殳)로 죽일 살
용(用)-殺到쇄도 相殺상쇄 抹殺말살 被殺피살 殺人살인 撲殺박살
　　　　自殺자살 惱殺뇌쇄 刺殺척살 虐殺학살 殺菌살균

灑 洒 뿌릴 쇄; 水- [sǎ] 뿌리다, 끼얹다, 씻다, 청소하다, 나누다.
　　부(部)-물 수(水):뿌려지는 게 물이라는 의미.
자(字)-수(氵)려(麗)=쇄(灑). 麗 고울 려{여}.
사(思)-물(氵)을 뿌려 곱게(麗) 청소되니 뿌릴 쇄.
용(用)-灑掃쇄소. 揮灑휘쇄. 瀟灑소쇄. 灑脫쇄탈. 灑落쇄락. 精灑정쇄.

脫灑탈쇄. 掃灑소쇄. 汎灑신쇄.

鎖 锁 쇠사슬 쇄; 金- [suǒ]쇠사슬, 자물쇠, 잠그다, 닫아걸다
부(部)-쇠 금(金): 쇠사슬은 쇠로 만든다 의미
자(字)-금(金)소(小)패(貝)=쇄(鎖)
사(思)-쇠로(금(金) 작은(소(小) 고리로 돈들여(패(貝) 만든 쇠사슬 쇄
용(用)-閉鎖폐쇄 封鎖봉쇄 連鎖연쇄 鎖骨쇄골 足鎖족쇄 鐵鎖철쇄

刷 인쇄할 쇄; 刀- [shuā,shuà]쓸다, 털다, 닦다, 씻다,
부(部)-선칼도방 도(刂): 인쇄 목판을 칼로 깎는다 의미
자(字)-시(尸)건(巾)도(刂)=쇄(刷)
사(思)-몸(시(尸)에 수건(手巾)두르고 칼(도(刂)로 깎은 활자로 인쇄 쇄
용(用)-刷新쇄신 印刷인쇄 刷還쇄환 罷刷필쇄 手刷수쇄 刷掃쇄소

衰 쇠할 쇠; 衣 [shuāi,cuī] 쇠하다, 약해지다, 늙다, 여위다, 줄다.
부(部)-옷 의(衣): 옷은 낡아지고 쇠퇴해진다는 의미.
자(字)-애(哀)일(一)=쇠(衰).
사(思)-슬픈일(애(哀)에 한번(일(一)씩 당 하여 쇠할 쇠.
용(用)-衰退쇠퇴. 衰弱쇠약. 盛衰성쇠. 衰盡쇠진.

囚 가둘 수; 囗- [qiú]가두다, 죄인, 포로, 인질
부(部)-큰입 구(囗): 감방(監房) 모양 의미
자(字)-국(囗)인(人)=수(囚)
사(思)-나라(국(囗)에서 죄(罪)지은 사람(인(人)을 가둘 수
용(用)-囚人수인 囚獄수옥 幽囚유수 被囚피수 在囚재수 保囚보수

收 거둘 수; 攴 [shōu] 거두다, 정제(整齊)하다, 쉬다, 그만두다,
부(部)-칠 복(攴)=복(攵): 두들겨서 거두다는 의미.
자(字)-구(丩)복(攵)=수(收). 丩 얽힐 구.
사(思)-나무에 얽힌(丩) 열매를 회초리(攴=攵-部) 쳐서 거둘 수.
용(用)-收斂수렴. 撤收철수. 收拾수습. 押收압수. 收支수지. 還收환수.

需 구할 수; 雨- [xū]구하다, 바라다, 비가 긋다, 기다리다
부(部)-비 우(雨): 비올 때 사용할 것을 구하다 의미
자(字)-우(雨)이(而)=수(需)
사(思)-비가(우(雨) 내리니 말이을려(이(而) 구입품 구할 수
용(用)-需要수요 需給수급 婚需혼수 祭需제수 內需내수 必需필수 軍需군수

輸 輸 나를 수; 車- [shū]나르다, 옮기다, 일러주다, 통보하다,
　　부(部)-수레 거(車):수레로 운반하다 의미

자(字)-거(車)유(兪)=수(輸)　※兪 대답 유

사(思)-수레(거(車) 운반에 대답(유(兪)하고 나를 유

용(用)-輸出수출 輸入수입 輸送수송 密輸밀수 輸血수혈 空輸공수 運輸운수
　　　輸運수운 輸情수정 輸異수이 輸入換수입환

樹 樹 나무 수; 木 [shù] 나무, 자라고 있는 나무, 초목, 담, 담장.
　　부(部)-나무 목(木): 나무와 관련된 글자 의미.

자(字)-목(木)주(尌)=수(樹).　尌 세울 주(모양자 참조).

사(思)-나무(목(木)가 세워져(주(尌)있으니 나무 수.

용(用)-樹立수립. 植樹식수. 針葉樹침엽수. 月桂樹월계수. 樹木수목.
　　　闊葉樹활엽수. 街路樹가로수. 果樹과수.

誰 誰 누구 수; 言 [shéi,shuí] 누구, 어떤 사람, 묻다, 찾아 묻다,
　　부(部)-말씀 언(言): 말로 누구인가를 묻는다는 의미.

자(字)-언(言)추(隹)=수(誰).

사(思)-말(言-部)을 새소리(隹) 같이 짹짹 거리니 누구 수.

용(用)-誰何수하. 誰何수하. 誰何者수하자. 誰某수모. 誰某誰某수모수모.

修 닦을 수; 人 [xiū] 닦다, 다스리다, 고치다.
　　부(部)-사람인변(인(亻): 사람의 수양에 관한 글자 의미.

자(字)-유(攸)삼(彡)=수(修). ※ 攸 : 닦을 유(모양자 참조).

사(思)-사람은(亻) 교양을 닦음(攸)에 머리털(彡)을 감고 하니 닦을 수.
용(用)-修能수능. 修整수정. 修正수정. 修辭수사. 硏修연수.

垂 드리울 수; 土- [chuí]드리우다, 베풀다, 가, 끝
　　부(部)-흙 토(土): 토지(土地)위에 널어 뜨린다 의미

자(字)-임(壬)공(工)공(工)=수(垂) 책임　※壬 짊어질 임, 아첨 임.

사(思)-아첨(임(壬)하는 현수막(懸垂幕) 전문가(공(工) 만들어 드리울 수
용(用)-垂直수직 懸垂幕현수막 垂簾수렴 垂楊수양 垂淚수루 垂範수범

隨 隨 따를 수; 阜 [suí] 따르다, 따라가 수행하다, 거느리다,
　　부(部)-언덕 부(阜)=부(阝): 언덕너머까지 따라가다라는 의미.

자(字)-수(隋)착(辶)=수(隨).

사(思)-언덕(阝(=阜)을 넘어 隋(수)나라로 수행하는데(착(辶) 따를 수.
용(用)-隨時수시. 隨伴수반. 隨수필. 隨意契約수의계약. 隨行.

首 머리 수; 首- [shǒu]머리, 시초(始初), 먼저, 앞
부(部)-머리 수(首): 제부수 한자

자(字)-초(艹)자(自)=수(首)

사(思)-상형문자(象形文字)로 머리 모양 글자

용(用)-部首부수 首都수도 首席수석 首肯수긍 匕首비수 斬首참수 元首원수
首都圈수도권 首班수반 首領수령 絞首교수 首相수상

須 마땅할 수; 頁 [xū] 마땅히, 수염, 기다리다, 대기하다.
부(部)-머리 혈(頁):머리에서 모든 통제 되는 마땅하다는 의미.

자(字)-삼(彡)혈(頁)=수(須)

사(思)-털(彡)이 머리(頁)에는 모름지기 필수(必須) 많아야, 마땅할 수

용(用)-必須科目필수과목. 男兒須讀五車書남아수독오거서.

壽 목숨 수; 士- [shòu]목숨, 수명, 장수(長壽), 오래 살다
부(部)-선비 사(士): 선비는 목숨있으면 공부한다 의미

자(字)-사(士)일(一)공(工)일(一)구(口)촌(寸)=수(壽)

사(思)-선비(사(士) 1명(일(一) 장인(공(工) 1명(일(一) 말(구(口) 마디(촌(寸)
일생 목숨 수

용(用)-長壽장수 壽命수명 壽宴수연 天壽천수 德壽宮덕수궁 壽福수복
壽筵(壽宴)수연 享壽향수 壽衣수의 壽石수석

水 물 수; 水- [shuǐ]물, 물의 범람, 홍수, 오행(五行)의 하나
부(部)-물 수(水): 제부수 한자

자(字)-水(물 수)

사(思)-상형문자(象形文字)로 강물이 흐르는 모양

용(用)-洪水홍수 湖水호수 水泳수영 水原수원 香水향수 雨水우수 水素수소

受 받을 수; 又 [shòu] 받다, 얻다, 이익을 누리다, 받아들이다.
부(部)-또 우(又): 받는 것은 또 받고 싶다는 의미.

자(字)-조(爫)멱(冖)우(又)=수(受). ※爫 손톱 조/ 冖 덮을 멱

사(思)-손으로(조(爫) 감싸(멱(冖) 또(又) 받으니 받을 수.

용(用)-受容수용. 受諾수락. 引受인수. 接受접수. 甘受감수. 受信수신.
受驗生수험생. 授受수수. 受動的수동적. 受領수령. 受賞수상.

羞 부끄러울 수, 바칠 수; 羊-[xiū] 부끄럽낟, 바치다, 드리다, 음식,

부(部)-양 양(羊) : 양은 좋은 것, 부끄러움 의미

자(字)-𦍌(양 양) + ノ(삐침 별) + 丑(소 축) =수(羞)

사(思)-양이 삐치면 소같이 보이니 부끄러울 수

용(用)-珍羞盛饌진수성찬 羞恥心수치심 淸酌庶羞청작서수

　　　羞惡之心義之端也수오지심의지단야 옳지 못함을 부끄러워하고 착하지 못함을 미워하는 마음은 의(義)의 단서(端緒)임.

雖 虽 비록 수; 隹 [suī] 그러나, =라 하더라도, 벌레 이름, 밀다.

부(部)-새 추(隹):비록 작은 새이나 날짐승을 상징하는 의미.

자(字)-구(口)충(虫)추(隹)=수(雖).

사(思)-입(口)에 벌레(虫) 잡은 새(추(隹)는 새끼를 먹이니 비록 수.

용(用)-雖然수연. 飮食雖厭賜之必嘗음식수염사지필상.

秀 빼어날 수; 禾- [xiù]빼어나다, 솟아나다, 꽃 피다,

부(部)-벼 화(禾): 벼는 식량 주에 빼어난 식량 의미

자(字)-화(禾)내(乃)=수(秀)　※乃 이에 내

사(思)-벼(화(禾)는 곧 이에(내(乃) 빼어난 쌀이니 빼어날 수

용(用)-優秀우수 秀才수재 俊秀준수 閨秀규수 秀麗수려 秀越수월 特秀특수

數 数 셀 수. 자주 삭; 攴- [shù,shǔ,shuò]자주, 세다, 촘촘하다,

부(部)-둥글월문 칠 복(攵): 막대기로 치면서 센다는 의미

자(字)-루(婁)복(攵)=수(數)　※婁 끌 누, 거둘 누. 별 이름 루{누}

사(思)-거두어(루(婁) 온 가축을 막대기 치면서(복(攵) 셀 수

용(用)-數學수학 分數분수 數字숫자 函數함수 倍數배수 度數도수 頻數빈삭

　　　算數산수 指數지수 複數복수 手數料수수료 數量수량 口舌數구설수

手 손 수; 手- [shǒu]손, 사람, 힘, 도움이 될 힘이나 행위

부(部)-손 수(手): 제부수 한자

자(字)-手(손 수)

사(思)-상형문자(象形文字)로 손의 움직임 표현한 모양 글자

용(用)-手段수단 歌手가수 手足수족 手數料수수료 握手악수 手術수술

　　　失手실수 洗手세수 拍手박수 徒手도수 選手선수 手巾수건

愁 시름 수; 心- [chóu]시름, 시름겹다, 얼굴빛을 바꾸다
부(部)-마음 심(心): 마음의 느낌 관련 글자 의미
자(字)-추(秋)심(心)=수(愁)　※ 秋 가을 추
사(思)-가을(추(秋)에 추위 오기 시작 마음(심(心)이 시름 수
용(用)-鄕愁향수 憂愁우수 愁苦수고 愁心수심 哀愁애수 萬愁만수

讎 원수 수; 言 [chóu] 원수, 대답하다, 갚다, 맞다, 당하다, 같다.
부(部)-말씀 언(言): 원수와는 말로 나타난다는 의미.
자(字)-수(雔)언(言)=수(讎).　※雔 한 쌍 수
사(思)-너와 나 한 쌍(雔)이 욕하는(言-部) 상대가 되니 원수 수.
용(用)-怨讎원수. 復讎복수. 仇讎구수

遂 이를 수; 辵- [suì,suí]이르다, 성취하다, 마치다, 끝내다,
부(部)-책받침 갈 착(辶): 이룰려면 가야만 한다 의미
자(字)-수(㒸)착(辶)=수(遂)　※ 㒸 드디어 수/따를 수
사(思)-드디어(수(㒸) 목적지에 걸어(착(辶)도착 이를 수
용(用)-遂行수행 未遂미수 完遂완수 遂初수초 旣遂기수 未遂罪미수죄

睡 졸음 수; 目- [shuì]자다, 잠, 꽃이 오므라지는 모양
부(部)-눈 목(目): 졸음과 잠에는 눈이 감긴다 의미
자(字)-목(目)수(垂)=수(睡)　※垂 드리울 수
사(思)-눈(목(目) 꺼풀이 드리우니(수(垂) 졸음 수, 잠잘 수
용(用)-睡眠수면 昏睡狀態혼수상태 午睡오수 睡眠狀態수면상태

帥 帅 장수 수, 거느릴 솔; 巾- [shuài]장수, 통솔자, 인솔자,
부(部)-수건 건(巾): 인솔자는 수건(모자)로 표시 의미
자(字)-호(戶)구(口)건(巾)=수(帥)
사(思)-문(호(戶) 열어 호령(구(口)하고 모자(건(巾) 쓴 장수 수
용(用)-將帥장수 總帥총수 統帥통수 大元帥대원수 上元帥상원수
　　　副元帥부원수

殊 죽일 수; 歹- [shū]죽이다, 사형에 처하다, 정하다,
부(部)-죽을사변 알(歹): 죽음과 관련 의미
자(字)-알(歹)주(朱)=수(殊)
사(思)-시체에 부서진 뼈(알(歹)에 붉은(주(朱)피가 있는 죽일 수
용(用)-特殊특수 殊常수상 特殊敎育특수교육 殊技수기 殊死수사 殊功수공

授 줄 수; 手- [shòu]주다, 내려지다, 받다(受)
부(部)-재방변 수(扌): 손으로 주게 된다 의미
자(字)-수(扌)수(受)=수(授)
사(思)-손으로(수(扌) 받으려면(수(受) 주어야 되니 줄 수
용(用)-敎授교수 授業수업 授與수여 授受수수 傳授전수 授權수권

守 지킬 수; 宀 [shǒu] 지키다, 직무, 직책, 정조, 지조.
부(部)-집 면(宀): 집을 지켜야 된다는 의미.
자(字)-면(宀)촌(寸)=수(守).
사(思)-집안(면(宀)에서 촌수(寸)와 법도를 지키는 지킬 수.
용(用)-遵守준수. 保守보수. 守護수호. 固守고수. 守節수절. 守備수비.
守株待兔수주대토. 獨守空房독수공방.

獸 뭍 짐승 수; 犬 [shòu] 짐승, 포, 말린 고기.
부(部)-개 견(犬): 짐승의 모형이 개와 비슷하다는 의미.
자(字)-수(嘼)견(犬)=수(獸)　※ 嘼 짐승 수 가축 축.(모양자)
사(思)-가축 짐승(수(嘼), 개(견(犬)를 포함하여 짐승 수
용(用)-猛獸맹수 獸醫大수의대 野獸的야수적 獸疫수역 怪獸괴수 鳥獸조수.

搜 찾을 수; 手- [sōu]찾다, 가리다, 고르다, 많다
부(部)-재방변 수(扌): 찾는 것은 손이 움직여 한다는 의미
자(字)-수(扌)수(叟)=수(搜)　※叟 늙은이 수
사(思)-손(수(扌)으로 할아버지(수(叟)가 자주 찾으니 찾을 수
용(用)-搜查수사 搜索수색 搜所聞수소문 搜探수탐 搜捕수포

孰 누구 숙. 익을 숙; 子- [shú]누구, 어느, 무엇, 익다, 끓여 먹다
부(部)-아들 자(子): 아들을 누구에게 숙련 시킬까??? 의미
자(字)-향(享)환(丸)=숙(孰)　※ 享 누릴 향. / 丸 알 환
사(思)-약 먹기 누림(향(享)은 알(환(丸)약을 누구나 하니 누구 숙
용(用)-孰知숙지 孰能숙능 孰哉숙재 孰知盲子而不終孝숙지맹자 이불종효
=눈 먼 자식이 효자 노릇한다. 대수롭지 않던 사람이 도리어 제 구실을 한다는 뜻.

淑 맑을 숙; 水- [shū]맑다, 깊다, 착하다, 정숙하다, 사모하다,
부(部)-삼수변 수(氵): 물은 맑고 깊다 의미
자(字)-수(氵)숙(叔)=숙(淑)　※叔 아재비 숙. 나이가 어릴 숙.
사(思)-맑은 물(수(氵)처럼 어린나이(숙(叔)에는 오염 없이 맑을 숙
용(用)-貞淑정숙 私淑사숙 淑女숙녀 賢淑현숙 淑香傳숙향전

宿 묵을 숙; 宀- [sù,xiǔ,xiù]묵다, 숙박하다, 머무는 집, 머무르다
부(部)-갓머리 집 면(宀): 숙박 장소는 집이다 의미

자(字)-면(宀)백(佰)=숙(宿)　　※佰 일백 백

사(思)-숙박 집(면(宀)에서는 일백명(백(佰) 이상도 묵을 숙

용(用)-宿題숙제 宿泊숙박 宿願숙원 露宿노숙 快宿쾌숙 宿命숙명 宿患숙환

叔 아재비 숙; 又- [shū]아재비, 줍다, 젊다, 나이가 어리다
부(部)-또 우(又): 나이가 어리면 또 또 공부하다 의미

자(字)-상(上)소(小)우(又)=숙(叔)

사(思)-상층부(상(上) 가려면 어릴 때(소(小) 또(우(又) 공부하는 아재비 숙
용(用)-叔父숙부 外叔父외숙부 堂叔당숙 叔姪숙질 鮑叔牙포숙아
　　　　伯夷叔齊백이숙제

肅 엄숙할 숙; 聿- [sù]엄숙하다, 공경하다, 정중하다
부(部)-붓 율(聿): 붓을 쓸 때는 엄숙하다 의미

자(字)-율(聿)연(肅)=숙(肅)　　※肅 못 연

사(思)-붓(율(聿)으로 쓸 때는 못(연(肅)처럼 고요하니 엄숙할 숙.

용(用)-嚴肅엄숙 靜肅정숙 自肅자숙 肅淸숙청 肅然숙연 肅淸門숙청문

熟 익을 숙; 火- [shú,shóu]익다, 이루다, 익숙하다,
부(部)-연(熟)화발 화(灬): 음식물을 익히는 데 불이 필요 의미

자(字)-숙(孰)화(灬)=숙(熟)　　※孰 누구 숙. 익을 숙.

사(思)-누구든지(숙(孰) 불(화(灬) 사용하면 익힌다. 익을 숙, 익숙 숙
용(用)-未熟미숙 成熟성숙 熟肉숙육 早熟조숙 熟語숙어 熟達숙달 熟醉숙취

瞬 눈 깜작일 순; 目- [shùn]눈을 깜작이다, 잠깐 사이
부(部)-눈 목(目): 눈꺼풀 깜박이는 것 의미

자(字)-목(目)순(舜)=순(瞬)　　※舜 순임금 순. 뛰어날 순.

사(思)-눈(목(目) 깜짝 순간(瞬間)에도 순임금(순(舜) 국민사랑, 깜짝할 순
용(用)-瞬間순간 瞬息순식 瞬刻순각 瞬間的순간적 一瞬間일순간
一瞬千里 일순천리: 한 번 보면 천 리가 눈앞에 드러나는 광활 경치(景致)

巡 돌 순; 巛- [xún]돌다, 어루만지다
부(部)-개미허리 천(巛): 냇물은 돌아다니다 의미

자(字)-천(巛)착(辶)=순(巡)

사(思)-냇물(천(巛)처럼 걸어다니며(착(辶) 세상을 돌아다닐 순
용(用)-巡察순찰 巡廻순회 巡警순경 巡邏순라 巡訪순방 巡禮순례 巡視순시

殉 따라 죽을 순; 歹- [xùn]따라 죽다, 목숨을 바치다, 탐하다
부(部)-죽을사변 뼈 알(歹): 죽음에 관련된 의미
자(字)-알(歹)순(旬)=순(殉) ※旬 열흘 순
사(思)-뼈 부서지면(알 歹) 열흘(순 旬) 못가 죽게 되니 죽을 순
용(用)-殉葬순장 殉教순교 殉國순국 殉職순직 殉死순사 殉愛순애 殉道순도
殉國先烈순국선열 :나라 위(爲)하여 목숨 바친 선조(先祖)의 열사(烈士).

盾 방패 순; 目 [dùn] 방패, 피하다, 숨다,
부(部)-눈 목(目): 방패를 눈을 뜨고 사용 의미.
자(字)-엄(厂)십(十)목(目)=순(盾).
사(思)-엄(厂)모양에 십(十)자 손잡이로 눈(目) 뜨고 사용하니 방패 순.
용(用)-矛盾性모순성. 盾戈순과. 戟盾극순.

純 純 생사 순,준; 糸- [chún]생사(生絲), 실, 순수하다,
부(部)-실 사(糸): 천을 짤 때는 순수(純粹)한 실이라는 의미
자(字)-사(糸)둔(屯)=순(純) ※屯 진 칠 둔
사(思)-실로(사 糸) 군대 진치듯이(둔 屯) 순수하게 천을 만드니 순수 순
용(用)-純粹순수 單純단순 純潔순결 純白순백 純情순정 純眞순진 純朴순박

順 順 순할 순; 頁 [shùn] 좇다, 도리를 따르다, 거스르지 아니하다.
부(部)-머리 혈(頁): 순리는 머리에서 시작하는 의미.
자(字)-천(川)혈(頁)=순(順).
사(思)-땀이 흘러 내림(川)은 머리(頁-部)에서부터가 순리(順理)이니 순할 순.
용(用)-順序순서. 順坦순탄. 順理순리. 順從순종. 順位순위.
夫和婦順부화부순 : 부부(夫婦)의 화합(和合)함이라는 말.

旬 열흘 순; 日- [xún]열흘, 열 번, 십 년
부(部)-날 일(日): 날 수에 관련 의미
자(字)-포(勹)일(日)=순(旬) ※勹 쌀(포장) 포
사(思)-한달(1월(月)을 3으로 나누어 포장(포 勹)한 날수(일 日) 열흘 순
용(用)-中旬중순 下旬하순 初旬초순 五旬節오순절 旬講순강 旬望순망
三旬九食 삼순구식 :「삼순, 한 달 아홉 번 밥을 먹는다.」 가난하다는 말.

脣 입술 순; 肉 [chún] 입술, 가, 언저리, 꼭 맞다.
부(部)-고기 육(肉): 입술도 몸에 일부에 해당 되는 의미.
자(字)-신(辰)육(月)=순(脣).
사(思)-별(辰)처럼 반짝 몸에서(月=肉-部)붉게 빛나는 살이 입술 순.
용(用)-丹脣단순. 口脣구순. 脣頭순두.讀脣法독순법. 下脣하순(아랫입술).

循 좇을 순; 彳 [xún] 좇다, 돌다, 빙빙 돌다, 말하다.
부(部)-조금걸을 척(彳): 좇아가다는 의미.
자(字)-척(彳)순(盾)=순(循). 盾 방패 순.
사(思)-자축거리며(彳-部) 방패(盾)뒤를 좇아 빙빙 돌아 좇을 순.
용(用)-循環순환. 惡循環악순환.

筍 죽순 순; 竹 [sǔn] 죽순, 악기를 다는 틀, 장부.
부(部)-대나무 죽(竹): 대나무와 관련된 글자 의미.
자(字)-죽(竹)순(旬)=순(筍). 旬 열흘 순.
사(思)-대나무(죽(竹)가 열흘(순(旬)자란 어린 죽순 순.
용(用)-竹筍죽순.

戌 개 술; 戈- [xū,qú]개, 열한째 지지, 마름질하다,
부(部)-창 과(戈): 창과 개로 사냥하다? 의미?
자(字)-엄(厂)일(一)과(戈)=술(戌)
사(思)-집(엄(厂)에 한 개(일(一) 창(과(戈)같이 사냥하는 개 술
용(用)-戊戌무술 庚戌경술 戊戌酒무술주 戌初술초 甲戌獄事갑술옥사

術 꾀 술; 行 [shù,zhú] 꾀, 계략, 규칙, 법칙, 수단, 방법.
부(部)-갈 행(行): 목적을 위해 간다는 의미.
자(字)-척(彳)출(朮)촉(亍)=술(術). ※ 朮:차조 출(모양자 참조).
사(思)-다닐(行-部) 때 차좁쌀(朮) 같이 꼭 붙어 다니는 재주와 꾀 술.
용(用)-技術기술. 藝術예술. 手術수술. 美術미술. 學術학술.

述 설명할 술; 辵- [shù]표현하다, 말하다, 설명하다, 해석하다, 잇다.
부(部)-책받침 갈 착(辶): 설명하고 해석하려 다니다 의미
자(字)-출(朮)착(辶)=술(述)   ※朮 차조 출
사(思)-차좁쌀(출(朮) 같이 착 따라 다니는(착(辶) 설명할 술
용(用)-敍述서술 陳述진술 記述기술 著述저술 述語술어 論述논술
　　　 撰述찬술 敍述語서술어 述而不作술이부작 : 성인(聖人)의 말을 술
(述)하고(전하고) 자기(自己)의 설(說)을 지어내지 않음.

崇 높을 숭; 山 [chóng] 높다, 높게 하다, 존중하다.
　부(部)-뫼 산(山): 산같이 높다는 의미.
자(字)-산(山)종(宗)=숭(崇). ※宗 마루 종
사(思)-산(山)같은 우두머리(宗)는 높아 존중하니 높을 숭.
용(用)-崇禮門숭례문. 崇拜숭배. 崇尙숭상. 敬神崇祖경신숭조.

襲 襲 엄습할 습; 衣- [xí]엄습하다, 쳐들어가다, 계승하다, 받다
　부(部)-옷 의(衣): 습격하려면 옷을 갖춰 입는 의미
자(字)-용(龍)의(衣)=습(襲) ※龍 용 룡{용}
사(思)-용(龍)도 습격하려면 복장(의(衣) 차려 입어야 하는 엄습할 습
용(用)-踏襲답습 襲擊습격 掩襲엄습 世襲세습 奇襲기습 逆襲역습
　　　被襲피습 殮襲염습 傳襲전습 攻襲공습

習 习 익힐 습; 羽- [xí]익히다, 되풀이, 연습하다, 배우다, 닦다,
　부(部)-깃 우(羽): 날개 짓을 연습해야 날 수 있다 의미
자(字)-우(羽)백(白)=습(習)
사(思)-날개짓(우(羽)은 평생 머리가 희도록(백(白) 해야 전문가 익힐 습
용(用)-練習연습 學習학습 慣習관습 復習복습 童蒙先習동몽선습
　　　講習강습 修習수습 風習풍습 豫習예습 自習자습 學而時習之不亦說
乎학이시습지불역열호:-배우고 때때로 익히면 또한 기쁘지 아니한가?.

拾 주울 습. 열 십; 手- [shí,shě,shè]줍다, 칼집, 팔찌
　부(部)-재방변 수(扌): 줍거나 세거나 손으로 한다 의미
자(字)-수(扌)합(合)=습(拾)
사(思)-손(수(扌) 열가락 합쳐서(합(合) 줍거나 세거나 하니 주을 습, 열 십
용(用)-收拾수습 拾遺습유 拾得습득 拾骨습골 拾取습취

濕 湿 축축할 습; 水 [shī] 축축하다, 습기, 우로(雨露).
　부(部)-물 수(水): 물기가 축축한 것은 물과 관계 있는 의미.
자(字)-수(氵)현(㬎)=습(濕). ※ 㬎: 드러날 현(모양자 참조).
사(思)-물기(氵=水-部)가 드러나니(㬎) 축축할 습.
용(用)-濕地습지. 濕潤습윤. 濕氣습기. 濕度습도. 濕式습식.

升 오를 승. 되 승; 十[shēng] 되, 새, 세는 단위, 승괘,
　　부(部)-열 십(十): 십진법과 관련 의미.
자(字)-천(千)십(十)=승(升).
사(思)-천(千)도 십(十)의 배수로 재니 되 승. 지려면 올리니 오를 승.
용(用)-上升상승=(上昇) 加升가승 斗升두승 升降승강.

承 이을 승, 받들 승; 手-[chéng]받들다, 잇다, 계승하다, 받다.
　　부(部)-손 수(手): 양 손(수手)으로 높여 모시다 의미
자(字)-승(丞)수(手)=승(承)　※丞 받들 승. 承과 同字
사(思)-받듬(승丞)은 손(수手)으로 모시고 이어가니 이을 승
용(用)-承認승인 承諾승낙 繼承계승 承繼승계 都承旨도승지 李承晩이승만

昇 오를 승; 日- [shēng]오르다, 해가 떠오르다, 지위에 오르다.
　　부(部)-날 일(日): 날이 지날수록 오르다 의미
자(字)-일(日)승(升)=승(昇)　※升 되 승
사(思)-날(일日)이 되(승升)로 새듯이 지나가면 올라가니 오를 승
용(用)-昇華승화 昇進승하 昇進승진 昇降機승강기 昇天승천 昇級승급

勝 胜 이길 승; 力 [shèng,shēng] 이기다, 낫다, 뛰어나다.
　　부(部)-힘 력(力): 이기려면 힘을 써야하는 의미.
자(字)-육(月)권(券)=승(勝). ※ 券: 고달플 권.
사(思)-힘(力-部)으로 온몸(月)을 고달프게(券) 해야만 이길 승.
용(用)-勝利승리. 勝敗승패. 勝負승부. 名勝명승. 勝者승자.

繩 绳 노끈 승, 줄 승; 糸 [shéng] 줄, 새끼, 먹줄, 법도.
　　부(部)-실 사(糸): 새끼 줄은 실을 꼬여 만든 의미.
자(字)-사(糸)민(黽)=승(繩). 黽 맹꽁이 민. 힘쓸 민; 黾.
사(思)-실(糸-部)로 가지고 맹꽁이를(黽) 묶으려 힘쓰니 새끼줄 승.
용(用)-捕繩포승. 結繩결승. 繩技승기(줄타기). 繩戲승희(줄타기).

僧 중 승; 人- [sēng]중, 마음이 편안한 모양
　　부(部)-사람인변 인(亻): 스님도 사람이다 의미
자(字)-인(亻)증(曾)=승(僧)　※曾 일찍 증
사(思)-사람(인亻)이 일찍(증曾) 출가(出家)해야 스님이 되니 중 승
용(用)-僧侶승려 僧舞승무 僧帽筋승모근 山僧산승 僧家승가 僧將승장
　　　　非僧非俗비승비속 : 「중도 아니고 속인(俗人)도 아니다.」는 뜻으로,
어중간(於中間)한 것을 두고 이르는 말.

- 210 -

乘 탈 승; 丿 [chéng,shèng] 타다, 오르다, 업신여기다.
부(部)-삐침 별(丿):비스듬한 탑승사다리(비행기 선박 등) 의미.
자(字)-별(丿)괴(乖)인(人)=승(乘).
사(思)-삐치(丿-部)고 어그러진(乖) 사람(人)도 타게 하니 탈 승.
용(用)-乘客승객. 乘降場승강장. 搭乘탑승..

時 时 때 시; 日 [shí] 때에, 때맞추다, 때를 어기지 아니하다.
부(部)-해 일(日): 날짜와 관련된 의미.
자(字)-일(日)사(寺)=시(時).
사(思)-날짜(날일 日)에 절에(절 사寺)가야하니 때 시.
용(用)-時間시간. 當時당시. 隨時수시. 時代시대. 同時동시. 時急시급.
　　　時期시기. 時點시점. 時節시절.

侍 모실 시; 人- [shi]모시다, 귀인을 모시고 있는 사람, 기르다
부(部)-사람인변 인(亻): 시녀(侍女)등도 사람이다 의미
자(字)-인(亻)사(寺)=시(侍)　　※寺 절 사;
사(思)-사람(인 亻)이 절(사(寺)에서 모시듯이 모시니 모실 시
용(用)-內侍내시 侍中시중 侍從시종 侍郞시랑 侍女시녀 侍衛시위 侍婢시비

恃 믿을 시; 心 [shi] 믿다.
부(部)-심방변(심(忄): 믿는 다는 것은 마음과 관련된 의미.
자(字)-심(忄)사(寺)=시(恃).
사(思)-마음(忄=心, 㣺-部)이 절(寺)에서 수련하듯이 믿게하라!
용(用)-矜恃긍시. 負恃부시. 恃賴시뢰. 恃險시험. 自恃자시.

施 베풀 시; 方 [shī] 베풀다, 퍼지다, 널리 전하여지다, 행하다.
부(部)-모 방(方): 베품은 사방에 의미.
자(字)-방(方)인(人)야(也)=시(施). ※ 也: 어조사 야(모양자 참조).
사(思)-사방(方-部)에 사람들(人)에게 도움(也)을 주니 베풀 시.
용(用)-實施실시. 施設시설. 施行시행. 布施포시. 施惠시혜.

視 視 볼 시; 見- [shi]보다, 살피다, 조사하여 보다, 맡아보다,
부(部)-볼 견(見): 보다 살피다 의미
자(字)-시(礻)견(見)=시(視)
사(思)-신(시(示)이 보는(견(見) 것처럼 볼 시, 살필 시
용(用)-無視무시 視聽시청 視線시선 視覺시각 監視감시 視角시각 凝視응시
　　　蔑視멸시 恝視괄시 巨視거시 透視투시 視點시점 視界시계 重視중시

詩 詩 시 시; 言 [shī] 시, 시경(詩經), 악보(樂譜)·악장(樂章).
부(部)-말씀 언(言): 시를 말로 한다는 의미.

자(字)-언(言)사(寺)=시(詩).

사(思)-말(언(言)을 절(사(寺)과 같이 아름답게 하니 시 시.

용(用)-詩經시경. 詩人시인. 詩歌시가. 詩文시문. 詩句시구. 詩集시집.

試 試 시험할 시; 言- [shì]시험하다, 맛보다, 간을 보다, 해 보다,
부(部)-말씀 언(言): 시험과정, 결과를 말로 발표하다 의미

자(字)-언(言)식(式)=시(試)   ※式 법 식

사(思)-발표(언(言)를 정해진 형식(形式)으로 하는 시험할 시

용(用)-試驗시험 考試고시 試圖시도 試合시합 試射시사 試案시안
　　　試演시연 試錐시추 應試응시 入試입시

是 是 옳을 시; 日 [shì] 옳다, 바르다, 바로잡다, 바르게 하다.
부(部)-날 일(日): 태양은 옳음을 의미.

자(字)-일(日)필(疋)=시(是). 疋 필 필{발 소, 바를 필}.

사(思)-태양(일(日)의 순환은 일정(필(疋)하게 바르니 옳을 시.

용(用)-亦是역시 是非시비 是認시인 或是혹시 是正시정 必是필시 本是본시.

市 저자 시; 巾 [shì] 저자, 상품을 팔고 사는 시장, 장사, 거래.
부(部)-수건 건(巾): 상인들이 모자(건(巾)를 쓴다는 의미.

자(字)-두(亠)건(巾)=시(市).

사(思)-머리(두(亠)에 두건(건(巾)두른 상인이 있는 저자 시.

용(用)-市場시장. 都市도시. 市民시민. 市長시장. 市內시내. 市廳시청.

屍 尸 주검 시; 尸 [shī] 주검.
부(部)-주검 시(尸): 죽음과 관련 글자 의미.

자(字)-시(尸)사(死)=시(屍).

사(思)-몸(尸)이 죽으니(死) 주검 시.

용(用)-屍身시신. 屍體시체. 屍軀시구. 屍首시수. 馬革裹屍마혁과시.

弑 윗사람 죽일 시; 弋 [shì] 죽이다. 윗사람 죽일 시.
부(部)-주살 익(弋): 죽인다는 뜻을 표현한 글자의 의미.

자(字)-살(殺)식(式)=시(弑).

사(思)-죽이는(살(殺) 방식(方式) 선택 윗 사람을 시해(弑害)할 시

용(用)-弑殺시살. 弑逆시역☞ 시살(弑殺). 弑害시해. 弑君시군. 毒弑독시.
　　　被弑피시. 篡弑찬시.

始 처음 시; 女 [shǐ] 처음, 비롯하다, 시작하다, 근본, 근원
부(部)_계집 녀(女): 인류는 여자가 있어 시작되니 의미.
자(字)-여(女)태(台)=시(始).
사(思)-여자(여(女)가 임신으로 기뻐하니(태(台) 인류가 시작할 시.
용(用)-始作시작. 始祖시조. 年始연시. 原始원시. 始初시초. 開始개시.

飾 飾 꾸밀 식; 食- [shì]꾸미다, 청소하다, 치장하다, 수선하다,
부(部)-밥 식(食): 밥상도 잘 꾸미다 의미
자(字)-식(食)포(布)=식(飾) ※布 베 포
사(思)-식사(食事) 탁자를 식탁보(포(布)로 꾸밀 식
용(用)-裝飾장식 假飾가식 修飾수식 粉飾會計분식회계 飾言식언 修飾語수식어

食 밥 식; 食- [shí,sì,yì]밥, 먹다, 갉다, 깨물다, 새김질하다,
부(部)-밥 식(食): 제부수 한자
자(字)-인(人)량(良)=식(食) ※良 좋을 량{양}
사(思)-사람(인(人)에게 좋은(량(良) 것은 밥이니 밥 식
용(用)-飮食음식 弱肉强食약육강식 食堂식당 食事식사 給食급식 糧食양식
蠶食잠식 寒食한식 食醋식초 食糧식량 穀食곡식 飽食포식

殖 번성할 식; 歹 [zhí,shi] 번성하다(자손, 초목), 자라다, 기르다,
부(部)-뼈 알(歹)=죽을사변: 어미가 죽어도 새끼가 번식한다 의미.
자(字)-알(歹)직(直)=식(殖).
사(思)-죽도록(歹) 곧게(直) 하면 자손은 번성할 식.
용(用)-繁殖번식. 增殖증식. 生殖생식. 養殖양식. 殖財之道식재지도.

式 법 식; 弋- [shì]법, 법규, 규정, 본받다, 따르다, 드러내다,
부(部)-주살 익(弋): 주살사냥 법식을 만들다 의미
자(字)-익(弋)공(工)=식(式)
사(思)-주살(익(弋) 사용 장인(공(工)이 사용 법식(法式)을 만드니 법 식
용(用)-株式주식 樣式양식 方程式방정식 公式공식 圖式도식 形式형식
儀式의식 方式방식 複式복식 法式법식 定式정식 禮式예식

息 숨 쉴 식; 心 [xī] 숨 쉬다, 숨, 호흡, 쉬다.
부(部)-마음 심(心): 호흡에도 심장이 같이 도운다는 의미.
자(字)-자(自)심(心)=식(息).
사(思)-코(自)로 심장(心-部)에 산소 공급하러 숨을 쉬다.
용(用)-消息소식. 子息자식. 棲息서식. 休息휴식. 嘆息탄식. 歎息탄식.

植 심을 식; 木 - [zhí]심다, 뿌리를 땅에 묻다, 초목의 총칭, 일
부(部)-나무 목(木): 나무 모종을 심다 의미
자(字)-목(木)직(直)=식(植)   ※直 곧을 직
사(思)-나무(목(木)는 곧게(직(直) 심어야 심을 식
용(用)-植物식물 植樹식수 移植이식 植民식민 植栽식재 植木日식목일

識 识 알 식. 기록 지; 言 [shí,zhí] 알다, 사귀다, 지혜, 아는 것,
부(部)-말씀 언(言): 아는 것을 말을 하니 말과 관련 의미.
자(字)-언(言)음(音)과(戈)= 식(識).
사(思)-말(言)과 소리(음(音)를 창(과(戈)으로 기록하니 알 식. 기록 지.
용(用)-認識인식. 意識의식. 知識지식. 常識상식. 良識양식. 標識표지.

神 귀신 신; 示 [shén] 귀신, 불가사의한 것, 정신, 혼.
부(部)-보일 시(示): 귀신에 관련된 글자 의미.
자(字)-시(示)신(申)=신(神).
사(思)-귀신(示=礻-部)의 뜻은 결국 펼쳐(申) 드러나니 귀신 신.
용(用)-精神정신. 神經신경. 神話신화. 神社신사. 神祕신비. 神奇신기.

信 믿을 신; 人 [xìn] 믿다, 진실, 분명히 하다.
부(部)-사람 인(人): 사람의 언행에 관한 글자라는 의미.
자(字)-인(亻)언(言)=신(信).
사(思)-사람(人-部)이 말하는 말(言)은 믿을 수 있게 해야 믿을 신.
용(用)-信賴신뢰. 通信통신. 信用신용.

愼 삼갈 신; 心 [shèn] 삼가다, 진실로, 이루다, 이룩하다, 성.
부(部)-마음 심(心)=심(忄)심방변: 삼간다는 것은 마음의 의미.
자(字)-심(忄)진(眞)=신(愼).
사(思)-마음(忄=心, 㣺-部)을 진실로(眞) 하려면 삼가야 하니 삼갈 신.
용(用)-愼重신중. 謹愼근신. 愼獨신독. 勤愼근신. 戒愼계신.

新 새 신; 斤 [xīn] 새, 새로운, 처음, 처음으로, 새로, 새롭게.
부(部)-도끼 근(斤): 도끼로 잘라내면 새 가지가 나오는 의미.
자(字)-입(立)목(木)근(斤)=신(新).
사(思)-서있는(立) 나무(木) 도끼로(斤) 베어내니 새 가지가 나와 새 신.
용(用)-新聞신문, 革新혁신, 新規신규, 維新유신, 新鮮신선, 斬新참신,

晨 새벽 신; 日 [chén] 새벽, 아침, 닭이 울다.
부(部)-날 일(日): 해 뜨기전이 새벽이다는 의미.
자(字)-일(日)신(辰)=신(晨).
사(思)-해(日-部)뜨기 전 별(辰)있는 때가 새벽이니 새벽 신.
용(用)-晨星신성. 晨光신광. 晨明신명. 淸晨청신. 晨省신성.

　　　昏定晨省혼정신성 : 「저녁에는 잠자리를 보아 드리고, 아침에는 문안(問安)을 드린다.」는 뜻으로, 「자식(子息)이 아침저녁으로 부모(父母)의 안부(安否)를 물어서 살핌.」을 이르는 말.

臣 신하 신; 臣- [chén]신하, 신하가 되어 섬기다, 신하로 하다
부(部)-신하 신(臣): 제부수 한자
자(字)-거(巨)곤(丨)곤(丨)=신(臣)　※巨 클 거;/ 丨 뚫을 곤
사(思)-큰(거(巨)) 명령을 위아래 뚫어(곤(丨)) 뚫어(곤(丨)) 실행하는 신하 신
용(用)-李舜臣이순신 大臣대신 使臣사신 功臣공신 忠臣충신 臣下신하
　　　武臣무신 君臣군신 儒臣유신 外務大臣외무대신

申 거듭 신, 아홉째 지지 신; 田- [shēn]아홉째 지지, 거듭, 되풀이
부(部)-밭 전(田):밭은 거듭해서 농사를 짓는다 의미
자(字)-전(田)곤(丨)=신(申)
사(思)-밭(전(田)) 땅속까지 뚫어(곤(丨)) 뒤집어야 지력(地力) 좋아져 거듭 신
용(用)-申申付託신신부탁 申請신청 申告신고 申聞鼓신문고 申込신입
　　　內申내신 上申상신 申師任堂신사임당

囟 정수리 신; 囗 [xìn,xín] 정수리.
부(部)-에워쌀 위(囗)=큰입구몸: 정수리를 둘러싼 의미.
자(字)-주(丶)국(囗)십(十)=신(囟).
사(思)-꼭대기(丶)에 몸(囗)의 배꼽(十)과 같이 중요한 부분이 정수리 신.
용(用)-囟門신문. 囟陷신함. 囟損신전.

腎 腎 콩팥 신; 肉 [shèn] 콩팥, 오장의 하나, 단단하다.
부(部)-고기 육(月): 몸에 관련된 글자 의미.
자(字)-신(臣)우(又)육(月)=신(腎).
사(思)-신하(臣)가 또(又) 몸(月)이 어질려니 건강할 콩팥 신.
용(用)-腎臟신장. 副腎부신. 絲球體腎炎사구체신염.

紳 紳 큰 띠 신; 糸 [shēn] 큰 띠, 묶다, 다발 짓다.
부(部)-실 사(糸): 실로 큰 허리띠를 만든다는 의미.
자(字)-사(糸)신(申)=신(紳).
사(思)-천(糸)으로 허리 펴게(申)하니 큰띠 신.
용(用)-紳士신사. 搢紳진신.

伸 펼 신; 人- [shēn]펴다, 기지개 켜다, 말하다
부(部)-사람인변 인(亻): 사람의 동작을 의미
자(字)-인(亻)신(申)=신(伸)   ※申 거듭 신. 아홉째 지지 신
사(思)-사람(인(亻)이 구부렸다 폈다 거듭(신(申)하니 펼 신
용(用)-伸張신장 伸縮신축 屈伸굴신 得伸득신 伸雪신설 引伸인신
　　　伸長신장 伸縮性신축성 伸腰신요

實 实 열매 실; 宀- [shí]열매, 차다, 가득 차다, 익다, 곡식 익다
부(部)-갓머리 집 면(宀): 열매를 수확하면 집에 보관 의미
자(字)-면(宀)관(貫)=실(實)   ※貫 꿸 관
사(思)-창고(면(宀)에 열매 포대를 꿴(관(貫) 포대 가득한 열매 실
용(用)-實踐실천 事實사실 實際실제 誠實성실 眞實진실 果實과실 現實현실
　　　實在실재 篤實독실 切實절실 充實충실

失 잃을 실; 大 [shī] 잃다, 잘못, 지나침.
부(部)-큰 대(大): 잃어버린 것은 크게 느껴진다.
자(字)-인(人)대(大)=실(失).
사(思)-사람의(인(人) 큰(대(大) 문제는 인성(人性) 잃을 실.
용(用)-失敗실패. 失踪실종. 損失손실. 喪失상실. 失業실업. 失望실망.

室 집 실; 宀 [shi] 집, 건물, 방, 거처.
부(部)-집 면(宀): 집의 구조인 방에 관련된 의미.
자(字)-집 면(宀)이를 지(至)=실(室).
사(思)-집(宀)에 이르러(至) 사니 집 실. 室은 안쪽의 방, 堂(당)은 바깥채.
용(用)-敎室교실. 蠶室잠실. 化粧室화장실. 室內실내. 事務室사무실.

沈 성씨 심. 잠길 침; 水- [shěn,shén]가라앉다, 빠지다, 잠기다,
부(部)-삼수변 수(氵): 물에 빠진 심청(沈淸)이 관련 의미
자(字)-수(氵)유(尤)=심(沈)   ※尤 머뭇거릴 유
사(思)-심청이도 인당수(수(氵) 빠질 때 머무거렸으나(유(尤) 잠길 침
용(用)-沈淸傳심청전 沈默침묵 沈滯침체 浮沈부침 沈着침착 沈沒침몰

沈鬱침울 沈降침강 沈水침수

深 깊을 심; 水 [shēn] 깊다, 깊게 하다, 깊이, 매우.
부(部)-물 수(水)=삼수변(氵): 깊은 물이라는 의미.
자(字)-수(氵)망(罒)목(木)=심(深).
사(思)-물(氵=水-部)에 그물(网)을 던져 막대기(木)로 재어보니 깊을 심.
용(用)-深刻심각. 深化심화. 深夜심야. 深層심층.

心 마음 심; 心- [xīn]마음, 심장, 가슴
부(部)-마음 심(心): 제부수 한자(漢字)
자(字)-心(마음 심)
사(思)-상형문자(象形文字)로 심장의 모형을 표현하는 글자
용(用)-心臟심장 初心초심 良心양심 關心관심 核心핵심 熱心열심

審 살필 심; 宀- [shěn]살피다, 자세하다, 환히 알다
부(部)-갓머리 집 면(宀): 집안에 사건을 살피다 의미
자(字)-면(宀)번(番)=심(審) ※番 차례 번
사(思)-집(면(宀) 내외(內外) 사건 차례로(번(番) 살필 심
용(用)-審判심판 審査심사 審問심문 審議심의 審理심리 審美심미 結審결심

甚 심할 심; 甘 [shèn,shén,shí] 성하다, 두텁다, 중후하다.
부(部)-달 감(甘): 단 것은 심하게 찾게 됨에 관련된 의미.
자(字)-감(甘)필(匹)=심(甚).
사(思)-달콤하다(감(甘)해서 짝(필(匹)끼리 사랑이 심할 필.
용(用)-甚至於심지어. 極甚극심. 甚深심심(매우 깊고 간절함).

尋 찾을 심; 寸 [xún] 생각하다, 보통, 평소.
부(部)-마디 촌(寸):마디마디 질서 있게 찾는다는 의미.
자(字)-계(彐)공구(工口)촌(寸)=심(尋).
사(思)-돼지머리(彐)를 프로(工)가 먹고(口) 마디마다(寸)로 찾으니 찾을 심.
용(用)-推尋추심. 尋訪심방. 尋問심문. 千尋천심. 尋討심토.

拾 열 십{주울 습,오를 섭,번갈아 겁}; 手- [shí,shè,shī]열다, 줍다,
부(部)-재방변 수(扌): 줍거나 세거나 손으로 한다 의미
자(字)-수(扌)합(合)=습(拾)
사(思)-손(수(扌) 열가락 합쳐서(합(合) 줍거나 세거나 하니 주을 습, 열 십
용(用)-收拾수습 拾遺습유 拾得습득 拾骨습골 拾取습취

雙 双 쌍 쌍; 隹 [shuāng] 쌍, 유(類), 짝이 되다.

부(部)－새 추(隹): 새들은 쌍쌍이 날아다닌다는 의미.

자(字)－수(雔)우(又)＝쌍(雙). ※雔 새 한 쌍 수

사(思)－새 한 쌍(수(雔))을 오른손(우(又))으로 잡고 있으니 한 쌍. 쌍 쌍.

용(用)－雙方쌍방. 雙璧쌍벽. 雙曲線쌍곡선. 雙球菌쌍구균. 雙翼쌍익.

　　　雙手쌍수.

아. 아 부

[한강의 기적을] 좌승희 이태규 지음

我 나 아; 戈 [wǒ] / 我[wǒ] 나 아; 우리 아. 외고집 아.
부(部)-(戈창 과): 무기를 상징하는 뜻.

자(字)-수(扌)과(戈)=아(我).　※手손 수=扌재방변.

사(思)-손(扌)으로 무기(戈)를 잡고 지켜야 하는 나 아.

용(用)-아군(我軍). 자아(自我). 무아(無我).

亞 亚 버금 아; 二- [yà]버금, 흉하다, 동서(同壻)
부(部)-두 이(二): 두 번째 의미 다음가다 의미

자(字)-亞(버금 아)

사(思)-상형문자(象形文字)로 사면 둘러싼 주택이나 궁궐 보다는 못하다 의미

용(用)-亞聖아성: 공자 다음 맹자.　亞流아류 東亞동아 亞熱帶아열대

芽 싹 아; 艸- [yá]싹, 싹트다, 조짐이 보이다
부(部)-초두머리 초(++): 식물의 싹이라는 의미

자(字)-초(++)아(牙)=아(芽)

사(思)-풀(초(++))도 어금니(아(牙)같이 되려면 싹부터 싹 아

용(用)-萌芽맹아 發芽발아 胚芽배아 麥芽맥아 豆芽두아 葉芽엽아 催芽최아

兒 儿 아이 아; 儿 [ér,ní] 아이. 児(아)의 본자(本字).
부(部)-사람 인(人)=(儿): 아이를 포함 사람에 관한 글자 의미.

자(字)-구(臼)인(儿)=아(兒).

사(思)-어린이(인(儿)가 절구(구(臼)를 장난감 하니 아이 답다.

용(用)-兒童아동. 嬰兒영아. 家兒가아. 迷兒미아. 育兒육아. 孤兒고아.

牙 어금니 아; 牙- [yá]어금니, 송곳니, 이의 총칭, 무기, 병기,
부(部)-어금니 아(牙): 제부수 한자

자(字)-牙(어금니 아)

사(思)-상형문자(象形文字)로 이빨을 표현한 글자

용(用)-齒牙치아 象牙상아 牙聲아성 西班牙서반아 牙兵아병 牙箏아쟁

阿 언덕 아; 阜- [ā,à,ē]언덕, 구석, 산비탈
부(部)-좌부변 언덕 부(阝): 언덕을 의미

자(字)-부(阝)가(可)=아(阿)　※可 옳을 가

사(思)-언덕(부(阝)에서 옳은(가(可)소리를 전파하는 언덕 아

용(用)-阿諂아첨 阿附아부 南無阿彌陀佛나무아미타불 阿膠아교
　　　阿彌陀佛아미타불 : 사방정토(四方淨土)에 있다고 하는 부처의 이름.
무량불 또는 무량 광불(無量光佛)이라고도 함. 모든 중생(衆生)을 제도(濟

- 220 -

度)하겠다는 대원(大願)을 품은 부처.

餓 饿 주릴 아; 食- [è]주리다, 굶기다, 굶주림, 기아
부(部)-밥 식(食): 식사(食事)와 관련된 의미

자(字)-식(食)아(我)=아(餓)

사(思)-밥(식(食)을 못 먹어 나(아(我)는 굶주린 것 주릴 아

용(用)-飢餓기아 餓死아사 餓鬼아귀 寒餓한아 餓殺아살 餓鬼病아귀병

雅 맑을 아, 초오 아; 隹- [yǎ,yā]초오(超悟), 바르다, 우아하다
부(部)-새 추(隹): 새 소리는 맑게 들리다 의미

자(字)-아(牙)추(隹)=아(雅)   초오(超悟): 깨달음, 현명함이 뛰어나다

사(思)-어금니(아(牙)처럼 잘 익힌 지식은 새소리(추(隹)같이 맑을 아

용(用)-優雅우아 端雅단아 淸雅청아 雅量아량 雅樂아악 高雅고아 大雅대아

惡 惡 악할 악; 心- [è,ě,wū,wù] 악하다, 추하다, 불길하다.
부(部)-마음 심(心): 사람의 나쁘고 미워하는 마음 의미

자(字)-아(亞)심(心)=악(惡)(오).

사(思)-다음(亞 버금 아)에야 착하겠다고 하니 나쁘고 미우니 악할 악.

용(用)-惡事악사. 惡世악세. 惡人악인. 惡事千里악사천리.

握 쥘 악; 手 [wò] 쥐다, 주먹, 손아귀, 수중.
부(部)-손 수(手): 손으로 주먹을 쥔다는 의미.

자(字)-수(扌)옥(屋)=악(握).

사(思)-손(扌)에 집(屋)문서를 꼭 쥐니 쥘 악.

용(用)-家屋가옥. 屋上옥상. 酒屋주옥. 書屋서옥. 三間草屋삼간초옥.
     愛及屋烏애급옥오.

岳 큰 산 악; 山-[yuè]큰 산
부(部)-뫼 산(山): 산에 관련 글자 의미

자(字)-구(丘)산(山)=악(岳)   ※丘 언덕 구

사(思)-언덕(구(丘) 크면 산(山)이 되니 큰 산 악

용(用)-山岳산악 安岳안악 南岳남악 峻岳준악 大岳대악 岳母악모

樂 乐 노래 악, 즐길 락(낙), 좋아할 요; 木- [lè,yào,yuè]음악, 연주
부(部)-나무 목(木):악기는 주로 나무통으로 만든 의미
자(字)-백(白)요(幺)요(幺)목(木)=락(樂) ※幺 작을 요
사(思)-하얗고(백(白) 작디(요(幺) 작은(요(幺) 줄이 나무(목(木)에서 튕겨 즐길 락
용(用)-音樂음악 樂譜악보 樂器악기 雅樂아악 生死苦樂생사고락
君子三樂군자삼락 極樂淨土극락정토 與民同樂여민동락

雁 기러기 안; 隹- [yàn]기러기, 거위, 가짜, 모조
부(部)-새 추(隹): 기러기도 새의 종류 의미
자(字)-엄(厂)인(亻)추(隹)=안(雁) ※厂 기슭 엄
사(思)-산 기슭(엄(厂)에 사람이(인(亻) 새(추(隹)를 보니 기러기 안
용(用)-鴻雁홍안 雁帛안백 雁陣안진 過雁과안 雁掌안장 雁堂안당 秋雁추안

眼 눈 안; 目- [yǎn]눈, 눈구멍, 눈매, 보다, 보는 일, 구멍
부(部)-눈 목(目): 눈에 관련된 글자 의미
자(字)-목(目)간(艮)=안(眼) ※艮 어긋날 간
사(思)-눈으로(목(目) 어긋나게(간(艮) 보지 않은 눈 안
용(用)-瞥眼間별안간 眼鏡안경 慧眼혜안 眼目안목 眼科안과 開眼개안

晏 늦을 안; 日 [yàn] 늦다, 시간이 늦다, 편안하다, 맑다,
부(部)-날 일(日): 하루(일(日)의 흐름에 관한 의미.
자(字)-일(日)안(安)=안(晏).
사(思)-하루(日-部)일과 후 편안(安)할 때는 늦은 시간이니 늦을 안.
용(用)-晏寧안녕. 晏駕안가☞ 붕어(崩御). 晏眠안면. 晏息안식.

岸 언덕 안; 山- [àn]언덕, 기슭, 뛰어나다
부(部)-뫼 산(山): 언덕이 크면 산이다 의미
자(字)-산(山)엄(厂)간(干)=안(岸) ※厂 기슭 엄/ 干 방패 간
사(思)-산(산(山)에 기슭(엄(厂)은 방패(간(干) 역할 하는 언덕 안
용(用)-沿岸연안 彼岸피안 海岸해안 岸壁안벽 到彼岸도피안 東海岸동해안
西海岸서해안

顔 顔 얼굴 안; 頁 [yán] 얼굴, 낯, 안면, 표정, 드러나다.
부(部)-머리 혈(頁): 얼굴과 머리는 밀접한 관련 있는 의미.
자(字)-언(彦)혈(頁)=안(顔).
사(思)-선비(彦-部)가 머리(頁)를 쓰면서 공부하면 빛나는 얼굴 안.
용(用)-顔面안면. 顔氏家訓안씨가훈. 顔色안색. 顔回안회. 面顔면안

案 책상 안; 木- [àn]책상, 소반, 밥상
부(部)-나무 목(木): 책상은 나무로 만들었다 의미
자(字)-안(安)목(木)=안(案)   ※安 편안할 안
사(思)-편안하게(안(安) 나무로(목(木) 만든 책상 안
용(用)-提案제안 勘案감안 案內안내 考案고안 懸案현안 案件안건 方案방안

安 편안할 안; 宀 [ān] 편안하다, 즐기다, 좋아하다,
부(部)-집 면(宀): 편안한 곳은 집안이란 의미.
자(字)-면(宀)여(女)=안(安).
사(思)-집(갓머리(宀)에는 여자(여(女)가 있어야 편안할 안.
용(用)-安保안보 不安불안 安全안전 安定안정 安易안이 便安편안 慰安婦위안부.

謁 謁 아뢸 알; 言- [yè]아뢰다, 여쭈다, 알리다, 고하다, 뵈다,
부(部)-말씀 언(言): 말로 아뢰다 의미
자(字)-언(言)갈(曷)=알(謁)   ※曷 어찌 갈
사(思)-말로(언(言) 어찌 어찌(갈(曷)할 거를 아뢰올 알
용(用)-謁見알현 拜謁배알 謁見알견 司謁사알 謁聖알성 謁者알자

巖 岩 바위 암; 山- [yán]바위, 가파르다, 험하다, 낭떠러지
부(部)-뫼 산(山): 산에 있는 바위 의미
자(字)-산(山)엄(嚴)=암(巖)   ※嚴 엄할 엄
사(思)-산(山)에는 엄하게(엄(嚴) 있는 바위 암
용(用)-巖石암석 花崗巖화강암 白巖山백암산 巖壁암벽 巖盤암반 石灰巖석회암

癌 암 암; 疒 [yán] 암.
부(部)-병질 녁(疒): 병에 관련글자 의미.
자(字)-역(疒)암(嵒)=암(癌). 嵒 바위 암.
사(思)-병(疒)중에서 바위(嵒)같은 암 암.
용(用)-肝癌간암. 胃癌위암. 肺癌폐암. 發癌발암.

暗 어두울 암; 日 [àn] 어둡다, 사리에 어둡다, 밤, 알지 못하게.
부(部)-날 일(日): 태양의 없으면 어둡다는 의미.
자(字)-일(日)음(音)=암(暗).
사(思)-하루(日)에 소리(音)로만 분간(分揀)하게 되는 밤이니 어두울 암.
용(用)-暗示암시. 暗澹암담. 明暗명암. 暗記암기. 暗躍암약. 暗殺암살.
　　　暗礁암초 暗中摸索 암중모색:「어둠 속에서 손을 더듬어 찾는다」는
뜻으로, 어림짐작(斟酌)으로 사물(事物)을 알아내려 함을 이르는 말.

壓 圧 누를 압; 土- [yā,yà]누르다, 억압하다, 막다, 가로막다
부(部)-흙 토(土): 흙더미로 누르다 억압하다 의미
자(字)-염(厭)토(土)=압(壓)　　※厭 싫을 염
사(思)-싫은(염(厭) 것을 흙(토(土))으로 덮어 누르니 누를 압
용(用)-壓迫압박 壓縮압축 彈壓탄압 壓力압력 鎭壓진압 制壓제압 血壓혈압

押 누를 압; 手-; [yà]누르다, 수결,
부(部)-재방변 수(扌): 손으로 누르다 의미
자(字)-수(扌)갑(甲)=압(押)　　※甲 갑옷 갑
사(思)-손으로(수(扌)) 갑옷(갑(甲))을 입으니 온 몸을 누를 압
용(用)-押留압류 押收압수 押韻압운 押釘압정 假押留가압류 親押친압

狎 狎 익숙할 압; 犬- [xiá]익숙하다, 업신여기다, 가벼이 보다
부(部)- 犭[犬](개사슴록변): 친한개가 가까이 한다는 의미
자(字)-犭(개사슴록변 견) +甲(갑옷 갑)=압(狎)
사(思)- 개가(견(犭)) 첫째(갑(甲))로 가까우면 버릇없이 익숙할 압
용(用)-狎客압객 狎褻압설 狎逼압핍 狎弄압롱 愛狎애압 狎近압근
압은시애(狎恩恃愛): 은혜에 익숙하고 사랑을 믿어 불경함을 모르는 무지

央 가운데 앙; 大- [yāng]가운데, 다하다, 끝장나다, 오래다,
부(部)-큰 대(大): 큰 것도 가운데 중요하다 의미
자(字)-경(冂)대(大)=앙(央)
사(思)-먼데(경(冂)) 큰 것(대(大))도 보이는 게 가운데 앙
용(用)-中央중앙 震央진앙 中央線중앙선 中央廳중앙청 中央紙중앙지

仰 우러를 앙; 人- [yǎng]우러르다, 믿다, 따르다
부(部)-사람인변 인(亻): 사람의 행위 관련 의미
자(字)-인(亻)앙(卬)=앙(仰)　　※卬 나 앙
사(思)-사람(인(亻))은 자기(앙(卬))를 우러를 보게 한다 우러를 앙
용(用)-信仰신앙 推仰추앙 崇仰숭앙 仰望앙망 俯仰부앙 仰土앙토 仰壁앙벽

殃 재앙 앙; 歹- [yāng]재앙, 신불(神佛)의 질책, 해치다,
부(部)-죽을삽면 뼈 알(歹): 죽음을 부르는 재앙 의미
자(字)-알(歹)앙(央)=앙(殃)　　※央 가운데 앙;
사(思)-죽음(알(歹))들이 가운데(앙(央))인 재앙 앙
용(用)-災殃재앙 殃禍앙화 天殃천앙 殃慶앙경 殃及앙급 殃罰앙벌 積殃적앙

礙
碍 거리낄 애; 石 [ài] 거리끼다, 방해하다, 碍(애)의 본자(本字).
부(部)-돌 석(石): 돌이 장애가 되었다는 의미.
자(字)-석(石)의(疑)=애(礙).　　※疑 의심할 의
사(思)-돌이다(石) 의심(疑)되어 장애가 되니 꺼릴 애.
용(用)-障礙人장애인. 障礙장애. 無障無礙무장무애.

涯
물가 애; 水- [yá]물가, 가, 끝, 근처, 어느 곳
부(部)-삼수변 수(氵): 물가를 표현하는 글자 의미
자(字)-수(氵)애(厓)=애(涯)　　※厓 언덕 애
사(思)-물이(수(氵) 흐르다 언덕(애(厓)에는 끝처럼 물가 애
용(用)-生涯생애 天涯천애 涯角애각 涯際애제 一生涯일생애 水涯수애
　　　涯岸애안 境涯경애 無涯무애 涯脚애각 天涯孤獨천애고독

崖
언덕 애. 벼랑 애; 山 [yá,ái] 벼랑, 모, 모나다, 기슭, 물기슭.
부(部)-뫼 산(山): 산에는 벼랑이 있다는 의미.
자(字)-산(山)애(厓)=애(崖).
사(思)-산(山)에는 언덕(厓)이 많으니 높은 절벽, 벼랑이 있어 벼랑 애.
용(用)-崖略애략☞ 대략(大略). 斷崖단애. 摩崖마애, 崖路애로.

愛
愛 사랑 애; 心 [ài] 사랑, 사랑하다, 친밀하게 대하다.
부(部)-마음 심(心): 사랑하는 마음의 상태를 의미
자(字)-조(爫)멱(冖)심(心)치(夂)=애(愛). ※夂 뒤져서 올 치
사(思)-손(爫)으로 덮으려는(冖) 마음(心-)이 뒤척이는(치(夂) 상태니 사랑 애.
용(用)-令愛영애. 友愛우애. 愛國애국. 割愛할애. 愛玩動物애완동물.
　　　博愛박애. 愛馬애마. 愛好애호

哀
슬플 애; 口 [āi] 슬퍼하다, 불쌍히 여기다.
부(部)-입 구(口):슬픈 곡 소리 입으로 낸다는 의미.
자(字)-의(衣)구(口)=애(哀).
사(思)-상복(衣-部)입어 곡소리(口-部)를 하니 슬플 애.
용(用)-哀悼애도. 哀惜애석. 哀痛애통. 哀歡애환. 哀慕애모.

厄
액 액; 厂- [è]재앙, 불행, 멍에, 사나운 운수
부(部)-민엄호 엄(厂): 기슭, 낭떠러지는 재앙과 가깝다 의미
자(字)-엄(厂)절(卩)=액(厄) ※卩병부 절(병부(兵符): 암호표시로 반 나눈 것)
사(思)-기슭(엄(厂)은 병부(절(卩) 같이 산이 깎여 액 액
용(用)-厄運액운 災厄재액 度厄도액 兵厄병액 厄禍액화 死厄사액 厄月액월

額 額 이마 액; 頁- [é]이마, 일정한 액수, 편액(偏額), 현판(懸板)
　　부(部)-머리 혈(頁): 머리의 상징이 이마다 의미

자(字)-객(客)혈(頁)=액(額)　　※客 손님 객;

사(思)-손님(객(客)의 머리(혈(頁) 숫자는 이마의 수니 이마 액

용(用)-金額금액 殘額잔액 額數액수 額子액자 賜額書院사액서원 額面액면

液 진 액; 水- [yè]진, 진액, 유동체의 총칭, 겨드랑이, 성(姓)
　　부(部)-삼수변 수(氵): 진액(津液)도 물과 비슷하다 의미

자(字)-수(氵)야(夜)=액(液)

사(思)-동식물에서 물(수(氵)을 밤(야(夜)까지 짜내다 보니 진 액

용(用)-血液혈액 液體액체 津液진액 精液정액 液晶액정 溶液용액
　　　　唾液타액 血液型혈액형

野 들 야; 里- [yě]들, 들판, 백성, 촌스럽다, 거칠다
　　부(部)-마을 리(里): 들에는 군데 군데 마을이 있다 의미

자(字)-리(里)여(予)=야(野)　　※予 나 여

사(思)-마을(리(里) 있는 나(여(予)를 들판으로 가게 하니 들 야

용(用)-野球야구 野黨야당 與野여야 野蠻야만 野望야망 野菜야채
　　　　廣野광야 野俗야속 野生야생 視野시야 野心야심 曠野광야

若 반야 야{같을 약}; 艹- [ruò,rě]반야, 같다, 좇다, 어조사
　　부(部)-초두머리 초(艹): 나물을 캘 때는 같은 종류 의미

자(字)-초(艹)우(右)=약(若)　　※右 오른쪽 우

사(思)-나물(초(艹)을 오른손(우(右)캐여 같은 것 모으니 같을 약

용(用)-萬若만약 若干약간 般若반야 自若자약 莫若막약 若愚약우

夜 밤 야; 夕 [yè] 밤, 성(姓), 고을 이름.
　　부(部)-저녁 석(夕): 저녁이 되면 밤이라는 의미.

자(字)-두(亠)인(亻)석(夕)=야(夜). 돼지 해(亥).

사(思)-돼지도(亠) 사람도(亻) 저녁이(夕-部)지나면 자야한다는 밤 야.

용(用)-晝夜주야. 深夜심야. 徹夜철야. 夜間야간. 夜半야반.

也 어조사 야; 乙 [yě] 어조사, 또, 또한, 잇달다.
　　부(部)-새 을(乙)=을(乚): 글자는 새의 발자국 도움도 있음.

자(字)-을(乚)력(力)=야(也).

사(思)-새(을(乚)의 힘(력(力)도 보태는 어조사 야.

용(用)-及其也급기야 或也혹야 必也필야 雍也옹야 厥也궐야=그 사람, 그 자.

耶 어조사 야; 耳- [yé,yē]어조사, 의문 조사, 예수 야소(耶蘇)교
부(部)-귀 이(耳): 귀에 들림 도움 주는 의미

자(字)-이(耳)부(阝)=야(耶)

사(思)-귀(이(耳)에 들리는 소리가 고을(읍(阝)에 도움 주는 어조사 야

용(用)-耶蘇야소 耶華和야화화 也耶야야 耶蘇會야소회 耶蘇敎야소교

惹 이끌 야; 心 [rě] 이끌다, 끌어당기다, 엉겨 붙다.
부(部)-마음 심(心): 이끈다는 마음의 상태를 의미.

자(字)-약(若)심(心)=야(惹). 若 같을 약.

사(思)-같은(若) 마음(心)이 되니 이끌 야.

용(用)-惹起야기 惹端야단 惹鬧야료 惹出야출 惹起鬧端야기요단

若 같을 약; 艸 [ruò,rě] 같다, 너, 만일.
부(部)-풀 초(艸)=초(++): 풀을 캔다는 가정의 의미.

자(字)-초(++)우(右)=약(若).

사(思)-나물을(++) 오른손(右)으로 캐면서 크기를 같게 하니 같을 약.

용(用)-萬若만약 瞠若당약 莫若막약:~만 같은 것이 없음. 不若불약:~만 못함.

掠 노략질할 약(략); 手- [lüè,lüě]노략질하다, 스쳐 지나가다,
부(部)-재방변 수(扌): 손으로 노략질 한다는 의미

자(字)-수(扌)경(京)=략(掠) ※京 서울 경, 클 경

사(思)-손(수(扌) 큰(경(京) 나쁜짓이니 노략질 략

용(用)-擄掠(鹵掠)노략 侵掠침략 劫掠겁략 攻掠공략 盜掠도략

略 간략 약(략)/다스릴 략(약)田- [lüè]다스리다, 경륜하다, 빼앗다
부(部)-밭 전(田): 밭은 다스리고 빼앗는 대상 되는 의미

자(字)-전(田)각(各)=략(略)

사(思)-밭(전(田)은 각자(각(各)가 소유하여 다스릴 략

용(用)-省略생략 戰略전략 侵略침략 謀略모략 大略대략 略字약자
中傷謀略중상모략

躍 뛸 약; 足- [yuè]뛰다, 뛰어오르다, 뛰어넘다, 가슴이 뛰다,
부(部)-발족변 족(足): 뛰는 것은 발에 관련 의미

자(字)-족(足)적(翟)=약(躍) ※翟 꿩 적

사(思)-발(족(足)을 꿩(적(翟)같이 뛰어가니 뛸 약

용(用)-跳躍도약 飛躍비약 活躍활약 躍動약동 躍進약진 躍出약출 一躍일약
暗躍암약 騰躍등약 踊躍용약 距躍거약 雀躍작약

約 約 맺을 약; 糸 [yuē,yāo] 묶다, 합치다, 따르다, 약속하다.
부(部)-실 사(糸): 실로 약속을 묶는다는 의미.
자(字)-사(糸)작(勺)=약(約).
사(思)-실로(糸) 작은국자(勺) 묶듯이 약속하니 맺을 약.
용(用)-約束약속 節約절약 條約조약 百年佳約백년가약 金石盟約금석맹약.

藥 药 약 약; 艸 [yào] 약, 독(毒), 고치다, 치료하다.
부(部)-풀 초(艸): 약초도 풀의 종류라는 의미.
자(字)-초(艹)락(樂)=약(藥).
사(思)-약초(초(艹)를 먹어 즐거웁게(락(樂) 나으니 약 약.
용(用)-醫藥品의약품. 痲藥마약. 藥局약국. 農藥농약. 藥房약방.
藥品약품. 藥效약효. 藥用약용   . 補藥보약. 洋藥양약.

弱 약할 약; 弓- [ruò]약하다, 약한 자, 약해지다, 쇠해지다
부(部)-활 궁(弓): 활이 얼어 버리면 약해진다 의미
자(字)-궁(弓)빙(冫)궁(弓)빙(冫)=약(弱)
사(思)-활(궁(弓)이 얼어(빙(冫) 두 개나 있어도 약할 약
용(用)-脆弱취약 衰弱쇠약 薄弱박약 貧弱빈약 弱者약자 微弱미약
柔弱유약 軟弱연약 虛弱허약 老弱者노약자

佯 거짓 양; 人 [yáng] 거짓, -한 체하다, 헤매다.
부(部)-사람인변(인(亻): 거짓을 하는 것은 사람이라는 의미.
자(字)-인(亻)양(羊)=양(佯).
사(思)-사람(亻=人-部)이 착한(羊)사람인 척 거짓말 양.
용(用)-佯病양병. 佯名양명. 倚佯의양. 佯言양언. 佯狂양광.

養 养 기를 양; 食 [yǎng] 기르다, 성장을 시키다, 양육, 밥을 짓다.
부(部)-밥 식(食): 기르고 양육시 밥이나 사료를 준다는 의미.
자(字)-양(羊)식(食)=양(養).
사(思)-양(羊)에게 먹을(飠-部) 것을 주어 기를 양.
용(用)-養成양성. 涵養함양. 培養배양. 營養영양. 扶養부양. 敎養교양.

兩 两 두 양(량); 入- [liǎng] 두, 둘, 짝, 짝을 하다, 아울러.
부(部)-들 입(入): 입구가 둘이라는 의미.
자(字)-잡(帀)량(从)=량(兩). ※从(나란히 들어갈 량(양)) /帀두를 잡
사(思)-수건을 둘러쓰고(잡(帀) 나란히 들어가니(량(从) 두 량(兩).
용(用)-兩極化양극화. 兩國양국. 兩側양측. 兩班양반. 兩棲類양서류.

梁 들보양(량); 木 [liáng] 들보, 징검다리, 다리, 교량.

부(部)-나무 목(木): 나무 들보와 관련 의미.

자(字)-수(氵)창(刅)목(木)=량(梁) ※ 刅: 만들 창(모양자 참조).

사(思)-물(氵)위에 양쪽에 걸치게 만든(刅) 나무(木)다리 들보 량.

용(用)-橋梁교량. 脊梁山脈척량산맥. 脊梁척량(등골뼈). 명량[鳴梁]

樣 样 모양 양,상; 木- [yàng] 모양, 형상, 본, 본보기, 모범,

부(部)-나무 목(木): 나무의 모양 등을 의미.

자(字)-목(木)양(羊)영(永)=양(樣).

사(思)-나무(木-部)가 좋으면(羊) 영원(永)한 모양과 본보기니 모양 양.

용(用)-模樣모양. 多樣다양. 樣相양상. 樣式양식.

各樣各色각양각색 : 여러 가지. 각기 다 다름.

諒 谅 믿을 양(량)/살펴 알 량(양); 言-[liàng,liáng]믿다, 참, 진실,

부(部)-말씀 언(言): 말하는 것을 잘 살핀다 의미

자(字)-언(言)경(京)=량(諒) ※京 서울 경, 클 경

사(思)-말(언(言)이 큰(경(京) 서울사람(경(京)을 잘 살펴야 믿을 량

용(用)-惠諒혜량 海諒해량 原諒원량 諒解양해 諒知양지 下諒하량

洋 바다 양; 水- [yáng]바다, 대해(大海), 넘치다, 큰 물결, 거센 파도

부(部)-삼수변 수(氵): 바다도 물이다 의미

자(字)-수(氵)양(羊)=양(洋) ※ 羊 양 양. 상서로울 양

사(思)-바다(수(氵)물은 상서롭고(양(羊) 좋은 것 바다 양

용(用)-洋洋양양 洋襪양말 海洋해양 西洋서양 洋擾양요 東洋동양 大洋대양

洋服양복 遠洋원양 洋弓양궁 洋酒양주 太平洋태평양

楊 杨 버들 양; 木- [yáng]버들, 버드나무,

부(部)-나무 목(木): 버드나무도 나무 종류 의미

자(字)-목(木)양(昜)=양(楊) ※昜 볕 양. 밝다, 陽과 同字

사(思)-나무(목(木)의 잎이 볕(양(昜) 비치는 쪽으로 가는 버들 양

용(用)-楊貴妃양귀비 垂楊수양 楊柳양류 楊柳枝양류지 白楊백양

陽 阳 볕 양; 阜- [yáng]볕, 양지, 양(陽), 밝다

부(部)-좌부변 언덕 부(阝): 언덕에 양지 바른 곳 의미

자(字)-부(阝)양(昜)=양(陽) ※昜 볕 양. 밝다, 陽과 同字

사(思)-언덕(부(阝)에 볕(양(昜)이 쪼이니 양지 양

용(用)-太陽태양 陰陽음양 漢陽한양 夕陽석양 斜陽사양 陽曆양력 太陽系태양계

讓 让 사양할 양; 言 [ràng] 사양하다, 양보하다, 넘겨주다.
부(部)-말씀 언(言): 사양함을 말로써 한다는 의미.
자(字)-언(言)양(襄)=양(讓) ※ 襄 도울 양(모양자 참조).
사(思)-말씀(言-部)으로 도움(襄)을 사양하고, 양보할 양.
용(用)-讓步양보. 分讓분양. 讓渡양도. 謙讓겸양. 移讓이양.

糧 양식 양{량}; 米 - [liáng]양식, 식량의 총칭, 구실, 급여(給與),
부(部)-쌀 미(米): 쌀은 양식의 대명사 의미
자(字)-미(米)량(量)=량(糧) ※ 量 헤아릴 량{양}
사(思)-쌀(米)을 헤아려서(량(量) 양식(糧食)을 저장 양식 량
용(用)-糧食양식 食糧식량 給糧급량 糧穀양곡 行糧행량 貢糧공량
回糧회량 公糧공량 錢糧전량 農糧농량 繼糧계량

孃 여자애 양; 女 [niáng] 여자애, 어미, 어머니.
부(部)-계집 녀(女): 아가씨는 여자라는 의미.
자(字)-여(女)양(襄)=양(孃). 襄 도울 양.
사(思)-여자(女)가 도움(襄) 받아야 하는 아가씨 양.
용(用)-爺孃야양. 老孃노양. 野孃야양. 令孃영양.

揚 扬 오를 양; 手 [yáng] 오르다, 날다, 하늘을 날다, 흩날리다.
부(部)-재방변(才傍邊)(수(扌): 손의 재주로 관련한 글자 의미.
자(字)-수(扌)양(昜)=양(揚).
사(思)-손(扌)으로 조종하여 태양(昜=陽)향해 비행기를 하늘로 오를 양.
용(用)-讚揚찬양. 浮揚策부양책. 浮揚부양. 止揚지양. 揭揚게양.

良 좋을 양{량}; 艮 [liáng] 좋다, 어질다, 뛰어나다, 순진하다, 잘,
부(部)-그칠 간(艮): 그치면 좋은 것을 의미.
자(字)-주(丶)간(艮)=량(良).
사(思)-점(주(丶)같은 잘못도 그치면(간(艮) 좋으니 좋을 량.
용(用)-良識양식. 良心양심. 不良불량. 良書양서. 良好양호. 閑良한량.
優良우량. 良質양질. 善良선량.

量 헤아릴 양{량}; 里 - [liáng,liàng]헤아리다, 길이, 좋다
부(部)-마을 리(里): 마을에는 헤아릴게 많다
자(字)-단(旦)리(里)=량(量) ※旦 아침 단
사(思)-아침부터(단(旦) 마을에는(리(里) 헤아려야 헤아릴 양
용(用)-度量도량 測量측량 質量질량 數量수량 雅量아량 裁量재량 力量역량

壤 흙덩이 양; 土- [rǎng]흙, 부드러운 흙, 땅, 토지, 경작지, 티끌
부(部)-흙 토(土): 흙에 관련된 글자 의미
자(字)-토(土)양(襄)=양(壤)　※襄 도울 양
사(思)-흙(토(土)을 부숴 부드럽게 도울(양(襄)) 흙덩이 양
용(用)-平壤평양 土壤토양 天壤천양 壤土양토 膏壤고양 寸壤촌양

魚 鱼 고기 어; 魚- [yú]고기, 물고기, 물속에 사는 동물의 범칭,
부(部)-고기 어(魚) 제부수 한자
자(字)-도(刀)전(田)화(灬)=어(魚)
사(思)-칼로(도(刀)) 조리하여 밭(전(田)에 구워(화(灬))먹는 고기 어
용(用)-文魚문어 鰐魚악어 廣魚광어 鰱魚연어 長魚장어 錢魚 전어

漁 渔 고기 잡을 어; 水- [yú]고기를 잡다, 이익을 낚다, 어부
부(部)-삼수변 수(氵): 물속에 사는 고기를 잡다 의미
자(字)-수(氵)어(魚)=어(漁)
사(思)-물(수(氵))에 고기(어(魚)를 어부(漁夫)가 잡으니 고기 잡을 어
용(用)-漁夫어부 漁村어촌 漁船어선 稚漁치어 漁撈어로 漁港어항 漁場어장

馭 馭 말 부릴 어; 馬 [yù] 말을 부리다, 말을 몰다, 마부(馬夫).
부(部)-말 마(馬): 말을 몰다는 의미.
자(字)-마(馬)우(又)=어(馭).
사(思)-말(馬-部)은 오른손(又)으로 채찍을 잡고 말부릴 어.
용(用)-制馭제어. 馭馬어마. 馭者어자. 龍馭용어.

語 语 말씀 어; 言 [yǔ,yù] 말씀, 말, 어구(語句), 담화하다.
부(部)-말씀 언(言): 말과 관련된 글자라는 의미.
자(字)-언(言)오(吾)=어(語).　※吾 나 오
사(思)-말(언(言))로 나(오(吾))의 뜻을 알리고 발표하니 말씀 언.
용(用)-言語언어 國語국어 用語용어 論語논어 語塞어색 語彙어휘 單語단어

御 御 거느릴 어; 彳- [yù]어거하다, 짐승을 길들이다, 다스리다
부(部)-두인변 걸을 척(彳): 거느리고자 걸어다니다 의미
자(字)-척(彳)오(午)지(止)읍(阝)=어(御)　※午 거스를 오. 止 발 지
사(思)-걷다가(척(彳)) 거스르고(오(午)) 멈추고(지(止)) 고을(읍(阝))을 거느릴 어
용(用)-御用어용 崩御붕어 御眞어진 御殿어전 御駕어가 御帖어첩 御女어녀

於 于 어조사 어; 方 [yú,wú,yū] 어조사(于), –에, –에서(처소격),
부(部)–모 방(方)–사방에서 도와주는 어조사 의미.

자(字)–방(方)인(人)주주(ヽヽ)＝어(於).

사(思)–사방(方)으로 사람(人)사이 두점(주주(ヽヽ)연결을 도와주니 어조사 어.

용(用)–甚至於심지어. 於此彼어차피. 仰不愧於天앙불괴어천.
　　　　於中間어중간. 於焉어언.

抑 누를 억; 手– [yi]누르다, 굽히다, 물러나다, 물리치다
부(部)–재방변 수(扌): 손으로 누르는 관련 의미

자(字)–수(扌)앙(卬)＝억(抑)　※卬 나 앙

사(思)–손으로(수(扌) 자기(앙(卬)를 누르니 누를 억

용(用)–抑鬱억울 抑揚억양 抑壓억압 抑止억지 抑佛억불 自抑자억
　　　　抑何心情억하심정 : 대체(大體) 무슨 생각으로 그런 짓을 하는지 마
음을 알 수 없다는 뜻.

憶 忆 생각할 억; 心– [yi]생각하다, 생각, 기억, 추억, 우울해지다,
부(部)–심방변 심(忄): 생각하는 마음 상태 관련 글자 의미

자(字)–심(忄)의(意)＝억(憶)　　※ 意 뜻 의

사(思)–마음(심(忄)속의 뜻(의(意)이 사람의 생각할 억

용(用)–記憶기억 追憶추억 憶測억측 憶念억념 記憶力기억력 追憶談추억담

億 亿 억 억; 人– [yi]억, 편안하다, 헤아리다
부(部)–사람인변 인(亻): 인간에게는 많은 수가 억이다 의미

자(字)–인(亻)의(意)＝억(億)

사(思)–인간(인(亻)의 뜻(의(意)로 많은 수는 억(億)이 억 억

용(用)–億丈억장 一億일억 億兆억조 億臺억대 億劫억겁 億萬억만 數億수억

焉 어찌 언; 火 [yān] 어찌, 이에, 이, 여기,어조사.
부(部)–불 화(火)＝화(灬): 불위에 새를 올린 형상으로 어찌 의미.

자(字)–정(正)조(鳥)화(灬)＝언(焉).

사(思)–바로(정(正) 새(조(鳥)를 불(화(灬)구우라니 어찌 언. 어조사 언.

용(用)–於焉間어언간. 於焉어언.　焉敢언감. 終焉종언. 忽焉홀언.
　　　　於焉之間어언지간. 焉敢生心언감생심. 焉哉乎也언재호야.

掩 가릴 엄; 手 [yǎn] 가리다, 문을 닫다, 감싸다, 비호하다
부(部)-손 수(手): 손으로 가리다는 의미.
자(字)-수(扌)엄(奄)=엄(掩). 奄 가릴 엄.
사(思)-손(手)으로 가리어(奄) 감싸고 비호하니 가릴 엄.
용(用)-掩蔽엄폐. 掩護엄호. 掩塞엄색. 掩諱엄휘☞ 엄폐(掩蔽). 掩襲엄습.

嚴 严 엄할 엄; 口- [yán]엄하다, 급하다, 임박하다, 혹독하다
부(部)-입 구(口): 입으로 엄하게 하다 의미
자(字)-구(口)구(口)엄(厂)감(敢)=엄(嚴)　※敢 감히 감
사(思)-호령(구(口)호령(구(口) 집에서(엄(厂) 감히(감(敢) 하는 엄할 엄
용(用)-嚴肅엄숙 威嚴위엄 嚴格엄격 莊嚴장엄 尊嚴존엄 嚴親엄친 嚴正엄정

業 业 업 업; 木- [yè]업, 일, 사업, 학문, 기예, 직업, 생계(生計),
부(部)-나무 목(木): 나무꾼도 직업이다 의미?
자(字)-업(业)양(羊)목(木)=업(業)　※业 업 업
사(思)-직업(업(业)은 양(羊)과 나무꾼(목(木) 같이 선한 일해야 업 업
용(用)-卒業졸업 職業직업 授業수업 企業기업 就業취업 産業산업 事業사업
　　農業농업 罷業파업

如 같을 여; 女 [rú] 같다, 같게 하다, 따르다.
부(部)-계집 여(女): 여자의 말의 같다라는 의미.
자(字)-여(女)구(口)=여(如).
사(思)-여자(여(女)는 말(구(口)이 같아 일편단심이니 같을 여.
용(用)-如前여전. 缺如결여. 如此여차. 如干여간. 如實여실. 不如불여.
　　如何여하. 或如혹여.

麗 丽 고울 여{려}; 鹿 [lì,lí] 곱다, 우아하다, 짝짓다, 지나다,
부(部)-사슴 녹(鹿): 사슴 모양이 고웁다는 의미.
자(字)-여(丽)녹(鹿)=려(麗). ※ 丽: 고울 여(모양자 참조).
사(思)-고운((丽) 사슴(鹿-部)이 나란히 있으니 고울 려.
용(用)-高句麗고구려. 華麗화려. 高麗고려. 高麗葬고려장. 麗水여수

旅 나그네 여(려)}; 方- [lǚ]군사, 나그네, 무리, 500명을 1대(隊)
부(部)-모 방(方): 사방(四方)을 다닌다 의미
자(字)-방(方)인(人)씨(氏)=려(旅)　※氏 성(姓), 씨(氏)
사(思)-사방(四方)에 사람들이(인(人) 성씨(姓氏)로 모여 여행 여
용(用)-旅行여행 旅館여관 旅程여정 旅券여권 旅團 여단 旅客여객

予 나 여; ㅣ- [yú,yǔ]나, 주다, 손으로 건네다
부(部)-갈고리 궐(ㅣ): 갈고리는 나의 직접 잡는 도구 의미
자(字)-모(矛)궐(ㅣ)=여(予)
사(思)-창(모(矛))과 갈고리(궐(ㅣ))는 내가 직접 잡아 주니 나 여
용(用)-予奪여탈 予曰여왈 他人有心予忖度之타인유심여촌탁지 -다른 사람의
심정(心情)을 나는 잘 짐작(斟酌)해 앎을 이르는 말.

余 나 여; 人- [yú]나, 자신, 음력 4월, 나머지(餘의 俗字
부(部)-사람 인(人): 사람을 가르키는 글자 의미
자(字)-인(人)우(于)팔(八)=여(余)   ※于 어조사 우/ 八 여덟 팔
사(思)-사람(인(人))은 도움(우(于))을 나눠야(팔(八)) 하니 나 여
용(用)-余輩여배 余等여등 余月여월 余那山여나산

餘 餘 남을 여; 食 [yú]넉넉하다, 여유, 여가, 말미, 그 이외의 것,
부(部)-밥 식(食): 밥을 남기느냐가 관심거리라는 의미.
자(字)-식(食)여(余)=여(餘)
사(思)-밥(食-部)을 남겨야(余) 다이어트 되어 여유 생기니 남을 여.
용(用)-餘裕여유. 餘地여지. 餘分여분. 餘波여파. 餘暇여가.

汝 너 여; 水 [rǔ] 너, 대등한 사이나 손아랫사람에 대한 이인칭,
부(部)-물 수(水): 물을 먹게 해준 상대방 의미.
자(字)-수(氵)녀(女)=여(汝).
사(思)-물(수(水))을 바가지에 나뭇잎 띄워준 여자(여(女))가 너 너 여.
용(用)-汝矣島여의도 汝等여등=너희 여럿 너희들. 汝輩여배=너희 여럿. 너희들

輿 輿 수레 여; 車- [yú]수레, 차여(車輿), 차상(車箱),
부(部)-수레 거(車): 수레 관련 글자 의미
자(字)-거(車)구(臼)일(一)팔(八)=여(輿)
사(思)-수레(車)에 절구(구(臼)) 1개(일(一))와 나눠줄(팔(八)) 것 실을 수레 여
용(用)-輿論여론 輿望여망 喪輿상여 輿論調查여론조사 駕輿가여 輿輦여련

與 与 줄 여, 더불 여; 臼 [yǔ,yú,yù] 주다, 베풀다, 무리, 따르다,
부(部)-절구 구(臼): 통나무나 돌 깊게 판 절구통 모양 본뜸.
자(字)-구(臼)여(与)일(一)팔(八)=여(與).
사(思)-절구질(臼) 도울(与)려면 한번(一)에 나눈(八)힘을 모아 줄 여.
용(用)-參與참여. 與否여부. 與黨여당. 寄與기여. 與野여야. 與件여건.
　　　給與급여. 關與관여.

勵 勵 힘쓸 여{려}; 力 [lì] 힘쓰다, 권장하다.
부(部)-집 엄(厂): 집안에서 힘쓰다는 의미.
자(字)-엄(厂)만(萬)력(力)=려(勵).
사(思)-엄마는 집(厂)에서 만(萬)사에 힘(力-部)써 고생하니 힘쓸 려.
용(用)-激勵격려. 督勵독려. 獎勵장려. 勸勵권려.

逆 거스를 역; 辵 [nì] 배반하다, 어기다, 마중하다, 거절하다,
부(部)-쉬엄 갈 착(辵)=(辶) : 걸어가는 방향에서 거스르다 의미
자(字)-역(屰)착(辶)=역(逆)　※거스를 역(屰):모양자 참조.
사(思)-거스르는(屰)일은 길을 가다 (辶=辵-部) 역풍을 만나게 된다.
용(用)-逆風역풍. 拒逆거역. 逆說역설. 叛逆반역. 逆鱗역린.

亦 또 역; 亠- [yì] 또, 또한, 모두, 크게, 대단히.
부(部)-돼지해머리 두(亠): 돼지 해(亥) 자(字) 머리(亠) 의미
자(字)-두(亠)곤곤(丨丨)팔(八)=역(亦).
사(思)-머리(두(亠)에 난 털이 길게(곤곤(丨丨) 나뉘어(팔(八) 또 역.
용(用)-亦是역시. 學而時習之不亦說乎학이시습지불역열호.
　　　此亦차역:이것도 또한. 其亦기역:그 역시

易 바꿀 역. 쉬울 이; 日- [yì]바꾸다, 고치다, 바뀌다, 새로워지다,
부(部)-날 일(日): 날자에 따라 주역 괘(卦) 바꿔지다 의미
자(字)-일(日)물(勿)=역(易)　※ 勿 말라 물
사(思)-태양(일(日)에 거짓 말라(물(勿)며 무역(貿易)하는 바꿀 역、
용(用)-貿易무역 容易용이 交易교역 簡易간이 周易주역 安易안이
　　　易經역경 平易평이 易學역학 難易난이 簡易驛간이역

役 부릴 역; 彳- [yì]부리다, 일을 시키다, 수자리, 싸움
부(部)-두인변 걸을 척(彳): 일을 부리면 걸어야 한다 의미
자(字)-척(彳)수(殳)=역(役)　※殳 창 수. 몽둥이 수
사(思)-조금씩 걸으라고(척(彳) 몽둥이(수(殳)로 부리니 부릴 역
용(用)-役割역할 使役사역 懲役징역 軍役군역 賦役부역 苦役고역 用役용역

驛 驿 역참 역; 馬- [yì]역참, 역말, 역마(驛馬), 역관(驛館)
부(部)-말 마(馬): 말에 관련한 글자 의미
자(字)-마(馬)역(睪)=역(驛)　※睪 엿볼 역
사(思)-말(마(馬)이 잘 매었는지 엿보니(역(睪) 역참 역
용(用)-驛站역참 驛馬역마 驛舍역사 驛前역전 簡易驛간이역 電鐵驛전철역

疫 전염병 역; 疒- [yì]염병, 돌림병, 전염병, 열병
부(部)-병질엄 병들 역(疒): 병을 표현하는 글자 관련 의미
자(字)-역(疒)수(殳)=역(疫)　※殳 창 수. 몽둥이 수
사(思)-병(역(疒)이 들면 몽둥이(수(殳) 맞은 것 같으니 전염병 역
용(用)-防疫방역 免疫면역 疫學역학 疫病역병 檢疫검역 口蹄疫구제역
　　　紅疫홍역 疫疾역질 疫神역신 大小疫대소역 牛疫우역

域 지경 역; 土 [yù] 지경, 땅의 경계, 나라, 국토.
부(部)-흙 토(土): 토지의 경계에 관련된 글자라는 의미.
자(字)-토(土)혹(或)=역(域).
사(思)-토지(土)의 경계가 혹시(或是) 어딘가 하여 경계 역.
용(用)-地域지역 區域구역 領域영역 異域이역 全域전역 圈域권역.

歷 历 지낼 역{력}; 止- [lì]지내다, 지나가다, 뛰어넘다, 겪은 일
부(部)-그칠 지(止): 일이 그치 시점 까지 지낸 내력 의미
자(字)-력(厤)지(止)=력(歷)　※厤 다스릴 력{역}
사(思)-다스린(역(厤)일이 그친(지(止)일까지 일을 지낼 력
용(用)-歷歷역력 歷史역사 遍歷편력 經歷경력 來歷내력 歷代역대 歷任역임

曆 历 책력 역{력}; 日- [lì]책력, 역법(曆法), 수(數), 수효
부(部)-날 일(日):날자(일(日)의 지남과 관련 의미
자(字)-력(厤)일(日)=력(曆)　※厤 다스릴 력{역}
사(思)-다스려진(력(厤) 일자(일(日)별로 정리하여 책력 력
용(用)-陽曆양력 陰曆음력 曆法역법 冊曆책력 太陰曆태음력 日曆일력.

譯 译 번역할 역; 言- [yì]통변, 통역, 뜻, 가리다, 선택하다
부(部)-말씀 언(言): 말을 통역한다 의미
자(字)-언(言)역(睪)=역(驛)　※睪 엿볼 역
사(思)-말(언(言)을 엿보는 것(역(睪) 같이 번역할 역
용(用)-飜譯번역 通譯통역 音譯음역 內譯내역 意譯의역 誤譯오역 內譯書내역서

力 힘 역{력}; 力- [lì]힘, 힘쓰다, 일하다, 있는 힘을 다하여
부(部)-힘 력(力): 제부수 한자
자(字)-력(力)=력(力)
사(思)-가래, 쟁기의 모습으로 만든 상형문자(象形文字)
용(用)-努力노력 能力능력 勢力세력 魅力매력 壓力압력 權力권력
　　　暴力폭력 重力중력 人力인력 浮力부력 協力협력 力量역량

緣 緣 인연 연; 糸- [yuán]가선, 가장자리, 묶음,
　　부(部)-실사변 사(糸): 실처럼 이어지는 인연이다 의미
자(字)-사(糸)단(彖)=연(緣)　　※彖 판단 단
사(思)-실(사(糸)의 연결이 인연 되는 지 판단(단(彖)하여 인연 연
용(用)-因緣인연 緣由연유 緣故연고 佳緣가연 緣分연분 惡緣악연 結緣결연
　　　　血緣혈연 由緣유연 事緣사연 無緣무연

研 硏 갈 연; 石- [yán,yàn]갈다, 문지르다, 궁구하다
　　부(部)-돌 석(石): 돌을 갈아 대리석 만든다 의미
자(字)-석(石)견(开)=연(研)　　※开 평평할 견
사(思)-돌(석(石)을 문질어 평평하게(견(开) 갈 연
용(用)-研究연구 硏磨연마 硏修연수 研究員연구원 硏鑽연찬 研究所연구소
　　　　磨研마연 研攻연공 硏考연고 硏武연무

然 그러할 연; 火 [rán] 그러하다, 그렇다고 여기다, 그리하여.
　　부(部)-불화발(灬): 음식을 불에 익혀야 당연하다는 의미.
자(字)-육(月)견(犬)화(灬)=연(然).
사(思)-육고기(月=肉) 중 개(犬)고기는 불(화(灬)구워야 하니 그러할 연.
용(用)-自然자연 當然당. 蓋然性개연성 果然과연 浩然之氣호연지기.

延 늘일 연; 廴 [yán] 끌다, 끌어들이다, 이끌다, 인도하다.
　　부(部)-걸을 인(廴)=민책받침: 끌면서 걷는다는 의미.
자(字)-별(丿)지(止)인(廴)=연(延).
사(思)-삐쳐서(丿) 그치고(止) 걸으면서(廴) 시간 끌고 늘이니 끌 연.
용(用)-遲延지연. 延長연장. 延期연기. 延滯연체. 蔓延만연.

鉛 鉛 납 연; 金- [qiān,yán]납, 분, 따르다, 따라 내려가다
　　부(部)-쇠 금(金): 납도 쇠의 종류에 관한 글자 의미
자(字)-금(金)연(㕣)=연(鉛)　　※㕣 늪 연
사(思)-쇠(금(金)가 산속의 늪(연(㕣)에서 캐어낸 납 연
용(用)-鉛筆연필 亞鉛아연 色鉛筆색연필 鉛鐵연철 丹鉛단연 鉛鑛연광

筵 筵 대자리 연; 竹- [yán] 자리, 깔개, 좌석, 곳, 장소,
　　부(部)-대나무 죽(竹)-대나무로 만든 자리,
자(字)-죽(竹)+연(延)=연(筵)
사(思)-대나무(죽(竹)를 연달아 끌 연(延)으로 만들었으니 대자리 연.
용(用)-肆筵設席 사연설석 經筵 경연 講筵 강연

沿 따를 연; 水- [yán]따르다, 길을 따르다, 물을 따라 내려가다,
부(部)-삼수변 수(氵): 물 가장자리 관련 글자 의미

자(字)-수(氵)연(㕣)=연(沿)　　※㕣 늪 연

사(思)-물(수(氵)이 산속의 늪(연(㕣)가장자리에도 따라 있으니 따를 연

용(用)-沿岸연안 沿革연혁 沿河연하 沿線연선 沿道연도 沿邊연변 沿海연해

演 펼칠 연; 水- [yǎn]멀리 흐르다, 통하다, 윤택하다, 스며들다
부(部)-물 수(氵): 물 이 펼치듯 흐르듯 한다는 의미

자(字)-수(氵)인(寅)=연(演)　　※寅 셋째 지지 인. 범 인

사(思)-물(수(氵)속에서 범(인(寅)이 춤추 듯 연기 펼칠 연

용(用)-演劇연극 演繹연역 演奏연주 講演강연 演技연기 公演공연 演說연설
　　　敷演부연 演藝연예

淵 못 연; 水 [yuān] 못, 소, 물건이 많이 모이는 곳, 깊다.
부(部)-물 수(水): 연못은 물로 채워져 있다는 의미.

자(字)-수(氵)편(片)일(一)장(爿)=연(淵), 片 조각 편. 爿 나뭇조각 장.

사(思)-물(氵)에 나무조각(片)이 하나(일(一)로 조각(爿) 연결 띄울 못 연.

용(用)-淵源연원. 陶淵明도연명. 顔淵안연. 淵蓋蘇文연개소문.

硯 벼루 연; 石 [yàn] 벼루, 매끄러운 돌.
부(部)-돌 석(石): 벼루도 돌의 종류라는 의미.

자(字)-석(石)견(見)=연(硯).

사(思)-벼룻돌(石) 보면서(見) 먹을 가니 벼루 연.

용(用)-硯滴연적. 筆硯필연. 同硯동연.

　　　紙筆硯墨文房四友지필연묵文房四友=종이 붓 벼루 먹 글방(-房)의 네 벗임.

鍊 불릴 연{련}; 金- [liàn]불리다, 정련하다, 단련하다, 불린 쇠,
부(部)-쇠 금(金): 쇠에 관련된 글자 의미

자(字)-금(金)간(柬)=연(鍊)　　※柬 가릴 간

사(思)-쇠(금(金)를 성분별로 가릴려니(간(柬) 불려야 불릴 연

용(用)-鍛鍊단련 訓鍊훈련 試鍊시련 老鍊노련 製鍊제련 鍊鍛연단 吹鍊취련

憐 불쌍히 여길 연{련}; 心 [lián] 불쌍히 여기다, 사랑하다.
부(部)-마음 심(心)=심방변(심(忄): 사랑하는 마음을 의미.

자(字)-심(忄)인(粦)=연(憐). ※粦: 도깨비불 인, 반딧불 인(모양자 참조).

사(思)-마음(忄-部)이 반딧불(粦)을 보면 불쌍히 여길 연. 사랑할 연

용(用)-憐憫연민. 憐愍연민☞ 연민(憐憫). 可憐가련. 哀憐애련. 慈憐자련.

燃 사를 연, 탈 연; 火-총16획; [rán]사르다, 타다
부(部)-불 화(火) : 불사르다 관련 의미.

자(字)-화(火)연(然)=연(燃)

사(思)-불(화(火) 씨가 있으면 자연히(연(然) 불사르니 사를 연, 탈 연

용(用)-燃燒연소 不燃불연 燃料연료 燃燈연등 煮豆燃其자두연기
  =「콩을 삶는 데 콩깍지를 태운다.」는 뜻, 형제(兄弟) 싸움을 이르는 말.

戀 恋 사모할 연(련); 心- [liàn,lián] 그리움, 사랑하는 이
부(部)-마음 심(心): 그리움은 마음과 관련 의미

자(字)-련(戀)심(心)=련(戀)   ※戀 어지러울 련

사(思)-어지럽게(련(戀) 마음(심(心)에 드는 생각은 그리울 때 그리울 련

용(用)-戀愛연애 戀慕연모 戀人연인 戀歌연가 戀情연정 戀書연서

煙 연기 연; 火-총13획; [yān,yīn]연기, 연기가 끼다, 그을음
부(部)-불 화(火): 연기는 불과 관련 있다는 의미

자(字)-화(火)인(垔)=연(煙) ※ 막을 인(垔)

사(思)-불(화(火)이 나면 시야(視野)을 막는 것이 연기 연기 연

용(用)-江湖煙波강호연파 煙戶연호 煙客연객 寒煙한연.

蓮 莲 연꽃 연(련): 艸- [lián]연밥, 연실(蓮實), 연, 연꽃,
부(部)-초두머리 초(++):연꽃도 풀의 종류 의미

자(字)-초(++)련(連)=련(蓮)   ※連 잇닿을 련{연}

사(思)-연잎(초(++) 호수에 이어져(연(連) 있고 꽃피니 연꽃 연

용(用)-木蓮목련 蓮花연화 紅蓮홍련 蓮根연근 睡蓮수련 蓮荷연하 白蓮백련

軟 연할 연; 車- [ruǎn]연하다, 輭의 俗字
부(部)-수레 차(車): 수레의 바퀴가 연하면 약하다 의미

자(字)-차(車)흠(欠)=연(軟)

사(思)-수레의 바퀴가 강함이 부족하여(흠(欠) 연약할 연

용(用)-軟軟연연. 軟軟弱質연연약질. 柔軟유연. 軟弱연약. 軟膏연고.

練 익힐 연{련}; 糸 [liàn] 익히다, 단련, 경험, 익숙하다.
부(部)-실 사(糸): 실작업은 익숙한 작업이다는 의미.

자(字)-사(糸)간(柬)=련(練).

사(思)-실(糸-部)을 가려내는(柬) 것은 익숙해야 하니 익힐 련.

용(用)-洗練세련 訓練훈련☞ 훈련(訓鍊) 練習연습 熟練숙련 精練정련.
  未練미련(딱 잘라 단념하지 못하는 마음).

聯 联 잇달 연{련}; 耳- [lián]잇달다, 잇다, 연결하다, 연계, 혼인
부(部)-귀 이(耳): 귀로 들은 것을 연결하다 의미
자(字)-이(耳)관(絲)=련(聯) ※絲실 꿸 관
사(思)-귀(이(耳)로 들은 것을 실꿰듯이(관(絲) 연결하니 이을 련
용(用)-關聯(關連)관련 聯合연합 聯關연관 聯盟연맹 聯想연상 蘇聯소련
　　　聯邦연방 柱聯주련 聯繫연계 聯立연립

連 连 잇닿을 연{련}; 辵- [lián]잇닿다, 계속되다, 맺다, 연결하다,
부(部)-책받침 갈 착(辶): 이어서 계속 걸어가다 의미
자(字)-거(車)착(辶)=련(連)
사(思)-수레(거(車)를 타고 걸어가고(착(辶) 이어가니 이을 련
용(用)-連繫연계 連續연속 連結연결 連鎖연쇄 連帶연대 連累연루 連發연발

宴 잔치 연; 宀 [yàn]잔치, 술자리, 잔치하다, 즐기다
부(部)-집 면(宀): 갓머리, 잔치는 집에서 한다는 의미
자(字)- 宀(집 면)+일(日)+여(女)=연(宴)
사(思)-집(면(宀)에서 정한 날짜(일(日)에 여자(女子)들이 준비 , 잔치 연
용(用)-饗宴향연. 披露宴피로연. 壽宴(壽筵)수연. 宴會연회. 古稀宴고희연

燕 제비 연; 火[yàn,yān]제비, 잔치, 주연(酒宴), 편안하다
부(部)-불 화(灬) : 연화발은 제비 나는 모습의 상형문자 의미
자(字)-스물 입(廿)+입 구(口)+북녘 북(北)=연화발 화(灬)=연(燕)
사(思)-스무마리가 먹이를 찾아 북에서 따뜻한 남쪽으로 오는 제비 연
용(用)-燕賀연하. 燕女연녀.

年 해 연{년}; 干- [nián]해, 365일, 나이, 연령, 새해, 신년
부(部)-방패 간(干) : 가는 세월을 방패로 막아 보자?
자(字)-사람 인(人)+ 방패 간(干)+ 뚫을 곤(|)=연(年)
사(思)-가는세월 사람들이 방패 막아도 뚫어 버리는 해 연
용(用)-千年萬年천년만년. 年年歲歲연년세세. 年末年始연말연시

閱 볼 열. 검열할 열; 門- [yuè]검열하다, 조사하다, 고르다, 뽑다,
부(部)-문 문(門) : 문을 열어 봐야 보기도, 조사하기도 한다
자(字)-門(문 문) + 兌(기쁠 태)=열(閱)
사(思)-문을 열어, 열람하여 기쁘니 볼 열, 검열 열.
용(用)-閱覽열람. 檢閱검열. 査閱사열. 閱兵열병. 校閱교열

咽 목맬 열 = 목구멍 인/; 口- [yān,yàn]목구멍, 삼키다, 목메다
부(部)- 口 (입 구) : 목구멍은 입과 관련 있다는 의미
자(字)-口(입 구) + 因(인할 인) =咽
사(思)-입구멍 시작 최종 목구멍에 관련 원인(原因)이니 목구멍 인
용(用)-嗚咽오열 耳鼻咽喉科이비인후과 咽喉인후 咽頭인두 哀咽애열

說 说 기뻐할 열 말씀 설, 달랠 세, ; 言 [shuō,shuì,yuè] 말씀,
부(部)- 말씀 언(言): 연설 등 말함과 관련된 글자 의미.
자(字)-언(言)태(兌)=설(說).   兌 빛날 태. 기뻐할 태 / 悅 기쁠 열
사(思)-말(言)은 남을 빛나고 기쁘게(兌) 해야 말씀 설. 달랠 세, 기쁠 열.
용(用)-喜說=喜悅희열 說明설명 演說연설. 說得설득 遊說유세.

悅 기쁠 열; 心- [yuè]기쁘다, 심복(心服)하다, 기뻐하며 따르다
부(部)-마음 심(忄):심방변, 기쁨은 마음과 관련 의미
자(字)-忄(심방변 심) + 兌(기쁠 태)=열(悅)
사(思)-마음이 기쁘게 바뀌니 기쁠 열
용(用)-喜悅희열. 悅樂열락. 怡悅이열. 男女相悅之詞남녀상열지사
    =고려시대가요 남녀의 사랑을 노골적으로 표현.

熱 더울 열; 火 [rè] 덥다, 따뜻하다, 더워지다, 타다, 더위.
부(部)-불 화(火)불화발(화(灬): 더운 것을 불의 영향이라는 의미.
자(字)-예(埶)화(灬)=열(熱) ※ 熱: 심을 예(모양자 참조).
사(思)-심은게(埶) 불(火=灬-部)씨니 뜨거워지고 더울 열.
용(用)-熱風열풍. 過熱과열. 熱氣열기. 加熱가열. 熱心열심.

劣 못할 열{렬}; 力- [liè]못하다, 적다, 많지 아니하다, 낮다
부(部)-힘 력(力): 힘이 모자라다는 의미
자(字)-소(少)력(力)=렬(劣)   ※少 적을 소
사(思)-작은(소(少) 힘(력(力))뿐이 없으니 열등할 렬
용(用)-拙劣졸렬 優劣우열 卑劣(鄙劣)비열 庸劣용렬 劣惡열악 劣等열등

列 줄 렬{열}, 벌릴 열. ; 刀 [liè] 주다, 벌이다, 반열, 항렬, 펴다.
부(部)-갈 도(刀)=선칼도방(도(刂): 칼 같이 줄서기 하다는 의미.
자(字)-알(歹)도(刂)=열(列).
사(思)-가축을 죽여(알(歹) 칼로(도(刂) 벌려 놓으니 벌릴 열. 줄 렬.
용(用)-列車열차. 陳列진열. 隊列대열. 行列행렬. 齒列치열. 系列계열.
    分列분열. 序列서열.

烈 세찰 열{렬}; 火-; [liè]세차다, 위엄, 맵다, 강하고 곧다
부(部)-불화발 화(灬): 불길이 세차다는 의미

자(字)-렬(列)화(灬)=렬(烈)   ※列 줄 렬{열,벌일 열{렬}}

사(思)-줄을(렬列) 이어 불길(화灬)이 강해 세찰 렬

용(用)-熾烈치열 激烈격렬 猛烈맹렬 烈士열사 壯烈장렬 先烈선열
　　　痛烈통렬 烈女열녀

裂 찢을 렬{열}; 衣- [liè,liě]찢다, 찢어지다, 해지다, 차열(車裂),
부(部)-옷 의(衣): 찢어지는 게 옷이다 의미

자(字)-열(列)의(衣)=렬(裂)   ※列 줄 렬{열,벌일 열{렬}}

사(思)-널려(렬列) 있는 옷(의衣)을 보니 찢을 렬

용(用)-炸裂작렬 決裂결렬 分裂분열 破裂파열 破裂音파열음 凍裂동렬

染 물들 염; 木- [rǎn]물들이다, 염색하다, 적시다, 액체에 담그다,
부(部)-나무 목(木): 염색 염료는 나무나 풀에서 나온다.

자(字)-물 수(氵)+ 아홉 구(九)+나무 목(木)염(染) ※ 샘 궤(氿)

사(思)-물들일려면 아홉 번이나 해야 나무 열매 색으로 물들 염.

용(用)-염색(染色). 墨悲絲染묵비사염. 染指염지

炎 불탈 염; 火 [yán] 불타다, 불이 타오르다, 덥다, 뜨겁다.
부(部)-불 화(火): 불에 관련 글자 의미.

자(字)-화(火)화(火)=염(炎).

사(思)-불(화火) 불(화火)이 겹치니 불탈 염(炎).

용(用)-肝炎간염 肺炎폐렴 咽頭炎인두염 喉頭炎후두염 鼻炎비염
　　　炎症염증. 暴炎폭염. 肝臟炎간장염. (염증이 생기면 열이 남)

念 생각할 염{념}; 心- [niàn]생각하다, 생각, 외다, 읊다
부(部)-心 [忄,⺗] (마음 심): 마음속의 생각 의미

자(字)-今(이제 금) 心(마음 심)=념(念)(염).

사(思)-지금(今)의 마음(心-部)에 있는 것을 생각하니 생각 염.

용(用)-概念개념. 念慮염려. 念頭염두. 留念유념. 紀念기념.

鹽 소금 염; 鹵-[yán]소금, 절이다, 소금에 담그다
부(部)-소금 로(鹵) : 소금 관련 글자 의미

자(字)-臣(신하 신)+⺧(사람인)+鹵(소금 로)+皿(그릇 명)=염(鹽)

사(思)-신하된 사람들은 소금처럼 썩지 않은 그릇이 되야 소금 염.

용(用)-鹽分염분, 鹽田염전, 鹽酸염산, 鹽基性염기성

厭 싫을 염; 厂 [yàn] 싫다, 족하다, 차다, 가득 차다.
부(部)-기슭 엄(厂)=민엄호: 벼랑굴 집을 의미.
자(字)-엄(厂)일(日)월(月)견(犬)=염(厭).
사(思)-기슭(厂-部)에 해(日)와 달(月)이 바뀌도 개(犬)하고만 산다면 싫을 염.
용(用)- 厭症염증 厭世觀염세관

廉 청렴할 염{렴}; 广 [lián] 청렴하다, 검소하다, 곧다.
부(部)-집 엄(广): 관청 등에서 청렴하고 검소해야 하는 의미.
자(字)-엄(广)겸(兼)=렴(廉).
사(思)-집(广-部)을 겸하면(兼) 절약되니 청렴할 염.
용(用)-低廉저렴 廉恥염치 淸廉청렴 廉價염가 沒廉恥몰염치 廉探염탐.

獵 猎 사냥 엽{렵}; 犬 [liè] 사냥, 사냥하다, 잡다, 사로잡다.
부(部)-개 견(犬): 사냥개를 의미.
자(字)-견(犭)렵(巤)=렵(獵). ※ 巤: 털 짐승 협(모양자 참조).
사(思)-사냥개(犭=犬-部)로 털짐승(巤)을 사냥할 렵.
용(用)-涉獵섭렵. 密獵밀렵. 獵酒엽주. 獵奇엽기. 獵銃엽총.

葉 잎 엽; 艸 [yè,yié] 잎, 초목의 잎, 뽕나무, 끝, 갈래, 가지.
부(部)-풀 초(艸)=초(++): 초목(草木)의 잎에 관한 의미.
자(字)-초(++)엽(枼)=엽(葉).
사(思)-풀(艸=++-部)같은 나뭇잎(枼)이 잎이니 잎 엽.
용(用)-落葉낙엽. 針葉樹침엽수. 枝葉지엽. 闊葉樹활엽수. 胎葉태엽.

營 경영할 영; 火-[yíng]경영하다, 짓다, 경작하다, 경영,
부(部)-불 화(火): 집을 경영하려면 불을 켜고 한다 의미
자(字)-화화(火火)+덮을 멱(冖)+법칙 려(呂)=영(營)
사(思)-불을 2개나 환하게 하여 덮은 집을 법칙에 맞게 경영할 영
용(用)-經營경영 營養영양 運營운영 營爲영위 統營통영 陣營진영

籯 광주리 영; 竹 [yíng] 광주리, 저통(箸筒).
부(部)-대나무 죽(竹): 광주리를 대나무로 만든다는 의미.
자(字)-죽(竹)영(贏)=영(籯).
사(思)-대나무로(竹-部) 남은 것(贏)을 담은 그릇이 광주리 영.
용(用)-籝바구니 영(1. 바구니 2. 저통(箸筒) 3. 주머니)과 동자(同字)

影 그림자 영; 彡-[yǐng] 그림자, 모습, 초상(肖像), 화상
부(部)-터럭 삼(彡) : 그림자가 터럭 같이 검게 보인다 의미
자(字)-景(볕 경) + 彡(터럭 삼) =영(影)
사(思)-볕이 비추면 그림자가 터럭 같이 보여 그림자 영
용(用)-影響영향, 撮影촬영, 影幀영정, 幻影환영, 投影투영

永 길 영; 水 [yǒng] 길다, 오래다, 오래도록, 공간적으로 길다.
부(部)-물 수(水): 바닷 물, 강물이 길다는 의미.
자(字)-주(丶)일(一)수(水)=영(永).
사(思)-점(주(丶))에서 한(일(一)물줄기로 모인 물(수(水)이 길게 길 영.
용(用)-永劫영겁. 永久영구. 永壽영수. 永生영생. 永訣式영결식.

榮 荣 꽃 영; 木 [róng] 꽃, 꽃이 피다, 성하다, 영화, 영달.
부(部)-나무 목(木): 꽃이 나무에 피는 모양을 상징한 의미.
자(字)-화화(火火)멱(冖)목(木)=영(榮).
사(思)-불꽃처럼(火火) 꽃이 덮인(冖) 나무(木-部)처럼 영화 영. 꽃 영. 용
(用)-繁榮번영. 榮轉영전. 榮光영광. 榮譽영예. 榮華영화. 榮辱영욕.

英 꽃부리 영; 艸-[yīng]꽃부리, 꽃잎 전체, 꽃 장식
부(部)-초두머리 초(艹) : 꽃은 풀에서 생긴다 의미.
자(字)-艹(초두머리 초) + 央(가운데 앙)=영(英)
사(思)-풀잎 가운데에 꽃이 달리니 꽃부리 영
용(用)-英雄영웅 英才영재 英國영국 英敏(穎敏)영민 英華영화

迎 맞이할 영; 辵 [yíng] 맞이하다, 헤아리다, 추산하다.
부(部)-쉬엄걸을 착(辶): 마중하러 걸어간다는 의미.
자(字)-앙(卬)착(辶)=영(迎).
사(思)-우러러卬) 보며 객을 맞이하려 걸어가니(辶=辵-部) 맞이할 영.
용(用)-歡迎환영. 迎入영입. 迎合영합. 迎接영접.

映 비출 영; 日- [yìng]비추다, 비치다, 덮다, 덮어 가리다
부(部)-날 일(日) : 비추는 빛은 해에서 시작 의미.
자(字)-日(날 일) + 央(가운데 앙)=영(映)
사(思)-태양 햇살이 가운데 밝게 비추니 비출 영.
용(用)-映畵영화 反映반영 映像영상 動映像동영상 映窓영창 放映방영

靈 靈 신령 령{영}; 雨- [líng]신령, 신, 신령하다, 영혼,
부(部)-비 우(雨): 비 내림 등 신령하다는 의미
자(字)-령(霝)무(巫)=령(靈) ※霝 비올 령{영} /巫 무당 무
사(思)-비가 오게(령(霝) 무당(무(巫)이 기우제를 신령 령
용(用)-靈魂영혼 幽靈유령 神靈신령 靈感영감 聖靈성령 妄靈망령 精靈정령

令 令 하여금 령, 영 령{영}; 人 [lìng,lǐng] 영, 우두머리, 좋다.
부(部)-사람 인(人): 명령은 사람이 하는 의미.
자(字)-집(亼)절(卩)=령(令). ※亼 삼합 집. 모일 집
사(思)-사람(인(人)이 모인데(집(亼)서 병부(절卩)로 내리는 명령 령.
용(用)-命令명령 令愛영애 令狀영장 司令官사령관 設令설령(그렇다 치고, 가령).

領 領 옷깃 령{영}, 거느릴 령; 頁- [lǐng]옷깃, 목, 가장 요긴한 곳
부(部)-머리혈(頁): 목덜미 혈자도 되니 목근처 관련 의미
자(字)-령(令)혈(頁)=령(領) ※令 하여금 령{영}
사(思)-명령(命令)을 내리는 목 근처(혈(頁) 계급장은 옷깃 령
용(用)-大統領대통령 領域영역 橫領횡령 要領요령 領袖영수 占領점령
　　　綱領강령 領土영토 受領수령 首領수령

詠 咏 읊을 영; 言- [yǒng]읊다, 노래하다, 새가 노래하다,
부(部)-말씀 언(言) : 말하는 것과 같은 의미 글자
자(字)-言(말씀 언) + 永(길 영)=영(詠)
사(思)-노래는 만들면 길게 가는 것 읊을 영
용(用)-詠歌영가 吟詠음영 詠歎(詠嘆)영탄 詠歎法(詠嘆法)영탄법 詠雪영설

嶺 岭 고개 령{영}; 山- [lǐng]재, 산봉우리, 연산(連山), 잇달아 산줄기
부(部)-뫼 산(山): 산과 관련 글자 의미
자(字)-산(山)령(領)=령(嶺) ※ 領 옷깃 령{영}, 거느릴 령
사(思)-산(山)이 연달아 거느리는(령(領) 산맥에 달린 고개 령
용(用)-嶺南영남 嶺背영배 泰山峻嶺태산준령 高峯峻嶺고봉준령
　　　分水嶺분수령 大關嶺대관령 유래 峻嶺준령

零 零 떨어질 령,{영}; 雨 [líng,lián] 조용히 오는 비, 떨어지다, 남은 수.
부(部)- 비 우(雨): 떨어지는 비와 관련된 글자 의미.
자(字)-우(雨)령(令)=령(零).
사(思)-비(雨)로 명령(令)은 물 떨어지니 떨어질 령. 없게 되니 영 영.
용(用)-零細영세. 零下영하. 零上영상. 零點영점. 零落영락. 零時영시.

嬴 찰 영; 女 [yíng] 차다, 가득 차다, 남다, 넘쳐서 남다, 나타나다.
부(部)-계집 여(女): 여자의 덕성이 가득찬 의미.
자(字)-망(亡)구(口)월(月)여(女)범(凡)=영(嬴).
사(思)-망(亡)하는 말(口)과 달(月)같은 여자(女)가 모두(凡) 가득 찰 영.
용(用)-嬴輸영수☞ 승부(勝負). 嬴羨영선, 嬴得영득, 嬴財영재.

寧 宁 편안할 령{녕,영}; 宀[níng,ning]편안하다, 문안(問安)하다,
부(部)-갓머리, 집 면(宀): 집에서는 편안하다 의미
자(字)-면(宀)심(心)명(皿)정(丁)=령(寧) ※皿 그릇 명/丁 고무래 정
사(思)-집(면(宀))에서 마음(심(心))이 그릇(명(皿))과 고무래(정(丁)) 보니 편안 녕
용(用)-多士寔寧다사식녕 安寧안녕 康寧강녕 晏寧안녕 宜寧郡의령군

泳 헤엄칠 영; 水 [yǒng] 헤엄치다.
부(部)-물 수(水): 헤엄은 물에서 한다는 의미.
자(字)-수(氵)영(永)=영(泳).
사(思)-물(氵)속에서 길게(永)있으니, 발음도 같이 헤엄칠 영.
용(用)-水泳수영. 蝶泳접영. 平泳평영. 水泳場수영장. 遊泳유영. 繼泳계영.
游泳유영. 競泳경영. 潛泳잠영. 座泳좌영.

譽 誉 기릴 예; 言 [yù] 기리다, 칭찬하다, 바로잡다, 가상히 여기다.
부(部)-말씀 언(言): 말이나 글로 하는 글자의 의미.
자(字)-여(與)언(言)=예(譽).
사(思)-상대에게 주는(與) 말(言-部)로써 기리고 칭찬하니 기릴 예.
용(用)-名譽명예. 榮譽영예. 稱譽칭예☞ 칭찬(稱讚). 譽聲예성.

睿 슬기 예; 目 [ruì] 깊고 밝다, 통하다, 임금, 성인.
부(部)-눈 목(目): 잘 본다는 눈에 관련 의미.
자(字)-복(卜)몌(冖)일(一)곡(谷)목(目)=예(睿).
사(思)-예지력(卜) 덮여진(冖) 한(一) 골짜기(谷)서도 눈(目-部)이 밝을 예.
용(用)-聰睿총예. 睿智예지. 睿德예덕.

銳 鋭 날카로울 예; 金[ruì]날카롭다, 예민하다, 날래고 용맹하다,
부(部)-쇠 금(金) : 예리한 무기는 쇠를 재료로 한다는 의미.
자(字)-金(쇠 금) + 兌(기쁠 열. 바꿀 태)=예(銳)
사(思)-쇠로 만든 무기가 기쁘게 날카로울 예
용(用)-尖銳첨예 銳利예리 銳敏예민 銳角예각 銳鋒예봉 銳鈍예둔
精銳정예 新銳신예 銳刀예도 精銳軍정예군 銳兵예병 氣銳기예

醴 단술 예{례}; 酉 [lǐ] 단술, 달다, 좋은 맛.
　부(部)-술 유(酉): 술에 관련 글자 의미.
자(字)-유(酉)풍(豊)=예(醴).
사(思)-술(酉-部)맛은 풍년(豊)이 들어야 단맛, 좋은 맛, 단술 예.
용(用)-醴泉예천. 甘醴감례(단술). 酒醴주례. 醴酒예주(단술).

穢 秽 더러울 예; 禾 [huì] 더럽다, 더럽히다, 거칠다, 거친 땅, 잡초.
　부(部)-벼 화(禾): 벼(곡식)을 더럽지 않게 관리했다는 의미.
자(字)-화(禾)세(歲)=예(穢).
사(思)-벼(禾-部)가 세월(歲)이 가면 더러워지게 되어 더러울 예.
용(用)-穢政예정. 穢語예어. 汚穢오예. 穢土예토. 榛穢진예.

豫 미리 예; 豕-총16획; [yù]미리, 미리 하다, 즐기다
　부(部)-돼지 시(豕) : 돼지나 코끼리(상(象) 동물 의미
자(字)-予(나 여) + 象(코끼리 상)=예(預)
사(思)-나도 코끼리처럼 죽을 것을 미리 알았으면 미리 예.
용(用)-豫防예방 豫約예약 豫想예상 豫測예측 豫定예정 豫算예산
　　　 豫備예비　豫言(預言)예언

預 預 맡길 예/미리 예; 頁 [yù] 미리, 참여하다, 간여하다.
　부(部)-머리 혈(頁): 머리는 미리 생각하는 능력 의미.
자(字)-여(予)혈(頁)=예(預).
사(思)-나의(予) 앞일을 머리(頁)로 예측하니 미리 예. 맡길 예.
용(用)-預金예금. 干預간예. 參預참예. 預置예치.

例 법식 례{예}; 人- [lì]법식, 보기, 다, 대부분
　부(部)-사람인변 인(亻): 법식은 사람과 관련 의미
자(字)-인(亻)렬(列)=례(例)　※列 줄 렬{열,벌일 열{렬}}
사(思)-사람(인亻) 줄세우기(렬(列)에는 법식이 있어 법식 례
용(用)-次例차례 條例조례 慣例관례 比例비례 事例사례 例示예시
　　　 類例유례 規例규례 前例전례 例年예년

隸 종 례{예}; 隶- [lì]붙다, 닿다, 좇다, 따르다, 부리다,
　부(部)-미칠 이(隶): 주인이 종(노예)에 영향 미치자 의미
자(字)-목(木)시(示)이(隶)=례(隸)
사(思)-방망이(목木) 보이며(시示) 명령 미치는(이隶) 노예 예
용(用)-官隸관례 賤隸천례 僕隸복례 衙隸아례 下隸하례 陪隸배례

禮 礼 예도 례{예}; 示 [lǐ] 예도, 예절, 경의를 표하다, 폐백.
부(部)-보일 시(示): 예절을 보여준다는 의미.
자(字)-시(示)풍(豊)=예(禮). 豊풍성할 풍.
사(思)-신에게(示) 풍성한(豊풍)제물로 예를 올리니 예도 예.
용(用)-禮供예공 禮佛예불 禮儀예의 禮俗相交예속상교 禮儀凡節예의범절.

藝 艺 재주 예, 심을 예; 艹 [yì] 심다, 기예, 궁극.
부(部)-풀 초(艹)=초두머리(++): 풀밭에 심는 재주를 의미.
자(字)-초(++)예(埶)운(云)=예(藝). ※ 埶: 심을 예(모양자 참조).
사(思)-풀밭(艹=++-部)에 나무를 심는(埶) 것을 말하기(云)를 재주 예. 용
(用)-藝術예술 演藝연예 文藝문예 藝術的예술적 工藝공예 書藝서예.

傲 거만할 오; 人-총13획; [ào]거만하다, 업신여기다, 거만
부(部)-사람 인(人) 변 : 거만함은 사람에 관련된 글자 의미.
자(字)-亻(사람인변 인) + 敖(놀 오)=오(傲)
사(思)-사람이 놀기 좋아함은 거만할 오
용(用)-傲慢오만 傲慢放恣오만방자 傲氣오기 倨傲거오 高傲고오
　　　驕傲교오 侈傲치오 傲霜孤節오상고절 傲慢不遜오만불손

忤 거스를 오; 心- [wǔ] 거역하다, 어지럽다, .
부(部)-마음 심(心): 거역한다는 마음의 상태를 의미.
자(字)-심(忄)오(午)=오(忤).
사(思)-아침에 굳은 마음(忄=心, 小-部)이 낮(午)이 되자 거스를 오. 용
(用)-見忤견오. 忤視오시. 忤逆오역(배반). 忤耳오이.

誤 误 그릇할 오; 言-[wù]그릇하다, 도리에 어긋나다, 실수
부(部)-말씀 언(言) : 잘못은 말하는 것에서 시작 의미.
자(字)-言(말씀 언) + 吳(성씨 오)=오(誤)
사(思)-말에 오해(誤解)가 생기면 잘못되니 그릇될 오
용(用)-誤謬오류 錯誤착오 誤解오해 過誤과오 誤入오입 誤差오차
　　　誤判오판 誤算오산 誤導오도 誤報오보 試行錯誤시행착오

烏 乌 까마귀 오; 火-[wū,wù]까마귀, 검다, 아아, 탄식하는 소리
부(部)-불 화(灬)발 , 연화발 : 제비 연. 까만 색깔 공통점.
자(字)-戶(집 호) + 勹(쌀 포)+ 灬(연화발 화)=오(烏)
사(思)-집마다 모이 싼 것에 날아 드는 제비 같은 까만 까마귀 오
용(用)-烏合之卒오합지졸 烏竹軒오죽헌 三足烏삼족오 烏鵲오작

悟 깨달을 오; 心- [wù]깨닫다, 도리를 알다, 깨달음, 총명하다
　부(部)-부수 ↑ [心,忄] (심방변)

자(字)-忄(심방변 심) + 吾(나 오)=오(悟)

사(思)-마음으로 깨달을 것은 나이니 깨달을 오

용(用)-大悟대오 大悟覺醒대오각성 覺悟각오 頓悟돈오 孫悟空손오공
　　　悟性오성 悔悟회오

吾 나 오; 口 [wú] 나, 자신, 당신, 그대.
　부(部)-입 구(口): 먹어야 내가 있다는 의미.

자(字)-오(五)구(口)=오(吾).

사(思)-5명이상(五) 고생해야 내가 먹는다(口)고　나 오

용(用)-吾等오등. 吾人오인. 吾輩오배. 吾家오가. 吾君오군.

五 다섯 오; 二 [wǔ] 다섯, 별 이름, 제위(帝位).
　부(部)-두 이(二): 하늘과 땅 둘(이(二)사이에 오행(五行)의 의미.

자(字)-이(二)삼(三)=오(五).

사(思)-화수목금토 오행.

용(用)-五倫오륜 重五節중오절. 五典오전.
　　　五福오복=수(壽),부(富),강녕(康寧),유호덕(攸好德), 고종명(考終命).

汚 더러울 오; 水 [wū] 더럽다, 추잡하다, 욕, 욕보이다.
　부(部)-물 수(水): 물과 관련된 글자 의미.

자(字)-수(氵)울(亐)=오(汚).　亐 땅 이름 울.

사(思)-물(氵=水-部))난리로 울(亐) 땅이 더러워져 더러울 오.

용(用)-汚染오염. 汚辱오욕. 汚名오명. 大氣汚染대기오염. 汚物오물.

惡 惡 미워할 오, 악할 악; 心- [è,ě,wū,wù] 악하다, 추하다,
　부(部)-마음 심(心): 사람의 나쁘고 미워하는 마음 의미

자(字)-아(亞)심(心)=악(惡)(오).

사(思)-다음(亞 버금 아)에야 착하겠다고 하니 나쁘고 미우니 악할 악.

용(用)-惡不去善오불거선=사람은 미워하더라도 착한 점은 버리지 아니함.

梧 벽오동나무 오; 木 [wú] 벽오동나무, 거문고, 책상.
　부(部)-나무 목(木): 오동나무도 나무의 종류라는 의미.

자(字)-목(木)오(吾)=오(梧).

사(思)-나무(목(木)중에 나(오(吾)를 위한 책상 만드니 벽오동나무 오.

용(用)-梧桐오동. 碧梧桐벽오동. 梧葉오엽. 梧木오목

午 낮 오; 十- [wǔ]일곱째 지지, 거스르다, 거역하다
부(部)-열 십(十) : 10시 지나야 낮이 된다 의미
자(字)-ㅡ(인의 변형) + 十(열 십)=오(午)
사(思)-사람들은 10시 지나면 낮이 온다. 생각, 낮 오.
용(用)-午前오전 午後오후 端午단오 午餐오찬 正午정오 午睡오수

娛 娛 즐거워할 오; 女-[yú]즐거워하다, 편안하다, 장난치다
부(部)- 여자 녀(女) : 여자는 즐겁다 의미?
자(字)-女(여자 녀(여)) + 吳(성씨 오)=오(娛)
사(思)-여자들은 오락(娛樂)을 좋아하니 즐거울 오
용(用)-娛樂오락 娛嬉오희 酖娛감오 娛遊오유 歡娛환오 喜娛 희오

鳴 嗚 슬플 오오; 口 [wū] 탄식 소리, 흐느껴 울다, 새소리.
부(部)-입 구(口): 탄식과 울음은 입에서 나온다는 의미.
자(字)-입 구(口)까마귀 오(烏)=오(嗚).
사(思)-입(口-部)으로 까마귀(烏)처럼 까악 탄식과 울음소리 오.
용(用)-嗚咽오열. 噫嗚희오. 嗚呼오호. 嗚泣오읍. 嗚嗚오오.

圬 흙손 오; 土 [wū] 흙손, 흙손질하는 사람.
부(部)-흙 토(土): 흙과 관련된 의미.
자(字)-토(土)우(亐)=오(圬). ※ 亐: 어조사 우.
사(思)-흙(土-部)으로 건축을 도우는(亐)것을 흙손질이라 한다.
용(用)-圬工오공(미장공의 중국식 명칭)

獄 獄 옥 옥; 犬-[yù]옥, 감옥, 송사, 소송,
부(部)- 犭[犬] (개사슴록변) : 옥중은 개 같은 취급?
자(字)-猒(으르렁거릴 은) + 犬(개 견)=옥(獄)
사(思)-개가 말하는 것은 으르렁 거리는 개소리 같이 옥중 옥
용(用)-監獄감옥 地獄지옥 煉獄연옥 投獄투옥 典獄전옥
無間地獄무간지옥 -통(苦痛)을 끊임없이 받는 지옥(地獄).

玉 옥 옥; 玉- [yù]옥, 귀히 여김 미칭(美稱), 옥
부(部)-玉 [玉,王] (구슬옥) : 왕같이 존귀한 구슬 의미.
자(字)-王(임금 왕)+丶(점 주)=옥(玉)
사(思)-왕의 존재같이 귀한 한 점이 옥 옥.
용(用)-玉篇옥편 玉璽옥새 玉堂옥당 瓊玉膏경옥고 玉度옥도 璧玉벽옥
佩玉패옥

屋 집 옥; 尸- [wū]집, 주거, 지붕, 덮개, 수레의 덮개
부(部)- 尸 (주검시엄) : 주검시 부수는 사람이란 뜻을 표현.
자(字)-尸(주검 시) + 至(이를 지)=옥(屋)
사(思)-사람이(시(尸) 이르러(지(至) 머무는 곳이 집이니 집 옥
용(用)-屋上屋옥상옥 屋下架屋옥하가옥 數間草屋수간초옥
　　　三間草屋삼간초옥 天寒白屋천한백옥

溫 따뜻할 온; 水- [wēn,yūn]따뜻하다, 온화하다, 순수, 원만
부(部)- 氵 [水,氺] (삼수변) : 따뜻한 물과 관련 의미
자(字)-氵(삼수변 수) + 昷(온화할 온)=온(溫)
사(思)-물이 몸에 원만하려면 따뜻해야(온昷)하니 따뜻할 온
용(用)-溫柔온유 溫度온도 溫泉온천 溫和온화 氣溫기온
　　　溫故知新온고지신 定省溫凊정성온청 三寒四溫삼한사온

慍 성낼 온; 心- [yùn,wěn]성내다, 성, 화, 노여움, 원망하다
부(部)- 忄[心,忄](심방변, 3획)
자(字)- 忄(심방변 심) +囚(가둘 수)皿(그릇 명)=온(慍)
사(思)-마음을 가두어 그릇 위에 놓으니 성내거 섭섭하니 성낼 온
용(用)-慍色온색 慍容온용 慍怒온노 慍意온의 慍結온결　人不知而不慍 不
亦君子乎 (인부지이불온 불역군자호) "사람들이 알아주지 않아도 성내지
않으면 또한 군자 아니겠는가?"

穩 평온할 온; 禾 [wěn] 평온하다.
부(部)-벼 화(禾): 벼가 있으면 평온하다는 의미.
자(字)-화(禾)은(㥥)=온(穩).　㥥 삼갈 은.
사(思)-벼(禾)가 생산시 까지 조심(㥥)하니 평온할 온.
용(用)-穩全온전. 穩健온건. 不穩불온. 穩當온당. 安穩無事안온무사.
　　　平穩無事평온무사.

翁 늙은이 옹; 羽- [wēng]늙은이, 노인을 높이는 말, 아버지,
부(部)- 羽 (깃 우) : 새의 털 같은 수염 노인 의미.
자(字)-公(공평할 공)+羽(깃 우)=옹(翁)
사(思)-공평함(공(公) 지혜가 새의 털(우(羽) 같이 있는 늙은이 옹
용(用)-老翁노옹 翁壻옹서 無愁翁무수옹 仙翁선옹 看翁간옹 阿翁아옹
　　　人間萬事塞翁之馬인간만사새옹지마 「인생(人生)에 있어서 행이 불행
(不幸)이 되기도 하고, 화가 복(福)이 되기도 함을 이르는 말.

擁 拥 안을 옹; 手- [yōng,wěng]안다, 끌어안다, 잡다, 소유하다

부(部)-손 수 扌[手].(재방변) : 안을 때는 손을 써야 하는 의미

자(字)-扌(재방변 수) + 雍(온화할 옹)=옹(擁)

사(思)-손으로 상대방과 온화해질 사이가 되려면 안을 옹.

용(用)-擁護옹호 抱擁포옹 擁壁옹벽 擁立옹립 抱擁力포옹력 擁護者옹호자

瓦 기와 와; 瓦-[wǎ,wà]기와, 질그릇, 실패, 실을 감는 물건

부(部)- 瓦 (기와 와) : 제부수(글자 자체가 부수인 글자)

자(字)-瓦(기와 와)

사(思)-상형문자로 기와가 겹쳐있는 모양 본 뜬 글자

용(用)-靑瓦臺청와대 煉瓦연와 蓋瓦개와 童瓦동와 鴛瓦원와 瓦解와해

臥 엎드릴 와; 臣 [wò] 엎드리다, 엎드려 자다, 쉬다,

부(部)-신하 신(臣): 엎드리는 쪽은 신하라는 의미.

자(字)-신(臣)인(人)=와(臥).

사(思)-신하(臣-部)된 사람은(人) 임금 앞에서 엎드릴 와.

용(用)-困臥곤와. 臥床와상. 臥席와석. 酣臥감와.

　　臥薪嘗膽와신상담은「섶에 눕고 쓸개를 씹는다.」는 뜻으로, 원수(怨讐)를 갚으려고 온갖 괴로움을 참고 견딤을 이르는 말

緩 緩 느릴 완; 糸- [huǎn]느리다, 느슨하다, 늦추다,

부(部)- 糸 [糸,纟] (실사변) : 실을 건네 줄때는 천천히 의미.

자(字)-糸(가는 실 멱) + 爰(이에 원)=완(緩)

사(思)-가는다란 실은 느리게 전해 주어야 안 끊어져, 느릴 완,

용(用)-緩緩완완 緩慢완만 緩和완화 弛緩이완 緩急완급 緩衝완충 緩行완행

浣 빨 완; 水 [huàn] 빨다, 세탁하다, 씻다, 열흘 사이.

부(部)-물 수(水): 빨래에는 물이 필수 의미.

자(字)-수(氵)완(完)=완(浣).

사(思)-물(氵=水-部)이 완전(完全)하게 세탁물을 빨 수 있어 빨 완.

용(用)-浣衣완의. 中浣중완☞ 중순(中旬). 浣紗완사

頑 頑 완고할 완; 頁 [wán] 완고하다, 무디다, 둔하다, 재주 없다.

부(部)-머리 혈(頁): 고집은 머리에서 나온다는 의미.

자(字)-원(元)혈(頁)=완(頑).

사(思)-최고(元)만을 생각하는 머리(頁-部)는 고집이니 완고할 완.

용(用)-頑強완강. 頑守완수. 頑腐완부. 頑固性완고성.

完 완전할 완; 宀- [wán]완전하다, 끝내다, 일을 완결 짓다
　　부(部)-宀 (갓머리) : 집 면(宀) : 집짓기를 완전하게 의미
자(字)-宀(집 면) + 元(으뜸 원)=완(完)
사(思)-집(면(宀) 짓기는 최고(원(元)로 완결해야하니 완전 완
용(用)-完全완전 完遂완수 完了완료 完結완결 完成완성 補完보완 完走완주
　　　完全無缺완전무결=충분(充分)하게 구비(具備) 결점(缺點)이나 부족(不
足)한 것이 없음.

曰 가로 왈; 曰- [yuē]가로되, 말하기를, 이르다, 말하다, 일컫다
　　부(部)- 曰 (가로왈) : 가라사대. 말하기 제부수
자(字)-曰(가로 왈)
사(思)-지사문자(입 구(口) 획 추가, 말하다. 지사(指事)문자
용(用)-曰可曰否왈가왈부 孔子曰孟子曰공자왈맹자왈

往 갈 왕; 彳 [wǎng] 가다, 옛, 예, 이따금.
　　부(部)-조금걸을 척(彳): 조금 씩 걸어가는 의미.
자(字)-척(彳)주(主)=왕(往).
사(思)-조금씩 걸으면(彳)(노력하면) 자기분야 주인공(主)이 갈 왕.
용(用)-旣往기왕. 往來왕래. 往復왕복. 已往이왕.往事왕사. 往世왕세.

王 임금 왕; 玉- [wáng,wàng]임금, 제후, 제실(帝室)의 남자
　　부(部)-王 [玉] (구슬옥변) : 임금과 구슬은 귀한 존재
자(字)-王(임금 왕)
사(思)-구슬과 같이 귀한 옥체(玉體)= 임금의 몸
용(用)-霸王패왕 大王대왕 王妃왕비 帝王제왕 王侯將相왕후장상 王權왕권

歪 비뚤 왜{외}; 止 [wāi,wǎi] 비뚤다, 기울다, 바르지 아니하다.
　　부(部)-머무를 지(止): 언젠가는 바름에 머문다는 의미.
자(字)-비(조)지(止)=왜(歪). 조 클 비.
사(思)-큰 높은(조)일에 주저하고(止) 있으니 비뚤 왜.
용(用)-歪曲왜곡. 歪力왜력.

畏 두려워할 외; 田 [wèi] 두려워하다, 협박하다, 죽다,
　　부(部)-밭 전(田): 밭의 농사가 잘 될 것인가 두려워 하는 의미.
자(字)-전(田)의(衣)=외(畏).
사(思)-밭에서(田-部) 허수아비 옷(衣)을 보며 두려워할 외.
용(用)-可畏가외. 畏敬외경. 敬畏경외. 三畏삼외

外 밖 외; 夕 [wài] 밖, 바깥, 이전, 용의(容儀), 차림.
부(部)-저녁 석(夕): 저녁이면 돌아와 안과 밖이 구분되는 의미.
자(字)-석(夕)복(卜)=외(外).
사(思)-저녁에(석夕) 점(복卜)을 보러 밖에 가는가? 바깥 외.
용(用)-除外제외. 海外해외. 外交외교. 外換외환. 疏外소외. 外部외부.
外貌외모.

謠 谣 노래 요; 言-총17획; [yáo]노래, 노래하다, 풍설, 유언비어
부(部)-부수 言 [言, 讠] (말씀언) : 노래나 말이나 같은 종류
자(字)-言(말씀 언) + 䍃(질그릇 요)=요(謠)
사(思)-말하는 것을 질그릇 단장에 맞춰 노래 요.
용(用)-歌謠가요 童謠동요 薯童謠서동요 讖謠참요 民謠민요 風謠풍요

僚 동료 요{료}; 人 [liáo] 동료, 벼슬아치, 예쁘다.
부(部)-사람 인(人): 동료라 함은 사람이라는 의미.
자(字)-인(亻)료(尞)=료(僚). ※ 尞: 밝을 료, 횃불 묘(모양자 참조).
사(思)-사람들(亻-部)간에 밝은(尞) 미소를 나누는 사이가 동료 료.
용(用)-同僚동료. 官僚관료. 閣僚각료. 黨僚당료.

料 헤아릴 요{료}; 斗- [liào]되질하다, 세다, 생각하다
부(部)-말 두(斗): 한 말 두 말 헤아린다는 의미
자(字)-미(米)두(斗)=료(料)
사(思)-쌀을(미米) 한 말(두斗)씩 헤아릴 료
용(用)-料理요리 材料재료 資料자료 手數料수수료 給料급료 史料사료
料金요금 燃料연료 飲料음료 飼料사료 無料무료

了 마칠 료{요}; 亅- [liǎo,le,liào]마치다, 깨닫다, 밝다
부(部)-갈고리 궐(亅): 갈고리로 건져내 끝내다 의미
자(字)-야(乛)궐(亅)=료(了)   ※乛 어조사 야, 구결자 야
사(思)-도움(야乛)이 갈고리(궐亅)로 끝내니 마칠 료
용(用)-完了완료 終了종료 魅了매료 了解요해 修了수료 滿了만료

療 疗 병 고칠 요{료}; 疒 [liáo] 병을 고치다, 앓다.
부(部)-병질 녁(疒): 병에 관련된 글자 의미.
자(字)-역(疒)료(尞)=료(療). 尞 횃불 료, 밝을 료.
사(思)-병(疒)자를 밝게(尞) 함은 병고칠 료.
용(用)-治療치료. 醫療의료. 療養요양. 診療진료. 療法요법.

邀 맞을 요{료}; 辵 [yāo] 맞다, 구하다, 요구하다, 만나다,
부(部)-쉬엄걸을 착(辶): 마중하려 걸어가다는 의미.
자(字)-교(敫)착(辶)=요(邀). ※ 敫: 노래할 교(모양자 참조).
사(思)-환영의 팡파레(敫)와 마중 걸음(辶-部)으로 초대하고 맞을 요.
용(用)-邀擊요격. 邀喝요갈. 奉邀봉요. 邀來요래. 邀招요초.

遙 遙 멀 요; 辵 [yáo] 멀다, 아득하다, 길다, 거닐다.
부(部)-쉬엄걸을 착(辶): 먼 곳을 가자면 걸어가는 의미.
자(字)-요(䍃)착(辶)=요(遙). ※ 䍃: 질그릇 요(모양자 참조).
사(思)-질그릇(䍃)에 저장해 걸어야(辶-部) 멀리 갈 수 있다.
용(用)-遙遠요원 逍遙소요 遙昔요석 遙天요천 遙拜式요배식 遙望요망.

曜 빛날 요; 日- [yào]빛나다, 빛을 발하다, 빛, 햇빛, 빛내다
부(部)- 日 (날일) : 날마다 해가 떠오른다 의미
자(字)-日(날 일) + 翟(꿩 적)=요(曜)
사(思)-매 요일마다 해가 뜨고 꿩도 날아드니 빛날 요.
용(用)-曜日요일 七曜칠요

妖 요사 요; 女 [yāo] 아리땁다, 괴이하다.
부(部)-계집 녀(女): 여자의 아리따움과 관련 글자 의미.
자(字)-여(女)요(夭)=요(妖).
사(思)-여(女)자가 어리니(夭) 아리따울 요(妖).
용(用)-妖祥요상. 妖艶요염. 妖婦요부. 妖怪요괴. 妖由人興요유인흥.

要 요긴할 요; 襾 [yào,yāo] 구하다, 요구하다, 원하다, 잡다.
부(部)-덮을 아(襾): 덮어서 관리한다는 게 중요한 의미.
자(字)-아(襾)녀(女)=요(要).
사(思)-덮어(아(襾)가림이 여자(여(女)에게는 요긴한 요.
용(用)-必要필요. 要求요구. 重要중요. 需要수요. 要請요청. 要素요소.

樂 乐 좋아할 요,{노래 악, 즐길 낙{락} }; 木- [lè,yào,yuè]즐
부(部)-나무 목(木):악기는 주로 나무통으로 만든 의미
자(字)-백(白)요(幺)요(幺)목(木)=락(樂) ※幺 작을 요
사(思)-하얗고(白) 작디(요(幺) 작은(幺) 줄이 나무(木)에서 튕겨 즐길 요
용(用)-生死苦樂생사고락 君子三樂군자삼락 淸貧樂道청빈낙도
　　　　極樂淨土극락정토 與民同樂여민동락

腰 허리 요; 肉- [yāo]허리, 중요한 곳, 밑동, 기슭
　　부(部)- 月 [肉] (육달월) : 허리는 육체(肉體)의 일부 의미
자(字)-月(육달월 월) + 要(요긴할 요)=요(腰)
사(思)-육체(肉體) 요긴한 게 허리 부분 허리 요.
용(用)-腰痛요통 腰帶요대 腰椎요추 腰鼓요고 腰牌요패 腰輿요여
　　　腰折腹痛요절복통 허리가 끊어질 듯 배가 아플 정도 몹시 웃음.

搖 搖 흔들릴 요; 手-[yáo]흔들리다, 움직이다, 오르다, 올라가다
　　부(部)-손 수(手) 扌 (재방변) : 손으로 흔들다 의미
자(字)-扌(재방변 수) + 䍃(질그릇 요)=요(搖)
사(思)-손으로 물건을 움직이고 흔들어 흔들릴 요
용(用)-動搖동요 搖亂(擾亂)요란 搖籃요람 搖動요동 搖落요락 招搖초요
　　　搖之不動요지부동 =흔들어도 꿈적도 하지 않음.

浴 목욕할 욕; 水 [yù] 목욕하다, 물로 몸을 씻다, 목욕,
　　부(部)-물 수(水): 목욕에는 물이 필수 의미.
자(字)-수(氵)곡(谷)=욕(浴).
사(思)-나뭇꾼 보는데 물(水=氵)이 흐르는 골짜기(谷) 선녀 목욕할 욕.
용(用)-沐浴목욕 海水浴場해수욕장 浴室욕실 浴槽욕조 浴湯욕탕 浴桶욕통.

辱 욕될 욕; 辰 [rǔ] 욕되게 하다, 욕보이다, 욕, 수치.
　　부(部)-때 신,지지 진(辰): 욕에는 시간 어기기가 포함된 의미.
자(字)-신(辰)촌(寸)=욕(辱).
사(思)-새벽(辰) 시간의 농사작업 때(寸)를 어김은 부끄럽고 욕될 욕.
용(用)-侮辱모욕 辱說욕설 汚辱오욕 恥辱치욕 屈辱굴욕 知足不辱지족불욕

慾 욕심 욕; 心 [yù] 욕심, 욕정.
　　부(部)-마음 심(心): 욕심은 마음 관련된 의미.
자(字)-욕(欲)심(心)=욕(慾).
사(思)-하고 싶은(欲)대로 하는 마음(心-部)이 욕심(慾心)이로다.
용(用)-意慾의욕. 貪慾탐욕. 慾望욕망. 慾求욕구. 食慾식욕.

欲 하고자 할 욕; 欠 [yù] 하고자 하다, 하려고 하다, 바라다,
　　부(部)-하품 흠(欠): 잠 부족 하품, 보자란 것 채우려한다는 의미.
자(字)-곡(谷)흠(欠)=욕(欲). ※ 慾(욕)은 명사, 欲(욕)은 동사로 씀.
사(思)-골짜기(谷)에 부족한 것(欠-部)을 채우려니 하고자할 욕.
용(用)-欲求욕구 意欲의욕 欲心욕심 欲念욕념 利欲이욕 欲氣욕기 欲望욕망.

- 256 -

勇 날쎌 용; 力 [yǒng] 날쎄다, 과감하다, 결단력이 있다.
부(部)-힘 력(力): 힘과 관련된 글자 의미.
자(字)-용(甬)력(力)=용(勇) ※ 甬 솟을 용. 길 용.
사(思)-솟아오르는(甬 용) 힘(力)이니 날쎌 용.
용(用)-勇氣용기 勇敢용감 勇猛용맹 勇斷용단:용기(勇氣) 있게 결단(決斷)

熔 녹일 용; 火 [róng] 녹이다, 鎔의 俗字.
부(部)-불 화(火): 불로 녹인다는 의미.
자(字)-화(火)용(容)=용(熔).
사(思)-불로(火) 쇠의 얼굴(容)을 녹이니 녹일 용.
용(用)-熔融용융. 熔鑛爐용광로=용광로(鎔鑛爐). 熔巖용암=용암(鎔巖).

庸 떳떳할 용, 쓸 용; 广 [yōng] 쓰다, 공(功), 써.
부(部)-집 엄(广): 집에서는 떳떳이 쓰인단 의미. 자
(字)-엄(广)사(肀)용(用)=용(庸). 肀 붓 사.
사(思)-집(广)에서 붓(肀)을 사용(用)하니 떳떳할 용.
용(用)-中庸중용. 庸人용인. 中庸之道중용지도. 庶幾中庸서기중용.

容 얼굴 용; 宀 [róng] 얼굴, 모양, 모습, 담다, 그릇 안에 넣다.
부(部)-집 면(宀)=갓머리: 도구 수용 얼굴에 이목구비 수용의미.
자(字)-면(宀)곡(谷)=용(容).
사(思)-집(宀)과 골짜기(谷) 여러가지 이목구비를 수용하니 얼굴 용.
용(用)-內容내용. 受容수용. 許容허용. 容恕용서. 容納용납. 容貌용포.

龍 龙 용 용{룡}; 龍- [lóng] 용, 임금, 제왕의 비유,
부(部)-용 용(龍): 임금의 상징 의미
자(字)-입(立)월(月)상(上)이(已)삼(三)=용(龍)
사(思)-서서(입立) 달(월月)위에(상上)이미(이已)삼(三) 용(龍)
용(用)-恐龍공룡 靑龍청룡 登龍門등룡문 龍鬚鐵용수철 龍門용문 飛龍비룡

傭 佣 품팔이 용; 人 [yōng] 품팔이, 품팔이꾼.
부(部)-사람 인(人): 사람의 활동에 관한 글자 의미.
자(字)-인(亻)용(庸)=용(傭).
사(思)-사람(亻)이 떳떳함은(庸) 품팔이 용.
용(用)-雇傭고용. 傭船料용선료. 雇傭人고용인.

憂 忧 근심할 우; 心 [yōu] 근심하다, 근심, 상(喪).
부(部)-마음 심(心): 근심은 마음 문제라는 의미.
자(字)-백(百)멱(冖)심(心)치(夊)=우(憂). ※ 夊: 뒤져올 치(부수자 참조).
사(思)-백(百)가지로 덮인(冖) 마음(心-部)이 뒤져서 오며(夊) 근심할 우.
용(用)-憂慮우려. 憂鬱우울. 外憂외우. 憂患우환.

優 优 넉넉할 우; 人 [yōu] 넉넉하다, 도탑다, 얌전하다.
부(部)-사람 인(人): 사람의 성품에 관한 글자라는 의미.
자(字)-인(亻)우(憂)=우(優). 憂 근심할 우.
사(思)-사람(亻)은 근심(憂)을 해야 능력이 커지니 넉넉할 우.
용(用)-優秀우수. 優劣우열. 優先우선. 俳優배우. 優待우대. 優位우위.

尤 더욱 우; 尢 [yóu] 더욱, 특히, 그 중에서도, 동떨어지다.
부(部)-절름발이 왕(尢): 장애에도 더욱 노력한다는 의미.
자(字)-왕(尢)주(丶)=우(尤).
사(思)-절름발이(尢-部)가 목표점(丶)까지 노력하니 더욱 우.
용(用)-尤甚우심:더욱 심(甚)함 尤極우극: 더욱 심(甚)하게 /
　　　怨天尤人원천우인:하늘을 원망(怨望)하고 사람을 탓함.

又 또 우; 又-총2획; [yòu]또, 다시, 용서하다, 오른손, 오른쪽(右)
부(部)- 又 (또우) : 오른 손은 또 일을 계속한다 의미
자(字)-又(또 우) 제부수(부수가 글자) 한자.
사(思)-오른 손으로 또 일하니 또 우.
용(用)-日新又日新일신우일신 = 날로 새롭고 또, 날로 새로워짐.

遇 만날 우; 辵 [yù] 만나다, 알현, 회합, 맞서다, 상대하다.
부(部)-쉬엄걸을 착(辶): 만나려면 걸어간다는 의미.
자(字)-우(禺)착(辶)=우(遇). ※ 禺: 원숭이 우(모양자 참조).
사(思)-원숭이(禺)도 걷다보면(辶=辵-部) 우연하게 만난다.
용(用)-境遇 경우. 待遇대우. 處遇처우. 禮遇예우. 不遇불우. 遭遇조우.

友 벗 우; 又 [yǒu] 벗, 벗하다, 우애 있다.
부(部)-또 우(又): 벗은 또 만나고 하는 의미.
자(字)-십(十)우(又)=우(友) 또는 우(又)우(又)=우(友)
사(思)-열번(십十)만나고 또(우又)만나니 벗 우.
용(用)-友情우정. 友愛우애. 朋友붕우. 友人우인. 友邦우방. 友誼우의.
　　　親友친우. 友生우생.

愚 어리석을 우; 心 [yú] 어리석다, 어리석은 사람, 어리석은 마음.
부(部)-마음 심(心): 어리석은 마음을 의미.

자(字)-우(禺)심(心)=우(愚) ※ 禺: 긴 꼬리 원숭이 우(모양자 참조).

사(思)-원숭이(禺)수준 마음(心-部)이니 어리석을 우.

용(用)-愚弄우롱. 愚鈍우둔. 愚直우직. 愚昧우매. 暗愚암우.

于 어조사 우; 二- [yú]어조사, 가다, 하다, 행하다
부(部)- 二 (두이) : 둘 이상에는 도와야 의미

자(字)-二(두 이) + 亅(갈고리 궐)=우(于)

사(思)-둘 이상 서로 도와야 되니 어조사 우

용(用)-于先우선=무엇보다도 먼저. 于山國우산국

　三歲之習至于八十삼세지습지우팔십 =세 살 버릇 여든까지 감.

郵 郵 역참 우; 邑- [yóu]역참(驛站), 역말을 갈아타는 곳,
부(部)- 阝 [邑] (우부방) : 고을마다 우체국 있어야 의미

자(字)-垂(드리울 수) + 阝(우부방 읍)=우(郵)

사(思)-현수막(懸垂幕)이 드리운 고을마다 우체국, 역참 우

용(用)-郵遞局우체국 郵便우편 郵票우표 郵送우송 郵便函우편함

右 오른쪽 우; 口-[yòu]오른쪽, 숭상하다,
부(部)- 口 (입 구) : 입에 음식은 오른 손으로 의미

자(字)-십(十)구(口)=우(右)

사(思)-십중 팔구는 오른 손 잡이 오른쪽 우.

용(用)-男左女右남좌여우 =여자(女子)는 오른쪽, 남자(男子)는 왼쪽...

宇 집 우; 宀- [yǔ]집, 지붕, 처마
부(部)- 宀 (갓머리) : 지붕은 집과 관련 의미

자(字)-宀(집 면) + 于(어조사 우)=우(宇)

사(思)-집은 지붕을 도와 주는 기둥등이 있어 집우

용(用)-宇宙洪荒우주홍황 宇宙萬物우주만물

偶 짝 우; 人- [ǒu]짝, 인형(人形), 뜻하지 아니하게
부(部)- 亻 [人] (사람인변) : 사람은 짝을 지어야 의미.

자(字)-亻(사람인변 인) + 禺(원숭이 우)=우(偶)

사(思)-사람과 비슷한 원숭이도 짝을 지어, 짝 우

용(用)-偶然우연 偶像우상 配偶者배우자 偶發우발

　百年佳偶백년가우=한평생(-平生)을 같이 아름다운 배필(配匹).

雲 云 구름 운; 雨 [yún] 구름, 습기, 높음의 비유.
　　부(部)-비 우(雨): 비와 구름이 관련 있다는 의미.
자(字)-우(雨)운(云)=운(雲).
사(思)-비가(雨)온다는 것을 일러주는 것(云 이를 운)이니 구름 운.
용(用)-風雲풍운. 雲霧운무. 靑雲之志청운지지. 望雲之情망운지정.

運 运 돌 운; 辵- [yùn]돌다, 돌리다, 회전하다, 길, 천체의 궤도
　　부(部)- 辶 [辵,辶,辶] (책받침) : 걸어감은 움직인다 의미
자(字)-軍(군사 군)+辶(쉬엄쉬엄 갈 착) =운(運)
사(思)-걸어가는 군인들이니 움직이고 돌다, 돌 운
용(用)-運動운동 運命운명 幸運행운 運轉운전 運搬운반 運營운영 氣運기운
　　　　武運長久무운장구 =무인(武人)으로서의 운수(運數)가 길고 오래감.

韻 운 운; 音- [yùn]운, 음운(音韻), 울림, 소리, 음향
　　부(部)- 音 (소리음) : 소리와 관련된 글자 의미
자(字)-音(소리 음) + 員(인원 원)=운(韻)
사(思)-소리내는 사람이 모이면 운 운
용(用)-韻致운치 餘韻여운 押韻압운 韻律운율 音韻음운 韻文운문
　　　　氣韻生動기운생동 =글씨나 그림 기품(氣稟) 생생하게 약동(躍動)

云 이를 운; 二- [yún]이르다, 어조사, 친하다
　　부(部)- 二 (두 이) :2인 이상 관계에서 이르고 도와 주는 의미
자(字)-二(두 이) + 厶(사사 사)=운(云)
사(思)-2인 이상이면 사사로이 도움 주고 알려 주넌 이를 운.
용(用)-云云운운 云謂운위 云爲운위 或云혹운

鬱 郁 막힐 울; 鬯 [yù] 막히다, 우거지다, 성하다, 장성한 모양.
　　부(部)-울창주 창(鬯): 울창한거나 막힌거나 같은 의미.
자(字)-목목(木木)부(缶)멱(冖)창(鬯)삼(彡)=울(鬱).
사(思)-숲이(木木) 항아리(缶)처럼 덮으니(冖) 울창주(鬯)와 털(彡)로 막힐 울.
용(用)-抑鬱억울 憂鬱우울 鬱陵島울릉도 憂鬱症우울증 宮殿盤鬱궁전반울

雄 수컷 웅; 隹-[xióng]수컷, 이기다, 승리, 우수하다, 뛰어나다
　　부(部)- 隹 (새 추) 수컷새가 굳센 것이라는 의미.
자(字)-厷(팔뚝 굉)+隹(새 추)=웅(雄)
사(思)-팔뚝 같은 굳센 새는 수컷이니 수컷 웅.
용(用)-雌雄자웅 英雄영웅 桓雄환웅 大雄殿대웅전 雄辯웅변 雄壯웅장

原 근원 원; 厂- [yuán]근원, 들, 벌판, 용서하다
부(部)- 厂 [厂] (민엄호) : 기슭의 근원은 어디인가 의미
자(字)-厂(기슭 엄) + 泉(-)=원(原) ※ 천(泉) 샘 천 자(字) 인용
사(思)-기슭에 샘의 근원을 찾아서 근원 원.
용(用)-原理원리 原因원인 原稿원고 原則원칙 水原수원 草原초원

源 근원 원; 水 [yuán] 근원, 물이 끊이지 않고 흐르는 모양,
부(部)-물 수(水)=삼수변(수(氵): 물의 근원과 관련된 의미.
자(字)-수(氵)원(原)=원(源).
사(思)-물(氵(=水, 氺)의 근원(原(원)을 뜻하니 근원 원.
용(用)-源泉원천. 資源자원. 財源재원. 根源근원. 起源기원.

苑 나라 동산 원; 艸 [yuàn,yuán] 동산, 나무가 무성한 모양.
부(部)-풀 초(艸): 풀이 무성한 동산 의미.
자(字)-초(++)원(夗)=원(苑).
사(思)-풀밭(++)에서 동물이 누워 뒹구는(夗) 나라동산 원.
용(用)-祕苑비원. 禁苑금원. 藝苑예원. 閬苑낭원. 鹿野苑녹야원.
　　　西苑서원. 苑沼원소. 苑囿원유. 苑花원화.

院 집 원; 阜- [yuàn]담, 단단하다, 견고하다, 집, 담장을 두른 궁
부(部)-阝 [阜,𨸏] (좌부변=언덕 부) 집 담장이 언덕 같은 의미.
자(字)-阝(좌부변 부) + 完(완전할 완)=원(院)
사(思)-담장이 언덕처럼 집을 완전하게 둘러 쌓인 집 원.
용(用)-病院병원 學院학원 醫院의원 中樞院중추원 法院법원 書院서원
　　　淨院정원 = 「깨끗하고 조용한 집」 이라는 뜻으로, 절간 등.

援 도울 원; 手- [yuán] 돕다. 당기다, 잡다, 취(取)하다
부(部)- 扌 [手] (재방변, 손 수) : 손으로 도와준다 의미
자(字)-扌(재방변 수) + 爰(이에 원)=원(援)
사(思)-손으로 이에 도와 주니 도울 원
용(用)-救援구원 支援지원 應援응원 援助원조 聲援성원 後援후원 援用원용
　　　孤立無援고립무원 = 고립(孤立)되어 도움을 받을 데가 없음.

園 园 동산 원; 口 [yuán] 정원, 과수원, 울타리가 있는 밭.
부(部)-큰입 구=에워쌀 위(口): 둘레로 에워싼다는 의미.
자(字)-위(口)원(袁)=원(園).
사(思)-큰 울타리 (口-部)에 긴 옷(袁)을 입고 가니 동산, 정원이다.
용(用)-幼稚園유치원. 公園공원. 庭園정원. 樂園낙원. 田園전원.

圓 圆 둥글 원; 口- [yuán]둥글다(圓), 원, 동그라미, 언저리.
부(部)-부수 口 (큰입구몸) : 넓은 게 원처럼 보인다. 의미.
자(字)-口(나라 국) + 員(인원 원)=원(圓)
사(思)-나라는 많은 인원이 있어 둥글게 보이니 둥글 원.
용(用)-圓滿원만 圓滑원활 圓融원융 團圓단원 圓形원형 圓熟원숙

遠 远 멀 원; 辵 [yuǎn] 아득하다, 소원하다, 넓다, 깊다
부(部)-쉬엄 걸을 착(辵=착(辶): 먼데는 쉬엄쉬엄 걸어야 의미.
자(字)-원(袁)착(辶)=원(遠). ※옷 길 원(袁).
사(思)-긴 옷(袁)을 입고 쉬면서 가니(辶=辵-部) 갈 길이 멀 원.
용(用)-遠近원근. 永遠영원. 遙遠요원. 遠隔원격.

員 员 인원 원; 口- [yuán,yún,yùn]수효, 사람, 둥글다
부(部)- 口 (입 구) : 인원 수는 먹는 입 숫자 의미
자(字)-口(입 구) + 貝(조개 패)=원(員)
사(思)-생계(먹는 것) 위해 돈을 벌어야 하는 인원 인원 원
용(用)-公務員공무원 委員위원 議員의원 職員직원 會社員회사원

怨 원망할 원; 心 [yuàn] 원망하다, 슬퍼하다, 한탄하다, 미워하다.
부(部)-마음 심(心): 원망하는 것은 마음의 상태 의미.
자(字)-원(夗)심(心)=원(怨). 夗 누워 뒹굴 원.
사(思)-누워뒹굴(夗) 정도 마음(心)이 원망하는 원망할 원.
용(用)-怨恨원한 怨望원망 怨讐원수 怨聲원성 仇怨구원 宿怨숙원 報怨보원
　　徹天之怨讐 철천지원수 =철천(徹天)의 원수(怨讐).[하늘에 사무친다]

願 원할 원; 頁 [yuàn] 원하다, 빌다, 기원하다, 청하다, 바라건대.
부(部)-머리 혈(頁): 머리에서 생각이 난다는 의미.
자(字)-원(原)혈(頁)=원(願).
사(思)-원래(原) 머리(頁-部)에서 생각이 떠올라 기원하니 원할 원.
용(用)-祈願기원. 所願소원. 民願민원. 志願지원. 訴願소원.

元 으뜸 원; 儿- [yuán] 으뜸, 근본, 연호(年號)

부(部)- 儿 (어진사람인발) : 사람 중에 으뜸은 어진 사람 의미

자(字)-이(二)+ 인(儿)=원(元)

사(思)-두 이(二)가 머리 부분으로 어진 생각과 행동 으뜸 원

용(用)-元素원소 壯元장원 復元복원 次元차원 元日원일 元首원수 元帥원수

元是孝者, 百行之本 원시효자, 백행지본

越 넘을 월; 走- [yuè]넘다, 건너다, 앞지르다, 달아나다,

부(部)- 走 (달릴 주) : 넘을려면 달려야 하는 의미

자(字)-走(달릴 주) + 戉(도끼 월)=월(越)

사(思)-달리면서 도끼 위로 뛰어 넘을 월

용(用)-超越초월 卓越탁월 追越추월 優越우월 越權월권 越等월등 吳越오월

吳越同舟오월동주

鉞 钺 도끼 월; 金 [yuè] 도끼, 수레의 방울 소리, 뛰어넘다.

부(部)-쇠 금(金): 도끼는 쇠로 만들었다는 의미.

자(字)-금(金)월(戉)=월(鉞). ※ 戉: 도끼 월(모양자 참조).

사(思)-쇠(金-部)로 만든 도끼(戉)를 발음을 따서 도끼 월(鉞).

용(用)-弓鉞궁월. 節斧鉞절부월. 斧鉞부월. 金鉞금월.

僞 伪 거짓 위; 人- [wěi]거짓, 속이다, 작위(作爲)

부(部)- 亻[人] (사람인변) : 거짓은 사람만이 하는 의미.

자(字)-亻(사람인변 인) + 爲(할 위)=위(僞)

사(思)-사람만이 하는 행동 중 나쁜 거짓 위

용(用)-虛僞허위 僞裝위장 僞善위선 僞造위조 眞僞진위 僞證위증

圍 围 둘레 위; 囗- [wéi]둘레, 두르다, 둘러싸다, 에우다, 사냥

부(部)- 囗 (큰입구몸) : 큰 둘레 의미.

자(字)-囗(나라 국) + 韋(다룸가죽 위)=위(圍)

사(思)-나라에는 가죽을 잘 다룬 시장으로 둘러싸여 둘레 위

용(用)-範圍범위 雰圍氣분위기 周圍주위 包圍포위 圍籬위리

委 맡길 위; 女- [wěi,wēi]맡기다, 내버려두다, 메이다, 밀리다

부(部)-女 (여자 녀) : 가사(家事)는 여자에 맡기다 의미

자(字)-禾(벼 화)+女(여자 녀(여)= 위(委)

사(思)-곡식인 벼 화(禾)는 여자에게 맡겨 관리하게 맡길 위.

용(用)-委託위탁 委員위원 委員會위원회 委囑위촉 委任위임 委任狀위임장

胃　밥통 위; 肉- [wèi]밥통, 위, 마음,
　　부(部)- 月 [肉] (육달월) : 위장도 육체의 일부 의미
자(字)-田(밭 전)+ 月(육달월 월) =위(胃)
사(思)-밭에서 생산물은 위장을 통해 육체의 피와 살이 되니 위장 위.
용(用)-胃腸위장 脾胃비위 胃臟위장 胃癌위암 胃潰瘍위궤양

尉　벼슬 위; 寸 [wèi,yù] 벼슬, 벼슬 이름, 다리다.
　　부(部)-마디 촌(寸); 벼슬은 법도로 처리하는 의미.
자(字)-시(尸)시(示)촌(寸)=위(尉).
사(思)-몸(尸)에 보이게(示) 법도로(寸) 붙여준 계급이니 벼슬 위.
용(用)-少尉소위. 中尉중위. 校尉교위. 駙馬都尉부마도위.

緯　纬 씨 위; 糸- [wěi]씨, 가로, 좌우, 동서
　　부(部)- 糸 [糸,糹] (실사변) : 옷감 짤 때 씨줄의 실 의미
자(字)-糹(가는 실 멱) + 韋(가죽 위)=위(緯)
사(思)-씨줄과 날줄로 만든 가죽 같은 피륙이 되니 씨 위
용(用)-經緯경위 緯度위도 讖緯참위 北緯북위 經緯書경위서

違　违 어길 위; 辵- [wéi]어기다, 위반하다, 다르다, 틀리다,
　　부(部)-辶 [辵,辶,辶] (책받침) : 간다는 것, 행동이 위반이란 의미.
자(字)-韋(가죽 위)+辶(쉬엄쉬엄 갈 착)　=위(違)
사(思)-가죽을 다룸에 가는 것에는 위반함이 있어서 어길 위.
용(用)-違反위반 違背위배 違法위법 違憲위헌 違約위약 非違비위
　　　　陽奉陰違양봉음위 =보는 앞에서 순종(順從), 속으로는 딴마음

慰　위로할 위; 心- [wèi]위로하다, 위로, 우울해지다, 울적해지다
　　부(部)- 心 [忄,㣺] (마음 심) : 위로하는 마음 의미.
자(字)-尉(벼슬 위)+ 心(마음 심) =위(慰)
사(思)-벼슬이 높은, 다른 사람이 위로하는 마음으로 위로 위
용(用)-慰勞위로 慰安위안 慰藉料위자료 自慰자위 安慰안위
　　　　慰安婦위안부 弔慰조위

威 위엄 위; 女- [wēi]위엄, 두려워하다, 으르다, 협박하다

부(部)- 女 (여자 녀) :시어머니의 위엄 표현 의미.

자(字)-戌(개 술)+ 女(여자 녀(여)) =위(威)

사(思)-개 같이 잔소리 하는 시어머니 위엄 위.

용(用)-威脅위협 威儀위의 權威권위 威嚴위엄 威勢위세 威力위력 示威시위

　　　狐假虎威호가호위 =「여우가 호랑이의 위세(威勢)를 빌려 호기(豪氣)
를 부린다.」는 뜻으로, 남의 세력(勢力)을 빌어 위세(威勢)를 부림.

危 위태할 위; 卩 [wēi] 위태하다, 위태롭게 하다, 두려워하다.

부(部)-병부 절(卩)=절(㔾): 병부(암호)관리는 위험 관련 의미.

자(字)-첨(产)절(㔾)=위(危). ※产 우러러볼 첨.

사(思)-우러러 보니(产첨) 무릎 꿇은 모습(절(㔾)이 위태할 위.

용(用)-危機위기. 危險위험. 危殆위태. 危險性위험성. 危機感위기감.

　　　危急위급. 安危안위. 危害위해. 危重위중.

謂 谓 이를 위; 言 [wèi] 이르다, 알리다, 가리키다, 취지, 명칭.

부(部)-말씀 언(言): 이르고 알림은 말을 한다는 의미.

자(字)-언(言)위(胃)=위(謂).

사(思)-말(언(言)은 위(胃)에서 소화되듯이 남에게 이해되니 이를 위. 용
(用)-云謂운위. 所謂소위. 此所謂차소위(이야말로).

　　　或謂혹위(어떠한 사람이 말하는 바).

位 자리 위; 人 [wèi] 자리, 자리하다, 품위.

부(部)-사람 인(人): 사람의 자리 또는 지위에 관한 의미.

자(字)-인(亻)립(立)=위(位).

사(思)-사람(인(人)이 서는(입(立) 자리나 위치을 말하니 자리 위.

용(用)-位置위치 順位순위 單位단위 地位지위 高位고위 水位수위 優位우위.

衛 卫 지킬 위; 行- [wèi]지키다, 시위(侍衛)하다, 막다, 방비하다

부(部)- 行 (다닐 행) : 다니는 것을 지킨다 의미.

자(字)-行(다닐 행) + 韋(무두질, 다룸가죽 위)=위(衛)

사(思)-귀인(貴人) 다님을 다룸가죽처럼 경호력으로 지킬 위.

용(用)-衛星위성 衛生위생 護衛호위 防衛방위 守衛수위 自衛자위

　　　前衛전위 衛戌위수 保衛보위 衛正斥邪위정척사 =조선(朝鮮) 시대(時
代) 후기(後期)에, 정학(正學), 정도(正道)로서의 주자학(朱子學)을 지키고,
사학(邪學)로서의 천주교(天主敎)를 물리치려던 주장(主張).

爲 为 할 위; 爪 [wéi,wèi] 만들다, 베풀다, 되다, 성취, 이루다,
부(部)-손톱 조(爪): 무엇인가 하려면 손의 힘과 관련된 의미.
자(字)-조(爫)별(丿)야야야(ㄱㄱㄱ)화(灬)=위(爲).
사(思)-손(爫)으로 별(삐침별丿)나게 도움(ㄱㄱㄱ) 열나게(灬불화발)할 위.
　　(살면서 여러 도움(부모,스승,친구 등) 받아야 된다 의미).
용(用)-行爲행위 爲主위주 人爲的인위적 當爲당위 營爲영위 無爲무위.
　　　※ 爫 [爪,爫] (손톱조) ≠오이 과(瓜)와 다름.

偉 伟 훌륭할 위; 人- [wěi]훌륭하다, 크다, 아름답다
부(部)- 亻[人] (사람인변) 위대한 사람 표현 의미.
자(字)-亻(사람인변 인) + 韋(가죽 위)=위(偉)
사(思)-사람은 무두질(수양과 연마)하여야 부드러워져 훌륭할 위
용(用)-偉大위대 偉人위인 偉業위업 偉容위용 偉力위력 偉名위명

幽 그윽할 유; 幺 [yōu] 그윽하다, 숨다, 멀다, 아득하다.
부(部)-작을 요(幺): 그윽하다 함은 큰 것도 작게 보이는 의미
자(字)-산(山)요요(幺幺)=유(幽).
사(思)-산(山)이 작게(幺-部) 보이며 그윽하게 펼쳐지니 그윽할 유.
용(用)-幽靈유령. 幽寂유적. 幽都유도. 幽宅유택. 幽冥유명.

油 기름 유; 水- [yóu]기름, 윤기. 광택
부(部)- 氵[水,氺] (삼수변) : 기름도 물과 같은 종류 의미
자(字)-氵(삼수변 수) + 由(말미암을 유)=유(油)
사(思)-물과 말미암아(원인, 이유) 기름도 물과 비슷, 기름 유
용(用)-潤滑油윤활유 石油석유 香油향유 油田유전 精油정유 注油주유

誘 誘 꾈 유; 言- [yòu]꾀다, 유혹하다, 권하다, 인도하다,
부(部)- 言 [訁,讠] (말씀 언) : 말로서 꼬드긴다 의미
자(字)-言(말씀 언) + 秀(빼어날 수)=유(誘)
사(思)-말을 빼어나게 잘해야 유혹할 수가 있으니 꾈 유
용(用)-誘惑유혹 誘導유도 勸誘권유 誘拐유괴 誘發유발 誘致유치 誘引유인

遺 遗 남길 유; 辵 [yí,wèi] 끼치다, 후세에 전하다, 잃다, 버리다
부(部)-쉬엄 걸을 착(辵=辶): 발 자취를 남긴다 의미.
자(字)-귀(貴)착(辶)=유(遺).
사(思)-귀한 것(貴)을 가다(辶=辵-部) 흔적 남기게 되니 남길 유.
용(用)-遺憾유감 遺跡유적 遺棄유기 遺産유산 遺失유실.

愈 나을 유; 心 [yù] 낫다, 병이 낫다, 더욱, 점점 더.
부(部)-마음 심(心): 병이 낫다. 비교하여 낫다는 마음을 의미.
자(字)-유(兪)심(心)=유(愈). ※ 兪: 점점 유(모양자 참조).
사(思)-점점(兪) 마음(心-部)으로 정성을 다하면 나을 유.
용(用)-痊愈전유☞ 쾌유(快癒)

裕 넉넉할 유; 衣 - [yù]넉넉하다, 너그럽다, 관대하다, 느긋하다,
부(部)-衤 [衣,衣] (옷의변) : 옷은 넉넉해야 좋다
자(字)-衤(옷의변 의) + 谷(골 곡)=유(裕)
사(思)-옷은 넉넉하여 골짜기에 모일 정도 넉넉할 유
용(用)-餘裕여유 富裕부유 裕隔유격 裕福유복 裕餘유여

遊 游 놀 유; 辶 [yóu] 놀다, 즐겁게 지내다, 여행하다,
부(部)-쉬엄걸을 착(辶)=착(辵): 놀러가는 것 걸어 가다는 의미.
자(字)-유(㫃)착(辶)=유(遊). ※ 㫃:깃발 유((모양자 참조).
사(思)-여행사 깃발(㫃)을 따라 다니면서(辶=辵-部) 노니 놀 유.
용(用)-遊說유세. 遊戱유희. 遊覽유람. 回遊회유.

由 말미암을 유; 田- [yóu]말미암다, 인연하다, 따르다, 사정, 연유
부(部)- 田 (밭 전) : 밭은 인간사회 먹거리 생산 원인 제공 의미
자(字)-田(밭 전)+ 뚫을 곤(丨)=유(由)
사(思)-밭에서 농작물이 뚫어서 나오니 말미암을 유.
용(用)-自由자유 理由이유 由來유래 緣由연유 由緖유서 經由경유 事由사유
　　　 自由意志자유의지 自由自在자유자재

留 머무를 유{류}; 田 [liú] 머무르다, 기다리다, 오래다.
부(部)-밭 전(田): 밭에는 머무르고 일하고 하는 의미.
자(字)-묘(卯)전(田)=유(留). ※ 卯: 토끼 묘, 왕성할 묘(모양자 참조).
사(思)-무성한(卯) 제초 작업차 밭(田-部)에서 머무를 유.
용(用)-滯留체류. 保留보류. 留保유보. 抑留억류. 繫留계류. 留念유념.

悠 멀 유; 心- [yōu]멀다, 걱정하다, 생각하다
부(部)- 心 [忄,㣺] (마음 심) 마음 상태 표현 글자 의미.
자(字)-攸(바 유)+心(마음 심) =유(悠)
사(思)-뭐를 할 바의 마음은 멀고 근심되니 멀 유.
용(用)-悠久유구 悠然유연 悠長유장 悠揚유양
　　　 歷史悠久역사유구 = 역사(歷史)가 길고 오래됨.

類 类 무리 유{류}; 頁- [lèi]무리, 일족(一族), 동류, 떼,
부(部)- 頁 [页] (머리혈) : 머리 모양 끼리 무리를 이룬다 의미
자(字)-米(쌀 미)+犬(개 견)+頁(머리 혈)=유(類)
사(思)-쌀 밥 먹는 개들의 머리들이 모여 무리 유.
용(用)-類推유추 種類종류 人類인류 類似유사 分類분류 爬蟲類파충류
　　書類 서류 鳥類조류 類例유례 類型유형 有敎無類유교무류 =「가르침
에는 차별(差別)이 없다.」는 뜻 배우고자 하는 사람에게는 누구에게나 배
움의 문이 개방(開放)한다는 사상.[공자 논어]

維 維 바 유; 糸- [wéi]바, 밧줄, 매다, 받치다
부(部)- 糸 [糸,纟] (실사변) : 실로 이어 그물, 밧줄도 된다 의미
자(字)- 糸(가는 실 멱) + 隹(새 추)=유(維)
사(思)-가는 실로 그물도 밧줄도 되어 새를 잡으니 바 유.
용(用)-維持유지 維新유신 纖維섬유
　　四維사유=예(禮:예절), 의(義:법도) 염(廉:염치), 치(恥:부끄러움).
　　維歲次유세차 =「이 해의 차례(次例)는」 뜻, 제문(祭文)의 첫머리.

柳 버들 유{류}; 木-[liǔ]버들, 버드나무의 총칭, 모이다
부(部)- 木 (나무 목) : 버드나무도 나무의 종류 의미.
자(字)-木(나무 목) + 卯(토끼 묘)=유(柳) ※卯=무성할 무
사(思)-늘어진 버드나무 잎이 무성하여 버들 유.
용(用)-花柳화류 柳花유화 楊柳양류 楊柳枝양류지 花柳界화류계

柔 부드러울 유; 木-[róu]부드럽다, 화평하고 순하다, 약하다,
부(部)- 木 (나무 목) : 쇠 보다 부드러운 게 나무.
자(字)-矛(창 모)+ 木(나무 목)=유(柔)
사(思)-창의 자루는 탄력성 나무로 부드럽게 해야 하니 부드러울 유.
용(用)-懷柔회유 柔軟유연 溫柔온유 柔道유도 柔弱유약 優柔우유 剛柔강유
　　外柔內剛외유내강=보기에는 부드러우나 속은 꿋꿋하고 강(强)함.
　　柔能制剛유능제강=「유(柔)한 것이 강(强)한 것을 이긴다.」는 뜻

惟 생각할 유; 心 [wéi] 생각하다, 도모하다, 꾀하다, 늘어서다,
부(部)-마음 심(心): 생각하는 마음의 의미.
자(字)-심(忄)추(隹)=유(惟).
사(思)-마음(心=忄)이 새(隹)처럼 앞으로만 몰입 생각할 유, 오직 유.
용(用)-思惟사유 惟獨유독=唯獨 惟一유일=唯一 恭惟공유 惟靜유정

三綱五倫, 惟師敎之 삼강오륜, 유사교지=삼강(三綱)과 오륜(五倫)도 오직 스
승이 가르쳐 주신 것.

儒
仔 선비 유; 人- [rú]선비, 유학, 부드럽다
부(部)- 亻[人] (사람인변) : 사람에 필수 관련 의미.

자(字)-亻(사람인변 인) + 需(쓰일 수)=유(儒)

사(思)-사람에 필수 학습을 잘 배우고 필수 인간이니 선비 유.

용(用)-儒敎유교 儒學유학 儒者유자 儒生유생 坑儒갱유 儒家유가 儒林유림
　　　釋眼儒心석안유심=「석가(釋迦)의 눈과 공자(孔子)의 마음」이란 뜻으
로, 곧 자비(慈悲)스럽고 인애 깊은 일.

幼
어릴 유; 幺 [yòu] 어리다, 어린아이, 사랑하다.
부(部)-작을 요(幺): 어린이는 작다는 의미.

자(字)-요(幺)력(力)=유(幼).

사(思)-작은 고치(幺)의 힘(力)은 어리니 어릴 유.

용(用)-幼稚園유치원 幼兒유아 幼子유자 幼者유자 童幼동유 長幼장유

唯
오직 유; 口 [wéi] 오직, 발어사, 비록-하더라도(雖).
부(部)-입 구(口): 소리 내는 것과 관련된 글자라는 의미.

자(字)- 口(입 구) + 隹(새 추)=유(唯)

사(思)-주둥이(口)로 새는(隹) 짹짹거림이 유일하니 오직 유.

용(用)-唯一유일 唯獨유독 唯物論유물론 唯心論유심론.
　　　一切唯心造일체유심조=모든 것은 오로지 마음이 지어내는 것
　　　唯一無二유일무이=「둘이 아니고 오직 하나 뿐」이라는 뜻

猶
犹 오히려 유, 같을 유; 犬 [yóu] 오히려, 마치 -와 같다, 써
(以).
부(部)-개 견(犬)=개사슴록변(犭): 오히려 개고기를 좋아했다.

자(字)-견(犭)팔(八)유(酉)=유(猶). 견(犭)추(酋)=유(猶) (酋 두목 추).

사(思)-보신탕(=犬) 보다 팔(八)마리 닭(酉닭 유)을 좋아하니 오히려 유.

용(用)-執行猶豫집행유예 起訴猶豫기소유예 過猶不及과유불급.
　　　困獸猶鬪곤수유투=「위급(危急)한 경우(境遇)에는 짐승일지라도 적
(敵)을 향(向)해 싸우려 덤빈다.」는 뜻으로, 곧 궁지(窮地)에 빠지면 약(弱)
한 자(者)가 도리어 강(強)한 자(者)를 해칠 수 있다는 뜻.

有 있을 유; 月 [yǒu,yòu] 존재하다, 많다, 넉넉하다,
　　부(部)-달 월(月): 肉(고기 육)자의 동자(同字). 존재 의미
자(字)-우(右)월(月)=유(有). ※우(右),좌(左)의 일(一)별(丿)은 손을 의미.
사(思)-손(우(右)에 달(월(月)같은 고기(육(月)가 있으니 있을 유.
용(用)-有利유리 所有소유 有名유명 有效유효 有用유용 有害유해 有力유력
　　　　　有益유익 有罪유죄 有能유능 有感유감. 有文事者必有武備유문사자필
유무비=문관(文官)도 반드시 전쟁(戰爭)에는 대비(對備)해야 한다는 말.

乳 젖 유; 乙 [rǔ] 젖, 젖을 먹이다, 낳다.
　　부(部)새 을(乙)=을(乚): 젖꼭지가 새의 주둥이와 비슷 의미.
자(字)-孚(미쁠 부) +乚(숨을 은) =유(乳).
사(思)-미쁜1)(孚)자식에 새(乙=乚)처럼 먹이 주듯 엄마가 주는, 젖 유.
용(用)-哺乳類포유류 牛乳우유 乳兒유아 初乳초유 原乳원유.
　　　　　泣兒授乳읍아수유=「우는 아이에게 젖을 준다.」는 뜻

流 흐를 유{류}; 水 [liú] 흐르다, 물이 낮은 데로 흐르다,
　　부(部)-물 수(水): 물이 흐름과 관련된 의미.
자(字)-수(氵)류(㐬)=유(流)류. ※ 㐬: 깃발 류(모양자 참조).
사(思)-물(氵=水)이 깃발(㐬) 나부끼는 모양으로 흘러내리니 흐를 유.
용(用)-流通유통. 交流교류. 漂流표류. 流出유출. 流行유행. 流入유입.

育 기를 육; 肉- [yù,yò]기르다, 자라다, 낳다
　　부(部)-月 [肉] (육달월) 육체를 기른다 의미
자(字)-亠(돼지해머리 두) +厶(사)+月(육달월)=육(育)
사(思)-머리와 개인적 사랑으로 길러야 하니 기를 육.
용(用)-敎育교육 體育체육 育成육성 育兒육아 飼育사육 養育양육 生育생육
　　　　　父生母育부생모육=아버지는 낳게 하고, 어머니는 낳아 기른다 뜻

陸 뭍 육{륙}; 阜- [lù,liù]뭍, 육지, 언덕, 산꼭대기
　　부(部)-阝 [阜,𨸏] (좌부변) : 육지에는 언덕이 있다 의미.
자(字)-阝(좌부변 부) + 坴(언덕 륙(육))=육(陸)
사(思)-언덕과 평지가 육지에는 있으니 육지 육.
용(用)-陸地육지 大陸대륙 着陸착륙 離陸이륙 陸軍육군 陸橋육교 上陸상륙
　　　　　陸地行船육지행선=「육지(陸地)에서 배를 저으려 한다.」는 뜻으로,

---

1) 미쁘다: 형용사, 「…이」믿음성이 있다. (활용 : 미뻐, 미쁘니)

곧 되지 않을 일을 억지로 하고자 함의 비유

坴 언덕 륙{육}; 土- [liù]언덕, 시원한 땅, 월나라 땅
부(部)-土 (흙 토) : 육지에는 흙이 있다 의미.

자(字)-土(흙 토) +팔(八)+토(土)=륙(坴)

사(思)-흙을 나누어 흙으로 된 언덕이 생기니 언덕 륙.

용(用)-육(陸)자(字) 만듬=阝(좌부변 부) + 坴(언덕 륙(육))=육(陸)

六 여섯 육{륙}; 八- [liù,lù]여섯, 여섯 번, 죽이다
부(部)- 八 (여덟팔) : 나눌 수 있다 의미

자(字)-亠(돼지해머리 두)+八(여덟 팔)=육(六) ※八(여덟 팔)=나눌 팔

사(思)-돼지머리를 나누면 여섯 번이나 나누어 여섯 육

용(用)-六十甲子육십갑자 五臟六腑오장육부 六書육서 六何原則육하원칙

尹 다스릴 윤, 성씨 윤; 尸 [yǐn] 다스리다, 벼슬아치, 벼슬아치.
부(部)-주검 시(尸): 온 몸으로 다스리다는 의미.

자(字)-시(尸)+계(크)+별(丿)=윤(尹).

사(思)-몸과 머리를 꿰어 통달한 자세로 다스릴 윤.

용(用)-卿尹경윤☞ 재상(宰相), 官尹관윤, 令尹영윤, 判尹판윤, 府尹부윤,

輪 轮 바퀴 윤{륜}; 車- [lún]바퀴, 수레, 수레를 세는 단위
부(部)- 車 [车] (수레거) : 수레는 바퀴가 필수 의미

자(字)-車(수레 차) +侖(생각할 륜(윤))=윤(輪)

사(思)-수레는 바퀴가 필수라는 생각이 중요하니 바퀴 륜.

용(用)-輪廻윤회 輪廓윤곽 年輪연륜 輪作윤작 三輪삼륜 五輪旗오륜기

閏 闰 윤달 윤; 門- [rùn]윤달, 또는 윤년, 정통(正統) 아닌 임금
부(部)- 門 [门] (문 문) : 문을 통해 끼워 넣는다 의미

자(字)-門(문 문) + 王(임금 왕)=윤(閏)

사(思)-문을 통해 끼워 넣은 임금은 정통 시비이니 윤달 윤,

용(用)-閏餘成歲윤여성세=일 년(一年) 24절기(節氣) 나머지 시각(時刻)을
　　　 모아 윤달(閏-)로 하여 해를 이루었음.

倫 伦 인륜 윤{륜}; 人- [lún]인륜, 무리, 순서
부(部)- 亻 [人] (사람인변) : 사람 도리 표현 의미.

자(字)-亻(사람인변 인) + 侖(생각할 륜(윤))=윤(倫)

사(思)-사람은 오륜(五倫) 생각이 필수이니 인륜 륜.

용(用)-倫理윤리 悖倫패륜 五倫오륜 人倫인륜 不倫불륜 三綱五倫삼강오륜

潤 润 젖을 윤, 윤택할 윤; 水 [rùn] 젖다, 적시다, 물기.
부(部)-물 수(水): 물기가 있어 윤택하게 보인다는 의미.
자(字)-수(氵)윤(閏)=윤(潤). 閏 윤달 윤.
사(思)-물(氵=水-部)을 윤달(閏)처럼 추가되어 젖을 윤, 윤택할 윤.
용(用)-潤滑油윤활유 利潤이윤 霑潤점윤 潤澤윤택 潤文윤문
　　　潤態윤태☞윤택(潤澤) 濕潤습윤 德潤덕윤☞은혜(恩惠) 潤色윤색.

栗 밤나무 율{률}; 木- [lì]밤나무, 밤, 여물다, 잘 익다
부(部)- 木 (나무 목) ; 밤나무는 나무 종류 의미.
자(字)-覀(덮을 아)+ 木(나무 목) =율(栗)
사(思)-가시로 덮어 있는 밤이 달리니 밤나무 율
용(用)-棗東栗西조동율서=대추는 동쪽에, 밤은 서쪽에
　　　棗栗梨枾조율이시=대추, 밤, 배, 감 따위의 과실(果實).

律 법칙 율{률}; 彳- [lǜ]법, 법령, 정도, 비율, 자리, 지위, 가락
부(部)-두인변 걸을 척(彳): 사람 걸음 규칙에 관한 의미
자(字)-척(彳)율(聿)=률(律) ※聿 붓 율
사(思)-두 사람 이상 걸음(척彳) 규칙을 붓(율聿)으로 쓴 법 률
용(用)-法律법률 調律조율 自律자율 規律규율 韻律운율 旋律선율
　　　律動율동 音律음률 戒律계율 律令율령 律法율법
　　　二律背反이율배반 :「두 가지 규율(規律)이 서로 반대.」 뜻,

率 헤아릴 율{률,거느릴 솔,장수 수}; 玄- [shuài,lǜ] 거느리다,
장수,
부(部)-검을 현(玄): 검정 속에서도 헤아린다 의미
자(字)-현(玄)빙(冫)빙(冫)십(十)=률(律) ※玄 검을 현 / 冫 얼음 빙
사(思)-검은(현玄) 밤에 얼음(빙冫) 얼음(빙冫) 10번(십十) 헤아릴 률
용(用)-比率비율 確率확률 換率환율 效率효율 統率통솔 輕率경솔 率直솔직

戎 병장기 융, 오랑캐 융; 戈 [róng]오랑캐, 병기,무기,병거(兵車).
부(部)-창 과(戈): 병장기에 창이 포함되는 의미.
자(字)-과(戈)십(十)=융(戎).
사(思)-창(戈-部)이 열 개(十) 모인 병장기 융.
용(用)-戎士융사☞ 병사(兵士). 戎兵융병☞ 병사(兵士). 戎車융거.

隆 클 융{륭}; 阜 - [lóng,lōng]크다, 두텁다, 극진하다, 높다,
부(部)-좌부변 부(阝): 언덕은 높다, 크다 의미
자(字)-부(阝)치(夊)일(一)생(生)=륭(隆)   ※夊 뒤져서 올 치
사(思)-언덕(阝) 뒤져오는(치(夊) 한(一)사람도 태어남(생(生)이 클 륭(隆)
용(用)-隆盛융성 隆起융기 隆崇융숭 隆興융흥 隆替융체 隆化융화 隆昌융창

融 화할 융; 虫 [róng] 화하다, 화합하다, 화락하다, 녹다.
부(部)-벌레 충(虫): 벌레를 화합시킨다는 의미.
자(字)-력(鬲)충(虫)=융(融). 鬲 막을 격{솥 력}.
사(思)-솥에다 막아놓고(鬲)벌레(虫)를 화합할 융.
용(用)-金融금융. 融解융해. 融通無碍융통무애.

隱 隐 숨길 은; 阜 - [yǐn]숨기다, 가리다, 비밀, 숨다, 벗
부(部)-부수 阝 [阜,𨸏] (좌부변) 언덕을 이용 숨긴다 의미.
자(字)-阝(좌부변 부) + 㥯(삼갈 은)=은(隱)   ※急(급할 급)
사(思)-언덕 너머로 조심히 급하게 숨기니 숨길 은.
용(用)-隱匿은닉 隱蔽은폐 隱退은퇴 惻隱측은 隱逸은일 隱喩은유
　　　　惻隱之心仁之端也측은지심인지단야=불쌍히 여기는 마음은 인(仁)의
근본(根本)임.

銀 银 은 은; 金 - [yín]은, 화폐, 돈, 도장
부(部)-金 [釒,钅] (쇠 금) : 은 쇠의 종류라는 의미.
자(字)-金(쇠 금) + 艮(괘 이름 간=은 은)=은(銀)
사(思)-쇠 중에서 금 다음으로 귀한 은이니 은 은
용(用)-金銀寶貨금은보화 金銀之國금은지국=우리나라 아름답게 이른 말.

恩 은혜 은; 心 [ēn] 은혜, 사랑하다, 예쁘게 여기다, 인정, 동정.
부(部)-마음 심(心): 은혜를 느끼는 마음을 의미.
자(字)-인(因)심(心)=은(恩). ※ 因: 인할 인(모양자 참조).
사(思)-고마운 원인(因)되는 마음(心-部)을 恩惠(은혜) 은.
용(用)-恩惠은혜. 恩師은사. 背恩배은. 報恩보은. 忘恩망은. 恩人은인.

飮 饮 마실 음; 食 - [yǐn]마시다, 잔치, 주연, 음료
부(部)- 𩙿 [食,飠,𩙿] (밥 식) : 마시는 것도 음식 관련 의미
자(字)-𩙿(밥식 식) + 欠(하품 흠, 부족 흠)=음(飮)
사(思)-식사에는 술과 음료 마시는 것도 함께 부족함을 마실 음.
용(用)-飮食음식 飮酒음주 飮料음료 過飮과음 飮福음복 米飮미음

飮水思源음수사원=「물을 마실 때 수원(水源)을 생각한다.」는 뜻으로, 근본을 잊지 않음을 일컫는 말.

吟 읊을 음, 다물 금; 口 - [yín]읊다, 끙끙 앓다, 노래, 시(詩)
부(部) - 口 (입 구) : 입에서 노래 소리 관련 의미.

자(字) - 口(입 구) + 今(이제 금)=음(吟)

사(思) - 입을 통하여 이제 나는 소리 또는 노래 읊을 음.

용(用) - 吟味음미 呻吟신음 吟遊음유 吟詠음영 吟遊詩人음유시인 吟病음병
無病呻吟무병신음=「병도 아닌 데 괴로워 앓는 소리를 낸다.」는 뜻으로, 곧 별것도 아닌 데 떠벌려 소란(騷亂)을 떨거나 엄살을 피움을 이르는 말.

淫 음란할 음; 水 - [yín]음란, 간사, 어긋나다, 어지럽다,
부(部) - 氵 [水,氺] (삼수변) : 나쁜 물은 음란하다 의미

자(字) - 氵(삼수변 수) + 㸒(가까이할 음)=음(淫)

사(思) - 마약, 술등 가까이 하면 음란할 음.

용(用) - 姦淫간음 淫亂음란 淫蕩음탕 邪淫사음 淫行음행 荒淫황음

陰 阴 응달 음; 阜 [yīn] 응달, 음(陰), 습기, 축축함.
부(部) - 언덕 부(部): 언덕에는 응달이 있다는 의미.

자(字) - 부(阝)금(今)운(云)=음(陰).

사(思) - 언덕(阜=阝-部)에 지금(今)은 구름(云=雲)이 있어 응달 음.

용(用) - 陰曆음력. 陰謀음모. 陰陽음양. 光陰광음. 隙駒光陰극구광음.
陰德陽報음덕양보.=사람이 보지 않는 곳에서 좋은 일을 베풀면 반드시 그 일이 드러나서 갚음을 받음.

邑 고을 읍; 邑 - [yì]고을, 서울, 영지(領地), 식읍(食邑)
부(部) - 邑 [阝] (고을 읍) 왼쪽은 언덕 부, 오른쪽은 고을 읍.

자(字) - 囗(나라 국) + 巴(병부절,)巴(꼬리 파)=읍(邑)

사(思) - 나라에는 병부로 관리하는 고을이 있으니 고을 읍.

용(用) - 都邑도읍 邑內읍내 食邑식읍 祿邑녹읍 新邑신읍 邑豪읍호

泣 울 읍; 水 - [qì]울다, 울음, 눈물, 근심, 근심하다
부(部) - 氵 [水,氺] (삼수변) : 눈물도 물이하는 의미

자(字) - 氵(삼수변 수) + 立(설 립(입))=읍(泣)

사(思) - 눈물은 서있어도 흘리는 것이니 울 읍.

용(用) - 泣訴읍소 涕泣체읍 哭泣곡읍 感泣감읍 鳴泣오읍 泣血읍혈

泣斬馬謖읍참마속=「눈물을 머금고 마속의 목을 벤다.」는 뜻으로, 사랑하는 신하(臣下)를 법(法)대로 처단(處斷)

驚天泣鬼경천읍귀=「하늘을 놀라게 하고 귀신(鬼神)을 울린다.」는 뜻으로, 세상(世上)을 놀라게 할 만큼 뛰어남

凝
영길 응; 冫 - [níng]엉기다, 춥다, 엄하다, 심하다

부(部)-冫(이수변) : 물이 엉기면 얼음 의미.

자(字)-冫(얼음 빙) + 疑(의심할 의)=응(凝)

사(思)-얼음은 의심없이 추워지면 물이 엉기니 엉길 응.

용(用)-凝固응고 凝視응시 凝縮응축 凝結응결 凝集응집 凝滯응체

凝粧盛飾응장성식=얼굴과 옷을 아름답게 단장(丹粧)하고 치장(治粧)함.

應
应 응할 응; 心 [yīng] 응하다, 받다, 응당-하여야 하다.

부(部)-마음 심(心): 반응한다는 마음의 상태를 의미.

자(字)-응(雁)심(心)=응(應).   ※雁 매 응

사(思)-사냥 매(雁)가 마음(心-部)속에 있듯이 응당 응할 응.

용(用)-對應대응 反應반응 應答응답 應援응원 呼應호응. 因果應報인과응보
=「원인(原因)과 결과(結果)는 서로 물고 물린다.」는 뜻

儀
仪 거동 의; 人- [yí]거동, 예의, 풍속

부(部)- 亻 [人] (사람인변) 인간의 거동, 이벤트와 관련 의미

자(字)-亻(사람인변 인) + 義(옳을 의)

사(思)-사람은 옳은 행동 해야 하니 거동 의.

용(用)-賻儀부의 禮儀예의 威儀위의 儀式의식 賻儀金부의금 儀軌의궤
禮儀凡節 예의범절=모든 예의(禮儀)와 절차(節次).

意
뜻 의; 心 [yì] 뜻, 생각하다, 정취, 풍경.

부(部)-마음 심(心): 뜻이란 마음속에 있다는 의미.

자(字)-음(音)심(心)=의(意).

사(思)-소리내어(音소리 음) 마음(心)속의 꿈을 보이니 뜻 의.

용(用)-弔:意조의 意味의미 意識의식 意見의견 合意합의 意志의지
用意周到용의주도=「어떤 일을 할 마음이 두루 미친다.」는 뜻.
마음의 준비(準備)가 두루 미쳐 빈틈이 없음.

宜 마땅할 의; 宀 - [yí]마땅하다, 마땅히, 마땅히-하여야, 화목하다
　　부(部)- 宀 (갓머리) 집관련 마땅히 할 게 있다 의미
자(字)-宀(집 면) + 且(또 차)=의(宜)
사(思)-집 내 외부에서 마땅히 또 할 일이 있다. 마땅할 의
용(用)-便宜편의 便宜店편의점 宜當의당 適宜적의 時宜시의 宜人의인
　　　愼終宜令신종의령=처음 뿐만 아니라 끝맺음도 좋아야 함.

懿 아름다울 의; 心- [yì] 아름답다, 훌륭하다, 칭찬하다, 깊다
　　부(部)-心[忄,㣺]: 아름다움을 느끼는 마음
자(字)-壹(한 일)+次(이을 차)+心(마음 심) =의(懿)
사(思)-인간은 일차로 기르고 가져야할 마음 아름다울 의
용(用)-懿德 (宜德)의덕 뛰어난 덕행(德行) 懿陵의릉, 懿旨의지

矣 어조사 의; 矢 [yǐ] 어조사, 단정·결정·한정·의문·반어의 뜻.
　　부(部)-화살 시(矢): 활의 도움으로 나가니 어조사는 도움의 뜻.
자(字)-사(厶)시(矢)=의(矣). 厶 사사 사, 나(我)
사(思)-나의 화살이 끝까지 가듯이 말, 문장을 끝까지 도와 어조사 의.
용(用)-汝矣島여의도. 過而不改是謂過矣과이불개시위과의. 矣夫의부.
　　　朝聞道夕死可矣조문도석사가의=「아침에 천하(天下)가 올바른 정도(正道)로 행(行)해지고 있다는 말을 들으면 저녁에 죽어도 좋다.」는 뜻, 참된 이치(理致)를 깨달으면 당장(當場) 죽어도 한(恨)이 없다는 뜻

義 义 옳을 의; 羊 [yì] 옳다, 바르다, 평평하다. 바른 도리.
　　부(部)-양 양(羊): 양은 옳고 아름다움의 의미.
자(字)-양(羊)아(我)=의(義).
사(思)-양(羊)처럼 착하게 나(我 나 아)를 옳게 하니 옳을 의.
용(用)-義務의무. 義理의리. 字義자의. 義捐의연:자선 기부금.

議 议 의논할 의; 言 [yì] 의논하다, 꾀하다, 문의하다, 강론하다.
　　부(部)-말씀 언(言): 의논할 때는 말로 주고 받고 한다는 의미.
자(字)-언(言)의(義)=의(議).
사(思)-말(言-部)은 의(義)롭게 하자는 말로 의논해야 하니 의논할 의. 용(用)-議員의원. 論議논의. 審議심의. 抗議항의. 會議회의. 合議합의.
　　　博採衆議박채중의=널리 여러 사람의 의견(意見)을 들음.

疑 의심할 의; 疋 [yí] 의심하다, 의혹하다, 두려워하다,
부(部)-짝 필(疋): 짝을 이룸에 의심하게 된다는 의미.
자(字)-비(匕)시(矢)모(矛)필(疋)=의(疑).
사(思)-비수(匕), 화살(矢), 창(矛)으로 짝(疋-部)을 이루니 의심할 의. 용
(用)-嫌疑혐의. 疑惑의혹. 疑問의문. 疑心의심.
　　　疑人勿使使人勿疑의인물사사인물의=의심(疑心)스러운 사람은 부리지
말고, 일단 사람을 부리면 그 사람을 의심(疑心)하지 말아야 함.
　　　疑事無功의사무공=의심(疑心)을 품는 일을 행(行)하여 성공(成功)하
는 것이 없음.

醫 医 의원 의; 酉 [yī] 의원, 치료하다, 무당.
부(部)-술 유(酉): 소독약 대신 술도 사용한 의미.
자(字)-예(殹)유(酉)=의(醫). ※殹: 앓는 소리 예(모양자 참조).
사(思)-앓는소리(殹) 환자를 약술(유(酉)로 소독과 치료하는 의원 의.　용
(用)-醫師의사. 醫療의료. 軍醫군의. 醫員의원. 醫藥의약.

依 의지할 의; 人 [yī] 의지하다, 돕다, 힘이 되다.
부(部)-사람 인(人): 사람 사이에 관한 글자 의미.
자(字)-인(亻)의(衣)=의(依).
사(思)-사람은(人=亻-部) 옷(衣)에 의지하여 살아가니 의지할 의.
용(用)-依賴의뢰. 依存의존. 依支의지. 依據의거. 依他의타.
　　　舊態依然구태의연=옛 모양(模樣) 그대로임.

怡 기쁠 이; 心- [yí]기쁘다, 기뻐하다
부(部)- 忄[心,小] (심방변) : 기쁘다는 마음의 상태 의미
자(字)-忄(심방변 심) + 台(별 태, 기쁠 태)= 怡
사(思)-마음상태가 기쁘니 별 빛 같으니 기쁠 이
용(用)-怡怡이이 南怡남이 怡然이연 怡愉이유 怡顔이안 怡悅 이열
　　　신이나(愼怡娜): 저자 신백훈 손녀 이름

利 날카로울 이{리}; 刀 [lì] 날카롭다, 화(和)하다, 통하다.
부(部)-칼 도(刀)=선칼도방(刂): 칼날이 날카로움 상징하는 의미.
자(字)-화(禾)도(刂)=이(利).
사(思)-벼(화(禾)수확에 칼날(도(刂)이 좋아야 하니 날카로울 이.
용(用)-利用이용. 利益이익. 權利권리. 勝利승리. 有利유리. 利害이해.
　　　便利편리. 金利금리.　銳利예리.

爾 尔 너 이; 爻 [ěr] 너(汝·女·而), 그(彼), 이(是·此).
부(部)-점괘 효(爻): 너에게 운명적인 만남은 효와 관련된 의미.
자(字)-일(一)팔(八)건(巾)효(爻)=이(爾) ※你 [nǐ] =너
사(思)-한사람(一)의 팔자(八字)를 보자기(巾)에 점괘(爻) 써주니 너 이.
용(用)-出爾反爾출이반이 : 너에서 나온거 너에게 돌아감

異 异 다를 이; 田 [yì] 다르다, 딴 것, 의심하다, 이상하게 여기다.
부(部)-밭 전(田): 밭은 모양이 다르다는 의미.
자(字)-전(田)공(共)=이(異).
사(思)-밭은(전(田) 함께(공(共)있어도 주인도 작목도 다를 이.
용(用)-差異차이 異見이견 異常이상 異議이의 異例이례적 突然變異돌연변이.

理 다스릴 이(리); 玉- [lǐ]다스리다, 통하다, 재판, 처리, 길
부(部)-구슬옥 변 왕(王): 다스리고 재판하는 이치 의미
자(字)-왕(王)리(里)=리(理)   ※里 마을 리{이}, 속 리
사(思)-왕(王)은 많은 마을(리(里)을 다스리는 이치를 알아야 이치 리
용(用)-管理관리 料理요리 理由이유 整理정리 理解이해 攝理섭리
       條理조리 理性이성 原理원리 理想이상

夷 동이족 이. 오랑캐 이; 大 [yí] 오랑캐, 평평, 온화, 편안하다.
부(部)-大 (큰 대) ; 큰 활을 사용한 동이족 의미
자(字)-大(클 대) 弓(활 궁) =이(夷).
사(思)-큰(大) 활(弓)을 잘 쏘는 민족이 동이(東夷)족 이.
용(用)-東夷. 四夷사:이 동이(東夷)·서융(西戎)·남만(南蠻)·북적(北狄).

貳 貳 두 이; 貝 [èr] 두, 둘, 두 마음, 거듭하다.
부(部)-조개 패(貝): 돈이면 두 개를 다 산다는 의미.
자(字)-익(弋)이(二)패(貝)=이(貳).
사(思)-주살(弋) 두 개를(二) 돈(貝)주고 사니 두 이.
용(用)-貳臣이신. 貳上이상 . 貳相이상. 貳心이심. 任賢勿貳임현물이.

離 离 떼놓을 이{리}; 隹 [lí] 떼놓다, 가르다, 끊다, 나누다,
부(部)-새 추(隹): 새가 떠나가니 이별에 관한 의미.
자(字)-이(离)추(隹)=이(離)리. 离 산신 리{이}; 內.
사(思)-새가(추(隹)가 산신(리(离)을 보면 날아가니 떠날 리.
용(用)-距離거리 乖離괴리 分離분리 離脫이탈 離婚이혼 隔離격리 離別이별.

里 마을 이(리)/속 리(이); 里- [lǐ]마을, 거리, 주거(住居)
　　부(部)-마을 리(里): 제부수 한자

자(字)-날일(日)토(土)=리(里)

사(思)-태양(일(日)이 비추는 땅(토(土)에 사람이 모여사는 마을 리

용(用)-洞里동리 千里천리 萬里만리 鄕里향리 里長이장 里程標이정표

而 말 이을 이; 而- [ér]말 이음, 순접·역접의 접속사,
　　부(部)- 而 (말이을 이) : 제부수 한자, 말이을 이.

자(字)--(한 일) 帀(-)=이(而)

사(思)-상형문자로 턱수염 상징. 턱수염 만지면서 말 이을 이

용(用)-和而不同화이부동=조화로 어울리며 꼭 같이 평등하지는 않는다.

梨 배나무 이{리}; 木- [lí]배나무, 배, 늙은이, 노인 피부색
　　부(部)-나무 목(木): 나무에 관한 글자 의미

자(字)-리(利)목(木)=리(梨)　　※利 이로울 리{이}

사(思)-피로 회복에 이로운(리(利) 나무(목(木)이니 배나무 리

용(用)-梨花이화 阿闍梨아사리 生梨생리 梨園이원 山梨산리 梨木이목

吏 벼슬아치 이{리}; 口 [lì] 벼슬아치, 다스리다, 아전,
　　부(部)-입 구(口): 입으로 지시하는 벼슬아치 의미.

자(字)-일(一)사(史)=리(吏).

사(思)-말한 것(구(口)이 일차로(一) 역사(史)로 기록되는 벼슬아치 리.

용(用)-官吏관리. 吏讀이두. 胥吏서리. 小吏소리☞ 아전(衙前).

　　　吏道이도:벼슬아치로서 마땅히 지켜야 할 도리(道理)

裏 里 속 이{리}; 衣 [lǐ] 속, 내부, 가운데, 속마음, 안,
　　부(部)-옷 의(衣): 옷의 안쪽을 의미.

자(字)-의(衣)리(里)=리(裏). 里 마을 리, 속 리.

사(思)-옷의(衣) 내부(里)라는 의미로 속 리.

용(用)-裏面이면. 禁裏금리. 內裏내리. 心裏심리. 懷裏회리. 表裏표리.

易 쉬울 이{바꿀 역}; 日 [yi] 쉽다, 바꾸다, 교환하다, 바뀌다.
　　부(部)-해 일(日): 태양이 있고 없음에 낮과 밤이 바뀌는 의미.

자(字)-일(日)물(勿)=이(易).

사(思)-해(일(日)가 없다가(물(勿) 낮 밤이 바꿀 역. 쉽게 하니 쉬울 이.

용(用)-貿易무역. 安易안이. 交易교역. 容易용이. 易經역경. 簡易간이.

　　　周易주역. 難易度난이도 白居易백거이

履 신 이{리}; 尸 [lǚ] 신, 신다, 밟다.
부(部)-주검 시(尸): 몸의 구조인 발에 신는 의미.
자(字)-시(尸)복(復)=리(履).
사(思)-몸(尸)이 돌아오게(복(復) 발에 신을 신으니 신 리, 밟을 리.
용(用)-履行이행. 履歷이력. 履長이장. 履修이수. 履歷書이력서.

以 써 이; 人- [yǐ]써, -로써, 부터, -에서, 까닭
부(部)-사람 인(人): 사람이 서로 도우면서 산다는 의미.
자(字)-비(匕)인(人)=이(以). ※ 비(匕)자를 변형 활용.
사(思)-칼(匕비수 비) 만들어 사람(人)에게 도구로써 쓰게 하니 써 이.
용(用)-以後이후, 以上이상, 以前이전 , 以來이래, 以內이내,
    以降이강=이후(以後)

李 오얏(자두나무) 이{리}; 木- [lǐ]자두나무, 도리, 심부름꾼, 성
부(部)-나무 목(木):나무에 관한 글자 의미
자(字)-목(木)자(子)=리(李)
사(思)-구연산 열매 자두 나무(목(木) 는 아들(자(子)에 도움 오얏 리
용(用)-李白이백 李花이화 李穡이색 李滉이황 李下不整冠이하부정관

翊 翊 도울 익; 羽- [yì]돕다, 나는 모양, 다음 날
부수 羽 (깃우,) 날개 짓을 도움을 줘야 의미
자(字)- 立(설 립(입))+ 羽(깃 우) =도울 익
사(思)- 설 수 있게 날개짓을 반복 훈련을 도와주는 도울 익
용(用)-翊翊(翼翼)익익 翼贊익찬 翊善익선 翊戴(翼戴)익대 翊禮익례
    晶翊정익(맑고 밝은 마음으로 도움)저자 신백훈의 별 호

益 益 더할 익; 皿-총10획; [yì] 더하다, 증가, 느는 일, 유익하다
부(部)- 皿 (그릇 명) : 그릇위에 더 올려 놓으다는 의미
자(字)-八(여덟 팔) + 一(한 일) + 八(여덟 팔)+皿(그릇 명) =익(益)
사(思)-나누어 준 것을 하나 씩 그릇위에 놓으니 더할 익
용(用)-多多益善다다익선 老益壯노익장 益者三友익자삼우 弘益人間홍익인간

溺 빠질 익{닉}; 水 [nì,niào] 빠지다, 물에 빠지다, 잠기다.
부(部)-물 수(水): 물에 관한 글자 의미.
자(字)-수(氵)약(弱)=익(溺).
사(思)-물(氵=水, 氺-部)에서 힘이 약(弱)해지면 물에 빠질 익.
용(用)-耽溺탐닉. 溺死익사. 溺惑익혹. 溺兒익아. 沒溺몰닉.

引 끌 인; 弓- [yǐn]끌다, 당기다, 활을 쏘다, 물러나다, 물리치다
부(部)-弓 (활 궁) 활은 끌어 당겨야 한다 의미
자(字)-弓(활 궁) + ㅣ(뚫을 곤)=인(引)
사(思)-활을 당기면 공기 뚫어 나가니 끌 인.
용(用)-引繼인계 引受인수 引導인도 割引할인 牽引견인 索引색인
　　　我田引水아전인수=「자기(自己) 논에만 물을 끌어넣는다.」는 뜻

印 도장 인; 卩- [yìn]도장, 찍다, 찍히다, 박히다
부(部)-卩 [㔾] (병부절) : 도장이나 병부나 진실을 의미
자(字)-ノ(삐침 별) + ㅣ(뚫을 곤) + 二(두 이) + 卩(병부 절)=인(印)
사(思)-별나게 뚫어 2개로 만든 병부절로 진실 확인 도장 인.
용(用)-烙印낙인 封印봉인 印象인상 捺印날인 印刷인쇄 印度인도
　　　印章인장 印鑑인감 刻印각인 心心相印심심상인=「마음에서 마음으로
전한다.」는 뜻으로, 묵묵한 가운데 서로 마음이 통(通)함.

咽 목구멍 인=목멜 열=삼킬 연; 口- [yān,]목구멍, 삼키다, 목메다
부(部)- 口 (입 구) : 목구멍은 입과 관련 있다는 의미
자(字)-口(입 구) + 因(인할 인) =咽
사(思)-입구멍 시작 최종 목구멍에 관련 원인(原因)이니 목구멍 인
용(用)-嗚咽오열 耳鼻咽喉科이비인후과 咽喉인후 咽頭인두 哀咽애열

寅 범 인. 삼갈 인; 宀 [yín] 셋째 지지, 삼가다, 크다, 동료,
부(部)-집 면(宀): 집안에서 삼가는 의미.
자(字)-면(宀)일(一)유(由)팔(八)=인(寅).
사(思)-집(宀)에서 한건(一)으로 말미암아(由)로 나누어(八)지니 삼갈 인.
용(用)-甲寅字갑인자. 寅亮인량. 寅誼인의.

認 认 알 인; 言- [rèn]알다, 인식, 인정, 승인, 허가,
부(部)- 言 [讠, ì] (말씀언) :말로써 알게 한다 의미
자(字)-언(言)인(刃)심(心)=인(認)
사(思)-말하는 것이 칼날 같이 정확히 마음에 전달 되어 알 인
용(用)-確認확인 認定인정 認識인식 認知인지 承認승인 否認부인 是認시인

仁 어질 인; 人 [rén] 어질다, 자애, 만물을 낳다.
　　부(部)-사람 인(人): 사람은 어질어야 하는 의미.
자(字)-인(亻)이(二)=인(仁).
사(思)-사람은 둘(이(二) 이상의 인간관계에서 어질어야 하니 어질 인.
용(用)-仁兄인형. 仁者인자. 能仁寂默능인적묵. 興仁之門흥인지문.
　　　仁義인의. 仁人인인. 仁慈인자.
　　　仁義禮智인의예지=인(仁), 의(義), 예(禮), 지(智)의 사단(四端).
　　　殺身成仁살신성인=자신(自身)의 몸을 죽여 인(仁)을 이룬다
　　　仁者無敵인자무적=어진 사람은 널리 사람을 사랑하므로 천하(天下)
에 적대(敵對)할 사람이 없음.

隣 이웃 인(린); 阜 [lín] 이웃, 돕다, 이웃하다, 鄰의 俗字.
　　부(部)-언덕 부(阜)=부(阝): 언덕을 같이하니 이웃이란 의미.
자(字)-부(阝)인(粦)=린(隣) ※ 隣: 반딧불 린(모양자 참조).
사(思)-언덕(阝=阜)앞에 반딧불이(粦) 오고 가는 나란히 있는 집이 이웃 린.
용(用)-隣近인근. 隣接인접. 善隣선린. 隔隣격린. 交隣교린.

因 인할 인; 囗 [yīn] 인하다, 인(因), 원인, 유래, 연유, 까닭.
　　부(部)-에워쌀 위(囗)=큰입구몸: 원인을 포함한다는 의미.
자(字)-위(囗)대(大)=인(因).
사(思)-사방을 둘러싼(囗에워싼 위) 영토 크게(大)하려는 원인, 인할 인.
용(用)-原因원인. 要因요인. 因緣인연. 因果인과. 死因사인. 起因기인.
　　　根因근인. 因襲인습.

忍 참을 인; 心 [rěn] 견디어내다, 용서하다, 잔인하다.
　　부(部)-마음 심(心): 참는다는 것은 마음상태의 의미.
자(字)-인(刃)심(心)=인(忍).
사(思)-칼날(刃)같이 마음(心-部)을 쓰면 안되니 참을 인.
용(用)-忍耐인내. 殘忍잔인. 堅忍性견인성. 忍苦인고.

刃 칼날 인; 刀 [rèn] 칼날, 칼, 베다.
　　부(部)-칼 도(刀): 칼과 관련된 글자 의미.
자(字)-도(刀)주(丶)=인(刃).
사(思)- 칼의(刀) 날에 점(丶)찍으니 칼날 인.
용(用)-白刃백인. 兵刃병인. 凶刃흉인. 霜刃상인. 兵不血刃병불혈인.
　　　迎刃自解영인자해=일이 스스로 아주 쉽게 해결(解決)됨.

姻 혼인 인; 女-총9획; [yīn]혼인, 사위의 집, 사위의 아버지
부(部)- 女 (여자 녀) : 여자는 혼인 필수 존재 의미
자(字)-女(여자 녀(여)) + 因(인할 인)=인(姻)
사(思)-여자가 있어야 하고 여자 행복해야 혼인하게 되니 혼인 인.
용(用)-婚姻혼인 姻戚인척 親姻戚친인척

逸 달아날 일, 숨을 일.; 辶- [yì]달아나다, 없어지다, 잃다, 숨다
부(部)-쉬엄갈 착(辶):토끼가 달아나다는 의미 관련,
자(字)-토(兎)+착(辶)=일(逸).
사(思)-토끼(토(兎)가 달아나서(착(辶) 숨어서 편안하여 달아날 일.
용(用)-無事安逸무사안일 일화(逸話).일탈(逸脫), 독일(獨逸)

壹 흔 한 일; 士 [yī] 하나, 오로지, 한결같이, 모두, 죄다.
부(部)-선비 사(士): 선비의 한결같은 마음을 의미.
자(字)-사(士)멱(冖)두(豆)=일(壹).
사(思)-선비정신(士) 덮으니(冖) 콩(豆)으로 메주쓰는 일편단심 한 일.
용(用)-壹萬일만. 壹是일시. 壹意일의. 遐邇壹體하이일체.

任 맡길 임; 人 [rèn,rén] 맡기다, 맡은 일, 마음대로.
부(部)-사람 인(亻): 사람의 임무와 관련된 의미.
자(字)-인(亻)임(壬)=임(任). 壬 아홉째 천간 임, 짊어질 임.
사(思)-사람(인(亻)이 짊어진(임(壬)일이니 맡길 임.
용(用)-責任책임 就任취임 任期임기 任命임명 任務임무 赴任부임 辭任사임

林 수풀 임{림}; 木- [lín]수풀, 숲, 같은 동아리
부(部)-나무 목(木): 숲은 나무와 관련 의미
자(字)-목(木)목(木)=림(林)
사(思)-나무(목(木) 나무(목(木)들이 모이면 숲이 된다. 수풀 림
용(用)-山林산림 森林삼림 翰林한림 鷄林계림 山林局산림국 林野임야
士林사림 密林밀림 儒林유림 獨木不成林독목불성림=「홀로 선 나무
는 숲을 이루지 못한다.」 는 뜻, 여럿이 힘을 합쳐야 일이 된다

妊 아이 밸 임; 女 [rèn] 아이 배다.
부(部)-계집녀(女): 여자의 능력에 대한 글자 의미.
자(字)-여(女)임(壬)=임(妊).
사(思)-여(女)자에게 짊어진(壬) 능력 아이밸 임.
용(用)-妊娠임신 不妊불임 懷妊회임☞ 임신(姙娠) 避妊法피임법

壬 아홉째 천간 임; 士- [rén]아홉째 천간, 짊어지다, 아첨하다
부(部)- 士 (선비 사) : 조선 선비들의 잘못으로 ???
자(字)-丿(삐침 별) + 士(선비 사)=임(壬)
사(思)-당파로 삐친 조선 선비들 잘못으로 임진란 터진 것 임.
용(用)-壬辰倭亂임진왜란=임진년(壬辰年)에 일본(日本)이 우리나라를
　　　침입(侵入)하여 일으킨 난리(亂離).

臨 临 임할 림{임}; 臣- [lín]임하다, 보다, 군림, 괘 이름,
부(部)-신하 신(臣): 신하들은 업무에 임하게 되다 의미
자(字)-신(臣)인(人)품(品)=림(臨)　※品 물건 품;
사(思)-신하(신(臣) 된 사람(인(人) 물품(품(品) 소중할 업무에 임할 림
용(用)-臨床임상 臨時임시 臨終임종 君臨군림 降臨강림 臨迫임박

賃 赁 품팔이 임; 貝- [lìn]품팔이, 더부살이, 고용인, 품팔이, 고용
부(部)- 貝 [贝] (조개 패) : 일하면 돈을 벌리다 의미
자(字)-任(맡길 임)+貝(조개 패) =임(賃)
사(思)-일을 맡기면 돈[패(貝)]을 주는 것이 품팔이 임.
용(用)-賃貸임대 賃借임차 賃金임금 賃借人임차인 賃貸借임대차 運賃운임
　　　賃貸人임대인 車賃차임 無賃乘車무임승차 =차비를 내지 않고 차를
타는 일.

立 설 립{입}; 立- [lì]서다, 정해지다, 존재하다, 세우다, 곧
부(部)-설 립(立): 제부수 한자
자(字)-두(亠)초(丷)=립(立)　※ 亠 돼지해 두; 丷/ 丷 초두머리 초
사(思)-머리(두(亠)가 풀밭(초(丷)처럼 모여 세우고 정하니 설 립
용(用)-獨立독립 立春입춘 孤立고립 立場입장 設立설립 樹立수립
　　　立夏입하 立秋입추 立冬입동 對立대립 定立정립 立錐입추
　　　立地입지

자. 자 부

신백훈 정익학당 추천 애국민 필독서
[5.18 북한 결정적 증거] 지만원 저

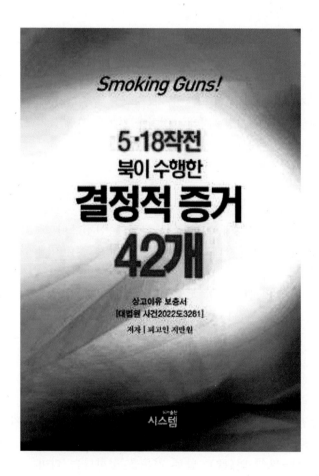

字 글자 자; 子- [zì]글자, 아이를 배다, 기르다

부(部)- 子 (아들 자) : 아들이 생기 듯이 글자도 생긴다 의미

자(字)-宀(집 면)+子(아들 자)=자(字)

사(思)-집안에 자식들이 연달아 나오듯이 신조어 글자 생겨 글자 자

용(用)-漢字한자 數字숫자 文字문자 千字文천자문 十字架십자가

識字憂患식자우환=「글자를 아는 것이 오히려 근심이 된다.」

一字無識일자무식=글자를 한 자도 모를 정도(程度) 무식(無識)함.

者 놈 자; 耂 [zhě] 놈, 사람, 것,

부(部)-늙을 로(耂)(=耂늙을로엄): 노인은 이놈 저놈 한다 의미

자(字)-노(耂)백(白)=자(者).

사(思)-노인이(노(耂) 말(백(白)하니 놈 자. 것 자.

용(用)-학자(學者) 기자(記者) 독자(讀者) 부자(富者) 약자(弱者).

近者說遠者來근자열원자래=(정치가)가까운 사람을 기쁘게 하면 멀리 있는 사람까지 찾아온다는 뜻.

姿 모양 자, 맵시 자; 女- [zī]맵시, 모양, 모습, 풍취, 바탕

부(部)-女 (여자 녀) : 여자는 모양과 맵시를 중요시 의미

자(字)-次(버금 차) + 女(여자 녀(여))=자(姿)

사(思)-자라고 난 다음부터 여자는 모양에 신경쓰니 모양 자.

용(用)-姿勢자세 姿態자태 龍姿용자 芳姿방자 姿色자색

毛施淑姿모시숙자=모(毛)는 오의 모타라는 여자(女子), 시(施)는 월의 서시(西施)라는 여자(女子), 모두 절세미인(絕世美人)이었음.

咨 물을 자; 口 [zī] 묻다, 탄식하다, 이, 이것. 자(諮)와 동자(同字)

부(部)-입 구(口): 질문은 말로 한다는 의미.

자(字)-차(次)구(口)=자(咨).

사(思)-차례(次例)대로 말(口-部)로 질문을 하니 물을 자.

용(用)-嗟咨차자☞ 차탄(嗟歎). 咨文자문. .咨歎자탄. 咨嗟자차.

諮 諮 물을 자; 言 [zī] 묻다, 자문하다, 꾀다, 의논하다.

부(部)-말씀 언(言): 말로 자문을 구한다는 의미.

자(字)-언(言)차(次)구(口)=자(諮).

사(思)-말(言)로 차례(次)로 말(口)로 질문하니 물을 자.

용(用)-諮問자문. 諮議자의. 諮詢자순.

恣 방자할 자; 心- [zì]방자, 맡기다, 하고 싶은 대로 맡기다

부(部)- 心 [忄,㣺] (마음 심) : 마음대로 상태라는 의미

자(字)-次(버금 차)+心(마음 심)=자(恣)

사(思)-조심하고 난 후 다음은 마음대로 방심하는 인간, 방자할 자

용(用)-放恣방자 傲慢放恣오만방자 恣行자행 恣意的자의적 驕恣교자

慈 사랑할 자; 心 [cí] 사랑하다, 사랑, 어머니, 자식.

부(部)-마음 심(心):사랑은 마음 상태를 의미.

자(字)-자(玆)심(心)=자(慈). ※ 玆: 무성할 자(모양자 참조).

사(思)-어버이에 무성한(玆) 마음(心-部)은 자식 사랑이니 사랑할 자.

용(用)-家慈가자. 慈悲心자비심. 慈善자선. 母慈모자. 大慈대자.

　　　大慈大悲대자대비=넓고 커서 가없는 자비(慈悲). 특(特)히 관음보살
(觀音菩薩)이 중생(衆生)을 사랑하고 불쌍히 여기는 마음.

姉 손윗누이 자; 女- [zǐ]손윗누이, 어머니, 姊의 俗字

부(部)- 女 (여자 녀) : 여자를 부르는 용어라는 의미

자(字)-女(여자 녀(여)) + 市(저자 시)=자(姉)

사(思)-여자 중에 누님이 시장가서 장을 보니 윗누님 자.

용(用)-姉兄(姊兄)자형(→姊兄(자형)). 姉夫(姊夫)자부(→姊夫(자부)).

雌 암컷 자; 隹 [cí] 암컷, 지다, 패배하다.

부(部)-새 추(隹): 새는 암컷이 약하다는 의미.

자(字)-차(此)추(隹)=자(雌).

사(思)-이(此) 새가(隹) 암컷이니 짝을 이루자 암컷 자.

용(用)-雌雄자웅 雄雌웅자 雌伏자복 孤雌寡鶴고자과학 雌雄同體자웅동체.

　　　誰知烏之雌雄수지오지자웅=「누가 까마귀의 암수를 분간(分揀)할 수
있겠는가.」 라는 뜻, 사물(事物)의 옳고 그름을 가려내기 어려움

玆 무성할 자; 玄- [zī,cí]이, 이에, 검다, 흐리다

부(部)-玄 (검을 현) :무성한게 검게 보인다 의미

자(字)-玄(검을 현) + 玄(검을 현)=자(玆)

사(思)-검은 것이 겹치니 무성하게 보여 무성할 자

용(用)-念念在玆염념재자=자꾸 생각이 나서 잊지 못함.

　　　治本於農, 務玆稼穡 치본어농, 무자가색=다스리는 것은 농사(農事)를
근본(根本)으로 하니, 중농(重農) 정치(政治)를 이름. 때맞춰 심고 힘써 일
하며 많은 수익(收益)을 거둠.

磁 자석 자; 石 [cí] 자석, 사기 그릇.
　　부(部)-돌 석(石): 자석광(磁石鑛)도 돌 의미.
자(字)-석(石)자(茲)=자(磁).
사(思)-돌에(石) 무성한(茲) 기운이니 자석 자.
용(用)-磁氣場자기장. 磁鐵鑛자철광 陶磁器도자기 磁石자석

紫 자줏빛 자; 糸- [zǐ]자줏빛, 자줏빛의 의관(衣冠)과 인수(印授),
　　부(部)-糸 [糹,糸] (실 사) : 실 색깔 관련 의미.
자(字)-此(이 차)+ 糸(가는 실 사, 멱) =자(紫)
사(思)-이 것은 가는 실에다 자주 빛으로 염색하여 자주빛 자
용(用)-紫色자색 紫朱자주 紫外線자외선 紫薇자미 紫禁城자금성(북경)

資 資 재물 자; 貝-총13획; [zī]재물, 밑천, 자본, 비발, 비용
　　부(部)-貝 [贝] (조개패) : 재물의 대표는 돈이란 의미
자(字)-次(버금 차)+ 貝(조개 패) =자(資)
사(思)-차례(次例)대로 팔고 일을 하면 돈이 생기는 게 재물 자
용(用)-投資투자 資料자료 資産자산 資格자격 資本자본 資源자원 融資융자
　　　 資父事君자부사군=아버지 섬기는 효도(孝道)로 임금을 섬겨야 함.

刺 찌를 자, 척; 刀- [cì,cī]찌르다, 가시, 헐뜯다, 꾸짖다
　　부(部)- 刂 [刀,⺈] (선칼도방, 2획)
자(字)-朿(가시 자) + 刂(선칼도방 도)=자(刺)
사(思)-가시처럼 날카로운 칼로 찌를 자
용(用)-刺戟자극 諷刺풍자 刺客자객 刺繡자수 刺傷자상 刺殺척살

勺 구기 작; 勺 [sháo] 구기, 조그만 국자.
　　부(部)-쌀 포(勹): 국자로 뜨니 싸는 것 의미.
자(字)-포(勹)주(丶)=작(勺).
사(思)-국자로 떠서(勹) 한 점씩(丶) 옮기는 국자 작.
용(用)-龍勺용작. 加勺籬가작비. 勺藥之贈작약지증.

酌 술 따를 작; 酉 [zhuó] 따르다, 액체를 퍼내다, 취(取)하다.
　　부(部)-술 유(酉): 술과 관련된 글자 의미.
자(字)-유(酉)작(勺)=작(酌).
사(思)-술(酉)을 작은국자(勺)로 따를 작.
용(用)-斟酌짐작. 無酌定무작정. 參酌참작. 酬酌수작. 情狀參酌정상참작.
　　　 酌水成禮작수성례=「물만 떠놓고 혼례(婚禮)를 지낸다.」 가난한 집

爵 벼슬 작, 잔 작; 爪 [jué] 잔, 술잔, 벼슬, 신분의 위계, 작위.
　부(部)-손톱 조(爫): 주로 손으로 일을 하는 벼슬 의미.
자(字)-조(爫)망(罒)간(艮)촌(寸)=작(爵).
사(思)-손(爫)으로 법망(罒)의 어려운(艮)일 법도(寸)로 처리 벼슬 작.
용(用)-후작(侯爵), 백작(伯爵), 자작(子爵), 남작(男爵). 封爵봉작.
　　好爵自縻호작자미=올바른 품성 행실로 관직이 저절로 만든다.

昨 어제 작; 日- [zuó]어제, 앞서
　부(部)- 日 (날 일) : 날이 경과됨 관련 의미
자(字)-日(날 일) + 乍(잠깐 사)=작(昨)
사(思)-하루가 잠깐 사이에 어제가 되니 어제 작
용(用)-昨年작년 昨今작금 昨日작일 再昨재작
　　今是昨非금시작비=「오늘은 옳고 어제는 그르다.」는 뜻으로, 과거(過去)의 잘못을 지금에 와서야 비로소 깨달음을 이르는 말.

作 지을 작; 人 [zuó,zuō,zuò] 짓다, 일어나다, 일으키다.
　부(部)-사람 인(人)=사람인변(亻): 작업 주체가 사람이란 의미.
자(字)-인(亻)사(乍)=작(作). 乍 잠깐 사, 갑자기 사, 지을 사.
사(思)-사람이(인(亻) 잠깐 짓는(사(乍)것이니 지을 작.
용(用)-始作시작 副作用부작용 製作제작 作業작업 作用작용 作家작가
　　作戰작전 振作진작 作動작동 操作조작 作別작별.

殘 残 잔인 잔,해칠 잔; 歹- [cán]해치다, 해롭다, 멸하다, 죽이다,
　부(部)- 歹 [歺] (죽을사변) : 죽임 관련 글자 의미
자(字)-歹(살 바른 뼈 알) + 戔(나머지 잔)=잔(殘)
사(思)-죽을 짓을 하면 나머지는 잔인한 것 뿐 잔인 잔
용(用)-殘忍잔인 殘骸잔해 殘滓잔재 殘酷잔혹 衰殘쇠잔 殘餘잔여 殘額잔액
　　骨肉相殘골육상잔=부자(父子)나 형제(兄弟) 또는 같은 민족(民族) 간(間)에 서로 싸움.　同族相殘동족상잔=동족(同族)끼리 서로 싸우고 죽임.

蠶 蚕 누에 잠; 虫 [cán] 누에, 누에치다, 양잠을 하다.
　부(部)-벌레 충(虫): 누에도 벌레에서 나온다는 의미.
자(字)-참(朁)충충(虫虫)=잠(蠶).　朁 일찍이 참, 곧 참.
사(思)-일찍이(朁) 뽕잎 먹은 애벌레가(虫虫) 누에 되니 누에 잠.
용(用)-蠶室잠실.　蠶食잠식. 稍蠶食之초잠식지. 蠶絲牛毛잠사우모.
　　稍蠶食之초잠식지=점차적으로 조금씩 침략(侵略)하여 들어감.

潛 潛 잠길 잠; 水- [qián]자맥질하다, 땅 속을 흐르다, 잠기다
부(部)- 氵[水,氺] (삼수변) : 물속이 잠기는 곳이라는 의미.
자(字)-氵(삼수변 수) + 朁(일찍이 참)=잠(潛)
사(思)-물속에 잠기면 일찍이 나와야 잠길 잠.
용(用)-潛潛잠잠 潛伏잠복 潛在잠재 潛水잠수 沈潛침잠 潛跡잠적
　　　潛龍勿用잠룡물용=「물에 잠겨 있는 용(龍)은 쓰지 않는다.」는 뜻으
로, 아무리 천하(天下)를 품을 만한 영웅(英雄)이라도 자신(自身)의 능력(能
力)을 배양(培養)하며 조용히 때를 기다리는 것을 비유(比喩).

暫 暫 잠시 잠; 日- [zàn]잠시, 잠깐, 갑자기, 별안간, (現)임시로,
부(部)- 日 (날 일) : 날짜는 잠시간에 지나간다 의미
자(字)-斬(벨 참) + 日(날 일)=잠(暫)
사(思)-베어진 날짜도 잠시간에 지나가니 잠시 잠
용(用)-暫時잠시 暫定잠정 暫間잠간 暫別잠별 暫逢잠봉 暫福잠복 暫見잠견
　　　暫不離側잠불이측=잠시(暫時)도 곁에서 떠나지 아니함

箴 바늘 잠, 경계 잠; 竹- [zhēn]바늘, 침, 경계, 경계하다,
부(部)-대나무 죽(竹): 바늘 통이 대나무로 된 의미.
자(字)- 竹(대죽 죽) 咸(다 함)=잠(箴).
사(思)-대나무 통에 모두 담아 놓은 바늘이지 바늘 잠.
용(用)-箴言잠언①가르쳐서 훈계(訓戒)가 되는 말
　　　②구약성서(舊約聖書)의 한 편, 솔로몬왕의 훈언(訓言)을 내용(內容)
으로 하여 모두 31장임/箴諫잠간 훈계(訓戒)하여 간하는 것.
切磨箴規절마잠규=열심히 닦고 배워서 사람으로서의 도리(道理)를 지켜야 함

雜 朵 섞일 잡; 隹- [zá]섞이다, 뒤섞이다, 흩어지다, 얼룩, 섞다,
부(部)- 隹 (새 추) : 새는 날아다님이 복잡하다 의미.
자(字)-亠(돼지해머리 두)+从(좇을 종)+木(나무 목)+隹(새 추)=잡(雜)
사(思)-돼지머리 쫓아 나무 사이 날아다녀 섞일 잡
용(用)-複雜복잡 雜誌잡지 混雜혼잡 挾雜협잡 錯雜착잡 煩雜번잡 雜菜잡채

障 가로막을 장; 阜- [zhàng]가로막다, 막다, 방어하다, 가리다
부(部)- 阝[阜,𨸏] (좌부변) : 언덕이 가로 막다 의미
자(字)-阝(좌부변 부) + 章(글 장)=장(障)
사(思)-언덕이 글을 가로막아 가리다. 가로막을 장
용(用)-障碍장애 故障고장 天障천장 保障보장 障礙人장애인 障壁장벽

藏 감출 장; 艸 [cáng,zàng] 감추다, 간직하다, 품다, 저장하다.
부(部)-풀 초(艸)=초(++): 풀로 덮어 감추는 모습 의미.
자(字)-초(++)장(爿)신(臣)과(戈)=장(藏).
사(思)-풀(++=艸) 밭에 나무판(爿)으로 신하(臣)들과 창(戈)을 감출 장.
용(用)-貯藏저장 死藏사장 內藏산내장산 包藏포장 所藏소장 藏書장서.
　　　　秋收冬藏추수동장=가을에 곡식(穀食)을 거두고 겨울이 오면 그것을
저장(貯藏)함.

奬 권면할 장; 犬- [jiǎng]권면하다, 돕다, 칭찬하다
부(部)- 犬 [犭] (개 견) : 개도 가축이다 권장 의미
자(字)-將(장차 장) 犬(개 견)=장(奬)
사(思)-장래애 개고기를 식용금지를 권하는 권면할 장.
용(用)-勸奬권장 崇奬숭장 殊奬수장 朝奬조장 襃奬포장 激奬격장

章 글 장; 立- [zhāng]글, 문장, 악곡의 절(節), 시문의 절(節)
부(部)- 立 (설 립) : 문장으로 듯을 세우다 의미
자(字)-立(설 립(입)) 早(이를 조)=장(章)
사(思)-사람 세울려면 이를적부터 글을 배워야 글 장.
용(用)-文章문장 勳章훈장 奎章閣 규장각 徽章휘장 印章인장 圖章도장
　　　 肩章견장 章句장구 憲章헌장

裝 꾸밀 장; 衣- [zhuāng]꾸미다, 화장, 수식, 차리다,
부(部)-衣 [衤] (옷 의) : 옷을 입을 때 꾸미거나 장식하는 의미
자(字)-壯(장할 장) + 衣(옷 의)=장(裝)
사(思)-굳세고 장하게 보이려고 옷을 꾸밀 장.
용(用)-裝飾장식 裝置장치 包裝포장 服裝복장 裝備장비 武裝무장
　　　 僞裝위장 扮裝분장 假裝가장 塗裝도장

粧 단장할 장; 米- [zhuāng]단장하다, (現) 체하다
부(部)-米 (쌀 미) : 쌀가루 같은 분으로 화장 의미.
자(字)-米(쌀 미) + 庄(엄할 장,농막 장)=장(粧)
사(思)-쌀가루 같은 분(粉)으로 엄하게 단장하니 단장할 장.
용(用)-丹粧단장 化粧室화장실 化粧화장 治粧치장 銀粧刀은장도 粧飾장식

墙 墙 담 장; 土 [qiáng] 담, 경계, 칸막이, 牆과 同字.
부(部)-흙 토(土): 흙으로 쌓은 담장의 의미.
자(字)-토(土)색(嗇)=장(墙) 嗇 아낄 색.
사(思)-흙(토(土)으로 아끼는 것(색(嗇)을 경계코자 담을 쌓으니 담 장. 용
(用)-面墙면장 宮墙궁장 墙壁장벽=담과 벽을 아울러 이르는 말

場 場 마당 장; 土- [chǎng,cháng]마당, 신을 모시는 곳, 시험장
부(部)-土 (흙 토) : 흙을 평평하게 마당 만든다 의미
자(字)-土(흙 토) + 易(볕 양)=장(場) ※유사자(類似字) 양(昜)≠역(易)
사(思)-흙을 잘 고르게 하여 만드 볕이 잘드는 마당 장
용(用)-市場시장 場所장소 登場등장 工場공장 退場퇴장 現場현장
　　　立場입장 場面장면 廣場광장 職場직장 劇場극장 駐車場주차장

張 張 베풀 장; 弓 [zhāng] 베풀다, 매다, 넓히다, 크게 하다.
부(部)-활 궁(弓): 활은 늘려야 사정거리가 생긴다는 의미.
자(字)- 弓(활 궁) + 長(길 장)=장(張).
사(思)-활궁(弓-部)을 늘리어(長-길게 하다,) 넓히고 크게 하니 베풀 장.
용(用)-主張주장. 緊張긴장. 誇張과장. 擴張확장. 伸張신장.
　　　虛張聲勢허장성세=「헛되이 목소리의 기세(氣勢)만 높인다.」는 뜻

掌 손바닥 장; 手- [zhǎng]손바닥, 발바닥, 솜씨, 수완
부(部)- 手 [扌] (손 수) : 손바닥으로 소리내고 솜씨 낸다 의미
자(字)-尙(높일 상)+ 手(손 수)=장(掌)
사(思)-인품, 솜씨 높임은 손으로 숙련해야 하니 손바닥 장
용(用)-掌握장악 掌匣(掌甲)장갑 管掌관장 主掌주장 分掌분장 拍掌박장
　　　合掌합장 孤掌難鳴고장난명=「외손뼉은 울릴 수 없다.」는 뜻

壯 壯 씩씩할 장; 士 [zhuàng] 씩씩하다, 장하다, 굳세다, 성하다.
부(部)-선비 사(士): 선비의 기상은 씩씩하다 의미.
자(字)-爿(나뭇조각 장) +士(선비 사)=장(壯)
사(思)-나무조각(장(爿) 평상에 앉은 선비(士)가 모습이 씩씩할 장.
용(用)-壯談장담. 壯雪장설. 雄壯웅장. 壯觀장관. 壯元장원. 宏壯굉장.
　　　老益壯노익장=나이는 들었으나 기력(氣力)은 더욱 좋아짐.

丈 어른 장; 一 [zhàng] 길이단위, 어른, 길(사람의 키) .
부(部)-한 일(一): 어른 한 사람이라는 단위 의미.
자(字)-일(一)오(乂)=장(丈). 오(乂):다섯 오(五)의 고자(古字).
사(思)-한(一)사람의 오륜(=五倫=五行)을 실천 역할을 하니 어른 장.
용(用)-大丈夫대장부 聘丈빙장 拙丈夫졸장부 老人丈노인장 小丈夫소장부.
　　波瀾萬丈파란만장=「파도(波濤)의 물결이 만장(萬丈)의 길이나 된다.」
는 뜻, 「일의 진행(進行)에 변화(變化)가 심(甚)함.」

臟 脏 오장 장; 肉- [zàng,zāng]오장, 내장
부(部)-月 [肉] (육달월) : 오장(五臟)이 육체안에 있다 의미
자(字)-月(육달월 월) + 藏(감출 장)=장(臟)
사(思)-육체속에 보호하고 감추는 5개 내장이 있어 오장 장
용(用)-心臟심장 腎臟신장 脾臟비장 五臟六腑오장육부 臟器장기
　　膵臟췌장 肝臟 간장 內臟내장 臟腑장부 胃臟위장

葬 장사지낼 장; 艸- [zàng]장사지내다
부(部)-卄 [艸,丷,艹,卄] (초두머리) : 묘지 봉분이 잔디 의미
자(字)-卄(초두머리 초) 死(죽을 사) +廾(받들 공)=장(葬)
사(思)-잔디 풀밭에 죽은 사람 받들어 모시니 장사지낼 장
용(用)-埋葬매장 葬禮장례 葬事장사 殉葬순장 火葬화장 葬地장지
　　安葬안장 移葬이장 葬禮式장례식

將 将 장차 장, 장수 장; 寸- [jiāng,jiàng]장차, 장수,
부(部)-마디 촌(寸): 마디는 질서 즉 법도가 있다는 뜻의 의미.
자(字)-장(爿)육(月)촌(寸)=장(將)
사(思)-나무판(爿)에 고기(肉)를 법도(寸-部)로 처리 장차 장수(將帥) 장.
용(用)-將來장래. 將校장교. 將軍장군. 將帥장수.
　　日就月將일취월장=「날마다 달마다 성장(成長)하고 발전(發展)한다.」
는 뜻, 학업(學業)이 날이, 달이 갈수록 진보(進步)함을 이름.

臧 착할 장; 臣 [zāng] 착하다, 두텁다, 거두다.
부(部)-신하 신(臣): 신하는 착해야 한다.
자(字)-장(爿)신(臣)과(戈)=장(臧).
사(思)-나뭇판(爿)으로 신하(臣-部)와 창(戈)을 숨기니 착할 장.
용(用)-臧否장부(착함과 못함), 臧獲장획(사내 종과 계집 종).

腸　腸 창자 장; 肉- [cháng,chǎng] 창자, 마음, 충심, 자세하다
부(部)- 月 [肉] (육달월) : 창자는 육체를 구성한다 의미
자(字)-月(육달월 월) 昜(별 양)=장(腸)
사(思)-육체는 별을 쬐어야 창자 기능에 좋아지니 창자 장
용(用)-胃腸위장 換腸환장 大腸대장 肺腸폐장 肝腸간장 腔腸강장
　　　心腸심장 灌腸관장 盲腸맹장 斷腸단장=「창자가 끊어진다.」는 뜻으
로, 창자가 끊어지는 듯하게 견딜 수 없는 심한 슬픔이나 괴로움.

莊　庄 엄할 장, 성할 장; 艸- [zhuāng]풀이 성한, 엄숙,
부(部)-艹 [艸,丷,艹,艹] (초두머리) : 풀이 무성 엄하다 의미.
자(字)-艹(초두머리 초) 壯(장할 장)=장(莊).
사(思)-풀나무가 무성한 장원이니 성할 장
용(用)-莊嚴장엄 莊園장원 別莊별장 莊重장중 莊陵장릉 農莊농장
　　　束帶矜莊속대긍장=의복(衣服)에 주의(注意)하여 단정(端正)히 함으로
써 긍지(矜持)를 갖음.

狀　狀 문서 장. 형상 상. ; 犬- [zhuàng]형상, 모양, 형용, 문서
부(部)-개 견(犬): 개는 모양 형상만 보고도 짓는다??
자(字)-장(爿)견(犬)=장(狀)　 ※爿 나뭇조각 장
사(思)-나무조각(장(爿)에 개(견(犬)모양을 그리니 형상 상
용(用)-狀態상태 賞狀상장 症狀증상 令狀영장 現狀현상 形狀형상
　　　昏睡狀態혼수상태 異狀이상 慘狀참상 情狀정상 送狀송장

帳　帳 휘장 장; 巾- [zhàng]휘장, 군막(軍幕), 천막, 유목민의 집
부(部)- 巾 (수건 건) : 넓은 수건 천막이다 의미
자(字)-巾(수건 건) + 長(길 장)=장(帳)
사(思)-엄청 넓은 수건으로 장막을 치니 천막 장
용(用)-帳幕장막 揮帳휘장 通帳통장 臺帳대장 日記帳일기장 紅帳홍장

再　두 재; 冂 [zài] 두, 둘, 재차, 거듭, 두 번 하다, 거듭하다.
부(部)-멀 경(冂): 성문을 의미하는 성 경,
자(字)-일(一)경(冂)토(土)=재(再).
사(思)-한(일(一) 성문(경(冂)을 흙(토(土)으로 거듭 쌓으니 다시 재.
용(用)-再檢討재검토. 再開재개. 再建재건. 再演재연. 再編재편.
　　　再次재차. 再發재발. 再現재현. 再湯재탕. 再議재의.

裁 마를 재; 衣- [cái]마르다, 마름질, 옷을 짓다, 피륙 토막

부(部)-衣 [衤] (옷 의) : 옷을 재단하다 의미

자(字)-土(흙 토) 衣(옷 의)+戈(창 과)=재(裁)

사(思)-흙색 옷으로 전쟁 군복 만드니 마를 재, 만들 재

용(用)-決裁결재 裁判재판 裁斷재단 制裁제재 仲裁중재 獨裁독재
　　　裁可재가 裁縫재봉 裁量재량
　　　自由裁量자유재량=자기(自己) 스스로가 옳다고 믿는 바에 따라서 일
을 결단(決斷)함.

載 載 실을 재; 車- [zài,zǎi]싣다, 탈것, 수레·썰매 따위

부(部)- 車 [车] (수레거) : 수레에 실어 나른다 의미

자(字)-土(흙 토) 車(수레 거) 戈(창 과)=재(載)

사(思)-흙 길 수레에 실려 전쟁 수행하니 실을 재

용(用)-揭載게재 登載등재 積載적재 記載기재 搭載탑재 連載연재
　　　千載一遇천재일우=「천 년에 한 번 만난다.」는 뜻으로, 좀처럼 얻기
어려운 좋은 기회(機會)를 이르는 말.

栽 심을 재; 木- [zāi]심다, 가꾸다, 묘목, 어린 싹

부(部)- 木 (나무 목) : 나무는 심어야 된다 의미

자(字)-土(흙 토) 木(나무 목)+戈(창 과)=재(栽)

사(思)-흙에 나무를 심어야 전쟁에 이긴다 심을 재.

용(用)-栽培재배 盆栽분재 植栽식재 栽植재식 前栽전재 輪栽윤재 培栽배재

哉 어조사 재; 口 [zāi] 어조사, 처음, 재난, 재앙.

부(部)-입 구(口): 말을 도와주는 어조사 의미.

자(字)-土(흙 토) 口(입 구) 戈(창 과)=재(哉).

사(思)-땅과 먹거리 싸움에는 전우애 도움이 필수 어조사 재

용(用)-哀哉애재. 可然哉가연재. 快哉쾌재. 平哉호재. ~런가. ~로다

縡 일 재; 糸- [zǎi,zài] 일(事) 載(재)와 동자(同字).

부(部)-糸 [糹,纟] (실 사) : 실로 천 만드는 일하다 의미

자(字)-糸(가는 실 멱) 宰(재상 재)=재(縡)

사(思)-실로 만드는 일은 재상이 되는 것과 같이 중요 일 재

용(用)-載(재)와 동자(同字).

在 있을 재; 土 [zài] 있다, 보다, 살피다, 제 멋대로 하다.
　　부(部)-흙 토(土): 땅위에 무언가 있다는 의미.
자(字)-일(一)인(亻)토(土)=재(在).
사(思)-한(일一) 사람(인亻 이상이 땅위에 있을 재.
용(用)-現在현재 潛在力잠재력 存在존재 潛在잠재 不在부재
　　　所在소재. 實在실재.

材 재목 재; 木 [cái] 재목, 건축 재료. 원료, 자질(資質),.
　　부(部)-나무 목(木): 나무를 가지고 재료를 만든다는 의미.
자(字)-木(나무 목) + 才(재주 재)=재(材).
사(思)-나무(목木)를 목수가 재주(재才)를 부려 재목 재.
용(用)-素材소재. 取材취재. 人材인재. 敎材교재. 資材자재. 木材목재.

財 財 재물 재; 貝 [cái] 재물, 녹(祿), 마르다, 처리하다.
　　부(部)-조개 패(貝): 재물을 의미.
자(字)-貝(조개 패) + 才(재주 재)=재(財).
사(思)-재물(貝-部)은 재주(才)를 부려야 생기니 재물 재.
용(用)-財閥재벌. 財産재산. 財政재정. 財源재원. 財界재계.
　　　德本財末덕본재말=사람이 살아가는 데 덕(德)이 뿌리가 되고 재물
(財物)은 사소(些少)한 부분(部分)임.

宰 재상 재; 宀 - [zǎi]벼슬아치, 재상, 주관, 다스리다, 요리사.
　　부(部)- 宀 (갓머리) : 집안에서 근무한다 의미
자(字)-宀(집 면) 辛(매울 신)=재(宰)
사(思)-집에서 맵게 지휘하는 재상 재
용(用)-宰相재상 主宰주재 眞宰진재 大宰相대재상 武宰무재 宗宰종재

災 灾 재앙 재; 火- [zāi]재앙, 화재,
　　부(部)- 火 [灬] (불 화) : 화재는 대표적 재앙 의미
자(字)-巛(내 천)+火(불 화)=재(災)
사(思)-물난리 불난리가 재앙이니 재앙 재
용(用)-災殃재앙 火災화재 水災수재 風災풍재 罹災民이재민
　　　防災방재 人災인재 旱災한재 天災천재 自然災害자연재해

才 재주 재; 手- [cái]재주, 재능이 있는 사람, 기본, 근본
　　부(部)-扌[手] (재방변=손 수) 재주는 주로 손으로 한다 의미
자(字)-才(재주 재)
사(思)-사람의 재주는 초목의 새싹 자라듯이 키워야 하는 재주 재
용(用)-秀才수재 才能재능 天才천재 才媛재원 英才영재 才致재치 才人재인
　　　人才인재 才幹재간 多才다재 多才多能다재다능

爭 다툴 쟁,정; 爪 [zhēng] 다투다, 소송하다, 다툼, 싸움, 하소연.
　　부(部)-손톱 조(爫): 다툼에는 손톱으로 할키며 싸운다는 의미.
자(字)-조(爫)윤(尹)=쟁(爭).　尹 다스릴 윤.
사(思)-손톱(조(爫)으로 다스리려고(윤(尹) 다투니 다툴 쟁.
용(用)-競爭경쟁 戰爭전쟁 鬪爭투쟁 紛爭분쟁 競爭力경쟁력 論爭논쟁.
　　　百家爭鳴백가쟁명=여러 사람이 서로 자기(自己) 주장(主張)을 내세우
는 일.

抵 막을 저, 거스를 저; 手- [dǐ]거스르다, 막다, 거절하다, 밀다,
　　부(部)-扌[手] (재방변) : 손으로 막는다 의미
자(字)-扌(재방변 수) 氏(근본 저)=저(抵)
사(思)-손으로 우선 막는 것이 근본이니 막을 저.
용(用)-抵抗저항 抵觸저촉 抵當저당 根抵當근저당 抵敵저적
　　　家書抵萬金가서저만금=타국(他國)이나 타향(他鄕)에 살 때는 고향(故
鄕) 가족(家族)의 편지(便紙)가 더없이 반갑고, 그 소식(消息)의 값이 황금
(黃金) 만 냥보다 더 소중(所重)하다는 말.

沮 막을 저; 水 [jǔ,jù] 막다, 저지하다, 가로막다.
　　부(部)-물 수(水): 물을 막다는 의미.
자(字)-수(氵)차(且)=저(沮).
사(思)-물(氵)난리를 또(且) 막을 저.
용(用)-沮止저지 沮害저해 沃沮옥저　沮喪저상.

低 낮을 저, 밑 저; 人- [dī]밑, 속, 안, 이르다
　　부(部)-亻[人] (사람인변) : 사람이 낮추는 주인공 의미
자(字)-亻(사람인변 인) + 氏(근본 저)=저(低)
사(思)-사람의 도리 근본은 겸손하게 낮추니 낮을 저.
용(用)-低廉저렴 低下저하 高低고저 低調저조 低俗저속 最低최저
　　　低價저가 低減저감 低出産저출산

底 밑 저; 广 - [dǐ,dé]밑, 바닥, 어찌, 어조사, 초고,
부(部)- 广 (엄호) : 집안에서 낮은 곳 의미

자(字)-广(집 엄) + 氐(근본 저)=저(底)

사(思)-집을 짓는 곳은 근본이 평평한 바닥 밑에서 지으니 밑 저.

용(用)-徹底철저 底邊저변 基底기저 到底도저 底力저력 海底해저 底意저의

著 분명할 저; 艹 - [zhù,zhuó]분명, 드러나다, 짓다, 저술, 기록
부(部)- ++ [艸,⺾,] (초두머리) : 풀이 분명이 보인다 의미

자(字)-++(초두머리 초) + 者(놈 자)=저(著)

사(思)-풀밭에 놈이 있으면 분명히 보이니 분명할 저.

용(用)-顯著현저 著者저자 著名저명 著述저술 著作權저작권 編著편저

貯 쌓을 저; 貝 - [zhù]쌓다, 저축, 갈무리, 가게, 상점
부(部)-貝 [贝] (조개패) : 쌓으려는게 돈이 대표적 의미

자(字)-貝(조개 패) + 宁(쌓을 저)=저(貯)

사(思)-돈이나 귀중품을 쌓으려고 하니 쌓을 저.

용(用)-貯蓄저축 貯藏저장 貯金저금 貯水池저수지 貯鑛저광 貯留저류
　　　勤儉貯蓄근검저축=부지런하고 알뜰하여 재물(財物)을 모음.

適 맞을 적.갈 적; 辵 - [shì]가다, 도달, 시집, 조우, 당연
부(部)-辶 [辵,辶,辶] (책받침) : 가야만 목적에 적합 의미.

자(字)-辶(쉬엄쉬엄 갈 착) + 啇(밑동 적)=적(適)

사(思)-걸어야만(실천) 밑동처럼 성공 근본이니 맞을 적

용(用)-適應적응 適用적용 適當적당 適切적절 快適쾌적 適合적합 適中적중
　　　適材適所적재적소=적당(適當)한 자에게 적합(適合)한 임무(任務).

寂 고요할 적; 宀 [jì] 고요하다, 평온함.
부(部)-집 면(宀): 고요함과 평온한 대상이 집이라는 뜻의 의미.

자(字)-宀(집 면) 叔(아저씨 숙)=적(寂).

사(思)-집(宀)에 아저씨(叔)가 혼자만 있어 적막(寂寞)하여 고요할 적.

용(用)-孤寂고적. 潛寂잠적. 靜寂정적. 蕭寂소적. 閑寂한적.

的 과녁 적; 白 [dè,dí,dì] 과녁, 표준, 요점.
부(部)-흰 백(白): 과녁판은 하얀색 의미.

자(字)-백(白)포(勹)주(丶)=적(的).

사(思)-백색(白) 포장(勹)된 과녁에 점(丶)찍어 맞추니 과녁 적.

용(用)-目的목적 肯定的긍정적 的中적중 具體的구체적 抽象的추상적

標的표적 積極的적극적 恣意的자의적

賊 賊 도둑 적; 貝 [zéi] 도둑, 해치다, 죽이다, 해치다.
　　부(部) - 貝 [贝] (조개패) 도적질 대상이 재물 때문이라는 의미.
자(字) - 貝(조개 패) 戎(병장기 융) = 적(賊).
사(思) - 재물(貝)을 훔치려고 무기(戎)로 해치고 도둑질하니 도둑 적.
용(用) - 盜賊도적. 黃巾賊황건적. 海賊해적. 乙巳五賊을사오적.

摘 딸 적; 手 - [zhāi] 따다, 과일를 따다, 요점, 악기 연주
　　부(部) - 扌 [手] (재방변) : 손으로 딴다는 의미.
자(字) - 扌(재방변 수) 啇(밑동 적) = 적(摘)
사(思) - 손으로 밑동에서부터 과일 등을 살펴서 따니 딸 적
용(用) - 指摘지적 摘發적발 摘出적출 摘要적요 摘果적과 摘示적시
　　　　摘桑적상 = 뽕따기 摘葉적엽 = 잎따기.

滴 물방울 적; 水 [dī] 물방울, 방울, 극히 적은 분량의 비유.
　　부(部) - 물 수(水) = 삼수변(氵): 물방울이니 물과 관련된 의미.
자(字) - 氵(삼수변 수) 啇(밑동 적) = 적(滴)
사(思) - 물(氵=水, 氷-部)이 밑동(啇)으로 뚝뚝 떨어지니 물방울 적.
용(用) - 硯滴연적. 滴水적수. 汗滴한적. 瀝滴역적. 滴露적로.

赤 붉을 적; 赤 - [chì]붉다, 붉은 빛, 발가숭이, 적나라(赤裸裸),
　　부(部) - 赤 (붉을 적) 제부수 한자.
자(字) - 土(흙 토) 刂(칼 도) 八(여덟 팔) = 적(赤)
사(思) - 땅에서 칼로 나누어 싸우니 팔(八) 빨간피 나와 붉을 적.
용(用) - 赤字적자 赤子적자 赤壁적벽 赤色적색 赤潮적조 赤道적도
　　　　近朱者赤근주자적 =「붉은빛에 가까이 하면 반드시 붉게 된다.」

籍 서적 적; 竹 - [jí]서적, 책, 문서, 장부
　　부(部) - 艹 [竹] (대 죽) : 죽간(竹簡)이 책이었다 의미
자(字) - 艹(대죽 죽) 耤(밭갈 적) = 적(籍)
사(思) - 죽간에다 밭 갈 듯이 글을 적으니 서적 적
용(用) - 符籍부적 書籍서적 戶籍호적 國籍국적 典籍전적 地籍지적 在籍재적
　　　　借人典籍, 勿毁必完 차인전적, 물훼필완 = 남의 책을 빌려 오면 훼손
(毁損)시키지 말고 반드시 온전(穩全)하게 함.

績 绩 길쌈할 적; 糸- [jī]실을 낳다, 길쌈을 하다, 잇다,
부(部)-糸 [糸,纟] (실사변) : 실이 재료인 작업 의미
자(字)-糸(가는 실 멱) 責(꾸짖을 책)=적(績)
사(思)-실의 책임(責任)은 길쌈이니 길쌈 적. ※길쌈=옷감 짜기
용(用)-成績성적 業績업적 功績공적 實績실적 紡績방적 治績치적

積 积 쌓을 적; 禾 [jī] 모으다, 저축하다, 포개다, 쌓이다,
부(部)-벼 화(禾):벼(禾)를 거두면 쌓게 된다는 의미
자(字)-화(禾)책(責)=적(積).
사(思)-벼(禾-部)를 수확 후 책임(責)에는 쌓고, 모으니 쌓을 적.
용(用)-積極적극. 累積누적. 蓄積축적. 面積면적.
　　　積小成大적소성대=적은 것도 쌓이면 크게 되거나 많아짐.

敵 敌 원수 적; 攴 [dí] 원수, 상대방, 대등하다, 맞서다.
부(部)-칠 복(攴)=(攵): 원수와는 치면서 싸운다는 의미.
자(字)-啇(밑동 적) 攵(칠 복) = 적(敵).
사(思)-밑동(啇)까지 싸우고 친다(攵=攴-部)는 게 원수고 적이다.
용(用)-敵對적대. 無敵무적. 敵軍적군. 敵國적국. 利敵이적.

跡 자취 적; 足- [jī]자취, 흔적, 뒤를 캐다, 밟다, 뛰다
부(部)- 𧾷 [足] (발족변) : 발로 다닌 흔적이다 의미
자(字)-𧾷 (발족 족) 亦(또 역)=적(跡)
사(思)-발로 다닌 것은 또한 역시 흔적 남기니 자취 적
용(用)-追跡추적 潛跡잠적 蹤跡종적 痕跡(痕迹)흔적 遺跡(遺蹟)유적

蹟 자취 적; 足- [jī]자취, 좇다, 따르다
부(部)-𧾷 [足] (발족변) : 발자취와 관련 의미
자(字)-𧾷 (발족 족) 責(꾸짖을 책)=적(蹟)
사(思)-발의 책임은 발자취를 남기니 조심 자취 적
용(用)-事蹟(事迹,事跡)사적 古蹟(古跡,古迹)고적

笛 피리 적; 竹- [dí]피리
부(部)- 竹 [竹] (대 죽) : 피리 재료 대나무 의미
자(字)-竹(대죽 죽) 由(말미암을 유)=적(笛)
사(思)-대나무에 구멍으로 말미암아 피리가 되니 피리 적.
용(用)-汽笛기적 警笛경적 鐵笛철적 號笛호적 唐笛당적 胡笛호적 玉笛옥적

轉 转 구를 전; 車- [zhuǎn,zhuàn]구르다, 회전, 옮기다, 변화
부(部)- 車 [车] (수레거) : 수레바퀴 구른다 의미
자(字)-車(수레 차) + 專(오로지 전)=전(轉)
사(思)-수레는 오로지 둥근 바퀴로 굴러야 가니 구를 전
용(用)-轉轉전전 轉換전환 轉嫁전가 運轉운전 逆轉역전 轉移전이
　　　自轉車 자전거 反轉반전 好轉호전

顚 엎드릴 전; 頁 [diān] 꼭대기, 정수리, 산정(山頂), 이마, 목,
부(部)-머리 혈(頁): 꼭대기와 머리는 통하는 의미.
자(字)-진(眞)혈(頁)=전(顚)
사(思)-진짜로(眞) 머리(頁-部)가 꼭대기니 꼭대기 전.
용(用)-顚倒전도. 顚末전말. 顚覆전복. 倒顚도전.

錢 钱 돈 전; 金 [qián] 돈, 주효(酒肴) 錢(전)의 본자(本字).
부(部)-쇠 금(金): 금속으로 만든 돈의 시대를 의미.
자(字)-金(쇠 금) 戔(나머지 잔)=전(錢).
사(思)-금(金)은 나머지 없이 돈이 되니 돈 전.
용(用)-銅錢동전 金錢금전 代錢대전 稅錢세전 換錢환전 分錢분전.

田 밭 전; 田- [tián]밭, 심다
부(部)- 田 (밭 전) : 밭 모양이 정리된 모습 의미
자(字)-囗(나라 국) 十(열 십)=전(田)
사(思)-나라에서는 십자 모양으로 나누어 경지정리 밭 전
용(用)-私田사전 大田대전 科田法과전법 油田유전

電 电번개 전; 雨 [diàn] 빠름의 비유,
부(部)-비 우(雨): 번개는 비날씨와 연관 있다는 의미.
자(字)-우(雨)전(电)=전(電).
사(思)-비(雨-部))가 오면서 전기(电)가 반짝하는 게 번개다.
용(用)-電話전화. 電氣전기. 電擊전격. 電子전자. 電力전력.

典 법 전; 八- [diǎn]법, 규정, 책, 서적, 가르침
부(部)- 八 (여덟 팔) : 법전은 분야별로 나눈다 의미
자(字)-曲(굽을 곡) 八(여덟 팔)=전(典)
사(思)-굽이 굽이 많은 규정과 조문을 나누어 분류한 책을 법 전
용(用)-辭典사전 古典고전 經典경전 典型전형 字典자전 祭典제전 典籍전적

鐫 새길 전; 金 [juān] 새기다, 쪼다,鎸(전)과 동자(同字).
　부(部)-쇠 금(金): 새기는 연장이 금속이라는 의미.
자(字)- 金(쇠 금) 雋(영특할 준)=전(鐫).
사(思)-금속(金-部)연장으로 영특하게(雋) 새(隹)같이 쪼으니 새길 전.
용(用)-彫鐫조전☞ 조각(彫刻)

戰 战 싸울 전; 戈 [zhàn] 싸우다, 싸움, 전쟁, 떨다.
　부(部)-창 과(戈): 전쟁에 창을 사용된다는 의미.
자(字)-單(홑 단) 戈(창 과)=전(戰).
사(思)-오직 한번(單)승부인 전쟁에 무기(戈-部)를 가지고 싸울 전.
용(用)-戰爭전쟁 戰略전략 挑戰도전 戰略的전략적 作戰작전 冷戰냉전.

前 앞 전; 刀 [qián] 앞, 앞서다, 나아가다, 전진하다.
　부(部)- 刂 [刀,⺈] (선칼도방) 칼 가지고 앞으로 간다 의미.
자(字)-초(艹)육(月)도(刂)=전(前).
사(思)-풀(艹)밭에 고기(月) 잡으러 칼(도刂)가지고 앞으로 전.
용(用)-如前여전 前提전제 以前이전 午前오전 事前사전 從前종전 前哨전초.
　　　前代未聞전대미문=「지난 시대(時代)에는 들어 본 적이 없다.」는 뜻
으로, 매우 놀랍거나 새로운 일을 이르는 말.

專 专 오로지 전; 寸 [zhuān] 오로지, 마음대로, 홀로.
　부(部)-마디 촌(寸): 오로지 함에는 법도가 있다는 의미.
자(字)-차(車)주(丶)촌(寸)=전(專).
사(思)-차(車)운전에는 점(丶)찍어 집중 법도(寸-部)준수 오로지 전.
용(用)-專門전문 專用전용 專攻전공 專務전무 專擔전담 專念전념 專賣전매.

全 온전할 전; 入 [quán] 온전하다, 완전히.
　부(部)-들 입(入): 들어와서 완전하게 만든다는 의미.
자(字)-입(入)왕(王)=전(全).
사(思)-들어와(入) 잡은 것이 왕(王)이면 완전(完全) 달성, 온전할 전.
용(用)-全體전체 全般전반 穩全온전 安全안전 全國전국 完全완전 健全건전.

傳 传 전할 전; 人- [chuán,zhuàn] 전하다, 말하다, 보내다
　부(部)-亻 [人] (사람인변) : 사람의 행위 관련 의미.
자(字)-亻(사람인변 인) 專(오로지 전)=전(傳)
사(思)-사람이라면 오로지 지식을 전해야 하니 전할 전
용(用)-傳達전달 傳統전통 宣傳선전 傳播전파 遺傳유전 訛傳와전

傳說전설 傳染전염 傳承전승 傳記전기

名不虛傳명불허전=「이름은 헛되이 전(傳)해지는 법이 아니라.」는 뜻으로, 명성(名聲)이나 명예(名譽)가 널리 알려진 데는 다 그럴 만한 이유(理由)가 있음을 이르는 말.

殿 큰 집 전; 殳- [diàn]큰 집, 궁궐, 절, 불사(佛寺)
부(部)-殳 (갖은등글월문) : 몽둥이 도구 사용 큰집 짓는다 의미
자(字)-(尸(몸 시) 共(함께 공) 殳(몽둥이 수)=전(殿)
사(思)-사람들이 함께 몽둥이 등으로 큰집 지으니 큰집 전.
용(用)-聖殿성전 大雄殿대웅전 殿下전하 宮殿궁전 殿閣전각

展 펼 전; 尸- [zhǎn]펴다, 늘이다, 발달하다
부(部)- 尸 (주검시엄) : 사람의 행동 관련 의미
자(字)-尸(주검 시) 卄(스물 입) 衣(옷의변 의)=전(展)
사(思)-사람 20명 이상이 멋진 옷 입고 전시회 준비 펼 전
용(用)-惠展혜전 發展발전 展開전개 展望전망 展示전시 親展친전 展覽전람

箭 화살 전; 竹 [jiàn] 화살, 이대, 화살대.
부(部)-대나무 죽(竹): 화살대는 대나무로 한다는 의미.
자(字)-죽(竹)전(前)=전(箭).
사(思)-대나무(竹-部)로 만들어 앞으로(前) 나가게 만드니 화살 전.
용(用)-弓箭궁전. 勁箭경전. 神機箭신기전. 長箭장전. 火箭화전.

折 꺾을 절; 手- [zhé,shé,zhē]꺾다, 자르다, 쪼개다, 꺾이다,
부(部)-扌 [手] (재방변) : 손의 행동에 관련 의미
자(字)-扌(재방변 수) 斤(도끼 근)=절(折)
사(思)-손에 도끼 들고 깎고, 쪼개고 하니 꺾을 절.
용(用)-挫折좌절 折衷절충 夭折요절 屈折굴절 折衝절충 曲折곡절

百折不屈백절불굴=「백 번 꺾여도 굴하지 않는다.」는 뜻, 어떤 어려움에도 굽히지 않음.

必有曲折필유곡절=반드시 무슨 까닭이 있음.

切 끊을 절, 온통 체; 刀 [qiē,qiè] 끊다, 갈다, 문지르다,
부(部)-칼 도(刀): 끊는다는 것을 칼로 한다는 의미.
자(字)-칠(七)도(刀)=절(切).
사(思)-칠(七)전팔기로 칼(刀-部)질하면 끊을 절.온통 체.
용(用)-適切적절. 切實절실. 懇切간절. 切迫절박. 一切일체. 一切일절.

絶 絶 끊을 절; 糸 [jué] 끊다, 막다, 그만두다,
부(部)-糸 [糸,纟] (실사변): 실이 끊어짐을 의미.
자(字)-糸(가는 실 멱) 色(빛 색)=절(絶).
사(思)-실같이(糸-部)오래 살려면 색(色)탐을 끊어야 하니 끊을 절.
용(用)-絶對절대. 根絶근절. 絶望절망. 絶叫절규. 拒絶거절. 悽絶처절.

節 节 마디 절; 竹 [jié,jiē] 마디, 대, 절개, 규칙.
부(部)-대나무 죽(竹): 대나무 마디는 규칙을 상징하는 의미.
자(字)-죽(竹)즉(卽)=절(節). 卽 곧 즉.
사(思)-대나무의(竹-部) 상징은 곧(卽) 마디마다 절제하는 마디 절.
용(用)-節制절제 節次절차 節氣절기 節約절약 調節조절 時節시절
　　　　歲寒孤節세한고절=추운 계절(季節)에도 혼자 푸르른 소나무.

竊 窃 훔칠 절; 穴- [qiè]훔치다, 도둑, 몰래
부(部)-부수 穴 (구멍혈) : 구멍속 몰래 훔치다 의미
자(字)-穴(구멍 혈) 釆(분별할 변) 离(짐승산신 리)=절(竊)
사(思)-구멍에 분별한 물건을 짐승신이 몰래 훔칠 절.
용(用)-竊盜절도 剽竊표절 竊取절취 竊念절념 竊盜犯절도범 竊飮절음

店 가게 점; 广- [diàn]가게, 여관
부(部)- 广 (엄호) : 집에 관련된 의미
자(字)-广(집 엄) 占(차지할 점)=점(店)
사(思)-집안에 상품, 서비스 등이 차지한 가게 점.
용(用)-便宜店편의점 飯店반점 店鋪점포 書店서점 商店상점
　　　　百貨店백화점 開店개점 賣店매점 支店지점 店員점원 酒店주점

點 点 점 점; 黑 [diǎn] 점, 세다, 점검하다.
부(部)-黑 (검을흑): 점 찍은 색깔이 검은 점 의미.
자(字)-黑(검을 흑) 占(점령할 점)=점(點).
사(思)-검은색(黑)으로 위치를 차지하는(占) 곳에 點(점)을 찍어 점 점.
용(用)-焦點초점 時點시점 點檢점검 虛點허점 問題點문제점 點數점수
　. 爭點쟁점 接點접점 長點장점 觀點관점 點心점심

漸 漸 점점 점; 水 [jiàn,jiān] 점점, 차차, 차츰, 천천히.
부(部)- 氵 [水,氺] (삼수변) : 물이 점점 불어난다는 의미.
자(字)-氵(삼수변 수) 斬(벨 참)=점(漸).
사(思)-해안가는 바닷물(수 氵)로 깎여가니(참 斬) 점점 점.
용(用)-漸漸점점. 漸次점차. 漸進的점진적. 漸增점증. 漸進점진

占 차지할 점. 점칠 점; 卜- [zhān,zhàn]차지, 지키다, 점치다
부(部)- 卜 [卜] (점 복) : 점치다 관련 의미.
자(字)-卜(점 복) 口(입 구)=점(占)
사(思)-점 친 결과을 입으로 말하니 점칠 점, 차지할 점.
용(用)-獨占독점 占領점령 占據점거 寡占과점 占有점유 占卜점복
買占매점 占卦점괘

蝶 나비 접; 虫- [dié]나비
부(部)- 虫 (벌레훼) 나비도 벌레 종류 의미
자(字)-虫(벌레 훼) 某(나뭇잎 엽)=접(蝶)
사(思)-벌레 중에 꽃과 잎에 앉아 있는 나비 접
용(用)-蝶泳접영 胡蝶호접 百蝶圖백접도 魚蝶어접 蜂蝶봉접 花蝶화접
胡蝶之夢호접지몽=「장자(莊子)가 나비가 되어 날아다닌 꿈」

接 사귈 접; 手 [jiē] 사귀다, 교제, 교차. 흘레하다.
부(部)- 扌 [手] (재방변): 손으로 접촉하며 사귀다 의미.
자(字)-扌(재방변 수) 妾(첩 첩)=접(接).
사(思)-손(扌-部)으로 첩(妾)을 사귀려고 접촉(接觸)하니 사귈 접.
용(用)-直接직접. 接近접근. 接觸접촉. 待接대접. 間接간접. 接續접속.

整 가지런할 정; 攴 [zhěng] 정돈하다, 돈의 액수 아래
부(部)-攵 [攴] (등글월문) : 쳐서 바르게 한다는 의미.
자(字)-속(束)복(攵)정(正)=정(整).
사(思)-(예 지폐, 책 등) 묶어서(束) 쳐서(攵) 바르게(正)하니 정돈할 정,
용(用)-調整조정 整理정리 構造調整구조조정 整備정비 修整수정 整地정지

艇 거룻배 정; 舟 [tǐng] 거룻배, 작은 배.
부(部)- 舟 (배 주): 배 관련 글자 의미.
자(字)-舟(배 주) 廷(조정 정)=정(艇).
사(思)-배가(舟) 조정(廷)출입은 작아야 되니 거룻배 정.
용(用)-警備艇경비정. 艦艇함정. 艇身정신. 短艇索단정삭.

靜 静 고요할 정; 靑 [jìng] 고요, 맑다, 정밀.
　부(部)-靑 [青] (푸를청): 푸른 하늘은 고요하다와 관련 의미.
자(字)-靑(푸를 청) 爭(다툴 쟁)=정(靜).
사(思)-맑은(靑-部)하늘같이 공정과 선의의 경쟁(爭)을 해야 고요할 정.
용(用)-鎭靜진정. 安靜안정. 冷靜냉정. 靜肅정숙. 靜謐정밀.

貞 貞 곧을 정; 貝 [zhēn] 곧다, 정조, 여자의 절개.
　부(部)- 貝 [贝] (조개패): 정직한 재물이 진정한 것이라는 의미.
자(字)-卜(점 복) 貝(조개 패)=정(貞).
사(思)-점(卜)괘에 정직해야 재물(貝-部)을 얻는다 하니 곧을 정.
용(用)-貞淑정숙. 貞觀政要정관정요. 貞節정절. 不貞부정.

淨 깨끗할 정; 水- [jìng]깨끗하다, 정하다, 맑다,
　부(部)-氵 [水,氺] (삼수변) : 물은 깨끗해야 의미
자(字)-氵(삼수변 수) 爭(다툴 쟁)=정(淨)
사(思)-물을 정화 할려고 다툴 정도이니 깨끗할 정
용(用)-淸淨청정 淨潔정결 淨化정화 淨土정토 自淨자정 淨水정수
　　　上濁下不淨상탁하부정=「웃물이 맑아야 아랫물이 맑다.」는 뜻, 윗사람
이 바르지 못하면 아랫사람도 행실(行實)이 바르지 못하게 된다

丁 고무래 정, 장정 정; 一- [dīng,zhēng]넷째 천간(天干), 성하다
　부(部)- 一 (한 일) : 한 개 고무래가 시작한다 의미
자(字)-一(한 일) 亅(갈고리 궐)=丁(고무래 정)
사(思)-막대기 한 개에 갈고리 붙여서 고무래 정
용(用)-壯丁장정 白丁백정 丁卯胡亂정묘호란 丁酉再亂정유재란

程 단위 정; 禾- [chéng]길이의 단위, 계량, 법, 법도
　부(部)- 禾 (벼 화) : 벼수확 하면 헤아린다 의미
자(字)-禾(벼 화) 呈(드릴 정)=정(程)
사(思)-벼를 드릴려면 헤야려야 하니 단위 정.
용(用)-過程과정 程度정도 旅程여정 方程式방정식 日程일정 課程과정 工程공정

呈 드릴 정; 口 [chéng] 드리다, 드러내 보이다.
　부(部)-입 구(口): 드린다는 말을 한다는 의미.
자(字)-口(입 구) 壬(아첨할 임)=정(呈).
사(思)-말(口)로 아첨(壬)겸해 드릴 정.
용(用)-露呈노정. 拜呈배정. 謹呈근정. 獻呈헌정. 肅呈숙정.

庭 뜰 정; 广 - [tíng]뜰, 마당, 집 안, 조정(朝廷)

부(部) - 广 (엄호) : 집에 속해있는 마당 의미.

자(字) - 广(집 엄) 廷(조정 정)=정(庭)

사(思) - 집에서 조정 업무는 마당이 있어야 뜰 정.

용(用) - 家庭가정 庭園(庭院)정원 庭球정구 親庭친정 校庭교정

情 뜻 정; 心 [qíng] 뜻, 정, 본성(本性).

부(部) - 忄 [心,㣺] (심방변): 정이란 마음상태를 의미.

자(字) - 忄(심방변 심) 靑(푸를 청)=정(情). 심청이는 정이 많다.

사(思) - 마음속의(心-部)이 푸른(청(靑)하늘 같이 따뜻이 주는 뜻 정.

용(用) - 情報정보 情緖정서 感情감정 事情사정 眞情진정 情況정황
友情우정 情勢정세.

停 머무를 정; 人 - [tíng]머무르다, 정해지다, 밀리다

부(部) - 亻 [人] (사람인변) : 사람이 머무르다 의미

자(字) - 亻(사람인변 인) 亭(정자 정)=정(停)

사(思) - 사람이 정자에 머무르니 머무를 정.

용(用) - 停止정지 停滯정체 調停조정 停留場정류장 停留정류 停車정차

訂 바로 잡을 정; 言 - [dìng]바로 잡다,

부(部) - 言 [訁,讠] (말씀 언) : 말로 바로잡다 의미

자(字) - 言(말씀 언) 丁(고무래 정)=정(訂)

사(思) - 말한 것을 고무래로 바로 잡으니 바로 정정 정

용(用) - 校訂교정 改訂개정 訂正정정 修訂수정 更訂갱정 增訂증정

正 바를 정; 止 [zhèng,zhēng] 바르다, 바로잡다,

부(部) - 그칠 지(止): 바름에 멈추어야 된다는 의미.

자(字) - 일(一)지(止)=정(正).

사(思) - 일정한(일(一)바른 곳에 발이 멈추는(지(止) 바를 정.

용(用) - 正確정확 嚴正엄정 正直정직 不正부정 正鵠정곡 公正공정 是正시정.

晶 밝을 정; 日 - 총12획; [jīng] 밝다, 환하다, 빛, 맑다, 투명하다

부(部) - 日(날일) :맑은 햇 빛처럼 밝은 표시 의미

자(字) - 日(날 일) + 晶(밝을 횐)=晶

사(思) - 태양과 함께 밝은 빛을 보이니 밝고, 맑을 정

용(用) - 結晶결정 水晶수정 黑水晶흑수정 晶出정출 結晶體결정체
水晶宮수정궁 晶翊정익(맑고 밝은 마음 도움)저자 신백훈의 별 호

精 찧을 정; 米 [jīng] 쓿은 쌀, 정미, 쓿다2), 찧다,
부(部)- 米 (쌀 미): 쌀을 깨끗이 도정한다는 의미.

자(字)-米(쌀 미) 靑(푸를 청)=정(精).

사(思)-쌀(米)을 푸른빛 맑게(靑)하려면 면밀하게 정미해야 쓿은쌀 정.

용(用)-精神정신 精神的정신적 精密정밀 精誠정성 精讀정독.

井 우물 정; 二- [jǐng]우물, 정전(井田)제도)
부(部)- 二 (두 이) : 두 개 이상의 도구가 있어야 의미

자(字)-이(二)+곤(|)곤(|)=정(井)

사(思)-줄과 두레박, 또는 두레박과 사람 2개 뚫어야 우물 정

용(用)-市井시정 井華水정화수 溫井온정 井間정간 深井심정

政 정사 정; 攴 [zhèng] 정사(政事), 나라를 다스리는 일, 바루다,
부(部)-攵 [攴] (등글월문): 회초리로 친다는 의미.

자(字)-正(바를 정) 攵(칠 복)=정(政).

사(思)-바르게(正) 치면서(攵=攴-部)다스리니 정사 정.

용(用)-政府정부. 政策정책. 政權정권. 政治정치. 國政국정.

頂 頂 정수리 정; 頁- [dǐng]정수리, 머리, 꼭대기
부(部)- 頁 [页] (머리 혈) : 머리 관련 의미

자(字)-丁(고무래 정) 頁(머리 혈) =정(頂)

사(思)-고무래 꼭대기처럼 머리는 몸에 꼭대기 정수리 정

용(用)-頂上정상 頂點정점 絶頂절정 登頂등정 鶴頂학정 頂祝정축

亭 정자 정; 亠- [tíng]정자, 역참, 여인숙, 머무르다
부(部)- 亠 (돼지해머리) : 머리 지붕을 잘 만든 정자 의미

자(字)-亠(돼지해머리 두) 口(입 구) 冖(덮을 멱) 丁(고무래 정)=정(亭)

사(思)-머리급이 먹고 쉬는데 덮은 장정들 노고 생각 정자 정.

용(用)-亭子정자 松亭송정 射亭사정 竹亭죽정

偵 偵 정탐할 정; 人 [zhēn] 정탐, 염탐, 묻다,
부(部)-사람 인(人): 사람의 행동에 관련한 의미.

자(字)-인(亻)정(貞)=정(偵).

사(思)-사람(亻)이 곧게(貞)하는지를 정탐할 정.

용(用)-偵邏정라. 偵察정찰. 偵探정탐.

---

2) 거친 쌀, 조, 수수 따위의 곡식을 찧어 속꺼풀을 벗기고 깨끗하게 하다.

定 정할 정; 宀 [dìng] 정하다, 반드시. 㝎(정)의 본자(本字).
부(部)-宀(갓머리)집 면: 집안에는 세간 위치가 정해졌다는 의미
자(字)-면(宀)정(正)=정(定).
사(思)-집(宀집 면)안을 바르게(正) 정돈하여야 하니 자리를 정할 정. 용
(用)-決定결정 認定인정 豫定예정 規定규정 肯定的긍정적 確定확정一定일정
　　　指定지정 安定안정 定着정착.昏定晨省혼정신성=「저녁에는 잠자리를 보아
드리고, 아침에는 문안(問安)을 드린다.」는 뜻

廷 조정 정; 廴 [tíng] 조정, 관청, 공정, 공변.
부(部)-길게걸을 인(廴)=민책받침: 조정에선 걷는다는 의미.
자(字)-임(壬)인(廴)=정(廷).
사(思)-책임(壬)을 맡고 길게 걸으며(廴-部) 일하는 곳이 조정(朝廷) 정.
용(用)-宮廷궁정 法廷법정 朝廷조정 官廷관정 闕廷궐정 軍法廷군법정.

征 칠 정; 彳 - [zhēng]치다, 가다, 취하다
부(部)- 彳(두인변) : 정복(征服)하러 길을 가다 의미.
자(字)-彳(조금 걸을 척) 正(바를 정)=정(征)
사(思)-걸어가서 바르게 하라고 정복하니 칠 정
용(用)-征服정복 征伐정벌 遠征원정 征東정동 東征동정

齊 齐 가지런할 제,재계 재,; 齊 - [qí,jì,zhāi]가지런하다,
부(部)-齊 [齐,斉] (가지런할 제) : 가지런한 의미.
자(字)-齊(가지런할 제) 제 부수 한자.
사(思)-곡물(穀物)의 이삭이 가지런히 돋은 모양을 본뜸.
용(用)-齊唱제창 齊家제가 整齊정제 修身齊家수신제가

濟 济 건널 제, 구제할 제; 水 [jì,jǐ] 건너다, 구제하다.
부(部)-물 수(水)=삼수변(수(氵): 물을 건너다는 의미.
자(字)-수(氵)제(齊)=제(濟).
사(思)-바다(氵-部)를 가지런하게(齊) 건너 구제 건널 제, 구제할 제.
용(用)-經濟的경제적. 救濟구제. 決濟결제. 濟洲道제주도

提 끌 제; 手 - [tí,dī]끌다, 일으키다, 올리다
부(部)-扌 [手] (재방변) : 손이 주도적인 의미
자(字)-扌(재방변 수) 是(이 시)=제(提)
사(思)-손으로 옳은 것을 끌고, 당기고, 올리고 끌 제
용(用)-提供제공 提高제고 前提전제 提案제안 提携제휴 菩提樹보리수

堤 둑 제{대략 시}; 土 [dī] 둑, 제방, 대강.
　부(部)-흙 토(土): 둑은 흙으로 쌓는다는 의미.
자(字)-토(土)시(是)=제(堤).
사(思)-흙토(土-部)로 올바르게(시(是) 둑을 쌓다.
용(用)-防潮堤방조제 防波堤방파제 堤防제방 堰堤언제.
　　　堤潰蟻穴제궤의혈=「방축(防築)도 개미 구멍으로 인(因)하여 무너진
다.」는 뜻, 작은 일일지라도 신중(愼重)히 해야 함을 이르는 말.

制 절제 제, 지을 제; 刀 [zhì] 마르다, 자르다, 억제하다.
　부(部)-刂 [刀,⺈] (선칼도방) 칼로 가죽 천을 자르다.
자(字)-牛(소 우) 巾(수건 건) 刂(선칼도방 도)=제(制).
사(思)-소(牛)와 천(巾)을 칼로(刀-部) 마르고 제단. 자르니 마를 제.
용(用)-制度제도. 規制규제. 制限제한. 體制체제. 制裁제재. 強制강제.
　　　柔能制剛유능제강=「유(柔)한 것이 강(強)한 것을 이긴다.」는 뜻

諸 諸 모든 제; 言 [zhū] 모든, 여러, 어조사,
　부(部)-말씀 언(言): 여러분하고 말을 시작하는 의미.
자(字)-언(言)자(者)=제(諸).
사(思)-말하는(言) 사람(者)는 모두 사람이니 모든 제.
용(用)-諸侯제후 諸君제군:여러분 諸子百家제자백가. 諸儒제유:여러 선비.

際 際 사이 제; 阜- [jì]사이, 중간, 교제(交際), 때, 기회,
　부(部)- 阝 [阜,𠂤] (좌부변) : 고을, 지역 등 이벤트 의미
자(字)- 阝(좌부변 부) 祭(제사 제)=제(際) ※좌부변부우부방읍3)
사(思)-언덕에 제단 마련 제사등을 하는 기간이니 사이 제.
용(用)-實際실제 國際국제 交際교제 此際차제 垠際은제 涯際애제
　　　一望無際일망무제=끝없이 멀어서, 눈을 가리는 것이 없음

除 덜 제; 阜 [chú] 섬돌, 길, 도로, 뜰 .
　부(部)-언덕 부(阜)=부(阝): 섬돌 경사가 언덕 모양 의미.
자(字)-부(阝)여(余)=제(除).
사(思)-언덕(阝=阜)계단 나머지(여(余) 없게 제거(除去) 섬돌 제, 덜 제.
용(用)-排除배제. 除外제외. 削除삭제. 除去제거. 控除공제.
　　　除舊布新제구포신=묵은 것을 버리고 새로운 것을 펼침.

---

3) 阝 자(字)가 왼쪽에는 언덕부(阜), 오른쪽에는 고을읍(邑) 의미로 쓰임.

弟 아우 제; 弓 [dì] 아우, 어린 사람, 자기의 겸칭.
부(部)-활 궁(弓): 활을 갖고 노는 동생의 형상 의미.
자(字)-丫(묶은머리 아) 弓(활 궁) ノ(막대기 별)=제(弟).
사(思)-머리묶고(아丫) 활궁(弓)과 막대기(별ノ) 놀이하는 아우 제.
용(用)-兄弟형제 弟子제자 兄弟姉妹형제자매 師弟사제 妹弟매제.
　　四海兄弟사해형제=「사해(四海)란 곧 온 천하(天下)」를 가리키는 말
로, 천하(天下)의 뭇사람들은 모두 동포(同胞)요, 형제(兄弟)라는 뜻.

劑 약제 제{증서 자}; 刀 [jì] 베다, 약, 조제약, 첩,
부(部)-칼 도(刂): 약초를 칼로 자르다는 의미.
자(字)-齊(가지런 제) 刂(칼도방)=제(劑).
사(思)-가지런히(齊) 칼로(刂) 자르고 조제하니 약제 제.
용(用)-注射劑주사제. 抗生劑항생제. 觸媒劑촉매제. 藥劑약제.

帝 임금 제; 巾- [dì]임금, 하느님, 오제(五帝)의 약칭
부(部)- 巾 (수건건) : 멋진 수건 쓴 임금 의미
자(字)-설 립(立) 덮을 멱(冖) 巾(수건 건)=제(帝)
사(思)-서있는 임금 머리에 덮은 멋진 수건 모자 쓴 임금 제
용(用)-皇帝황제 武帝무제 帝國主義제국주의 帝王제왕
　　聖帝明王성제명왕=덕이 높고 지혜(智慧·知慧)가 밝은 임금.

祭 제사 제; 示 [jì] 제사, 사귀다, 접하다.
부(部)-보일 시(示): 신(神)과 관련된 글자라는 의미.
자(字)-月(육달월=육)又(손 우)示(보일시=신)=제(祭).
사(思)-고기(月=肉)를 손(又)으로 제단((示-제단)에 올려 제사(祭:祀) 제.
용(用)-祭儀제의 祭典제전 祭主제주. 祭祀제사 祭器제기 祭物제물.
　　冠婚喪祭관혼상제=관례(冠禮)·혼례(婚禮)·상례(喪禮)·제례(祭禮)의
네 가지 예(禮)를 두고 말함.

製 制 지을 제; 衣- [zhi]짓다, 옷·글·약을 짓다,
부(部)- 衣 (衤) (옷 의) : 옷을 짓는 것이 중요한 의미
자(字)-制(절제할 제) 衣(옷 의)=제(製)
사(思)-옷감 재료등을 절제하여 옷을 만드니 지을 제
용(用)-製作제작 製造제조 製品제품 精製정제 複製복제 剝製박제 製藥제약

第 차례 제; 竹- [dì]차례, 등급
부(部)-艹 [竹] (대 죽) : 대나무 마디로 차례 의미
자(字)-艹(대죽 죽) 弟(아우 제)=제(第)
사(思)-대나무 활로 형 아우 차례를 정하여 차례 제
용(用)-第一제일 及第급제 次第차제 壯元及第장원급제 落第낙제

題 題 표제 제; 頁- [tí]표제(表題), 이마, 맨 앞머리
부(部)-부수 頁 [頁] (머리혈) : 표제는 이마 머리 의미.
자(字)-頁(머리 혈) 是(이 시) =제(題)
사(思)-이마 머리에 보이는 이것이 표제이니 표제 제
용(用)-問題문제 宿題숙제 課題과제 主題주제 題目제목 命題명제 話題화제

條 条 가지 조; 木 [tiáo] 가지, 나뭇가지,
부(部)-나무 목(木): 나뭇 가지 관련 글자라는 의미.
자(字)-攸(아득할 유) 木(나무 목)=조(條). ※ 攸: 아득할 유(모양자).
사(思)-아득하게(攸) 나무(木-部)위에서 뻗어가는 나뭇가지이니 가지 조.
용(用)-條件조건. 條項조항. 條約조약. 條例조례. 條理조리.

調 调 고를 조; 言 [diào,tiáo] 고르다, 조절, 맞다, 적합,
부(部)-말씀 언(言): 말은 골고루 해야 조화 된다는 의미.
자(字)-言(말씀 언) 周(두루 주)=조(調).
사(思)-말(言-部)은 두루(周) 골고루 미치게 해야 고를 조.
용(用)-調査조사. 調整조정. 調節조절. 調和조화. 基調기조.

租 세금 조; 禾- [zū]구실, 세금, 쌓다, 세내다
부(部)- 禾 (벼 화) : 벼 수확에 세금 낸다 의미
자(字)-禾(벼 화) 且(또 차)=조(租)
사(思)-벼수확이나 소득이 생기면 또 세금 내는 세금 조
용(用)-租稅조세 租借조차 賭租도조 十一租(十一條)십일조 租界조계

組 組 짤 조; 糸- [zǔ]끈, 끈목, 짜다, 조직하다, 풀이름
부(部)-糸 [糸,糹] (실사변) : 실로 작업한 것 관련 의미
자(字)-糸(가는 실 멱) 且(또 차) =조(組)
사(思)-실로 짜듯이 조직을 하려면 끈이 또 있어야 짤 조
용(用)-組織조직 組合조합 組閣조각 組立조립 組長조장 勞組노조

釣 釣 낚을 조/낚시 조; 金 [diào] 낚시, 낚다, 꾀다,
부(部)-쇠 금(金): 낚시 바늘은 쇠라는 의미.
자(字)-金(쇠 금) 勺(구기 작)=조(釣).
사(思)-쇠낚시(金)가 국자(勺) 모양이니 낚시 조.
용(用)-釣竿조간 釣名조명 釣針조침 內釣내조 釣巧任釣균교임조.
　　　釣而不綱조이불강=「낚시질은 해도 그물질(物質)은 하지 않는다.」는
뜻, 무슨 일에나 정도(程度)를 넘지 않는 훌륭한 인물(人物)의 태도

助 도울 조; 力- [zhù]돕다, 도움, 구조, 구원, 유익
부(部)- 力 (힘 력) : 도움에는 힘이 있어야 의미
자(字)-且(또 차) 力(힘 력(역)) =조(助)
사(思)-또 힘이 있어야 계속 도우니 도울 조.
용(用)-援助원조 救助구조 扶助부조 補助보조 協助협조 助詞조사
　　　助言조언 語助辭어조사

措 둘 조, 섞을 착; 手 [cuò] 두다, 섞다, 섞이다.
부(部)-손 수(手): 손으로 둔다는 의미.
자(字)-扌(재방변 수) 昔(예 석)=조(措).
사(思)-손(扌) 움직인 건 옛날(昔)되는 것. 둘 조.
용(用)-措置조치. 措處조처. 擧措거조☞ 행동거지(行動擧止).
　　　罔措망조擧措失當거조실당. 罔知所措망지소조.

燥 마를 조; 火- [zào]마르다, 말리다, 마른 것
부(部)-火 [灬] (불 화) : 말림에는 불이 필수 의미
자(字)-火(불 화) 喿(울 조) =조(燥)
사(思)-불을 보고 새들이 울어대며 젖은게 마를 조
용(用)-乾燥건조 焦燥초조 燥濕조습 燥渴조갈 燥急조급 乾燥劑건조제

遭 만날 조; 辵 [zāo] 만나다, 상봉, 당하다, 돌다
부(部)-쉬엄걸을 착(辶): 걸어가다 만난다는 의미.
자(字)-曹(무리 조) 辶(쉬엄쉬엄 갈 착) =조(遭). 曹=무리 조, 마을 조.
사(思)-무리나 마을(曹)은 걷다보면(辶=辵-部) 만나니 만날 조.
용(用)-遭遇조우 遭逢조봉☞ 조우(遭遇) 遭難조난 遭難船조난선

曹 무리 조, 마을 조; 曰 [cáo] 마을, 관아, 관리, 무리,
부(部)-가로 왈(曰): 무리를 이루면 말(왈(曰))하게 된다는 의미.
자(字)-一(한 일) 曲(굽을 곡) 曰(가로 왈)=조(曹).
사(思)-하나(一)의 굽이 굽이에 말하는(曰-部) 무리니 무리 조, 마을 조.
용(用)-法曹법조 法曹人법조인 曹溪宗조계종 曹操조조 刑曹형조 戶曹호조.

昭 비출 조; 火 [zhào] 비추다, 비치다, 햇빛.
부(部)-불 화(火)=불화발(화(灬): 불빛으로 비추다 의미.
자(字)-昭(밝을 소(조)) 灬(연화발 화) =조(照).
사(思)-밝게 비추는 것이 불이니 비출 조.
용(用)-照會조회 照明조명 參照참조 對照대조 觀照관조 探照탐조.

躁 성급할 조; 足- [zào] 성급하다, 조급, 떠들다, 시끄럽다
부(部)-발 족(足): 발로 조급히 간다는 의미
자(字)- 𧾷 (발족 족) 喿(울 조)=조(躁)
사(思)-발(족足)로 뛰어 가며 울고(喿) 있으니 성급할 조.
용(用)-躁急조급.急躁급조☞ 조급(躁急).

鳥 鸟 새 조; 鳥- [niǎo,diāo]새, 봉황, 별 이름
부(部)- 鳥 [鸟] (새 조) : 제부수 한자
자(字)-烏(까마귀 오) 一(한 일) =조(鳥) 까마귀도 새다.
사(思)-상형문자(象形文字) 꽁지가 긴 예쁜 수새를 본뜸.
용(用)-鳥類조류 鳥瞰圖조감도 鳥嶺조령 不死鳥불사조 鳥獸조수 鳥銃조총
　　如鳥數飛여조삭비 「새가 하늘을 날기 위해 자주 날갯짓하는 것.」 뜻,
　　　　　　　　　배우기를 쉬지 않고 끊임없이 연습(練習)하고 익힘.

雕 새길 조, 독수리 조; 隹 [diāo] 독수리, 새기다,
부(部)-새 추(隹): 독수리 날짐승이라는 의미.
자(字)-周(두루 주) 隹(새 추) =조(雕).
사(思)-두루두루(周) 독수리 새(隹-部)가 쪼으니 새겨질 조.
용(用)-雕刻조각=조각(彫刻). 雕版조판=판(彫版). 雕鏤조루.

早 새벽 조; 日- [zǎo]새벽, 이른 아침, 이르다,
부(部)-日 (날 일) : 하루에 관련된 의미
자(字)-日(날 일) 十(열 십)= 조(早)
사(思)-하루에 열시 이전에야 이르다 할 수 있어 이를 조
용(用)-早晩間조만간 早朝조조 早期조기 早熟조숙 早速조속 早退조퇴

時機尙早시기상조=「오히려 때가 이르다.」는 뜻으로,

朝
아침 조; 月 [zhāo,cháo] 아침, 처음, 뵙다, 알현하다.
부(部)-달 월(月): 달이 지는 아침의 의미.

자(字)-十(열 십) 早(이를 조) 월(달 月)=조(朝).

사(思)-한달에 십(十)일은 새벽(조(早) 달(月-部)이 보이는 아침 조.

용(用)-朝鮮조선. 朝夕조석. 王朝왕조. 朝廷조정.朝餐조찬. 朝會조회.

操
잡을 조; 手- [cāo]잡다, 쥐다, 부리다, 조종,
부(部)- 扌[手] (재방변) 손으로 잡다 의미

자(字)-扌(재방변 수) 喿(울 조) = 조(操)

사(思)-손으로 조종 시작하면 엔진 소리가 우니 잡을 조

용(用)-操縱조종 操心(造心)조심 操作조작 志操지조 體操체조 貞操정조
　　　操心操心조심조심=몹시 조심(操心) 행동(行動)하는 모양(模樣).
　　　松柏之操송백지조=「한겨울에도 시들지 않는 소나무와 잣나무의 지
조(志操)」라는 뜻으로, 굳은 절개(節槪·節介)를 이르는 말.

祖
조상 조; 示 [zǔ] 조상, 사당, 할아비.
부(部)-보일 시(示): 신과 조상과 관련된 글자라는 의미.

자(字)- 示(보일 시) 且(또 차)=조(祖).

사(思)-제단(示)에 보인다 보고 또(且) 절을 올리는 조상 조.

용(用)-祖上조상 先祖선조 祖母조모 祖國조국 始祖시조 鼻祖비조 祖妣조비.
　　　辱及先祖욕급선조=욕(辱)이 조상(祖上)에게까지 미침.
　　　祖國조국=조상(祖上) 적부터 살던 나라. 자기(自己)가 난 나라

弔
조상할 조; 弓- [diào]조상하다, 문안, 안부 묻다
부(部)- 弓 (활 궁) : 과녁을 향하는 정성을 의미

자(字)-弓(활 궁) ㅣ(뚫을 곤) =조(弔)

사(思)-활로 과녁 뚫을 듯이 정확한 정성 조의 표시 조상할 조

용(用)-謹弔근조 慶弔경조 弔問조문 弔意조의 弔喪조상 弔旗조기

潮
조수 조; 水-총15획; [cháo]조수, 밀물,
부(部)-氵[水,氺] (삼수변) : 바닷물 관련 의미

자(字)-氵(삼수변 수) 朝(아침 조) = 조(潮)

사(思)-바닷물을 아침에 보아 밀물인지를 보니 조수 조

용(用)-干潮간조 潮流조류 潮汐조석 潮水조수 滿潮만조 紅潮홍조
　　　風潮풍조 赤潮적조 思潮사조 防潮堤방조제

兆 조짐 조; 儿-총6획; [zhào]조, 조짐, 점괘,
　부(部)-儿 (어진사람인발) : 어진사람에 조짐이 좋다 의미?
자(字)-儿(어진 사람 인) 冫(얼음 빙) 冫(얼음 빙)= 조(兆)
사(思)-어진 사람에는 얼음처럼 돈이 굳어져 조짐 조
용(用)-兆朕조짐 徵兆징조 吉兆길조 一兆일조 億兆억조 前兆전조

造 지을 조; 辵- [zào]짓다, 만들다, 세우다, 조작
　부(部)- 辶 [辵,辶,辶] (책받침) : 걷는다 행동한다 의미
자(字)-告(고할 고) 辶(쉬엄쉬엄 갈 착) = 조(造)
사(思)-두드리면 열린다. 말하고 실천하면 만들다 지을 조
용(用)-構造구조 創造창조 捏造날조 製造제조 造詣조예 造船조선
　　　造作조작 造成조성 僞造위조 鑄造주조 造化조화
　　　再造之恩재조지은=거의 멸망(滅亡)하게 된 것을 구원(救援)하여 도와
준 은혜(恩惠). 仁慈隱惻, 造次弗離 인자은측, 조차불리 =어진 마음으로
남을 사랑하고 또는 이를 측은(惻隱)히 여겨야 함. 남을 위(爲)한 동정심
(同情心)을 잠시(暫時)라도 잊지 말고 항상(恒常) 가져야 함.

族 겨레 족; 方 [zú]겨레, 가계(家系), 무리, 동류(同類).
　부(部)-모 방(方): 민족은 사방에 살고 있다는 의미.
자(字)-方(모 방) 人(사람 인) 矢(화살 시)=족(族).
사(思)-사방(方) 사람들이(人) 활(矢)로 함께 지키니 민족, 겨레 족.
용(用)-家族가족. 民族민족. 遺族유족. 族譜족보. 親族친족.
　　　白衣民族백의민족=흰 옷을 숭상(崇尙) 즐겨 입은 한민족(韓民族)
　　　愛國愛族애국애족=자기(自己)의 나라와 겨레를 사랑함.

足 발 족; 足- [zú]발, 뿌리, 근본, 가다, 달리다
　부(部)- 足 (발 족) : 제부수 한자, 걷는 모습 상형
자(字)-口(입 구) 止(발그칠 지) =족(足)
사(思)-말하고 걷는 것은 그침이 있음을 알아야 발 족
용(用)-滿足만족 不足부족 充足충족 手足수족 洽足흡족 濯足탁족
　　　知足安分지족안분 =족한 줄을 알아 자기(自己)의 분수(分數)에 만족
(滿足)함.

尊 높을 존; 寸 [zūn] 높다, 높이다, 우러러보다.
부(部)-마디 촌(寸): 추장(추(酋)은 한마디(寸) 말도 존중 의미.
자(字)-酋(우두머리 추) 寸(마디 촌) =존(尊).
사(思)-두목(추(酋)은 한마디(촌(寸) 말도 조심하니 높을 존. 존경 존.
용(用)-尊重존중 自尊心자존심 尊敬존경 嚴尊엄 釋尊석존 家尊가존.

存 있을 존; 子 [cún] 있다, 안부를 묻다, 가엾게 여기다.
부(部)-아들 자(子):인류 존재는 아들(子)이 있어야 한다는 의미.
자(字)-일(一)인(亻)자(子)=존(存).
사(思)-한(一) 사람(亻)에게는 아이(子)가 있어야 한다.(인류의 지속성). 용
(用)-既存기존. 存在존재. 保存보존. 生存생존.

卒 군사 졸; 十- [zú,cù]군사, 하인, 심부름꾼, 집단, 무리
부(部)-十 (열 십) : 부대별로 10명 이상 군졸 의미
자(字)-亠(머리 두) 从(좇을 종) 十(열 십) =졸(卒)
사(思)-분대장(머리)에 좇아 다니는 10명 이상의 졸개 군사 졸
용(用)-卒業졸업 卒倒졸도 腦卒中뇌졸중 士卒사졸 兵卒병졸 卒兵졸병

拙 옹졸할 졸; 手 [zhuō] 졸하다, 서투르다, 소용이 없다,
부(部)-손 수(手)=재방변(扌傍邊)=(수(扌): 손재주에 관한 의미.
자(字)-扌(재방변 수) 出(날 출)=졸(拙).
사(思)-손(扌-部)재주가 별로여서 나가라(出) 하니 졸할 졸.
용(用)-拙速졸속. 稚拙치졸. 拙劣졸렬. 壅拙옹졸. 拙戰졸전. 拙作졸작.

終 終 끝날 종; 糸- [zhōng] 다되다, 완료, 죽다, 끝, 종말,
부(部)-실 사(糸):실에는 시작도 끝도 있다 의미.
자(字)-糸(가는 실 멱) 冬(겨울 동)=종(終).
사(思)-실타래(糸)작업이 사계절 마지막 겨울(冬)되어 끝나니 끝날 종.
용(用)-最終최종. 終熄종식. 終了종료. 終末종말. 終結종결.
自初至終자초지종=처음부터 끝까지 이르는 동안.

縱 縱 세로 종; 糸 [zòng] 늘어지다, 놓다, 풀다, 쫓다, 불을 놓다.
부(部)-실 사(糸): 직물(織物)에 날실(세로)에 해당되는 의미.
자(字)-糸(가는 실 멱) 從(좇을 종)=종(縱).
사(思)-실(糸)을 한쪽만 잡으면 쫓아오게(從)되는 세로 종, 늘어질 종.
용(用)-操縱조종 放縱방종 縱橫종횡 縱斷종단 縱書종서.

宗 마루 종; 宀 [zōng] 마루, 근원, 사당, 가묘, 종묘, 우두머리.
　　부(部)-집 면(宀): 집의 구조에 관련된 글자 의미.
자(字)-宀(집 면) 示(보일 시)=종(宗).
사(思)-집(면(宀))에서 신(시(示))을 모시는 종가(宗家)니 높은 마루 종.
용(用)-宗敎종교. 宗廟종묘. 高宗고종. 曹溪宗조계종. 宗敎界종교계.
　　　禪宗선종. 太宗태종. 顯宗현종. 正宗정종. 宗家종가.

綜 綜 모을 종; 糸 [zōng,zèng] 통할, 모으다.
　　부(部)-실 사(糸): 베틀에 실을 모으는 굵은 실을 의미.
자(字)- 糸(가는 실 멱) 宗(마루 종)=종(綜).
사(思)-실(糸)짜는 베틀에서 중요한(宗) 잉아(베틀)로 모을 종.
용(用)-綜合종합, 綜合的종합적. 綜核종핵.

種 种 씨 종; 禾 [zhǒng,zhòng] 씨, 혈통, 품류, 종류, 부족.
　　부(部)-벼 화(禾): 벼가 곡식의 종자로 대표 되는 의미.
자(字)-禾(벼 화) 重(무거울 중)=종(種).
사(思)-벼(화(禾))농사에서 중요한(중(重))것이 종자이니 씨 종.
용(用)-各種각종 芒種망종 種類종류 業種업종 一種일종 種目종목.
　　　變種변종 職種직종 種子종자.

鍾 钟 쇠북 종; 金 [zhōng] 종, 쇠북, 시계(時計).
　　부(部)-쇠 금(金): 쇠로 종을 만들었다는 의미.
자(字)- 金(쇠 금) 重(무거울 중)=종(鍾).
사(思)-쇠(金-部)로 무겁게(重)만든 종, 시계, 술잔, 종 종. 쇠북 종.
용(用)-鍾路종로. 茶鍾차종. 茶鍾다종. 三鍾祈禱삼종기도.

從 从 좇을 종; 彳 [cóng] 좇다, 순직하다, 나아가다.
　　부(部)-조금걸을 척(彳)두인변: 두 사람이 쫓고 쫓는 다는 의미.
자(字)- 彳(조금 걸을 척) 从(좇을 종) 止(그칠지)=종(從)
사(思)-두 사람(彳)이 좇아서(从) 멈추게(止)될 때까지 좇을 종
용(用)-從事종사. 服從복종. 順從순종. 侍從시종. 追從추종.

佐 도울 좌; 人- [zuǒ]돕다, 도움, 권하다
　　부(部)-亻 [人] (사람인변) : 돕는 것은 사람에 관련 의미
자(字)-亻(사람인변 인) 左(왼 좌) = 좌(佐)
사(思)-사람 왼편에서 도와주니 도울 좌.
용(用)-補佐(輔佐)보좌 補佐官보좌관 上佐상좌 佐郎좌랑 佐幕좌막

坐 앉을 좌; 土 [zuò] 앉다, 무릎 꿇다.
부(部)-흙 토(土): 흙위에 앉는다는 의미.

자(字)-从(좇을 종) 土(흙 토) =좌(坐).

사(思)-쫓아가서 그 자리 가면 흙에라도 같이 앉을 좌.

용(用)-坐礁좌초. 跏趺坐가부좌. 坐席좌석☞ 좌석(座席). 坐板좌판.

左 왼 좌; 工- [zuǒ]왼, 왼쪽, 그르다, 어긋나다
부(部)- 工 (장인 공) : 왼손도 잘 써야 장인된다 의미.

자(字)-ナ(왼 좌) 工(장인 공) = 좌(左)

사(思)-왼손도 왼발도 프로(손흥민) 잘 써야 왼 좌.

용(用)-左遷좌천 左翼좌익 左派좌파 左邊좌변 衲左부좌 左側좌측
　　　男左女右남좌여우=「음양설(陰陽說)에 왼쪽이 양(陽)이고 오른쪽은 음
(陰)이라 하여, 남자(男子)는 왼쪽이 중(重)하고 여자(女子)는 오른쪽이 중
(重)하다.」는 말,

座 자리 좌; 广- [zuò]자리, 좌, 집, 별자리
부(部)-广 (엄호) : 집에 앉을 자리가 있다 의미

자(字)-广(집 엄) 坐(앉을 좌) = 좌(座)

사(思)-집에는 앉을 자리가 있어 자리 좌.

용(用)-座席좌석 計座계좌 座標좌표 碩座教授석좌교수 座下좌하 講座강좌

罪 허물 죄; 网- [zuì] 허물, 죄, 형벌, 재앙, 죄주다.
부(部)-그물 망(网)=(罒): 죄지으면 그물로 잡는다는 의미.

자(字)-罒(그물망 망) 非(아닐 비)=죄(罪).

사(思)-법 그물망(罒=网-部)으로 잡는 것은 그릇된(非)일 허물 죄.

용(用)-犯罪범죄. 罪悚죄송. 謝罪사죄. 斷罪단죄. 贖罪속죄.

州 고을 주; 巛- [zhōu]고을, 섬, 모래톱, 마을, 동네
부(部)-巛 [川] (개미허리) : 내 천에 마을

자(字)-川(내 천) 丶(점 주) 丶(점 주) 丶(점 주)=주(州)

사(思)-냇가 주위에 점들 같이 모여사는 고을 주

용(用)-慶州경주 濟州제주 晉州진주 全州전주 淸州청주

珠 구슬 주; 玉 [zhū] 진주, 보석의 유, 아름다운 것의 비유,
부(部)-구슬 옥(玉): 구슬은 옥으로 만든 보물이라는 의미.
자(字)-옥(王)주(朱)=주(珠).
사(思)-구슬옥(玉-部)은 붉은(朱) 빛이 좋아 구슬 옥.
용(用)-蠙珠빈주. 眞珠진주. 珍珠진주. 眞珠婚式진주혼식.

株 그루 주; 木- [zhū]그루, 나무, 밑동, 그루터기, 뿌리
부(部)-木 (나무 목) : 나무 그루터기 표현 의미.
자(字)-木(나무 목) 朱(붉을 주, 그루터기 주) =주(株)
사(思)-나무의 그루터기를 밑동을 표현 그루 주
용(用)-株式주식 株價주가 株主주주 株入주입 株數주수 株間 간

柱 기둥 주; 木- [zhù]기둥, 가야금, 줄기
부(部)- 木 (나무 목) : 나무로 기둥이다 의미.
자(字)-木(나무 목) 主(임금 주) = 주(柱)
사(思)-나무 기둥이 임금처럼 중요하니 기둥 주.
용(用)-四柱사주 支柱지주 天柱천주 柱礎주초
　　　柱聯주련=기둥에 써서 붙이는, 한시(漢詩)의 연구(聯句·連句).

晝 낮 낮 주; 日- [zhòu] 낮
부(部)- 日 (날 일) : 하루 중 낮에 관련 의미
자(字)-聿(붓 율) 日(해 일) 一(한 일) =주(晝)
사(思)-붓공부 할 수 있는 해 뜬 하루이니 낮 주
용(用)-晝夜주야 晝間주간 白晝백주 晝宵주소 晝講주강 晝茶禮주다례
　　　晝耕夜讀주경야독= 「낮에는 농사(農事) 짓고 밤에는 공부(工夫)한다.」
는 뜻, 「바쁜 틈을 타서 어렵게 공부(工夫)함.」을 이르는 말.

走 달릴 주; 走- [zǒu]달리다, 가다, 달아나다, 도망치다
부(部)- 走 (달릴 주) : 달리는 모습 상형(象形) 의미
자(字)-土(흙 토) 止(발 지, 그칠 지)=주(走)
사(思)-흙위로 발로 그칠 때까지 달릴 주.
용(用)-繼走계주 疾走질주 奔走분주 走馬燈주마등 逃走도주 競走경주

週 돌 주; 辵- [zhōu]돌다, 회전하다, 일요일, 칠요(七曜)
부(部)-辶 [辵,辶,辶] (책받침) : 걸어야만 돌다 의미
자(字)-周(두루 주) 辶(쉬엄쉬엄 갈 착) = 주(週)
사(思)-두루 두루 돌아보니 돌 주
용(用)-週末주말 週間주간 週日주일 週期주기 隔週격주 每週매주

周 두루 주; 口- [zhōu]두루, 골고루, 둘레, 주위
부(部)- 口 (입 구) : 세상 두루 두루 말한다 의미
자(字)-冂(멀 경) 토(土) 구(口)=吉(길할 길)]=주(周)
사(思)-먼 곳의 지역에도 말하려 두루 다니니 두루 주
용(用)-周邊주변 周圍주위 周旋주선 周易주역 周鉢주발 周遊주유

駐 駐 머무를 주; 馬 [zhù] 머무르다, 체류하다,
부(部)-말 마(馬): 말을 쉬게 한다는 의미.
자(字)-馬(말 마) 主(주인 주)=주(駐).
사(思)-말(馬)도 주인(主)도 쉬어가니 머무를 주.
용(用)-駐韓주한. 駐屯주둔. 駐車場주차장.

注 물 댈 주; 水- [zhù]물 대다, 붓다, 따르다, 쏟다,
부(部)-부수 氵 [水,氺] (삼수변) : 물 관련 의미
자(字)-氵(삼수변 수) 主(주인 주) = 주(注)
사(思)-물 주인이 물을 주고 부으니 물댈 주
용(用)-注意주의 注文주문 注目주목 注射주사 傾注경주 注視주시 注油주유

舟 배 주; 舟- [zhōu]배, 쟁반, 예기(禮器), 싣다
부(部)- 舟 (배 주) : 배모양 상형(象形) 의미.
자(字)-제부수 한자
사(思)-소형 배 모양의 상형문자
용(用)-方舟방주 片舟편주 舟橋주교(배다리) 虛舟허주 舟車주거
　　　刻舟求劍각주구검=「칼을 강물에 떨어뜨리자 뱃전에 그 자리를 표시
(表示)했다가 나중에 그 칼을 찾으려 한다.」는 뜻, 어리석다는 뜻.

誅 誅 벨 주; 言 [zhū] 베다, 죄인을 죽이다.
부(部)- 言 [訁,讠] (말씀 언) : 죽이라는 말을 하다 의미
자(字)-言(말씀 언) 朱(붉을 주)=주(誅).
사(思)-말로(言-部)베라고 언도 하니 붉은(朱)피가 흐르게 죄인을 벨 주.
용(用)-嚴誅엄주. 誅求주구. 誅伐주벌. 誅殺주살. 誅責주책.

朱 붉을 주; 木- [zhū]붉다, 붉은빛, 적토(赤土)
부(部)- 木 (나무 목) : 사형틀 위에 사형 수 의미
자(字)-𠂉(사람 인) 木(나무 목) =주(朱)
사(思)-사형수가 나무틀 위에서 붉은 피 흘리니 붉을 주
용(用)-朱紅주홍 朱黃주황 朱錫주석 朱雀주작 紫朱자주 朱土주토
朱蒙주몽 朱熹주희

住 살 주; 人 [zhù] 살다, 거처, 살고 있는 사람.
부(部)-亻 [人] (사람인변) : 사람이 거주한다 의미
자(字)-亻(사람인변 인) 主(임금 주) =주(住).
사(思)-사람(인(人)이 주인(주(主)되어 사니 살 주.
용(用)-住宅주택 住民주민 住所주소 居住거주 住居주거 移住이주.
安住안주 入住입주 常住상주 住持주지.

洲 물가 주, 섬 주; 水-[zhōu]섬, 물로 싸인 대륙(大陸)
부(部)- 氵 [水,氺] (삼수변) : 물로 싸인 의미
자(字)-氵(삼수변 수) 州(고을 주) =주(洲)
사(思)-호수, 바다로 둘러싸인 섬이니 섬 주
용(用)-濠洲호주 亞洲아주 歐洲구주 滿洲만주 三角洲삼각주 五洲오주

鑄 铸 쇠 불릴 주; 金- [zhù]쇠를 부어 만들다, 감화하다,
부(部)- 金 [釒,钅] (쇠 금) : 쇠 제조 의미
자(字)-金(쇠 금) 壽(목숨 수)= 주(鑄)
사(思)-쇠가 제련됨이 쇠의 목숨 같아 쇠불려 만들 주.
용(用)-鑄貨주화 鑄造주조 鑄鐵주철 鑄物주물 鑄型주형 鑄字주자

酒 술 주; 酉 [jiǔ] 술, 누룩으로 빚은 술, 잔치, 주연(酒宴).
부(部)-닭 유(酉)술 유: 닭 물마시듯 사람이 술 마신다 의미.
자(字)-氵(삼수변 수) 酉(닭 유, 술 유)=주(酒).
사(思)-물(氵-部)에 술(酉)의 알콜을 희석하여 만든 것 술 주.
용(用)-燒酒소주. 麥酒맥주. 洋酒양주. 飮酒음주. 酒店주점.

奏 아뢸 주; 大- [zòu]아뢰다, 상소, 모이다
부(部)- 大 (큰 대) : 아뢰는 것은 큰 일 의미
자(字)-二(두 이) 大(큰 대) 夭(일찍 죽을 요)= 주(奏)
사(思)-두 번씩이나 큰 상소로 일찍 죽을 각오로 아뢸 주
용(用)-演奏연주 伴奏반주 奏效주효 奏請주청 合奏합주 吹奏취주

協奏협주 變奏변주

主
주인 주; ﹨ [zhǔ] 주인, 임금, 공경대부.

부(部)-점 주(﹨): 점 찍어 주인이다는 의미.

자(字)-주(﹨)왕(王)=주(主)

사(思)-점(주﹨)찍어 내 것이면 왕(王)과 같으니 주인 주(主).

용(用)-主張주장. 主導주도. 主要주요. 主宰주재. 主體주체.
國粹主義국수주의. 爲主위주. 主義주의.

宙
집 주; 宀- [zhòu]집, 하늘, 동량(棟梁)

부(部)- 宀 (갓머리) : 집 관련 의미

자(字)-宀(집 면) 由(말미암을 유)=주(宙)

사(思)-집이란 지붕과 기둥이 말미암은 것이 집 주

용(用)-宇宙우주 宇宙船우주선 宙合樓주합루 碧宙벽주

遵
좇을 준; 辵- [zūn]좇다, 순종, 복종, 거느리다, 가다

부(部)- 辶 [辵,辶,⻌] (책받침) : 존경하여 따른다 의미

자(字)-尊(높을 존) 辶(쉬엄쉬엄 갈 착) =준(遵)

사(思)-존경하여 따라가니 좇을 준

용(用)-遵守준수 遵法준법 遵據준거 遵行준행 遵用준용

俊
준걸 준; 人-총9획; [jùn] 준걸, 뛰어나다, 크다

부(部)-亻 [人] (사람인변) : 사람에 관련 글자 의미

자(字)-亻(사람인변 인) 夋(천천히 걸을 준)=준(俊)

사(思)-뛰어난 사람은 침착하게 걸으니 준걸 준

용(用)-俊秀준수 俊傑준걸 賢俊현준 俊弼준필 俊味준미 聰俊총준 俊辯준변

准
준할 준; 冫 [zhǔn] 승인하다, 견주다, 準(준)의 간체자(簡體字).

부(部)-얼음 빙(冫)이수변: 빙점 기준이다 의미.

자(字)-冫(얼음 빙) 隹(새 추)=준(准).

사(思)-빙하(冫)의 팽귄(隹)은 극지방에 사는 게 준할 준.

용(用)-批准비준. 認准인준. 准將준장. 准尉준위.

準
准 준할 준; 水 [zhǔn] 수준기(水準器), 평평하다, 법도.

부(部)-물 수(水): 수준기(水準器)의 물로 평평함을 보여줌.

자(字)- 氵(삼수변 수) 隼(송골매 준)=준(準).

사(思)-물이 평형인지 송골매가 확인하니 준할 준. 평평할 준

용(用)-水準수준. 基準기준. 標準표준. 破器相準파기상준.

中 가운데 중; ㅣ [zhōng,zhòng] 가운데, 마음,
　　부(部)-뚫을 곤(ㅣ): 가운데를 뚫은 의미.
자(字)-위(口)곤(ㅣ)=중(中).
사(思)-사물(위(口)의 가운데를 뚫으니(곤(ㅣ) 가운데 중.
용(用)-中國중국. 中斷중단. 集中집중. 中心중심. 貴中귀중. 中央중앙.
　　　　渦中와중. 中庸중용. 中樞중추. 中旬중순. 空中공중. 中途중도.

重 무거울 중; 里 [zhòng,chóng] 무겁다, 무겁게 하다, 무게.
　　부(部)-마을 리(里): 마을에서 모이고 거듭한다는 의미.
자(字)-천(千)리(里)=중(重).
사(思)-천여개의 마을에서 모아 무거울 중, 귀중할 중, 거듭 중.
용(用)-重要중요. 愼重신중. 比重비중. 重複중복. 嚴重엄중. 重視중시.
　　　　重大중대. 所重소중. 貴重귀중. 重鎭중진.

衆 무리 중; 血 [zhòng,zhōng] 무리, 많은 사람, 많은 물건.
　　부(部)-피 혈(血): 혈통이 동일한 무리라는 의미.
자(字)-血(피 혈) 乑(무리 중)=중(衆) ※ ≒시(豕)
사(思)-다산(多産) 종족(血-部)인 돼지 떼(豕)처럼 많으니 무리 중.
용(用)-大衆대중. 公衆공중. 民衆민중. 衆論중론. 聽衆청중.

仲 버금 중; 人 [zhòng] 버금, 가운데.
　　부(部)-사람 인(人): 사람 순서에 관한 글자 의미.
자(字)-亻(사람인변 인) 中(가운데 중)=중(仲).
사(思)-사람(인亻)이 가운데 있으니 버금 중. 중개할 중.
용(用)-仲秋節중추절 仲裁중재 仲媒중매 仲尼중니　仲介人중개인.

卽 곧 즉; 卩 [jí] 곧, 가깝다, 나아가다.
　　부(部)-병부 절(卩): 병부(암호_)가 있으면 곧 나간다는 의미.
자(字)-백(白)비(匕)절(卩)=즉(卽).
사(思)-하얀(백(白) 비수(匕)와 병부(절(卩)이 있어야 통과하니 곧 즉,
용(用)-卽刻즉각 卽時즉시 卽席즉석. 卽答즉답.

憎 미워할 증; 心 [zēng] 미워하다, 미움.
　　부(部)-마음 심(心)=심방변(심(忄): 미워하는 마음 상태를 의미.
자(字)- 忄(심방변 심) 曾(더할 증)=증(憎).
사(思)-괴로운 마음(心-部)이 더해지니(曾) 미워할 증.
용(用)-憎惡증오. 愛憎애증. 憎惡心증오심. 可憎가증.

贈 贈 보낼 증; 貝-[zèng]보내다, 선물하다, 보태다,
부(部)-貝 [贝] (조개패) : 재물을 주고 받는다 의미
자(字)-貝(조개 패) 曾(더할 증)=증(贈)
사(思)-재물, 선물을 더하여 주니 보낼 증.
용(用)-贈呈증정 贈與증여 寄贈기증 追贈추증 遺贈유증 受贈수증

增 불을 증; 土- [zēng]붇다, 더하다, 늘리다, 거듭하다
부(部)- 土 (흙 토) : 흙이 더 쌓인다 의미
자(字)-土(흙 토) 曾(겹칠 증)=불을 증
사(思)-흙에 겹치니 불어날 증
용(用)-增加증가 增幅증폭 增殖증식 增進증진 增資증자 割增할증
　　　 增便증편 增減증감 急增급증 遞增체증=차례(次例)로 더해 감.

曾 더할 증, 일찍 증; 曰- [zēng,cēng]일찍, 곧, 이에, 거듭
부(部)- 曰 (가로왈) : 말함이 더해진다 의미
자(字)-八(여덟 팔) 口(입 구) "(작을 소) 曰(가로 왈)=증(曾)
사(思)-나누어 먹을게 작아지니 말로 더 달라니 더할 증
용(用)-曾祖증조 曾子증자 曾孫증손 曾遊증유 曾往증왕 曾思증사

證 证 증거 증; 言- [zhèng]증거, 증명하다, 알리다.
부(部)-言 [訁,讠] (말씀 언) : 증거를 말로 주장한다 의미.
자(字)-言(말씀 언) 登(오를 등)=증(證)
사(思)-말한 것을 올리려면 증거 내놓아야 증거 증
용(用)-證據증거 證券증권 傍證방증 保證보증 檢證검증 證明증명 證憑증빙

症 증세 증; 疒 [zhèng,zhēng] 증세, 병 증세.
부(部)- 疒 (병질엄) ; 병에 관련 글자 의미.
자(字)-疒(병들어 기댈 녁(역)) 正(바를 정) =증(症).
사(思)-병(역)疒은 바르게(정)正 증세를 알리고 살피니 증세 증.
용(用)-後遺症후유증 症勢증세 症狀증상 症候群증후군 症候증후
　　　 滯症체증 痛症통증 厭症염증 渴症갈증 重症중증.

蒸 찔 증; 艸- [zhēng]찌다, 덥다, 무덥다, 나아가다
부(部)-++ [艸,艹,⺌,⺿] (초두머리) ; 채소를 찐다는 의미
자(字)-++(초두머리 초) 烝(김 오를 증)=증(蒸)
사(思)-채소를 냄비에 김오르게 쪄서 먹으니 찔 증
용(用)-汗蒸幕한증막 蒸發증발 蒸氣증기 薰蒸훈증 蒸民증민 蒸溜水증류수

支 지탱할 지; 支- [zhī]가르다, 가지, 지탱하다
부(部)- 支 (지탱할지) : 제부수 한자
자(字)-十(열 십) 又(또 우)=지(支)
사(思)-열 개나 또 가지들이 있어 지탱할 지
용(用)-支援지원 支持지지 支配지배 依支의지 支給지급 支撐지탱 支拂지불

枝 가지 지; 木 [zhī,qí] 가지, 나누어지다, 분기(分岐)하다.
부(部)-나무 목(木): 나뭇가지에 관한 글자 의미.
자(字)-木(나무 목) 支(지탱할 지)=지(枝).
사(思)-나무(木)줄기에서 갈려나온 것(지(支)을 가지 지.
용(用)-枝葉지엽 枝幹지간 楊枝양지 幹枝간지 樹枝說수지설

持 가질 지; 手 [chí] 가지다, 보전, 보존, 지키다, 유지.
부(部)-손 수(手)=재방변(수(扌): 손에 가지고 있다는 의미.
자(字)-扌(재방변 수) 寺(절 사)=지(持).
사(思)-손(扌-部)에 절(寺)에서 목탁 등을 가지니 가질 지.
용(用)-維持유지 支持지지 持續지속 堅持견지 持分지분 矜持긍지
　　　　所持소지 持久力지구력.

之 갈 지; 丿 [zhī] 가다, 이(指示代名詞), -의(冠形格助詞).
부(部)-삐침 별(丿): 이리 저리 가는 모습을 의미.
자(字)-주(丶)일(一)별(丿)일(一)=지(之).
사(思)-목적점(丶)을 향해 일편단심(一) 가다가 삐침(丿)을 만나도
　　　　극복하고 다시 일심(一)으로 갈지.
용(用)-師弟之間사제지간. 興仁之門흥인지문.

誌 志 기록할 지; 言- [zhì]기록하다, 적어 두다, 기억, 외다,
부(部)-言 [言,讠] (말씀 언) : 말을 기록한다 의미
자(字)-言(말씀 언) 志(뜻 지) =지(誌)
사(思)-말의 뜻을 기록하니 기록할지.
용(用)-雜誌잡지 日誌일지 壙誌광지 誌石지석 誌文지문.

脂 기름 지; 肉 [zhī] 기름, 비게, 기름기,
부(部)-육(肉)=육달월(月): 기름은 고기가 살쪄 나온다 의미.
자(字)-月(육달월 월) 旨(맛 지)=지(脂). 旨 맛있을지.
사(思)-고기(육(月)가 맛있다면(旨) 비계가 마블링 되야하니 기름 지.
용(用)-脂肪지방 脂那지나 脂澤지택☞ 광채(光彩).

脂膏지고☞ 지방(脂肪). 脂肪酸지방산. 樹脂수지. 猪脂저지.

遲
迟 늦을 지; 辵- [chí]늦다, 더디다, 게을리 하다
부(部)-辶 [辵,辶,辶] (책받침) : 간다는 것과 관련 의미
자(字)-犀(무소 서) 辶(쉬엄쉬엄 갈 착) =지(遲)
사(思)-무소가 쉬엄가니 늦을 지
용(用)-遲滯지체 遲延지연 遲刻지각 棲遲서지 凌遲능지 遲速지속

只
다만 지; 口 [zhǐ,zhī] 다만, 어조사, 뿐.
부(部)-입 구(口): 어조사로 말을 하는데 도운다는 의미.
자(字)- 口(입 구) 八(여덟 팔)=지(只).
사(思)-말을(구口) 하면서 나누고(八)하니 다만 지.
용(用)-只今지금. 但只단지. 狗逐鷄屋只睥구축계옥지제 : 닭 쫓던 개 지붕 쳐
다보기라는 속담(俗談)의 한역으로, 일에 실패(失敗)하고 낙심만 한다는 말

地
땅 지; 土 [dì,dè,di] 땅, 토지의 신, 처지, 처해 있는 형편.
부(部)-흙 토(土): 땅을 의미하는 글자.
자(字)-土(흙 토) 也(잇기 야)=지(地).
사(思)-흙이(토土)로다(야也)하는 게 땅 지.
용(用)-地域지역 地方지방 處地처지 地球지구 地境지경 素地소지.

旨
뜻 지. 맛있을 지; 日[zhǐ] 맛있다, 아름답다, 선미(善美)하다.
부(部)-날 일(日): 날마다의 맛과 뜻이 있다는 의미.
자(字)-日(날 일) 匕(비수 비)=지(旨).
사(思)-날마다(日) 숟가락(匕)으로 맛보니 맛있을지, 뜻 지.
용(用)-趣旨취지. 絳旨강지. 要旨요지. 敎旨교지. 都承旨도승지.

志
뜻 지; 心 [zhì] 뜻, 의향, 마음, 뜻하다, 뜻을 두다.
부(部)-마음 심(心): 뜻과 관련된 글자로 마음의 의미.
자(字)-士(선비 사) 心(마음 심) =지(志).
사(思)-선비(士)의 마음(心-部)은 꺾지 못하는 뜻 지.(목숨은 꺾지만).
용(用)-意志의지 志願지원 志操지조 志士지사 立志입지 遺志유지.

池
못 지; 水 [chí] 못, 성곽의 주위 못, 물길, 도랑.
부(部)-물 수(水): 물이 모인 곳이 연못이라는 의미.
자(字)-氵(삼수변 수) 也(잇기 야)=지(池). 也 또한 야. 어조사 야.
사(思)-물(水=氵-部) 또한(也) 이어지는 곳이 연못이니 연못 지.
용(用)-乾電池건전지. 貯水池저수지. 天池천지. 電池전지.

指 가리킬 지; 手－ [zhǐ]손가락, 발가락, 가리키다
부(部)－ 扌 [手] (재방변) : 손으로 가리킨다 의미
자(字)－扌(재방변 수) 旨(뜻 지)＝지(指)
사(思)－손으로 뜻을 표현하니 가리킬 지
용(用)－指導지도 指摘지적 指示지시 指揮지휘 指向지향 指針지침
　　　　指鹿爲馬지록위마 ＝「사슴을 가리켜 말이라고 한다.」는 뜻,사실(事
實)이 아닌 것을 사실(事實)로 만들어 강압(强壓)으로 인정(認定)하게 됨.

智 슬기 지; 日 [zhì] 슬기, 지혜, 꾀, 모략(謀略).
부(部)－날 일(日): 슬기는 날마다 공부해야 하는 의미.
자(字)－知(알지) 日(날 일) ＝ 지(智).
사(思)－날일(日☞해)部－날이 갈수록 아는(지(知) 게 많아지면 슬기 지.
용(用)－智慧지혜. 機智기지. 衆智중지. 智證王지증왕. 膽智담지. 智能지능.

知 알 지; 矢 [zhī] 알다, 깨닫다, 느끼다,
부(部)－화살 시(矢): 화살 쏘는 법을 알아야 한다는 의미.
자(字)－ 矢(화살 시) 口(입 구)＝지(知).
사(思)－지식을 많이 알면 화살(矢)처럼 말(口)이 빨리 나가니 알 지.
용(用)－知識지식 周知주지 感知감지 知慧지혜 知能지능 知性지성 認知인지.

紙 종이 지; 糸－ [zhǐ]종이, 장, 종이를 세는 말
부(部)－ 糸 [糸,纟] (실사변) : 실로 만든 천이 종이다 의미
자(字)－糸(가는 실 멱) 氏(각시 씨)＝지(紙)
사(思)－실로 각시들이 천을 짜서 종이로 사용, 종이 지.
용(用)－片紙紙편지지 休紙휴지 紙匣지갑 紙榜지방 紙幣 지폐

芝 지초 지; 艸 [zhī] 지초, 혹은 버섯의 이름.
부(部)－풀 초(艸): 지초도 풀의 종류라는 의미.
자(字)－++(초두머리 초) 之(갈 지)＝지(芝).
사(思)－풀(++＝艸－部)향기가 좋아 멀리 가는(之)게 지초(芝草) 지.
용(用)－芝草지초. 芝峯集지봉집. 雷芝뇌지. 芝麻지마.

識 识 기록 지(알 식). ; 言 [shí,zhì] 알다, 사귀다, 지혜, 아는 것,
부(部)－말씀 언(言): 아는 것을 말을 하니 말과 관련 의미.
자(字)－言(말씀 언) 戠(찰흙 시)＝ 지(識).
사(思)－말(言)을 찰흙처럼 굳게 기록하니 알 식. 기록 지.
용(用)－認識인식. 意識의식. 知識지식. 常識상식. 良識양식. 標識표지.

直 곧을 직; 目 [zhí] 곧다, 바른 도(道), 고치다, 펴다,
　　부(部)-눈 목(目): 눈으로 봐서 곧다는 것을 파악한다는 의미.
자(字)-십(十)목(目)은(ㄴ)=직(直).
사(思)- 많은(십(十) 눈이(목(目) 봐서 숨을(은(ㄴ)수 없이 곧을 직.
용(用)-直接직접 率直솔직 直接的직접적 正直정직 直後직후 硬直경직.
　　直屬직속 直結직결 垂直수직 直線직선.

職 职 직분 직; 耳- [zhí]벼슬, 관직, 맡아 다스리다, 임무, 직분
　　부(部)-耳 (귀 이) : 귀로 잘 들으라는 의미
자(字)-耳(귀 이) 音(소리 음) 戈(전쟁 과)= 직(職)
사(思)-귀로 국민의 소리 잘듣고 전쟁에 이겨야 하는 직분 직
용(用)-職業직업 辭職사직 瀆職독직 職務직무 就職취직 免職면직

織 织 짤 직; 糸- [zhī]짜다, 조직(組織)하다, 베 짜기
　　부(部)-糹 [糸,糸] (실사변) : 베를 짜다, 조직하다 의미
자(字)-糹(가는 실 멱) 戠(찰흙 치)=직(織)
사(思)-실로 찰흙처럼 조직을 굳게 짜니 짤 직.
용(用)-組織조직 紡織방직 織女직녀 織物직물 綿織면직 絹織견직

津 나루 진; 水 [jīn] 나루, 나루터, 언덕.
　　부(部)-물 수(水): 강나루는 물과 관련 의미.
자(字)- 氵(삼수변 수) 聿(붓 율)=진(津).
사(思)-강가(氵)에 붓(聿)으로 써 표시하니 나루 진.
용(用)-正東津정동진 港津항진 松津송진 津梁진량 興味津津흥미진진.

進 나아갈 진; 辵 [jìn] 나아가다, 벼슬하다, 진력하다.
　　부(部);쉬엄걸을 착(辶): 앞으로 가는 의미.
자(字)-隹(새 추) 辶(쉬엄쉬엄 갈 착) =진(進).
사(思)-새는 추(隹) 앞으로만 가니(착(辶) 나아갈 진.
용(用)-推進추진 進行진행 進展진전 促進촉진 進步진보 昇進승진
　　邁進매진 進出진출 進退진퇴.

陳 陈 늘어놓을 진; 阜- [chén]늘어놓다, 펴다, 넓게 깔다
　　부(部)-阝 [阜,自] (좌부변) : 언덕에 늘어 놓다 의미
자(字)-阝(좌부변 부) 東(동녘 동)=진(陳)
사(思)-언덕에 동녘의 기운 받아 늘어 놓을 진
용(用)-陳述진술 陳腐진부 陳情진정 開陳개진 陳列진열 陳設진설

陳情書진정서

盡 다될 진; 皿 [jìn,jǐn] 비다, 없어지다, 끝나다, 정성을 다하다.
부(部)-그릇 명(皿):그릇은 결국은 비워지게 된다는 의미
자(字)-율(聿)화(灬)명(皿)=진(盡).
사(思)-붓글씨 축문을 태워(灬) 그릇(皿-部)에 올리니 제사 다될 진.
용(用)-未盡미진. 盡力진력. 賣盡매진. 消盡소진.

振 떨칠 진; 手 [zhèn] 떨치다, 떨쳐 일어나다, 떨다.
부(部)-손 수(手)=재방변(수(扌): 떨치는 동작은 손과 관련 의미.
자(字)-扌(재방변 수) 辰(별 진)=진(振).
사(思)-손(扌=手-部)을 때(辰)가 되면 손을 들고 떨칠 진.
용(用)-振作진작. 不振부진. 振興진흥. 振男진남. 振動진동.

震 벼락 진; 雨- [zhèn]벼락, 천둥, 떨다, 지진
부(部)-雨 (비 우) : 비날씨에 벼락친다 의미
자(字)-雨(비 우) 辰(별 진, 때 신)=진(震)
사(思)-비 날씨게 때 맞으면 벼락이 벼락 진
용(用)-地震지진 震怒진노 震動진동 震度진도 耐震내진 腦震蕩뇌진탕

珍 보배 진; 玉-총9획; [zhēn]보배, 진귀하다, 맛 좋은 음식
부(部)- 王 [玉] (구슬옥변) : 진주 구슬의 대명사 의미
자(字)-王(구슬 옥) 㐱(숱 많을 진)=진(珍)
사(思)-구슬이 많이 모여 보배 진.
용(用)-珍珠(眞珠)진주 珍重진중 珍味진미 珍奇진기 珍羞진수

嗔 성낼 진; 口 [chēn] 성내다, 기운이 성한 모양.
부(部)-입 구(口): 성내면 입에서 표현된다는 의미.
자(字)- 口(입 구) 眞(참 진))=진(嗔).
사(思)-입(口)에서 속 마음(眞(진)이 성을 내서 나오니 성낼 진.
용(用)-嗔言진언 嗔怒진노☞ 진노(瞋怒) 嗔心진심 嗔責진책 嗔慾진욕.

陣 阵 줄 진; 阜 [zhèn] 줄, 열, 방비, 진영, 둔영(屯營).
부(部)-언덕 부(阜)=부(阝): 언덕에 진을 친다는 의미.
자(字)-阝(좌부변 부) 車(수레 차)=진(陣).
사(思)-언덕(阝)에 전차(車-部)를 줄지어 진영(陣營)을 치니 줄 진.
용(用)-退陣퇴진. 陣營진영. 後陣후진. 陣中진중. 陣地진지. 布陣포진.

鎭 镇 진압할 진; 金- [zhèn]진압하다, 누르다, 눌러 두는 물건
부(部)-金 [釒,钅] (쇠 금) 진압 무기는 주로 쇠다 의미
자(字)-金(쇠 금) 眞(참 진)=진(鎭)
사(思)-쇠로 만든 진짜로 무거운 무기로 진압할 진
용(用)-鎭靜진정 鎭壓진압 鎭撫진무 鎭火진화 重鎭중진 鎭魂진혼

診 诊 진찰 진; 言 [zhěn] 보다, 맥을 보다, 진찰하다,
부(部)-말씀 언(言): 진찰에는 말로 한다는 의미.
자(字)-言(말씀 언) 㐱(숱 많을 진)=진(診).
사(思)-말(言)로 많은 숲처럼 자세히 하는 진찰 진.
용(用)-診斷진단. 診療진료. 打診타진. 診斷書진단서.

眞 참 진; 目 [zhēn] 참, 생긴 그대로 真(진)의 본자(本字).
부(部)-눈 목(目): 진짜인가 눈으로 직접 본다는 의미.
자(字)-匕(비수 비) 目(눈 목) ㄴ(숨을 은) 八(여덟 팔)=진(眞).
사(思)-비수(匕)같은 눈(目)으로 숨은곳(ㄴ)을 팔방(八)에 찾으니 참 진. 용
(用)-眞摯진지 寫眞사진 眞實진실 眞情진정 眞相진상 眞僞진위
　　眞心진심 眞理진리 眞正진정 純眞순진 眞品진품 眞率진솔.

疹 홍역 진=두창 진; 疒- [zhěn]홍역, 두창(痘瘡), 앓다
부(部)-疒 (병질엄, 5획) : 병 증상 표현 글자 의미
자(字)-疒(병들어 기댈 녁(역)) + 㐱(숱 많고 검을 진)=진(疹)
사(思)-홍역 등 병이 걸리면 숲처럼 많은 부스러기 허물 홍역 진
용(用)-紅疹홍진 薔薇疹장미진 痲疹마진 濕疹습진 痒疹양진 丘疹구진
　　汗疹한진=땀띠.疹粟진속 痘疹두진

塵 尘 티끌 진; 土 [chén] 티끌, 흙먼지, 속사(俗事), 속세(俗世).
부(部)-흙 토(土): 흙먼지와 관련 글자 의미.
자(字)-鹿(사슴 록(녹)) 土(흙 토) =진(塵).
사(思)-흙밭(土-部)에 사슴(鹿)이 달리니 흙먼지와 티끌이 나니 티끌 진.
용(用)-塵世진세. 粉塵분진. 塵界진계. 塵埃진애. 紅塵홍진.

窒 막을 질; 穴 [zhì]막다, 막히다, 차다, 가득 차다, 메이다.
부(部)-구멍 혈(穴): 막아야 할 대상이 구멍이라는 의미.
자(字)-穴(구멍 혈) 至(이를 지)=질(窒).
사(思)-구멍(穴-部)에 이르게(至) 가득 차게 막을 질.
용(用)-窒素질소. 窒酸질산. 窒息질식. 窒塞질색.

質 质 바탕 질; 貝 - [zhì]바탕, 본연의 성질, 진실, 순진
부(部)-貝 [贝] (조개패) : 재물의 바탕을 본다는 의미
자(字)-斤(도끼 근) 斤(도끼 근) 貝(조개 패) =질(質)
사(思)-도끼질 거듭 잘해야 돈이 되는 목재 바탕이니 바탕 질
용(用)-質問질문 蛋白質단백질 本質본질 質量질량 物質물질 性質성질
　　　素質소질 質疑질의 文質彬彬문질빈빈=외견(外見)이 좋고 내용(內容)
이 충실(充實)하여 잘 조화(調和)를 이른 상태(狀態)를 이름.

疾 병 질; 疒 - [jí]병, 괴로움, 버릇, 성벽(性癖), 앓다,
부(部)- 疒 (병질엄) : 병에 관련 의미
자(字)-疒(병들어 기댈 녁(역)) 矢(화살 시) =질(疾)
사(思)-병이 들면 화살 맞은 것 같으니 병 질.
용(用)-疾病질병 疾走질주 疾風怒濤질풍노도 痼疾고질 疾患질환 痔疾치질

姪 侄 조카 질; 女 - [zhí]조카, 조카딸, 늙은이
부(部)-女 (여자 녀) : 조카딸 의미
자(字)-女(여자 녀(여)) 至(이를 지) =질(姪)
사(思)-조카딸들이 있어야 다음 세대에도 이어지니 조카 질.
용(用)-甥姪생질 姨姪이질 叔姪숙질 姪女질녀 姪壻질서 姪婦질부 婦姪부질

秩 차례 질; 禾 [zhi] 차례, 쌓다, 녹, 녹봉.
부(部)-벼 화(禾): 벼를 수확하는 것과 관련한 글자의 의미.
자(字)-禾(벼 화) 失(잃을 실)=질(秩).
사(思)-벼(禾-部)를 잃어버리지(失) 않게 차례로 쌓아야 하니 차례 질.
용(用)-秩序질서:사물(事物)의 조리(條理)나 그 순서(順序).

輯 辑 모을 집; 車 [jí]모으다, 모이다, 화목하다
부(部)-車 [车] (수레 거) : 수레 만들 재료 모으다 연관
자(字)-車(수레 차) 咠(소곤거릴 집) =집(輯)
사(思)-수레 만들려고 소곤거리며 재료 모을 집
용(用)-編輯편집 蒐輯수집 特輯특집 纂輯所찬집소 聖學輯要성학집요

集 모일 집; 隹 - [jí]모이다, 만나다, 도착하다
부(部)- 隹 (새 추) 새들이 모이다 의미
자(字)-隹(새 추) 木(나무 목) =집(集)
사(思)-새가 나무에 모여 앉으니 모일 집
용(用)-集中집중 募集모집 集團집단 蒐集수집 召集소집 集大成집대성.

執 执 잡을 집; 土- [zhí]잡다, 지키다, 가지다

부(部)-土 (흙 토) : 토지 위에서 잡고 잡히다 의미

자(字)-土(흙 토) 八(나눌 팔) 干(방패 간) 丸(둥글 환)=집(執)

사(思)-지역을 나누어 방패로 잡아 둥근 수갑 채우니 잡을 집

용(用)-執着집착 執事집사 我執아집 執拗집요 固執고집 執權집권

　　　執行집행 執行猶豫집행유예 執中집중

徵 征 부를 징; 彳- [zhēng,zhǐ]부르다, 구하다, 요구하다, 거두다,

부(部)- 彳 (두인변) : 2인 이상 사이에 부르다 의미

자(字)-彳(걸을 척) 山(뫼 산) 一(한 일) 王(왕 왕) 攵(칠 복)= 징(徵)

사(思)-걷는 자를 산하(山河)에 한 임금이 회초리로 징병하니 부를 징

용(用)-特徵특징 象徵상징 徵兆징조 徵候징후 徵收징수 徵發징발 徵用징용

懲 惩 혼날 징; 心 [chéng] 혼나다, 징계, 응징.

부(部)-마음 심(心): 혼난다는 상태의 마음을 의미.

자(字)-徵(부를 징) 心(마음 심) =징(懲). ※ 徵: 부를 징.

사(思)-불러서(徵) 마음(心-部)이 들게 혼날 징. 징계할 징.

용(用)-懲戒징계익. 膺懲응징. 懲役징역. 懲罰징벌. 輕懲戒경징계.

차. 차 부

신백훈 정익학당 추천 애국민 필독서
[숨결이 혁명 될 때] 조우석 17명

且　또 차; 一 [qiě,jū] 또, 잠깐, 장차.
부(部)-한 일(一): 하나부터 시작 또 의 의미.
자(字)-육(月)일(一)=차(且). ※ 제물 도마, 비석 상징 상형문자
사(思)-고기(月)를 또한(一) 접시 위에 올리고 또 올리니 또 차.
용(用)-苟且구차. 且置차치. 重且大중차대. 況且황차. 且月차월.

遮　막을 차; 辶-총15획; [zhē]막다, 덮다, 가리다, 침범하다
부(部)- 辶 [辵,辶,辶] (책받침) : 가다, 행동하다 의미
자(字)-庶(여러 서) 辶(쉬엄쉬엄 갈 착) = 차(遮)
사(思)-여럿이 막아서고 가리니 막을 차
용(用)-遮光차광 遮斷차단 遮蔽차폐 遮陽차양 遮日차일 防遮방차 遮燈차등

次　버금 차; 欠- [cì]버금, 다음, 둘째, 잇다, 뒤를 잇다,
부(部)- 欠 (하품흠) : 부족하니 두 번째로 이어진다 의미
자(字)-二(두 이) 欠(하품 흠, 부족 흠) = 차(次)
사(思)-두 번째로 부족함을 이어지니 버금 차
용(用)-次例차례 節次절차 次元차원 將次장차 漸次점차 屢次누차 再次재차

借　빌 차; 人 [jiè] 빌다, 빌리다, 돕다.
부(部)-사람 인(人): 사람의 행동에 관련 글자 의미.
자(字)-亻(사람인변 인) 昔(예 석)=차(借).
사(思)-사람(亻) 오래(昔)되면 정들어 빌려주니 빌 차.
용(用)-借款차관 借名차명 賃借임차 租借조차 貸借대차 借用차용

車　车 수레 차, 수레 거. 車 [chē,jū]수레, 수레의 바퀴, 도르래
부(部)-수레 차(車) : 제부수 한자
자(字)-차(車) 자기부수 글자
사(思)-마차의 형태를 그린 상형문자
용(用)-自動車자동차 自轉車자전거 車輛차량 駐車주차 車馬 거마

差　다를 차; 工-총10획; [chā,chà,chāi]어긋나다, 실수, 틀림,
부(部)- 工 (장인공) : 장인은 보통인과 다르다 의미
자(字)-羊(양 양) 丿(삐침 별) 工(장인 공)=차(差)
사(思)-좋게 하려다 실수(삐침)은 장인 성공요인으로 일반인과 다를 차
용(用)-差異차이 差別차별 隔差격차 差使차사 快差쾌차 差度차도
　　　　差備차비 差出차출 時差시차 交差교차 誤差오차 偏差편차
　　　　天壤之差천양지차=하늘과 땅 사이와 같이 엄청난 차이(差異).

此 이 차; 止 [cǐ] 이것, 가까운 사물을 가리킴, 斯와 비슷
부(部)-머무를 지(止): 머무를 곳을 가르키는 글자의 의미.
자(字)-止(그칠 지) 匕(비수 비)=차(此).
사(思)-멈추어(지止)서 비수(비匕)로도 닿을만 하니 이 차.
용(用)-此際차제 於此彼어차피 如此여차 此後차후 此回차회 彼此피차.

茶 차 차, 차 다; 艸- [chá]차, 소녀
부(部)-초두머리 초(++=艸):차나무도 풀의 종류라는 의미
자(字)=초(++)인(人)목(木)=다(茶)
사(思)-차잎(초(++)을 사람들(인(人) 차나무(목(木)에서 따니 차 다
용(用)-茶菓다과 茶禮차례 綠茶녹차 茶房다방 茶盞찻잔 紅茶홍차 茶道다도

鑿 뚫을 착; 金- [záo]뚫다, 끊다, 열다, 끌, 구멍을 파는 연장,
부(部)-쇠 금金 : 뚫는 기계 성분이 쇠로 만든 것 의미
자(字)-鏧(뚫을 착)[업(業)구(臼)수(殳) + 金(쇠 금) = 착(鑿)
사(思)-일이 절구 구멍 만드는데 몽둥이 끝에 쇠끝 달아 뚫을 착
용(用)-鑿井鑿一井착정착일정[한 우물을 파라] 穿鑿천착[학문(學問)을
깊이 연구(研究)함] 掘鑿機굴착기 鑿壁착벽 [벽을 뚫음.]

着 붙을 착{저}; 羊- [zhuó,zhù]붙다, 입다, 옷을 입다, 신을 신다
부(部)-目 (눈 목) : 입거나 신거나 보게된다 의미
자(字)-羊(양 양) 丿(삐침 별) 目(눈 목)= 착(着)
사(思)-좋게 보이든 삐치게 보이든 눈에 보이게 되는 입을 착
용(用)-執着집착 到着도착 膠着교착 沈着침착 癒着유착 着手착수
逢着봉착 定着정착

錯 錯 섞일 착; 金 [cuò] 섞이다, 등지다 措(착)과 동자(同字).
부(部)-쇠 금(金):금속이 섞이면 어지럽다는 의미.
자(字)- 金(쇠 금) 昔(예 석)=착(錯).
사(思)-쇠(金)가 오래 옛것이(昔) 되면 녹이 섞이고 어긋날 착.
용(用)-錯覺착각 錯誤착오 錯雜착잡 錯視착시 失錯실착 交錯교착.

捉 잡을 착; 手- [zhuō] 잡다
부(部)- 扌 [手] (재방변): 손으로 잡는다 의미
자(字)-扌(재방변 수) 足(발 족) =착(捉)
사(思)-손으로써 발로 도망가는 사람을 잡을 착
용(用)-捕捉포착 把捉파착 活捉활착 被捉피착 推捉추착 執捉집착

纂 모을 찬; 糸- [zuǎn]모으다, 붉은 끈, 무늬, 채색

부(部)- 糸 [糸,纟] (실 사) : 실모아 끈도 무늬도 의미

자(字)-算(셈할 산) 糸(실 사) = 찬(纂)

사(思)-재료를 잘 계산하여 실 모아 만드니 모을 찬

용(用)-編纂편찬 纂輯所찬집소 類纂유찬 論纂논찬 纂述찬술 纂輯찬집

　　　 纂集찬집 纂修찬수

讚 기릴 찬; 言- [zàn]기리다, 칭찬하다, 밝히다, 적다, 기록하다

부(部)- 言 [言,讠] (말씀 언) : 말로 칭찬하다 의미.

자(字)-言(말씀 언) 贊(도울 찬) =찬(讚)

사(思)-말을 남기고자 여러 사람이 도와서 기릴 찬

용(用)-稱讚칭찬 讚揚찬양 讚頌찬송 禮讚예찬 讚辭찬사

　　　 自畫自讚자화자찬=「자기(自己)가 그린 그림을 스스로 칭찬(稱讚)한
다.」는 뜻, 자기(自己)가 한 일을 자기(自己) 스스로 자랑함을 이르는 말.

贊 贊 도울 찬; 貝- [zàn]돕다, 뵈다, 뵙다, 이끌다, 인도하다

부(部)-貝 [贝] (조개 패) : 재물로 돕는다 의미

자(字)-兟(나아갈 신) 貝(조개 패) = 찬(贊)

사(思)-경쟁하듯이 먼저 나아가서 재물로 도울 찬

용(用)-贊成찬성 協贊협찬 贊反찬반 贊助찬조 贊者찬자 贊劃찬획 贊禮찬례

餐 먹을 찬; 食- [cān]먹다, 음식물, 곁두리, 끼니 외에 간식.

부(部)-食 [飠,𩙿] (밥 식) : 음식 관련 글자 의미

자(字)-奴(남을 잔) 食(밥 식) = 찬(餐)

사(思)-남길 정도로 먹는 먹는 먹을 찬

용(用)-晚餐만찬 午餐오찬 聖餐성찬 素餐소찬 朝餐조찬 粗餐조찬

　　　 正餐정찬 常餐상찬 夕餐석찬

察 살필 찰; 宀 [chá] 알다, 살펴서 알다, 조사하다,

부(部)-집 면(宀): 집안을 살피다는 의미.

자(字)-宀(집 면) 祭(제사 제)=찰(察).

사(思)-집(宀 -部)에서 제사(祭)를 지낼 때 살펴야 하니 살필 찰.

용(用)-檢察검찰. 警察경찰. 省察성찰. 洞察통찰. 査察사찰.

刹 절 찰; 刀- [chà,shā]절, 사원, 짧은 시간, 탑
　부(部)- 刂 [刀,⺈] (선칼도방) : 살생을 경계하는 의미
자(字)-杀(죽일 살) 刂(선칼도방 도) = 찰(刹)
사(思)-살생과 칼을 금기하고 경계하는 사찰이니 절 찰
용(用)-刹那찰나 寺刹사찰 古刹고찰 羅刹나찰 甲刹갑찰 淨刹정찰

札 편지 찰; 木- [zhá]패, 나무, 종이, 편지, 공문서
　부(部)-木 (나무 목) : 대나무 조각에 편지 쓴다 의미
자(字)-木(나무 목) 乚(숨을 은) =찰(札)
사(思)-나무 조각에 안 보이게 쓴 편지 찰
용(用)-入札입찰 鄕札향찰 簡札간찰 落札낙찰 書札서찰 流札유찰 名札명찰

參 參 간여할 참(석 삼); 厶- [cān,cēn,shēn]셋(三), 간여, 참여,
　부(部)-사사 사(厶): 헤아리는 숫자 관련
자(字)-누(厽)삼(彡)=삼(參)　　※厽여러 루(누) / 彡 터럭 삼
사(思)-여러개(누 厽) 털(삼 彡)이 모이고 서로 간여할 참
용(用)-參與참여 參酌참작 參加참가 參考참고 參席참석 參禪참선 參照참조
　　　參謀참모 參觀참관 同參동참 參見참견 參謀部참모부

斬 斬 벨 참; 斤 [zhǎn] 베다, 끊어지다, 매우,
　부(部)-도끼 근(斤): 도끼로 벤다는 의미.
자(字)-車(수레 차) 斤(도끼 근) =참(斬).
사(思)-수레(거 車)로 형장에 가서 도끼(근 斤)로 죄인을 베었으니 벨 참.
용(用)-斬新참신 斬首참수 斬屍참시 斬刑참형 斬新性참신성 斬罪참죄.

慙 부끄러울 참; 心- [cǎn] 부끄러움, 수치
　부(部)-心 [忄,⺗] (마음 심) : 마음의 상태를 의미
자(字)-斬(벨 참) 心(마음 심) =참(慙)
사(思)-베어버리고 싶은 마음이니 부끄러울 참
용(用)-慙愧참괴 慙悔참회 慙怍참작 慙德참덕 慙死참사 慙汗참한
　　　慙色참색 破戒無慙파계무참=계율(戒律)을 어기면서 부끄러워함이 없
음. 또는 그 모양(模樣).

惨 慘 참혹할 참; 心- [cǎn]참혹, 무자비, 비참,
　　부(部)-忄 [心,忄] (심방변) : 마음의 상태 관련 의미
자(字)-忄(심방변 심) 參(참여할 참, 간섭할 참)= 참(慘)
사(思)-주위 마음들이 참여 간섭하여 더 비참해질 참
용(用)-慘憺참담 悽慘처참 慘酷참혹 悲慘비참 慘慽참척 慘事참사
　　　慘狀참상 慘劇참극 慘敗참패
　　　慘慽之變참척지변=자손(子孫)이 부모보다 일찍 죽는 변고(變故).

倉 倉 곳집 창; 人 [cāng] 곳집, 옥(獄), 창고, 내장,
　　부(部)-사람 인(人): 사람이 관리하는 창고라는 의미.
자(字)- 亼(모일 집) 戶(지게문 호) 口(입 구)=창(倉).
사(思)-사람이 모여 문(호(戶)안에 먹을 것(구(口)을 보관하니 곳집 창.
용(用)-倉庫창고 穀倉곡창 營倉영창 倉卒창졸 倉廩창름 倉卒間창졸간
　　　倉主창주:창고(倉庫)의 주인(主人).
　　　倉卒之間창졸지간:미처 어찌할 수도 없는 사이
　　　倉廩實則知禮節창름실즉지예절=재산(財産)이 풍족(豐足) 하고서야 비
로소 예절(禮節)을 알아 차린다는 뜻.

唱 노래 창; 口- [chàng]노래, 부르다, 앞장서서 주장하다
　　부(部)- 口 (입 구) : 노래는 입으로 부른다 의미
자(字)-口(입 구) 昌(창성할 창) = 창(唱)
사(思)-입에서 부르는 노래가 인류 창성하게 하니 노래 창
용(用)-齊唱제창 唱歌창가 合唱합창 提唱제창 獨唱독창 主唱주창
　　　夫唱婦隨부창부수=남편(男便)이 주장(主將)하고 아내가 이에 따름.
또는 가정(家庭)에서의 부부(夫婦) 화합(和合)의 도리(道理)

彰 드러날 창; 彡- [zhāng]뚜렷하다, 밝히다, 드러내다,
　　부(部)-彡 (터럭 삼) : 털이 드러난다 의미
자(字)-章(글 장) 彡(터럭 삼) =창(彰)
사(思)-지식인들은 글로써 세상 이치를 터럭같이 드러날 창
용(用)-表彰표창 彰義門창의문 顯彰현창 表彰狀표창장 彰善창선 彰德창덕
　　　彰惡창악 彰善懲惡창선징악=선(善)한 일은 모두에게 드러내어 찬양
(讚揚)하고, 악(惡)한 일은 징벌(懲罰)함.

創 刱 비롯할 창; 刀- [chuàng,chuāng]비롯하다, 만들다,
부(部)-刂 [刀,⺈] (선칼도방) : 새로운 것 만들려 칼을 사용 의미
자(字)-倉(곳집 창) 刂(선칼도방 도) = 창(創)
사(思)-창고의 재료 가지고 칼로 새로운 것 만드니 비롯할 창
용(用)-創造창조 創業창업 創作창작 創製창제 創意창의 巨創거창
　　　 創出창출 創設창설 創始창시 創案창안 創立창립 創刊창간
　　　 創世창세 創建창건 法古創新법고창신=「옛것을 본받아 새로운 것을
창조(創造)한다.」는 뜻, 옛것에 토대(土臺)를 두되 그것을 변화(變化)시킬
줄 알고 새 것을 만들어 가되 근본(根本)을 잃지 않아야 한다

滄 沧 푸른바다 창; 水- [cāng]차다, 강 이름, 푸르다(蒼)
부(部)-氵 [水,氺] (삼수변) : 바닷물과 관련 의미
자(字)-氵(삼수변 수) 倉(곳집 창) =창(滄)
사(思)-바닷물이 창고처럼 많이 모이면 푸르게 보여 바다 창
용(用)-滄海(蒼海)창해 滄浪창랑 滄溟창명 滄波창파 滄熱창열 滄然창연
　　　 萬里滄波만리창파=끝없이 넓은 바다.

窓 窓 창 창; 穴- [chuāng]창, 굴뚝
부(部)-穴 (구멍 혈) : 창도 구멍으로 소통 한다 의미
자(字)-穴(구멍 혈) 厶(사사 사) 心(마음 심) =창(窓)
사(思)-구멍으로 사사로운 마음들이 소통하니 창 창.
용(用)-窓門창문 同窓동창 映窓영창 封窓봉창 窓口창구 窓戶창호

昌 창성할 창; 日- [chāng]창성, 아름답다, 곱다, 기쁨, 경사
부(部)- 日 (날 일) : 날마다 번창하는 의미
자(字)-日(날 일) 曰(가로 왈) =창(昌)
사(思)-날마다 말하는 것은 창성할 창
용(用)-繁昌번창 昌盛창성 昌寧창녕 居昌거창 隆昌융창 昌大창대

暢 畅 펼 창; 日-[chàng]펴다, 진술하다, 통달하다
부(部)- 日 (날 일) : 날마다 바라는 의미
자(字)-申(거듭 신) 昜(볕 양)=창(暢)
사(思)-거듭 볕이 잘 들게 하는 펼 창
용(用)-和暢화창 暢達창달 流暢유창 明暢명창 暢快창쾌 方暢방창
　　　 萬化方暢만화방창=따뜻한 봄날에 만물(萬物)이 나서 자람.

蒼 苍 푸를 창; 艸 [cāng] 푸른 빛깔, 우거지다, 무성해지다,
부(部)-풀 초(艸)=(++) : 풀의 색깔도 푸르다는 의미.
자(字)- ++(초두머리 초) 倉(곳집 창)=창(蒼).
사(思)-풀(++=艸-部)을 창고(倉)위에 덮으니 푸르니 푸를 창.
용(用)-蒼天창천. 창공(蒼空). 蒼蒼少年창창소년.

菜 나물 채; 艸- [cài]나물, 푸성귀, 반찬,
부(部)-++ [艸,艹,++,++] (초두머리) : 나물은 풀의 종류다 의미
자(字)-++(초두머리 초) 采(캘 채) =채(菜)
사(思)-풀 중에서 사람이 먹을려고 캘 채소를 나물 채
용(用)-菜蔬채소 野菜야채 菜麻채마 花菜화채 雜菜잡채 菜食채식
八寶菜팔보채

彩 무늬 채; 彡- [cǎi]무늬, 채색, 고운 빛깔, 빛
부(部)-彡 (터럭 삼) : 무늬가 터럭 같이 촘촘하다 의미
자(字)-采(풍채 채) 彡(터럭 삼) =채(彩)
사(思)-겉모양 풍채가 터럭 같이 풍성한 무늬 채
용(用)-彩色채색 彩雲채운 文彩문채 精彩정채 光彩광채 多彩다채
虹彩홍채 彩虹채홍=무지개.

債 債 빚 채; 人- [zhài]빚, 빌다, 빌림, 빌린 금품
부(部)-亻 [人] (사람인변) : 사람끼리 빚 주고 받는다 의미
자(字)-亻(사람인변 인) 責(꾸짖을 책) =채(債)
사(思)-사람이 책임지라 꾸짓는 게 빚 채
용(用)-負債부채 債券채권 債務채무 債權채권 卜債복채 私債사채

採 采 캘 채; 手- [cǎi,cài]캐다, 따다, 파내다, 가리다,
부(部)-扌 [手] (재방변) : 손으로 작업한다 의미
자(字)-扌(재방변 수) 采(캘 채) =채(採)
사(思)-손으로 캐어내니 캘 채
용(用)-採用채용 採擇채택 採集채집 採掘채굴 公採공채 伐採벌채 採血채혈

責 責 꾸짖을 책; 貝 [zé] 꾸짖다, 요구하다, 권장하다, 책임, .
부(部)-조개 패(貝): 재물 관리 책임 관련 의미.
자(字)-丰(예쁠 봉) 貝(조개 패)=책(責). ※ 丰 : 예쁠 봉(모양자 참조).
사(思)-예쁘게(丰) 돈(貝-部)을 관리 하지 않으면 꾸짖을 책.
용(用)-責任책임. 叱責질책. 譴責견책. 責務책무. 職責직책.

策 꾀 책, 채찍 책; 竹- [cè]채찍, 채찍질하다, 지팡이

부(部)-⺮ [竹] (대 죽) : 대나무로 채찍 의미

자(字)-⺮(대죽 죽) 朿(가시 자) =책(策)

사(思)-대나무가 가시 같이 매섭게 책략이 되니 꾀 책

용(用)-散策산책 對策대책 政策정책 策略책략 蕩平策탕평책 術策술책
　　　 窮餘之策궁여지책=막다른 골목에서 그 국면(局面)을
　　　 타개(打開)하려고 생각다 못해 짜낸 꾀.
　　　 束手無策속수무책=「손을 묶인 듯이 어찌 할 방책(方策)이
　　　 없어 꼼짝 못하게 된다.」는 뜻으로, 뻔히 보면서 어찌할 바를
　　　 모르고 꼼짝 못한다는 뜻.

冊 책 책; 冂-총5획; [cè]책, 칙서, 꾀, 권

부(部)- 冂 [冂] (멀경몸) : 멀리 있는 지혜도 책에서 본다 의미

자(字)-冂(멀 경) 卄(스물 입) =책(冊)

사(思)-멀리 있는 진리도 스무권 책안에 책 책

용(用)-冊床책상 冊書책서 冊封책봉 空冊공책 冊房책방 冊張책장
　　　 冊欌책장 冊曆책력 書冊서책

處 処 살 처; 虍 [chù,chǔ] 머물다, 지키다, 묵다, 거처하다.

부(部)- 虍 (범호엄) : 호랑이도 피할 수 있는 거처 의미

자(字)-虍(호피 무늬 호) 処(곳 처))=처(處).

사(思)-호랑이(虍)에고 안전한 곳에 살 처

용(用)-處理처리. 處罰처벌. 處暑처서. 對處대처. 部處부처.
　　　 隨處作主수처작주=어느 곳이든 가는 곳마다 주인(主人)이 됨.

悽 슬퍼할 처; 心- [qī]슬퍼하다, 차갑다,

부(部)-忄 [心,㣺] (심방변) 슬픈 마음의 상태 의미.

자(字)-忄(심방변 심) 妻(아내 처) =처(悽)

사(思)-마음으로 아내의 고생을 생각하면 슬플 처

용(用)-悽慘처참 悽然처연 悽愴(悽悵)처창 悽絶처절 悽慟처통 悽色처색

妻 아내 처; 女 [qī,qi] 아내, 시집보내다.

부(部)-계집 여(女):아내는 여자의 의미.

자(字)-십(十)계(彐)여(女)=처(妻).

사(思)-많이(十) 손(彐)으로 일을하는 여자 아내 처.

용(用)-妻家처가 妻男처남 妻子처자 妻妾처첩 喪妻상처

家有賢妻丈夫不遭橫事가유현처장부부조횡사가정(家庭)에 어진 아내가 있으면, 남편(男便)은 부정(不正)한 일을 하지 않음을 이르는 말. .

戚 친척 척/근심할 척; 戈- [qī]겨레, 도끼, 슬퍼하다
부(部)-戈 (창 과) : 겨레를 지키려 싸운다 의미.
자(字)-厂(집 엄) 未(아저씨 숙) 戈(창 과) = 척(戚)
사(思)-집 식구와 아저씨가 창들고 나라지키니 친척 척
용(用)-親戚친척 姻戚인척 外戚외척 戚臣척신 戚姪척질 勳戚훈척

斥 물리칠 척; 斤- [chì]물리치다, 가리키다, 나타나다, 드러나다
부(部)- 斤 (날 근) : 도끼로 물리치다 의미
자(字)-斤(근 근) 丶(점 주) =척(斥)
사(思)-도끼로 목표 점을 향해 물리치니 물리칠 척
용(用)-排斥배척 除斥제척 斥候척후 斥邪척사 斥和碑척화비
　　斥邪衛正척사위정=사악(邪惡)을 배척(排斥)하고 정의(正義)를 지킴.
　　除斥期間제척기간=어떤 종류(種類)의 권리(權利)에 대(對)해서 법률상(法律上) 정(定)해져 있는 존속(存續) 기간(期間). 곧, 이 기간(期間)이 경과(經過)하면 권리(權利)는 소멸(消滅)함.

隻 只 외짝 척; 隹- [zhī]새 한 마리, 짝 있는 것의 한쪽, 한 사람
부(部)- 隹 (새 추) : 새가 짝을 찾는다 의미
자(字)-隹(새 추) 又(또 우) =척(隻)
사(思)-새 한 마리 단독이라 또 짝을 찾으니 외짝 척
용(用)-隻愛척애=짝사랑. 隻影척영 一隻일척 隻眼척안
　　隻手空拳척수공권=「외손에 맨주먹」 이란 뜻으로, 곧 아무 것도 가진 것이 없음. / 孤身隻影고신척영=「외로운 몸과 하나의 그림자」 라는 뜻으로, 몸 붙일 곳 없이 떠도는 외로운 신세(身世)를 이르는 말.

尺 자 척; 尸- [chǐ,chě,chè]자, 법, 법도, 길이
부(部)- 尸 (주검시엄) : 몸의 길이을 재는 단위로 시작 의미
자(字)-尸(주검 시, 몸 시) + 丶(점 주)= 척(尺)
사(思)-몸의 점찍은 사이 길이를 자의 단위로 사용 자 척.
용(用)-尺度척도 縮尺축척 繩尺승척 越尺월척 禾尺화척 木尺목척

拓 주울 척, 박을 탁; 手- [tuò,tà]줍다, 꺾다, 넓히다, 확장시키다
부(部)-扌 [手] (재방변) : 손을 활용한다 의미
자(字)-扌(재방변 수) 石(돌 석) = 척(拓)
사(思)-손으로 돌멩이든 작품을 주울 척
용(用)-開拓개척 干拓간척 拓本탁본 干拓地간척지 拓地척지 手拓수탁 魚拓어탁

刺 찌를 척{찌를 자}; 刀- [cì]찌르다, 가시, 침, 헐뜯다, 꾸짖다
부(部)- 刂 [刀,⺈] (선칼도방) : 칼에 관련된 글자 의미
자(字)-朿(가시 자) 刂(선칼도방 도) =척(刺)
사(思)-가지 같이 날카룬 칼로 찌를 척
용(用)-刺殺척살=칼 따위로 찔러 죽임. 刺戟자극 諷刺풍자 刺客자객
　　　刺繡자수 刺傷자상 刺股懸梁자고현량=「허벅다리를 찌르고, 머리털을
대들보에 묶는다.」는 뜻으로, 분발(奮發)하여 열심히 공부(工夫)함을

川 내 천; 巛- [chuān]내, 물귀신
부(部)- 巛 [川] (개미허리) : 내천이 모양 의미
자(字)-川(내 천)
사(思)-물이 굽이쳐 흐르는 모습을 상형
용(用)-山川草木산천초목 名山大川명산대천
　　　晝夜長川주야장천=「밤낮으로 쉬지 않고 흐르는 시냇물」

穿 뚫을 천; 穴-[chuān]뚫다, 구멍, 구멍이 나다
부(部)-구멍혈 穴 : 뚫으면 구멍이 된다는 의미로
자(字)-穴(구멍 혈) + 牙(어금니 아)=천(穿)
사(思)-뚫기 작업시에 어금니 악 물고 힘쓰니 뚫을 천
용(用)-水滴穿石수적천석「물방울이 바위를 뚫는다.」　渴而穿井갈이천정
「목이 말라야 비로소 샘을 판다.」　穿鑿천착 穿孔천공

踐 践 밟을 천; 足- [jiàn]밟다, 걷다, 실천하다, 지키다, 따르다,
부(部)-𧾷 [足] (발족변) : 발로 실천한다 의미
자(字)-𧾷 (발족 족) 戔(나머지 잔, 깍을 찬)= 천(踐)
사(思)-발로 움직여 창을 들고 진격하니 밟을 천
용(用)-實踐실천 踐履천리 踐踏천답 踐歷천력 踐年천년 踐言천언 踐行천행

泉 샘 천; 水 [quán] 샘, 솟는 물, 돈. 源(천)과 동자(同字).
　부(部)-물 수(水): 샘물에 관한 글자 의미.
자(字)-백(白)수(水)=천(泉).
사(思)-물(수(水)이 깨끗하게(백(白) 솟는 곳이 샘이다.
용(用)-源泉원천 溫泉온천 源泉的원천적 源泉徵收원천징수 黃泉客황천객.

淺 浅 얕을 천; 水 [qiǎn,jiān] 얕다, 물이 얕다, 성기다.
　부(部)-氵 [水,氺] (삼수변) : 물의 깊이 관련 글자 의미
자(字)-氵(삼수변 수) 戔(쌓일 전, 나머지 잔)=천(淺).
사(思)-물(氵=水, 氺)이 쌓이는게 얕아서 얕을 천
용(用)-淺薄천박 淺水灣천수만 淺學천학 鄙淺비천 深淺심천.

遷 迁 옮길 천; 辵- [qiān]옮기다, 바꾸다, 교환하다, 변하다,
　부(部)- 辶 [辵,辶,辶] (책받침) : 가다 움직이다 의미
자(字)-䙴(옮길 천) 辶(쉬엄쉬엄 갈 착) =천(遷)
사(思)-옮기려면 걸어가야 하니 옮길 천
용(用)-遷都천도 左遷좌천 播遷파천 變遷변천 遷移천이 遷延천연
　　　　改過遷善개과천선=지난날의 잘못을 고치어 착하게 됨.

千 일천 천; 十 [qiān] 일천, 천 번, 많다.
　부(部)-열 십(十): 많은 숫자라는 의미. 열은 많다는 뜻.
자(字)-별(丿)십(十)=천(千).
사(思)-별(丿음을 인용)이 많(十)아 일천 천.
용(用)-千萬천만 千字文천자문 千億천억 數千수천 千金천금.

薦 荐 천거할 천; 艸 [jiàn] 천거하다, 공물(供物), 거적.
　부(部)-풀 초(艸)=초(艹): 푸른 초원의 멋있는 사슴과 새를 천거?.
자(字)-艹(초두머리 초) 廌(해태 치)=천(薦) 해태 치:선악 판단 능력.
사(思)-초원에서 해태(廌)처럼 선악판단 능력의 인물을 골라 천거할 천.
용(用)-推薦추천 公薦공천 薦擧천거 擧薦거천 薦引천인.
　　　　毛遂自薦모수자천=「모수(毛遂)가 스스로 천거(薦擧)했다.」 는 뜻으로,
자기(自己)가 자기(自己)를 추천(推薦)하는 것을 이르는 말. 오늘날에는
의미(意味)가 변질되어 일의 앞뒤도 모르고 나서는 사람을 비유

賤 贱 천할 천; 貝 [jiàn] 천하다, 싸다, 신분이 낮다,

부(部)- 貝 [贝] (조개패) : 재물의 다소와 관련 글자 의미

자(字)-貝(조개 패) + 戔(나머지 잔)패(貝)전(戔)=천(賤).

사(思)-재물(貝-部)을 쌓을(戔)려고만 하니 천할 천.(쓰고 베풀고 해야.).

용(用)-貴賤귀천. 賤待천대. 貧賤빈천. 賤貧천빈. 賤賓천빈.

　　　貧賤之交빈천지교=내가 가난하고 천할 때 나를 친구(親舊)로 대(對)

해 준 벗은 내가 부귀(富貴)하게 된 뒤에도 잊어서는 안됨.

　　　樂殊貴賤악수귀천=풍류(風流)는 귀천(貴賤)이 다르니, 천자(天子)는

팔일무(八佾舞), 제후(諸侯)는 육일무(六佾舞), 사대부(士大夫)는 사일무(四佾

舞), 서민(庶民)은 이일무(二佾舞)임.

天 하늘 천; 大 [tiān] 하늘, 천체, 천체의 운행, 태양.

부(部)-큰 대(大): 하늘은 최고 큰 것이다 의미.

자(字)-일(一)대(大)=천(天).

사(思)-큰 것(大 큰 대)의 제1등은(一) 끝없이 펼쳐져 있는 하늘 천.

용(用)-㊗天上天下천상천하:온 세상(世上).

撤 거둘 철; 手- [chè]거두다, 치우다, 그만 두다, 폐하다

부(部)- 扌 [手] (재방변) : 손으로 치운다 의미

자(字)-扌(재방변 수) 育(기를 육) 攵(칠 복)=철(撤)

사(思)-손으로 기르기 그만 둔다 방망이 치니 거둘 철

용(用)-撤收철수 撤回철회 撤去철거 撤廢철폐 撤市철시

　　　撤祀철사=제사(祭祀)를 마침. 不撤晝夜불철주야 「밤낮을 가리지 않

는다.」는 뜻으로, 조금도 쉴 사이 없이 일에 힘씀.

哲 밝을 철; 口- [zhé]밝다, 총명하다, 알다, 분명히 하다

부(部)- 口 (입 구) : 철학자는 말을 한다 의미

자(字)-折(꺾을 절) 口(입 구) =철(哲)

사(思)-굽은 것, 꺽은 것은 버리고 바른 소리하니 밝을 철

용(用)-哲學철학 明哲명철 哲人철인 哲辟철벽 聖哲성철 哲理철리

　　　西哲서철 先哲선철 十哲십철 明哲保身명철보신=「총명(聰明)하여 도

리(道理)를 좇아 사물(事物)을 처리(處理)하고, 몸을 온전(穩全)히 보전(保全)

한다.」는 뜻으로, 매사(每事)에 법도(法度)를 지켜 온전(穩全)하게 처신(處

身)하는 태도(態度)를 이르는 말.

鐵 铁 쇠 철; 金- [tiě]쇠, 검다, 단단하다, 견고하다

부(部)-金 [金,钅] (쇠 금) 쇠에 관련 의미

자(字)-金(쇠 금) 吉(길할 길) 王(임금 왕) 戈(창 과)=철(鐵)

사(思)-쇠는 좋은 것이라 임금이 국가 안보 쇠 철

용(用)-鋼鐵강철 鐵槌철퇴 鐵鋼철강 鐵道철도 地下鐵지하철 龍鬚鐵용수철
　　　鐵甲철갑 製鐵제철 鐵絲철사 鐵筋철근 電鐵전철 鐵橋철교

　　寸鐵殺人촌철살인=「한 치밖에 안되는 칼로 사람을 죽인다.」는 뜻으로,간단(簡單)한 경구(警句)나 단어(單語)로 사람을 감동(感動)시킴. 또 사물(事物)의 급소(急所)를 찌름의 비유(比喩·譬喩).

　　鐵面皮철면피=「쇠처럼 두꺼운 낯가죽」이라는 뜻으로, 뻔뻔스럽고 염치(廉恥)없는 사람을 이르는 말.

　　鐵心石腸철심석장=「쇠 같은 마음에 돌 같은 창자」라는 뜻으로, 지조(志操)가 철석같이 견고(堅固)하여 외부(外部)의 유혹(誘惑)에 움직이지 않는 마음을 이르는 말.

徹 彻 통할 철; 彳- [chè]통하다, 뚫다, 환하다, 밝다

부(部)- 彳 (두인변) : 사람간에 통한다 의미

자(字)-彳(조금 걸을 척) 育(기를 육) 攵(칠 복)=철(徹)

사(思)-부지런히 걷고 기르고 회초리 맞아 지혜에 통할 철

용(用)-徹底철저 透徹투철 貫徹관철 冷徹냉철 徹夜철야 洞徹통철

　　徹頭徹尾철두철미=「머리에서 꼬리까지 통(通)한다.」는 뜻으로, 「처음부터 끝까지 방침(方針)을 바꾸지 않고, 생각을 철저(徹底)히 관철(貫徹)함.」을 이르는 말.

添 더할 첨; 水- [tiān]더하다, 보태다, 맛을 내다

부(部)-氵 [水,氺] (삼수변) : 물에다 첨가한다 의미.

자(字)-氵(삼수변 수) 忝(더럽힐 첨) =첨(添)

사(思)-순수한 물 순수성을 더럽혀도 맛을 내니 더할 첨

용(用)-添削첨삭 添附첨부 添加첨가 添設첨설 添酌첨작

　　錦上添花금상첨화=「비단(緋緞) 위에 꽃을 더한다.」는 뜻으로, 좋은 일에 또 좋은 일이 더하여짐을 이르는 말.

尖 뾰족할 첨; 小- [jiān]뾰족하다, 거칠다, 끝
부(部)- 小 (작을 소) : 몸통 보다 끝이 작다 의미
자(字)-小(작을 소) 大(클 대) =첨(尖)
사(思)-송곳처럼 끝이 작고 몸통은 크니 뾰족할 첨
용(用)-尖端첨단 尖銳첨예 最尖端최첨단 尖塔첨탑 尖利첨리 尖角첨각
　　　尖兵첨병=적 근처(近處)를 행군(行軍)할 때, 부대(部隊) 전방(前方)에
서 경계(警戒)·수색(搜索)을 하는 소부대(小部隊).

詹 이를 첨, 넉넉할 담; 言 [zhān] 이르다, 도달, 수다, 보다(瞻).
부(部)-말씀 언(言): 말로 도착했다는 의미.
자(字)-첨(厃)인(儿)언(言)=첨(詹).
사(思)-우러러볼(厃) 어진사람(儿)에 말씀(言)드리니 이를 첨.
용(用)-詹事府첨사부.

簷 처마 첨; 竹 [yán] 처마, 갓모다, 모자의 갓 둘레.
부(部)-대 죽(竹): 처마의 재료가 대나무와 관련된 의미.
자(字)- 𥫗(대죽 죽) 詹(이를 첨)=첨(簷) ※ 詹: 이를 첨.
사(思)-대나무(竹-部)로 된 지붕에서 빗물이 이르는(詹) 곳이 처마이다.
용(用)-茅簷모첨 簷牙첨아(처마) 松簷송첨 涼簷양첨.
　　　山鳥下廳舍, 簷花落酒中 산조하청사, 첨화락주중 =산새는 청사(뜰)에
내려앉고, 처마의 꽃은 술가운데에 떨어짐.

諜 염탐할 첩; 言- [dié]염탐하다, 염탐꾼, 안심하다
부(部)-言 [讠,讠] (말씀 언) : 말을 염탐한다 의미
자(字)-言(말씀 언) 枼(나뭇잎 엽) =첩(諜)
사(思)-말로 나뭇잎을 보고 무슨 나무인지 염탐할 첩
용(用)-間諜간첩 諜報첩보 諜者첩자 防諜방첩 諜報戰첩보전 諜報網첩보망
　　　間諜船간첩선 對間諜대간첩 女間諜여간첩 間諜罪간첩죄

妾 첩 첩; 女- [qiè]첩, 계집종
부(部)- 女 (여자 녀) : 첩은 여자다 의미.
자(字)-立(설 립(입)) 女(여자 녀(여)) =첩(妾)
사(思)-본처(本妻)옆에 서 있는 여자 첩 첩
용(用)-妻妾처첩 作妾작첩 賤妾천첩 妓生妾기생첩 童妾동첩

- 348 -

晴 갤 청; 日- [qíng]개다, 비가 그치다, 구름이 없다, 개운하다
부(部)-日 (날 일) : 그날의 기상 관련 의미

자(字)-日(날 일) 靑(푸를 청)=청(晴)

사(思)-해와 푸른하늘이 보이니 갤 청

용(用)-快晴쾌청 乍晴사청 晴明청명 晴天청천 晴曇청담 春晴춘청 晴煙청연
　　　晴耕雨讀청경우독=「갠 날에는 밖에 나가 농사일(農事-)을 하고, 비
오는 날에는 책을 읽는다.」는 뜻으로, 「부지런히 일하면서 틈나는 대로 공
부(工夫)함.」을 이르는 말.

廳 厅 관청 청; 广- [tīng]관청, 마을, 관아, 대청, 마루, 건물
부(部)- 广 (엄호) : 집에 관련 의미.

자(字)-广(집 엄) 聽(들을 청) =청(廳)

사(思)-관청에서는 민원을 잘 들어야 관청 청

용(用)-官廳관청 市廳시청 廳舍청사 大廳대청 郡廳군청 區廳구청
　　　教育廳 교육청

聽 听 들을 청; 耳 [tīng] 듣다, 기다리다, 받다,
부(部)-귀 이(耳): 듣는다는 의 뜻의 한자라는 의미.

자(字)-이(耳)왕(王)십목(十目)일심(一心)=청(聽).

사(思)-귀로(耳-) 왕(王)은 열개 눈(十目)과 일심(一心)으로 들을 청.

용(用)-盜聽도청. 聽聞會청문회. 視聽시청.
　　　非禮勿聽비례물청=예(禮)가 아니면 듣지도 말아라.
　　　兼聽則明겸청즉명=여러 사람의 의견(意見)을 들어 보면 시비(是非)를
정확하게 판단(判斷)할 수 있음.

淸 맑을 청; 水 [qīng] 맑다, 선명, 사념(邪念)이 없다,
부(部)-물 수(水)=삼수변(氵): 물이 맑은 것처럼 의미.

자(字)-氵(삼수변 수) 靑(푸를 청)=청(淸).

사(思)-물(氵=水, 氷)에 푸른(청(靑)하늘이 비추니 맑을 청.

용(用)-淸明청명. 淸算청산. 淸掃청소. 淸溪川청계천. 淸廉청렴.

請 请 청할 청; 言- [qǐng]청하다, 빌다, 고하다, 청탁,
부(部)-言 [言,讠] (말씀 언) : 말로 간청하다 의미
자(字)-言(말씀 언) 青(푸를 청) =청(請)
사(思)-말로서 맑게 푸르게 할 것을 청할 청
용(用)-申請신청 請求청구 要請요청 請願청원 懇請간청 請約청약
　　　請託청탁 請牒청첩 請負청부 提請제청 請婚청혼
　　　負荊請罪부형청죄=「가시 나무를 등에 지고 때려 주기를 바란다.」는
뜻, 자신(自身)의 잘못을 인정(認定) 사죄(謝罪)하는 것 의미(意味)함.

遞 递 갈마들 체; 辵- [dì] 번갈아, 교대로, 전하다, 보내다
부(部)- 辶 [辵,辶,⻌] (책받침) : 번갈아 가다 의미
자(字)-虒(뿔범 사) 辶(쉬엄쉬엄 갈 착)=체(遞) ※뿔범 : 전설상 동물
사(思)-뿔범 같이 번갈아 전하니 갈마들 체 ※갈마들다= 번갈아들다.
용(用)-郵遞局우체국 郵遞우체 遞信체신 遞減체감 遞增체증

涕 눈물 체; 水 [tì] 눈물, 울다, 눈물을 흘리며 울다.
부(部)-물 수(水): 눈물도 물이라는 의미.
자(字)- 氵(삼수변 수) 弟(아우 제)=체(涕).
사(思)-눈물은(水=氵) 대개 동생(弟)이 흘리니 눈물 체. (형제 싸움에서)
용(用)-涕泣체읍 : 눈물을 흘리며 욺. 鼻涕비체:콧물.

滯 滞 막힐 체; 水- [zhì]막히다, 빠지다, 남다, 골똘하다
부(部)-氵 [水,氺] (삼수변) 물이 막히다 의미
자(字)-氵(삼수변 수) 帶(띠 대) =체(滯)
사(思)-물이 띠를 이루고 막히니 막힐 체
용(用)-遲滯지체 沈滯침체 停滯정체 滯症체증 延滯연체 滯拂체불
　　　積滯적체

締 缔 맺을 체; 糸- [dì]맺다, 묶다, 연결, 닫다, 닫치다
부(部)- 糹 [糸,糸] (실사변) : 실 같이 맺어 준다 의미
자(字)-糹(가는 실 멱) 帝(임금 제) = 체(締)
사(思)-실같이 국민과 신하들 맺어 주는 임금 맺을 체
용(用)-締結체결 締盟체맹 締交체교 締約체약 締姻체인 締約國체약국
　　　取締役취체역=(理事(이사)) 締約金체약금=(契約保證金(계약보증금))

體　体 몸 체; 骨 [tǐ,tī] 몸, 신체(身體), 수족, 모양, 격식.
부(部)－뼈 골(骨): 몸의 골격과 관련 의미.
자(字)－骨(뼈 골) 豊(풍년 풍)＝체(體).
사(思)－뼈(골(骨)를 중심으로 기능이 풍성(豊盛)하게 갖추어지니 몸 체. 용
(用)－團體단체 具體的구체적 全體전체 體系체계 體制체제 業體업체.
　　　自體자체 媒體매체 總體的총체적 都大體도대체 體驗체험.

逮　미칠 체; 辵－ [dǎi,dài]미치다, 이르다, 잡다, 붙잡다, 보내다
부(部)－ 辶 [辵,辶,辶] (책받침) : 걸어 가야만 이르다 의미
자(字)－隶(미칠 이) 辶(쉬엄 갈 착)＝체(逮) ※미치다 ＝일정한 선에 닿다.
사(思)－목표에 미칠려면 가야하니 미칠 체
용(用)－逮捕체포 逮捕令狀체포영장 被逮피체 逮夜체야 逮鞫체국
　　　逮捕罪체포죄 不逮捕特權불체포특권＝국회의원(國會議員)의 2대 특권
(特權)의 하나. 현행범(現行犯)이 아닌 이상(以上) 회기(會期) 중(中) 국회(國
會)의 동의(同意) 없이는 체포(逮捕) 또는 구금(拘禁)되지 않는 특권(特權).

替　바꿀 체; 曰 [tì] 쇠퇴하다, 쓸모없다, 버리다,
부(部)－가로 왈(曰): 쇠퇴했다 평가 말로 하다는 의미.
자(字)－夫夫(함께 갈 반) 曰(가로 왈) ＝체(替).
사(思)－함께 뛰는 선수(夫)를 교체(交替) 한다 감독이 말하니 바꿀 체
용(用)－代替대체 交替교체 移替이체 替代체대 對替대체.
　　　馬好替乘마호체승＝「말도 갈아타는 것이 좋다.」 는 뜻으로, 예전 것도
좋기는 하지만 새것으로 바꾸어 보는 것도 즐겁다는 말.
　　　世代交替세대교체＝신세대(新世代)가 구세대(舊世代)와 교대(交代)

切　온통 체, 끊을 절; 刀－ [qiē,qiè]온통, 끊다, 갈다, 문지르다,
부(部)－ 刀 [刂] (칼 도) : 끊는 것은 칼의 기능 의미
자(字)－七(일곱 칠) 刀(칼 도) ＝ 체(切)
사(思)－칠전팔기로 칼질하면 온통 체, 끊어질 체
용(用)－切齒腐心절치부심 切磋琢磨절차탁마＝자르고 쓸고 쪼고 갈고

焦　그을릴 초; 火－ [jiāo]그을리다, 애타다, 애태우다,
부(部)－ 灬 [火] (연화발＝燕火발) : 불에 관련된 글자 의미
자(字)－隹(새 추) 灬(연화발 화)
사(思)－날아다니는 새라서 불에는 그을릴 초
용(用)－焦燥초조 焦點초점

焦土化초토화=「불에 타서 검게 그을린 흙이 된다.」는 뜻

勞心焦思노심초사=마음을 수고롭게 하고 생각을 너무 깊게 함.

焦眉之急초미지급=「눈썹이 타게 될 만큼 위급(危急)한 상태(狀態)」란 뜻으로, 그대로 방치(放置)할 수 없는 매우 다급(多急)한 일이나 경우(境遇)를 비유(比喩・譬喩)한 말.

超
넘을 초; 走- [chāo]넘다, 뛰어 넘다, 지나가다, 멀다, 높다

부(部)- 走 (달릴 주) : 달려야 뛰어넘는다 의미

자(字)-走(달릴 주) 召(부를 소) =초(超)

사(思)-달려가 간절하게 부르니 뛰어 넘을 초.

용(用)-超越초월 超過초과 超然초연 超人초인 超新星초신성 超能力초능력 超高速초고속 超音波초음파 超出초출 超越的초월적

抄
베낄 초, 뽑을 초; 手- [chāo]노략질하다, 뜨다, 베끼다

부(部)-扌[手] (재방변) : 손을 베껴쓰다 의미

자(字)-扌(재방변 수) 少(적을 소) =초(抄)

사(思)-손으로 필요한 작은 부분 베껴쓸 초.

용(用)-抄錄초록=소용(所用)될 만한 것만 뽑아서 적음. 또는 그러한 기록 抄本초본=원본(原本)의 일부(一部)를 베끼거나 발췌(拔萃)한 문서 三別抄삼별초 戶籍抄本호적초본 拔萃抄錄발췌초록=여럿 속에서 뛰어난 것을 뽑아 간단(簡單)히 적어 둔 것.

肖
닮을 초, 꺼질 소; 肉- [xiào,xiāo]닮다, 작다, 꺼지다, 없어지다

부(部)-月 [肉] (육달월) : 육체 모양이 닮다 의미

자(字)-小(작을 소) 月(육달월 월) =초(肖)

사(思)-작은 부분이나 육체 일부 닮을 초.

용(用)-肖像초상 肖像權초상권 不肖孫불초손 不肖子불초자 不肖子息불초자식

哨
망볼 초; 口- [shào]망보다, 작다, 잘다, 병제(兵制)의 하나

부(部)- 口 (입 구) : 망보면서 이상 유무 보고하는 의미.

자(字)-口(입 구) 肖(닮을 초) = 초(哨)

사(思)-말로 암구호를 질문 닮았는지 확인하는 망볼 초

용(用)-哨戒초계 步哨보초 哨所초소 哨兵초병 哨務초무 前哨戰전초전

招 부를 초; 手 [zhāo] 오라고 손짓, 구하다, 속박, 결박.

부(部)-손 수(手)=재방변(수(扌): 손짓을 의미.

자(字)- 扌(재방변 수) 김(부를 소)=초(招).

사(思)-손짓 포함 부르니 부를 초.

용(用)-招來초래 招請초청 自招자초 招聘초빙 招待초대 招魂초혼.
　　　問招문초 請招청초 招致초치

礎 础 주춧돌 초; 石- [chǔ] 주춧돌

부(部)- 石 (돌 석) : 돌로 주춧돌을 만들다 의미.

자(字)-石(돌 석) 楚(초나라 초, 모형 초) =초(礎)

사(思)-돌이 기둥을 받쳐주는 모형이니 주춧돌 초

용(用)-基礎기초 定礎정초 礎石초석 柱礎주초 柱礎石주초석 基礎的기초적

初 처음 초; 刀 [chū] 처음, 시작, 첫, 비로소,

부(部)-칼 도(刀): 옷을 만들 때 칼로 처음 재단 의미.

자(字)-衤(옷의변 의) 刀(칼 도) =초(初).

사(思)-옷(의(衣=衤)을 만들 때 칼(도(刀)로 천을 재단함이니 처음 초.

용(用)-最初최초 當初당초 初期초기 初步초보 年初연초 初盤초반 端初단초
　　　始初시초 初有초유.

秒 초 초{묘}; 禾- [miǎo]초, 미묘하다, 시간·각도·온도 등의 단위

부(部)- 禾 (벼 화) : 벼의 까끄라기처럼 최소의 시간 단위 의미

자(字)-禾(벼 화) 少(적을 소) =초(秒)

사(思)-벼의 작은까끄라기 모여 알곡 만들 듯이 초가 모여 시간 초 초

용(用)-秒速초속 分秒분초 秒針초침 每秒매초 秒時計초시계

草 풀 초; 艸 [cǎo] 풀, 초원(草原), 거친 풀, 잡초.

부(部)-풀 초(草): 풀에 관련 글자이니 부수도 당연 의미.

자(字)-++(초두머리 초) 早(이를 조)=초(草).

사(思)-풀은(++=艸) 이르게(조(早)자라니 풀 초.

용(用)-草木초목 草案 草綠초록 甘草감초 花草화초.

　　　結草報恩결초보은=「풀을 묶어서 은혜(恩惠)를 갚는다.」는 뜻으로,
죽어 혼이 되더라도 입은 은혜(恩惠)를 잊지 않고 갚음.

　　　草家三間초가삼간=「세 칸짜리 초가(草家)」라는 뜻으로, 아주 보잘것
없는 초가(草家)를 이르는 말.　草綠同色초록동색=「풀빛과 녹색(綠色)은
같은 빛깔」이란 뜻으로, 같은 처지(處地)의 사람과 어울리거나 기우는 것.

觸 触 닿을 촉; 角- [chù]닿다, 부딪치다, 떠받다, 의거하다,
　　부(部)- 角 [⻆] (뿔 각) : 뿔로 부딪치다 의미
자(字)-角(뿔 각) 蜀(애벌레 촉) =촉(觸)
사(思)-뿔이 애벌레를 들이 받아 자극 받으니 닿을 촉.
용(用)-接觸접촉 抵觸저촉 觸媒촉매 觸覺촉각 觸手촉수 感觸감촉
　　　觸感촉감 觸發촉발 觸診촉진 觸角촉각
　　　一觸卽發일촉즉발=「한 번 닿기만 하여도 곧 폭발(爆發)한다.」는 뜻
으로, 조그만 자극(刺戟)에도 큰 일이 벌어질 것 같은 아슬아슬한 상태(狀
態)를 이르는 말.

促 재촉할 촉; 人- [cù]재촉하다, 다가오다, 이르다
　　부(部)-亻[人] (사람인변) : 재촉은 사람에 관련된 의미
자(字)-亻(사람인변 인) 足(발 족) =촉(促)
사(思)-사람이 발로 다니면서 재촉할 촉
용(用)-督促독촉 促進촉진 促求촉구 催促최촉 促迫촉박 販促판촉
　　　促進劑 촉진제 促發촉발 促婚촉혼 星火督促성화독촉=(별똥이 떨어지
듯이) 몹시 심(甚)하고 급(急)하게 재촉함.

燭 烛 촛불 촉; 火- [zhú]촛불, 등불, 화톳불
　　부(部)- 火 [灬] (불 화) : 불에 관련 글자 의미.
자(字)-火(불 화) 蜀(애벌레 촉) =촉(燭)
사(思)-불을 밝히려고 누에 애벌레에게 켜주는 촛불 촉
용(用)-燭淚촉루 燭臺촉대 照燭조촉 香燭향촉 肉燭육촉 燭匠촉장
　　　洞燭통촉=(윗사람이 아랫사람의 사정(事情)이나 형편(形便) 따위를)
깊이 헤아려 살핌.

村 마을 촌; 木- [cūn]마을, 시골, 촌스럽다, 꾸밈이 없다,
　　부(部)-木 (나무 목) : 마을마다 큰 나무 있다 의미.
자(字)-木(나무 목) 寸(마디 촌) = 촌(村)
사(思)-그늘 만드는 나무가 마디처럼 있는 마을 촌
용(用)-農村농촌 村落촌락 漁村어촌 僻村벽촌 山村산촌 江村강촌
　　　地球村지구촌 山間僻村산간벽촌

總 总 거느릴 총; 糸- [zǒng,cōng]거느리다, 통괄, 모이다, 모두
부(部)-糸 [糸,纟] (실 사) : 실타래 같이 다 모으다 의미
자(字)-糸(가는 실 멱) 悤(바쁠 총) =총(總)
사(思)-실처럼 연결하려고 바쁘게 모으고 거느릴 총
용(用)-總括총괄 總務총무 總長총장 總理총리 總裁총재 總會총회

聰 聡 귀 밝을 총; 耳 [cōng] 귀가 밝다, 총명하다, 듣다.
부(部)-귀 이(耳): 귀는 잘 들어야 하는 의미.
자(字)-耳(귀 이) 悤(바쁠 총)=총(聰). ※ 悤: 바쁠 총(모양자 참조).
사(思)-귀(耳-部)가 바쁘게(悤) 경청해야 귀 밝아질 총.
용(用)-聰明총명 薛聰설총 聰氣총기 聰智총지. 聰俊총준.

　　　聰明不如鈍筆총명불여둔필=「총명(聰明)은 둔필만 못하다.」 는 뜻, 아
무리 기억력(記憶力)이 좋다 해도 그때그때 적어 두어야 한다는 말.

摠 모두 총; 手 [zǒng] 모두, 지배하다.
부(部)-손 수(手)=재방변(수(扌): 모이게 하는 손의 역할 의미.
자(字)-扌(재방변 수) 悤(바쁠 총)=총(摠)
사(思)-손(手=扌) 이 바쁘게(悤) 움직여 모두를 합하니 모두 총.
용(用)-都摠府도총부☞ 오위도총부(五衛都摠府). 摠府총부.

寵 宠 아낄 총; 宀 [chǒng] 괴다, 사랑, 은혜, 첩, 임금의 첩.
부(部)-집 면(宀): 집안의 사랑에 관한 글자 의미.
자(字)-宀(집 면) 龍(용 룡(용))=총(寵).
사(思)-집(宀)안에 龍(용)이 들어앉은 듯이 사랑을 독차지 아낄 총
용(用)-寵愛총애 寵兒총아 총애(寵愛) 恩寵은총 寵臣총신.

銃 铳 총 총; 金- [chòng]총, 도끼 자루 구멍
부(部)-金 [釒,钅] (쇠 금) : 총은 쇠로 만들다 의미
자(字)-金(쇠 금) 充(채울 충) =총(銃)
사(思)-쇠로된 무기에 탄환을 채워서 쏘는 총 총
용(用)-拳銃권총 銃器총기 銃彈총탄 獵銃엽총 鳥銃조총 銃手총수 銃筒총통

最 가장 최; 曰- [zuì]가장, 제일, 모두, 모조리, 최상,
부(部)- 曰 (가로 왈) : 가라사대 최고다 말한다 의미
자(字)-曰(가로 왈) 取(가질 취)=최(最)
사(思)-가라사대 가질 수 있는 것이 좋은 것 가장 최
용(用)-最善최선 最高최고 最近최근 最後최후 最終최종 最初최초

最尖端최첨단 最新최신 最適최적 最上최상 最惡최악 最古최고

催 재촉할 최; 人- [cuī]재촉하다, 막다, 열다, 베풀다
부(部)-亻[人] (사람인변) : 재촉은 사람간에 한다 의미.
자(字)-亻(사람인변 인) 崔(높을 최) =최(催)
사(思)-사람에게 높은 사람이 재촉할 최
용(用)-開催 개최 催眠최면 催告최고 催促최촉 主催주최 催淚최루

秋 가을 추; 禾 [qīu] 가을, 결실, 성숙한 때, 결실한 때.
부(部)-벼 화(禾): 벼가 익는 계절을 뜻하는 글자의 의미.
자(字)-禾(벼 화) 火(불 화)=추(秋).
사(思)-벼(禾)수확 후에는 벼를 말리거나 볏짚을 불에 태우는 가을 추.
용(用)-秋分추분 立秋입추 春秋춘추 仲秋節중추절.

趨 趨 달릴 추; 走- [qū]달리다, 쫓다, 취향(趨向), 취지(趨旨)
부(部)- 走 (달릴 주) : 달리는 표현 의미.
자(字)-走(달릴 주) 芻(꼴 추) =추(趨)
사(思)-달리는 우마(牛馬)에 꼴을 주니 더 잘 달릴 추
용(用)-趨勢추세 歸趨귀추 趨向추향 趨下추하 趨迎추영 趨蹌추창

墜 墜 떨어질 추; 土 [zhuì] 떨어지다, 떨어뜨리다, 잃다.
부(部)-흙 토(土): 땅 위에 떨어진다는 의미.
자(字)-隊(무리 대) 土(흙 토) =추(墜).
사(思)-무리(隊)가 흙(土-部)에 추락하여 떨어질 추.
용(用)-墜落추락 失墜실추 擊墜격추 顚墜전추.

推 밀 추, 밀 퇴; 手 [tuī] 옮다, 변천, 천거, 추천, 받들다.
부(部)-손 수(手)=수(扌): 손으로 밀다의 의미.
자(字)-수(扌)추(隹)=추(推).
사(思)-손(수(手)이 새(추(隹)를 놓아주려 밀어주니 밀 추. 밀 퇴.
용(用)-推己及人추기급인 推敲퇴고 推進추진 推薦추천 推算추산
推測추측 推移추이 推戴추대 推尋추심.

抽 뽑을 추; 手- [chōu]빼다, 뽑다, 당기다, 싹트다,
부(部)-扌 [手] (재방변) : 손으로 뽑게 된다 의미
자(字)-扌(재방변 수) 由(말미암을 유) =추(抽)
사(思)-손으로 말미암아 뽑을 추
용(用)-抽象추상 抽籤추첨 抽出추출 抽象畫추상화 抽稅추세 抽賞추상

皺 皺 주름 추; 皮 [zhòu] 주름, 주름 잡히다, 마른 대추.

부(部)-가죽 피(皮): 주름은 가죽, 껍질에 관한 의미.

자(字)-芻(꼴 추) 皮(가죽 피) =추(皺).

사(思)-꼴(芻)처럼 피부(皮-部)가 주름 형태면 주름 추.

용(用)-皺面추면 重皺胃중추위 皺眉추미 皺胃추위 皺紋추문.

　　　早皺疲乎조추피호=이른 새끼 고달프랴. 무슨 일이든 일찍 서둘러
도모하면 성취하기 쉽다는 뜻의 속담.

追 쫓을 추; 辵 [zhuī] 쫓다, 내쫓다, 완수하다, 구(救)하다, 돕다.

부(部)-쉬엄갈 착(辵)=착(辶): 쫓아간다는 것은 걸음을 의미.

자(字)-自(쌓을 퇴) 辶(쉬엄쉬엄 갈 착) =추(追). ※ 언덕 부(阜)인용.

사(思)-언덕(阜인용)으로 걸어가(辶=辵-部)목표를 쫓을 추.

용(用)-追加추가 追跡추적 追求추구 追慕추모 追悼추도 追窮추궁.

醜 丑 추할 추; 酉- [chǒu]추하다, 미워하다, 나쁘다

부(部)-酉 (닭 유) : 닭이 물마시듯 술 마신다 의미

자(字)-酉(닭 유,술 유) 鬼(귀신 귀) =추(醜)

사(思)-닭처럼 술 먹으면 귀신같이 주정뱅이 되는 추할 추

용(用)-陋醜누추 醜行추행 醜惡추악 醜聞추문 醜女추녀 醜雜추잡
　　　醜態추태 美醜미추 醜男추남

帚 비 추; 巾 [zhǒu] 쓰는 비,

부(部)-수건 건(巾): 쓸어내는 도구로 수건을 사용하는 의미.

자(字)-크(돼지 머리 계) 冖(덮을 멱) 巾(수건 건) =추(帚).

사(思)-머리에 덮은 수건을 쓴 여인이 비질을 하니 비 추

용(用)-飯帚반추. 梳帚소추.

軸 軸 굴대 축; 車- [zhóu,zhòu]굴대, 북, 베틀, 두루마리

부(部)-車 [车] (수레 거)

자(字)-車(수레 차) 由(말미암을 유) =축(軸)

사(思)-수레의 바퀴는 굴대 축에 연결 움직이니 굴대 축

용(用)-主軸주축 樞軸추축 地軸지축 基軸기축 樞軸國추축국

　　　天方地軸천방지축=「하늘 방향(方向)이 어디이고 땅의 축이 어디인지
모른다.」 는 뜻 어리석은 사람이 갈 바를 몰라 두리번거리는 모습.

祝 빌 축; 示- [zhù]빌다, 기원하다, 사내 무당, 박수
　　부(部)- 示 [礻] (보일 시) : 신에 빈다는 의미
자(字)-示(보일 시) 兄(형 형) =축(祝)
사(思)-신에게 형부터 기원하고 빌 축
용(用)-祝結婚축결혼 祝賀축하 祝祭축제 祝福축복 慶祝경축 祝榮轉축영전

丑 소 축, 추할 추 ; 一一 [chǒu]소, 12지의 둘째, 수갑(手匣)
　　부(部)-一 (한 일) : 소 한 마리 의미
자(字)-刀(칼 도) 一(한 일) 一(한 일) = 축(丑)
사(思)-소 도축에 칼은 한 번 한 번 신중히 하는 소 축
용(用)-鷄鳴丑時계명축시 乙丑甲子을축갑자 丑時축시 公孫丑공손추

畜 짐승 축, 쌓을 축; 田- [chù,xù]쌓다, 모으다, 비축하다,
　　부(部)- 田 (밭 전)
자(字)-玄(검을 현) 田(밭 전) =축(畜)
사(思)-검은 소가 밭을 잘 갈아 소득을 쌓을 축, 짐승 축
용(用)-家畜가축 畜産축산 牧畜목축 畜生축생 畜舍축사 屠畜도축

築 쌓을 축; 竹- [zhù]쌓다, 성을 쌓다, 집을 짓다, 다지다
　　부(部)-竹 [竹] (대 죽) : 대나무 재료 사용 의미
자(字)-竹(대죽 죽) 工(장인 공) 凡(모두 범) 木(나무 목) =축(築)
사(思)-대나무를 목공 모두가 나무와 같이 사용 집을 지으니 쌓을 축
용(用)-構築구축 建築건축 築臺축대 新築신축 築造축조 改築개축 增築증축

縮 줄일 축; 糸- [suō,sù]줄이다, 오그라들다, 수축하다, 거두다
　　부(部)- 糸 [糸,糹] (실사변) : 실로 기워서 줄이다 의미
자(字)- 糸(가는 실 멱) 宿(잘 숙) =축(縮)
사(思)-실을 적셔서 하룻밤 재웠더니 줄일 축
용(用)-萎縮위축 伸縮신축 縮小축소 凝縮응축 壓縮압축 緊縮긴축
　　　　縮尺축척 短縮단축 減縮감축 濃縮농축 收縮수축

逐 쫓을 축; 辶- [zhú]쫓다, 뒤쫓다. 내쫓다, 따르다,
　　부(部)- 辶 [辵,辶,辶] (책받침) : 걸어야만 쫓을 수 있다 의미
자(字)-豕(돼지 시) 辶(쉬엄쉬엄 갈 착) =축(逐)
사(思)-돼지같은 놈을 쫓아내려고 가는 쫓을 축
용(用)-驅逐구축 逐出축출 驅逐艦구축함 逐邪축사 角逐戰각축전 逐日축일
　　　　逐鬼축귀 退逐퇴축 追逐추축

- 358 -

逐鹿者不見山축록자불견산=「사슴을 쫓는 자는 산(山)을 보지 않는다.」는 뜻으로, 눈앞의 작은 일에 치우치다가 다른 중요(重要)한 것을 놓치게 됨을 이르는 말.

蹴 찰 축; 足- [cù]차다, 발로 물건을 차다, 밟다, 쫓다
부(部)-⻊ [足] (발족변) : 축구는 발로 한다 의미
자(字)-⻊ (발족 족) 就(나아갈 취) = 축(蹴)
사(思)-발로 공을 차며 나아가는 축구같은 찰 축
용(用)-蹴球축구 一蹴일축 始蹴시축 鞭蹴편축 蹴鞠축국 蹴殺축살
　　　先蹴선축 蹴彫축조 蹴球場축구장
　　　怒蹴巖노축암=「성이 나서 바위를 찬다.」는 뜻으로, 분을 참지 못하여 자기(自己) 몸을 해(害)침의 비유(比喩·譬喩).

春 봄 춘; 日 [chūn] 봄, 젊은 때, 남녀(男女)의 정(情),
부(部)-날 일(日): 계절에 관한 글자이니 날과 관련 의미.
자(字)-三(석 삼) 人(사람 인) 日(날 일)=춘(春).
사(思)-삼(三)월 경이면 사람(인(人)이 만나는 따뜻한 날(일(日) 봄 춘.
용(用)-立春입춘. 春秋춘추. 春夏秋冬춘하추동. 暖春난춘. 春困症춘곤증.

出 날 출; 凵 [chū] 나타나다, 나가다, 내다, 간행하다.
부(部)-입벌릴 감(凵)=위튼입구몸: 위로 나온다는 의미.
자(字)- 凵(입 벌릴 감) 山(뫼 산) =출(出).
사(思)-입벌리고 산행(山行)으로 가쁜 숨 내보내니 나갈 출
용(用)-輸出수출 出帆출범 提出제출 抽出추출 貸出대출 支出지출.
　　　創出창출 噴出분출 出發출발. 出必告反必面 출필곡반필면=「나갈 때는 부모(父母)님께 반드시 출처(出處)를 알리고 돌아오면 반드시 얼굴을 뵈어 안전(安全)함을 알려 드린다.」는 뜻으로, 밖에 나갔다오거나 들어올 때 부모(父母)님께 반드시 알려야함을 이르는 말.

蟲 虫 벌레 충; 虫- [chóng]벌레, 동물의 총칭, 구더기
부(部)- 虫 (벌레 훼) : 벌레를 지칭하는 의미
자(字)-虫(벌레 훼) 蚰(벌레 곤) =충(蟲)
사(思)-벌레의 총칭(總稱)으로 벌레 충
용(用)-昆蟲곤충 爬蟲類파충류 寄生蟲기생충 蟲齒충치 蛔蟲회충
　　　幼蟲유충 驅蟲劑구충제 爬蟲파충 害蟲해충 殺蟲劑살충제

衷 속마음 충; 衣- [zhōng]속마음, 마음, 가운데, 속옷,
부(部)- 衣 [衣,衤] (옷 의) : 옷 안에 있는 마음이다 의미
자(字)-衣(옷 의) 中(가운데 중) = 충(衷)
사(思)-옷속 몸 가운데 있는 속마음 충
용(用)-折衷절충 苦衷고충 衷心충심 衷情충정 衷誠충성 寸衷촌충
　　　深衷심충 民衷민충
　　　憂國衷情우국충정=나랏일을 근심하고 염려(念慮)하는 참된 마음.

衝 찌를 충; 行- [chōng,chòng]찌르다, 향하다, 맞부딪치다
부(部)- 行 (다닐 행) : 다니면서 찌른다 의미
자(字)-行(다닐 행) 重(무거울 중) = 충(衝)
사(思)-다니면서 무거운 창에 부딪치고 찌를 충
용(用)-衝擊충격 衝突충돌 折衝절충 衝動충동 緩衝완충 相衝상충
　　　要衝地요충지 衝天충천 衝激충격 左衝右突좌충우돌

充 채울 충; 儿- [chōng]차다, 채우다, 막다, 막히다, 두다, 덮다,
부(部)- 儿 (어진사람인발) : 사람이 채운다 의미
자(字)-育(기를 육) 儿(어진사람인) =충(充)
사(思)-길러짐에 어진사람의 지혜를 배워 채울 충
용(用)-補充보충 充分충분 充滿충만 充實충실 充足충족 擴充확충
　　　充電충전 充塡충전=채워서 메움. 充當충당 充電器충전기
　　　汗牛充棟한우충동=「수레에 실어 운반(運搬)하면 소가 땀을 흘리게
되고, 쌓아올리면 들보에 닿을 정도(程度)의 양(量)」 이라는 뜻으로, 장서(藏
書)가 많음을 이르는 말.

忠 충성 충; 心 [zhōng] 충성, 진심, 참마음, 진실, 정성.
부(部)-마음 심(心): 충성의 마음 상태를 의미.
자(字)-中(가운데 중) 心(마음 심) =충(忠).
사(思)-마음(心) 가운데(中 가운데 중) 참된 뜻이 충성 충.
용(用)-忠誠충성 忠武公충무공 盡忠竭力진충갈력 盡忠報國진충보국.
　　　萬古忠節만고충절. 國亂思忠臣국난사충신=나라가 어지러워지면 충신
(忠臣)을 생각함

取 가질 취; 又 [qǔ] 취하다, 골라 뽑다, 돕다, 의지하다.

부(部)-또 우(又): 취함은 또 계속한다는 의미.

자(字)-耳(귀 이) 又(또 우, 손 우) =취(取).

사(思)-귀로(이耳)들어 찾아 또 손(우又)으로 가지니 가질 취.

용(用)-取消취소 攝取섭취 搾取착취 取扱취급 取材취재 取得취득.

　　　採取채취 聽取청취 喝取갈취 爭取쟁취 奪取탈취.

　　　捨生取義사생취의=「목숨을 버리고 의리(義理)를 좇는다.」는 뜻으로,
「비록 목숨을 버릴지언정 옳은 일을 함.」을 일컫는 말.

臭 냄새 취; 自 [chòu,xiu] 냄새, 후각, 냄새나다, 나쁜 소문.

부(部)-스스로 자(自): 스스로 호흡하는 코를 의미.

자(字)-自(스스로 자) 犬(개 견)=취(臭).

사(思)-코(自-部)의 기능이 좋은 개(犬)가 냄새를 잘 맡으니 냄새 취.

용(用)-惡臭악취 無臭무취 香臭향취 體臭체취 狐臭호취 香臭향취 腋臭액취

趣 趍 뜻 취, 달릴 취; 走- [qù]달리다, 향하다, 미치다, 다다르다

부(部)-走 (달릴 주) : 목표로 달려가다 의미

자(字)-走(달릴 주) 取(가질 취) =취(趣)

사(思)-달려가서 얻을 것을 가지니 달릴 취

용(用)-趣味취미 趣旨취지 趣向취향 情趣정취 興趣흥취 風趣풍취 深趣심취

炊 불 땔 취; 火- [chuī]불 때다, 밥을 짓다, 불다(吹)

부(部)- 火 [灬] (불 화) : 불과 관련된 글자 의미

자(字)-火(불 화) 欠(하품 흠) =취(炊)

사(思)-불이 부족하면 밥이 안되니 반드시 불 땔 취

용(用)-炊事취사 自炊자취 晨炊신취 炊湯취탕 炊婦취부 蒸炊증취
　　　闕炊궐취 炊夫취부 炊煙취연 炊飯취반 自炊房자취방

吹 (후~)불 취; 口-총7획; [chuī]불다, 부추기다, 바람

부(部)- 口 (입 구) : 입으로 공기 불어 넣다 의미

자(字)-口(입 구) 欠(하품 흠) = 취(吹)

사(思)-입으로 부족한 공기를 혹~ 불 취

용(用)-鼓吹고취 大吹打대취타 吹奏취주 吹打취타 吹鼓手취고수 初吹초취

就 나아갈 취; 尤 [jiù] 이루다, 나아가다, 좇다, 따르다.

부(部)-절름발이 왕(尤): 절뚝거리며 이루려고 나아간다는 의미.

자(字)- 京(서울 경) 尤(절름발이 왕) 丶(점 주) =취(就).

사(思)-서울(京)에서 절름발이(尤)가 목표점(丶)을 이루니 이룰 취.

용(用)-就業취업. 就任취임. 成就성취. 去就거취. 就職취직. 就寢취침.

娶 장가들 취; 女 [qǔ] 장가들다, 아내를 맞다.

부(部)-계집 녀(女): 여자가 있어야 장가간다는 의미.

자(字)-取(가질 취) 女(여자 녀(여)) =취(娶).

사(思)-얻는(取)게 여자(女-部)라야 장가들 취.

용(用)-嫁娶가취. 娶禮취례. 再娶재취.

醉 취할 취; 酉 [zuì] 취하다, 취하게 하다, 취기(醉氣).

부(部)-술 유, 닭 유(酉): 취함은 술과 관련 의미.

자(字)-酉(닭 유, 술 유) + 卒(마칠 졸)=취(醉).

사(思)-술(유(酉)을 마시면 술의 졸(卒)이되는 취할 취.

용(用)-陶醉도취 痲醉마취 心醉심취 醉客취객 滿醉만취☞ 만취(漫醉).

　　　痲醉劑마취제 自我陶醉자아도취=자기(自己)가 어떤 것에 끌려 취(醉)

하다시피 함..

側 側 곁 측; 人- [cè,zè,zhāi]곁, 옆, 가

부(部)-亻[人] (사람인변) : 사람의 곁을 가리키는 의미

자(字)-亻(사람인변 인) 則(법칙 칙) =측(側)

사(思)-사람의 곁에는 항상 법칙이 있게 곁 측

용(用)-側面측면 側近측근 左側좌측 右側우측 兩側양측 側線측선 船側선측

厠 厠 뒷간 측; 厂 [cè,sī] 뒷간, 평상 가장자리, 廁과 同字.

부(部)-기슭 엄(厂)=민엄호: 집구조와 관련 글자 의미.

자(字)- 厂(기슭 엄) 則(법칙 칙)=측(厠).

사(思)-집(厂-部)이 있으면 법칙(則)으로 있는 게 뒷간 측.

용(用)-如厠여측 溷厠혼측.

測 測 잴 측; 水 [cè] 재다, 헤아리다, 맑다, 알다.

부(部)-물 수(水)=삼수변(수(氵): 강수량등 물을 잰다는 의미.

자(字)- 氵(삼수변 수) 則(법칙 칙)=측(測).

사(思)-비(氵=水)를 일정한 법칙(則)으로 강수량을 헤아리니 잴 측.

용(用)-測定측정 觀測관측 推測추측 測量측량 氣象觀測기상관측.

層 层 층 층; 尸- [céng]층 집, 이층 이상집, 계단, 층, 켜
부(部)- 尸 (주검시엄, 3획)
자(字)- 尸(주검 시, 몸 시) 曾(일찍 증, 더할 증) =층(層)
사(思)- 몸의 숫자가 더해지면 집의 층을 올려야 하니 층 층
용(用)- 層層臺층층대 層階층계 高層고층 深層심층 斷層단층 地層지층
　　層層侍下층층시하=부모(父母)·조부모(祖父母)가 다 살아 있는 시하
(侍下). 層生疊出층생첩출=일이 여러 가지로 겹쳐서 자꾸 생겨남.

値 값 치; 人 [zhí] 값, 값하다, 가지다.
부(部)-사람 인(人): 사람의 가치를 표현하는 글자의 의미.
자(字)- 亻(사람인변 인) 直(곧을 직)=치(値).
사(思)-사람(인 亻)이 곧아야(직(直)) 가치가 있으니 값 치.
용(用)-價値가치 數値수치 基準値기준치 附加價値부가가치 等値등치.
　　極大値극대치 加重値가중치 價値論가치론 交換價値 교환가치

治 다스릴 치; 水 [zhì] 다스리다, 관리하다, 다스려지다,
부(部)-물 수(氵): 치수(治水)가 중요한 시대에 만든 글자 의미.
자(字)-氵(삼수변 수) 台(별 태, 기쁠 태)=치(治).
사(思)-물(氵-部)이 잘 흐르듯이 기쁘게(台) 다스리니 다스릴 치.
용(用)-政治정치 治療치료 治癒치유 統治통치 自治자치.
　　治山治水치산치수=산과 물을 다스려 재해(災害)를 막는 일.
　　修己治人수기치인=내 몸을 닦아 남을 교화(敎化)함.
　　善治民情선치민정=백성(百姓)의 사정(事情)을 잘 살펴서 정치(政治)
를 잘 함.
　　萬病通治만병통치=어떤 한 가지 약(藥)이 여러 가지 병(病)에 다 효
력(效力)이 있음.

置 둘 치; 网- [zhì]두다, 버리다, 버려두다, 남기다,
부(部)-罒 [网,罖,罓,罒,皿] (그물망머리) : 그물에 걸린 것 의미
자(字)-罒(그물망 망) 直(곧을 직) =치(置)
사(思)-그물에 걸리면 주인 뜻에 따라 곧게 처분하니 둘 치
용(用)-措置조치 位置위치 置簿치부 裝置장치 設置설치 且置차치
　　据置거치 配置배치 放置방치 置重치중 安置안치
　　置之度外치지도외=내버려 두고 상대(相對)하지 않음.
　　置之勿問치지물문=내버려두고 묻지도 않음.

父母有疾, 捨置他事 부모유질, 사치타사 =부모(父母)님이 병환(病患)을 앓으시면 다른 일은 버려둠.

致 이를 치/빽빽할 치; 至- [zhì]보내다, 바치다, 내던지다,
부(部)-至 (이를지) : 장소에 도달하다 의미
자(字)-至(이를 지) 攵(칠 복) =치(致)
사(思)-목표에 이르도록 회초리 치니 이를 치
용(用)-理致이치 景致경치 韻致운치 拉致납치 誘致유치 馴致순치
致命치명 一致일치 招致초치 所致소치 致死치사 致富치부
知行一致지행일치=지식(知識)과 행동(行動)이 한결같이 서로 맞음.
一致團結일치단결=여럿이 한 덩어리로 굳게 뭉침.
言行一致언행일치=말과 행동(行動)이 같음.
格物致知격물치지=사물(事物)의 이치(理致)를 구명(究明)하여 자기(自己)의 지식(知識)을 확고(確固)하게 함.
滿場一致만장일치=회장(會場)에 모인 사람의 뜻이 완전(完全)히 일치(一致)함.

恥 부끄러워할 치; 心- [chǐ] 부끄럼, 욕보이다, 창피를 주다.
부(部)-마음 심(心):부끄러움은 마음 관련 의미.
자(字)-耳(귀 이) 心(마음 심) =치(恥).
사(思)-듣는 것을(耳) 마음(心=忄, 小-部)으로 비추어 보니 부끄러울 치.
용(用)-羞恥수치 廉恥염치 恥辱치욕 恥部치부 恥事치사.
破廉恥파렴치=수치(羞恥)를 수치(羞恥)로 알지 아니함.염치(廉恥)를 모름. 몰염치(沒廉恥).
不恥下問불치하문=(지위(地位)·학식(學識)·나이 따위가)자기(自己)보다 아랫사람에게 묻는 것을 부끄럽게 여기지 아니함
禮義廉恥, 是謂四維 예의염치, = 예(예의(禮儀))·의(의리(義理))·염(청렴(清廉))·치(부끄러움을 아는 것)는 이것을 사유(四維 : 4가지 원칙)라고 함. 출전 소학(小學)

痴 어리석을 치; 疒 [chī] 어리석다, 미치광이, 癡의 俗字.
부(部)-병질 녁(疒): 병든 상태를 의미.
자(字)- 疒(병들어 기댈 녁(역)) 知(알 지)=치(痴).
사(思)-병(疒-部)이 지능(知能)을 저하시키니 어리석을 치.
용(用)-痴呆치매 白痴백치☞ 백치(白癡) 狂痴광치 天痴천치☞ 천치(天癡).

稚 어릴 치; 禾- [zhi]어리다, 만생종(晩生種), 어린 벼, 작은 벼

부(部)-禾 (벼 화) : 어린 묘를 키워야 벼가 생산된다 의미

자(字)-禾(벼 화) 隹(새 추) =치(稚)

사(思)-볍씨를 작은 새도 먹지 못하게 해야 벼가 되니 어릴 치

용(用)-幼稚園유치원 稚拙치졸 稚氣치기 稚幼치유 稚魚치어 稚年치년
　　 稚心치심 稚子치자

齒 齒 이 치; 齒- [chǐ] 이, 음식을 씹는 기관, 어금니, 나이

부(部)- 齒 [齿,歯] (이 치) : 이빨 모양을 의미

자(字)-제부수 한자

사(思)-이빨 모형을 글자를 만든 상형문자,

용(用)-齒牙치아 齒科치과 養齒양치 蟲齒충치 齒藥치약 拔齒발치

　　 切齒腐心절치부심=「이를 갈고 마음을 썩이다.」는 뜻으로, 대단히 분
(憤)하게 여기고 마음을 썩임.

則 법칙 칙{곧 즉, 본받을 측}; 刀 [zé] 법칙, 곧, 법,

부(部)- 刂 [刀,ㄅ] (선칼도방) : 법칙은 칼 같이 적용하는 의미.

자(字)-貝(조개 패) 刂(선칼도방 도) =칙(則)즉

사(思)-재물을(貝) 칼로(刂=刀) 분리시에는 법칙있으니 법칙 칙. 곧 즉.

용(用)-原則원칙 規則규칙 過則과즉 誠則形성즉형.

親 亲 친할 친; 見 [qīn,qìng] 사랑, 가깝다, 화목하다, 친히, 손수.

부(部)-볼 견(見): 친하니 본다는 의미.

자(字)-立(설 립) 木(나무 목) 見(볼 견)=친(親).

사(思)-서있는(立) 나무(木)에 올라 오는지 보려는(見) 마음 친할 친.

용(用)-親舊친구 親戚친척 親族친족 親切친절.

　　 父子有親부자유친=오륜(五倫)의 하나. 아버지와 아들 사이의 도(道)
는 친애(親愛)에 있음.

　　 我事人親, 人事我親 아사인친, 인사아친=내가 남의 어버이를 섬기면
남도 나의 어버이를 섬겨줌.

　　 燈火可親등화가친 = 「등불(燈-)을 가까이 할 수 있다.」는 뜻으로, 등
불(燈-)을 가까이 하여 글 읽기에 좋음을 이르는 말.

漆 옻 칠; 水 [qī] 옻, 옻나무, 옻칠하다, 검은 칠.
부(部)-물 수(水): 칠을 물에 희석한다는 의미.
자(字)-氵(삼수변 수) 桼(옻 칠)=칠(漆)
사(思)-물(氵-部)에 옻칠(桼)을 희석하여 검은 칠이 되니 옻 칠.
용(用)-漆板칠판. 漆器칠기. 漆甲칠갑☞ 철갑(鐵甲). 改漆개칠.

七 일곱 칠; 一 [qī]일곱, 일곱 번, 문체 이름
부(部)-一 (한 일) : 일곱도 하나서부터 시작 의미
자(字)-一(한 일) ㄴ(숨을 은) = 칠(七)
사(思)-하나에 일곱 번 더하면 일곱 칠
용(用)-七顚八起칠전팔기=「일곱 번 넘어져도 여덟 번째 일어난다.」 는 뜻
　　　　실패(失敗)를 거듭하여도 굴하지 않고 다시 일어섬.

沈 가라앉을 침, 성 심; 水- [shěn,shén]가라앉다, 빠지다, 잠기다,
부(部)-氵[水,氺] (삼수변) : 물속에 빠지다 의미
자(字)-氵(삼수변 수) 尤(망설일 유) =침(沈)
사(思)-심청이가 물속에서 아무리 망설여도 빠지니 잠길 침
용(用)-沈默침묵 沈着침착 沈滯침체 沈沒침몰 浮沈부침 沈潛침잠

浸 스며들 침; 水- [jin]담그다, 적시다, 스며들다,
부(部)-氵[水,氺] (삼수변) : 물과 관련된 글자 의미
자(字)-氵(삼수변 수) 크(머리 계) 冖(덮을 멱) 又(손 우) =침(浸)
사(思)-소금물을 배추머리에 덮어 손으로 저리니 스며들 침
용(用)-浸透침투 浸蝕침식 浸潤침윤=점점 배어 들어감.
　　　浸濕침습=물기에 젖음. 물이 스며 들어 젖음.
　　　浸禮침례=침례교에서 신도(信徒)가 된 것을 증명(證明)하기 위(爲)하
여 행(行)하는 세례(洗禮)의 한 형식(形式). 세례(洗禮) 받는 사람의 온몸을
물에 적시는 데, 그 몸이 죄(罪)에 죽고 의(義)의 몸으로 되살아난다는 뜻

針 針 바늘 침; 金- [zhēn]바늘, 바느질, 재봉, 침놓다,
부(部)-金 [釒,钅] (쇠 금) : 바늘은 쇠로 만들다 의미
자(字)-金(쇠 금) 十(열 십) = 침(針)
사(思)-바늘 귀를 확대하면 열십자(十字) 되는 바늘 침
용(用)-指針지침 羅針盤나침반 方針방침 針線침선 秒針초침 針葉樹침엽수
　　　磨斧作針마부작침=「도끼를 갈아 바늘을 만든다.」 는 뜻, 아무리 어려
운 일이라도 끈기 있게 노력(努力)하면 이룰 수 있음을 비유하는 말.

枕 베개 침; 木- [zhěn]베개, 잠자다, 잠
　　부(部)-木 (나무 목) : 베개를 나무로 만들었다 의미
자(字)-木(나무 목) 尤(망설일 유) =침(枕)
사(思)-나무 베개에 망설이지 말고 잠을 자야 베개 침
용(用)-衾枕금침 起枕기침 枕肱침굉 枕木침목 鳳枕봉침 安枕안침

寢 寢 잠잘 침; 宀- [qǐn]잠자다, 눕다, 누워서 쉬다, 앓아눕다
　　부(部)- 宀 (갓머리) : 집안에 침실에 관련 의미
자(字)-宀(집 면) 爿(나뭇조각 장) 浸(스며들 침) =침(寢)
사(思)-집에 나무 침상에 누우니 스며드는 잠이라 잠잘 침.
용(用)-寢臺침대 就寢취침 起寢기침 同寢동침 寢囊침낭 寢室침실 寢具침구

侵 침노할 침; 人 [qīn] 침노하다, 습격하다.
　　부(部)-사람 인(亻): 사람의 행위에 관한 글자 의미.
자(字)-亻(사람인변 인) 浸(스며들 침) =침(侵).
사(思)-사람(인(亻)들이 스며들 듯이 침노할 침
용(用)-侵害침해 侵略침략 侵犯침범 侵掠침략 侵攻침공 侵入침입.
　　　　侵蝕침식 侵奪침탈.

稱 称 일컬을 칭; 禾- [chēng,chèn]이르다, 부르다, 설명, 칭찬
　　부(部)- 禾 (벼 화) : 벼농사에 농요(農謠) 부르고 듣고 하는 의미
자(字)-禾(벼 화) 爯(들을 칭) = 칭(稱)
사(思)-벼 모내기서부터 농부가(農夫歌) 부르고 듣고 일컬을 칭
용(用)-稱讚칭찬 稱頌칭송 對稱대칭 名稱명칭 僭稱참칭 呼稱호칭
　　　　詐稱사칭 言必稱언필칭=말할 때마다 반드시

카. 카 부

신백훈 정익학당 추천 애국민 필독서
[10월유신과 국제정치] 이춘근 저

快 쾌할 쾌; 心- [kuài]상쾌, 좋아지다, 기뻐하다, 즐거워하다

부(部)- ↑ [心,⺗] (심방변) : 상쾌한 마음 표현 의미

자(字)-↑(심방변 심) 夬(터놓을 쾌) =쾌(快)

사(思)-마음을 활시위 당기다 터놓듯이 홀가분하니 상쾌할 쾌

용(用)-快癒쾌유 爽快상쾌 快樂쾌락 愉快유쾌 快差쾌차 快適쾌적
　　　痛快통쾌 欣快흔쾌 快晴쾌청 輕快경쾌 快擧쾌거 不快불쾌 快感쾌감
　　　快人快事쾌인쾌사=쾌활(快活)한 사람의 시원스러운 행동(行動).
　　　快刀亂麻쾌도난마=「헝클어진 삼을 잘 드는 칼로 자른다.」는 뜻으로,
복잡(複雜)하게 얽힌 사물(事物)이나 비꼬인 문제(問題)들을 솜씨 있고 바르
게 처리(處理)함을 비유(比喩·譬喩)해 이르는 말.

타. 타 부

신백훈 정익학당 추천 애국민 필독서
[쫀공산당 선언] 고성국 저

惰 게으를 타; 心 [duò,huī] 게으르다, 삼가지 아니하다, 소홀하다.
부(部)-마음 심(心): 게으른 마음의 상태를 의미.
자(字)-忄(심방변 심) 左(왼 좌) 月(육달월)=타(惰).
사(思)-마음(忄) 왼쪽(左)의 몸(月)이니 좌파 사회주의자는 게으를 타.
용(用)-懶惰나타☞나태(懶怠) 惰弱타약☞나약(懦弱). 惰怠타태. 怠惰태타.

他 它 다를 타; 人- [tā]다른, 그, 저, 그이, 저이, 누구
부(部)-亻[人] (사람인변) :사람을 가리키는 표현 의미
자(字)-亻(사람인변 인) 也(어조사 야) = 타(他)
사(思)-사람은 서로 도우며 살아야 하는 사회적 동물 다를 타
용(用)-其他기타 他人타인 利他이타 他殺타살 他者타자 排他배타
　　　自他자타 他鄕타향 排他的배타적
　　他動詞타동사=타동의 뜻을 나타내는 동사(動詞). 곧, 동작(動作)의
작용(作用)이 주어(主語)에만 그치지 않고 다른 사물(事物)에 영향(影響)을
미치도록 하거나, 동작(動作)의 대상(對象)이 되는 목적어(目的語)가 있어야
비로소 움직임을 나타낼 수 있는 말. 먹다·읽다·잡다 등(等). 남움직씨.
　　他山之石타산지석=「다른 산(山)의 돌」이라는 뜻으로, 다른 산(山)에
서 나는 거칠고 나쁜 돌이라도 숫돌로 쓰면 자기(自己)의 옥(玉)을 갈 수
가 있으므로, 다른 사람의 하찮은 언행(言行)이라도 자기(自己)의 지덕(智
德)을 닦는 데 도움이 됨을 비유(比喩·譬喩)해 이르는 말.

墮 堕 떨어질 타; 土- [duò,huī]떨어지다, 무너지다, 부서지다
부(部)- 土 (흙토, 3획) : 땅에 떨어진다는 의미
자(字)-阝(좌부변 언덕 부) 左(왼 좌) 月(육달월) 土(흙 토)=타(墮)
사(思)-언덕 위 좌파주의 몸뚱아리는 타락하여 땅에 떨어질 타.
용(用)-墮落타락 墮淚타루 失墮실타 落墮낙타 墮罪타죄 墮獄타옥
　　墮其術中타기술중=남의 간악(奸惡)한 꾀에 넘어가거나 빠짐.

妥 온당할 타; 女- [tuǒ]온당하다, 편히 앉다, 떨어지다
부(部)- 女 (여자 녀) : 여자가 손으로 꼬집는 것은 타당 의미
자(字)-爫(손톱 조) 女(여자 녀(여)) = 타(妥)
사(思)-손톱으로 꼬집는 것은 여자의 무기로 온당할 타
용(用)-妥協타협 妥當타당 妥結타결 妥當性타당성
　　普遍妥當보편타당=특별(特別)하지 않고 사리(事理)에 맞아 타당함.
　　妥協的타협적=모든 일을 서로 협의(協議)해서 하는 모양(模樣). 타협

(妥協)하려는 태도(態度)가 있는 모양(模樣).

打 칠 타; 手- [dǎ,dá]치다, 때리다, 공격하다,
부(部)- 扌 [手] (재방변) : 손으로 친다 의미
자(字)-扌(재방변 수) 丁(고무래 정) = 타(打)
사(思)-손으로 고무래 같은 골프채로 공을 보내려 칠 타
용(用)-打擊타격 打倒타도 打令타령 打作타작 毆打구타 打破타파
　　　打診타진 打點타점 打撲타박 打算타산 打電타전 打開타개
　　　一網打盡일망타진=「그물을 한번 쳐서 물고기를 모조리 잡는다.」는
뜻으로, 한꺼번에 죄다 잡는다는 말.

唾 침 타; 口 [tuò] 침, 침 뱉다.
부(部)-입 구(口): 침은 입에서 나온다는 의미.
자(字)-口(입 구) 垂(드리울 수)=타(唾).
사(思)-입(口-部)에서 드리우는 게(垂) 침이니 침 타.
용(用)-唾液타액 唾具타구 唾棄타기 咳唾해타 唾面自乾타면자건.
　　　仰天而唾앙천이타=「하늘을 바라보고 침을 뱉는다.」는 뜻으로, 남을
해(害)치려다가 도리어 자기(自己)가 해를 입음.

卓 높을 탁; 十 [zhuō] 높다, 뛰어나다, 서다, 책상, 탁자.
부(部)-열 십(十): 십단은 최고 높은 경지 의미.
자(字)-복(卜)일(日)십(十)=탁(卓)
사(思)-점(卜)에 하루(日) 중 십(十)시가 높은 기운이니 높을 탁.
용(用)-卓越탁월. 卓球탁구. 食卓식탁. 卓上탁상. 卓見탁견. 卓拔탁발.
　　　名論卓說명론탁설=이름난 논문(論文)과 탁월(卓越)한 학설(學說).

托 밀 탁, 맡길 탁; 手- [tuō]밀다, 손으로 열다, 받침, 대(臺)
부(部)-扌 [手] (재방변) :맡기거니 밀거나 손으로 한다는 의미
자(字)-扌(재방변 수) 毛(부탁할 탁)=탁(托)
사(思)-손으로 부탁하는 것 밀고 열고 맡길 탁
용(用)-托鉢탁발 依托의탁 托卵탁란 內托내탁 托生탁생 托胎탁태

拓 박을 탁 {주울 척; 手- [tuò,tà]줍다, 꺾다, 넓히다, 확장시키다
부(部)-扌[手](재방변) : 손을 활용한다 의미
자(字)-扌(재방변 수) 石(돌 석) = 척(拓)
사(思)-손으로 돌멩이든 작품을 주울 척, 박을 탁
용(用)-開拓개척 干拓간척 拓本탁본 干拓地간척지 拓地척지 手拓수탁 魚拓어탁

　　　克世拓道극세척도 =어려움을 극복(克復)하고 새 길을 개척(開拓)한다
는 뜻을 나타냄.

託 託 부탁할 탁; 言-[tuō]부탁, 당부, 청탁, 맡기다, 기탁
부(部)-言 [訁,訁] (말씀 언) : 말로써 부탁한다 의미
자(字)-言(말씀 언) 毛(부탁할 탁) =탁(託)
사(思)-말로 정중히 부탁할 탁
용(用)-囑託촉탁 付託부탁 委託위탁 信託신탁 請託청탁 申申付託신신부탁
　　　受託수탁 寄託기탁

　　　四顧無託사고무탁=사방(四方)을 둘러보아도 의탁(依託)할 만한 사람
이 아무도 없음.

濯 씻을 탁; 水- [zhuó]씻다, 크다, 빛나다
부(部)-氵[水,氷] (삼수변) 물로 씻어낸다 의미
자('字)-氵(삼수변 수) 翟(꿩 적) =탁(濯)
사(思)-물에 젖은 꿩이 날개짓으로 물과 먼지 씻을 탁
용(用)-洗濯세탁 濯足탁족 童濯동탁 澡濯조탁 澣濯한탁 洗濯劑세탁제
　　　濯纓濯足탁영탁족=「갓끈과 발을 물에 담가 씻는다.」는 뜻으로, 세속
(世俗)에 얽매이지 않고 초탈(超脫)하게 살아가는 것을 비유(比喩·譬喩)하
는 말.

琢 다듬을 탁, 쫄 탁; 玉 [zhuó,zuó] 쪼다, 옥을 다듬다, 덕 닦다.
부(部)-구슬 옥(玉): 옥을 다듬다는 의미.
자(字)-王(구슬 옥) 豖(발 얽은 돼지 걸음 축)=탁(琢).
사(思)-옥(玉=王)을 다듬을 때 발 얽은 돼지걸음 걷듯이(豖) 쪼을 탁.
용(用)-彫琢조탁 琢美탁미 磨琢마탁 琢器탁기. 玉不琢不成器 불탁불성기
　　　=「옥도 쪼지 않으면 그릇이 될 수 없다.」는 뜻으로, 천성(天性)이 뛰
어난 사람이라도 학문(學問)이나 수양(修養)을 쌓지 않으면 훌륭한 인물(人
物)이 될 수 없음을 비유(比喩·譬喩)하여 이르는 말

度 헤아릴 탁, 법도 도, 살 택; 广 - [dù,duó]법도, 제도, 기량,
　　부(部) - 广 (엄호) : 집안에는 법도가 있다 의미
자(字) - 广(집 엄) 廿(스물 입) 又(또 우)=도(度)
사(思) - 집(엄(广)에서 스무번(입(廿) 또(우(又) 가정교육으로 법도 도
용(用) - 制度제도 態度태도 程度정도 速度속도 緯度위도 忖度촌탁
　　　　溫度온도 角度각도 度量도량 密度밀도 濃度농도 度數도수
　　　　度支部탁지부=대한제국(大韓帝國) 때, 탁지아문(度支衙門)을 고쳐 이
르던 이름. 정부(政府)의 재무(財務)를 총할(總轄)했음

濁 浊 흐릴 탁; 水 - [zhuó]흐리다, 흐리게 하다, 흐림, 더러움
　　부(部) - 氵 [水,氺] (삼수변) : 물이 흐려짐 의미
자(字) - 氵(삼수변 수) 蜀(애벌레 촉) =탁(濁)
사(思) - 물에 벌레들이 살게 흐릴 탁
용(用) - 淸濁청탁 混濁혼탁 鈍濁둔탁 濁流탁류 濁酒탁주 濁聲탁성
　　　　農濁농탁 重濁중탁 濁意탁의 濁穢탁예
　　　　一魚濁水일어탁수=「물고기 한 마리가 큰 물을 흐리게 한다.」는 뜻
으로, 한 사람의 악행(惡行)으로 인(因)하여 여러 사람이 그 해를 받게 되
는 것을 비유(比喩·譬喩)하는 말로 쓰임.
　　　　上濁下不淨상탁하부정=「웃물이 맑아야 아랫물이 맑다.」는 뜻으로,
즉, 윗사람이 바르지 못하면 아랫사람도 행실(行實)이 바르지 못하게 된다
는 뜻.

炭 숯 탄; 火 - [tàn]숯, 재, 석탄
　　부(部) - 火 [灬] (불 화) : 숯은 나무 불태워 만든다 의미
자(字) - 山(뫼 산) 厂(기슭 엄) 火(불 화) =탄(炭)
사(思) - 산의 기슭에서 나무를 불태워 숯을 만드니 숯 탄.
용(用) - 炭素탄소 煉炭연탄 石炭석탄 炭水化物탄수화물 炭疽病탄저병
　　　　炭酸탄산 炭鑛탄광
　　　　雪中送炭설중송탄=「눈 속에 있는 사람에게 땔감을 보내준다.」는 뜻
으로, 급(急)히 필요(必要)할 때 필요(必要)한 도움을 줌을 이르는 말.

歎 탄식할 탄; 欠- [tàn]읊다, 노래, 탄식 한숨, 칭찬
　　부(部)- 欠 (하품 흠) : 하품 하듯이 한숨 낸다 의미
자(字)-廿(스물 입) 口(입 구) 夫(지아비 부) 欠(하품 흠)
사(思)-스무명 입가진 장정들이 모여 부족함을 탄식할 탄
용(用)-歎息탄식 恨歎한탄 慨歎개탄 感歎감탄 歎聲탄성 痛歎통탄
　　　　歎願탄원 讚歎찬탄 詠歎영탄 悲歎비탄 感歎詞감탄사 歎願書탄원서
　　　　晩時之歎(晩時之嘆)만시지탄 = 「때늦은 한탄(恨歎)」 이라는 뜻으로,
「시기(時期)가 늦어 기회(機會)를 놓친 것이 원통(寃痛)해서 탄식(歎息)함.」
을 이르는 말.

彈 弾 탄알 탄; 弓- [dàn,tán]탄알, 탄알을 쏘는 활, 열매,
　　부(部)-弓 (활 궁) : 화살 대신 탄알이다 의미
자(字)-弓(활 궁) 單(홑 단) =탄(彈)
사(思)-활처럼 총에도 한 개씩 탄알로 쏘는 탄알 탄.
용(用)-彈道彈탄도탄 彈頭彈탄두탄 彈道誘導彈탄도유도탄

誕 誕 태어날 탄; 言- [dàn]태어나다, 속이다, 현혹하게 하다
　　부(部)- 言 [訁,讠] (말씀 언) : 태어남을 말하다 의미
자(字)-言(말씀 언) 延(늘일 연) =탄(誕)
사(思)-태어났음을 말하여 생명이 시작 늘어나 태어날 탄
용(用)-誕生탄생 誕辰탄신 聖誕節성탄절 詐誕사탄 誕生日탄생일

脫 脫 벗을 탈, 기뻐할 태; 肉- [tuō]벗다, 여위다, 벗기다,
　　부(部)-月 [肉] (육달월) : 애벌레가 탈을 벗다 의미
자(字)-月(육달월 월) 兌(바꿀 태) =탈(脫)
사(思)-몸의 껍데기를 바꾸려 벗을 탈
용(用)-解脫해탈 逸脫일탈 脫皮탈피 脫落탈락 脫退탈퇴 離脫이탈
　　　　脫水탈수 脫線탈선 脫出탈출 脫毛탈모 탈북(脫北)민

奪 夺 빼앗을 탈; 大- [duó]빼앗다, 잃다, 없어지다, 탈진하다
　　부(部)-大 (큰 대) : 큰 것을 빼앗다 의미
자(字)-大(큰 대) 隹(새 추) 寸(마디 촌) =탈(奪)
사(思)-큰 새가 손마디 같은 먹이를 빼앗을 탈
용(用)-掠奪약탈 剝奪박탈 簒奪찬탈 劫奪겁탈 奪還탈환 奪取탈취
　　　　收奪수탈 强奪강탈 奪胎탈태 爭奪쟁탈 削奪삭탈 侵奪침탈
　　　　換骨奪胎환골탈태=용모(容貌)가 환하고 아름다워 딴 사람처럼 됨.

探 찾을 탐; 手 [tàn]찾다.
부(部)- 扌[手] (재방변) :찾으려면 손을 써야 의미
자(字)-扌(재방변 수) 罙(무릅쓸 미) =탐(探).
사(思)-손으로(手-) 그물(罒=网) 속에 막대기(木)로 무릅쓰고 찾을 탐
용(用)-探究탐구 探査탐사 探索탐색 探訪탐방 探照탐조.

貪 貪 탐할 탐; 貝 [tān]탐하다, 더듬어 찾다 /
부(部)-조개 패(貝): 돈과 재물을 탐하는 의미.
자(字)-今(이제 금) 貝(조개 패) =탐(貪)
사(思)-지금(今) 앞에 있는 재물(貝-部)을 보니 탐할 탐.
용(用)-貪慾탐욕 貪官탐관 食貪식탐.

塔 탑 탑; 土- [tǎ,dā]탑, 절, 불당
부(部)- 土 (흙 토) : 땅위에 세운 탑 의미
자(字)-土(흙 토) ++(풀 초) 合(합할 합) =탑(塔)
사(思)-땅위 잔디밭에다 층층탑을 합쳐 만든 탑 탑
용(用)-多寶塔다보탑 石塔석탑 尖塔첨탑 釋迦塔석가탑 九層塔구층탑

湯 汤 끓일 탕, 넘어질 탕; 水[tāng,shāng] 쓰러지다,
부(部)-삼수변(수(氵): 끓일 대상이 물이니 부수가 됨.
자(字)-氵(삼수변 수) 昜(볕 양)=탕(湯).
사(思)-탕(湯)의 국물(水-部)은 볕(昜)과 같이 뜨겁게 끓일 탕.
용(用)-再湯재탕. 雜湯잡탕. 浴湯욕탕☞ 목욕탕(沐浴湯).

糖 사탕 탕. 엿 당; 米- [táng]사탕, 엿
부(部)-쌀 미(米): 쌀에는 당분이 있다는 의미
자(字)- 米(쌀 미) 唐(당나라 당)=탕,당(糖)
사(思)-쌀(미(米))을 당나라(당(唐)에서 엿 좋아하니(?) 사탕 탕
용(用)-葡萄糖포도당 糖尿당뇨 雪糖(屑糖)설탕 糖水肉탕수육 糖分당분

怠 게으를 태, 안락할 이; 心 [dài] 게으르다, 쇠약, 위태롭다.
부(部)-마음 심(心): 게으름은 마음 상태를 의미.
자(字)-태(台)심(心)=태(怠). 台 기쁠 태, 별 태{나 이}.
사(思)-기쁜(태(台) 마음(심(心))이 방심하니 게으를 태.
용(用)-怠慢태만 過怠料과태료 懶怠나태 過怠과태 倦怠권태
　　　怠忽태홀=태만(怠慢). 惰怠타태. 怠惰태타.

態 态 모양 태; 心 - [tài]모양, 형상, 짓, 몸짓, 모양, 형편

부(部)-心 [忄,㣺] (마음 심) : 마음 태도에 관한 글자 의미

자(字)-能(능할 능) 心(마음 심) = 태(態)

사(思)-능히 할 수 있다는 마음 상태가 보이는 모습 태

용(用)-狀態상태 態度태도 形態형태 事態사태 嬌態교태 姿態자태
　　　生態系생태계 舊態구태 動態동태 樣態양태
　　　千態萬象천태만상=천차만별(千差萬別)의 상태(狀態). 천 가지 만 가
지 모양(模樣).

台 별 태{나 이}; 口 [tái,tāi] 별, 나, 기뻐하다, 기르다, 臺(대).

부(部)-입 구(口): 입은 기쁨을 표현 의미.

사(思)-사사로운(사(厶) 일에 입벌리고(구(口) 기뻐할 태. 별 태. 나 이.

용(用)-牛台우태☞ 우의정(右議政). 台風태풍☞ 태풍(颱風)
　　　天台宗천태종=지의(智顗)를 개조(開祖)로 하는 대승불교(大乘佛敎)의
한 파(派). 법화경(法華經)을 근본(根本) 경전(經典), 선정(禪定)과 지혜(智慧
·知慧)의 조화(調和)를 종의(宗義)로 함. 용수(龍樹)으로부터 서로 전(傳)해
중국(中國)에서는 북제(北齊)의 혜문(慧文)이 이를 받아, 지의(智謙)에 의(依)
하여 대성(大成)됨.

胎 아이 밸 태; 肉-총9획; [tāi]아이 배다, 잉부(孕婦), 태아

부(部)- 月 [肉] (육달월) : 임신은 육체 관련 의미

자(字)-月(육달월 월) 台(별 태, 기쁠 이)= 태(胎)

사(思)-육체의 태반에 임신하니 기쁜 아이밸 태

용(用)-孕胎잉태 胎夢태몽 胎動태동 母胎모태 落胎낙태 胞胎포태
　　　胚胎배태 胎生태생 奪胎탈태 胎兒태아 胎盤태반

殆 위태할 태; 歹- [dài]위태하다, 해치다, 가깝다, 거의, 처음

부(部)- 歹 [歺] (죽을사변) : 죽음에 가까운 위태로움 의미

자(字)-歹(살 바른 뼈 알) 台(별 태, 가까이 태) =태(殆)

사(思)-죽음 근처 거의, 가까운 위태할 태

용(用)-危殆위태 殆半태반 疑殆의태 幾殆기태 殆無태무 殆哉태재 不殆불태
　　　思而不學則殆사이불학즉태=생각만 하고 더 배우지 않으면 독단(獨
斷)에 빠져 위태(危殆)롭게 됨.

太 클 태; 大- [tài]크다, 심히, 매우, 통하다
부(部)-大 (큰 대) : 심히 크다는 의미
자(字)-大(클 대) ﹨(점 주)=태(太)
사(思)-크다에 점 찍어 클 태
용(用)-太陽태양 太極旗태극기 太初태초 太虛태허=하늘 太古 태고

泰 클 태; 水 [tài] 크다, 넉넉하다, 편안하다, 편안하고 자유롭다.
부(部)-氺 [水,氵] (아래물수): 물이 있는 강, 바다는 크다는 의미
자(字)-三(석 삼) 人(사람 인) 氺(물 수)=태(泰).
사(思)-물(수(水)을 삼인(三人)이상이 모으면 량이 크니 클 태.
용(用)-泰國태국 泰斗태두 泰山태산 泰然태연 泰初태초☞ 태초(太初) 泰東태동.
　　　泰山不讓土壤태산불양토양=「태산(泰山)은 작은 흙덩이도 사양(辭讓)
하지 않는다.」는 뜻으로, 도량(度量)이 넓어 많은 것을 포용(包容)함을 비
유(比喩·譬喩)해 이르는 말.

颱 台 태풍 태; 風- [tái]태풍
부(部)- 風 [风] (바람 풍) : 태풍은 큰 바람 의미
자(字)-風(바람 풍) 台(별 태) = 태(颱)
사(思)-바람이 별나게 강하게 부는 태풍 태
용(用)-颱風(台風)태풍 颱風眼태풍안=태풍의 눈.颱風警報태풍경보
　　　颱風注意報태풍주의보(해안선 500키로 밖에 중심이 있을 경우,
500키로 이내로 태풍중심이 들어오면 경보가 발령됨)

擇 擇 가릴 택; 手 [zé,zhái] 가리다, 고르다,
부(部)-손 수(手)=수(扌): 가려냄은 손으로 한다는 의미.
자(字)-扌(재방변 수) 睪(엿볼 역)=택(擇).
사(思)-손(수(扌)으로 엿보아(역(睪) 가려내니 가릴 택.
용(用)-選擇선택. 採擇채택. 簡擇간택. 擇拔택발. 擇地택지.

澤 澤 못 택, 풀 석; 水- [zé]못, 진펄, 늪, 윤, 윤이 나다
부(部)- 氵 [水,氺] (삼수변) : 연못에 물이 있다 의미
자(字)-氵(삼수변 수) 睪(엿볼 역) = 택(澤)
사(思)-물이 엿보아 모아드는 습지, 못 택
용(用)-惠澤혜택 潤澤윤택 平澤평택 沛澤패택 光澤광택
　　　德澤덕택=남에게 미치는 은덕(恩德)의 혜택(惠澤). 덕(德).
　　　恩澤은택=은혜(恩惠)와 덕배.

宅 집 택, 댁 댁; 宀 – [zhái]집, 대지, 무덤

부(部)- 宀 (갓머리) : 집과 관련된 글자라는 의미

자(字)-宀(집 면) 乇(부탁할 탁) =택(宅)

사(思)-지붕이 땅에 부탁하듯이 조화롭게 지어진 집 택

용(用)-住宅주택 媤宅시댁 邸宅저택 宅配택배 舍宅사택 財宅재택

　　　宅地택지 幽宅유택 祝入宅축입택 舊宅구택 家宅가택

　　　安宅正路안택정로=「마음 놓고 있을 집과 사람이 지켜야 할 바른

길」이라는 뜻으로, 인의(仁義)를 비유(比喩·譬喩)해 이르는 말.

討 討 칠 토; 言– [tǎo]치다, 벌하다, 정벌, 토벌, 죽이다,

부(部)- 言 [訁, 讠] (말씀 언) : 말로써 성토한다 의미

자(字)-言(말씀 언) 寸(마디 촌, 법도 촌) =토(討)

사(思)-말로 법도 있게 토론하니 칠 토.

용(用)-討論토론 討議토의 檢討검토 討伐토벌 聲討성토 討逆 토역

　　　爛商討論난상토론=낱낱이 들어 잘 토의(討議)함.

免 토끼 토; 儿– [tù]토끼

부(部)-儿 (어진사람인발) : 어진사람 같은 토끼라는 의미

자(字)-刀(칼 도) 口(입 구) 儿(사람 인)=免(면할 면) 丶(점 주) =토(兔)

사(思)-칼로 먹이를 사람이 점찍어 먹이는 토끼 토

용(用)-兔皮토피 兔毫토호 脫兔탈토 白兔백토 狡兔교토 玉兔옥토

　　　守株待兔수주대토=「그루터기를 지켜 토끼를 기다린다.」는 뜻으로,

고지식하고 융통성(融通性)이 없어 구습(舊習)과 전례(前例)만 고집(固執)함.

吐 토할 토; 口 [tǔ] 토하다, 털어놓다, 드러내다, 버리다.

부(部)-입 구(口): 토하는 것은 입으로 한다는 의미.

자(字)- 口(입 구) 土(흙 토)=토(吐).

사(思)-입(口-部)에서 나와 흙(土)으로 떨어지니 嘔吐(구토) 토할 토.

용(用)-吐露토로. 嘔吐구토. 懸吐현토. 實吐실토. 說吐설토.

　　　甘呑苦吐감탄고토=「달면 삼키고 쓰면 뱉는다.」는 뜻으로, 사리(事

理)에 옳고 그름을 돌보지 않고, 자기(自己) 비위(脾胃)에 맞으면 취(取)하

고 싫으면 버린다는 뜻.

洞 골짜기 통, 골 동; 水 – [dòng] 골, 골짜기, 굴, 동굴, 비다.
　　부(部) – 물 수(水): 마을에는 물이 있다는 의미.

자(字) – 氵(삼수변 수) 同(한가지 동) = 통,동(洞).
사(思) – 물(氵)을 같이(同) 먹고 사니 골짜기 동. 마을 동
용(用) – 空洞化공동화 洞察통찰 洞察力통찰력 洞窟동굴.
　　　洞口동구 洞長동장.

痛 아플 통; 疒 [tòng] 아프다, 앓다, 괴롭히다, 괴로움, 슬픔.
　　부(部) – 병질 녁(疒): 병이 들었다는 의미.

자(字) – 疒(병들어 기댈 녁(역)) 甬(길 용) = 통(痛)
사(思) – 병들어(疒 – 部) 아픈 길(甬)이 난 것처럼 통증이 있으니 아플 통.
용(用) – 苦痛고통 痛哭통곡 痛歎통탄 頭痛두통 痛症통증.

統 統 줄기 통; 糸 – [tǒng]큰 줄기, 혈통, 핏줄, 실마리
　　부(部) – 糸 [糸,糹] (실사변) : 실로 이어진 통일 의미

자(字) – 糸(가는 실 멱) 充(채울 충) = 통(統)
사(思) – 실로 채워진 것 같이 통일이니 줄기 통
용(用) – 傳統전통 大統領대통령 統一통일 統制통제 統合통합 統率통솔
　　　正統정통 系統계통 統營통영 統治통치 統計통계 都統도통
　　　體統체통 總統총통 創業垂統창업수통 = 나라나 사업(事業)을 먼저 일
으켜 자손(子孫)이 이어받을 수 있도록 그 통서(統緒)를 전(傳)해 줌.

通 통할 통; 辵 [tōng,tòng] 통하다, 보급, 통하다, 왕래하다.
　　부(部) – 쉬엄걸을 착(辶): 통하는 것은 걸어 가봐야 된다는 의미.

자(字) – 甬(길 용) 辶(쉬엄쉬엄 갈 착) = 통(通).
사(思) – 길(길 용甬)을 걸어가서(辶 =辵) 통할 통.
용(用) – 通過통과 普通보통 交通교통 流通유통 通信통신 疏通소통
　　　通報통보 通帳통장 通商통상 共通공통 通關통관.
　　　四通八達사통팔달 = 길이 사방팔방(四方八方)으로 통(通)해 있음

退 물러날 퇴; 辵 [tuì] 그만두다, 뉘우치다, 물리치다, 멀리하다,
　　부(部) – 쉬엄걸을 착(辶): 물러남도 걸어서 한다는 의미.

자(字) – 艮(괘 이름 간, 그칠 간) 辶(쉬엄쉬엄 갈 착) = 퇴(退).
사(思) – 그치게(艮) 되니 걸어서(辶 =辵 – 部) 물러날 퇴.
용(用) – 辭退사퇴 退陣퇴진 退職퇴직 後退후퇴 進退兩難진퇴양난.
　　　臨戰無退임전무퇴 = 삼국(三國) 통일(統一)의 원동력이 된 화랑(花郞)

- 380 -

의 세속오계(世俗五戒)의 하나. 싸움에 임하여 물러섬이 없음.

功成身退공성신퇴=「공(功)을 이루었으면 몸은 후퇴(後退)한다.」는 뜻으로, 성공(成功)을 이루고 그 공(功)을 자랑하지 않음.

投

던질 투; 手 [tóu] 던지다, 주다, 보내다, 증여,

부(部)-손 수(手): 던지는 손을 의미.

자(字)- 扌(재방변 수) 殳(몽둥이 수)=투(投).

사(思)-손(扌-部)으로 창, 몽둥이(殳)를 던지니 던질 투.

용(用)-投資투자 投機투기 投票투표 投入투입 投降투항.

意氣投合의기투합=서로의 마음이 맞음

以卵投石이란투석=「달걀로 바위를 친다.」는 뜻으로, 약(弱)한 것으로 강(強)한 것을 당해 내려는 어리석은 짓.

全力投球전력투구=(어떤 일에) 모든 힘을 다 기울임. 야구(野球)에서, 투수(投手)가 타자(打者)를 상대(相對)로 모든 힘을 기울여 공을 던지는 것.

妬

시기할 투; 女 [dù] 강샘하다, 시새우다.

부(部)-계집 녀(女): 질투는 여자들이 제대로 한다는 의미.

자(字)- 女(여자 녀(여)) 石(돌 석)=투(妬).

사(思)-여자(女-部)가 돌(石) 던지는 마음으로 질투하니 시기할 투.

용(用)-嫉妬질투 妬忌투기 忌妬기투 妬視투시☞ 질시(嫉視) 猜妬시투.

奸惡嫉妬간악질투=간사(奸邪)하고 악독(惡毒)한 질투(嫉妬·嫉妒).

鬪

싸움 투; 鬥- [dòu,dǒu] 싸움, 싸우다, 싸우게 하다, 다투다.

부(部)-싸울 투(鬥): 싸움에 관련된 글자라는 의미.

자(字)-鬥(싸울 두) 豆(콩 두) 寸(마디 촌)=투(鬪).

사(思)-싸움(鬥)에는 콩(豆)같은 탄환으로 짧은 시간(寸)에 싸움 투.

용(用)-鬪爭투쟁 戰鬪전투 鬪魂투혼 鬪士투사.

孤軍奮鬪고군분투=후원(後援)이 없는 외로운 군대(軍隊)가 힘에 벅찬 적군(敵軍)과 맞서 온힘을 다하여 싸움.

奮鬪努力분투노력=힘을 다하여 노력(努力)함.

透 통할 투; 辵- [tòu]통하다, 뛰다, 지나가다, 다하다,
부(部)- 辶 [辵,辶,辶] (책받침)
자(字)-秀(빼어날 수) 辶(쉬엄쉬엄 갈 착) =투(透)
사(思)-빼어날 능력으로 가니 통할 투
용(用)-浸透침투 透明투명 透徹투철 滲透삼투 透析투석 滲透壓삼투압
　　　透視투시 透映투영 透過투과
　　　眼透紙背안투지배=「눈빛이 종이의 뒷면(-面)까지 꿰뚫는다.」는 뜻,
「책(冊)을 정독(精讀)하여 그 내용(內容)의 참뜻을 깨달음」

特 특별 특, 수컷 특; 牛- [tè]수컷, 특별,
부(部)-牜 [牛,牜] (소 우) : 소를 특별한 희생 제물 의미
자(字)-牛(소 우) 寺(절 사, 관청 사) =특(特)
사(思)-등치 큰 숫소를 관청에서 특별한 제물로 쓰니 특별 특
용(用)-特殊특수 特徵특징 特別특별 特性특성 서울特別市서울특별시
　　　特許특허 特權특권
　　　大書特筆대서특필=「뚜렷이 드러나게 큰 글씨로 쓰다.」는 뜻으로, 누
구나 알게 크게 여론화(輿論化)함.

파. 파부

신백훈 정익학당 추천 애국민 필독서

[제주4.3사건 문과 답] 김영중 저, 신백훈 편저

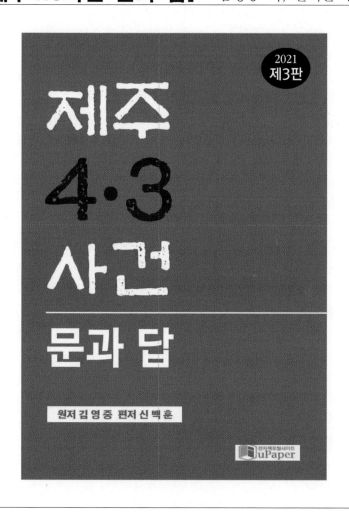

破 깨뜨릴 파; 石 [pò] 깨뜨리다, 가르다, 지우다, 깨짐,
　　부(部)- 石 (돌 석) : 옛날은 돌을 가지고 깨뜨리고 했다는 의미.
자(字)-石(돌 석) 皮(가죽 피)=파(破).
사(思)-돌(石-部)망치로 껍질(皮)을 깨트릴 파.
용(用)-破綻파탄 破壞파괴 突破돌파 破棄파기 破局파국 破字파자.

坡 고개 파; 土- [pō]고개, 비탈, 둑, 제방
　　부(部)- 土 (흙토) : 고개나 언덕은 흙으로 되었다는 의미
자(字)-土(흙 토) + 皮(가죽 피) =파(坡)
사(思)-흙으로 마치 가죽과 같이 언덕 고개를 덮으니 언덕 파
용(用)-松坡송파 坡州파주 陽坡양파 南坡남파

怕 두려워할 파; 心 [pà] 두려워하다, 대개, 부끄러워하다.
　　부(部)- 忄 [心,忄] (심방변) : 두려워하는 마음의 상태를 의미.
자(字)-忄(심방변 심) 白(흰 백)=파(怕).
사(思)-마음(忄=心)이 하얗게(白)되게 두려워하고 부끄러워할 파.
용(用)-怕懼파구 只怕時時燕蹴波지파시시연축파
　　　: 단지 때때로 제비가 물결 찰까 두려워라.

派 물갈래 파; 水 [pài,pā,pài] 물갈래, 계통, 갈라져 흐르다.
　　부(部)-물 수(水)=삼수변(氵): 물갈래로 물에 관련 의미.
자(字)- 氵(삼수변 수) 辰(갈래 파)=파(派).
사(思)-물(수氵)이 갈라져 흐르니 물갈래 파.
용(用)-派遣파견 派兵파병 强硬派강경파 左派좌파 黨派당파 政派정파.

波 물결 파; 水 [bō] 물결, 물결이 일다, 파도, 주름.
　　부(部)- 氵 [水,氺] (삼수변) : 물결에 관한 글자 의미.
자(字)- 氵(삼수변 수) 皮(가죽 피))=파(波).
사(思)-강이나 바닷물(氵)의 껍데기(皮)가 주름과 같아 물결 파
용(用)-波紋파문 波動파동 波長파장 餘波여파 波濤파도.

罷 罷 마칠 파; 网 [bà] 방면(放免), 그치다, 쉬다, 그만두다.
　　부(部)-罒 [网,冂,㓁,四,皿] (그물망머리) 못하게 그물씌운 의미
자(字)-罒(그물망 망) 能(능할 능) =파(罷)
사(思)-그물 씌워 할 수 없게 만드니 마칠 파
용(用)-罷業파업 罷免파면 革罷혁파 罷場파장 罷養파양 罷職파직
　　　罷仕파사 罷散파산 譴罷견파 罷祭파제

播 뿌릴 파; 手- [bō]뿌리다, 씨를 뿌리다, 퍼뜨리다, 베풀다

부(部)-扌[手] (재방변) : 손으로 뿌린다 의미

자(字)-扌(재방변 수) 番(차례 번) =파(播)

사(思)-손으로 차례대로 씨를 뿌리니 뿌릴 파.

용(用)-傳播전파 播種파종 播遷파천 直播직파 播多파다 乾播건파 春播춘파

頗 頗 자못 파; 頁- [pō]자못(생각보다 매우). 매우, 몹시, 두루

부(部)-頁 [页] (머리 혈) : 머리로 매우 생각한다 의미

자(字)-皮(가죽 피) 頁(머리 혈) =파(頗)

사(思)-피부 가죽으로 머리를 몹시 보호하니 자못 파

용(用)-偏頗편파=치우쳐 공평(公平)하지 못함.

　　　頗多파다=자못 많음. 아주 많음.

　　　頗多파다=꽤 많음.

吧 아이 다툴 파; 口-[bā,ba] 아이가 다투다, 어조사

부(部)-입 구 口 (입구) : 입으로 말하는 어기조사 의미

자(字)-口(입 구) + 巴(꼬리 파)=파(吧)

사(思)-입으로 권유하는 말에 꼬리같이 따르니 어조사 파

용(用)-중국어에서 어기조사로 많이 쓰는 한자 ~하자 등

把 잡을 파; 手- [bǎ,bà]잡다, 쥐다, 줌, 자루, 손잡이

부(部)-扌[手] (재방변) : 손으로 잡는다 의미

자(字)-扌(재방변 수) 巴(꼬리 파) =파(把)

사(思)-손으로 꼬리를 잡으니 잡을 파. 자루 잡을 파

용(用)-把握파악 把守파수 把捉파착 入把입파 把住파주 把手파수

版 널 판; 片- [bǎn]널, 널빤지, 얇은 금석(金石) 조각, 책,

부(部)-片 (조각편) : 나무 조각에 조각, 글을 쓴 의미

자(字)-片(조각 편) 反(돌이킬 반) =판(版)

사(思)-나무조각, 쇠조각에 되돌려 본 생각을 쓰게 만든 널 판.

용(用)-出版(出板)출판 版圖판도 版畫판화 再版재판 出版社출판사

　　　改訂版개정판 版籍판적 舊版(舊板)구판

板 널빤지 판; 木-[bǎn]널빤지, 판목(版木), 딱따기, 版 동자(同字)
　　부(部)- 木 (나무목) 나무로 된 널빤지 의미
자(字)-木(나무 목) 反(돌이킬 반) = 판(板)
사(思)-나무조각에 돌이켜 본 생각이나 표식을 하는 널빤지 판.
용(用)-漆板칠판 揭示板게시판 看板간판 板子판자 氷板빙판 懸板현판
　　　　登板등판 籌板(珠板)주판 標識板표지판 血小板혈소판

判 판가름할 판; 刀- [pàn]판가름, 나누다, 구별, 떨어지다,
　　부(部)- 刂 [刀,⺈] (선칼도방) : 칼같이 정확히 판단하란 의미.
자(字)-半(반 반) 刂(선칼도방 도) =판(判)
사(思)-한쪽에 치우침 없이 반씩의 입장을 칼같이 판가름 판.
용(用)-審判심판 批判비판 判斷판단 判事판사 裁判재판 判決판결
　　　　判書판서 判例판례 判官판관 誤判오판 評判평판 談判담판
　　　　身言書判신언서판=사람을 평가(評價)할 때나 선택(選擇)할 때가 되
면, 첫째 인물(人物)이 잘났나 즉 身, 둘째 말을 잘 할 줄 아는가 즉 言,
셋째 글씨는 잘 쓰는가 즉 書, 넷째 사물(事物)의 판단(判斷)이 옳은가 즉
判의 네 가지를 보아야 한다 하여 이르는 말.

販 販 팔 판; 貝- [fàn]팔다, 사다, 매매, 장사, 상업
　　부(部)- 貝 [贝] (조개패) : 매매에는 돈이 따른다 의미
자(字)-貝(조개 패) 反(돌이킬 반)=판(販)
사(思)-재물을 팔아 반대급부로 다른 재물로 되돌려 받으니 팔 판
용(用)-販賣판매 販促판촉 自販機자판기 購買場구판장 販賣所판매소
　　　　興販흥판 販價판가 負販부판 街販가판 販路판로

辦 办 힘쓸 판; 辛 [bàn] 힘쓰다, 갖추다, 주관(主管, 판별.
　　부(部)-매울 신(辛): 힘쓰는 것은 매운 일이다는 의미.
자(字)-辛(매울 신) 力(힘 력(역)) 辛(매울 신) =판(辦).
사(思)-힘든(신(辛)일 에 힘(력(力)을 매섭게(辛) 힘쓸 판.
용(用)-辦公費판공비. 辦理판리.
　　　　多多益辦다다익판=많으면 많을수록 더 잘 처리(處理)함.

敗 敗 깨뜨릴 패; 攴 [bài] 깨뜨리다, 부수다, 무너지다, 손상.
부(部)-칠 복(攴)=둥글월문(복(攵): 회초리로 치다는 의미.
자(字)-貝(조개 패) 攵(칠 복) =패(敗).
사(思)-돈(貝) 때문에 싸우면(攵=攴-部)인생 실패하는 패할 패.
용(用)-腐敗부패. 失敗실패. 敗北패배. 勝敗승패. 慘敗참패.

悖 悖 거스를 패; 心 [bèi,bó] 어그러지다, 우쩍 일어나다.
부(部)-마음 심(心): 어그러지는 마음의 상태를 의미.
자(字)-忄(심방변 심) 孛(어지러울 패)=패(悖). ※ 孛 어지러울 패(모양자)
사(思)-마음이(心-部) 어지러우니(孛) 어그러질 패.
용(用)-行悖행패. 悖倫패륜. 乖悖괴패. 悖政패정.
　　　淫談悖說음담패설=음탕(淫蕩)한 이야기와 도리(道理)에 벗어나는 상
스러운 말.

霸 霸 으뜸 패, 두목 패; 雨- [bà,pò]으뜸, 우두머리,
부(部)-雨 (비 우) : 비를 잘 막은 우두머리(?) 의미
자(字)-雨(비 우) 革(가죽 혁) 月(육달월) =패(霸=覇)　※覇(으뜸 패)
사(思)-비에도 피부와 몸을 잘 보호하니 으뜸 패.
용(用)-霸者패자 霸王패왕 霸氣패기 連霸연패 霸權패권 霸道패도
　　　霸業패업 爭霸쟁패
　　　萬霸不聽만패불청=바둑에서 큰 패(霸)가 생겼을 때에, 상대자(相對
者)가 어떠한 패를 써도 듣지 않음. 아무리 집적거려도 못 들은 체하고 고
집(固執)함을 비유(比喩·譬喩)하여 이르는 말.

遍 遍 두루 편; 辵- [biàn]두루, 고루, 음악의 가락의 이름
부(部)- 辶 [辵,辶,⻌] (책받침) : 두루 걸어간다 의미
자(字)-扁(납작할 편) 辶(쉬엄쉬엄 갈 착) =편(遍)
사(思)-납작한 곳에 이곳저곳 두루 퍼지게 걸어 다니는 두루 편
용(用)-普遍보편 遍歷편력 遍在편재 普遍的보편적 普遍妥當보편타당
　　　讀書百遍義自見독서백편의자현=「뜻이 어려운 글도 자꾸 되풀이하여
읽으면, 그 뜻을 스스로 깨우쳐 알게 된다.」 는 뜻으로, 되풀이하여 몇 번
이고 숙독(熟讀)하면 뜻이 통(通)하지 않던 것도 저절로 알게 됨.

編 엮을 편; 糸- [biān]기록, 맺다, 얽다, 책, 책을 맨 끈
부(部)- 糸 [糸,糸] (실사변) : 실로 꿰매듯이 엮는다 의미
자(字)- 糸(가는 실 멱) 扁(납작할 편) =편(編)
사(思)-끈으로 죽간 등 납작한 책을 엮어 매니 엮을 편
용(用)-編輯편집 編纂편찬 改編개편 編成편성 編制편제 編入편입
編輯局편집국 編著편저 編綴편철 再編재편 編曲편곡 續編속편
韋編三絶위편삼절=종이가 없던 옛날에는 대나무에 글자를 써서 책
으로 만들어 사용(使用)했었는데, 공자(孔子)가 책을 하도 많이 읽어서 그
것을 엮어 놓은 끈이 세 번이나 끊어졌단 데에서 비롯된 말로, 한 권의
책을 몇 십 번이나 되풀이 해서 읽음을 비유(比喩・譬喩)하는 말로 쓰임.

篇 책 편; 竹- [piān]책, 완결된 책, 완결된 시문(詩文),
부(部)- 竹 [竹] (대 죽) : 옛날 책은 죽간(竹簡)이다 의미
자(字)-竹(대죽 죽) 扁(납작할 편) =편(篇)
사(思)-대나무를 납작하게 다듬어 책을 만드니 책 편.
용(用)-玉篇옥편 長篇장편 短篇단편 詩篇시편 卒篇졸편 篇尾편미
千篇一律천편일률=「여러 시문(詩文)의 격조(格調)가 변화(變化) 없이
비슷비슷하다.」는 뜻으로, 「여러 사물(事物)이 거의 비슷비슷하여 특색(特
色)이 없음.」을 비유(比喩・譬喩)하여 이르는 말.

偏 치우칠 편; 人- [piān]치우치다, 반, 절반, 한쪽
부(部)- 亻 [人] (사람인변) : 사람의 나쁨에 관련 의미
자(字)-亻(사람인변 인) 扁(납작할 편) =편(偏)
사(思)-사람이 납작한 곳인데도 불구하고 치우칠 편
용(用)-偏頗편파 偏僻편벽 偏見편견 偏向편향 偏狹편협 偏重편중 偏差편차
偏執편집 偏愛편애 偏在편재 偏食편식
不偏不黨불편부당=어느 한 쪽으로 기울어짐 없이 중정(中正), 공평
(公平)함.

便 편할 편, 똥오줌 변; 人- [biàn,pián]편하다, 소식, 오줌, 똥,
부(部)-사람인변 인(亻): 사람이 배설하면 편하다 의미
자(字)-亻(사람인변 인) 更(고칠 경, 다시 갱)=편(便)=변(便)
사(思)-사람(인(亻)이 빵빵한 배를 홀쭉하게 고치려면(경(更) 똥오줌 편할 편
용(用)-男便남편 便宜편의 郵便우편 便安편안 便利편리 便祕변비 便所변소

平 평평할 평; 干 [píng] 평평하다, 다스리다, 바르다, 바로잡다.
　　부(部)-방패 간(干): 방패 같이 평평하게 의미.
자(字)-干(방패 간) 八(여덟 팔,나눌 팔)=평(平).
사(思)-방패(간(干) 같이 나누어(八) 평평하니 평평할 평, 바를 평.
용(用)-平均평균 平壤평양 平和평화 平素평소 平信평신 平凡평범.

評 评 평할 평; 言- [píng]평하다, 평정(評定)하다, 품평,
　　부(部)- 言 [訁,讠] (말씀 언) 말로 평하다 의미
자(字)-言(말씀 언) 平(평평할 평) =평(評)
사(思)-말로 골고루 치우침 없이 평평하게 평할 평.
용(用)-評價평가 批評비평 酷評혹평 好評호평 漫評만평 評判평판 評論평론
　　　　過大評價과대평가=사실(事實)보다 지나치게 평가(評價)함.
　　　　群盲評象군맹평상=「여러 맹인(盲人)이 코끼리를 더듬는다.」는 뜻,
어리석은 사람은 자기(自己) 주관(主觀)에만 치우쳐 그릇되게 판단.

坪 들판 평; 土- [píng] 들판, 평평하다, 평(땅의 면적)
　　부(部)- 土 (흙 토) : 평지(平地)는 흙으로 되었다 의미
자(字)-土(흙 토) 平(평평할 평) =평(坪)
사(思)-흙으로 된 들판은 평평하여 들판 평
용(用)-建坪건평 看坪간평 當坪당평 總坪총평 每坪매평 地坪지평
　　　　坪當평당 坪數평수

閉 闭 닫을 폐; 門 [bì] 닫다, 잠그다, 지키다, 막다, 매듭.
　　부(部)-문 문(門): 문을 닫는다는 의미.
자(字)-門(문 문) 才(재주 재)=폐(閉).
사(思)-문(門)의 빗장을 재(才)자(字)모양으로 잠그어 닫을 폐.
용(用)-閉鎖폐쇄 閉幕폐막 閉鎖的폐쇄적 密閉밀폐 閉塞폐색.
　　　　閉殼筋폐각근 開閉개폐. 閉會폐회.
　　　　金口閉舌금구폐설=「귀중(貴重)한 말을 할 수 있는 입을 다물고 혀를
놀리지 않는다.」는 뜻으로, 침묵(沈默)함을 이르는 말.
　　　　閉月羞花폐월수화=「달이 숨고 꽃이 부끄러워한다.」는 뜻, 절세(絕
世)의 미인(美人)을 비유(比喩·譬喩)해 이르는 말.

蔽 덮을 폐; 艹- [bì]덮다, 싸다, 숨기다, 막다, 속이다, 가림,
　　부(部)- ++ (艹,++,艹) (초두머리) : 해진 것을 풀로 가리다 의
자(字)-++(초두머리 초) 敝(해질 폐)= 덮을 폐(蔽)
사(思)-풀로 해진 것을 가리고 숨기려고 덮을 폐
용(用)-隱蔽은폐 掩蔽엄폐 遮蔽차폐 建蔽率건폐율 遮蔽物차폐물
　　　　蔽眼폐안=눈가리개. 一言以蔽之일언이폐지=한마디 말로 능히 그
뜻을 다 말함.

敝 해질 폐; 攴 [bì,bié] 해지다, 깨지다, 부서지다,
　　부(部)-칠 복(攴)=복(攵): 해지는 원인은 때리거나 치기라는 의미.
자(字)-㡀(해진 옷 폐:팔(八)건(巾)팔(八)) 攵(칠 복) =폐(敝).
사(思)-해진 옷(㡀)이 회초리로 치니(攴) 더 해질 폐.
용(用)-敝社폐사 = 폐사(弊社) 敝件폐건
　　　　敝屋폐옥=자기 집의 겸칭. 敝袍破笠폐포파립.

弊 폐단 폐, 해질 폐; 廾 [bì] 해지다, 낡다, 나쁘다, '폐단(弊端)'.
　　부(部)-스물 입(廾): 스무번 정도면 해진 옷 된다는 의미.
자(字)-敝(해질 폐) 廾(스물 입, 받들 공) =폐(弊).
사(思)-헤진 옷(폐(敝)을 스물(입(廾)번이나 입으라니 폐단 폐. 해질 폐.
용(用)-弊害폐해. 弊端폐단. 病弊병폐. 疲弊피폐. 弊習폐습.
　　　　去弊生弊거폐생폐=묵은 폐해(弊害)를 없애려다가 도리어 새로운 폐
해(弊害)가 생김.

幣 화폐 폐. 비단 폐; 巾 [bì] 비단, 예물, 돈.
　　부(部)-수건 건(巾): 비단은 보자기에 싼다는 의미.
자(字)-敝(해질 폐) 巾(수건 건, 보자기 건) =폐(幣). ※ 敝: 해질 폐
사(思)-해진(敝) 것을 보자기(巾)로 잘 싸야 하는 비단 폐. 돈 폐.
용(用)-貨幣화폐 僞幣위폐 紙幣지폐 納幣납폐 幣帛폐백.

廢 폐할 폐; 广 [fèi] 폐하다, 그만두다, 부서지다.
　　부(部)-집 엄(广)(엄호): 집속에 가둬 버린다는 의미.
자(字)-广(집 엄) 發(필 발)=폐(廢).
사(思)-엄호(广-部)집에 나간다는 뜻의 발(發)을 가두어 버리니 폐할 폐.
용(用)-廢止폐지 廢棄폐기 撤廢철폐 荒廢化황폐화 廢墟폐허
　　　　統廢合통폐합 廢家폐가 廢業폐업 廢鑛폐광 廢水폐수 廢刊폐간
　　　　存廢존폐 廢位폐위 老廢物노폐물 .

廢寢忘食폐침망식=「잠을 안 자고, 밥 먹는 것도 잊는다.」는 뜻으로, 매우 열심히 공부(工夫)함을 이르는 말.

肺
허파 폐; 肉- [fèi]허파, 마음, 충심(衷心), 지저깨비

부(部)- 月 [肉] (육달월) : 허파는 육체 구성 의미

자(字)-月(육달월 월) 市(시장 시) =폐(肺)

사(思)-육체에서 물건 왕래 시장처럼 공기 왕래 허파 폐

용(用)-肺炎폐렴 肺腑폐부 肺腸폐장 肺癌폐암 肺胞폐포 肝肺간폐
　　　肺病폐병 鐵肺철폐 肺出血폐출혈 肺尖폐첨 塵肺진폐 心肺심폐

浦
물가 포; 水- [pǔ]개, 조수가 드나드는 곳, 물가, 바닷가

부(部)- 氵[水,氺] (삼수변) : 물과 관련된 글자 의미

자(字)-氵(삼수변 수) 甫(클 보) =포(浦)

사(思)-바닷물이 큰 바다로 드나드는 물가 포

용(用)-浦口포구 金浦김포 浦落포락 麻浦區마포구 永登浦영등포
　　　鏡浦臺경포대 浦港포항 龜浦구포 木浦목포 西歸浦서귀포
　　　合浦珠還합포주환=「합포(合浦)에 구슬이 다시 돌아왔다.」는 뜻으로,
잃어버린 물건(物件)을 다시 찾게 되거나 떠나갔던 사람이 다시 돌아오는
것을 이르는 말.

抛
던질 포; 手 [pāo] 던지다, 버리다, 내버리다, 투석(投石)

부(部)-손 수(手): 던짐은 손으로 한다는 의미.

자(字)-扌(손 수) 九(아홉 구) 力(힘 력)=포(抛).

사(思)-손(扌=手)으로 최선을(九) 다한 힘(力)으로 던질 포.

용(用)-抛棄포기 抛物線포물선 抛擲포척 抛體포체.

砲
대포 포, 돌쇠뇌 포; 石- [pào]돌쇠뇌, 포거(抛車), 대포

부(部)- 石 (돌 석) : 돌을 대포알로 쓰다 의미

자(字)-石(돌 석) 包(쌀 포) =포(砲)

사(思)-바위를 대포알 포탄으로 싸서 사용한 대포 포

용(用)-砲手포수 大砲대포 空砲공포 砲彈포탄 砲兵포병 迫擊砲박격포
　　　火砲화포 山砲산포 砲兵隊포병대
　　　砲煙彈雨포연탄우=「자욱한 총포(銃砲)의 연기(煙氣)와 빗발치는 탄환
(彈丸)」이라는 뜻으로, 격렬(激烈)한 전투(戰鬪)를 이름.

怖 두려워할 포; 心- [bù]두려워하다, 떨다, 으르다, 두려움
부(部)- 忄 [心,㣺] (심방변) : 두렵다는 마음을 의미
자(字)-忄(심방변 심) 布(베 포) =포(怖)
사(思)-두려운 마음으로 성긴 베 같이 여기저기 구멍 두려울 포
용(用)-恐怖공포 畏怖외포 怖伏포복 怖苦포고 怖慄포율 怖悸포계
　　　怖畏포외 怯怖겁포 驚怖경포 恐怖感공포감 大恐怖대공포

飽 배부를 포; 食 [bǎo,bào,páo] 물리다, 싫증, 배부르다, 가득.
부(部)- 飠 [食,𠊊,𩙿] (밥 식): 배불리 먹는 것과 관련 의미.
자(字)-飠(밥식 식) 包(쌀 포)=포(飽).
사(思)-음식(食-部)이 배에 보따리(包)처럼 배불러 물릴 포, 배부를 포.
용(用)-飽食포식 飽腹포복☞ 포복(飽食 飽喫포끽 飽和포화 飽滿포만.
　　　食無求飽식무구포=공자님처럼 군자는 배부름을 구하지 아니한다,

布 베 포/펼 포, 보시 보; 巾- [bù]베, 돈, 화폐, 펴다, 넓게 깔다
부(部)- 巾 (수건 건) : 수건을 사용하는 베 의미.
자(字)-ナ(왼 좌) 巾(수건 건) =포(布)
사(思)-손에 베를 들고 수건으로 돈으로 사용하는 베 포, 널리 펼 포
용(用)-撒布살포 宣布선포 瀑布폭포 頒布반포 分布분포 公布공포
　　　布施보시 配布배포 布衣寒士포의한사=벼슬이 없는 가난한 선비.

捕 사로잡을 포; 手- [bǔ,bù]사로잡다, 구하다, 찾다
부(部)-扌 [手] (재방변) : 손동작을 의미
자(字)-扌(재방변 수) 甫(클 보) =포(捕)
사(思)-손으로 큰 것을 사로잡을 포
용(用)-逮捕체포 捕捉포착 拿捕나포 捕虜포로 捕獲포획 捕縛포박
　　　捕繩포승 捕盜廳포도청 捕手포수 捕鯨포경 逮捕令狀체포영장

包 쌀 포; 勹- [bāo]싸다, 꾸러미, 보따리, 세는 수사
부(部)-勹 (쌀포몸) : 싸다 의미
자(字)-勹(쌀 포) 巳(뱀 사) = 포(包)
사(思)-보자기로 뱀을 싸는 쌀 포
용(用)-包含포함 包容포용 包裝포장 內包내포 包攝포섭 包括포괄
　　　包圍포위 包袋포대 小包소포 包藏포장

抱 안을 포/던질 포; 手- [bào]안다, 품다, 품, 안기다, 가슴,
부(部)-扌[手] (재방변) : 손으로 안거나 던지거나 의미
자(字)-扌(재방변 수) 包(쌀 포) =포(抱)
사(思)-손으로 보자기를 가슴에 안을포, 멀리 던질 포.
용(用)-抱擁포옹 懷抱회포 抱負포부 抱主포주 令抱영포 抱才포재
　　　抱腹絶倒(抱腹絶倒)포복절도 抱腹포복=아주 우스워서 배를 안음.
　　　抱痛西河포통서하=부모(父母)가 자식(子息)을 잃고 슬퍼함
　　　合抱之木生於毫末합포지목생어호말=「한아름되는 나무도 싹에
　　　서 자란다.」는 뜻으로, 사물(事物)은 미세(微細)한 것에서 시작
　　　(始作)됨을 이르는 말.

鮑 절인 어물 포; 魚 [bào] 절인 어물, 전복,
부(部)-고기 어(魚): 어물(魚物)에 관련한 글자라는 의미.
자(字)- 魚(물고기 어) 包(쌀 포)=포(鮑).
사(思)-어물(魚-部)를 포장(包)하려면 절인 상태여야 하니 절인어물 포.
용(用)-生鮑생포. 全鮑전포. 管鮑관포:관중(管仲)과 포숙(鮑叔).

胞 세포 포; 肉- [bāo]태보, 삼, 종기(腫氣), (現)친형제
부(部)-月[肉] (육달월) : 육체의 세포(細胞) 관련 의미
자(字)-月(육달월 월) 包(쌀 포) =포(胞)
사(思)-육체의 최소 단위 세포를 싸고 있는 세포 포
용(用)-細胞세포 同胞동포 僑胞교포 胞胎포태 胞子포자 肺胞폐포
　　　幹細胞간세포 胞胎法포태법 細胞組織세포조직

疱 천연두 포, 물집 포; 疒- [pào]천연두, 마마, 붓는 병
부(部)- 疒 (병질엄, 5획) : 병 증상에 관련된 글자 의미
자(字)- 疒(병들어 기댈 녁(역)) + 包(쌀 포)=포(疱)
사(思)- 천연두 병들어 기대면 물집 상처가 쌓여저 생기니 물집포
용(用)- 疱瘡포창 發疱발포 水疱수포 膿疱농포 汗疱한포 水疱瘡수포창
(→水痘(수두))

鋪 鋪 펼 포/가게 포; 金- [pū,pù]펴다, 늘어놓다, 베풀다,
부(部)-金 [釒,钅] (쇠 금) : 가게 진열대가 쇠로 된 의미
자(字)-金(쇠 금) 甫(클 보) = 포(鋪)
사(思)-쇠로 크게 만든 진열대에 상품을 레이아웃 펼포, 가게 포.
용(用)-鋪裝포장 店鋪점포 典當鋪전당포 鋪敍포서 鋪陳포진 鋪馬포마

暴 사나울 폭/쬘 폭, 사나울 포.; 日 [bào,pù] 사납다, 해치다,
부(部)-날 일(日): 날마다 사나우면 폭력이고 자포자기.
자(字)-日(날 일) 恭(공손할 공)=폭(暴)(포). 공(恭=함께 물고문?)
사(思)-날마다(日) 공손하도록 하는 사나울 폭. 해칠 포.
용(用)-暴惡포악 暴力폭력 暴露폭로 暴行폭행
　　　暴飮暴食폭음폭식=음식(飮食)과 술 등(等)을 한꺼번에 많이 먹음.
　　　自暴自棄자포자기=「자신(自身)을 스스로 해(害)치고 버린다」는 뜻으
로, 몸가짐이나 행동(行動)을 되는 대로 취(取)함..

爆 터질 폭, 터질 박; 火- [bào]터지다, 폭발, 사르다, 불길이 세다
부(部)-火 [灬] (불 화) : 화약(火藥) 관련 의미
자(字)-火(불 화) 暴(사나울 폭) =폭(爆)
사(思)-불덩어리가 사납게 터질 폭,
용(用)-爆發폭발 爆彈폭탄 爆擊폭격 爆破폭파 起爆劑기폭제 爆笑폭소
　　　爆竹폭죽 絨緞爆擊융단폭격 被爆피폭 自爆자폭 爆音폭음
　　　重爆중폭 爆發物폭발물
　　　核爆發핵폭발=핵반응(核反應)으로 일어나는 폭발(爆發).
　　　連鎖爆發연쇄폭발=하나의 폭발(爆發)이 다른 폭발(爆發)을 일으킴

幅 폭 폭; 巾- [fú]폭, 너비, 단위, 넓이, 가, 가장자리
부(部)-巾 (수건 건) : 수건에 폭이 있다 의미
자(字)-巾(수건 건) 畐(가득할 복) =폭(幅)
사(思)-수건을 쓰고 열심히 하면 가득 복이 생긴 만큼 폭 폭.
용(用)-增幅증폭 振幅진폭 大幅대폭 畵幅화폭 步幅보폭 幅巾복건
　　　一幅일폭 全幅전폭 小幅소폭

表 겉 표; 衣- [biǎo]겉, 거죽, 겉면, 나타내다, 밝히다,
부(部)-衣 [衣,衤] (옷 의) : 옷은 육체 겉을 표현 의미
자(字)-二(두 이) 衣(옷 의) = 표(表)
사(思)-2종류(내의(內衣) 외의(外衣) 옷으로 겉을 표현, 겉 표
용(用)-表現표현 表裏표리 代表대표 發表발표 辭表사표 表象표상
　　　表面표면 表示표시 表情표정 出師表출사표 表出표출 表彰표창
　　　形端表正형단표정=몸 형상(形象·形像)이 단정(端正)하고 깨끗하면
마음도 바르며 또 겉으로도 나타남.

漂 떠다닐 표; 水 - [piāo,piǎo]떠돌다, 물에 떠돌다, 유랑하다,
　　부(部)-氵[水,水] (삼수변) : 물 위를 떠다닌다 의미
자(字)-氵(삼수변 수) 票(표 표, 흔들릴 표) =표(漂)
사(思)-물 위에 흔들리며 떠다닐 표.
용(用)-漂流표류 漂泊표박 漂白표백 漂船표선 漂風표풍 漂流船표류선
　　　　漂石표석 漂浪표랑 漂砂표사 漂海錄표해록
　　　　衆煦漂山중후표산=「많은 것이 내뿜는 따뜻한 기운(氣運)은 산을 움
직인다.」는 뜻, 뭇사람의 힘의 놀라움을 비유(比喩·譬喩).

票 표 표; 示 - [piào] 표, 증표, 불똥, 흔들리는 모양, 빠르다
　　부(部) - 示 [礻] (보일 시) : 표는 보여주는데 의미
자(字)-覀(덮을 아) 示(보일 시)
사(思)-가벼운 지폐 등 표는 가치(價値)를 덮어서 보여주는 표 표
용(用)-投票투표 郵票우표 買票매표 傳票전표 票決표결 手票수표
　　　　投票率투표율 付票부표

標 标 표할 표, 우듬지 표; 木 - [biāo]우듬지, 높은가지, 끝, 말단
　　부(部) - 木 (나무 목) : 나무 꼭대기(=우듬지) 의미
자(字)-木(나무 목) 票(표 표) =표(標)
사(思)-나무의 최종 목표는 우듬지 표
용(用)-目標목표 標識표지 標準표준 指標지표 標榜표방 座標좌표
　　　　標的표적 里程標이정표 標題(表題)표제 標示표시 商標상표

品 물건 품; 口 - [pǐn]물건, 품별을 하다, 품평하다
　　부(部) - 口 (입 구) : 물건을 만드는 것은 먹고사는 의미
자(字)-口(입 구) 吅(부르짖을 훤) =품(品)
사(思)-입으로 물건 팔려고 부르짖게 하는 물건 품.
용(用)-商品상품 作品작품 品詞품사 骨董品골동품 品位품위 一品일품
　　　　製品제품 品格품격 品質품질 性品성품 名品명품

稟 여쭐 품, 곳집 름(늠); 禾 [bǐng] 주다, 내려 주다, 녹, 녹미,
　　부(部)-벼 화(禾): 벼가 중요한 주고 받는 것임을 의미.
자(字)-靣(곳집 름(늠)) 禾(벼 화) =품(稟) ※ 靣: 창고 름.
사(思)-창고(靣)에다 벼(禾-部)를 수확 후 보관할 것을 여쭐 품.
용(用)-氣稟기품. 性稟성품☞ 성정(性情). 天稟천품. 稟性품성.

- 395 -

楓 　楓 단풍나무 풍; 木- [fēng]단풍나무, 신나무
　　　부(部)- 木 (나무 목) : 나무 관련 글자 의미
자(字)-木(나무 목) 風(바람 풍) =풍(楓)
사(思)-나무가 바람이 차게 부는 가을 되던 단풍나무 풍
용(用)-丹楓단풍 楓嶽풍악 楓嶽山풍악산 楓葉풍엽 霜楓상풍 楓林풍림

風 　风 바람 풍; 風- [fēng]바람, 불다, 바람이 불다, 바람을 쐬다
　　　부(部)- 風 [风] (바람 풍) 제부수 한자
자(字)-凡(무릇 범) 虫(벌레 충) = 풍(風)
사(思)-무릇 봉황(鳳凰)이 바람 일으키면 벌레가 생기는 바람 풍
용(用)-颱風(台風)태풍 扇風機선풍기 風流풍류 風景풍경 疾風怒濤질풍노도
　　　清風청풍 暴風폭풍 風俗풍속

豊 　풍년 풍; 豆 [fēng] 풍성, 그릇, 예도, 풍년, 豊의 俗字.
　　　부(部)-콩 두(豆): 제기 두. 풍성에 감사 제사 제기 관련 의미.
자(字)-曲(굽을 곡) 豆(콩 두) =풍(豊).
사(思)-풍년가(曲)와 제기그릇(豆-部)위에 제물이 풍성할 풍.
용(用)-豊富풍부 豊饒풍요 豊盛풍성 豊足풍족 豊裕풍유 豊漁풍어.

被 　이불 피; 衣 [bèi] 이불, 잠옷, 미치다, 달하다.
　　　부(部)-옷 의(衣)=옷의변(의(衤): 이불과 옷에 관련된 의미.
자(字)-衤(옷의변 의) 皮(가죽 피)=피(被).
사(思)-옷(衤(=衣)☞옷部)으로 살가죽(피(皮)을 덮으니 이불 피. 덮을 피.
용(用)-被害피해 被害者피해자 被殺피살 被拉피랍 被疑者피의자
　　　被告피고 被擊피격 被動피동 被告人피고인.

辟 　피할 피, 임금 벽; 辛 [bì,bó,mǐ,pi] 임금, 避(피)와 동자(同字).
　　　부(部)-매울 신(辛): 임금을 모시는 것은 어려운 일 의미.
자(字)-시(尸)구(口)신(辛)=벽(辟)(피).
사(思)-몸(尸)과 입(口)으로 어렵게(辛) 모시니 임금 벽. 피할 피.
용(用)-邪辟사벽 徵辟징벽 辟除벽제 便辟편벽 哲辟철벽=어진 임금

彼 　저 피; 彳 [bǐ]저, 저 사람, 삼인칭 대명사, 그이,
　　　부(部)- 彳 (두인 변) : 두 사람 간의 호칭 의미
자(字)-彳(조금 걸을 척) 皮(가죽 피) =피(彼)
사(思)-조금만 걸어도 나 이외의 저쪽을 만나니 저 피
용(用)-彼岸피안 彼此피차 於此彼어차피 彼我피아 彼人피인

知彼知己百戰不殆지피지기백전불태=상대(相對)를 알고 자신(自身)을 알면 백 번 싸워도 위태(危殆)롭지 않음.

疲 지칠 피; 疒 - [pí]지치다, 피로, 힘이 없다, 병들고 괴로워하다
　　부(部)-疒 (병질엄) : 피로는 병이 된다 의미
자(字)-疒(병들어 기댈 녁(역)) 皮(가죽 피) =피(疲)
사(思)-병들면 피부도 거칠고 지칠 피.
용(用)-疲困피곤 疲勞피로 疲弊피폐 疲斃피폐 疲民피민 疲乏피핍
　　　　明鏡不疲명경불피=밝은 거울은 몇 번이나 사람의 얼굴을 비춰도 피로(疲勞)하지 않음을 이름.

避 피할 피; 辵 [bì] 피하다, 회피하다, 벗어나다, 숨다.
　　부(部)-쉬엄갈 착(辵)=(辶) : 피하면서 간다는 의미.
자(字)-辟(피할 피) 辶(쉬엄쉬엄 갈 착) =피(避).
사(思)-임금(辟)행차에 부딪치지 않게 걸어가면서(辶=辵-部) 피할 피.
용(用)-不可避불가피. 忌避기피. 回避회피. 逃避도피. 避暑피서.

披 헤칠 피,나눌 피; 手 [pī] 나누다, 쪼개다, 열다, 개척하다, 입다.
　　부(部)-재방변(수(扌)): 손으로 나누고 헤치고 하는 의미.
자(字)-扌(재방변 수) 皮(가죽 피)=피(披).
사(思)-손(扌=手-部)으로 살가죽(皮)이 보이게 옷을 헤칠 피, 나눌 피.
용(用)-披瀝피력. 披露宴피로연. 猖披창피.披露피로. 披見피견. 披覽피람.
　　　　披肝膽피간담=「간(肝)과 쓸개를 펼쳐 보인다.」는 뜻으로, 본심(本心)을 털어놓음을 이르는 말
　　　　爛若披錦난약피금=「곱기가 비단(緋緞)을 덮은 것 같다.」는 뜻으로, 문장(文章) 전체(全體)가 아름답고 화사(華奢)함.

畢 필 마칠 필; 田- [bì]마치다, 끝내다, 죄다, 모두, 그물,
　　부(部)- 田 (밭 전) : 밭일은 마쳐야 한다 의미
자(字)-田(밭 전) 廿(스물 입) 十(열 십) =필(畢)
사(思)-밭 일은 스무날과 열흘 동안 열심해야 마칠 필.
용(用)-畢竟필경 未畢미필 畢納필납 畢婚필혼 畢生필생 畢力필력 畢擧필거

必 반드시 필; 心 [bì] 반드시, 틀림없이, 꼭, 기필, 이루어내다.
부(部)-마음 심(心):반드시 다짐하는 뜻이 마음 관련된 의미.
자(字)- 心(마음 심) 丿(삐침 별)=필(必).
사(思)-마음(心-部)에 삐침(丿)이 있으면 반드시 처리 반드시 필.
용(用)-必要필요. 必須필수. 必要性필요성. 言必稱언필칭.

筆 붓 필; 竹- [bǐ]붓, 쓰다, 덧보태어 쓰다
부(部)-竹 [竹] (대 죽) : 붓대는 대나무로 만든 의미.
자(字)-竹(대죽 죽) 聿(붓 율) =필(筆)
사(思)-대나무 붓대로 만든 붓 필.
용(用)-鉛筆연필 隨筆수필 筆筒필통 筆記필기 筆寫필사 筆頭필두
　　執筆집필 筆地필지 春秋筆法춘추필법=오경(五經)의 하나인 ≪춘추(春
秋)≫와 같이 비판(批判)의 태도(態度)가 썩 엄정(嚴正)함을 이르는 말.

匹 필 필; 匚- [pǐ]필(正), 짝, 맞서다, 마리, 세는 단위.
부(部)- 匚 (감출혜몸) : 상자당 세는 단위 의미
자(字)-匚(상자 방) 儿(어진 사람 인) =필(匹)
사(思)-한방에 한 사람씩 세는 단위로 필 필
용(用)-配匹배필 匹夫필부 匹敵필적 匹婦필부 馬匹마필 匹馬필마
　　天生配匹천생배필=하늘에서 미리 전(傳)해 준 배필(配匹).
　　匹馬單騎필마단기=혼자 한 필의 말을 타고 감.

하. 하 부

河 물 하, 운하 하; 水 [hé] 강 이름, 황하, 내, 강, 운하.
　 부(部)- 氵[水,水] (삼수변, 3획) : 강은 물과 관련 의미.
자(字)- 氵(삼수변 수) 可(옳을 가) =하(河).
사(思)-물(수(水)이 흘러감이 가능(可) 운하 하.
용(用)-河川하천 河口하구 黃河황하 銀河水은하수 河海하해 河床하상.
　　 山河산하 公無渡河歌공무도하가 熱河日記열하일기

下 아래 하; 一一 [xià]아래, 아랫사람, 뒤
　 부(部)- 一 (한 일) : 상하 구분을 표시한 글자 의미
자(字)-下(아래 하)
사(思)-아래를 뜻하기 위해 만든 지사(指事:사물을 가리킴)문자..
용(用)-上下상하 貶下폄하 却下각하 陛下폐하 閣下각하 卑下비하
　　 下降하강 天下천하

何 어찌 하; 人 [hé] 어찌, 무엇, 얼마. 荷(하)의 본자(本字).
　 부(部)- 亻[人] (사람인변) :사람의 행위와 관련된 의미.
자(字)-亻(사람인변 인) 可(옳을 가)=하(何).
사(思)-사람(亻(=人)이 가능(可(가)한 것은 무엇이며, 얼마인가 어찌 하.
용(用)-六何原則육하원칙 如何여하 何等하등 幾何學기하학.
　　　 精神一到何事不成정신일도하사불성=「정신(精神)을 한 곳으로 하면
무슨 일인들 이루어지지 않으랴.」 라는 뜻으로, 정신(精神)을 집중(集中)하
여 노력(努力)하면 어떤 어려운 일이라도 성취(成就)할 수 있다는 말.

夏 여름 하; 夊- [xià]여름, , 안거(安居), 승려가 90일간 수행
　 부(部)- 夊 (천천히걸을쇠발) : 여름에 더워 천천히 의미?
자(字)-頁(머리 혈) 夊(뒤쳐져 올 치) =하(夏)
사(思)-머리가 뜨거워 뒤쳐저 오는 여름 하
용(用)-夏至하지 春夏秋冬춘하추동 立夏입하 夏季하계 盛夏성하
　　 夏服하복 孟夏맹하 夏穀하곡

荷 멜 하; 艸- [hé,hè]연(蓮), 책망하다, 규탄하다, 번거롭다
　 부(部)- ++ [艸,丷,艹,卄] (초두머리) : 풀이 짐이었던 의미
자(字)-++(초두머리 초) 何(어찌 하) =하(荷)
사(思)-풀을 등짐으로 살아온 세월 어찌 잊느냐 멜 하
용(用)-負荷부하 荷役하역 電荷전하 手荷物수하물 入荷입하 荷物하물
　　 荷重하중 集荷집하

- 400 -

廈 廈 처마 하; 广 [shà,xià] 처마, 큰 집.
　　부(部)-집 엄(广): 처마는 집에 부분이 되는 의미.
자(字)-广(집 엄) 夏(여름 하)=하(廈).
사(思)-집(广-部)이 여름(夏)되면 시원하게 처마도 크게 큰 집, 처마 하.
용(用)-大廈대하 廣廈광하 崇廈숭하
　　　大廈高樓대하고루=「큰 집과 높은 누각(樓閣)」이라는 뜻으로, 웅장하고 큰 건물(建物)을 이르는 말.

賀 贺 하례 하; 貝- [hè]하례하다, 경축, 경사, 위로, 치하
　　부(部)- 貝 [贝] (조개패) : 축하금이 함께 하는 의미
자(字)-加(더할 가) 貝(조개 패) =하(賀)
사(思)-축하할 일에 더하는 것은 축하금이니 하례 하.
용(用)-祝賀축하 致賀치하 慶賀경하 謹賀근하 賀禮하례 賀客하객
　　　年賀狀연하장 祝賀宴축하연
　　　謹賀新年근하신년=삼가 새해를 축하(祝賀)한다는 인사말(人事-).

學 学 배울 학; 子 [xué] 배우다, 학문, 학자.
　　부(部)-아들 자(子): 어린아이 때부터 배워야하는 의미.
자(字)-臼(절구 구) 爻(효 효) 冖(덮을 멱) 子(아들 자) =학(學).
사(思)-책(臼자 인용) 이치(효(爻)로 덮는(멱(冖) 아이들 만드는 배울 학.
용(用)-學校학교 大學대학 學生학생 科學과학 哲學철학.
　　　敎學相長교학상장=「가르침과 배움이 서로 진보(進步)시켜 준다.」는 뜻으로, 사람에게 가르쳐 주거나 스승에게 배우거나 모두 자신(自身)의 학업(學業)을 증진(增進)시킴.가르치는 일과 배우는 일이 서로 자신(自身)의 공부(工夫)를 진보(進步)시킴.
　　　人不學不知道인불학부지도=사람이 배우지 않으면, 도리(道理)를 알지 못함.

虐 사나울 학; 虍 [nüè] 사납다, 해치다, 모질다, 잔인, 가혹, 죽다.
　　부(部)-범호엄(호(虍): 사나운 게 호랑이다라는 의미.
자(字)- 虍(호피 무늬 호) 匚(상자 방) 一(한 일)=학(虐).
사(思)-호랑이(호(虍)가 상자에서 한 번 뛰쳐나와 사나울 학.
용(用)-虐待학대 虐殺학살 苛虐가학 自虐자학 虐政학정 凶虐흉학.
　　　暴虐無道포학무도=성질(性質)이 횡포(橫暴)하고 잔학하여 도덕성(道德性)이 없음.

- 401 -

擧義代虐거의대학=의로운 사람을 추대하여 포악한 임금을 대신하게 함.

鶴 鶴 학 학; 鳥- [hè,háo,mò]학, 두루미, 희다, 흰 빛깔,
부(部)- 鳥 [鸟] (새 조) : 새 종류에 관련 의미
자(字)-隺(두루미 학) 鳥(새 조) =학(鶴)
사(思)-흰 두루미 같은 새를 학 학, 두루미 학.
용(用)-鶴翼陣학익진 鶴氅衣학창의 鶴頂학정 鶴舞학무 舞鶴무학 鳴鶴명학
　　　群鷄一鶴군계일학=「무리 지어 있는 닭 가운데 있는 한 마리의 학」
이라는 뜻으로, 여러 평범(平凡)한 사람들 가운데 있는 뛰어난 한 사람을
이르는 말.
　　　鶴首苦待학수고대=「학처럼 목을 길게 빼고 기다린다.」는 뜻으로,
「몹시 기다림」을 이르는 말.

旱 가물 한; 日- [hàn]가물다, 가뭄, 뭍, 육지
부(部)-日 (날 일) : 날씨에 관련 글자 의미
자(字)-日(날 일) 干(방패 간) =한(旱)
사(思)-태양 빛이 방패처럼 비추어 가물 한
용(用)-旱魃한발 旱害한해 旱災한재 旱穀한곡 旱兆한조 旱徵한징
　　　旱炎한염 旱熱한열 旱毒한독 旱時太出한시태출=「가뭄에 콩 나듯 한
다.」는 뜻으로, 일이나 물건(物件)이 드문드문 나타난다는 말.

韓 韓 나라 한; 韋- [hán]나라 이름, 삼한(三韓), 우물 귀틀,
부(部)-韋 [韦] (다룸가죽 위) : 잘 다듬은 가죽과 같다 의미
자(字)-朝(아침 조 인용) 韋(가죽 위) =한(韓)
사(思)-조선(朝鮮)은 잘 다듬어진 나라? 대한민국 옛 이름 나라 한
용(用)-韓國한국 大韓民國대한민국 大韓대한 韓服한복 韓半島한반도
　　　弁韓변한 大韓帝國대한제국 南韓남한 韓方한방 韓食한식 韓屋한옥
　　　韓牛한우 韓紙한지 韓流한류 韓藥한약 韓醫師한의사 韓國人한국인

翰 편지 한; 羽- [hàn]날개, 아름다운 새, 빠르게 날다
부(部)- 羽 (깃 우) : 편지가 날개처럼 빠르다 의미
자(字)-龺(햇빛 빛날 간) 羽(깃 우) =한(翰)
사(思)-빛나는 내용을 날개에 실려 오는 편지 한
용(用)-書翰서한 翰林한림 翰林院한림원 內翰내한 翰閣한각 公翰공한

汗 땀 한; 水- [hán,hàn]땀, 땀을 흘리다, 임금의 호령(號令)
부(部)-氵[水,氺] (삼수변) : 땀은 물과 같은 것 의미

자(字)-氵(삼수변 수) 干(방패 간) = 한(汗)

사(思)-땀이 흘러 피부에 방패같으니 땀 한

용(用)-汗蒸幕한증막 不汗黨불한당 多汗症다한증 汗瘡한창 汗顔한안

寒 찰 한; 宀 [hán] 차다, 차갑다, 얼다, 차게 하다, 식히다.
부(部)-집 면(宀): 집의 차가움에 관한 의미.

자(字)-宀(집 면) 井(우물 정) 一(한 일) 八(나눌 팔) 冫(얼음 빙)=한(寒).

사(思)-집(宀)우물(井) 한 바가지(一) 나눠(八)진 물이 얼어(冫) 찰 한.

용(用)-寒露한로 大寒대한 寒心한심 惡寒오한 寒冷한랭 寒流한류.

　　　歲寒三友세한삼우=「추운 겨울의 세 벗」이라는 뜻으로, 겨울철 관상
용(觀賞用)의 세 가지 나무, 곧 소나무·대나무·매화나무(梅花--).

閑 閑 한가할 한, 막을 한; 門 [xián] 막다, 막히다, 가로막다.
부(部)-문 문(門): 문 여닫고 여부가 한가함의 기준 되는 의미.

자(字)- 門(문 문) 木(나무 목)=한(閑).

사(思)-문(門)사이 나무(木)가 있어 막을 한. 바라다 보는 한가할 한.

용(用)-閑暇한가 等閑등한 閑良한량 閑山島한산도 農閑농한.

　　　忙中閑망중한=바쁜 가운데에서도 한가(閑暇)로운 때.

限 한계 한; 阜- [xiàn]한계, 지경, 경계, 제한, 끝, 기한,
부(部)- 阝[阜,𨸏] (좌부변) : 언덕 끝이 있다 의미

자(字)-阝(좌부변 부) 艮(괘 이름 간, 그칠 간) = 한(限)

사(思)-언덕에 그침이 있으니 한계 한.

용(用)-限界한계 制限제한 無限무한 極限극한 權限권한 期限기한
　　　限定한정 限度한도 局限국한 有限유한 時限附시한부
　　　限死決斷한사결단=죽기로써 결단(決斷)함.

漢 汉 한나라 한; 水- [hàn] 한수(漢水), 한나라, 은하수, 사나이
부(部)-氵[水,氺] (삼수변) : 한수(漢水=큰강) 있는 나라 의미

자(字)-氵(삼수변 수) 廿(스물 입) 口(입 구) 夫(지아비 부) =한(漢)

사(思)-큰강에 20명분 이상 취사 장정들이 군대 가진 한나라 한

용(用)-漢字한자 漢文한문 漢字辭典한자사전 破廉恥漢파렴치한
　　　漢拏山한라산 漢江한강 漢陽한양　門外漢문외한=어떤 일에 전문적
(專門的) 지식(知識)이나 조예(造詣)가 없는 사람.

恨 한할 한; 心 [hèn]한하다, 원통하다, 원망, 뉘우치다, 억울하다
　　부(部)-忄 [心,小] (심방변) : 원통한 마음 상태 의미
자(字)-忄(심방변 심) 艮(괘 이름 간, 그칠 간) =한(恨)
사(思)-한탄하는 마음이 그치도록 노력해야 한할 한
용(用)-怨恨원한 悔恨회한 痛恨통한 餘恨여한 遺恨유한
　　　徹天之恨철천지한=하늘에 사무치는 크나큰 원한(怨恨).

割 나눌 할, 벨 할; 刀 [gē] 나누다, 쪼개다, 빼앗다.
　　부(部)-칼 도(刀): 칼로 나눈다는 의미.
자(字)-害(해할 해) 刂(선칼도방 도) =할(割). 害 해칠 해.
사(思)-남을 해칠 (害) 칼(도(刂)로 나눌 할. 빼앗을 할.
용(用)-役割역할 割引할인 割當할당 割愛할애 割賦할부 分割분할
　　　牛刀割鷄우도할계=「소 잡는 칼로 닭을 잡는다.」는 뜻, 큰 일을 처
리(處理)할 기능(技能)을 작은 일을 처리(處理)하는 데 씀을 이르는 말.

咸 다 함; 口- [xián]다, 모두, 같다, 같게 하다
　　부(部)- 口 (입 구) : 입으로 모두 씹다 의미
자(字)-戌(개 술) 口(입 구) =함(咸)
사(思)-개가 모든 뼈다구 다 먹듯이 다 함. 모두 함
용(用)-咸興差使함흥차사=심부름꾼이 가서 소식(消息)이 없거나 또는
　　　　　　회답(回答)이 더딜 때의 비유(比喩·譬喩)
　　　咸有一德함유일덕=임금과 신하(臣下)가 다 한 가지 덕이 있음.

含 머금을 함; 口- [hán]머금다, 넣다, 품다, 무궁주[4]
　　부(部)-口 (입 구) : 입 안에 머금다 의미
자(字)-今(이제 금) 口(입 구) =함(含)
사(思)-이제 지금 입속에 넣으니 머금을 함
용(用)-包含포함 含蓄함축 含量함량 含有함유 含毒함독 含油함유
　　　含憤蓄怨함분축원=분을 품고 원한(怨恨)을 쌓음.

---

4) 무궁주(無窮珠: 염할 때 죽은 사람의 입속에 넣는 작고 까만 구슬)

陷 빠질 함; 阜- [xiàn]빠지다, 떨어지다, 추락, 궁지, 함정
　　부(部)-阝 [阜,𠂤] (좌부변) : 언덕에 함정있다? 의미
자(字)-阝 (좌부변 부) 臽(함정 함) =함(陷)
사(思)-언덕에 함정을 만들어서 빠지게 하니 빠질 함
용(用)-缺陷결함 陷穽함정 陷沒함몰 陷落함락 謀陷모함 地陷지함
　　　　失陷실함 陷溺함닉 人無責友, 易陷不義 인무책우, 이함불의=사람으
로서 꾸짖어 주는 벗이 없으면 의롭지 못한 데 빠지기 쉬움.

艦 舰 큰 배 함; 舟- [jiàn]싸움배, 군함
　　부(部)-舟 (배 주) : 배의 종류 관련된 의미
자(字)-舟(배 주) 監(볼 감) =함(艦)
사(思)-큰 배가 적과 싸우려고 감시(監視)하는 큰 배 함.
용(用)-艦艇함정 潛水艦잠수함 驅逐艦구축함 艦船함선 軍艦군함 艦隊함대

合 합할 합; 口- [hé,gě]합하다, 만나다, 맞다,
　　부(部)-口 (입 구) : 모여서 말하고 먹다 의미
자(字)-亼(모일 집) 口(입 구) =합(合)
사(思)-사람들이 모여서 먹고 말하고 하니 합할 합
용(用)-綜合종합 統合통합 聯合연합 合格합격 融合융합 組合조합
　　　　聚合취합 合同합동 知行合一지행합일=참 지식(知識)은 반드시 실행
(實行)이 따라야 한다는 말.

巷 거리 항; 己- [xiàng,hàng]거리, 통로나 복도, 마을, 동네
　　부(部)-부수 巳 [己] (몸 기) : 뱀 사 비슷한 길을 표현 의미
자(字)-共(함께 공) 巳(뱀 사) = 항(巷)
사(思)-나와 남이 함께 사는 마을 뱀 같은 구불한 골목길 거리 항
용(用)-巷間항간 陋巷누항 里巷이항 巷談항담
　　　　街談巷說가담항설=길거리나 세상(世上) 사람들 사이에 떠도는 이야
기.세상(世上)에 떠도는 뜬 소문(所聞).

抗 겨룰 항; 手- [kàng]막다, 저지하다, 구하다, 두둔하다, 들다,
　　부(部)-扌 [手] (재방변) : 손에 의해 표현 글자 의미.
자(字)-扌(재방변 수) 亢(높을 항, 목 항) =항(抗)
사(思)-손으로 높은 곳에 오르는 것과 같이 겨룰 항.
용(用)-抵抗저항 對抗대항 抗訴항소 抗議항의 抗拒항거 拮抗作用길항작용
　　　　抗日항일 不可抗力불가항력=「인간(人間)의 힘만으로는 도저히 저항

(抵抗)해 볼 수도 없는 힘」이라는 뜻

項 항 목 항; 頁- [xiàng]목, 관(冠)의 뒤쪽, 크다
부(部)- 頁 [页] (머리 혈) : 글 문장의 목 부분처럼 항목 의미
자(字)-工(장인 공) 頁(머리 혈) =항(項)
사(思)-장인, 전문가는 머리에서 생각이 중요한 바 목 항.
용(用)-事項사항 項目항목 條項조항 移項이항 同類項동류항

航 배 항; 舟- [háng]배, 배다리, 건너다
부(部)-舟 (배 주) : 배에 관련된 글자 의미
자(字)-舟(배 주) 亢(높을 항) =항(航)
사(思)-배가 넓은 바다와 하늘을 건너가니 배와 비행기 배 항
용(用)-航空항공 航海항해 難航난항 航路항로 巡航 순항 運航운항
　　　　缺航결항 順航순항 航空母艦항공모함 航海航法항해항법=뱃실의 선정
(選定), 침로(針路)와 두 지점(地點) 사이의 거리(距離), 항해(航海)할 때의
배의 위치(位置) 등(等)을 셈하는 방법(方法).

港 항구 항; 水- [gǎng]항구, 도랑, 분류, 뱃길
부(部)- 氵 [水,氺] (삼수변) : 항구는 바닷물 관련 글자 의미.
자(字)-氵(삼수변 수) 巷(거리 항) =항(港)
사(思)-바닷물과 육지거리와 연결해주는 항구 항
용(用)-港口항구 港灣항만 空港공항 開港개항 港市항시 開港場개항장

降 항복할 항{내릴 강}; 阜[jiàng,xiáng]내리다, 항복, 굴복하다,
부(部)-언덕 부(阜)=(阝) 언덕에서는 내려와야 하는 의미
자(字)-阝(좌부변 부) 夅(내릴 강)=강(降) ※내릴 강(夅)=降의 고자(古字).
사(思)-언덕에서는 내려오게 되었으니 내릴 강
용(用)-降神강신 誕降탄강 降伏(降服)항복 下降하강 降臨강림 降等강등

恒 항상 항; 心- [héng]항상, 언제나, 늘, 항괘(恒卦)
부(部)- 忄 [心,忄] (심방변) : 늘 변함 없는 사람의 마음 의미
자(字)-忄(심방변 심) 亘(뻗칠 긍) =항(恒)
사(思)-마음이 당당하게 뻗칠 수 있는 항상 항
용(用)-恒常항상 恒星항성 恒久항구 恒時항시 恒心항심 恒産항산
　　　　恒久的항구적 恒等式항등식 恒常性항상성

懈 게으를 해; 心 [xiè] 게으르다, 느슨해지다.

부(部)-마음 심(心): 게으른 마음 상태를 의미.

자(字)-忄(심방변 심) 解(풀 해)=해(懈). 解 풀 해.

사(思)-마음(心-部)이 풀어지니(解) 게으를 해.

용(用)-懈緩해완☞ 태만(怠慢). 懈怠해태. 懈惰해타. 懈慢해만.

該 該 마땅 해, 갖출 해,; 言- [gāi]그, 마땅하다. 갖추다,

부(部)-言 [訁, 讠] (말씀 언) : 마땅하다 말로 표현 의미

자(字)-言(말씀 언) 亥(돼지 해) = 해(該)

사(思)-말하기를 돼지같이 과식 말라는 마땅 해

용(用)-該當해당 該博해박 當該당해 該切해절 該掌해장 該敏해민

亥 돼지 해; 亠- [hài]돼지, 지지(地支)의 열두 번째, 간직하다

부(部)-亠 (돼지해머리) 돼지 표현 글자의 머리 부분 의미

자(字)-亠(돼지해머리 두) 幺(작을 요) 人(사람 인)= 해(亥)

사(思)-돼지머리는 작으나 인간에 도움 주는 돼지 해

용(用)-亥時해시 乙亥을해 亥日해일 癸亥계해 己亥기해

　　　亥豕之譌해시지와=글씨가 서로 엇비슷하여 쓸 때에 잘못 써서 다른
뜻으로 잘못 전(傳)하게 됨을 이르는 말.

海 바다 해; 水 [hǎi] 바다, 바닷물,

부(部)-물 수(水)=삼수변(氵): 바다는 물이라는 의미.

자(字)-氵(삼수변 수) 每(매양 매)=해(海).

사(思)-바닷물(수(水)이 늘(매(每)있어야 하니 바다 해.

용(用)-海外해외 東海동해 渤海발해 海洋해양 海軍해군 海溢해일
　　　西海서해 黃海황해 海女해녀.

奚 어찌 해; 大- [xī]어찌, 어느, 무엇, 여자 종

부(部)- 大 (큰 대) : 어찐 된거냐 의문 의미

자(字)-爫(손톱조 조) 幺(작을 요) 大(큰 대) =해(奚)

사(思)-손톱으로 작은 상처가 크게 되는 어찌 해

용(用)-奚琴해금 奚特해특 奚必해필 奚毒해독 奚暇해가 奚若해약

解 풀 해; 角 [jiě,jiè,xiè] 풀다, 가르다, 해부, 이해, 깨닫다.
부(部)-뿔 각(角): 뼈와 살을 가르다 풀어내다는 의미.
자(字)- 角(뿔 각) 刀(칼 도) 牛(소 우)=해(解).
사(思)-뼈(角)와 살을 가르려고 칼(刀)로 소(牛)를 해부하니 풀 해.
용(用)-解決해결 理解이해 解消해소 解弛해이 解釋해석 解雇해고
　　　見解견해 解法해법 和解화해 解明해명 解放해방 解析해석
　　　誤解오해 解除해제.
　　　結者解之결자해지=「일을 맺은 사람이 풀어야 한다.」는 뜻으로, 일을
저지른 사람이 그 일을 해결(解決)해야 한다는 말.

害 해칠 해; 宀 [hài] 해치다, 손해, 훼방하다, 방해하다.
부(部)-집 면(宀): 집이 흥망에 관한 글자 의미.
자(字)-면(宀)봉(丰)구(口)=해(害). ※ 丰: 무성할 봉(모양자 참조).
사(思)-집(宀)에 무성하게(丰) 말만(口)하고 있으니(국론 분열) 해칠 해,
용(用)-被害피해 侵害침해 弊害폐해 妨害방해 損害손해.

核 씨 핵; 木- [hé,hù]씨, 물건의 중심 알갱이,
부(部)- 木 (나무 목) : 나무 열매의 씨에 관련 글자 의미
자(字)-木(나무 목) 亥(돼지 해) =핵(核)
사(思)-나무 열매를 돼지도축 분해하듯이 하면 나오는 씨 핵
용(用)-核心핵심 結核결핵 核分裂핵분열 核酸핵산 原子核원자핵
　　　核武器핵무기
　　　核論핵론=원자핵(原子核)에 관(關)한 학설(學說)이나 이론(理論).
일의 실상(實相)을 조사(調査)하여 논박(論駁)함.

行 갈 행; 行- [xíng,háng]가다, 걷다, 나아가다, 행하다, 일하다,
부(部)- 行 (다닐 행) : 다니다 관련 의미
자(字)-彳(조금 걸을 척) 亍(자축거릴 촉)=행(行) ※자축거리다=절며 걷다.
사(思)-조금씩 절면서 걸어서라도 갈 행
용(用)-旅行여행 行動행동 遂行수행 行爲행위 履行이행 銀行은행
　　　施行시행 徐行서행 同行동행
　　　知行合一지행합일=참 지식(知識)은 반드시 실행(實行)이 따라야 한다
는 말.

幸 다행 행; 干- [xìng]다행, 행복, 다행, 운이 좋다,
부(部)- 干 (방패 간) : 방패가 있으니 다행이다 의미
자(字)-土(흙 토) 八(나눌 팔) 干(방패 간) =행(幸)
사(思)-땅 나누기 싸움에서 방패가 있어 막으니 다행 행.
용(用)-幸福행복 幸運행운 多幸다행 不幸불행 幸福感행복감
千萬多幸천만다행= 우 다행(多幸)함.

享 누릴 향; 亠 [xiǎng,hēng,héng] 누리다, 드리다, 제사 지내다.
부(部)-돼지해머리 두(亠): 돼지머리 제물로 제사지내다 의미.
자(字)-亠(머리 두) 口(입 구) 子(아들 자)=향(享). 돼지 해(亥).
사(思)-돼지머리(亠)와 음식(口) 제물로 자녀(子)들과 같이 제사 누릴 향.
용(用)-享樂향락 祭享제향 享祀향사 享受향수 享壽향수 享有향유.
享年향년=「한평생(-平生) 살아 누린 나이」 라는 뜻으로, 죽은 사람의
나이를 말함.

鄕 彡 시골 향; 邑 [xiāng] 시골, 마을, 곳, 장소.
부(部)- 阝 [邑] (우부방=고을 읍): 시골 고향이 한 마을을 의미.
자(字)- 彡(시골 향) 皀(향기로울 급) (우부방 읍)=향(鄕).
사(思)-시골은 향기로운 하얀(白밥을 숟가락(匕)으로 나눠 먹는 시골 향.
용(用)-故鄕고향 鄕札향찰 鄕愁향수 他鄕타향 歸鄕귀향 京鄕경향.
錦衣還鄕금의환향=「비단옷(緋緞-) 입고 고향(故鄕)에 돌아온다.」 는
뜻으로, 출세(出世)하여 고향(故鄕)에 돌아옴을 이르는 말.

響 响 울림 향; 音- [xiǎng]울림, 음향(音響), 울리다, 명성(名聲)
부(部)-音 (소리 음) : 시골에서 메아리 나온다 의미
자(字)-鄕(시골 향) 音(소리 음) =향(響)
사(思)-시골 계곡에서 메아리 나오니 울림 향
용(用)-影響영향 反響반향 音響음향 響應향응 影響力영향력 交響曲교향곡
言中有響언중유향=「말속에 울림이 있다.」

香 향기 향; 香- [xiāng]향기, 소리·빛·모양·맛의 아름다움
부(部)-香 (향기 향) : 벼로 생산된 쌀밥은 향기롭다 의미
자(字)-禾(벼 화) 日(날 일) =향(香)
사(思)-벼를 삶는 날에는 아름다운 향기 향.
용(用)-香氣향기 香水향수 麝香사향 焚香분향 香油향유 香爐향로
芳香방향 墨香묵향 香料향료

- 409 -

香燭代향촉대=「상에 켜는 촛값 정도(程度)의 약소(略少)한 성의(誠意)」를 뜻하는 말로, 근조(謹弔), 부의(賻儀), 조의(弔儀), 전의(奠儀) 등(等)과 함께 초상(初喪) 때 부의금(賻儀金)의 겉봉투(-封套)에 쓰이는 말.

向 향할 향; 口- [xiàng]향하다, 구(救)하다, 창,
부(部)-口 (입 구) : 목표를 향하는 것은 말하고 먹고 한다 의미
자(字)-ㆍ(점 주) 冂(멀 경) 口(입 구) =향(向)
사(思)-목표 점을 먼곳에 향하여 소리 지르며 향할 향
용(用)-方向방향 趣向취향 傾向경향 指向지향 向上향상 志向지향 偏向편향
向人說話향인설화=남을 대(對)하여 마주 보며 이야기함.

虛 빌 허; 虍 [xū] 비다, 없다, 적다, 비워두다, 틈.
부(部)-범 호(虍)(범호엄): 호랑이 형상을 의미,
자(字)- 虍(호피 무늬 호) 艸(쌍상투 관) 一(한 일)=허(虛).
사(思)-범(虍)이 쌍상투 있는 한(一)마리에 모두 도망가 빌 허.
용(用)-謙虛겸허 虛僞허위 虛點허점 虛構허구 虛脫허탈 虛荒허황 空虛공허

許 許 허락할 허; 言- [xǔ]허락하다, 승인하다, 맡기다,
부(部)-言 [言, 讠] (말씀 언) : 말로 허락한다 의미
자(字)-言(말씀 언) 午(낮 오) =허(許)
사(思)-말로 정오까지는 허락을 받아야 하니 허락할 허
용(用)-許諾허락 許可허가 免許면허 許容허용 允許윤허 特許특허 許多허다
免許皆傳면허개전=스승이 예술(藝術)이나 무술(武術)의 깊은 뜻을 제
자(弟子)에게 모두 전(傳)해 줌을 이르는 말.

獻 獻 바칠 헌; 犬- [xiàn]바치다, 어진 이, 나아가다
부(部)-犬 [犭] (개 견) : 개장국을 받친다(?) 의미
자(字)-鬳(솥 권) 犬(개 견) =헌(獻)
사(思)-솥에다 보신탕을 끓여 바칠 헌.
용(用)-貢獻공헌 獻身헌신 獻納헌납 文獻문헌 奉獻봉헌 獻金헌금
獻呈헌정 獻血헌혈 獻壽헌수=환갑잔치(還甲--) 같은 때 오래 살기를
비는 뜻으로 잔에 술을 부어서 드림.

憲 宪 법 헌; 心- [xiàn]법, 가르침, 깨우침, 명령, 상관(上官)
　　부(部)-心 [忄,⺗] (마음 심) : 헌법을 깨우치는 마음 의미
자(字)-宀(집 면) 丰(예쁠 봉) 罒(그물망 망) 心(마음 심)=헌(憲)
사(思)-국가를 예쁘게 법그물로 싼 기준 마음이니 법 헌.
용(用)-憲法헌법 違憲위헌 制憲節제헌절 司憲府사헌부 憲兵헌병
　　　　大憲대헌 憲章헌장 改憲개헌

軒 轩 집 헌, 추녀 헌; 車- [xuān]추녀, 처마, 집, 가옥, 수레
　　부(部)-車 [车] (수레 거) : 차고가 있는 큰집 의미
자(字)-車(수레 차) 干(방패 간) =헌(軒)
사(思)-차고와 경비실이 있는 정도의 큰 집 헌, 추녀 헌.
용(用)-軒軒헌헌 烏竹軒오죽헌 東軒동헌 軺軒초헌 軒軒丈夫헌헌장부

驗 验 시험 험; 馬- [yàn]증험하다, 표징(標徵), 증거, 효능,
　　부(部)-馬 [马] (말 마) : 말을 시험으로 고르다? 의미
자(字)-馬(말 마) 僉(다 첨) = 험(驗)
사(思)-말은 모두 시험을 보아서 고르니 시험 험.
용(用)-試驗시험 經驗경험 實驗실험 體驗체험 效驗효험 受驗수험
　　　　證驗증험 靈驗영험 先驗的선험적 受驗生수험생

險 险 험할 험; 阜- [xiǎn]험하다, 높다, 깊다, 멀다, 기울다,
　　부(部)-阝 [阜,𠂤] (좌부변) : 언덕에 있는 낭떠러지는 위험 의미
자(字)-阝(좌부변 부) 僉(다 첨) =험(險)
사(思)-언덕에 있는 낭떠러지는 모두 위험할 험
용(用)-危險위험 冒險모험 保險보험 探險탐험 險惡험악 雇傭保險고용보험
　　　　健康保險건강보험 險峻험준 險談험담 險難험난
　　　　在德不在險재덕부재험=나라의 안전(安全)은 임금의 덕(德)에 달린 것
이지, 지형(地形)의 험준(險峻)함에 있지 않다는 뜻.

玄 검을 현; 玄- [xuán]검다, 검은빛, 하늘, 하늘 빛, 멀다,
　　부(部)-玄 (검을 현) : 제부수한자
자(字)-亠(돼지해머리 두) 幺(작을 요) =현(玄)
사(思)-돼지 머리가 너무 작으면 검게 보이니 검을 현
용(用)-玄關현관 玄武巖현무암 玄孫현손 玄米현미 幽玄유현 玄妙현묘
　　　　玄奬현장 玄海灘현해탄
　　　　天地玄黃, 宇宙洪荒 천지현황, 우주홍황 =하늘은 위에 있어 그 빛이

검고 땅은 아래 있어서 그 빛이 누름. 하늘과 땅 사이는 넓고 커서 끝이
없음.

現 現 나타날 현; 玉- [xiàn]나타나다, 나타내다, 밝다, 이제
부(部)-王 [玉] (구슬옥변) : 구슬은 나타나는 보석 의미
자(字)-王(임금 왕) 見(볼 견) = 현(現)
사(思)-임금이 구슬을 보게 하려니 나타날 현
용(用)-現在현재 表現표현 現象현상 現實현실 現代현대 現場현장
　　　現像현상 現況현황 實現실현 現狀현상 現身현신 現金현금
　　　現物현물
　　　自我實現자아실현=자아(自我)의 본질(本質)의 완성(完成),

峴 峴 고개(재) 현; 山- [xiàn] 재, 고개, 산 이름
부(部)- 山 (뫼산): 언덕이나 고개도 산과 같다는 의미
자(字)-山(메 산) + 見(볼 견) =현(峴)
사(思)-산처럼 보이는 고개한 언덕을 가르키니 고개 현, 재 현
용(用)-竹峴죽현 松峴송현 獐峴장현 廣峴광현 眞峴진현 松峴송현

顯 㬎 나타날 현; 頁- [xiǎn] 드러나다, 나타내다, 표면
부(部)-頁 [页] (머리 혈) : 머리부터 나타나다 의미
자(字)-㬎(드러날 현) 頁(머리 혈) =현(顯)
사(思)-잘 드러나게 머리에 장식을 하니 드러날 현
용(用)-顯著현저 顯考현고 顯妣현비 顯微鏡현미경 顯忠日현충일
　　　顯示현시 顯名현명 顯彰현창 破邪顯正파사현정=「불교(佛敎)에서, 부
처의 가르침에 어긋나는 사악(邪惡)한 도리(道理)를 깨뜨리고 바른 도리(道
理)를 드러낸다.」는 뜻으로, 그릇된 생각을 버리고 올바른 도리(道理)를 행
(行)함을 비유(比喩·譬喩)해 이르는 말.

懸 悬 매달 현; 心 [xuán] 매달다, 달아매다, 걸다, 상을 걸다.
부(部)-마음 심(心): 마음이 쏠리게 매달다는 의미.
자(字)-縣(매달 현) 心(마음 심) =현(懸).
사(思)-매달려 보이는 마음(심(心), 매달 현
용(用)-懸案현안 懸賞현상 懸垂幕현수막 懸板현판 懸隔현격 懸吐현토.
　　　耳懸鈴鼻懸鈴이현령비현령=「귀에 걸면 귀걸이 코에 걸면 코걸이」라
는 속담(俗談)의 한역(漢譯)으로,정해 놓은 것이 아니고 둘러대기에 따라
다르다는 말.

縣 県 매달 현, 고을 현; 糸- [xiàn]매달다, 마을, 고을

부(部)-糸 [糸,纟] (실 사) : 실 같은 줄로 매달다 의미

자(字)-県(매달 현) 系(이을 계) =현(縣)

사(思)-매달 것을 밧줄로 이어 매달 현

용(用)-縣監현감 縣令현령 郡縣군현 縣官현관 同縣동현 縣伯현백

    戶封八縣, 家給千兵 호봉팔현, 가급천병 =한(漢)나라가 천하(天下)를 통일(統一)하고 여덟 고을 민호(民戶)를 주어 공신(功臣)을 봉(封)함. 제후(諸侯) 나라에 일천 군사(軍士)를 주어 그의 집을 호위(護衛)시킴.

弦 활시위 현; 弓- [xuán]시위, 활시위, 시위의 울림,

부(部)- 弓 (활 궁) : 활에 관련 의미

자(字)-弓(활 궁) 玄(검을 현) = 현(弦)

사(思)-활에 달린 시위(줄)는 검은 색 활시위 현

용(用)-上弦상현 下弦하현 四弦琴사현금 弦月현월 弦琴현금

    解弦更張해현경장=「거문고의 줄을 바꾸어 맨다.」는 뜻으로, 느슨해진 것을 긴장(緊張)하도록 다시 고치거나 사회적(社會的), 정치적(政治的)으로 제도(制度)를 개혁(改革)하는 것을 말함.

絃 악기 줄 현; 糸- [xián]악기 줄, 거문고 등의 줄, 새끼(索)

부(部)-糸 [糸,纟] (실사변) : 줄에 관련될 글자 의미

자(字)-糸(가는 실 멱) 玄(검을 현) =현(絃)

사(思)-현악기(絃樂器)의 줄(실)은 검은 색으로 보이는 악기줄 현

용(用)-絃樂(弦樂)현악 絃樂器현악기 管絃樂관현악 雙絃쌍현 絃枕현침
    擧絃거현

    伯牙絶絃(伯牙絶絃)백아절현=「백아가 거문고 줄을 끊어 버렸다.」는 뜻으로, 자기(自己)를 알아주는 절친(切親)한 벗, 즉 지기지우(知己之友)의 죽음을 슬퍼함을 이르는 말.

賢 贤 어질 현; 貝 [xián] 어질다, 어진 사람, 착하다, 선량하다.

부(部)-조개 패(貝): 어진이에는 재물도 반드시 보답한다는 의미.

자(字)-臤(어질 현) 貝(조개 패) =현(賢).

사(思)-신하(臣)가 또(又) 재물(貝-部)을 청렴하게 관리하니 어질 현.

용(用)-賢明현명. 聖賢성현. 儒賢유현. 賢者현자. 賢臣현신.

    家有賢妻丈夫不遭橫事가유현처장부부조횡사=어진아내가 있으면, 남편은 부정(不正) 안한다..

嫌 싫어할 혐; 女 [xián] 싫어하다, 의심, 불만, 불평.
부(部)-계집 녀(女): 여자들이 싫어하는 것은 싫다는 의미.
자(字)-女(여자 녀(여)) 兼(겸할 겸)=혐(嫌).
사(思)-여(女-部)자를 겸(兼)하면(양다리) 싫어할 혐.
용(用)-嫌疑혐의 嫌惡혐오 嫌惡感혐오감 嫌氣性혐기성 嫌疑者혐의자.

峽 峡 골짜기 협; 山- [xiá]골짜기, 산골짜기
부(部)- 山 (뫼 산) : 산에는 골짜기 있다 의미
자(字)-山(메 산) 夾(낄 협) =협(峽)
사(思)-산에는 골짜기를 끼고 있으니 골짜기 협
용(用)-峽谷협곡 峽邑협읍 峽村협촌=두메 마을 峽氓협맹 山峽산협

協 协 화합할 협; 十- [xié]맞다, 화합하다, 합하다, 좇다, 따르다
부(部)- 十 (열 십) : 동서남북, 모든 방면(方面) 의미
자(字)-十(열 십) 劦(합할 협) = 협(協)
사(思)-모든 방면에서 힘을 합치니 화합할 협.
용(用)-妥協타협 協商협상 協力협력 協贊협찬 協助협조 協議협의
　　　　協同협동 農協농협 協定협정 協約협약 協會협회 協奏협주
　　　　不協和音불협화음=서로 뜻이 맞지 않아 일어나는 충돌(衝突).둘 이
상(以上)의 음(音)이 같이 울릴 때, 서로 어울리지 않고 탁하게 들리는 음
(音). 同心協力동심협력=마음을 같이 하여 힘을 내어 서로 도움.

脅 胁 옆구리 협; 肉- [xié]옆구리, 갈빗대. 으르다. 책망, 위협.
부(部)-月 [肉] (육달월) : 육체 구성에 관한 글자 의미
자(字)-劦(합할 협) 月(육달월 월) =협(脅)
사(思)-누군가 힘을 옆구리에 가하니 옆구리 협
용(用)-威脅위협 脅迫협박 脅約협약 脅制협제 脅奪협탈 脅喝협갈
　　　　威之脅之위지협지=여러 방법(方法)으로 위협(威脅)함.

荊 가시나무 형; 艸 [jīng] 모형나무, 가시나무, 매, 곤장.
부(部)-풀 초(艸): 가시풀을 의미.
자(字)-艹(초두머리 초) 刑(형벌 형)=형(荊).
사(思)-가시풀(艹=艸)로 벌 주는 형(刑)에 쓰이는 가시나무 형.
용(用)-荊棘형극 荊婦형부☞형처(荊妻) 荊山형산 荊芥형개.
　　　　負荊請罪부형청죄=「가시 나무를 등에 지고 때려 주기를 바란다.」 는 뜻으
로, 자신(自身)의 잘못을 인정(認定)하고 사죄(謝罪)하는 것을 의미(意味).

螢 螢 반딧불 형; 虫‒ [yíng]개똥벌레, 반디
　　부(部)‒ 虫 (벌레훼) : 반딧불도 벌레의 종류 의미
자(字)‒炊(불꽃 개) 冖(덜을 멱) 虫(벌레 훼) =형(螢)
사(思)‒불꽃으로 덮여 있는 개똥벌레, 반딧불 형.
용(用)‒螢光燈형광등 螢光형광 螢雪형설 螢窓형창 螢火형화 流螢유형
　　　　螢案형안 螢科형과 螢蠶형잠 螢石형석 螢光體형광체 螢光板형광판
　　　　螢雪之功형설지공=「반딧불과 눈빛으로 이룬 공(功)」이라는 뜻으로,
가난을 이겨내며 반딧불과 눈빛으로 글을 읽어가며 고생 속에서 공부(工
夫)하여 이룬 공(功)을 일컫는 말.
　　　　螢學형학=「반딧불의 빛으로 공부(工夫)한다.」는 말로, 「어렵지만 힘
써하는 공부(工夫)」의 뜻.

型 모형 형, 거푸집 형; 土‒ [xíng]거푸집, 본보기, 모범
　　부(部)‒ 土 (흙 토) : 흙을 모형으로 만든다 의미
자(字)‒刑(형벌 형) 土(흙 토) =형(型)
사(思)‒형벌이 정해지듯이 거푸집으로 흙을 모양 만드니 모형 형.
용(用)‒模型모형 典型전형 類型유형 原型원형 大型대형 小型소형
　　　　鑄型주형 理想型이상형 典型的전형적 血液型혈액형

兄 형 형; 儿 [xiōng] 맏이, 형, 같은 또래끼리 높여 부르는 말.
　　부(部)‒어진사람인발(인(儿): 동생에게 어진사람이 되는 의미.
자(字)‒口(입 구) 儿(어진 사람 인) =형(兄).
사(思)‒동생에 말해주는(口) 어진사람(인(儿)이 형 형.
용(用)‒兄弟형제 雅兄아형 仁兄인형 兄弟姉妹형제자매 兄夫형부.
　　　　允兄윤형 姉兄자형.

形 모양 형; 彡 [xíng] 모양, 몸, 육체, 형세, 세력.
　　부(部)‒터럭 삼(彡): 머리 털로 모양을 내게 된다.
자(字)‒开(열 개) 彡(터럭 삼) =형(形).
사(思)‒눈을 열어서(개(开) 보이는 털(彡) 모양이 모양 형. 형세 형.
용(用)‒形便형편 形成형성 變形변형 大形대형 形勢형세.

衡 저울대 형; 行- [héng]저울대, 달다, 저울질하다, 쇠뿔의 가름대,
부(部)-行 (다닐 행) : 저울질 하다 의미
자(字)-行(다닐 행, 갈 행) 魚(물고기 어) 大(큰 대) = 형(衡)
사(思)-저울질에 고기가 커도 잘 달아야 하니 저울대 형
용(用)-均衡균형 平衡평형 銓衡전형 權衡권형 衡平형평 度量衡도량형

刑 형벌 형; 刀 [xíng] 형벌, 형벌하다, 죽이다.
부(部)-칼 도(刀): 칼 같이 형벌을 집행하는 의미.
자(字)-开(열 개) 刂(선칼도방 도) =형(刑).
사(思)-옥(獄) 열어(개(开)) 형(刑)을 가하니 형벌 형.
용(用)-刑事형사 刑法형법 罰金刑벌금형 處刑처형 死刑사형 笞刑태형.

亨 형통할 형; 亠 [hēng,héng]형통하다, 제사, 드리다, 올리다
부(部)-亠 (돼지해머리) : 형통기원 고사 드린다 연관 의미
자(字)-亠(돼지해머리 두) 口(입 구) 了(마칠 료(요)) =형(亨)
사(思)-돼지머리로 고사지내고 음복(飮福) 마치며 기원하는 형통 형
용(用)-亨通형통 亨運형운 萬事亨通만사형통 元亨利貞원형이정=
「역학(易學)에서 말하는 천도(天道)의 네 원리(原理)」 라는 뜻,

慧 슬기로울 혜; 心- [huì]슬기, 총명, 교활, 간교
부(部)-心 [忄,㣺] (마음 심) : 마음의 상태에 관한 글자 의미
자(字)-彗(살별 혜. 빗자루 혜) 心(마음 심) =혜(慧)
사(思)-빗질하듯 사람의 생각을 지혜롭게 하니 슬기 혜
용(用)-智慧지혜 慧眼혜안 知慧지혜 慧敏혜민

兮 어조사 혜, 감탄 혜; 八 [xī] 어조사. 감탄사.
부(部)-여덟 팔(八); 양팔(八)로 감탄을 나타나는 의미.
자(字)-八(여덟 팔) 丂(공교할 교)=혜(兮). 丂 공교할 교: 巧의 古字.
사(思)-양팔(八) 교묘하게(丂)사용 표현하듯이 글에 어조사 감탄 혜.
용(用)-兮也혜야=어조사(語助辭)로 也(야)가 붙을 때는 종결(終結)의 뜻

惠 은혜 혜; 心- [huì]은혜, 은혜를 베풀다, 사랑하다
부(部)- 心 [忄,㣺] (마음 심) : 사랑을 주고 받는 마음 의미
자(字)-專(오로지 전) 心(마음 심) =혜(惠)
사(思)-오로지 자애롭게 대하고 사랑하는 마음이니 은혜 혜
용(用)-恩惠은혜 惠澤혜택 施惠시혜 受惠수혜 互惠호혜 特惠특혜
保惠師보혜사 惠諒혜량=「살펴서 이해(理解)하다.」 의 뜻으로, 편지(便

紙)에서 쓰는 말. 겸손(謙遜)한 표현(表現)임.

　　惠存혜존=자기(自己)의 저서(著書)나 작품(作品)을 남에게 드릴 때, 「받아 간직해 주십사.」 라는 뜻으로 쓰는 말.

毫
터럭 호; 毛 [háo] 가는 털, 조금, 붓, 붓의 촉.
부(部)-털 모(毛):털에 관한 글자 의미.
자(字)-高(높을 고) 毛(터럭 모)=호(毫).
사(思)-높은(高) 품질의 털(毛)로 붓을 만드니 가는털 호.
용(用)-揮毫휘호 釐毫이호 小毫소호 毫髮호발 望毫망호 毫毛호모.

　　毫釐千里호리천리=「티끌 하나의 차이(差異)가 천 리의 차이(差異)」 라는 뜻으로, 처음에는 조금의 차이(差異)지만 나중에는 대단한 차가 생김을 이르는 말.

虎
범 호; 虍 [hū] 범, 용맹, 용맹함의 비유, 바둑 호구 치다.
부(部)-호피무늬 호(虍)=범호엄: 호랑이와 관련된 글자 의미.
자(字)-虍(호피 무늬 호) 儿(어진 사람 인)=호(虎).
사(思)-범(虍-部)이 강한 것처럼 어진 사람(儿)은 파워가 있으니 범 호.
용(用)-虎班호반 五虎將軍오호장군 猛虎맹호 白虎백호 虎皮호피.

　　虎穴虎子호혈호자=「범의 굴에 들어가야 범의 새끼를 잡는다.」 는 뜻, 위험(危險)을 각오(覺悟)하지 않으면 큰 수확(收穫)을 얻지 못함.

護
护 보호할 호; 言 [hù] 보호하다, 감싸다, 비호, 통솔.
부(部)-말씀 언(言): 보호한다는 말과 같이 보호할 호.
자(字)- 言(말씀 언) 雙(자 확)=호(護). ※ 雙: 자 확, 새얻을 확
사(思)-말(言)과 같이 정확히 자로(雙) 재듯이 경호(警護) 보호할 호.
용(用)-保護보호 擁護옹호 救護구호 庇護비호 掩護엄호 警護경호)

　　勤爲無價之寶愼是護身之符근위무가지보신시호신지부=부지런함은 값으로 따질 수 없는 보배요, 진중(鎭重)함은 몸을 보호(保護)하는 부적(符籍)임. 출전 명심보감(明心寶鑑)

號
号 부르짖을 호; 虍- [hào,háo]부르짖다, 울면서 한탄,
부(部)- 虍 (범호엄) : 호랑이처럼 부르짖다 의미
자(字)-号(이름 호) 虎(범 호) =호(號)
사(思)-이름을 호랑이처럼 큰 소리로 부를 호.
용(用)-番號번호 諡號시호 符號부호 信號신호 雅號아호 號令호령
　　記號기호 信號燈신호등

呼 부를 호; 口 [hū] 부르다, 숨을 내쉬다, 호통 치다.
부(部)-입 구(口): 입으로 부른다는 의미.
자(字)- 口(입 구) 乎(어조사 호)=호(呼).
사(思)-입(口-部)으로 야호(乎) 부르니 부를 호.
용(用)-呼訴호소 呼吸호흡 呼應호응 歡呼환호 呼稱호칭 呼價호가.
　　呼出호출. 嗚呼痛哉오호통재=아아, 슬프고 원통(冤痛)함.

乎 어조사 호; ノ- [hū]어조사, 인가, 로다, 구나, -에, -보다,
부(部)- ノ (삐침별) : 삐침별 모양 목소리 올리며 도와주는 의미
자(字)-ノ(삐침별) 八(나눌 팔) 一(한 일) 丨(갈고리 궐) =호(乎)
사(思)-올리고 나누면서 한 개 갈고리로 꿰어 도와주는 어조사 호
용(用)-斷乎단호 於是乎어시호
　　爲人謀而不忠乎위인모이불충호=다른 사람을 위(爲)해서 일을 도모
(圖謀)하는 데에 정성(精誠)을 다하지 못한 점(點)이 있었는가?.

互 서로 호; 二- [hù]서로, 함께, 갈마들다, 고르지 아니하다
부(部)-二 (두 이) : 두 사람 사이 관련 의미
자(字)-二 (두 이) 彑(돼지 머리 계) =호(互)
사(思)-두 사람이 돼지머리로 제사 지내며 기원 서로 호
용(用)-相互상호 互相호상 互換호환 互惠호혜 互選호선 相互作用상호작용
　　相互賦金상호부금 互合호합 交互교호 互生호생 互有호유
　　互角之勢호각지세=서로 조금도 낮고 못함이 없는 자세(姿勢).

好 좋을 호; 女 [hǎo,hào] 좋다, 옳다, 아름답다, 자상하다.
부(部)-계집 여(女): 자녀를 좋아한다는 의미.
자(字)-女(여자 녀(여)) 子(아들 자)=호(好).
사(思)-엄마(女-部)가 자녀(子)를 품에 않고 좋아하니 좋을 호.
용(用)-選好선호 好況호황 好轉호전 好調호조 好學호학 適好적호
　　好物호물 好顔호안 好題호제
　　勿失好機물실호기=좋은 기회(機會)를 놓치지 않음.

戶 戶 지게 호; 戶- [hù]지게, 지게 문, 외짝 문, 출입구, 구멍,
부(部)-戶 [戶] (지게 호) : 여닫는 문을 의미
자(字)-ノ(삐침 별) 尸(주검 시) =호(戶)
사(思)-제부수 한자로 지게(여닫이 문) 모양 상형문자, 지게 호
용(用)-戶籍호적 門戶문호 戶主호주 戶曹호조 小戶소호 萬戶만호

窓戶창호 戶口호구 广戶엄호 壁窓戶벽창호=벽에 창문(窓門)을 내고 벽을 친 것. 破落戶파락호=행세(行勢)하는 집의 자손(子孫)으로서 난봉이 나서 결딴난 사람.

浩 넓을 호, 클 호; 水-[hào]크다, 물이 넓게 흐르는 모양, 광대
부(部)-氵 [水,氺] (삼수변) : 태평양 같은 넓은 바다 의미
자(字)-氵(삼수변 수) 告(고할 고) =호(浩)
사(思)-바닷물이 세상에 고하는 것은 넓고 크다는 것, 넓을 호
용(用)-浩然호연 浩瀚호한 浩蕩호탕 浩洋호양 浩歎호탄
　　　浩渺호묘 浩博호박 浩大호대 浩瀾호활
　　　浩然之氣호연지기=도의(道義)에 근거(根據)를 두고 굽히지 않고 흔들리지 않는 바르고 큰 마음. 하늘과 땅 사이에 가득 찬 넓고 큰 정기(精氣). 공명정대(公明正大)하여 조금도 부끄럼 없는 용기(勇氣). 출전 맹자(孟子)의 공손추편(公孫丑篇)

胡 오랑캐 호, 수염 호; 肉- [hú]턱밑 살, 턱에 드리워진 살, 수염.
부(部)-月 [肉] (육달월) : 육체에 털이 수염이다 의미
자(字)-古(옛 고) 月(육달월 월) =호(胡)
사(思)-옛날에 턱밑에 살이 있는 민족이 오랑캐 호.
용(用)-胡亂호란 丙子胡亂병자호란 胡桃호도 丁卯胡亂정묘호란 胡椒호초
　　　柴胡시호 胡虜호로 胡書호서
　　　胡蝶之夢호접지몽=「장자(莊子)가 나비가 되어 날아다닌 꿈」으로, 현실(現實)과 꿈의 구별(區別)이 안되는 것. 인생(人生)의 덧없음의 비유(比喩·譬喩).

濠 호주 호; 水- [háo]해자, 강, 오스트레일리아의 준말
부(部)- 氵 [水,氺] (삼수변) : 성이나 대륙을 둘러싼게 물
자(字)-氵(삼수변 수) 豪(호걸 호) =호(濠)
사(思)-물로 둘러싸인 호걸이 있는 성, 호주 호.
용(用)-濠洲호주 外濠외호 空濠공호 白濠主義백호주의
　　　濠太利亞洲호태리아주=오스트레일리아(Austalia).

豪 호걸 호; 豕- [háo]호걸, 귀인, 호협(豪俠)
　　부(部)- 豕 (돼지 시) : 호걸에 대접하는 돼지고기 의미
자(字)-高(높을 고) 豕(돼지 시) = 호(豪)
사(思)-높은 품질 돼지고기를 대접받는 호걸 호
용(用)-豪傑호걸 豪雨호우 豪宕호탕 豪華호화 豪奢호사 富豪부호
　　　文豪문호 豪氣호기 豪族호족 豪言호언 豪放호방 豪快호쾌
　　　英雄豪傑영웅호걸=영웅(英雄)과 호걸(豪傑).

湖 호수 호; 水- [hú]호수
　　부(部)- 氵 [水,氺] (삼수변) 물과 관련된 의미
자(字)-氵(삼수변 수) 胡(수염 호) =호(湖)
사(思)-물이 탁밑 수염같이 모여 있는 호수 호
용(用)-湖水호수 湖南호남 江湖강호 湖畔호반 水湖志수호지

皓 흴 호; 白 [hào] 희다, 깨끗하다, 밝다, 하늘.
　　부(部)-흰 백(白): 흰색은 밝고 깨끗함을 의미.
자(字)- 白(흰 백) 告(고할 고)=호(皓).
사(思)-흰백(白-部)자가 보고(告)하는 것은 희다는 것, 흴 호.
용(用)-皓齒호치 皓礬호반 商山四皓상산사호 皓皓호호.
　　　丹脣皓齒단순호치=「붉은 입술과 하얀 이」란 뜻으로, 여자(女子)의
아름다운 얼굴을 이르는 말. 미인(美人)의 얼굴.

酷 독할 혹; 酉- [kù]독하다, 술이 독하다, 짙다, 잔인, 심하다
　　부(部)-酉 (닭 유, 술 유) : 술은 독하다 의미
자(字)-酉(닭 유, 술 유) 告(고할 고) =혹(酷)
사(思)-술이 세상에 보고(報告) 하는 것은 독할 혹
용(用)-苛酷가혹 酷寒혹한 酷暑혹서 慘酷참혹 酷毒혹독 殘酷잔혹
　　　酷使혹사 酷評혹평 冷酷냉혹 酷甚혹심 嚴酷엄혹 酷吏혹리
　　　酷烈 혹렬

惑 미혹할 혹; 心 [huò] 미혹하다, 의심하다, 미혹되게 하다.
　　부(部)-마음 심(心): 미혹한 마음의 상태를 의미.
자(字)-或(혹 혹) 心(마음 심) =혹(惑).
사(思)-혹(或)하는 마음(심心)으로 유혹하니 미혹할 혹, 어지러울 혹.
용(用)-疑惑의혹 誘惑유혹 眩惑현혹 迷惑미혹 困惑곤혹 當惑당혹.
혹 혹; 戈 [huò] 혹, 혹은, 있다, 늘, 언제나.

或 부(部)-창 과(戈); 혹시나 하고 국방(과(戈)을 준비한다는 의미.
　　자(字)-戈(창 과) 口(입 구) 一(한 일)=혹(或).
사(思)-국방((戈)로 경제(口)를 일순위((一)로 늘 혹시나 생각하니 혹 혹.
용(用)-或是혹시 間或간혹 設或설혹☞ 혹시(或是) 或者혹자 或如혹여.
　　　多言或中다언혹중=말을 많이 하다 보면 어쩌다가 사리(事理)에 맞는
말도 있음.

魂 넋 혼; 鬼-총14획; [hún]넋, 마음, 생각, 사물의 모양
　　부(部)- 鬼 [鬼] (귀신 귀) : 혼은 귀신의 세계다 의미
자(字)-云(이를 운) 鬼(귀신 귀) =혼(魂)
사(思)-이른바 귀신의 세계에 있는 것을 넋 혼.
용(用)-靈魂영혼 魂魄혼백 招魂초혼 英魂영혼 鬪魂투혼 鎭魂진혼
　　　魂靈혼령 喪魂상혼 返魂반혼 魂帛혼백 唱魂창혼
　　　魂飛魄散혼비백산=「넋이 날아가고 넋이 흩어지다.」 는 뜻으로, 몹시
놀라 어찌할 바를 모름.

混 섞을 혼; 水- [hùn,hún]섞다, 섞이다, 흐리다, 혼탁하다,
　　부(部)- 氵 [水,氺] (삼수변) : 물이 섞이다 의미.
자(字)-氵(삼수변 수) 昆(맏 곤) =혼(混)
사(思)-물 안에 맏형에게로 모여들여 섞으니 섞을 혼.
용(用)-混雜혼잡 混同혼동 混合혼합 混線혼선 混元혼원 混用혼용
　　　混合物혼합물 混成酒혼성주 混融혼융
　　　一魚混全川일어혼전천=한 마리 물고기가 온 시냇물을 흐려 놓음.

昏 어두울 혼; 日- [hūn]어둡다, 저녁때, 해질 무렵, 밤(夜)
　　부(部)-日 (날 일) : 하루 중에 어두울 때를 의미
자(字)-氏(각시 씨) 日(날 일) =혼(昏)
사(思)-각시가 일 마치고 돌아오는 시간이 어두울 혼
용(用)-昏迷혼미 黃昏황혼 昏睡혼수 昏亂혼란 昏憹혼몽 昏睡狀態혼수상태
　　　昏定晨省혼정신성=「저녁에는 잠자리를 보아 드리고, 아침에는 문안
(問安)을 드린다.」 는 뜻, 부모(父母)의 안부(安否)를 물어서 살핌.

婚 혼인할 혼; 女 [hūn] 혼인하다, 아내의 친정,
부(部)-계집 녀(女): 혼인 성립은 여자가 주요한 의미.
자(字)- 女(여자 녀(여)) 昏(어두울 혼)=혼(婚).
사(思)-여자가(女) 나이가 저물기(昏) 전에 혼인할 혼.
용(用)-婚姻혼인 結婚결혼 華婚화혼 離婚이혼 婚禮혼례

忽 갑자기 홀; 心- [hū]소홀히, 갑자기, 돌연, 다하다,
부(部)-心 [忄,小] (마음 심) : 마음 준비 없는데 의미
자(字)-勿(말 물) 心(마음 심) =홀(忽)
사(思)-준비 마라는 마음에서 갑자기 생기는 갑자기 홀
용(用)-忽待홀대 忽然홀연 泛忽범홀 突忽돌홀 忽諸홀저 忽布홀포
　　　忽顯忽沒홀현홀몰=문득 나타났다가 문득 없어짐.

弘 넓을 홍; 弓- [hóng]넓다, 넓히다, 널리
부(部)-弓 (활 궁) : 활은 넓게 벌린다 의미
자(字)-弓(활 궁) ㅿ(사사 사) =홍(弘)
사(思)-활은 개인 사적인 힘으로 당겨 넓게 하니 넓을 홍.
용(用)-弘報홍보 弘益홍익 弘文홍문 弘遠홍원 宏弘굉홍 弘化門홍화문
　　弘益人間홍익인간=「널리 인간세계(人間世界)를 이(利)롭게 한다.」는 우
리나라의 건국(建國) 시조(始祖)인 단군(檀君)의 건국(建國) 이념(理念).

紅 紅 붉을 홍; 糸- [hóng,gōng]붉다, 붉은빛, 연지
부(部)- 糸 [糸,糹] (실사변) : 실 색깔 의미
자(字)-糸(가는 실 멱) 工(장인 공) =홍(紅)
사(思)-실에 붉은 색 염색 장인이 있어서 붉을 홍
용(用)-朱紅주홍 紅蔘홍삼 紅塵홍진 粉紅분홍 紅顔홍안 紅蓮홍련
　　　紅疫홍역 紅蛤홍합 紅潮홍조 紅焰홍염 紅葉홍엽
　　　紅一點홍일점=「푸른 잎 가운데 한 송이의 꽃이 피어 있다.」는 뜻으
로, 여럿 속에서 오직 하나 이채(異彩)를 띠는 것. 또는 많은 남자(男子)들
사이에 끼 있는 오직 하나 뿐인 여자(女子).

鴻 鴻 기러기 홍; 鳥 [hóng] 큰 기러기, 크다, 성하다, 번성.
부(部)-새 조(鳥): 기러기도 새의 종류라는 의미.
자(字)-江(강 강) 鳥(새 조) =홍(鴻).
사(思)-강(江) 같이 큰 새(鳥)가 큰 기러기홍.
용(用)-鴻學홍학 鴻雁홍안 鴻大홍대☞ 홍대(洪大) 鴻門홍문 鴻業홍업

鴻鵠之志홍곡지지=「큰 기러기와 고니」라는 뜻으로, 영웅호걸

洪 넓을 홍, 큰물 홍; 水 - [hóng]큰물, 크다
부(部)- 氵[水,氺] (삼수변) : 넓은 바닷물 관련 의미
자(字)- 氵(삼수변 수) 共(함께 공) =홍(洪)
사(思)-물이 한곳으로 함께 모이니 깊고 넓어져 넓을 홍.
용(用)-洪水홍수 洪福홍복 洪範홍범 洪範九疇홍범구주 洪大홍대
宇宙洪荒우주홍황=하늘과 땅 사이는 넓고 커서 끝이 없음.

畫 画 그림 화. 그을 획; 田 [huà] 그림, 그리다, 채색, 칠하다.
부(部)-밭 전(田): 처음그림은 밭전(田)을 그렸다는 의미.
자(字)-聿(붓 율) 田(밭 전) 凵(입 벌릴 감)=화(畫)(획).
사(思)-붓(聿)으로 밭(田-部)과 둘레를 그리니 그림 화. 그을 획.
용(用)-漫畫만화=만화(漫畫) 漫筆畫만필화=만필화(漫筆畫).
人物畫인물화 映畫영화. 畫面화면. 畫伯화백. 畫家화가.

花 꽃 화; 艸 [huā] 꽃, 꽃이 피다, 꽃답다, 아름다운 것의 비유.
부(部)-풀 초(艸): 꽃도 풀의 종류에 속한다는 의미.
자(字)-초(++)화(化)=화(化).
사(思)-풀(초(艸)에서 꽃이 되니(화(化) 꽃 화.
용(用)-無窮花무궁화. 杏花행화. 花草화초. 櫻花앵화. 梅花매화. 菊花국화.
桃花도화. 花王화왕. 花卉화훼. 花瓣화판. 槿花근화.

華 꽃 화; 艸 - [huá,huà]꽃, 꽃이 피다, 색채, 빛
부(部)- ++ [艸,艹,++,++] (초두머리) 꽃도 풀에서 나온다 의미
자(字)-++(초두머리 초) 卄(스물 입) 二(두 이) 十(열 십) =화(華)
사(思)-풀초에 스물과 20을 쓰면 꽃 화
용(用)-榮華영화 華麗화려 昇華승화 華婚화혼 精華(菁華)정화

化 될 화,변화 화; 匕 [huà,huā] 되다, 바뀌다, 고쳐지다, 따르다.
부(部)-비수 비(匕); 비수나 숟가락을 이용 변하게 된다는 의미.
자(字)-亻(사람인변 인) 匕(비수 비) =화(化).
사(思)-사람(인(人)에게 비수(비(匕)를 대니 변화 화. 될 화.
용(用)-變化변화 强化강화 惡化악화 文化문화 深化심화 高齡化고령화.
承化승화 正常化정상화 激化격화.

話 话 말할 화; 言- [huà] 말하다, 이야기, 다스리다.

부(部)-말씀 언(言): 대화는 말을 주고받는다는 의미.

자(字)-言(말씀 언) 舌(혀 설)=화(話).

사(思)-말을(言-部) 할 때에는 혀(舌)의 중요한 작용으로 말할 화.

용(用)-對話대화 電話전화 話頭화두 通話통화 逸話일화 話題화제.

靴 신 화; 革 [xuē] 신, 가죽신.

부(部)-가죽 혁(革); 가죽으로 만든 신을 의미.

자(字)-革(가죽 혁) 化(될 화)=화(靴).

사(思)-가죽(革)으로 만들(化)고, 발음도 따서 신 화.

용(用)-軍靴군화 木靴목화 運動靴운동화 洋靴양화 登山靴등산화.

防水靴방수화 洋靴店양화점.

禍 祸 재앙 화; 示 [huò] 재화, 불행, 재난, 근심, 죄, 허물.

부(部)-보일 시(示) : 신에게 보여서(시(示)) 재앙 내린다는 의미.

자(字)-示(보일 시) 咼(입 비뚤어질 괘)=화(禍) ※咼:비뚤어질 괘

사(思)-신에게(示-) 비뚤어지게(咼)하면 재앙을 내리니 재앙 화.

용(用)-禍事화사 禍生不德화생부덕 禍因惡積화인악적.

貨 재화 화; 貝 [huò] 재화, 물품, 뇌물을 주다.

부(部)-조개 패(貝): 재물에 관련된 글자 의미.

자(字)-화(化)패(貝)=화(化).

사(思)-변화(화(化)되어 재물(패(貝)이 되니 재화 화.

용(用)-貨幣화폐 百貨店백화점 貨物화물 財貨재화 外貨외화 雜貨잡화.

通貨통화.

和 화할 화; 口 [hé,huó,huò] 화하다, 서로 응하다, 합치다.

부(部)-입 구(口): 먹는 것에서 화합해야 한다는 의미.

자(字)-禾(벼 화) 口(입 구) =화(和).

사(思)-벼(화(禾)를 여럿이 먹음(구(口)에 화합하게 화할 화.

용(用)-緩和완화 平和평화 調和조화 和解화해 和睦화목 和合화합 和答화답.

鑊 가마 확; 金 [huò]가마, 큰 솥, 죄인 삶아 죽이는 형기(刑器).

부(部)-쇠 금(金): 가마솥은 쇠로 만든다는 의미.

자(字)-金(쇠 금) 蒦(자 확)=확(鑊). ※ 蒦: 자 확

사(思)-쇠(金-)솥에 죄인을 삶으려 자(蒦)로 재어 만드니 가마 확.

용(用)-鐵鑊철확 鼎鑊정확 鑊烹확팽 石鑊석확 省鼎鑊성정확

確 굳을 확; 石- [què]굳다, 강하다, 확실하다
부(部)-돌 석(石) : 돌처럼 굳어 있다 의미
자(字)-石(돌 석) 隺(고상할 각. 높이날 학)=확(確)
사(思)-돌에다 고상하게 새가 쪼아 글을 새겨 굳을 확
용(用)-確認확인 確診확진 確率확률 確保확보 確固확고 正確정확
　　　　確實확실 確固不動확고부동.

擴 扩 넓힐 확; 手- [kuò]넓히다
부(部)-扌[手](재방변) :손에 의한 행동이다 의미
자(字)-扌(재방변 수) 廣(넓을 광)=확(擴)
사(思)-손으로 넓게 하니 넓힐 확.
용(用)-擴散확산 擴大확대 擴張확장 擴充확충 擴聲器확성기 擴延확연

穫 거둘 확; 禾- [huò]벼를 베다, 거두다, 얻다
부(部)-禾(벼 화) : 수확 대상이 벼다 의미
자(字)-禾(벼 화) 蒦(자 확) =확(穫)
사(思)-벼를 자로 재듯이 베어 수확하니 거둘 확
용(用)-收穫수확 耘穫운확 秋穫추확 穫稻확도 刈穫예확 多收穫다수확

環 环 고리 환; 玉- [huán]환옥(環玉), 고리, 돌다
부(部)-玊[玉](구슬옥변) : 구슬도 고리도 둥글다 의미
자(字)-王(구슬 옥) 睘(놀라서 볼 경) =환(環)
사(思)-구슬을 놀라서 보니 고리 환
용(用)-環境환경 循環순환 環境汚染환경오염 惡循環악순환 一環일환

患 근심 환; 心 [huàn] 근심, 걱정, 고통, 재난, 앓다, 병들다.
부(部)-마음 심(心): 근심은 마음 상태를 의미.
자(字)-관(串)심(心)=환(患).
사(思)-꿰어져(串 꿸 관)있는 마음심(心=忄, 㣺)이니 근심 환.
용(用)-患者환자 疾患질환 外患외환 憂患우환 患難환난.

懽 기뻐할 환; 心 [huān] 기뻐하다, 맞다, 들어맞다, 합당하다.
부(部)-마음 심(心): 기쁜 마음 상태를 의미.
자(字)-忄(심방변 심) 雚(황새 관)=환(懽).
사(思)-마음(心=忄-部)이 황새(雚)같이 크게 기뻐하니 기뻐할 환.
용(用)-合懽합환 懽盟환맹 懽怩환니 騰懽등환 懽忭환변

歡 欢 기쁠 환; 欠 [huān] 기쁨, 즐거움.
　　부(部)-하품 흠(欠); 입을 벌려 기뻐함을 표현하는 의미.
자(字)-雚(황새 관) 欠(하품 흠)=환(歡).
사(思)-황새(雚)가 하품(欠)과 같이 입 벌려 음식 먹고 기쁠 환.
용(用)-歡迎환영 歡呼환호 歡心환심 交歡교환 哀歡애환.
　　　歡呼雀躍환호작약=기뻐서 소리치며 날뜀.
　　　我有歡樂, 兄弟亦樂 아유환락, 형제역락=나에게 기쁨과 즐거움이 있
으면 형과 아우도 또한 즐거워함.

還 还 돌아올 환; 辵 [hái,huán] 돌아오다, 복귀, 돌려보내다,
　　부(部)-쉬엄걸을 착(辶): 걷는다는 의미.
자(字)-睘(놀라서 볼 경) 辶(쉬엄쉬엄 갈 착) =환(還). ※睘 놀라볼 경(
사(思)-놀라서 본 후에(睘) 걸어(辶=辵-部) 돌아오니 돌아올 환.
용(用)-償還상환 還收환수 返還반환.還元환원 送還송환 歸還귀환.

換 换 바꿀 환; 手- [huàn]바꾸다, 교체되다, 고치다, 고쳐지다
　　부(部)-扌 [手] (재방변) : 바꾸는 손동작을 의미
자(字)-扌(재방변 수) 奐(빛날 환) =환(換)
사(思)-손으로 빛이 나게 바꿀 환
용(用)-轉換전환 交換교환 換腸환장 換錢환전 換率환율 換氣환기
　　　換乘환승 置換치환 換局환국 換算환산 兌換태환
　　　換骨奪胎환골탈태=「환골(換骨)은 옛사람의 시문(詩文)을 본떠서 어구
를 만드는 것, 옛사람이나 타인(他人)의 글에서 그 형식(形式)이나 내용(內
容)을 모방(模倣)하여 자기(自己)의 작품(作品)으로 변화 하는 것.용모(容貌)
가 환하고 아름다워 딴 사람처럼 됨.

宦 벼슬 환; 宀 [huàn] 벼슬, 관직, 벼슬아치, 관리, 벼슬살이하다.
　　부(部)-집 면(宀): 집(관청)에서 벼슬한다는 의미.
자(字)-宀(집 면) 臣(신하 신)=환(宦).
사(思)-집(宀) 즉 관청에서 신하(臣)가 관(官)에 종사하니 벼슬 환.
용(用)-宦官환관 宦者환자 內宦내환 宦侍환시 宦女환녀.

幻 헛볼 환; 幺- [huàn]변하다, 미혹하다, 홀리게 하다, 허깨비
　　부(部)-幺 (작을요) : 너무 작아서 헛보게 하다? 의미
자(字)-幺(작을 요) 勹(쌀 포) =환(幻)
사(思)-작은 것을 싸 버리니 헛볼 환
용(用)-幻想환상 幻影환영 幻覺환각 幻滅환멸 幻術환술 幻像환상 幻聽환청

丸 알 환; 丶 [wán]알, 환, 약.
　　부(部)-점 주(丶): 한 점 덩어리가 환이라는 의미.
자(字)-九(아홉 구) 丶(점 주)=환(丸).
사(思)-많이(구(九) 둥글리면 한점(주(丶) 덩어리가 알 환.
용(用)-彈丸탄환 烏丸오환 淸心丸청심환 投丸투환 丸藥환약 睾丸고환.
　　　金丸금환 木丸목환 丸玉환옥.
　　　死後淸心丸사후청심환=「죽은 뒤의 약(藥)」 이라는 뜻으로, 시기(時期)
를 놓친 것을 의미(意味)함.

活 살 활, 물흐를 괄; 水- [huó]살다, 소생, 생존, 태어나다, 생활
　　부(部)-氵 [水,氺] (삼수변) : 물은 생존 필수 의미
자(字)-氵(삼수변 수) 舌(혀 설) =활(活)
사(思)-물을 혀로 마셔야 살아가니 살 활,
용(用)-生活생활 復活부활 活動활동 活用활용 活潑활발 活躍활약
　　　活氣활기 快活쾌활 活字활자 死活사활 活力활력 再活재활
　　　活活괄괄 活人積德활인적덕=사람의 목숨을 구(救)하여
　　　음덕(陰德)을 쌓음.

荒 거칠 황; 艸- [huāng]거칠다, 덮다, 거칠게 하다
　　부(部)-++ [艸,⺿,艹,⻃] (초두머리) : 잡초는 거칠다 의미
자(字)-++(초두머리 초) 巟(망할 황) =황(荒)
사(思)-잡초만 무성하여 망하게 되는 거칠 황
용(用)-荒唐황당 虛荒허황 荒廢황폐 救荒구황 荒蕪地황무지
　　　救荒作物구황작물=흉작(凶作)의 해에도 재배(栽培)하여 수확(收穫)할
수 있는 작물(作物). 가뭄에나 장마에도 강(强)하고 같지 않은 땅에도 재배
(栽培)하는 것.(예 : 감자, 고구마, 옥수수, 메밀 등)

黃 黃 누를 황; 黃- [huáng]누르다, 누른 빛, 어린아이

부(部)- 黃 [黄] (누를 황) : 제부수한자

자(字)-卄(스물 입) 一(한 일) 由(말미암을 유) 八(여덟 팔)=황(黃)

사(思)-스무명이 한 개의 황금으로 말미암아 나누는 황금 누를 황

용(用)-黃昏황혼 朱黃주황 黃金황금 黃道황도 黃帝황제 黃紙황지 黃沙황사
　　黃金萬能황금만능=돈만 있으면 무엇이나 마음대로 할 수 있다는 뜻.

皇 임금 황 白- [huáng]임금, 천자, 천제(天帝), 만물의 주재자

부(部)- 白 (흰 백) : 흰색이 시작이다 의미

자(字)-白(흰 백) 王(임금 왕) =황(皇) ※왕관이 받침위 상형(象形)

사(思)-권력의 그림이 흰색에서 왕부터 시작하니 임금 황

용(用)-皇帝황제 張皇장황 皇后황후 三皇삼황 敎皇교황 始皇帝시황제

況 況 상황 황, 하물며 황; 水-[kuàng]하물며, 이에, 자(玆)에, 비유

부(部)- 氵 [水,氺] (삼수변) : 강가의 상황을 살핀다 의미

자(字)-氵(삼수변 수) 兄(형 형) =황(況)

사(思)-강가에서 기우제를 지내는 형이 축문을 읽는 상황 황

용(用)-狀況상황 情況정황 現況현황 好況호황 盛況성황 近況근황 不況불황
　　況且황차=하물며. 더구나.

悔 뉘우칠 회; 心 [huǐ] 뉘우치다, 아깝게도, 뉘우침, 후회.

부(部)-마음 심(心): 뉘우침의 마음을 의미.

자(字)- 忄(심방변 심) 每(매양 매)=회(悔).

사(思)-마음(忄-部)을 잘못 쓰면 매번(每) 뉘우치고 후회한다.

용(用)-懺悔참회 後悔후회 悔恨회한 悔改회개 悔心회심.

　　亢龍有悔항룡유회=「하늘에 오른 용은 뉘우침이 있다.」 는 뜻으로, 하늘 끝까지 올라간 용이 더 올라갈 데가 없어 다시 내려올 수밖에 없듯이, 부귀(富貴)가 극에 이르면 몰락(沒落)할 위험(危險)이 있음을 경계(警戒)해 이르는 말.

回 돌 회; □- [huí]돌다, 돌아오다, 돌리다, 돌아가게 하다

부(部)- □ (큰입구몸) : 국가 경제는 회전이다 의미

자(字)-□(나라 국) 口(입 구) =회(回)

사(思)-국가의 경제발전은 유통과 회전이니 돌 회

용(用)-回復회복 回避회피 撤回철회 回轉회전 旋回선회 回歸회귀
　　挽回만회 回顧회고 回春회춘

廻 回 돌 회; 廴-[huí]돌다, 빙빙 돌다, 머리를 돌리다, 피하다
부(部)- 廴 (민책받침) : 도는 것도 행동하다 의미
자(字)-回(돌아올 회) 廴(길게 걸을 인) =회(廻)
사(思)-돌아올려고 길을 걸으니 돌 회
용(用)-輪廻윤회 巡廻순회 廻向회향 上廻상회 下廻하회

會 슾 잘할 회. 모일 회; 曰 [huì,kuài] 모이다, 모임. 능숙하다.
부(部)-가로 왈(曰): 모일려고 말하다는 의미.
자(字)-亼(모일 집) 口(입 구) 丷(작을 소) 曰(가로 왈)=회(會).
사(思)-모임(亼)을 말로(구(口)) 짧은(소(小) 말(曰)하여 모일 회, 잘할 회.
용(用)-社會사회 國會국회 機會기회 會談회담 會社회사 會議회의
　　　　會意회의 會計회계 以文會友이문회우=학문(學問)으로써 친구
　　　　(親舊)를 모음.

灰 재 회; 火- [huī]재, 재로 만들다, 태우다, 재가 되다, 망하다
부(部)- 火 [灬] (불 화) : 불에 탄 후에 남은 재 의미
자(字)-ナ(왼 좌) 火(불 화) =회(灰)
사(思)-손으로 불태우고 남은 것이 재니 재 회.
용(用)-灰色회색 灰燼회신 石灰석회 石灰巖석회암 築灰축회 猛灰맹회
　　　　死灰復燃사회부연=「다 탄 재가 다시 불이 붙었다.」는 뜻,세력(勢力)
을 잃었던 사람이 다시 세력(勢力)을 잡음.

懷 怀 품을 회; 心- [huái]품다, 품, 품안, 가슴, 마음, 생각, 정(情)
부(部)- 忄 [心,㣺] (심방변) 마음속에 품은 생각이다 의미
자(字)-忄(심방변 심) 褱(품을 회) =회(懷)
사(思)-마음에 생각을 품었으니 품을 회
용(用)-懷柔회유 懷疑회의 懷抱회포 所懷소회 懷妊회임 懷古회고
　　　　述懷술회 懷疑的회의적=어떤 일에 확신(確信)을 갖지 못한 상태(狀
態)에 있는. 또는 그런 것.

劃 划 그을 획; 刀- [huà,huá,huái]긋다, 나누다, 쪼개다, 자르다
부(部)- 刂 [刀,⺈] (선칼도방) : 칼로 긋고, 나누다 의미
자(字)-畫(그림 화) 刂(선칼도방 도) =획(劃)
사(思)-그림을 칼로 그어 만들고, 긋고 하니 그을 획
용(用)-加劃가획 劃一획일 劃順획순 劃數획수 劃策획책 計劃表계획표
　　　　一點一劃일점일획=「글자의 점(點) 하나와 획(劃) 하나」라는 뜻으로,

아주 작은 부분(部分)의 글이나 말 따위를 말함.

獲 获 얻을 획; 犬 [huò] 짐승을 잡다, 빼앗다, 얻다.
　부(部)-개 견(犬)=犭(개사슴록 변) : 사냥 대상 짐승을 의미
자(字)-犭(개사슴록변 견) 蒦(자 확)=획(獲) ※ 蒦= 자 확(모양자).
사(思)-사냥개(犭=犬-部)로 자(蒦)로 잰 듯이 정확하게 사냥 얻을 획.
용(用)-獲得획득 禽獲금획 獲利획리 捕獲포획 漁獲어획 獲唱획창.

橫 横 가로 횡; 木 [héng,hèng] 가로, 동서, 좌우, 가로놓다,
　부(部)-나무 목(木): 나무를 자른후 누이면 가로된다는 의미.
자(字)- 木(나무 목) 黃(누를 황)=횡(橫).
사(思)-푸른 나무(木)가 누렇게(黃) 됨은 벌목 후 뉘여 가로 횡.
용(用)-橫暴횡포 橫領횡령 橫行횡행 橫斷횡단 橫死횡사. 縱橫無盡종횡무진
　　　=행동(行動)이 마음 내키는 대로 자유자재(自由自在)로 함.

效 본받을 효; 攴 [xiào] 본받다, 주다, 수여(授與)하다, 드리다.
　부(部)-칠 복(攴)=등글월문(복(攵): 회초리로 본받게 한다 의미.
자(字)-交(사귈 교) 攵(칠 복) =효(效).
사(思)-사귀며(교(交) 회초리 쳐(복(攵) 본받을 효. 효험 효.
용(用)-效果효과 實效性실효성 效率的효율적 無效무효 效力효력
　　　有效유효 功效공효. 我身能孝, 兄弟亦效 아신능효, 형제역효
　　　=내 몸이 능히 효를 하면 형과 아우도 또한 본받음.

曉 晓 새벽 효; 日- [xiǎo]새벽, 동틀 무렵, 밝다, 환하다, 깨닫다,
　부(部)- 日 (날 일) : 새벽은 하루에 관한 의미
자(字)-日(날 일) 堯(요임금 요) =효(曉)
사(思)-밝아오는 날 새벽에 요임금의 철학을 깨달으니 새벽 효
용(用)-曉星효성 曉示효시 曉晨효신 通曉통효 曉頭효두

孝 효도 효; 子 [xiào] 효도, 부모의 상(喪)을 입다.
　부(部)-아들 자(子):효도는 자식이 해야 한다는 의미.
자(字)-耂(늙을로엄 로(노)) 子(아들 자) 丅=효(孝).
사(思)-늙은(耂) 어르신에게 자식(子)들이 하는 효도 효.
용(用)-효도(孝道) 효성(孝誠) 효자(孝子) 효창공원(孝昌公園).
　　　　反哺之孝반포지효=「까마귀 새끼가 자란 뒤에 늙은 어미에게 먹이를
물어다 주는 효성(孝誠)」이라는 뜻으로, 자식(子息)이 자라서 부모(父母)를
봉양(奉養)함.

侯 제후 후/과녁 후; 人 [hóu,hòu] 과녁, 제후, 후작, 임금,
부(部)-사람 인(人): 사람 벼슬 작위에 관한 의미.
자(字)-亻(사람인변 인) 工(장인 공 변형) 矢(화살 시) =후(侯).
사(思)-사람(人)장인이 만든(工) 화살(矢)로 과녁 맞춘 제후 후, 과녁 후.
용(用)-諸侯제후 列侯열후 公侯공후 侯爵후작 土侯토후.
　　　王侯將相왕후장상=제왕(帝王)과 제후(諸侯)와 대장(大將)과 재상(宰
相)을 통틀어 일컫는 말.

厚 두터울 후; 厂 [hòu] 두텁다, 두터이 하다, 두터이.
부(部)-기슭 엄(厂)민엄호: 언덕 밑에서의 생활을 의미.
자(字)-厂(기슭 엄) + 旱(두터울 후)=후(厚).
사(思)-굴바위(厂-部)집에서도 두터운 가족애로 성장하니 두터울 후.
용(用)-重厚중후 厚生후생 濃厚농후 厚待후대 淳厚순후.

後 后 뒤 후; 彳 [hòu] 뒤, 늦다, 능력 따위가 뒤떨어지다.
부(部)-조금걸을 척(彳)=두인변: 걸음이 늦어져 뒤쳐짐의 의미.
자(字)-彳(조금 걸을 척) 幺(작을 요) 夂(뒤쳐져 올 치)=후(後).
사(思)-조금 걸어(彳) 작게(幺) 내딛어 뒤처져(夂) 오니 '뒤처져 뒤 후.
용(用)-以後이후 午後오후 後遺症후유증 後續후속 直後직후 向後향후
　　　後孫후손 後退후퇴 後悔후회.
　　　死後藥方文사후약방문= 「죽은 뒤에 약방문(藥方文)을 쓴다.」 는 뜻 때
가 지난 후(後)에 대책(對策)을 세우거나 후회(後悔)해도 소용(所用)없다.

喉 목구멍 후; 口 - [hóu]목구멍, 목, 긴한 곳, 요소(要所)
부(部)-口 (입 구) : 목구멍은 입에 관련된 부위 의미
자(字)-口(입 구) 侯(제후 후, 과녁 후) =후(喉)
사(思)-입을 벌리면 과녁 중심이 목구멍 후.
용(用)-咽喉인후 喉音후음 喉頭후두 喉舌후설 喉院후원 喉骨후골

候 기후 후/살필 후; 人- [hòu,hóu]묻다, 시중들다, 기다리다
부(部)- 亻[人] (사람인변) : 살피는 활동을 사람이 한다 의미
자(字)-侯(제후 후) ㅣ(뚫을 곤) =후(候)
사(思)-제후같이 책임있게 뚫어지게 살필 후, 물을 후.
용(用)-候補후보 徵候징후 伺候사후 症候群증후군 氣體候기체후
　　　斥候兵척후병 氣候變化기후변화=일정(一定) 지역(地域)에서 오랜 기
간(其間)에 걸쳐서 진행(進行)되는 기상(氣象)의 변화(變化).

朽 썩을 후; 木 [xiǔ] 썩다, 부패하다, 쇠하다, 구리다.
　　부(部)-나무 목(木): 목재가 썩는다는 의미.
자(字)-木(나무 목) 丂(공교할 교)=후(朽).
사(思)-나무(木-部)를 베어 공교하게 관리 못하면 썩을 후
용(用)-不朽불후 老朽노후 朽落후락 老朽車노후차.
　　　三不朽삼불후=언제까지나 썩지 않는 세 가지. 곧 덕(德)·공(功)·언
어(言語).

訓 训 가르칠 훈; 言- [xùn]가르치다, 인도하다, 경계하다
　　부(部)-言 [訁,讠] (말씀 언) : 말로 가르친다 의미
자(字)-言(말씀 언) 川(내 천) =훈(訓)
사(思)-말씀이 냇물 같이 가르칠 훈
용(用)-教訓교훈 訓戒훈계 訓長훈장 訓詁훈고 家訓가훈 訓詁學훈고학
　　　訓導훈도 訓讀훈독 訓育훈육 校訓교훈 垂訓수훈
　　　山上垂訓산상수훈=예수(Jesus)가 갈릴리 호숫가에 있는 산 위에서
그리스도인(Kristos人)으로서 갖추어야 할 덕에 관(關)하여 행(行)한 설교
(說敎).

勳 공 훈; 力- [xūn] 공, 공적.
　　부(部)- 力 (힘 력) : 공을 세움에는 힘이 관련 의미
자(字)-熏(불길 훈) 力(힘 력(역)) =훈(勳)
사(思)-불길 살리게 힘을 들여 노력 해야 공을 세우니 공 훈
용(用)-勳章훈장 報勳보훈 殊勳수훈 敍勳서훈 功勳공훈 勳舊훈구
　　　大勳대훈 僞勳위훈 蕩蕩之勳탕탕지훈=지대(至大)한 공훈(功勳).

葷 葷 훈채 훈; 艸 [hūn,xūn] 매운 채소, 비릿하다.
　　부(部)-풀 초(艸): 채소도 풀의 종류라는 의미.
자(字)- ++(초두머리 초) 軍(군사 군)=훈(葷).
사(思)-채소(++=艸-部)중에 군인(軍)에 좋은 것은 매운 채소 훈.
용(用)-五葷菜오훈채 葷酒훈주 葷菜훈채.

毀 헐 훼; 殳 [huǐ] 헐다, 상처를 입히다, 무찌르다, 패하게 하다.
부(部)-몽둥이 수(殳): 몽둥이로 헐고 상처를 준다는 의미.
자(字)-臼(절구 구) 工(장인 공) 殳(몽둥이 수) =훼(毀).
사(思)-절구(臼)에 놓고 장인(工)이 몽둥이(殳-部)로 치면 모든 게 훨 훼.
용(用)-毀損훼손 貶毀폄훼 毀謗훼방 毀節훼절 毀傷훼상.
　　　名譽毀損명예훼손=남의 명예(名譽)를 더럽히거나 깎는 일.

麾 대장기 휘; 麻 [huī] 대장기, 지휘, 부르다,
부(部)-삼 마(麻): 삼베로 깃발을 만들었다는 의미.
자(字)- 麻(삼 마) 毛(터럭 모)=휘(麾).
사(思)-삼베(麻-部)와 털(毛)로 만든 대장기로 지휘하니 대장기 휘.
용(用)-指麾지휘☞ 지휘(指揮) 麾下휘하 麾旗휘기☞ 지휘기(指揮旗).

輝 輝 빛날 휘; 車 [huī] 빛나다, 광채를 발하다.
부(部)-수레 거(車): 수레, 자동차, 전차는 군사력 빛남 의미.
자(字)-光(빛 광) 軍(군사 군)=휘(輝).
사(思)-빛나는(光) 군대가 있으면 국가가 광채가 나니 빛날 휘.
용(用)-光輝광휘 輝石휘석 輝煌휘황 赤輝公적휘공. 輝映휘영.

揮 揮 휘두를 휘/표기 휘, 휘두를 혼; 手- [huī]지휘, 지시
부(部)-扌 [手] (재방변) : 손으로 지휘봉 들고 지휘하는 의미
자(字)-扌(재방변 수) 軍(군사 군) =휘(揮)
사(思)-손에 지휘봉 들고 군사를 지휘하니 지휘 휘.
용(用)-指揮지휘 發揮발휘 揮帳휘장 揮毫휘호 揮發휘발 揮發油휘발유

携 끌 휴; 手- [xié]끌다, 이끌다, 들다, 가지다, 연(連)하다
부(部)-扌 [手] (재방변) : 그는 동작을 손이 한다는 의미
자(字)-扌(재방변 수) 雟(살찐 전) =휴(携)
사(思)-손으로 새가 살찌게 이끌어 주니 끌 후.
용(用)-携帶휴대 提携제휴 携帶電話휴대전화 扶携부휴 携帶證휴대증
　　　携帶用휴대용 技術提携기술제휴=나라와 나라끼리 기업(企業)이나 특
허(特許), 기술(技術) 등(等)을 서로 교환(交換), 제휴(提携)하는 것.

休 쉴 휴; 人 [xiū] 쉬다, 그치다, 그만두다, 휴가.
    부(部)-亻[人] (사람인변): 휴식하는 게 사람이다 의미.
자(字)- 亻(사람인변 인) 木(나무 목)=휴(休).
사(思)-사람(인(亻)이 나무(목(木) 그늘에서 쉬니 쉴 휴.
용(用)-休暇휴가 休息휴식 連休연휴 公休日공휴일 休戰線휴전선
      休紙휴지 休學휴학.

虧 亐 이지러질 휴; 虍 [kuī] 이지러지다, 줄다, 덕택으로.
    부(部)-호피무늬 호(虍)=범호엄: 범이 나오면 이지러진다 의미.
자(字)-雐(새 이름 호) 亐(땅 이름 울)호/(虍)추(隹)울(亐)=휴(虧).
사(思)-범이(虍-部) 새(隹)를 잡으려다 울(亐)땅에서 이지러질 휴.
용(用)-虧損휴손 虧月휴월 初虧초휴
      ⊕ 吃亐[chīkuī] [동사]손해를 보다. 손실을 입다. 多亐[duōkuī] [동
사]은혜를 입다. 덕택이다. (당신의 손해로 나에게 은혜를)

胸 가슴 흉; 肉- [xiōng]가슴, 가슴속, 마음, 앞, 앞쪽
    부(部)-月 [肉] (육달월) : 가슴은 육체의 일부 의미
자(字)-月(육달월 월) 匈(오랑캐 흉) =흉(胸)
사(思)-인간의 육체 마음 속에는 오랑캐 같은 생각도 있는 가슴 흉
용(用)-胸襟흉금 胸部흉부 胸背흉배 胸膈흉격 胸像흉상 胸中흉중
      胸章흉장=군인(軍人), 관리(官吏) 등(等)의 가슴에 다는 표장(標章).

凶 흉할 흉; 凵 [xiōng]재앙, 재난, 요사(夭死), 凶(흉)과 동자(同字).
    부(部)-입벌릴 감(凵): 입벌린 모습은 흉한것과 비슷한 의미.
자(字)-凵(입 벌릴 감) 乂(다섯 오)=흉(凶).
사(思)-텅빈(위튼입구몸(凵)곳에서 오행(乂(오)) 운수가 빠져 흉할 흉.
용(用)-吉凶길흉 凶器흉기 凶吉흉길 凶兆흉조 凶惡흉악 凶證흉증
      凶歉흉겸 豊凶풍흉 凶荒흉황 陰凶음흉 凶相흉상.

黑 검을 흑; 黑- [hēi]검은 색, 나쁜 마음, 어둡다,
    부(部)-黑 (검을 흑) : 제부수한자
자(字)-四(넉 사) 土(흙 토) 灬(연화발 화) =흑(黑)
사(思)-4번 흙을 불로 태우면 까맣게 그을리니 검을 흑
용(用)-黑白흑백 暗黑암흑 漆黑칠흑 黑荏子흑임자 黑色흑색 黑字흑자
      黑暗흑암 黑龍흑룡 黑死病흑사병 黑齒흑치
      近墨者黑근묵자흑=「먹을 가까이하면 검어진다.」는 뜻으로, 나쁜 사

람을 가까이하면 그 버릇에 물들기 쉽다는 말.

很 패려궂을 흔; 彳-[hěn]패려궂다, 어기다, 다투다, 매우, 몹시
부(部)- 彳 (두인변= 걸을 척) 사람 걸어가면서 생기는 일 의미
자(字)-彳(조금 걸을 척) + 艮(괘 이름 = 그칠 간)= 흔(很)
사(思)-조금 걸어도 그칠 일 생기는 인생사 매우 흔하다
용(用)-1.패려궂다(悖戾--: 말과 행동이 매우 거칠고 비꼬여 있다)
　　　2. (남의 말을)듣지 아니하다　3.다투다, 말다툼하다

吸 숨 들이쉴 흡; 口-[xī]숨을 들이쉬다, 마시다, 빨다,
부(部)-口 (입 구) : 호흡은 입으로도 한다 의미
자(字)-口(입 구) 及(다다를 급) =흡(吸)
사(思)-입으로 공기를 허파에 다다르게 하는 숨 마실 흡
용(用)-呼吸호흡 吸收흡수 吸煙흡연 吸着흡착 吸血鬼흡혈귀 吸引흡인
　　　吸入흡입 呼吸器호흡기 吸氣흡기 吸收口흡수구

興 興 일 흥; 臼 [xīng,xing] 일다, 일어나다, 일으키다,
부(部)-절구 구(臼): 절구질은 흥이 나는 일 의미.
자(字)-臼 (절구 구) 同(한가지 동) 一(한 일) 八(여덟 팔) =흥(興).
사(思)-절구(臼)질 함께(同)하니 하나(一)로 팔팔(八)하게 흥(興)이 일 흥.
용(用)-興味흥미 振興진흥 復興부흥 興亡흥망.
　　　興亡盛衰흥망성쇠=흥(興)하고 망(亡)하고 성(盛)하고 쇠(衰)하는 일.

喜 기쁠 희; 口 [xǐ] 기쁘다, 즐겁다, 즐거워하다, 좋아하다,
부(部)-입 구(口); 먹음에 말함에 즐거움의 의미.
자(字)-吉(좋은 길) 㞢(풀 초) 구(口)=희(喜).
사(思)-좋은(吉) 채식(㞢)을 입(口)으로 하면 기쁘고 즐거워 기쁠 희.
용(用)-歡喜환희 喜悅희열 喜悲희비 喜捨희사.

稀 드물 희; 禾- [xī]드물다, 성기다, 적다, 묽다
부(部)- 禾 (벼 화) : 벼 재배시 드문 잡초?? 의미
자(字)-禾(벼 화) 希(바랄 희) =희(稀)
사(思)-벼를 키우면서 바라는 것은 드물지만 잡초 제거 드물 희.
용(用)-稀薄희박 稀罕희한 稀少희소 稀貴희귀 稀微희미 稀釋희석
　　　稀代희대 古稀宴고희연 稀少性희소성 稀年희년=70세

希 바랄 희; 巾- [xī]바라다, 드물다, 성기다.

부(部)-巾 (수건 건) : 두건을 쓰고 바라는 기도 의미로 연상

자(字)-乂(다섯 오) 布(베 포) =희(希)

사(思)-오륜(五倫) 실천을 바라는 머리띠 쓰는 게 드물어도 바랄 희

용(用)-希望희망 希求희구 希臘희랍 希念희념 抱炭希涼포탄희량

熙 빛날 희; 火- [xī]빛나다, 마르다, 말리다, 넓다, 넓히다

부(部)-灬 [火] (연화발) : 불 빛은 빛난다 의미

자(字)-臣(아름다울 이) 灬(연화발 화) =희(熙)

사(思)-아름다운 불빛이 빛나니 빛날 희

용(用)-朴正熙박정희 徐熙서희 慶熙宮경희궁 熙朝희조 康熙강희

姬 여자 희, 성 희; 女- [jī]성(姓), 근본, 기원, 자국, 자취

부(部)-女 (여자 녀) : 여자관련 글자 의미

자(字)-女(여자 녀(여)) 臣(턱 이) =희(姬)

사(思)-여자의 턱이 아름다운 여자 희

용(用)-舞姬무희 王姬왕희 名姬명희 美姬미희 寵姬총희 愛姬애희

噫 한숨 쉴 희, 트림할 애 ; 口- [yī]탄식하다, 아!, 트림, 하품

부(部)-口 (입 구) : 한숨 소리가 입에서 나온다 의미

자(字)-口(입 구) 意(뜻 의) =희(噫)

사(思)-입으로 탄식의 뜻의 나오니 탄식할 의

용(用)-噫嗚희오 噫氣애기

戲 戏 놀이 희, 서러울 호, 기 휘; 戈- [xì,hū]탄식, 희롱, 놀다

부(部)-戈 (창 과) : 창를 가지고 놀다 의미

자(字)-虘(옛날 그릇 희) 戈(창 과) =희(戲)

사(思)-옛날 질그릇과 창을 가지고 놀다 놀이 희.

용(用)-演戲연희 前戲전희 戲弄희롱 稚戲치희 戲化的희화적
　　　假面戲가면희
　　　言語遊戲언어유희=말을 부려써서 즐기는 놀이. 새말 짓기,
　　　끝말잇기, 소리내기 힘든 말 외기 따위가 있음. 실속(實-) 없는
　　　말이나 일삼는 짓.

부수자(部首字)

한자 배우기의 왕도(王道)는 첫 번째로 부수자(部首字)에 있습니다.

한자는 부수자가 기본이며 필수로 익혀야 합니다. 한글의 자음과 모음, 영어의 알파벳과 같은 것이므로 반드시 이해해야 하고, 부수자를 알면 의미를 구분하고 추측할 수 있게 됩니다.

한자는 대부분 형성문자(뜻과 소리를 의미하는 글자의 결합)로 되어있어 부수자는 의미부호 역할을 합니다.

그래서 부수자는 완전히 익혀야 합니다. 본 부록에서는 부수 214자를 사용되고 있는 음을 기준으로 찾아보기 쉽게(가나다 순) 하였습니다

부수(部首)의 구성(構成)

부수는 현재 1획부터 17획까지 총 214개로 이루어져 있습니다. 육서(六書) 중 '형성자(形聲字)'의 뜻{의미:形} 부분이 바로 그 한자의 부수라는 점을 볼 때 부수는 한자의 80% 이상인 형성자의 효과적 이해에 필수적이라는 사실을 알 수 있습니다.

부수(部首)의 분류(分類)와 명칭

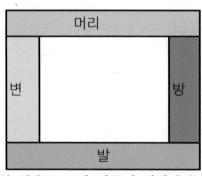

부수(部首)는 글자의 어느 위치에 놓이느냐에 따라 8가지로 분류합니다.

하지만 부수가 한 가지 분류에만 속하는 것은 아니고, 중복해서 분류될 수도 있습니다.

또한 분류 명칭의 용어는 구애받지 않아도 됩니다. 예를 들어 '阜'언덕 부 부수는 글자 왼쪽에 위치하면서도 '좌부변'이 아닌 '좌부방'으로 통용하는 경우도 있습니다.

머리+변=밑(厂, 广, 疒, 尸)

변+발=받침(廴, 辶, 走)

머리+변+발+방=몸(囗)

角 뿔 각; 角 [jiǎo,jué] 뿔, 짐승의 뿔, 곤충의 촉각, 모, 귀, 구석,
思惟-속이 비어 있는 뿔 모양으로 뿔의 모양을 본뜸.
部首字☞ 角뿔 각. 觴잔 상. 觸닿을 촉. 解풀 해.

艮 괘이름간, 그칠 간; 艮 [gèn,gěn] 어긋나다, 거스르다, 그치다.
思惟-뒤를 보는 사람이 서있는 모양 '머무르다', '그치다'는 뜻.
部首字☞艮괘 이름 간.艱어려울 간. 良어질 량(양).

干 방패 간; 干 [gān,gàn] 방패, 범하다, 막다, 방어하다.
思惟-고대 중국에서 사용하던 방패 모양을 본뜬 字畫.
部首字☞干방패 간. 幹줄기 간. 年해 년(연). 幷아우를 병.平평평할 평. 幸
다행 행.

凵 (위튼입구몸)입 벌릴 감; 凵 [kǎn] 입 벌리다, 위 터진 그릇.
思惟-빈 그릇 또는 입을 벌리고 있는 모양.
部首字☞ 凹오목할 요. 凶흉할 흉. 凸볼록할 철. 出날 출.   函함 함.

甘 달 감; 甘 [gān] 달다, 맛이 있다, 맛 좋은 것.
思惟-쭉 뺀 혀를 위에서 본 모양. 단맛을 느낀다 달다의 뜻
部首字☞ 甘달 감. 甚심할 심. 甜달 첨.

車 수레 거; 車 [chē,jū] 수레, 수레의 바퀴, 도르래.
思惟-고대의 전차 모양.
部首字☞ 軻수레 가. 車수레 거, 수레 차. 輕가벼울 경.
轟울릴 굉. 轎가마 교. 轢칠 력(역). 輦가마 련(연). 輩무리 배. 軿수레 병,
수레 변. 輔도울 보. 輹복토 복. 輻바퀴살 복. 載실을 재. 輝빛날 휘. 輯모
을 집. 轍바퀴 자국 철.

巾 수건 건; 巾 [jīn] 수건, 건, 두건, 헝겊,
思惟-나무에 수건이 걸려있는 모양.
部首字☞帶띠 대. 幕장막 막. 帽모자 모. 幇도울 방. 帛비단 백. 帆돛 범.
師스승 사. 市저자 시. 席자리 석. 帥장수 수. 帳장막 장   幀그림 족자 정.
帝임금 제. 幣화폐 폐. 布베 포. 幅폭 폭. 帙책권 차례 질.

鬲 (다리굽은솥력)막을 격{솥 력}; 鬲 [lì,gé] 막다, 솥, 땅 이름.
思惟-중앙에 무늬가 있고, 다리가 세 개 달린 솥 모양.
部首字☞ 鬲막을 격, 솥 력(역). 鬺삶을 상. 鬳솥 권. 鬹세발솥 규.
鬴가마솥 부.

- 439 -

犭 (개사슴록변)큰 개 견; 犬 [quǎn] 큰 개, 개.
思惟 견(犬)자의 부수 변의 명칭.

部首字☞狂미칠 광. 獵사냥 렵(엽). 獗날뛸 궐. 狼이리 낭.
猛사나울 맹. 猫고양이 묘. 猜시기할 시. 獄옥 옥.
猥외람할 외. 狩사냥할 수. 猿원숭이 원. 猶오히려 유.
猪돼지 저. 狐여우 호   猾교활할 활. 狹좁을 협.

犬 개 견; 犬 [quǎn] 개, 하찮은 것의 비유,
思惟–개가 입을 벌리고 서 있는 형상으로 점(.)은 개의 귀

部首字☞ 獒개 오. 狀형상상, 문서 장. 獸짐승 수. 猷꾀 유.
獻드릴 헌.

見 볼 견; 見 [jiàn,xiàn] 보다, 눈으로 보다, 생각해 보다.
思惟–目(눈, 목)과 人(사람)의 합자로 사람은 눈으로 본다 뜻.

部首字☞ 覺깨달을 각. 覡박수 격. 見볼 견, 뵈올 현. 觀볼 관.
規법 규. 覲뵐 근. 覽볼 람(남). 覩볼 도. 覓찾을 멱. 視볼시.
親친할 친

冂 (멀경 몸)먼데 경; 冂 [jiōng,xiōng] 먼데, 빌다, 밀다.
思惟–서울에서 멀리 떨어져 있는 성곽 모양.

部首字☞冕면류관 면. 冒무릅쓸 모. 円화폐 단위 엔, 再두 재.
冊책 책. 冓짤 구. 冉나아갈 염. 胄투구 주.

彐 (튼가로왈)돼지 머리 계; 彐 [jì] 고슴도치 머리, 돼지 머리.
思惟–돼지의 머리 형상을 본뜬 字畫.

部首字☞ 彖판단할 단. 彜떳떳할 이. 彙무리 휘. 彗살별 혜.
彔새길 록(녹). 돼지 머리 계(彑).

高 높을 고; 高 [gāo] 높다, 높아지다, 뽐내다.
字畫–亠는 지붕, 口는 창틀, 冂은 성, 口는 출입구 본뜬 것.
思惟–높은 누각의 모양을 본뜬

部首字☞ 高높을 고. 䯣높을 교. 縞명주 호.

鼓 북 고; 鼓 [gǔ] 북, 치다, 두드리다, 맥박.
字畫–십(十)두(豆)지(支)=고(鼓).
思惟–십년(十)만에 콩(豆)이 풍년이 들어 가지(支)로 북을 치니 북 고.
部首字☞ 鼓북 고.

谷 골 곡; 谷 [gǔ,yù] 골, 골짜기, 홈, 홈통, 좁은 길.
字畫－팔팔(八八)구(口)＝곡(谷).

思惟－양쪽으로 나누어진(팔팔(八八) 입(구(口)같은 골짜기. 양쪽 산골짜기 모양을 본뜸.

部首字☞ 谿시내 계, 다툴 혜谷골 곡. 豁뚫린 골 활.

丨 뚫을 곤; 丨 [gǔn] 뚫다, 셈대 세우다, 위아래로 통하다,
思惟－송곳의 모양을 본떠 ' 송곳'또는' 뚫는다.'는 뜻이 된다.

部首字☞.얽힐 구. .낱 개. 中가운데 중. 串땅 이름 곶, 꿸 관.

骨 뼈 골; 骨 [gǔ,gū] 뼈, 됨됨이, 굳다, 강직(剛直)하다.
思惟－살(月)속에 들어 있는 골격 모양을 본뜸.

部首字☞ 骨뼈 골. 髓뼛골 수. .뼈 격, 뼈 가. 體몸 체. 骸뼈 해.

工 장인 공; 工 [gōng] 장인, 물건을 만드는 일을 업으로 하는 사람, 공교(工巧)하다. 만드는 일.

思惟－목수 장인들이 사용하는 자. 또는 공구의 모양을 본뜬 자.

部首字☞ 巨클 거. 工장인 공. 巧공교할 교. 巫무당 무. 左왼 좌. 差다를 차.

瓜 오이 과; 瓜 [guā] 오이.
思惟－오이의 넝쿨에 오이 열매가 열려있는 모양을 본뜸.
爪(손톱, 조)와 혼동하지 않기.

部首字☞ 瓜오이 과. 瓠박 호. 瓣외씨 판. 瓢바가지 표.

戈 창 과; 戈 [gē] 창, 싸움, 전쟁.
思惟－싸움터에서 쓰는 긴 창 모양을 본뜸.

部首字☞ 戒경계할 계. 戟창 극. 戴일 대. 戮죽일 륙(육).   戊천간 무. 戌개 술. 我나 아. 成이룰성. 戍수자리 수. 戎병장기 융. 戰싸움 전. 截끊을 절. 或혹 혹. 戲희롱할 희.

韭 부추 구; 韭 [jiǔ] 부추, 훈채(葷菜)의 한 가지, 산부추.
思惟－부추줄기가 땅(一)위에 나있는 모양을 본뜸.

部首字☞韮부추 구. .부추 구. .鐵부추 섬. .齏회 제.

口 입 구; 口 [kǒu] 입, 어귀, 드나드는 목의 첫머리, 구멍.
思惟－사람의 입모양.' 말하다'는 뜻과' 먹다', '맛보다'의 뜻.

部首字☞ 嗣이을 사. 可옳을가. 嘉아름다울 가. 各각각 각.

品물건 품.咎허물 구. 哀슬플 애. 咨물을 자. 呑삼킬 탄. 嘆탄식할 탄.

臼 절구 구; 臼 [jiù] 절구, 확, 절구질하다,
思惟-통나무나 돌 따위를 깊게 판 절구통 모양을 본뜸.

部首字☞ 舅시아버지 구. 舊예 구. 舂찧을 용. 臿가래 삽.

弓 활 궁; 弓 [gōng] 활, 궁술, 활을 쏘는 법이나 기술,
思惟-활의 모양을 본뜬 자

部首字☞ 強강할 강. 彊군셀 강. 弓활 궁. 弩쇠뇌 노. 弗아닐 불.
彎굽을 만. 彌미륵 미. 弱약할 약. 引끌 인. 弛늦출 이. 張베풀 장. 弔조상
할 조. 弟아우 제. 弧활 호. 弘클 홍. 彈탄알 탄. 弼도울 필. 弦시위 현.

亅 갈고리 궐; 亅 [jué] 갈고리.
思惟-구부러진 갈고리 모양.

部首字☞ 了마칠료. 事일 사. 予나 여. 줄 여. 爭다툴 쟁.

几 안석 궤; 几 [jǐ] 안석, 제향에 쓰는 기구의 한 가지.
思惟-책상의 모양을 본뜬 글자(안석, 궤로 책상과 같은 의미).
部首字☞ 凱개선할 개. 凡무릇 범. 凰봉황 황.

龜 거북 귀; 龜 [guī,jūn,qiū] 거북, 거북 등, 귀갑(龜甲), 거북점.
思惟-거북의 머리와 목과 등과 발의 모양을 본뜸.

部首字☞ 龜땅 이름 구, 거북 귀, 터질 균.

鬼 귀신 귀; 鬼 [guǐ] 귀신, 지혜롭다, 교활하다, 멀다.
思惟-도깨비의 향상을 본뜸.

部首字☞ 魁괴수괴. 鬼귀신 귀. 魏나라 이름 위. 魔마귀 마.
魅매혹할 매. 魃가뭄 발. 魄넋 백. 魂넋 혼.

斤 도끼 근; 斤 [jīn] 도끼, 베다, 나무를 베다, 근(斤).
思惟-도끼의 모양을 본뜬 것으로, 위에는 도끼머리

部首字☞斷끊을 단. 斧도끼 부. 新새 신.斫벨 작. 斬벨 참. 斥내려칠
척.

金 쇠 금; 金 [jīn] 쇠, 금속 광물의 총칭, 돈, 황금.
思惟-산(人)밑(一)흙(土)속에 묻혀 빛(光)나는 금.
部首字☞ 鑑거울 감. 鍵열쇠 건. 鑛쇳돌 광. 鍊불릴 련(연).
鍍도금할 도. 錫주석 석. 鎖쇠사슬쇄. 鎔쇠 녹일 용. 鏞쇠북 용.   鉞도
끼 월. 鍮놋쇠 유. 鎭진압할 진. 鎬호경 호. 鑽뚫을 찬. 鐵쇠 철. 銃총 총.

- 442 -

气 (기운기엄)기운 기; 气 [qì] 기운(氣), 빌다(乞).
思惟-구름이나 수증기, 또는 아지랑이 기체 모양을 본뜸.
部首字☞氣기운 기. 氛기운 분. 氫수소 경.

己 자기 기; 己 [jǐ] 자기, 여섯째 천간, 다스리다.
思惟-사람이 무릎을 꿇고 앉아 있는 옆모양에서' 몸'
또는 자신의 태도를 나타낸다 하여' 자기'를 뜻한다.
部首字☞ 己몸 기. 巳뱀 사. 已이미 이. 巽부드러울 손. 巴꼬리 파. 巷
거리 항

老 늙은이 노{로}; 老 [lǎo] 늙은이, 늙다, 쇠하다, 쉬다,
思惟-흙(土)바닥에 지팡이(丿)를 의지한 허리가 구부러진
노인의 모양을 본뜸.
部首字☞ 耆늙을 기. 老늙을 노(로). 耄늙은이 모.

耂 (늙을로엄)늙을 노{로}; 老 [lǎo] 늙다, 생각하다.
思惟-흙(土)바닥에 지팡이(.)를 위지한 허리가 구부러진
노인의 모양을 본뜸.
部首字☞ 考생각할 고. 者놈 자.

大 큰 대; 大 [dà,dài] 크다, 넓다, 두루.
思惟-사람이 양팔을 벌리고 서있는 모양을 본뜬 자.
部首字☞契맺을 계. 奎별 규. 奇기특할 기. 奈어찌 나. 奔달릴 분. 奮떨
칠 분. 奉받들 봉. 夫지아비 부. 奢사치할 사. 失잃을 실. 天하늘 천.

刂 (선칼도방)칼 도; 刀 [dāo] 칼, 거루.
思惟-칼이 세워진 모양.
部首字☞ 刻새길 각. 刊새길 간. 剛굳셀 강. 劍칼 검. 劇심할 극.
刷인쇄할 쇄. 到이를 도. 利이로울 리(이). 剝벗길박. 別나눌 별.
剖쪼갤 부. 副버금 부. 剩남을잉. 刺찌를 자. 制절제할 제.
劑약제 제. 刑형벌형. 劃그을 획.

刀 칼 도; 刀 [dāo] 칼, 통화(通貨)의 이름, 작은 배.
思惟-칼 모양. 이 부수가 붙으면' 자르다',찌르다','새기다','날카롭
다'의 뜻이 된다.
部首字☞劍칼 검. 券문서 권. 分나눌 분. 劈쪼갤 벽. 刃칼날 인.
剪자를 전. 切끊을 절, 온통 체. 初처음 초.

亠 (돼지해머리)두돼지해밑 두; 亠 [tóu] 돼지 머리.
　　思惟－선(一)위에 점(.)을 찍어' 머리 부분'이나 '위'를 뜻

部首字☞ 京서울 경. 交사귈 교. 亦또 역.亮밝을 량(양). 亡망할 망, 없
을 무. 亭정자 정. 亨형통할 형, 삶을 팽. 亢높을 항. 亥돼지 해. 享누
릴 향.

鬥 (싸울투)싸울 두{각,투}; 鬥 [dòu] 싸우다, 다투다,
　　思惟－양쪽에서 두 사람이 주먹을 쥐고 싸우는 모양.

部首字☞ 鬧시끄러울 료(요). 鬪싸울 투

斗 말 두; 斗 [dǒu,dòu] 말, 용량의 단위, 구기,
　　思惟－쌀가게에서 쓰는 되 모양에 十을 더해 열 되들이·모양

部首字☞ 斛휘 곡. 斗말 두, 싸울 두, 싸울 투. 料헤아릴 료(요).
斜비낄 사. 斡돌 알. 斟짐작할 짐.

豆 콩 두; 豆 [dòu] 콩, 또 팥, 콩과 총칭, 제기(祭器) 이름.
　　思惟－콩꼬투리 모양을 본뜸.

部首字☞豈개가 개, 어찌 기. 豆콩 두. 豌완두 완. 豊풍성할 풍

力 힘 력{역}; 力 [lì] 힘, 힘쓰다, 부지런히 일하다.
　　思惟－힘을 쓸 때 근육이 불룩해진 모양.

用例－部首字☞ 劫위협할 겁. 勁굳셀 경. 功공 공. 勸권할 권.
勤부지런할 근. 勞일할 노(로). 動움직일 동. 勉힘쓸 면. 募모을 모. 務힘쓸
무. 勝이길 승. 勢형세 세. 勇날랠 용. 勳공 훈.

鹵 (짠땅로)소금 로{노}; 鹵 [lǔ] 소금, 천연의 소금, 개펄, 염밭
　　思惟－소금을 담은 예쁜 대나무 그릇. 또는 소금가마니 모양

部首字☞ 鹵소금 로(노). 鹽소금 염. 鹹짤 함, 다 함.

鹿 사슴 록{녹}; 鹿 [lù] 사슴, 권좌(權座)의 비유, 곳집,
　　思惟－뿔이 큰 수사슴의 뿔(.), 머리, 꼬리(.), 네개의 다리(比) 모양
을 본뜬 글자.

部首字☞ 麒기린 기. 鹿사슴 녹(록). 麗고울 여(려). 麓산기슭 록(녹). 麟기
린 린(인). 麝사향노루 사.

耒 (가래뢰)쟁기 뢰{뇌}; 耒 [lěi,lèi] 쟁기, 굽정이.
　　思惟－삽 모양의 쇳조각(별(丿)을 박아 손잡이(一)를나무(木)로 만든
쟁기의 모양

部首字☞ 耕밭갈 경. 耗소모할 모. 耘김맬 운.

里 마을 리; 里 [lǐ] 마을, 거리, 주거(住居).

思惟－田(밭, 전) 土(흙, 토)의 합자로 밭이 될 만한 땅이 있으면 마을을 이룬다.

部首字☞ 量헤아릴 량(양). 里마을 리(이), 속 리(이). 釐다스릴리(이). 野들 야. 量헤아릴 양(량). 重무거울 중.

立 설 립{입}; 立 [lì] 서다, 확고히 서다, 정해지다.

思惟－사람이 서있는 모양.

部首字☞ 竭다할 갈. 竟마침내 경. 競다툴 경. 端끝 단, 헐떡일 천. 童아이 동. 立설 립(입). 竗묘할 묘. 竝나란히 병. 竪세울 수. 立설 입(립). 章글 장. 竣마칠 준. 站역마을 참.

馬 말 마; 馬 [mǎ] 말, 산가지, 크다, 큰 것의 비유.

思惟－말이 성내어 앞다리를 쳐들고 있는 모양.

部首字☞ 駕멍에 가. 驚놀랄 경. 驕교만할 교. 騎말 탈 기. 騏준마 기. 驥천리마 기. 駱낙타 낙(락). 駟사마 사. 騷떠들 소. 馹역말 일. 騙속일편. 駿준마 준. 驩기뻐할 환. 馳달릴 치. 馮성씨풍. 驗시험 험.

麻 삼 마; 麻 [má,mā] 삼, 삼실·삼베·베옷을 두루 일컫는 말.

思惟－(움집)에서 삼을 기른다 하여 뜻하게 되었다

部首字☞ 麻삼 마. 麾기 휘. 麼작을 마.

罒 그물 망; 网－총4획; [wǎng] 그물, 网의 와자(譌字).

思惟－양쪽 기둥(丨丨)에 그물(망(罒)을 얽어 맨 모양.

部首字☞ 罫줄 괘. 羈굴레 기. 羅벌일 나(라). 罹걸릴 리(이). 罵꾸짖을 매. 罰벌할 벌. 署마을 서. 罷마칠 파. 罪허물 죄. 置둘 치. 罪허물 죄.

网 그물 망; 网 [wǎng] 그물. 포위망(包圍網). 조직(組織).그물질

思惟－그물 모양을 본 뜸. 網(망)의 간체자(簡體字)로 사용.

部首字☞ 网그물 망. 罓그물 망. 罕드물 한.

麥 보리 맥; 麥 [mài] 보리, 작은 매미, 묻다, 매장하다.

思惟－보리이삭이 패어 있는 모양을 본뜸.

部首字☞ 麴누룩 국, 누룩 부. 麥보리 맥. 麵밀가루 면.

冖 (민갓머리)덮을 멱; 冖 [mì] 덮다, 덮어가리다.
思惟-물건을 덮어 놓은 모양.

部首字☞ 冠갓 관. 冥어두울 명. 冤원통할 원. 冢덮어쓸 몽, 무덤 총. 宜마땅할 의. 寇도적 구. 富부유할 부. 寫베낄 사.

宀 (갓머리)집 면; 宀 [mián] 집, 사방이 지붕으로 덮어 씌워져 있는 집.

思惟-옛날 움집을 본뜬 자.

部首字☞ 家집 가. 客손 객. 寡적을 과. 官벼슬 관. 寬너그러울 관. 宏클 굉. 寇도적 구 寧편안할 령. 寐잘 매. 密빽빽할밀. 寶보배 보. 富부유할 부. 寫베낄 사. 宿잘 숙. 宣베풀 선. 守지킬 수. 容얼굴 용. 宇집 우.

面 낯 면; 面 [miàn] 낯, 얼굴, 앞, 겉, 표면.
思惟-얼굴을 정면에서 본뜬 자로 위는 머리 부분 口는 얼굴, 가운데는 코의 모양임.

部首字☞面낯 면, 밀가루 면. 靦뻔뻔스러울 전, 輔빰 보.靤여드름 포. 靧세수할 회

皿 그릇 명; 皿 [mǐn] 그릇, 그릇의 덮개.
思惟-제사지낼 때 쓰는 제기의 모양.

部首字☞ 監볼 감. 盖덮을 개. 盤소반 반. 盆동이 분. 盜도둑 도.
盧성씨 로(노). 盟맹세 맹. 皿그릇 명. 盃잔 배. 盈찰 영. 益더할 익. 盛성할성. 盞잔 잔. 盡다할 진. 盒합 합

矛 창 모; 矛 [máo] 창, 자루가 긴 창.
思惟-옛날 전쟁터에서 쓰던 세모진 창 모양을 본뜸.

部首字☞ 矜자랑할 긍. 矛창 모. 矞송곳질할 율. 矡창 확. 矟창 삭.

毛 털 모; 毛 [máo] 털, 사람·동물의 살갗·잎·열매 등에 난 털.
思惟-짐승의 꼬리털 모양을 본뜸.

部首字☞ 毬공 구. 氈모전 전. 毫터럭 호. 毯담요 담.

木 나무 목; 木 [mù] 나무, 나무를 재료로 하여 만든 기구.
思惟-나무의 모형.

部首字☞ 架시렁 가. 柑귤 감. 槪대개 개. 楗문빗장 건. 杰뛰어날 걸. 橘귤 귤. 棘가시 극. 極극진할 극. 植심을 식. 榮영화 영. 森수풀 삼. 柔부드러울 유. 檣돛대 장. 欌장롱 장. 材재목 재. 桓굳셀 환.
柱기둥 주. 枝가지 지. 橫가로 횡. 朽썩을 후.

目 눈 목; 目 [mù] 눈, 눈알, 안구, 보다, 눈짓하다.
思惟-눈의 모양을 본뜸.

部首字☞ 看볼 간. 瞰굽어볼 감. 眷돌볼 권. 睹볼 도. 督감독할 독. 眠잘
면. 睿슬기 예. 省덜 생, 살필 성. 睡졸음 수.直곧을 직,
眞참 진. 眩어지러울 현.

无 (이미기방)없을 무; 无 [wú,mó] 없다, (佛)발어사,
思惟-한명(一)의 절름발이(.)가 이미 기권한 것.

部首字☞ 旣이미 기. 无없을 무

毋 말 무; 毋 [wú] 말라, 금지사, 없다(無), 아니다(不).
思惟-쪽 진 어머니의 뒷모습 또는 두 손을 모아 얌전히 앉아 있는
여자의 모양

部首字☞ 毒독 독. 每매양 매. 母어머니 모毋. 毋말 무. 毌꿰뚫을 관.

文 글월 문; 文 [wén] 무늬, 채색, 얼룩.
思惟-글자의 획이 이리저리 엇갈린 모양을 본뜸.

部首字☞ 斑아롱질 반. 紊어지러울 문. 文글월 문. 斐문채 날 비.
斌빛날 빈.

門 문 문; 門 [mén] 문, 출입문, 문간, 문전, 집안.
思惟-양쪽 문짝이 꽉 닫혀 있는 모양을 본뜸.

部首字☞ 閣집 각. 間사이 간. 閘수문 갑. 開열 개. 關관계할 관.
閨안방 규. 闕대궐 궐. 閏윤달 윤. 闖엿볼 틈. 閉닫을 폐. 闡밝힐 천. 閑한
가할.

米 쌀 미; 米 [mǐ] 쌀, 껍질을 벗긴 조·수수·보리·옥수수 등.
思惟-농사꾼의 손이 88번 간다하여 쌀의 뜻이 됨.

部首字☞ 糠겨 강. 粕지게미 박. 粉가루 분. 糞똥 분. 糖엿 당.
粱기장 량(양). 糧양식 량(양).粒낟알 립(입). 粹순수할 수. 粗거칠 조. 糟지
게미 조. 粥죽 죽. 糊풀칠할 호. 糖엿 탕.

黽 (맹꽁이맹)힘쓸 민; 黽 [mǐn,miǎn] 힘쓰다, 맹꽁이.
思惟-맹꽁이의 모습을 본뜸.

部首字☞ 鼈자라 별 鼇자라 오. 黽 힘쓸 민, 맹꽁이 맹. 鼊거북 벽.

癶 (필발머리)등질 발; 癶 [bō] 지다, 걷다, 가다,
思惟-발을 좌, 우로 벌리고 걸어가는 모양을 본뜸.

部首字☞ 癸북방 계, . 登오를 등. 發필 발. 癶 등질 발.

匚 (튼입구몸)상자 방; 匚 [fāng] 상자, 모진 그릇.
思惟-물건(物件)을 넣어두는 상자를 옆에서 본 모양
部首字☞ 匣갑 갑. 匡바를 광, 匪비적 비, 匠장인 장

方 모 방; 方 [fāng] 모, 각(角), 사방(四方), 방위, 방향.
思惟-배 머리 모양을 본떠 배 머리는 모가 났다 하여'모',' 사방'
의 뜻이 됨.
用例-部首字☞旗기 기. 旅나그네 려(여). 旒깃발 류(유)方모 방.
旁곁 방. 施베풀 시. 於어조사 어. 旋돌 선. 旌기 정. 族겨레 족.
旅나그네 려.

白 흰 백; 白 [bái] 흰 빛, 희다, 날이 새다.
思惟-햇빛(日)이 위(.)로 비추고 있는 형태.
部首字☞ 皆다 개. 皐언덕 고. 皎달 밝을 교. 百일백 백. 的과녁 적. 皓흴
호. 皇임금 황. 皃모양 모. 皚흴 애. 皁하인 조. 皜흴 학.
皜흴 호. 皞밝을 호. 皖환할 환.

采 분별할 변; 采 [biàn] 분별하다. 구분하다. 나누다. 辨의 本字.
思惟-손(丿)바닥에 쌀(米)을 잡고 질을 분별한다. 짐승 발자국 모
양 짐승 구분 분별.
部首字☞ 釋풀 석. 釉광택 유. 采풍채 채.

丿 삐침 별; 丿 [piě] 삐침, 상우(上右)에서 하좌(下左)로 삐친 획.
思惟-가죽 끈 같은 것을 보고 왼쪽으로 삐침.
部首字☞乖어그러질 괴. 久오랠 구. 乃이에 내. 乘탈 승. 之갈지.
乎어조사 호. 乏모자랄 핍.

攴 칠 복; 攴 [pū,pǔ] 치다, 채찍질하다,
思惟-나뭇가지를 손으로 잡고 후려친다 하여,' 치다'는 뜻을 가지
게 되었다.
部首字☞ 敲두드릴 고. 敍펼 서. 敽맬 교. 敺몰 구. 㪔흩어질 산.
敱다스릴 애. 敡업신여길 이

攵 (등글월문)칠 복; 攵 [pū,pǔ] 치다, 채찍질하다, 둥글월 문, 한
자의 변이나 방(旁)으로 쓰일 때의 이름, 攴와 同字.
思惟-변이나 방(旁)으로 쓰일 때의 이름.
部首字☞敢감히 감. 改고칠 개. 敬공경 경. 故연고 고. 攻칠 공.
敎가르칠 교. 救구원할 구. 斂거둘 렴(염). 敦도타울 돈. 敏민첩할 민. 放놓

을 방. 敷펼 부. 敖거만할 오. 數자주 삭. 散흩을 산. 政정사 정.

卜　점 복; 卜 [bǔ,bó] 점, 점치다, 길흉을 알아내다, 주다.
　　思惟-거북 등을 태워 갈라진 부위를 보고 점쳤다고 한다.
部首字☞ 卦점괘 괘. 卞성씨 변. 卡지킬 잡. 卝쌍상투 관. 卧누울 와.

阝　(좌부방)언덕 부; 阜 - [fù] 언덕, 크다, 커지다, 阜와 同字.
　　思惟-언덕부'(阜) 부수가 '부(阝)'로 쓰일 때의 이름이다.
部首字☞ 降내릴 강. 隔사이 뜰 격. 階섬돌 계. 陋더러울 누(루).
陵언덕 능(릉). 隙틈 극. 院집 원. 際즈음 제. 陣진칠 진. 陷빠질 함. 險험
할 험.

阜　언덕 부; 阜 [fù] 언덕, 대륙, 크다, 커지다.
　　思惟-흙이 쌓여 있는 모양으로 언덕을 이루고 있는 지층모양. 用
例-부(阝 =좌부방)언덕 부(阜)참조

父　아비 부; 父 [fù,fǔ] 아비, 아버지, 만물을 기르는 것.
　　思惟-又(우☞손)와 (곤☞회초리)의 합자(合字).
用例-部首字☞ 父아버지 부. 爺아버지 야.

缶　장군 부; 缶 [fǒu] 장군, 액체를 담는 그릇의 하나.
　　思惟-배가 불룩하고 아가리가 좁고 길게 생긴 장군 모양
部首字☞ 缺이지러질 결. 罐두레박 관. 缸항아리 항. 缺이지러질 결.

比　견줄 비; 比 [bǐ,bì] 견주다, 본뜨다, 모방하다, 따르다, 좇다.
　　思惟-사람이 나란히 앉아 있는 모양을 본뜬 것이니' 나란하다",
견주다'는 뜻이 됨.
部首字☞ 毖삼갈 . 比毘도울 비. 毕마칠 필.

飛　날 비; 飛 [fēi] 날다, 떨어지다, 오르다, 튀다, 넘다, 날리다.
　　思惟-새가 날아가는 모양 升(오를 승)과 羽(깃, 우)의 합자.
部首字☞ 飜번역할 번, 날 번

匕　비수 비; 匕 [bǐ] 비수, 숟가락, 수저, 살촉.
　　思惟-숟가락 모양 또는 비수(칼)의 모양을 본뜸.
部首字☞ 北북녘 북, 달아날 배. 匙숟가락 시. 化될 화, 잘못 와.

非　아닐 비; 非 [fēi] 아니다, 부정(否定), 등지다, 배반, 거짓.
　　思惟-나는 새 모양으로 양쪽 날개가 서로 엇갈려 날아간다 하여'
어긋나다", 아니다'의 뜻.
部首字☞ 靡쓰러질 미, 갈 마. 非아닐 비, 비방할 비. 靠기댈 고.

鼻 코 비; 鼻 [bí] 코, 구멍, 맞트이게 뚫은 자국, 코 꿰다.
思惟-자기(自) 밭(田)에서 나온 곡식을 들고(廾공) 코로 냄새를 맡
는다.
部首字☞ 鼻코 비./ 廾받들 공,스물 입

冫 (이수변)얼음 빙; 冫 [bīng] 얼음, 차다, 투명하다.
思惟-얼음이 떨어지는 모양 ,
部首字☞ 凜찰 늠(름). 凌업신여길 능(릉).冷찰 냉(랭). 冬겨울 동.
凍얼 동. 冷찰 랭(냉). 凉서늘할 량(양). 冶풀무 야. 凝엉길 응.
凋시들 조. 冰얼음 빙. 淸서늘할 청. 潔깨끗할 결.

糸 가는 실 사{멱}; 糸 [mi,sī] 가는 실, 적다, 가늘다, 적은 수.
思惟-실타래 모양.
部首字☞紺감색 감. 綱벼리 강.紀벼리 기. 納들일 납. 紛어지러울 분. 綠푸
를 록(녹). 綸벼리 륜(윤). 紊어지러울 문. 繁번성할 번.紡길쌈 방. 縫꿰맬
봉. 紹이을 소. 續이을 속. 繡수놓을 수.繪그림 회.纘이을 찬.

厶 (마늘모)사사 사; 厶 [sī,mǒu] 사사(自營), 나(我).
思惟-팔꿈치를 구부려 자기를 가리키니 '나' 또는 '사사롭다'는
뜻. 보통'마늘 모'라 한다.
部首字☞ 去갈 거. 參석 삼, 참여할 참

士 선비 사; 士 [shì] 선비, 일을 하다, 출사(出仕)하여 일 담당
思惟-머리가 명석한 선비는 하나를 들으면 열을 깨달을 수 있다
하여' 선비'를 뜻한다.
部首字☞壻사위 서.壽목숨 수.壹한 일.壬북방 임. 壯장할 장. 壺병 호

山 뫼 산; 山 [shān] 뫼, 산, 산신(山神), 무덤.
思惟-산 봉오리가 뾰족하게 솟은 모양.
部首字☞ 岬곶 갑. 岡산등성이 강. 崗언덕 강. 崑산 이름 곤.
嶠산 쭈뼛할 교. 嶇험할 구. 峯고개 령(영). 嶺고개 령(영).
岐갈림길 기. 崎험할 기. 崩무너질 붕. 島섬 도. 峯봉우리 봉.
峰봉우리 봉.

彡 터럭 삼; 彡 [shàn,xiān] 터럭, 길게 자란 머리털,
思惟-머리털이 가지런히 나있는 모양.
部首字☞ 形형상 형. 彬빛날 빈. 彦선비 언. 影그림자 영. 彫새길 조. 形모
양 형. 彰드러날 창. 彩채색 채. 彭성씨 팽. 彪범 표

- 450 -

色 빛 색; 色 [sè,shǎi] 빛, 빛깔, 얼굴빛, 여색, 정욕.
思惟-감싸서 뱀(巴)처럼 여자를 어루만지는 모양. 암수가 만나면'
빛'또는'색'을 나타낸다.
用例-部首字☞ 艶고울 염. 色빛 색.

生 날 생; 生 [shēng] 나다, 태어나다, 천생, 낳다, 자식을 낳다.
思惟-흙(土)위에 싹이 나오는 모양을 본뜸.
部首字☞ 産낳을 산. 甥생질 생. 甦깨어날 소.

黍 기장 서; 黍 [shǔ] 기장, 오곡(五穀)의 하나,
思惟-벼(禾)와 같이 5곡에 들어(入)가며, 물(水)기가 있는 곳에서
잘 자라는 기장.
部首字☞ 黎검을 여(려). 黍기장 서

鼠 쥐 서; 鼠 [shǔ] 쥐, 임금 측근에서 해독을 끼치는 간신.
思惟-쥐의 이(臼)와 몸통, 네 발의 모양을 본뜸.
部首字☞ 鼠쥐 서. 두더지 겸.

石 돌 석; 石 [shí,dàn] 돌, 돌로 만든 악기, 비석.
思惟-바위(.)밑의 돌(口)모양을 본뜸.
部首字☞ 碣비석 갈. 硬굳을 경. 礫조약돌 력(역). 礬명반 반.
碌푸른 돌 녹(록). 硼붕사 붕. 礖돌 이름 여. 礪숫돌 여(려).
硫유황 류(유). 磨갈 마. 碧푸를 벽. 砒비상 비. 碑비석 비.
砂모래 사. 礙거리낄 애. 研갈 연. 碗사발 완. 碩클 석. 碎부술 쇄.
硫유황 유(류). 磁자석 자. 破깨뜨릴 파.

夕 저녁 석; 夕 [xī] 저녁, 밤, 쏠리다.
思惟-月(달, 월)자에 한 획을 뺀 것, 아직 밤이 되지 않은 해질 무
렵인 저녁을 뜻한다.
部首字☞ 多많을 다. 夢꿈 몽. 夙이를 숙. 夜밤야, 外바깥 외.

舌 혀 설; 舌 [shé] 혀, 목관 악기에 끼워 소리를 내는 물건.
思惟-입(口)에서 내민 혀(千)의 모양.
用例-部首字☞ 舍집 사. 舒펼 서. 舌혀 설.

小 작을 소; 小 [xiǎo] 작다, 적다, 짧다, 시간상으로 짧다.
思惟-땅속에서 풀싹이 겨우 돋아나는 모양을 본뜬 것으로 아직 작
고 여리다는 뜻
部首字☞ 尚오히려 상. 小작을 소. 少적을 소, 젊을 소. 尖뾰족할 첨.

夂 천천히 걸을 쇠; 夂 [chuī,suī] 천천히 걷다, 편안히 걷다.
　　思惟-夂(夂 뒤져서 올 치; 夂) 와 모양이 비슷하여 지금에 와서는
같게 쓰고 있다.
用例-部首字☞ 夔조심할 기. 夏여름 하.

殳 (갖은등글월문)창 수; 殳 [shū] 창, 몽둥이, 나무 지팡이.
　　思惟-둥근 막대기를 손에 쥐고 있는 모양을 본뜸.
部首字☞ 殼껍질 각. 毆때릴 구. 殺빠를 쇄, 죽일 살. 殷성할 은.
毅굳셀 의. 殿전각 전. 毁헐 훼.

水 물 수; 水 [shuǐ] 물, 물의 범람, 홍수, 오행(五行)의 하나.
　　思惟-물줄기가 흘러내려가는 모양을 본뜸.
部首字☞ 沓겹칠 답. 氷얼음 빙. 永길 영. 潁강이름 영. 漿즙 장.
滎실개천 형. 泉샘 천.

氵 (삼수변)물 수; 水 [shuǐ] 물, 물의 범람, 홍수, =水와 同字.
　　思惟-부수의 변으로 사용하는 모양.
部首字☞ 渴목마를 갈.激격할 격. 決결단할 결. 潔깨끗할 결. 溺빠질 닉
(익). 潭못 담. 淪빠질 륜(윤). 漏샐 루(누). 淋임질 림(임). 泛뜰 범. 渦소용
돌이 와. 消사라질 소. 濁흐릴 탁. 港항구 항.

水 (아래물수)물 수; 水 [shuǐ] 물.
　　思惟-물(水=.=.)을 뜻하며 한자의 발에 위치하여 물과 관련된 의미
의 글자를 만듦.
部首字☞求구할 구. 泰클 태.

手 손 수; 手 [shǒu] 손, 사람, 힘, 도움이 될 힘이나 행위.
　　思惟-손바닥 모양.
部首字☞擧들 거. 擊칠 격. 擎들 경. 攣걸릴 련(연). 攀더위잡을 반. 拳주먹
권. 拏붙잡을 나(라). 拿잡을 나. 摩문지를 마. 摹베낄 모.
拜절 배, 뺄 배. 擘엄지손가락 벽. 承이을 승. 掌손바닥 장.摯잡을지.

扌 (재방변)손 수; 手 [shǒu] 손, =手와 同字.
　　思惟-손 수(手)가 변에 위치하여 부수로 사용되는 글자.
部首字☞據근거 거. 揭높이 들 게. 걸抉도려낼 결. 拷칠 고. 掘팔 굴. 揆헤
아릴 규. 擒사로잡을 금. 扱미칠 급. 技재주 기.拇엄지손가락 무. 拍칠 박.
招부를 초. 抗겨룰 항.

- 452 -

首 머리 수; 首 [shǒu] 머리, 시초(始初), 먼저, 앞.
思惟-털이 난 머리 모양으로 머리는 곧 우두머리를 의미한다. 部
首字☞ 首머리 수. 馗광대뼈 규

示 보일 시; 示 [shì] 보이다, 가르치다, 알리다.
思惟-제단 모양을 본뜬 글자로 신에게 보인다는 의미.

部首字☞禁금할 금. 祈빌 기. 祿녹 녹(록). 禱빌 도. 禮예도 례(예). 神귀신
신. 禦막을 어. 社모일 사. 祀제사 사. 祠사당 사. 祥상서 상. 禎상서로울
정. 禪선 선. 祐복 우. 祖할아버지 조. 祉복 지.
祇다만 지. 禍재앙 화. 禧복 희. 祝빌 축.

礻 (보일시변)보일 시; 示 [shì] 보이다.
思惟-示(시)와 동자(同字)로 변에 위치하는 부수.

部首字☞礻보일 시. 袜도깨비 미. 禮신의 이름 령(영).

尸 (몸 시) 주검 시; 尸 [shī] 주검, 시체, 시동.
思惟-사람이 죽어 관 속에 있는 모양을 본 뜸, 육체에 관련글자의
부수로 사용됨.

部首字☞ 居살 거. 尼여승 니. 局판 국. 屈굽힐 굴. 尿오줌 뇨.
屢여러 누. 屠죽일 도. 履밟을 리(이). 尾꼬리 미. 屛병풍 병.
屋집 옥. 屬무리 속. 尹성씨 윤.

豕 돼지 시; 豕 [shǐ] 돼지.
思惟-서 있는 돼지의 모양으로 ―은 등은 앞은 네다리 뒤는 꼬리
를 나타냄.

部首字☞豚돼지 돈. 豕돼지 시. 象코끼리 상. 豫미리 예, 펼 서.
豪호걸 호.

矢 화살 시; 矢 [shǐ] 화살, 벌여 놓다, 맹세하다.
思惟-편지를 화살 중간에 묶어 맨 모양.

部首字☞矯바로잡을 교. 矩모날 구, 법도 구. 短짧을 단. 矢화살 시. 矮난
쟁이 왜. 矣어조사 의. 知알지.

食 밥 식; 食 [shí,sì,yi] 밥, 먹을거리, 녹봉을 받다, 식사.
字畫-인(人)량(良)=식(食).
思惟-人과 良(좋을, 량)의 합자로 사람이 가장 좋아하는 것 가운데 으뜸은
밥이다.

部首字☞ 飯밥 반. 食밥 식,먹을 식,養기를 양. 饔아침밥 옹.

餐밥 찬, 물말이할 손. 饗잔치할 향.

辛 매울 신; 辛 [xīn] 맵다, 매운맛, 고생하다, 살상(殺傷)하다.

字畫-입(立)십(十)=신(辛).

思惟-서서(立) 십자가(十) 같은 형틀에 묶여 고생한다.

用例-部首字☞ 辜허물 고. 辣매울 랄(날). 辨분별할 변. 辯말씀 변. 辭말씀 사. 辦힘들일 판.

身 몸 신; 身 [shēn,yuán] 몸, 신체, 나 자신, 몸소, 친히, 임신

思惟-임신한 사람의 옆모습을 본뜸. 배에 해당하는 부분이 두드러져 보임.

部首字☞軀몸 구. 躬몸 궁.

臣 신하 신; 臣 [chén] 신하, 신하가 되어 섬기다, 신하로 하다.

思惟-임금 앞에 머리를 숙이는 신하의 모습을 본뜸.

部首字☞ 臨임할 림(임). 臣신하신. 臥누울 와. 臨임할 임(림).

臧착할 장

心 마음 심; 心 [xīn] 마음, 심장, 가슴.

思惟-사람의 심장 모양을 본 뜸.

部首字☞ 懇간절할 간. 感느낄 감. 憩쉴 게. 慶경사 경. 戀그리워할 련. 慮생각할 려(여). 忘잊을 망. 悲슬플비. 憊고단할 비. 憑기댈 빙.

思생각 사. 愁근심수. 慈사랑 자. 慝사특할 특. 志뜻 지.

慙부끄러울 참. 懸달 현

小 (마음심밑)마음 심; 心 [*] =心과 동자(同字).

思惟-心(.=心=.)이 한자의 다리에 쓰일 때의 자형.

部首字☞ 恭공손할 공. 慕그릴 모

忄 (심방변)마음 심; 心 [xīn] 마음, 심장, 가슴, 心과 同字.

思惟-글자의 변에 위치하여 부수로 사용시 자형.

部首字☞ 憾섭섭할 감. 慷슬플 강. 愧부끄러울 괴. 憐불쌍히여길 련(연). 憧동경할 동. 惜아낄 석. 性성품성. 悛고칠 전. 情뜻 정. 悌공손할 제. 憎미울증. 惚황홀할 홀. 懷품을 회. 恰흡사할 흡.

十 열 십; 十 [shí] 열, 열 번, 열 배.

思惟--에서 시작하여 한 단이 끝남을 가리키는 (丨)을 그어' 열'을 나타내고, 사방을 표현, 크고 넓다는 뜻.

部首字☞半반 반. 南남녘 남. 卍만자 만. 博넓을 박. 卑낮을 비.

升되 승. 午낮 오. 卄스물 입. 卒마칠 졸. 千일천 천. 卓높을 탁.
協화합할 협.

氏 각시 씨; 氏 [shì,zhī] 각시, 성(姓)에 이 자를 붙여 이름을 대
신함, 성(姓), 씨(氏).
思惟-나무뿌리가 땅위로 올라온 모양, 혈족으로퍼져가는' 성씨'를 뜻.
部首字☞氓백성 맹. 民백성 민. 氏각시 씨. 氐근본 저.

两 덮을 아; 两 [xiǎ,yà] 덮다, 가리어 덮다.
思惟-뚜껑으로 덮어 놓은 모양

部首字☞ 覃깊을 담, 覆다시 복, 덮을 부. 西서녘 서. 要요긴할 요. 覇으
뜸 패,

牙 어금니 아; 牙 [yá] 어금니, 송곳니, 이의 총칭, 무기, 병기,
깨물다.
思惟-사람 어금니 또는 코끼리 어금니 모양을 본뜸.
部首字☞ 牙어금니 아. 掌버틸 탱.

歹 (죽을사변)부서진 뼈 알; 歹 [dǎi,è] 부서진 뼈, 나쁘다.
思惟-영양실조로 뼈만 앙상하게 남은 모양.
部首字☞ 殮염할 렴. 歿죽을 몰. 殯빈소 빈. 死죽을 사.
殉따라 죽을 순. 殖불릴 식. 殃재앙 앙. 殮염할 염(렴).
殲다 죽일 섬. 殊다를 수. 殞죽을 운. 殘잔인할 잔. 殄다할 진.

龠 피리 약; 龠 [yuè] 피리, 대나무로 만든 구멍 셋·여섯·일곱 등
으로 된 악기.
思惟-대나무 관을 나란히 묶은 모양과 피리 구멍을본뜸.
部首字☞龠피리 약. 龥부를 유. 龢화할 화.

羊 양 양; 羊 [yáng] 양, 상서롭다, 배회(徘徊)하다.
思惟-위의 점은 양의 두 뿔, 三은 양털, (|)은 머리통 부분을
본뜸.
部首字☞ 羌오랑캐 강. 羹국 갱. 羔새끼양 고. 群무리 군.
羸파리할 리(이). 美아름다울 미. 羞부끄러울 수. 群무리 군.
義옳을 의. 羲복희씨 희.

魚 고기 어; 魚 [yú] 고기, 물고기, 물속에 사는 동물의 범칭.
思惟-물고기를 세워놓은 모습.

部首字☞ 鱇아귀 강. 鯨고래 경. 鯤곤이 곤. 鮫상어 교.
鱗비늘 린(인). 鰻뱀장어 만. 鮮고울 선. 鱗비늘 인(린).
鮑절인 물고기 포. 鰥환어 환, 홀아버지 환. 鯖청어 청, 잡회 정.
鰍미꾸라지 추. 鰕새우 하.

言 말씀 언; 言 [yán] 말씀, 언어, 가르치는 말, 발언하다.
思惟-머리(亠)로 두 번(二)생각하고 입(口)으로 말한다.

部首字☞ 訶꾸짖을 가. 諫간할 간. 講외울 강. 謙겸손할 겸.
誥고할 고. 訥말 더듬거릴 눌. 謳노래 구. 謹삼갈 근. 讀읽을 독.
謀꾀 모. 誣속일 무. 謁뵐 알. 諒살펴 알 양(량). 誓맹세할 서.
諼많을 선. 誠정성 성. 訴호소할 소. 諮물을 자. 護도울 호.
訌어지러울 홍. 話말씀 화. 譁시끄러울 화. 誨가르칠 회.

厂 (민엄호)기슭 엄{한}; 厂 [ān,hán,hàn,yán] 벼랑, 낭떠러지.
思惟-바위가 튀어나와 그 밑에 살 수 있는 굴 모양.

部首字☞ 厥그 궐. 厓언덕 애. 厄액 액. 厭싫어할 염. 原근원 원.
厚두터울 후. 厠뒷간 측.

广 (엄호)집 엄; 广 [ān,yǎn] 집, 마룻대, 엄호, 부수로서의 명칭.
思惟-(엄)에 점을 찍어, 언덕이나 바위를 지붕으로 삼은 바위 집
모양. 宀은 보통 작은집. 广은 주로 큰 집- 府관청, 부)

部首字☞ 康편안 강. 庚별 경. 廐마구간 구. 廉청렴할 렴.
廊사랑채 낭. 度법도 도. 廟사당 묘. 廠공장 창. 廳관청 청.

女 여자 여{녀}; 女 [nǔ,nù,rǔ] 여자, 딸, 처녀, 계집,
思惟-두 손을 얌전히 모은 여자의 모양

部首字☞ 嫁시집갈 가. 奸간사할 간. 姦간음할 간. 妹누이 매.
娠아이 밸 신. 娟예쁠 연. 娛즐길 오. 妖요사할 요. 姻혼인 인.
委맡길 위. 嫡정실 적. 妒샘낼 투. 婚혼인할 혼. 嬉아름다울 희.
娼창녀 창. 妻아내 처. 嫌싫어할 혐.

疒 (병질엄)병들어기댈 녁{역}; 疒 [chuáng]병들어 기대다, 앓다,
思惟-침대(爿) 위(ㅗ)에 병으로 누워있는 모양을 본뜸.

部首字☞ 病병 병. 癎간질 간. 痙경련경. 痼고질 고. 疸황달 달.
痰가래 담. 疼아플 동. 痲저릴 마. 癖버릇 벽. 病병 병. 疫전염병 역. 癩미
칠 전. 痛아플 통. 癤부스럼 절. 疱물집 포. 症증세 증.

玉 옥 옥; 玉 [yù] 옥, 사물을 칭찬하거나 귀히 여김. 아끼고 소
중히 하다.
思惟-세 개(三)의 구슬을 끈(丨)에 꿴 모양.

部首字☞ 璧구슬 벽. 玉구슬 옥. 璽옥새 새. 瑩밝을 영.

王 옥 옥; 玉 [yu.] 옥, 아끼고 소중히 하다.
思惟-세 개(三)의 구슬을 끈(丨)에 꿴 모양.

部首字☞ 珏쌍옥 각. 璟옥빛 경. 球공 구. 瑾아름다운 옥 근.
琴거문고 금. 琬옥 이름 완. 琬홀 완. 瑥사람 이름 온. 王임금 왕.
珊산호 산. 玲옥 소리 영(령). 璇옥 선. 環고리 환. 珠구슬 주.
珍보배 진.

瓦 기와 와; 瓦 [wǎ,wà] 기와, 질그릇,
思惟-기와집에 기와가 겹쳐있는 모양.

部首字☞甄질그릇 견. 瓶병 병. 甕독 옹. 瓦기와 와.
瓷사기그릇 자. 甑시루 증.

曰 가로 왈; 曰 [yuē] 가로되, 말하기를, 이르다, 말하다.
思惟-입 안의 혀를 본뜬 것으로 말한다는 뜻이 됨.

部首字☞ 曷어찌 갈. 更다시 갱, 고칠 경. 昺횔 고. 曲굽을 곡.
曼길게 끌 만. 曳끌 예. 書글 서. 曹성씨 조. 曾일찍 증.
會모일 회. .갈 걸. 替바꿀 체. 最가장 최.

尢 절름발이 왕; 尢 [wāng] 절름발이, 등이 굽고 키 작은 사람.
思惟-정강이가 굽은 절름발이 모양.

部首字☞ 尨삽살개 방. 尤더욱 우. 就나아갈 취.

幺 작을 요; 幺 [yāo] 작다, 어리다, 하나, 주사위의 한 점.
思惟-실 사(糸)의 윗부분이라는 뜻에서' 작다'는 뜻.

部首字☞ 幾몇 기. 幼어릴 유. 幽그윽할 유. 幻헛보일 환.

用 쓸 용; 用 [yòng] 쓰다, 베풀다, 부리다, 등용, 작용, 능력.
思惟-옛날에는 거북 등 껍데기를 도구로 썼다 하여 '쓰다', '도구'
의 뜻이 됨.
部首字☞甫클보. 用쓸 용. 甬길 용,

龍 용 룡; 龍 [lóng] 용, 임금, 제왕의 비유, 뛰어난 인물.
思惟-꾸불꾸불 서 있는 (立) 용의 몸(月)을 본뜸.
部首字☞ 龕감실 감. 龍용 룡(용). 壟 언덕 롱(농). 寵사랑 총.
龐어지러울 방. 충실할 롱(농).

羽 깃 우; 羽 [yǔ] 깃, 날개, 깃털 장식, 새, 조류.
思惟-새가 날개를 편 모양.
部首字☞ 翹뛰어날 교. 翎깃 령(영). 翡물총새 비. 習익힐 습.
翅날개 시. 翁늙은이 옹. 翔날 상. 翊도울 익. 翌다음날 익.
翼날개 익. 耀빛날 요. 翟꿩 적. 翕합할 흡. 翠푸를 취. 翰편지 한.

又 또 우; 又 [yòu] 또, 다시, 용서하다, 오른손, 오른쪽(右)
思惟-오른쪽 손 모양을 본뜬 것. 오른손은 자주 써' 또'란 뜻
部首字☞反돌이킬 반. 叛배반할 반. 及미칠 급. 叔아저씨 숙.
叡밝을 예. 受받을 수. 友벗 우 叉갈래 차. 叢떨기 총. 取가질 취.

雨 비 우; 雨 [yǔ,yù] 비, 많은 모양의 비유, 흩어지는 모양.
思惟-하늘(一) 밑의 구름(冂)에서 물방울이 떨어지는 모습.
部首字☞ 霹벼락 력(역). 零떨어질 령(영). 露이슬 노(로).
雷우레 뇌(뢰). 霧안개 무. 靄아지랑이 애. 霜서리 상.
靈신령 영(령). 雪눈 설.

牛 소 우; 牛 [niú] 소, 무릅쓰다, 별 이름, 견우성.
思惟-소의 머리 부분을 상형한 글자. 午(낮, 오)와 혼동하지 않기.
部首字☞ 牽이끌 견. 牢우리 뇌(뢰). 犢송아지 독.
牟소 우는 소리 모. 牧칠 목. 物물건 물. 牝암컷 빈. 牲희생 생.
犀무소 서. 特특별할 특. 犧희생 희.

月 달 월; 月 [yuè] 달, 달빛, 나달, 광음(光陰)
思惟-반달의 모양을 본뜬 것. 肉(고기 육)자의 동자(同字) 육(月=육
달 월)과 같은 모양의 글자.
部首字☞ 朞돌 기. 期기약할 기. 朗밝을 낭(랑). 朋벗 붕.
朧흐릿할 롱(농). 望바랄 망, 보름 망. 朦흐릴 몽. 服옷 복.

朔초하루 삭. 有있을 유. 朝아침 조. 朕나 짐.

口 (큰입구몸,나라국)에워쌀 위; 口 [guó,wéi] 나라, 圍의 古字, 國의 古字.

思惟-사방을 둘러싸고 있는 경계선이나 울타리 모양으로 에운담을 뜻

部首字☞ 固굳을 고. 困곤할 곤. 國나라 국. 圈우리 권.

團둥글 단. 圖그림 도. 四넉 사. 圄옥어. 囹옥 영(령). 因인할 인.

囚가둘 수. 圓둥글 원. 園동산 원. 回돌아올 회.

韋 다룸가죽 위; 韋 [wéi] 다룸가죽, 무두질한 가죽,

思惟-손으로 가죽을 당기며, 발로 밟아 부드럽게 만든 가죽이나 다룬 가죽.

部首字☞韋가죽 위. 韜감출 도, 韓한국 한, 나라 한.

酉 (술 유) 닭 유; 酉 [yǒu] 닭, 술, 술을 담는 그릇, 물을 대다.

思惟-술을 담아 놓는 술동이 모양. 닭이 물 먹는 것과 사람이 술 마시는 모양이 비슷하여 술이라는 뜻.

部首字☞ 釂추렴할 갹, 추렴할 거. 酪쇠젖 낙(락). 醴단술 례(예).

醱술 괼 발. 配나눌 배, 짝 배. 酬갚을 수. 醇전국술 순.

釀술 빚을 양. 醒깰 성. 醬장 장. 酷심할 혹. 醋초 초. 醜추할 추.

内 발자국 유; 内 [róu] 발자국, 짐승의 발자국.

思惟-짐승의 발자국 모양. 또는 벌레의 꾸불꾸불한 하부 모양을 본뜸.

部首字☞禽새 금. 禹성씨 우.

月 (육-달월)고기 육; 肉 [ròu] 고기, 베어낸 고기, 과실·채소 등 연한 부분

思惟-고기육'(肉) 이' 月'로 쓰일 때의 이름.

部首字☞ 脚다리 각. 肝간 간. 腔속 빌 강. 胛어깨뼈 갑. 腱힘줄 건. 膈가 슴 격. 肩어깨 견. 脛정강이 경. 股넓적다리 고. 膏기름 고.

胱오줌통 광. 肱팔뚝 굉. 膠아교 교. 育기를 육. 脯포 포. 腫종기.

膾회 회. 肴안주 효. 胸가슴 흉. 胎아이 밸 태.

肉 고기 육; 肉 [ròu] 고기, 베어낸 고기, 동물의 살,

思惟-신에게 바치는 썬 고기 조각의 모양, 또는 (冂)은 몸뚱이, 人 人은 근육의모양을 본뜸.

部首字☞腐썩을 부. 肉고기 육.

聿 붓 율; 聿 [yù] 붓, '筆'로 쓴다, 드디어, 마침내.
思惟—손으로 붓을 잡은 모양을 본뜸.
用例—部首字☞筆붓 필. 肅엄숙할 숙. 肆방자할 사. 肄익힐 이.
聿붓 율. 肇비롯할 조.

乙 새 을; 乙 [yǐ] 새, 굽다, 십간(十干)의 둘째.
思惟—물 위에 떠 있는' 오리, 새'의 모양을 본뜬 자. 굽은 앞가슴
모양', 굽었다'는 뜻.
部首字☞ 乾하늘 건,마를 건. 乞빌 걸. 九아홉 구. 亂어지러울 난(란). 乳젖
유. 也잇기 야. 乚숨을 은. 乛구결자 야. 乬구결할 걸.

音 소리 음; 音 [yīn] 소리, 음악, 가락, 글 읽는 소리,
思惟—서서(立) 입(口)을 한번(一)씩 벌려 노래하는 소리 음악. 部首
字☞ 韶풍류 이름 소. 韻운 운. 護구할 호. 響울릴 향.

阝 (우부방)고을 읍; 邑 [yì] 고을, 마을, 서울.
思惟—고을읍(邑) 부수(部首)가 한자(漢字) 오른편에 붙은 부(阝)의
이름.
部首字☞ 邯땅 이름 감. 郭둘레 곽. 郊들 교. 邱언덕 구. 郡고을 군. 那어
찌 나. 都도읍 도. 郎사내 랑(낭). 邦나라 방. 部떼 부.
邪간사할 사. 郵우편 우. 郁성할 욱. 鄕시골 향.

邑 고을 읍; 邑 [yì] 고을, 마을, 서울,
思惟—사방을 두르고(口) 있는 땅(巴:땅이름, 파)인행정구역으로 고
을을 뜻함.
部首字☞ 邕막힐 옹. 邑고을 읍.

衤 (옷의변)옷 의; 衣 [yī,yì] 옷, 예복, 衣와 同字.
思惟—저고리의 동정과 옷고름을 동여맨 형상.
部首字☞ 褐갈색 갈. 襁포대기 강. 袴바지 고. 裙치마 군. 衿옷깃 금. 襟옷
깃 금. 裸벗을 나(라). 衲기울 납. 襪버선 말. 袂소매 메.
補기울 보. 複겹칠 복. 衫적삼 삼.袖소매 수.被입을 피.

衣 옷 의; 衣 [yī,yì] 옷, 예복, 나들이 옷, 싸는 것, 덮는 것,
思惟—몸에 걸친 의복의 상형.
部首字☞ 袈가사 가. 袞곤룡포 곤. 衰쇠할 쇠. 袋자루 대. 裏속 리(이). 裴
성씨 배. 襲엄습할 습. 襄도울 양. 裳치마 상. 裔후손 예. 褻더러울 설. 裝
꾸밀 장. 裁마를 재. 製지을 제. 褒기릴 포. 衷속마음 충. 表겉 표.

耳 귀 이; 耳 [ěr] 귀, 청각 기관, 오관(五官)의 하나,
思惟-정면에서 본 귀의 모양을 본뜸.

部首字☞ 耿빛날 경. 聯연이을 련(연). 聆들을 령(영). 聾귀먹을 농(롱). 聊애
오라지 료(요). 聞들을 문. 聘부를 빙. 耶어조사 야. 聖성인 성. 聲소리 성.
聳솟을 용. 職직분 직. 聽들을 청. 聰귀 밝을 총.
聚모을 취. 耽즐길 탐.

二 두 이; 二 [èr] 둘, 두 번, 두 마음.
思惟-나무토막 두 개를 본뜸. 위 (一)은 하늘. 아래(一)는 땅의 기
점을 뜻.

部首字☞ 互(서로, 호). 亙뻗칠 긍, 베풀 선. 些적을 사. 亞버금 아. 五다섯
오. 于어조사 우. 云이를 운, 구름 운. 井우물 정.

而 말 이을 이; 而 [ér] 말 이음, 순접·역접의 접속사,
思惟-맨 위의 一은 코 끝. (丿)은 인중, (冂)은 입 위 수염, (丨丨)
은 입 아래 턱수염을 본뜸.

部首字☞耐견딜 내. 而말 이을 이. 耍희롱할 사.

隶 미칠 이{대}; 隶 [dài,yì,shì] 미치다, 이르다, 주다, 근본.
思惟-오른손으로 꼬리 밑을 잡은 모양을 본뜸.

部首字☞ 逮잡을 체. 隸종 례(예),

弋 주살 익; 弋 [yì] 주살, 오늬에 줄을 매어 쏘는 화살, 잡다, 사
냥하다
思惟-주살(줄을 메어 쏘는 화살)의 모양을 본뜬 자.

部首字☞ 弑윗사람 죽일 시. 式법 식.

廴 (민책받침)길게 걸을 인; 廴 [yǐn] 길게 걷다, 당기다.
思惟-구불구불한 길을 다리를 끌며 길게 걷는다는 뜻.

部首字☞ 建세울 건, 엎지를건. 延늘일 연. 廷조정 정. 廻돌 회.

人 사람 인; 人 [rén] 사람, 인간, 백성, 남, 타인, 인품, 인격.
思惟-사람이 서로 의지하는 모습.

部首字☞ 介낄 개, 낱 개. 令하여금 령(영). 今이제 금. 企꾀할 기.
來올 내(래). 仝한가지 동. 余나 여, 남을 여.傘우산 산. 以써 이.
倉곳집 창. 僉다 첨.

亻 (사람인변)사람 인; 人 [rén] 사람, 人과 同字.
思惟-서있는 사람의 모습.

部首字☞ 價값 가. 個낱 개. 倨거만할 거. 件물건 건. 供이바지할 공. 僑더
부살이 교. 俱함께 구. 伴짝 반. 倦게으를 권. 僅겨우 근.
儒선비 유. 但다만 단. 代대신할 대. 似닮을 사. 佳아름다울 가.
像모양 상.

儿 (어진사람인발)사람 인; 儿 [rén] 사람.
思惟-사람이 걸어가는 다리의 모양.

部首字☞ 光빛 광. 克이길 극. 兢떨릴 긍. 兜투구 두, 도솔천 도.
免면할 면. 兒아이 아. 兀우뚝할 올. 先먼저 선. 元으뜸 원.
允맏 윤, 진실로 윤. 兆조 조. 兄형 형. 充채울 충. 兌바꿀 태, 기쁠 태,
날카로울 예, 기뻐할 열. 兎토끼 토.

一 한 일; 一 [yī] 하나, 한 번, 처음, 오로지, 모두, 동일하다.
思惟-막대기 한 개 모양을 본떠' 하나'라는 뜻. '하늘'이나' 땅'의
기준. 上(상), 下(하)

部首字☞ 丁고무래 정. 七일곱 칠. 丈어른 장. 万일만 만. 不아닐 불. 丙남
녘 병. 世인간 세. 且또 차. 丘언덕 구. 丕클 비.

日 해 일; 日 [rì] 해, 태양, 햇볕, 햇살, 햇빛, 햇발,
思惟-해의 모양.

部首字☞ 暇틈 가. 景볕 경. 曝볕 경. 昆맏 곤. 暖따뜻할 난.
曆책력 력(역). 晩늦을 만. 昧어두울 매. 明밝을 명. 暝저물 명.
時때 시. 晨새벽 신. 晏늦을 안. 暗어두울 암. 昻밝을 앙. 昊하늘 호. 晧밝
을 호. 旱가물 한.

廾 (스물입발) 받들 공; 廾 - [gǒng]두 손으로 받들다.
思惟-양손으로 공손하게 물건을 받쳐 들고 있는 모양.

部首字☞ 弄희롱할 롱(농). 弁고깔 변. 弊폐단 폐, 해질 폐.
弈바둑 혁. 廾받들 공, 스물 입.

入 들 입; 入 [rù] 들다, 수입,
思惟-옛날 움 집 안으로 허리를 구부리고 들어가는 모양.

部首字☞ 內안 내, 들일 납. 兪대답할 유. 兩두 양(량), 냥 양(냥).
全온전할 전.

自 스스로 자; 自 [zì] 스스로, 몸소, 자기, 자연히, 저절로,
思惟-코의 모양. 스스로 코로 숨을 쉬는 것이니, '스스로", 자기'
의 뜻.
部首字☞息숨쉴 식. 自스스로 자. 臭냄새 취.

子 아들 자; 子 [zǐ,zi] 아들, 맏아들, 자식, 어조사.
思惟-양팔을 벌리고 있는 어린 아들의 모양.
部首字☞ 季계절. 계孤외로울 고. 孔구멍 공. 孟맏 맹. 孵알 깔 부. 孰누구
숙. 孼서자 얼. 孫손자 손. 孺젖먹이 유. 孕아이 밸 잉.
存있을 존. 孝효도 효. 學배울 학. 孩어린아이 해. 孑외로울 혈.

爿 (장수장변)나뭇조각 장; 爿 [qiáng] 나뭇조각, 창, 평상(牀).
思惟-나무를 둘로 나눈 것 중 왼쪽 부분의 조각 모양을 본뜸.
部首字☞ 牀평상 상. 牆담 장. /※ (將)의 부수는 촌(寸)이다.

長 길 장; 長 [cháng,zhǎng] 길다, 길이, 오래도록, 늘이다.
思惟-머리털이 긴 노인이 단장을 짚고 서 있는 모양.
髷털반배 굴. 튽길 장, 어른 장.

赤 붉을 적; 赤 [chì] 붉다, 붉은 빛, 발가숭이,
思惟-흙(土)바닥에서 불(火)이 타오르는 것이' 붉다'는 뜻이다.
部首字☞ 赦용서할 사. 赤붉을적. 赫빛날 혁.

田 밭 전; 田 [tián] 밭, 경지 구획의 이름, 심다.
思惟-밭 모양(口)이 사방의 경계이고 十은 밭두둑을 나타냄.
部首字☞ 甲갑옷 갑. 畺지경 강. 疆지경 강. 界지경 계. 男사내 남. 畓논
답. 當마땅 당. 留머무를 류(유). 異다를 리(이). 畝이랑 무.
申거듭 신. 畏두려워할 외. 由말미암을 유. 畫그림 화. 畢마칠 필.

卩 병부 절; 卩 [jié] 병부, 신표.
思惟-무릎을 꿇은 모양. 병부절, 관리를 임명할 때 증거 신표, 부
절의 반쪽.
部首字☞ 却물리칠 각. 卿벼슬 경. 卷책 권. 卵알 난(란) 卯토끼 묘. 印도장
인. 危위태할 위. 卽곧 즉.

鼎 솥 정; 鼎 [dǐng] 솥, 발이 셋 달리고 귀가 둘 달린 기구,
思惟-발이 셋, 귀가 둘 달린 쇠솥의 모양을 본뜸.
部首字☞ 鼎솥 정.

齊 가지런할 제; 齊 [qí,jì,zhāi] 가지런하다, 갖추다, 다.
　　思惟-벼나 보리 따위의 이삭이 가지런하게 패어 있는 모양
部首字☞ 齊재계할 재, 齎가져올 재, 탄식할 자.
齊가지런할 제, 재계할 재.

鳥 새 조; 鳥 [niǎo,diǎo] 새, 봉황, 별 이름.
　　思惟-꽁지가 긴 예쁜 수새를 본뜸.
部首字☞ 鵑두견이 견. 鷄닭 계. 鵠고니 곡. 鷗갈매기 구. 鵝거위 아. 鴨오
리 압. 鴦원앙 앙. 鶯꾀꼬리 앵. 鸚앵무새 앵. 鳶솔개 연.
鴛원앙 원. 鷹매 응. 鵲까치 작. 鷸도요새 휼. 鴻기러기 홍. 鶴학 학.

爪 손톱 조; 爪 [zhǎo,zhuǎ] 손톱, 깍지, 메뚜기.
　　思惟-물건을 긁어당기는 손톱의 형상을 본뜸.
部首字☞ 爰이에 원. 爲할 위. 爵벼슬 작. 爭다툴 쟁. 爬긁을 파.

足 발 족; 足 [zú] 발, 뿌리, 근본, 산기슭, 그치다, 머무르다, 가
　　다, 달리다.
思惟-口는 정강이 止는 발가락으로 발의 모양.
部首字☞ 距상거할 거. 踞걸어앉을 거. 蹶넘어질 궐. 路길 노(로).
路길 로. 躍뛸 약. 踊뛸 용. 踰넘을 유. 蹟자취 적. 躇머뭇거릴 저. 跡발자
취 적. 蹄굽 제. 跛절름발이 파. 蹴찰 축. 跆밟을 태.

屮 왼손 좌; 屮 [cǎo,chè] 왼손.
　　思惟-싹이 돋아나는 모양으로 丿은 줄기 凵은 떡잎의 모양.
部首字☞ 屯진칠 둔. 屰거스를 역.

走 달릴 주; 走 [zǒu] 달리다, 빨리 가다, 가다, 향하여 가다, .
　　思惟-손을 사방(十)으로 휘저으며 빨리 달아나다.
部首字☞ 赳헌걸찰 규. 起일어날 기. 赴다다를 부. 越넘을 월.
趙나라 조. .趕쫓을 간. 超뛰어넘을 초. 趨달아날 추. 趣뜻 취.

舟 배 주; 舟 [zhōu] 배, 술통을 받치는 쟁반, 싣다.
　　思惟-통나무배의 모양을 본뜬 글자. 배와 관계(關係)가 있음을 나
타냄.
部首字☞ 舡배 선. 舶배 박. 般가지 반, 일반 반. 艅배 이름 여. 舫방주
방. 艇배 정. 船배 선. 艙부두 창. 舵키 타. 艦큰배 함. 航배 항. 舷뱃전
현.

丶 점 주; 丶 [zhǔ] 점, 귀절 찍다, 불똥.
　　思惟-등잔의 불꽃 모양을 본떠 '심지", 불똥'의 뜻이 된다.
部首字☞ 丹붉을 단. 丸둥글 환. 主임금 주, 주인 주.

竹 대 죽; 竹 [zhú] 대, 대나무, 피리, 죽간(竹簡),
　　思惟-대나무 줄기(.)와 잎(八) 모양을 본뜸.
部首字☞簡대쪽 간. 管대롱 관. 簾발 렴(염). 筋힘줄 근. 籠대바구니 농(롱).
答대답 답. 篤도타울 독. 等무리 등. 籬울타리 리(이).
笠삿갓 립(입). 範법 범. 符부호 부. 簿문서 부. 筵대자리 연. 算셈 산. 箴
경계 잠. 節마디 절. 第차례 제. 簇가는 대 족. 笞볼기 칠 태. 篇책 편. 筆
붓 필.

止 발 지; 止 [zhǐ] 발, 멎다, 멈추다, 머무르다.
　　思惟-一은 발바닥 모양을 본뜬 것으로 사람은 발로서고, 멈춘다
하여 그치다, 멈추다.
部首字☞ 歷지날 력(역). 歸돌아갈 귀. 武호반 무. 步걸음 보.
歪기울 왜, 기울 외. 歲해 세. 正바를 정. 此이 차.

至 이를 지; 至 [zhì] 이르다, 새가 땅에 내려앉다, 도래하다, 미
치다,
思惟-화살이 땅에 다다른 모양. 또는 새가 땅에 떨어진 모양을 본뜸.
部首字☞ 臺대 대. 至이를 지. 臻이를 진. 致이를 치.

支 가를 지; 支 [zhī] 가르다, 가지, 지탱하다.
　　思惟-대나무 가지를 손으로 잡고 버틴다 하여 '지탱하다'의 뜻이
되었다.
部首字☞支지탱할지. 技재주 기.

辰 (별 신)지지 진; 辰 [chén] 지지(地支), 십이지의 총칭,
　　思惟-조개가 입을 벌리고 살을 내놓고 움직이는 모양. 또는 별의
모양을 본뜸.
部首字☞農농사 농. 辰때 신, 별 진. 辱욕될 욕.

辵 (갖은책받침)쉬엄쉬엄갈 착; 辵 [chuò] 쉬엄쉬엄 가다, 달리
다, 뛰어넘다,
思惟-글자의 받침으로 (辶)모양자를 쓰임(일명 책받침).
部首字☞遹 비뚤 휼 趱 좇을 종 趉 넘어질 겁 道 길 도 邈 멀 막

- 465 -

辶　(책받침)쉬엄쉬엄갈 착; 辵 [chuò] 가다, 달리다, 뛰어넘다, 辵과 同字.

思惟－뛰어가는 사람의 옆모습을 본뜬 자.

部首字☞ 遣보낼 견. 逕좁은 길 경. 過지날 과. 迫핍박할 박. 返돌이킬 반. 迷미혹할 미. 邊가 변. 逢만날 봉. 遂드디어 수. 迹자취 적. 適맞을 적. 退물러날 퇴. 遷옮길 천. 逐쫓을 축. 避피할 피. 逼핍박할 핍.

鬯　울창주 창; 鬯 [chàng] 울창주(鬱鬯酒), 신에게 바치는 방향주(芳香酒).

思惟－그릇 안에 쌀을 넣어 향초와 함께 술을 빚는 모양. 또는 옛날 활집통 모양을 본뜸.

部首字☞ 鬱답답할 울, 울창할 울. 鬯술이름 창

彳　(두인변)조금걸을 척; 彳 [chì] 조금 걷다.

思惟－왼발을 척 내밀며 걸어가는 모양을 본뜬 자.

部首字☞徑지름길 경. 佛비슷할 불. 役부릴 역. 待기다릴 대. 德큰 덕. 徒무리 도. 得얻을 득. 律법칙 률(율). 微작을 미. 彷헤맬 방. 徘어정거릴 배. 徙옮길 사. 徇돌 순. 御거느릴 어. 往갈 왕. 征칠 정. 徽아름다울 휘. 從좇을 종. 徵부를 징. 徨헤맬 황. 徊머뭇거릴 회. 後뒤 후. 徹통할

巛　개미허리변 천; 巛 [chuān] 개미허리변, 川의 本字.

思惟－냇물이 흐르는 모양. 둑과 둑 사이에 흐르는 물줄기를 본뜬 것이다.

部首字☞ 巡돌 순, 巢새집 소. 巠물줄기 경.

川　내 천; 巛 [chuān] 내, 물귀신.

思惟－냇물이 흐르는 모양.

部首字☞ 州고을 주. 川내 천.

舛　어그러질 천; 舛 [chuǎn] 어그러지다, 상치되다, 잡되다,

思惟－왼발과 오른발의 모양이니, 이리 딛고 저리 딛고 왔다, 갔다 하여 어그러진다는 뜻.

部首字☞ 舞춤 출 무. 舜순임금 순.

靑　푸를 청; 靑 [qīng] 푸르다, 푸른빛, 푸른 흙, 녹청(綠靑).

思惟－초목의 생물이 우물가에서 물줄기 힘으로 힘차고 푸르게 자람.

部首字☞ 靖편안할 정. 靜고요할 정. 靑푸를 청.

艹 (초두머리)풀 초; 艸 [cǎo] 풀.
思惟-떡잎이 두 개 돋아난 풀의 모양.

部首字☞ 苛가혹할 가. 葛칡 갈. 苦쓸 고. 藿콩잎 곽. 苟진실로 구. 藥약
약. 藝재주 예. 蔬나물 소. 蕭쓸쓸할 소. 葬장사지낼 장. 藏감출 장. 苗묘
종 묘. 著나타날 저. 茶차 차. 菜나물 채. 薦천거할 천. 芻꼴 추. 蓄모을
축. 荷멜 하.

艸 풀 초; 艸 [cǎo] 풀.
思惟-떡잎이 두 개 돋아난 풀의 모양.

部首字☞艸풀 초.풀 훼. 芻 꼴 추 茻 우거질 망 羴 빠를 훌, 빠를 훌

寸 마디 촌; 寸 [cùn] 마디, 손가락 하나의 굵기의 폭, 치,
思惟-맥박은 규칙적으로 뛰니' 규칙',' 법도'의 뜻, 촌수의 뜻.

部首字☞ 對대할 대. 導인도할 도. 封봉할 봉. 寺절 사. 射쏠 사. 尋찾을
심. 尉벼슬 위. 將장수 장. 專오로지 전. 尊높을 존.

隹 새 추; 隹 [zhuī] 새, 꽁지 짧은 새의 총칭, 뻐꾸기, 비둘기의
하나.
思惟-꼬리가 잡고 뚱뚱한 새의 모형.

部首字☞ 雇품팔 고. 難어려울 난. 離떠날 리(이). 雖비록 수. 雙두 쌍, 쌍
쌍. 雅맑을 아. 雁기러기 안. 雍화할 옹. 雄수컷 웅. 雌암컷 자. 雕독수리
조. 雋영특할 준. 集모을 집. 雉꿩 치.

虫 벌레 충{훼}; 虫 [chóng,chǒng,huǐ] 벌레, 살무사, 벌레, 蟲의
俗字.
思惟-벌레의 모양을 본뜸.

部首字☞ 蚣지네 공.蛟교룡 교. 螺소라 나(라). 蠟밀 납(랍). 蝟고슴도치 위.
蛋새알 단. 螳버마재비 당. 螺소라 라(나). 蠣굴조개 려(여). 蠻오랑캐 만.
螟멸구 명. 蚊모기 문. 蜜꿀 밀. 蝸달팽이 와. 蛇긴 뱀 사. 蠢꾸물거릴 준.
虹무지개 홍. 蜀나라 이름 촉. 蟲벌레 충. 蝦두꺼비 하.

豸 (갖은돼지시변) 벌레 치; 豸 [zhì] 발 없는 벌레의 총칭,
思惟-짐승이 몸을 웅크리고 먹이에 덮쳐들려고 노리는 모양.

部首字☞ 貊맥국 맥. 貌모양 모. 豺승냥이 시. 貂담비 초. 豹표범 표. .삵
리(이). .짐승 이름 맥.

夂 뒤져서 올 치; 夂 [zhǐ] 뒤져서 오다.

思惟－뒷짐을 지고 발을 땅에 끌며 걸어가는 모양이나 머뭇거리며
뒤쳐 옴을 뜻한다.

部首字☞ .끌 봉. 冬겨울 동. ※ 쇠.천천히걸을 쇠 비슷.

黹 바느질할 치; 黹 [zhǐ] 바느질하다, 수놓다, 수놓은 옷.

思惟－수놓는 여인의 모습을 본뜸.

部首字☞ 黼수 보. 黺수놓을 분. 黻수 불. 黹바느질할 치.

齒 이 치; 齒 [chǐ] 이, 음식을 씹는 기관, 어금니, 나이.

思惟－그쳐(止) 있는 입 안 (凵)의 윗니(씨)와 아랫니(씨)의 모양을
본뜬 자.

部首字☞ 齡나이 령(영). 齷악착할 악. 齬어긋날 어. 齧물 설齒.

土 흙 토; 土 [tǔ] 흙, 땅, 오행(五行)의 하나.

思惟－초목의 싹이 나온 모양‘ 흙’을 뜻한다.

部首字☞ 墾개간할 간. 坎구덩이 감. 堪견딜 감. 坑구덩이 갱. 堅굳을 견.
垢때 구. 埋묻을 매. 墓무덤 묘. 堊흰흙 악. 壤흙덩이 양. 地땅 지. 址터
지. 塵티끌 진. 墜떨어질 추. 壑골 학. 墟터 허.

八 여덟 팔; 八 [bā,bá] 여덟, 여덟 번, 팔자형(八字形).

思惟－두 손의 손가락 서로 등지게 하고 있는 모양으로‘ 등지다’,‘
여덟’,‘ 나누다’는 뜻.

部首字☞ 兼겸할 겸. 公공평할 공. 共한가지 공. 具갖출 구. 其그 기. 冀바
랄 기. 六여섯 륙(육). 兵병사 병. 典법 전.

貝 조개 패; 貝 [bèi] 조개, 돈, 옛날 화폐로 유통하던 조가비, ,

思惟－조개의 모양을 본뜸.

部首字☞ 賈값 가 貢바칠 공 貫꿸 관 購살 구. 貴귀할 귀 賂뇌물 뇌(뢰).
買살 매 賣팔 매. 貿무역할 무. 賠물어줄 배. 負질 부. 賦부세 부. 費쓸
비. 貧가난할 빈. 賓손 빈. 賜줄 사. 質바탕 질. 貨재물 화. 賄재물 회.贊도
울 찬. 貪탐낼 탐. 販팔 판. 賀하례할 하. 賢어질 현.

片 조각 편; 片 [piàn,piān] 한쪽, 조각, 납작한 조각,

思惟－나무를 둘로 나눈 것 중 오른쪽 부분의 조각 모양

部首字☞ 牘서찰 독. 牒편지 첩. 版판목 판. 牌패 패. 片조각 편.

勹　쌀 포; 勹 [bāo] 쌀, 부수자-쌀포몸.
　　思惟-보따리 같은 것을 싸서 품고 있는 모양.
部首字☞勾글귀 구, 올가미 구. 勻고를 균, 勿말 물. 匐길 복. 勺구기 작.
匍길 포. 包쌀 포, 꾸러미 포. 匈오랑캐 흉, 가슴 흉.

髟　(터럭발)머리털 표; 髟 [biāo] 머리털이 길게 드리워진 모양.
　　思惟-긴(長) 머리털 삼(彡)이 예쁘게 늘어진 모양을 본뜸.
部首字☞ 髮터럭 발. 鬚수염 수, 鬢구레나룻 염.

風　바람 풍; 風 [fēng] 바람, 불다, 바람이 불다, 바람을 쐬다.
　　思惟-(범)과 충(虫)의 합자로 무릇 벌레는 바람이 불면 울어댄다
하여 바람을 뜻함.
部首字☞ 颯바람 소리 삽, 큰 바람 립(입). 颱태풍 태. 飇폭풍 표. 飄나부
낄 표.

皮　가죽 피; 皮 [pí] 가죽, 껍질, 겉, 거죽.
　　思惟-皮(피)는 벗긴 채로의 가죽, 革(혁)은 털을 뽑아 만든 가죽,
韋(위)는 다시 가공(加工)한 무두질한 가죽.
部首字☞ 皺주름 추. 皮가죽 피.

疋　필 필{발 소}; 疋 [pǐ,yǎ,shū] 필, 발, 낮은 벼슬아치, 바르다.
　　思惟-다리의 무릎, 발바닥의 모양을 본뜸. 足(발 족).
部首字☞ 疏소통할 소. 疎성길 소. 疑의심할 의. 疋짝 필.

行　갈 행; 行 [xíng,háng] 가다, 걷다, 나아가다, 달아나다,
　　思惟-척(彳)은 왼발, 촉(亍)은 오른발을 내딛으며 걷는 모양.
部首字☞ 街거리 가. 衢네거리 구. 術재주 술. 衙마을 아. 衍넓을 연. 衡저
울대 형. 衝찌를 충. 行다닐 행, 항렬 항. 衒자랑할 현.

香　향기 향; 香 [xiāng] 향기, 향기롭다, 소리·빛·모양·
　　思惟-벼(禾)가 날(日)이 갈수록 향기가 난다.
部首字☞ 馥향기 복, 馨꽃다울 형. 馝향내날 필. 香향기 향.

革　가죽 혁; 革 [gé,jí] 가죽, 피부(皮膚), 북, 갑주(甲冑), 투구.
　　思惟-짐승 가죽을 벗겨 놓은 머리 부분(卄) 몸통 부분(口), 다리
(一), 꼬리(|) 부분의 모양을 본뜬 자.
部首字☞ 鞨말갈 갈, 두건 말. 鞏굳을공. 鞠공 국, 국문할 국, 궁궁이 궁.
鞫국문할 국. 韈말갈 말, 버선 말. 鞍안장 안. 靭질길 인. 鞞가슴걸이 인.
鞭채찍 편. 鞋신 혜. 靴신 화.

玄 검을 현; 玄 [xuán] 검다, 검은빛, 하늘, 하늘 빛, 멀다, 그윽하다.

思惟－머리(亠)꼭대기의 작은(幺)것이 아득하여 검게 보임.

部首字☞ 率거느릴 솔. 玆이 자. 玄검을 현.

穴 구멍 혈; 穴 [xué] 구멍, 움, 구덩이, 오목한 곳, 혈, 뚫다,

思惟－동굴의 모양.

部首字☞ 空빌 공. 究연구할 구. 窘군색할 군. 窟굴 굴. 穹하늘 궁. 窮다할 궁. 窺엿볼 규. 突갑자기 돌. 窩움집 와. 窈고요할 요. 窯기와 가마 요. 穽함정 정. 窕으늑할 조. 竊훔칠 절. 窒막힐 질. 窄좁을 착. 竄숨을 찬. 窓창 창. 穿뚫을 천.

頁 머리 혈; 頁 [yè] 머리, 首의 古字, 목, 목덜미, 책면(冊面).

思惟－목에서부터 머리 끝 모양을 본뜬 자로 一는 머리, 自는 얼굴, 八은 목 부분.

部首字☞ 頃이랑 경. 顧돌아볼 고. 顆낟알 과. 領거느릴 령(영). 頌칭송할 송. 頭머리 두. 類무리 류(유). 頒나눌 반. 頻자주 빈. 須모름지기 수. 順순할 순. 願원할 원. 類무리 유(류). 題제목 제. 顚엎드러질 전. 顥클 호. 頗자못 파. 項항목 항. 顯나타날 현

血 피 혈; 血 [xiě,xuè] 피, 물들이다.

思惟－고사 지낼 때 희생된 짐승의 피를 그릇에 담아 놓은 모양.

部首字☞ 衆무리 중. 血피 혈.

匸 (감출혜몸)감출 혜; 匸 [xǐ] 감추다, 덮다.

思惟－뚜껑을 덮어 감추었다 하여' 숨었다'는 뜻도 있다.

部首字☞ 區구분할 구. 匿숨길 닉(익). 匿숨길 익(닉), 사악할 특. 匹짝 필.

虍 (범호엄)호피 무늬 호; 虍 [hū] 호피(虎皮)의 무늬, 아직 나타나지 아니한 모양.

思惟－입을 크게 벌리고 서있는 늙은 호랑이의 형상을 본뜸.

部首字☞ 虔공경할 건. 虜사로잡을 노(로). 虞염려할 우. 虧이지러질 휴. 虎범 호. 號이름 호. 處곳 처. 虐모질 학. 虛빌 허.

戶 지게 호; 戶 [hù] 지게 문, 외짝 문, 출입구, 구멍, 구덩이.

思惟－한쪽 문의 모양을 본뜸.

部首字☞ 戾어그러질 려(여). 房방 방. 扉사립문 비. 扇부채 선. 所바 소. 戶집 호, 지게 호. 扈따를 호.

火 불 화; 火 [huǒ] 불, 오행(五行)의 하나, 타다, 태우다.
思惟-불길이 타오르는 모양을 본 뜸.
部首字☞ 炅빛날 경. 烙지질 낙(락). 煖더울 난. 爛빛날 난(란). 燈등
등. 燎횃불 료(요). 燐도깨비불 린(인). 煙연기 연. 燃탈 연. 營경영할
영. 燮불꽃 섭. 煥불꽃 환. 輝빛날 휘. 熹빛날 희. 燭촛불 촉. 炊불 땔
취. 炫밝을 현

灬 (연화발)불 화; 火 [huǒ] 불, 부수자 '火'의 자형(字形).
思惟-한자의 구성에서 화(火)자가 발로 쓰일 때의 자형(字形).
部首字☞ 烈매울 렬(열). 熹비칠 도. 無없을 무. 熟익을 숙. 焉어찌 언. 然
그럴 연. 燕제비 연. 熱더울 열. 烏까마귀 오. 熬볶을 오. 煞죽일 살. 熊곰
웅. 煮삶을 자. 煎달일 전. 照비칠 조. 点점 점. 烋아름다울 휴. 熙빛날 희.

禾 벼 화; 禾 [hé] 벼, 곡물, 곡식의 줄기.
思惟-벼의 모양을 본뜸, 곡식의 의미로 사용됨.
部首字☞ 稼심을 가. 稽상고할 계. 稿볏짚 고. 穀곡식 곡. 科과목 과. 稜모
날 능. 禿대머리 독. 秘숨길 비. 秧모 앙. 私사사 사. 穎이삭 영. 穢더러울
예. 移옮길 이. 稅세금 세. 秀빼어날 수. 穗이삭 수. 積쌓을 적. 租조세 조,
稠빽빽할 조. 種씨 종. 稙올벼 직. 稀드물 희. .겨 강. 秒분초 초. 秋가을
추. 稱일컫을 칭. 稟여쭐 품.

黃 누를 황; 黃 [huáng] 누르다, 누른 빛, 누레지다,
思惟-이십(.)일(一)년이 가뭄으로 말미암아 (由)사방팔방(八)이 누런
황무지로 변함.
部首字☞ 黃누를 황.

爻 효 효; 爻 [yáo] 효, 육효(六爻), 엇갈리다, 본받다.
思惟-교차하는 표Ｘ를 겹처' 사귐'을 뜻하며, 사귀며 좋은 점을'
본받다'는 뜻이 됨.
部首字☞ 爽시원할 상. 爾너 이. 爻사귈 효.

黑 검을 흑; 黑 [hēi] 검은 색, 오색(五色)의 하나, 검다, 나쁜 마
음.
思惟-굴뚝이 불(火-.)애 의해서 검게 그을린 모양.
部首字☞ 黔검을 검, 귀신 이름 금. 黨무리 당. 黛눈썹먹 대. 默잠잠할 묵.
黴곰팡이 미, 매우 매. 點점 점, 黑검을 흑. 黜내칠 출.

欠　하품 흠, 부족할 흠; 欠 [qiàn] 하품, 하품하다, 모자라다, 부
족하다.

思惟-하품하고 있는 모양을 본뜸, 잠이 부족하면 하품이 나와 부족하다는
의미로 사용.

部首字☞ 歌노래 가. 款항목 관. 歐구라파 구. 欺속일 기. 歡기쁠 환. 欣기
쁠 흔. 欽공경할 흠. 歎탄식할 탄.

※부족하니 비싼 게 흠(欠)이다.

- 472 -

모양자(模樣字)

한자 익히기 왕도(王道) 두 번째는 모양자(模樣字)익히기에 있습니다

한자에는 의미부호인 부수자(部首字)와 함께
발음부호로 또는 일정한 모양을 나타내는 모양자가 있습니다.

파자를 간결하게 하기 위해서도 모양자를 익혀야 합니다.

본 교재 본문에 설명하는 한자에 나오는 모양자를 설명하고
모양자가 들어간 글자를 소개하였습니다.

모양자의 분류는 인터넷 네이버 한자사전을 기준으로 하고
음을 기준(가나다 순)하여 배열 하였습니다.

柬 가릴 간; 木 [jiǎn] 가리다, 분간하다, 편지.
字畫-목(木)구(口)팔(八)=간(柬).
思惟-나무(木)에 먹을(口) 것은 나누어(八)가려야한다.
模樣字 ☞ 揀가릴 간 煉달굴 련 練익힐 련 諫간할 간 錬단련할 련.

曷 어찌 갈; 曰 [hé] 어찌, 어찌하여, 언제, 어느 때에, 누가.
字畫-왈(曰)포(勹)인(人)은(乚)=갈(曷).
思惟-말하는데(曰) 포(勹)장에 사람(人)이 숨어(은(乚) 어찌 갈(曷).
模樣字☞ 偈쉴 게 군셀 걸 渴목마를 갈 喝꾸짖을 갈 揭높이 들 게. 葛칡
갈 歇쉴 헐 竭다할 갈 謁뵐 알.

豦 원숭이 거; 豕 [jù,qù] 원숭이.
字畫-호(虍)시(豕)=거(豦).
思惟-호랑이(虍)와 돼지(豕)를 합치면 원숭이 될까? 원숭이 거.
模樣字☞ 劇심할 극 據근거 거 醵추렴할 갹추렴할 거.

睘 놀라서 볼 경; 目 [qióng,xuán] 놀란 눈으로 보다, 외롭다,
字畫-망(罒)일(一)구(口)의(衣)=경(睘).
思惟-그물(罒) 하나(一)로 입구멍(口) 크기의 옷(衣)을 입으니 놀라볼 경.
模樣字☞ 儇영리할 현 圜둥글 원 두를 환 擐꿸 환 꿸 관 懁성급할 환. 環
고리 환. 還돌아올 환.鰥환어 환, 홀아버지 환.

韧 새길 갈{약속할 계}; 刀 [*] 교묘히 새기다, 약속하다.
字畫-봉(丰)도(刀)=계(韧). 思惟-예쁘게(丰) 칼(刀)로 새기며 약속하
다. 模樣字☞ 契맺을 계. 契부족 글, 맺을 계, 이름 설. 挈맑을 결. 絜깨끗
할 결. 栔새길 계.

巠 지하수 경; 巛 [jīng] 지하수, 물이 질펀하게 흐르는 모양.
字畫-일(一)천(巛)공(工)=경(巠).
思惟-일개(一) 천(巛)의 물을 장인(工)이 만든 물줄기 경.
模樣字 ☞ 俓지름길 경. 勁군셀 경. 剄목벨 경. 脛정강이 경. 莖줄기 경.
痙경련 경. 經지날 경. 輕가벼울 경.

㡭 이을 계; 幺 [*] 잇다.
字畫－요요(幺幺)방(匸)요요(幺幺)은(乚)＝계(㡭).
思惟－작디작은(幺幺) 실을 상자(匸) 일(一)자로 작은(幺幺)실을 이으니 이을 계.
模樣字 ☞ 斷끊을 단. 檵구기자나무 계. 繼이을 계. 蹸발자국 단. 讖함축성이 있는말 단

廾 두 손으로 받들 공; 廾 [gǒng] 두 손으로 받들다.
字畫－입(廾)＝공(廾).
思惟－두 손으로 받드는 모양, 스물이라는 의미.
模樣字☞升되 승, 오를 승. 开열 개. 弁고깔 변.卉풀 훼. 戒경계할 계. 弄희롱할 농.

咼 뼈 발라낼 과; 冎 [guǎ] 뼈를 발라내다.
字畫－경(冂)일(一)곤(l)경(冂)＝과(咼).
思惟－뼈를 살과 발라내는 모양으로 고통이나 허물을 상징. 먼 곳(冂)에서도 고통을 느끼다.
模樣字☞咼입 비뚤어질 괘. 骨뼈 골.

丱 쌍상투 관; l [guàn,hòng] 쌍상투, 어리다, 총각.
字畫－감(凵)곤곤(l l)＝관(丱).
思惟－상투를 두 개 만들어 머리에 꽂는(l) 어린아이 머리 모습을 연상.
模樣字☞ 虛빌 허. 挳부딪칠 팽. 聯연이을 련. 關빗장 관.

雚 황새 관; 隹 [guān] 황새, 왕골풀, 풀이름.
字畫－초(艹)구구(口口)추(隹)＝환(雚) 思惟－풀(艹)에 큰 눈(口口) 가진 새(隹)를 황새 관.
模樣字☞ 勸권할 권. 灌물 댈 관. 攉주먹 권. 權권세 권. 瓘옥 관. 爟봉화 관. 鸛황새 관,구욕새 권. 礶두레박 관. 襹옷고름 관. 罐두레박 관,장군 부. 蠸노린재 권. 顴광대뼈 관,광대뼈 권. 繵두건 권. 觀볼 관. 虄갈대순 권. 鑵두레박 관. 顴광대뼈 관,광대뼈 권. 飌바람 풍. 驩기뻐할 환,말 이름 환. 鸛황새 관,구욕새 권. 鱹}사람 이름 관.

咼

입 비뚤어질 괘{와},{성 화}; 口; [guō] 입이 비뚤어지다, 부정(不正), 사곡(邪曲)되다.

字畫—과(冎)구(口)=괘(咼).

思惟—턱뼈를 발라내니(冎) 입(口)이 비뚤어지다.

模樣字☞ 渦소용돌이 와. 過지날 과. 禍재앙 화. 窩움집 와. 蝸달팽이 와. 鍋노구솥 과.

丂

공교할 교; 一 [kǎo,qiǎo,yú] 공교하다, 예쁘다, 아름답다, 기교, 숨 내쉬다, 巧의 古字.

字畫—일(一)포(勹)=교(丂).

思惟—일(一)개로 포장(勹)하니 예쁘다. 기교 교.

模樣字☞ 丂어조사 우,이지러질 휴. 兮어조사 혜. 烏까마귀 오. 巧공교할 교. 号이름 호. 沔내 이름 면. 考생각할 고,살필 고. 朽썩을 후. 眄곁눈질할 면. 函함 함. 亟빠를 극.

敫

노래할 교; 攴 [jiǎo,jiāo,jiào,yào,yuè]노래하다.

字畫—백(白)방(方)복(攵)=교(敫).

思惟—날이 새도록(白) 사방(方)에 타악기를 치면서(攵=攴) 노래할 교.

模樣字☞ 儌갈 교,갈 요. 激격할 격. 噭부르짖을 교. 徼돌 요. 憿요행 요. 檄격문 격. 邀맞을 요. 曒밝을 교.

䀠

두리번거릴 구; 目 [*] 두리번거리다. 구(瞿)와동자(同字).

字畫—목목(目目)=구(䀠).

思惟—두 눈이 두리번거리는 모양.

模樣字☞瞁눈빛 경 愳두려워할 구.晶눈매 예쁠 막.瞿놀랄 구, 창 구.

瞿

볼 구; 目 [qú,jù] 보다, 놀라서 보다, 사방을 살피다.

字畫—구(䀠)추(隹)=구(瞿).

思惟—두 눈으로 두리번거리는 새를 연상.

模樣字☞ 懼두려워할 구. 曜소리 구. 濯물 이름 구. 戵창 구. 欔쇠스랑 구. 衢네거리 구, 갈 구.

丩

얽힐 구; ㅣ [jiū] 얽히다, 넝쿨 뻗다.

字畫—은(乚)곤(ㅣ)=구(丩).

思惟—뚫어도(ㅣ) 숨어버려서(乚) 더 얽힐 구.

模樣字☞ 收거둘 수. 卯토끼 묘 . 叫부르짖을 규. 亥돼지 해. 疛급성복통 규. 糾얽힐 규. 卿벼슬 경.

苟 진실로 구; 艸 [gǒu] 진실로, 한때, 임시, 적어도, 구차히도.
字畫-초(++)구(句)=구(苟).

思惟-풀(++=艸)밭에서 글(句)만 읽으니 마음은 진실, 생활은 구차.

模樣字 ☞ 猗개 구, 敬공경 경

冓 짤 구; 冂 [gòu] 짜다, 방, 궁중에서 여관(女官)들의 거처.
字畫-입(卄)이(二)경(冂)곤(丨)이(二)=구(冓).

思惟-상형문자 화톳불을 피울 때에 쓰는 바구니를 연상.

模樣字☞ 溝도랑 구. 媾화친할 구. 構얽을 구. 購외칠 구.

匊 켜 뜰 국; 勹 [jū] 움켜 뜨다, 두 손을 합한 손바닥 안. 掬
(국)과 동자(同字),

字畫-포(勹)미(米)=국(匊).

思惟-쌀포몸(勹☞싸다)部와米(미)의 합자(合字).

模樣字☞ 掬움킬 국. 淘얼룩거릴 국. 菊국화 국.椈노송나무 국. 麹가루 국.
鞠몸 굽힐 국. 諊국문할 국. 麴누룩 국. 鞫공 국, 국문할 국.

眷 돌아볼 권; 目 [juàn] 돌아보다, 돌이켜보다, 돌보다.
字畫-(八)이인(二人)목(目)=권(眷).

思惟-나누고(八) 베풀어서 두사람(이인二人)이 다함께 잘사는 안목(目)으로
돌아볼 권.

模樣字☞ 倦게으를 권. 圈우리 권. 捲거둘 권. 睠돌볼 권. 眷돌볼 권. 券수
고할 권.

欮 상기 궐; 欠 [jué] 상기(上氣: 피가 머리로 몰리는 병).
字畫-역(屰)흠(欠)=궐(欮).

思惟-거슬리고(屰) 하품(欠) 나오니 상기 궐.

模樣字☞ 厥그 궐. 闕癥상기 궐. 闕대궐 궐.

堇 노란 진흙 근; 土 [jǐn,jìn,qín] 노란 진흙, 때, 진흙, 흙 바르다,
조금, 제비꽃.

字畫-일(一)감(凵)구(口)이(二)곤(丨)일(一)=근(堇).

思惟-제비꽃 모양을 진흙으로 만드니 진흙 근.

模樣字☞ 勤부지런할 근, 僅겨우 근. 厪겨우 근,노력할 근. 墐매흙질할 근.
懃근심할근. 槿무궁화 근. 瑾아름다운 옥 근. 靳미나리 근. 殣굶어 죽을
근. 墐진흙 근. 謹삼갈 근. 覲뵐 근. 饉주릴 근.

- 477 -

唐 당나라 당; 口 [táng] 당나라, 허풍, 저촉되다, 위반되다.
字畫-엄(广)사(肀)구(口)=당(唐).

思惟-집(广)에서 붓(肀)과 말(口)로 다스리는 당나라 당.

模樣字☞塘못 당. 隚방죽 당. 糖엿 당. 餹엿 당. 鶶새이름 당.

丽 고울 려; 一 [lì,lí] 곱다. 麗(려)의 간체자(簡體字).
字畫-일(一)경(冂)주(丶)=려(丽).

思惟-한(일(一) 성에 성문이(경경冂冂)경) 두 개에 점을(주(丶) 찍으니 고울 려.

模樣字☞ 婯고울 려,고울여. 麗고울 려.

巤 목 갈길 렵{엽}; 巛 [liē] 목을 갈기다, 근본, 쥐 털.
字畫-천(巛)신(囟)서(鼠)=렵(巤).

思惟-털 난 짐승 모양.

模樣字 ☞ 儠풍신 좋을 렵, 獵사냥 렵, 臘선달 납. 犣갈기 렵. 蠟밀 납. 躐밟을 렵. 豵돼지터럭 렵. 鑞땜납 랍. 鬣갈기 렵. 鱲물고기이름 렵.

尞 횃불 료; 小 [liáo,liǎo] 횃불, 불 놓다, 박다.
字畫-대(大)팔(八)일(日)소(小)=료(尞).

思惟-횃불도 큰(大) 해(日)의 빛에 8할(八)도 못 밝게 느낀 작은(小) 횃불 료.

模樣字☞僚동료 료. 寮동관 료. 嫽예쁠 료. 撩다스릴 료. 繚감길 료. 墩에워싼담 료. 燎횃불 료. 遼멀 료. 暸밝을 료.

㐬 깃발 류; 亠 [*] 깃발, 荒(황)의 속자(俗字). 旒(류)와 동자(同字).

字畫-두(亠)사(厶)천(川)=류(㐬).

思惟-꼭대기(亠)에 마늘모양(厶)으로 붙여 냇(川)물같이 펄럭이는 깃발.

模樣字☞流흐를 류. 慌어리둥절할 황. 掠얼레빗 소. 琉유리 류. 梳얼레빗 소. 旒깃발 류. 毹담요 수,담요 유. 疏소통할 소. 硫유황 류.

侖 생각 륜{윤}; 人 [lún] 둥글다, 조리를 세우다, 생각하다.
字畫-집(亼)책(冊)=륜(侖).

思惟-모여서(亼) 책(冊)에 대해 생각하다.

模樣字 ☞ 倫인륜 륜. 崙산이름 륜. 淪빠질 륜. 掄가릴 륜. 惀생각할 론. 棆느릅나무 륜. 綸벼리 륜. 論논할 논,논할 론. 輪바퀴 륜. 龠피리 약. 錀물고기 이름 륜

靣 곳집 름; ㅗ [*] 곳집, 쌀곳간, 廩의 古字.
字畫-두(ㅗ)구(口)위(囗)=름(靣).
思惟-돼지머리를 상자모양(口)으로 포장하고 에워싼(囗) 장소에 보관하니 곳집이다.
模樣字☞ 稟여쭐 품, 곳집 름. 廩여쭐 품, 곳집 름.

粦 도깨비불 린; 米 [lín] 도깨비불, 반딧불.
字畫-미(米)천(舛)=인(粦)린.
思惟-쌀알(米)같은 불이 어그러지게(舛) 날아다니는 반딧불.
模樣字☞ 僯부끄러울 린. 憐불쌍히 여길 련. 隣이웃 린. 鄰이웃 린. 燐도깨비불 린. 璘옥빛 린. 鱗밭두둑 린. 瞵눈빛 린. 蟒반딧불 린. 驎얼룩말 린. 鱗비늘 린. 麟기린 린, 기린 인

曼 끌 만; 曰 [màn] 끌다, 길게 끌다, 길다, 아름답다.
字畫-왈(曰)망(罒)우(又)=만(曼).
思惟-가라사대(曰) 그물(罒) 또(又)쳐서 길게 끌어라.
模樣字☞ 僈얕볼 만. 謾속일 만. 慢거만할 만. 漫흩어질 만. 蔓덩굴 만. 饅만두 만. 鰻뱀장어 만. 幔천막 만.

㒼 평평할 만; 冂 [*] 평평하다, 구멍이 없다.
字畫-일(一)감(凵)건(巾)입입(入入)=만(㒼).
思惟-좌우(左右)가 같은 모양이며 평평(平平)함.
模樣字☞ 滿찰 만. 懣잊을 만. 墁흙으로 덮을 만. 構송진 만. 瞞어두울 문. 瞞속일 만. 糒엉길 문. 蹣넘을 만.

威 없앨 혈{불꺼질 멸}; 火 [tóng] 없애다, 불꺼지다, 멸하다. 滅(멸)과 동자(同字),
字畫-술(戌)화(火)=멸(威).
思惟-개(戌)같이 관리하면 불(火)이 꺼지고 없어진다.
模樣字☞ 滅꺼질 멸, 멸할 멸. 滅꺼질 멸, 멸할 멸. 摵}비빌 멸.

卯 넷째 지지 묘; 卩 [mǎo] 무성하다, 왕성하다, 장부 구멍.
字畫-비(匕)별(丿)절(卩)=묘(卯).
思惟-토끼(卯)는 번식이 왕성하다.
模樣字☞ 卵알 난, 알 란. 柳버들 류, 버들 유. 昴별 이름 묘. 留머무를 류, 머무를 유. 貿무역할 무. 劉죽일 류, 죽일 유.

罙 깊을 미, 무릎쓸 미; 网 [mí] 무릅쓰다. 깊다,
字畫－망(罒)목(木)=미(罙).
思惟－그물(망(罒))을 막대기(목(木))로 깊이 무릅쓰다.
模樣字☞深깊을 심. 探찾을 탐. 琛땅 이름 심. 悰실감할 탐.

辡 따질 변; 辛 [biàn] 따지다, 고소하다.
字畫－신(辛)신(辛)=변(辡).
思惟－맵게(辛) 따지니 맵게(辛) 따지며 고소하다.
模樣字☞辨분별할 변. 辦힘들일 판. 瓣갖출 판. 辬얼룩얼룩할 반. 辯말씀
변.

畐 가득할 복=폭; 田 [fù] 가득하다.
字畫－일(一)구(口)전(田)=복(畐).
思惟－한(一) 입(口) 먹을게 밭(田)에 가득할 복.
模樣字☞ 副버금 부. 匐길 복. 偪핍박할 핍. 富부유할 부.幅폭 폭. 堛흙덩
이 벽. 湢목욕간 벽. 愊답답할 핍. 逼핍박할 핍. 福복 복. 輻바퀴살 복.

复 갈 복; 夂 [fù] 가다, 돌아가다.
字畫－인(人)일(日)쇠(夂)=복(复).
思惟－사람(人)은 날(일(日)마다 천천히(夂) 돌아간다는 것을 연상
模樣字☞ 復회복할 복,다시 부. 愎강퍅할 퍅. 腹배 복. 複겹칠 복. 鰒전복
복.

業 번거로울 복; 艸 [pú] 번거롭다.
字畫－업(业)양(羊)대(大)=복(業).
思惟－일(业)을 잘하고(羊) 크게(大)하려면 번거로워도 해야 한다
模樣字☞ 僕종 복. 撲칠 박. 墣흙덩이 복. 幞보자기 복. 璞옥돌 박.

丰 예쁠 봉; ㅣ [fēng] 예쁘다, 풀이 무성한 모양, 풍채.
字畫－삼(三)곤(ㅣ)=봉(丰).風丰풍봉:살찌고 아름다운 용모.
思惟－필이 꽂히는(ㅣ)딸은 셋(三)째로 예쁠 봉.
模樣字 ☞ 夆끌 봉, 拜절배,뺄 배. 拜절 배. 彗살별 혜. 華빛날 화. 豐풍년
풍.

余 나 여, 나머지 여; 人 [yú] 나, 자신, 나머지(餘의 俗字로 쓰인다).
字畵-집(스)목(木)=여(余).
思惟-)나 자신이라는 문어적 표현, 나머지(餘의 俗字로 쓰인다).
模樣字☞ 徐천천히 걸을 서. 除덜 제. 徐천천히 할 서. 涂칠할 도. 途길
도. 斜비낄 사. 敍펼 서. 稌찰벼 도. 餘남을 여.

予 나 여; 亅 [yú,yǔ] 나, 주다, 건네다. 豫(예)의 속자(俗字).
字畵-야(㇖)주(丶)야(㇖)궐(亅)=여(予).
思惟-도움(야(㇖))에 점(주(丶))찍고 도움(야(㇖))에 갈고리(궐(亅))로 걸어 살아
가는 나 여.
模樣字☞ 序차례 서. 抒풀 서. 紓느슨할 서. 預맡길 예. 野들 야. 舒펼 서.
墅농막 서. 預맡길 예,미리 예. 舒연어 서.豫미리 예.

屰 거스를 역; 屮 [nì] 거스르다.
字畵-초(屮)감(凵)별(丿)=역(屰).
思惟-풀(屮)밭에서 입 벌려(凵) 있어도 아무것도 없으니 삐쳐(丿) 거스를 역.
模樣字☞逆거스릴 역. 朔초하루 삭. 欮상기 궐.

亦 또 역; 亠 [yì] 또, 또한, 모두, 크게, 대단히.
字畵-두(亠)곤곤(丨丨)팔(八)=역(亦).
思惟-腋(액)의 본자(本字)이기도 하다.
模樣字☞ 弈바둑 혁. 奕클 만. 迹자취 적. 蛮오랑캐 만. 㕚저민 고기
련. 跡발자취 적.

睪 엿볼 역; 目 [yì,dù,zé] 엿보다, 줄을 끌어당기다, 기뻐하다.
字畵-목(目)행(幸)=역(睪).
思惟-눈(目)으로 행운(幸)을 얻으려 엿보고, 기뻐할 역.
模樣字☞ 擇가릴 택. 澤못 택. 釋엿 고. 繹풀 역. 蟿소라게 택. 釋풀 석.
譯번역할 역. 鐸방울 탁. 驛역 역.

枼 나뭇잎 엽; 木 [yè] 나뭇잎.
字畵-세(世)목(木)=엽(枼).
思惟-나무에서 세상(世)에 한번 돋았다가 단풍이 되는 나뭇잎 엽.
模樣字☞ 渫파낼 설. 媟깔볼 설. 葉잎 엽. 葉잎 엽. 牒편지 첩. 腖저민 고
기 접. 睫눈을 감을 협. 蝶나비 접. 諜염탐할 첩. 鞢언치 섭. 鰈가자미 접.

夆 끌 봉; 夂 [féng] 끌다, 이끌다, 만나다. 벌(蜂).
字畵-치(夂)봉(丰)=봉(夆).
思惟-뒤져서 오는(夂) 것은 어여쁨(丰)이 끌어 끌 봉.
模樣字 ☞ 峯봉우리 봉. 峰봉우리 봉. 捀받을 봉. 烽큰소리 홍. 降봉 봉,내
릴 강. 逢만날 봉. 烽봉화 봉. 蜂벌 봉. 縫꿰맬 봉. 鋒칼날 봉.

尃 펼 부; 寸 [bù,fū] 펴다, 깔다, 퍼지다, 두루 알리다.
字畵-보(甫)촌(寸)=부(尃).
思惟-넓고 크게(甫) 법도(寸)에 맞게 펼칠 부.
模樣字☞ 博넓을 박. 傅스승 부. 搏두드릴 박,어깨 박. 溥펼 부, 넓을 보,
團채마밭 포. 膊팔뚝 박. 賻부의 부. 餺수제비 박. 髆어깻죽지뼈 박.

杀 죽일 살; 木 [shā] 죽이다, 殺의 간체자.
字畵-오(乂)목(木)=살(杀).
思惟-을사오적(다섯 오=乂)은 나무(木)로 만든 형틀에서 죽어야 하니 죽일
살.
模樣字☞刹절 찰. 殺빠를 쇄, 죽일 살, 감할 살. 弑윗사람 죽일 시.

嗇 아낄 색; 口 [sè] 아끼다, 인색, 탐하다. 嗇(색)의 본자(本字
).
字畵-토(土)인인(人人)회(回)=색(嗇).
思惟-토지(土)로 사람들(人人)은 돌아가도(回) 아끼다니 아낄 색.
模樣字☞墻담 장. 濇껄끄러울 색. 嫱궁녀 장. 檣돛대 장. 牆담 장. 薔장미
장. 穡거둘 색.艢돛대 장.

舄 신 석{까치 작}; 臼- [xì,qiǎo,tuō]신, 까치, 성(姓), 크다, 빛
나다, 염밭, 바닥을 여러 겹으로 붙인 신
字劃-구(臼) 조(鳥) =석(舄)
사유(思惟)-절구에 먹이 찾는 새가 까치다 연상
模樣字☞ 潟 사람 따를 삭 潟 개펄 석 𪓉 부드러울 상

殸 소리 성; 殳 [qìng] 소리. 聲의 고자.
字畵-사(士)시(尸)곤(丨)수(殳)=성(殸).
思惟-소리(声간자체)가 몽둥이(殳) 칠 때 나는 것이니 소리 성.
模樣字☞ 磬경쇠 경. 馨소리가 많을 령. 漀북소리 동. 謦풍류 이름 소. 謦
고할 녕, 聲소리 성. 謦기침 경. 馨꽃다울 형. 馨화할 음.

- 484 -   - 481 -

关
웃을 소; 八 [guān] 웃다, 꽃이 피다, 업신여기다.
字畫-팔(八)천(天)=소(关).
思惟-笑(소)의 고자. 關(관)의 간체자.
模樣字☞ 咲웃음 소. 渼물가 언덕 일. 郑나라 정. 送보낼 송. 朕나 짐. 眹
눈동자 진. 联연이을 련. 関관계할 관.

垂
드리울 수; 土 [chuí] 드리우다, 베풀다, 가, 끝　垂(수)의 본
자(本字).
字畫-별(丿)축(丑)토(土)=수(垂).
思惟-흙(土)에 목초가 늘어져(丿) 소(丑)가 먹으려 침 드리울 수.
模樣字☞ 倕무거울 수. 郵우편 우. 唾침 타. 腄발꿈치 못 수. 睡졸음 수.
錘저울추 추.

隋
수나라 수{제사 고기 나머지 타}; 阜 [suí] 수나라, 제사 지낸
고기의 나머지, 묻다, 떨어지다(墮).
字畫-부(阝)좌(左)육(月)=수(隋).
思惟-수나라에서는 제사 지낸 고기의 나머지를 언덕(阝) 왼(左)편에 고기
(月)를 두는 나머지 타.
模樣字☞ 墮떨어질 타. 嫷게으를 타. 橢길둥글 타. 惰게으를 타. 楕
길쭉할 타. 遀따를 수. 隋불깐 돼지 수.

肅
엄숙할 숙; 聿 [sù] 엄숙하다, 공경하다, 정중하다.
字畫-율(聿)연(淵)=숙(肅).
思惟-붓(聿)이 연못(淵)의 물(氵)이 빠져 대기 중 엄숙할 숙.
模樣字☞ 嘯휘파람 불 소. 潚빠를 숙. 蕭쓸쓸할 소. 橚줄지어 설 숙. 熽불
탈 소. 膊말린 고기 수. 礋검은 숫돌 숙. 簫퉁소 소. 繡수놓을 수. 鱐어포
숙.

戠
찰진 흙 시; 戈-총13획; [chì,shì,zhú]찰진 흙. 새길 시.
字畫-음(音)과(戈)=시(戠).
思惟-창으로(戈) 쑤셔보니 소리가(音) 찰진 흙이라 새길 시.
模樣字☞ 職벼슬 직. 織짤 직. 幟기 치. 識알 식, 기록할지.

ㄱ
어조사 야; 乙 [yǐ] 구결자 .
字畫-야(ㄱ)=야(也)에서 따옴.
思惟-현토를 달기 위한 우리나라 한자.
模樣字☞也잇기 야, 어조사 야, 今이제 금. 五다섯 오. 丑소 축, 予나 여,
줄 여,미리 예. 幻헛보일 환,변할 환. 司맡을 사. 疋짝 필, 발 소, 成이룰
성. 勇날랠 용.

也
어조사 야; 乙 [yě] 어조사, 또, 또한, 잇달다.
字畫-야(ㄱ)곤(丨)은(乚)=야(也).
思惟-어조사, ~도, 또한, 잇달다, 뱀의 모양.
模樣字☞ 他다를 타. 匜주전자 이. 地땅 지. 池못 지. 弛늦출 이. 阤비탈
치. 她그녀 타.

襄
도울 양; 衣 [xiāng] 돕다, 조력하다, 오르다, 우러르다,
字畫-의(衣)구구(口口)삼(三)곤곤(丨丨)=양(襄).
思惟-옷(衣)의 구멍(구구(口口)을 삼(三)곤곤(丨丨)같이 짜집기로 꿰매는 것
을 도울 양.
模樣字☞ 壤흙덩이 양.孃아가씨 양. 攘물리칠 양. 懹꺼릴 양. 瀼살찔 양. 讓
사양할 양. 釀술 빚을 양.

昜
볕 양; 日 [yáng] 볕, 양지, 양(陽), 밝다, 陽과 同字.
字畫-일(日)일(一)물(勿)=양(昜).
思惟-태양(日)이 수면(一)위로 물(勿)자 모양 햇살이 비추다.
模樣字☞ 揚날릴 양. 陽볕 양. 場마당 장. 湯끓일 탕. 傷다칠 상. 楊버들
양. 腸창자 장. 暢화창할 창. 愓근심할 상. 殤일찍 죽을 상. 觴잔 상.

奄
가릴 엄; 大 [yǎn,yān] 가리다, 덮어 가리다, 문득, 갑자기, 고
자, 환관(宦官).
字畫-대(大)전(电)=엄(奄). 思惟-큰(大)덮개로 번개불(电)에 놀라 가릴 엄.
模樣字☞ 俺클 엄, 庵암자 암, 갑자기 엄. 掩가릴 엄. 淹담글 엄. 埯구덩이
암. 媕모함할 엄. 罨그물 엄, 그물 압.

与
어조사 여; 一 [yǔ,yú,yù] 어조사, 與의 俗字.
字畫-일(一)포(勹)일(一)=여(与).
思惟-한(일一) 보자기(포(勹)로 싸니 하나(일一)되게 도울 여.
模樣字 ☞ 写베낄 사. 屿섬 서. 玙옥 여. 與더불 여,줄 여. 舉들 거

贏 이가 남을 영; 貝 [yíng] 이가 남다, 메다, 자라다, 남다.
字畫-망(亡)구(口)월(月)패(貝)범(凡)=영(贏).
思惟-망한(亡) 입(口)에도 매월(月) 재물(貝)이 드니 무릇(凡) 사는
게 남기는 것.

模樣字☞籯 바구니 영 瀛 바다 영

贏 찰 영; 女 [yíng] 차다, 가득 차다, 넘쳐서 남다, 나타나다.
字畫-망(亡)구(口)월(月)여(女)범(凡)=영(嬴).
思惟-허풍 없는(亡) 입(口)으로 달(月)같이 해야 여자(女)친구가 무릇(凡) 생
겨 정이 찰 영.

模樣字☞瀛 바다 영 籝 광주리 영 孅 찰 영 礦 익힐 영

埶 심을 예; 土 [shì,yì] 심다, 藝와 同字, 勢와 同字.
字畫-토(土)인(儿)토(土)환(丸)=예(埶).
思惟-흙(土)과 흙사이 어진사람(人=儿)이 9번(九)이나 점찍어(丶) 씨를 심
을 예.

模樣字☞ 勢형세 세. 熱더울 열. 藝재주 예. 襼소매 예. 褻더러울 설. 贅폐
백 지. 鷙무거울지.

殹 앓는 소리 예; 殳 [yī] 앓는 소리, 어조사.
字畫-방(匚)시(矢)수(殳)=예(殹).
思惟-상자(匚)처럼 베이고 화살(矢)과 몽둥이(殳)에 맞으니 앓는 소리로
예.

模樣字☞ 嫛갓난아이 예. 繄웃는 모양 해,웃는 소리 왜. 瞖흐릴 예. 黳검
은돌 예. 醫의원 의. 瑿더할 위. 鷖갈매기 예. 黳주근깨 예.

吳 나라 이름 오; 口 [wú] 나라 이름, 떠들썩하다.
字畫-구(口)녈(矢)=오(吳).
思惟-말(口)이 갸우뚱(머리기울녈 矢)하게 되어떠들썩 할 오.

模樣字☞ 娛즐길 오. 悞그릇될 오. 蜈지네 오. 虞염려할 우. 誤그르칠 오.
麌수사슴 우.

乂 다섯 오; ノ [wǔ] 다섯, 五의 古字.

字畫-별(ノ)불(乀)=오(乂).

思惟-십자가(십(十)를 누이니 50% 높이가 절반.

模樣字☞ 乂다섯 오. 凶흉할 흉. 刈벨 예. 爻사귈 효. 罔그물 망. 岡산등성이 강. 区구분할 구. 风바람 풍. 曳끌 예. 网그물 망. 杀죽일 살. 気기운 기. 希바랄 희. 図그림 도. 卤소금 로. 囪창 창,바쁠 총. 肴안주 효. 赵나라 조. 龜땅 이름 구,거북 귀.

宛 굽을 완; 宀 [wǎn,yuān] 굽다, 구부정하게 하다, 완연히,

字畫-면(宀)원(夗)=완(宛).

思惟-집(宀)에서 누워 딩구니(夗) 완연히 구부정하게 되다.

模樣字☞ 婉순할 완. 惋한탄할 완. 涴물 굽이쳐흐를 완. 唍어조사 완. 埦작은 술잔 완. 捥팔 완. 椀주발 완. 琬홀 완. 腕팔뚝 완.

垚 사람 이름 요; 土 [yáo] 사람 이름 요.

字畫-삼토(土土土)=요(垚).

思惟-요(堯)자와 동자(同字).

模樣字☞堯 요임금 요.

堯 요임금 요; 土 [yáo] 요임금, 높다, 멀다.

字畫-삼토(土土土)올(兀)=요(堯).

思惟-요임금(堯)은 인류사에 우뚝하다(兀).

模樣字☞ 僥요행 요. 嶢높을 요. 撓어지러울 요. 墝메마른 땅 요. 嬈번거로울 요. 澆물 댈 요. 獟미친개 교. 隄땅이름 요. 嘵두려워할 효. 燒사를 소. 曉새벽 효. 遶두를 요. 蟯요충 요. 饒넉넉할 요. 驍날랠 효.

䍃 질그릇 요; 缶 [*] 질그릇.

字畫-육(月)부(缶)=요(䍃).

思惟-고기(月)를 담게 된 도자기(缶)가 질그릇이 요.

模樣字☞ 傜부역 요. 搖흔들 요. 徭역사 요. 嗂기꺼울 요. 媱예쁠 요. 愮두려워할 요. 猺오랑캐 이름 요. 遙멀 요. 瑤아름다운 옥 요. 榣큰 나무 요. 謠노래 요. 踵뛸 요. 鎐술그릇 요. 鰩날치 요.

甬 길 용; 用 [yǒng] 길, 양쪽에 담을 쌓은 길, 꽃 피는 모양, 솟 아오르다.

字畫－모(矛)用例＝용(甬).

思惟－창(矛) 쓰며(用) 앞으로 가니 길이 되니 길 용.

模樣字☞ 俑목우 용, 埇길 돋울 용. 通통할 통. 桶통 통. 硧숫돌 용. 筩대 통 통. 誦외울 송. 踊뛸 용. 鯒장갱이 통.

禺 긴 꼬리 원숭이 우; 内 [yú] 꼬리가 긴 원숭이, 구역.

字畫－갑(甲)유(内)＝우(禺).

思惟－긴꼬리원숭이나 나무늘보 등의 모양을 본떠 만든 글자.

模樣字☞ 偶짝 우. 寓부칠 우. 隅모퉁이 우. 堣모퉁이 우. 遇만날 우. 愚어 리석을 우. 齵톱 우. 髃어깻죽지 우. 鰅자가사리 옹.

丂 땅 이름 울; 一 [*] 땅 이름.

字畫－일(一)교(丂)＝울(丂).

思惟－땅 이름이 울이라고 하는 지명자, 모양자로 활용.

模樣字☞汚더러울 오. 虧이지러질 휴.

夗 누워 뒹굴 원; 夕 [yuàn] 누워서 뒹굴다.

字畫－석(夕)절(㔾)＝원(夗). 思惟－저녁(夕)이 되어 앉거나(㔾)) 누워 뒹굴다.

模樣字☞ 宛완연할 완. 妴얌전할 원. 帵행주 원. 怨원망할 원. 苑나라동산 원. 盌주발 완. 眢소경 완. 鴛원앙 원.

袁 옷 길 원; 衣 [yuán] 옷이 길다.

字畫－토(土)구(口)의(衣)＝원(袁).

思惟－옷(衣)을 땅에(土) 닿게 해 달라 말(口)하니 긴 옷이 되다.

模樣字☞ 園동산 원. 猿원숭이 원. 遠멀 원. 睘놀라서 볼 경. 轅끌채 원. 鎱사람 이름 원.

員 수효 원; 口 [yuán,yún,yùn] 수효, 사람, 둥글다.

字畫－구(口)패(貝)＝원(員).

思惟－입(口)에 재물이(貝)이 들어가는 사람 수효.

模樣字☞ 勛공 훈. 傊넉넉할 원. 圓둥글 원.損덜 손. 隕떨어질 운. 塤질나 발 훈. 慣근심할 운. 湏강 이름 운. 殞죽을 운. 縜가는 끈 운. 韻운 운. 鶰새 이름 원.

爰 이에 원; 爪 [yuán] 이에, 발어사, 여기에서, 이때에, 끌다.
字畫-조(爫)일(一)우(友)=원(爰).
思惟-손으로(爫) 한 번(一) 친구(友) 건드리니 이에 끌려 이에 원.
模樣字☞ 援도울 원. 媛여자 원. 猨원숭이 원. 嗳성낼 원. 暖따뜻할 난. 煖
더울 난. 瑗구슬 원. 緩느릴 완. 蝯긴팔원숭이 원. 鰀잉어 환.

戉 도끼 월; 戈 [yuè] 도끼.
字畫-일(一)은(乚)과(戈)=월(戉).
思惟-鉞(월)과 동자(同字).
模樣字☞ 戊 천간 무, 창 모 戌 개 술,열한째 지지 술. 戍 수자리 수. 茂
무성할 무.

胃 밥통 위; 肉 [wèi] 밥통, 위, 마음.
字畫-전(田)육(月)=위(胃).
思惟-밭(田)에서 나온 음식물이 들어가는 곳이 몸(肉)속 위장위.
模樣字☞ 渭물 이름 위. 喟한숨 쉴 위. 媦여동생 위. 猬고슴도치 위. 緭비
단 위. 謂이를 위

攸 바 유; 攴 [yōu] 바(所)와 거의 같이 쓰이는 어조사, 다스리
다, 닦다(修), 태연한 모양, 여유 있는 모양.
字畫-인(亻)곤(丨)복(攵)=유(攸).
思惟-사람이(人) 꽂아둔(丨) 회초리(攴) 로 다스릴 유.
模樣字☞ 悠멀 유. 條가지 조. 脩포 수. 絛끈 조. 鰷피라미 조.

斿 깃발 유; 方 [yóu] 깃발, 기의 깃대에 다는 부분.
字畫-방(方)인(人)자(子)=유(斿).
思惟-사방(方)에 사람(人)과 아이들(子)이 노는 곳에 표시하는 깃발
模樣字☞ 游헤엄칠 유. 遊놀 유. 蝣하루살이 유. 艡배가 다닐 유.

愈 나을 유; 心 [yù] 낫다, 낫다, 병이 낫다, 더욱.
字畫-유(兪)심(心)=유(愈).
思惟-점점(兪) 마음(心)으로 정성을 다하면 나을 유.
模樣字☞ 偷훔칠 투. 喻깨우칠 유. 愉즐거울 유. 揄야유할 유. 媮즐거워할
유. 瘉나을 유. 毹담요 유. 癒병 나을 유. 輸보낼 수. 諭타이를 유. 踰넘을
유,

俞 점점 유; 入 [yú] 점점, 그러하다, 대답. 俞(유)의 본자(本字).
字畫-입(入)일(一)육(月)괴(巜)=유(俞).
思惟-주입(入)을 한 가지(一)하면 몸은(月) 도랑물(巜)같이 점 점.
模樣字☞ 偸훔칠 투. 喩깨우칠 유. 愉즐거울 유. 揄야유할 유. 愈나을 유.
楡느릅나무 유. 瑜아름다운 옥 유. 瘉병 나을 유. 輸. 보낼 수. 諭타이를
유. 踰넘을 유. 鍮놋쇠 유.

离 산신 리{이}; 禸 [lí] 산신, 짐승의 형상 산신, 맹수, 떠나다.
字畫-두(亠)흉(凶)유(禸)=이(离).
思惟-짐승발자국(禸) 형태이며, 돼지머리(亠)처럼 흉(凶)한 산신이면 흩어
지고 떠날 리.
模樣字☞ 漓스며들 리, 摛퍼질 리. 璃유리 리, 籬울타리 리. 縭끈 리. 離
떠날 리. 魑도깨비 리. 樆나무 껍질 리. 藜끈끈이 리.

㠯 써 이; 己 [*] 써, 로써.
字畫-구(口)곤(丨)구(口)=이(㠯).
思惟-~써, ~로, ~를 가지고, 以(이)의 고자(古字).
模樣字☞官벼슬 관. 阜언덕 부. 帥장수 수,. 昌질경이 이. 耜쟁기 사. 師스
승 사. 追쫓을 추. 棺몽둥이 퇴. 耜보습 사. 遣보낼 견. 薛성씨 설. 歸돌아
갈 귀.

朿 가시 자; 木 [cì] 가시, 초목 가시. 束(속)의 속자(俗字).
字畫-목(木)멱(冖)=자(朿).
思惟-나무에 덮여(冖)있는 가시 자.
模樣字☞ 刺찌를 자. 刺찌를 척. 棗대추나무 조. 策꾀 책. 棘가시 극. 棗대
추 조. 逪자취 적. 蔯나물 소.

兹 무성할 자; 八 [zī,cí] 무성해지다, 더욱, 돗자리, 여기, 지금.
字畫-초(艹)요(幺)요(幺)=자(兹).
思惟-풀들이 무성한 모양.
模樣字☞ 滋불을 자. 嵫산이름 자. 慈사랑 자. 磁자석 자. 甆오지그릇 자.
鷀가마우지 자. 鎡호미 자. 鰦피라미 자.

帀 두를 잡; 巾 [zā] 두르다, 빙 돌다, 두루, 널리, 벌.
字畫-일(一)건(巾)=잡(帀).

思惟-한(一)개의 수건(巾)을 두를 잡.

模樣字☞ 兩두 량, 두 양. 雨비 우. 佩찰 패. 迊두를 잡, 맞을 영. 師스승 사. 爾너 이. 魳방어 사.

镸 길 장; 長 [cháng,zhǎng] 길다, 長의 古字.
字畫-장(長)사(厶)=장(镸). 思惟-장(長)과 동자(同字).

模樣字 ☞ 套씌울 투. 髟늘어질 표. 耴오랠 구. 镻독사 절. 镺탄식할 차. 瞗사 사. 陰그늘 음. 肆방자할 사. 駎털반배 굴. 镾미륵 미, 두루 미.

商 밑동 적; 口 [dī] 밑동, 뿌리, 물방울, 화하다, 누그러지다.
字畫-두(亠)팔(八)경(冂)고(古)=적(商).

思惟-꼭대기(亠)부터 나누어(八) 성문(冂)을 오래(古) 밑동까지 지키니 밑동 적.

模樣字☞ 摘딸 적. 嫡정실 적. 嘀중얼거릴 적. 墑밭 갈 적. 嶡적 적. 敵대적할 적. 適맞을 적. 樀추녀 적. 歈선웃음치는모양 적. 膉살을 발라낼 채. 甋벽돌 적. 镝화살촉 적. 謫귀양 갈 적. 鸐노새 적.

戔 쌓일 전{해칠 잔}; 戈 [jiān] 쌓이다, 해치다, 상처를 입히다, 도둑, 나머지, 적다,
字畫-과(戈)과(戈)=잔(戔).

思惟-창(戈) 과 창(戈)이 쌓이니 쌓일 전, 해칠 잔.

模樣字 ☞ 剗}깎을 잔, 淺얕을 천. 殘잔인할 잔. 棧사다리 잔. 盞잔 잔. 箋기록할 전. 綫줄 선. 賤천할 천. 踐밟을 천. 錢돈 전. 餞보낼 전. 鰶뱅어 잔.

制 자를 제; 刀 [zhì] 마르다, 자료를 베거나 자르다, 만들다, 짓다, 누르다, 억제하다.
字畫-우(牛)건(巾)도(刂)=제(制).

思惟-製(제)의 간체자(簡體字).

模樣字☞ 猘미친 개 제. 痸어리석을 체. 製지을 제. 鯯웅어 제. 鵻전어 제.

- 490 -

雋 영특할 준{새 살찔 전}; 隹 [jùn,juàn] 영특하다, 새가 살찌다, 살찌다.

字畫-추(隹)요(凹)철=준(雋).

思惟-새(추(隹))가 쪼아 오목(요(凹))하게 되니 영특(똑똑하다)할 준, 살찔 전.

模樣字☞儁준걸 준. 寯모일 준. 攜이끌 휴. 雟종족 이름 수. 憔똑똑할 준. 鵑지짐이 전. 檇과실나무 취. 觿}뿔송곳 휴. 鐫새길 전.

亼 삼합 집; 亼 [jí] 삼합, 모이다, 모으다.

字畫-인(人)일(一)=집(亼).

思惟-세 개의 물건(物件)이 모여 있는 모양을 본 뜸, 사람(人)이 한곳(一)에 모일 집.

模樣字☞ 今이제 금. 令하여금 령. 合합할 합. 命목숨 명. 侖생각할 륜. 俞 대답할 유. 倉곳집 창. 會모일 회. 僉다 첨.

刅 비롯할 창; 刀 [chuāng] 비롯하다, 시작하다, 만들다, 흔이 나다.

字畫-도(刀)주주(丶丶)=창(刅).

思惟-칼(刀)로 다듬고 못 박아(丶丶) 시작할 창.

模樣字 ☞ 刱비롯할 창. 刅비롯할 창. 梁들보 량, 들보 양. 粱기장 량, 기장 양.

产 우러러볼 첨; 厂 [hǎn] 위태롭다, 우러러보다.

字畫-도(刀)엄(厂)=첨(产).

思惟-칼(도(刀))든 사람이 기슭(厂)위에 위태로워 우러러볼 첨.

模樣字☞危위태할 위. 佚임금 후. 詹이를 첨,넉넉할 담,두꺼비 섬.

僉 다 첨; 亼 [qiān] 다, 함께 말하다, 고르다, 가려 뽑다.

字畫-집(亼)(一)구구(口口)인인(人人)=첨(僉).

思惟-모이면(亼) 말들(口口) 주고 받는 사람들(人人)이 있으니 다 첨.

模樣字 ☞ 儉검소할 검. 劍칼 검. 險험할 험. 檢검사할 검. 斂거둘 렴. 殮 염할 렴. 簽제비 첨. 驗시험 험.

妾 첩 첩; 女 [qiè] 첩, 계집종.

字畫-입(立)여(女)=첩(妾).

思惟-서서(立) 시중드는 여자(女)가 첩.

模樣字 ☞ 倿첩 첩. 接이을 접. 椄접붙일 접. 菨개연꽃 접. 箑부채 삽. 鰈가자미 첩.

丷 풀 초; 艸 [*] 풀. ++(초)의 속자(俗字).

字畫-팔(八)일(一)=초(丷).

思惟-초(艸)와 l 동자(同字).

模樣字☞ 立설 립. 罒그물 망. 屰거스를 역. 豆콩 두. 罔그물 망. 亞버금 아. 首머리수. 前앞 전. 玆무성할 자,이 자. 善착할 선. 壺병 호. 㴸수렁 밤. 㗊놀랄 악. 業업 업. 嘉아름다울 가.

蜀 나라 이름 촉; 虫 [shǔ] 나라 이름, 애벌레.

字畫-망(罒)포(勹)충(虫)=촉(蜀).

思惟-그물망(罒)으로 싸(勹)는 벌레(虫)니 애벌레 촉.

模樣字☞ 獨홀로 독. 濁흐릴 탁. 燭촛불 촉. 蠋접시꽃 촉. 欘나무 이름 촉. 蠾나비 애벌레 촉. 觸닿을 촉. 屬무리 속,이을 촉. 鐲징 탁. 髑해골 촉.

悤 바쁠 총; 心 [cōng] 바쁘다, 급하다, 밝다, 슬기롭다.

字畫-창(囪)심(心)=총(悤).

思惟-밝아오는 창(囪)을 보며 마음(心)이 급하니 바쁠 총.

模樣字 ☞ 傯바쁠 총 憁분주할 총. 摠다 총,합할 총. 蔥파 총. 璁옥같은 총. 樬두릅나무 총. 窻창 창. 總다 총, 합할 총. 聰귀 밝을 총.

彐 꼴 추; 刀 [chú] 꼴. 芻(추)의 속자(俗字). 芻(추)의 간체자

字畫-도(刀)계(彐)=추(彐).

思惟-칼(刀)로 돼지(彐)풀을 베니 꼴이다.

模樣字 ☞ 爭다툴 쟁. 始홀어머니 추. 㥾고집 셀 추. 邹추나라 추. 急급할 급. 皱주름 추. 绉주름질 추. 趋달아날 추. 煞죽일 살.

芻 꼴 추; 艸 [chú] 꼴, 건초, 베어 묶은 풀, 꼴을 먹이다.

字畫-포(勹)초(屮)포(勹)초(屮)=추(芻).

思惟-묶음(勹)이 풀(艸)인 것을 꼴 추.

模樣字☞傷고용살이 할 추. 鄒추나라 추. 媰임신할 추. 皺주름 추. 穋짚 추. 趨달아날 추. 雛병아리 추.

酋 두목 추; 酉 [qiú] 묵은 술, 오래 된 술, 익다, 성숙하다,

字畫-팔(八)유(酉)=추(酋).

思惟-술단지(酉)를 팔(八)개나 마셔야 두목 추장 추.

模樣字☞ 猶모실 유. 猶오히려 유. 尊높을 존. 奠정할 전,제사 전. 猷귀가 울릴 추. 鰌미꾸라지 추. 蝤거미 추.

발 얽은 돼지 걸음 축; 豖 [chù] 발 얽은 돼지 걸음.

豖 字畫-시(豕)주(丶)=축(豖).
思惟-돼지(豕)의 발을 한 점(丶)으로 얽어 걷게 하니 돼지걸음 축.
模樣字 ☞ 冢무덤 총 豛돼지 독, 볼기 돌, 돼지 돈. 琢칠 탁. 琢다듬을 탁. 豚볼기 독.

朮 차조 출; 木 [zhú,shù] 차조, 조(粟)의 한 가지, 약용 식물의 한 가지.
字畫-목(木)주(丶)=출(朮). 思惟-차조 나 삽주의 모양을 나타낸 글자.
模樣字☞ 沭내 이름 술. 述펼 술. 秫차조 출. 術재주 술. 絉끈 술. 鉥돗바늘 술.

廌 법 치; 广 [zhì] 법, 해태, 외뿔 양.
字畫-록(鹿)조(鳥)=치(廌).
思惟-해태(獬豸: 시비와 선악을판단하여 안다고 하는 상상의 동물)의 모양.
模樣字☞ 薦천거할 천. 灋법 법. 鷉언치 천.

桼 옻 칠; 木 [qī,qiē] 옻, 옻나무, 옻칠하다, 검은 칠, 漆과 同字.
字畫-목(木)팔(八)수(氺)=칠(桼).
思惟-옻나무(木)에서 팔(八)자로 베니 옻 물(氺)이 나와 옻 칠.
模樣字☞剩벨 칠. 漆옻 칠. 郗땅 이름 칠. 膝무릎 슬. 榡옻 칠. 謲속삭일 칠.

夬 터놓을 쾌{깍지 결}; 大 [guài] 터놓다, 깍지, 육십사괘의 하나, 정하다, 결정하다.
字畫-야(⼀)대(大)=쾌(夬).
思惟-도움(⼀)에는 크게(大) 터놓고 하니 터놓을 쾌.
模樣字 ☞ 決결단할 결. 決결단할 결. 快쾌할 쾌. 抉도려낼 결. 芺초결명 결. 袂주발 결. 袂소매 몌. 疾종기 구멍 혈. 缺이지러질 결. 訣이별할 결. 觖서운해 할 결. 鴂뱁새 결

呆 어리석을 태{매},{지킬 보}; 口 [dāi] 어리석다, 지키다, 어리석다, 미련하다.

字畫-구(口)목(木)=태(呆).

思惟-먹고(口) 나무(木)에 올라가 놀기만 하니 어리석은(呆) 태. 지킬 보.

模樣字 ☞ 保지킬 보. 宲감출 포. 堡작은 성 보. 㴐침 연. 槑매화 매. 褒기릴 포.

巴 땅 이름 파; 己 [bā] 땅 이름, 대사(大蛇)의 한 가지.

字畫-구(口)곤(丨)은(乚)=파(巴).

思惟-큰 뱀이 입(구(口)에 막대기(곤(丨)대자 숨어버리(은(乚)니 큰 뱀 파.

模樣字☞ 色빛 색. 邑고을 읍. 把잡을 파. 巵잔 치. 妑새앙머리 파. 吧아이 다툴 파. 岜땅 이름 파. 豝양사 파. 肥살찔 비. 杷비파나무 파. 爬긁을 파. 芭파초 파. 爸아버지 파. 豝암퇘지 파. 琶비파 파. 絕끊을 절

孛 살별 패; 子 [bó,èi] 살별, 혜성, 빛이 환히 빛나는 모양, 안색이 변하다.

字畫-십(十)멱(冖)자(子)=패(孛).

思惟-열명(십(十)의 집(멱(冖)의 아이(자(子) 가 있어 어지러울 패.

模樣字 ☞ 勃노할 발. 侼굳셀 발. 悖거스를 패. 脖배꼽 발. 敎우쩍 일어날 발. 桲도리깨 발. 牸암컷 자. 鵓집비둘기 발. 綍상여 줄 발.

敝 해질 폐; 攴 [bì,bié] 해지다, 깨지다, 부서지다, 지다.

字畫-폐(㡀)복(攵)=폐(敝).

思惟-해진 옷(㡀)이 회초리로 치니(攴) 더 헤질 폐.

模樣字☞ 幣화폐 폐. 弊폐단 폐. 蔽덮을 폐. 獘넘어질 폐. 瞥깜짝할 별. 斃죽을 폐. 鱉보습의 날 별. 鼈자라 별

稟 줄 품; 禾 [bǐng] 주다, 내려 주다, 녹, 녹미, 받다.

字畫-두(亠)회(回)화(禾)=품(稟).

思惟-머리(亠)를 되돌리게(回)하려면 벼(禾)를 내어주니 줄 품.

模樣字 ☞ 凜찰 름. 廩곳집 름. 澟서늘할 름. 壈불우할 람. 懍위태할 름. 燣더울 람. 癛소름끼칠 름.

㬎 드러날 현; 日 [*] 드러나다, 밝다. 顯(현)의 고자(古字).

字畫-일(日)요요(幺幺)화(灬)=현(㬎).

思惟-해가(日)뜨니 작은(幺幺) 것들도 불(灬) 비추듯이 드러날 현.

模樣字☞ 濕젖을 습. 隰진펄 습. 㬐햇빛쬘 급. 蠕바지락 현. 顯나타날 현.

臤 어질 현{굳을 간}; 臤 [qiān] 어질다, 굳다.
字畫-신(臣)우(又)=현(臤).
思惟-신하(臣)는 계속 또(又) 어짐이 굳어야 하니 어질 현. 굳을 간.
模樣字☞ 堅굳을 견. 娶화려할 간. 腎콩팥 신. 竪세울 수. 臤큰 눈 한. 緊
긴할 긴. 蜸누에 견. 賢어질 현.

絜 헤아릴 혈; 糸 [jiá,jié,qì,xié] 헤아리다, 재다, 두르다, 묶다.
字畫-봉(丰)도(刀)사(糸)=혈(絜).
思惟-예쁜(丰) 꽃을 칼(刀)로 자르고 실(糸)로 묶으려 헤아릴 혈.
模樣字 ☞ 潔깨끗할 결. 潔깨끗할 결. 麇띠 혈. 㹟마실 끽. 縻흰 줄 결.
鍥낫 결.

蒦 자 확; 艸 [huò] 자, 재다.
字畫-초(++)추(隹)우(又)=확(蒦).
思惟-풀밭(++)에서 새(隹)를 또(又) 얻으려고 자로 재니 자 확.
模樣字☞ 獲얻을 획. 濩퍼질 호. 擭덫 화. 嚄깜짝 놀라는 소리 획. 嬳모양
낼 확. 懂두근거릴 확. 檴피나무 확. 瓁다듬지 않은 옥 확. 臛좋은 고기
확. 矆진사 확. 曤용맹스러운 모양 확. 穫거둘 확. 玃자 확. 矆눈 부릅뜨
고 볼 확. 護도울 호. 鑊가마솥 확. 鱯메기 화.

奐 빛날 환; 大 [huàn] 빛나다, 성대한 모양, 흩어지는 모양. 상형
문자로-산모(産母) 가랑이에 두 손을 갖다 댄 모양을 본뜸.
字畫-도(刀)경(冂)인(儿)대(大)=환(奐).
思惟-칼(刀)로 성문(冂)에 어진사람(儿)이 지키는 큰일(大)이 빛날 환.
模樣字☞ 換바꿀 환. 喚부를 환. 渙흩어질 환. 煥불꽃 환. 瑍환옥 환. 媇무
늬 환. 瘓중풍 탄.

吅 부르짖을 훤; 口 [xuān] 부르짖다, 놀래 지르는 소리, 지껄이다.
字畫-구구(口口)=훤(吅).
思惟-입 두 개의 크기로 부르짖다.
模樣字☞ 咢큰 체할 효. 品물건품. 咢시끄럽게 다툴 악. 嵒꾸짖을 매. 哭
울 곡. 單홑 단. 喪잃을 상. 僉다 첨. 罵꾸짖을 매. 襄도울 양. 龠피리 약.
瀹적실 약. 雚황새 관, 박주가리 환.

襄 품을 회; 衣- [huí]품다, 懷의 古字

부(部)-𧘇 [衣,衤] (옷 의) 옷 속에 품는다 의미

字畫-衣(옷 의) 罒(그물망 망) 二(두 이) ㅣ(뚫을 곤) 二(두 이)＝회(襄)

思惟-옷 속에 그물 두겹으로 뚫지 못하게 품을 회

模樣字☞-壞 무너질 괴, 앓을 회 懷 품을 회 檜 회화나무 회, 회화나무 괴 /느티나무 괴 瓌 불구슬 괴 磈 잔돌 괴, 고르지 않은 모양 회 蘹 회향 괴, 회향 회 孁 편안할 회

사랑하는 손주 세대에 문화유산을
물려주려는 빛나는 노력을 응원합니다

권선복 | 도서출판 행복에너지 대표이사

한자는 기원전 15세기경 고대 중국대륙의 상나라 유적에서 출토된 갑골문자를 기반으로 발전한 것으로 알려져 있으며, 몇천 년 동안 한국, 중국, 일본, 베트남 등을 포함한 동아시아 한자 문화권의 기반이 된 문화유산 중 하나입니다. 한자는 한자 문화권의 공용 문자로서 한반도에서도 수천 년간 사용되면서 많은 역사적, 문화적, 사상적 유산의 핵심이 되었다는 사실을 부정할 수는 없을 것입니다. 하지만 영어를 기반으로 하는 미국, 유럽 문명이 세계적인 주축이 되면서 한자의 중요성이 감소하고, 우리글인 한글의 중요성을 강조하는 주장이 주류가 되면서 공교육에서도 한자 교육은 많은 부분 밀려나 잊혀지고 있는 것이 현실입니다.

이 책 『부자사용 파자사전』은 정익학당 대표 유교철학박사로서 우리 민족의 역사와 철학을 담은 한자교육을 미래 세대에도 이어나가기 위해 노력중인 신백훈 박사가 공교육이 무너지고 있는 대한민국의 현실을 걱정하며 세 명의 사랑하는 손주들, 그리고 손주들과 같은 시대를 살아갈 미래 세대에게 진실한 지적 재산을 물려주겠다는 신념으로 8년여의 세월을 전심전력하여 만들어낸 방대한 한자 교육 서적입니다.

저자는 "한국어는 최고의 소리글자 한글과 최고의 뜻글자인 한자가 결합한 언어이기에 눈부신 문명을 발전시킬 수 있었다"라고 이야기하며 소리글자인 한글을 배우는 것도 중요하지만 뜻글자인 한자까지 배워야 문해력과 사고력을 증강시켜 창의적이고 발전적인 성장을 이룩할 수 있다는 점을 강조합니다.

이러한 신념하에 저자가 오랫동안 연구한 '부자사용 파자법'은 파자(破字)를 통해 부수, 자획, 사유, 용례 4가지를 밝혀내고, 그것을 통해 '단순히 외우기만 하는 재미없는 한자 공부'가 아니라 '뜻을 통해서 배우는 즐거운 한자 공부'를 학생들에게 제공할 수 있도록 되어 있는 것이 특징입니다.

'한자는 재미없고 어렵다'는 편견을 깨고 동아시아 역사와 인문의 정수가 담긴 한자를 손자 세대가 즐겁고 유익하게 배울 수 있길 바라는 신백훈 저자님의 손자사랑, 미래 세대에 대한 격려를 응원합니다!

'행복에너지'의 해피 대한민국 프로젝트!

도서출판 행복에너지

〈모교 책 보내기 운동〉〈군부대 책 보내기 운동〉

한 권의 책은 한 사람의 인생을 바꾸는 힘을 가지고 있습니다. 한 사람의 인생이 바뀌면 한 나라의 국운이 바뀝니다. 그럼에도 불구하고 많은 학교의 도서관이 가난하며 나라를 지키는 군인들은 사회와 단절되어 자기계발을 하기 어렵습니다. 저희 행복에너지에서는 베스트셀러와 각종 기관에서 우수도서로 선정된 도서를 중심으로 〈모교 책 보내기 운동〉과 〈군부대 책 보내기 운동〉을 펼치고 있습니다. 책을 제공해 주시면 수요기관에서 감사장과 함께 기부금 영수증을 받을 수 있어 좋은 일에 따르는 적절한 세액 공제의 혜택도 뒤따르게 됩니다. 대한민국의 미래, 젊은이들에게 좋은 책을 보내주십시오. 독자 여러분의 자랑스러운 모교와 군부대에 보내진 한 권의 책은 더 크게 성장할 대한민국의 발판이 될 것입니다.

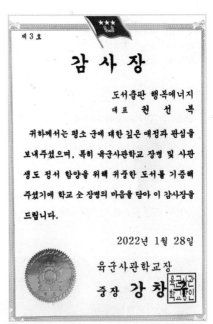

정익(晶翊)학당 교양시리즈

신백훈식 부자사용 파자사전

사상초유 부자사용(部字思用) 파자법(破字法) 모음

초판 1쇄 발행 2024년 10월 1일

지 은 이 신백훈
발 행 인 권선복
디 자 인 서보미
마 케 팅 권보송
전 자 책 서보미
발 행 처 도서출판 행복에너지
출판등록 제315-2011-000035호
주   소 (157-010) 서울특별시 강서구 화곡로 232
전   화 0505-613-6133, 010-3267-6277
팩   스 0303-0799-1560
홈페이지 www.happybook.or.kr
이 메 일 ksbdata@daum.net

값 30,000원

ISBN 979-11-93607-53-4(11710)

Copyright ⓒ 신백훈, 2024

연락처_ sbhoon2011@hanmail.net

도서출판 행복에너지는 독자 여러분의 아이디어와 원고 투고를 기다립니다. 책으로 만들기를 원하는 콘텐츠가 있으신 분은 이메일이나 홈페이지를 통해 간단한 기획서와 기획 의도, 연락처 등을 보내주십시오. 행복에너지의 문은 언제나 활짝 열려 있습니다.